Herren-Moden Riedel

Bekleidungsfachgeschäft

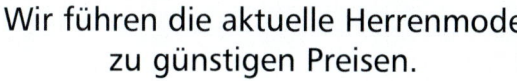

Wir führen die aktuelle Herrenmode
zu günstigen Preisen.

Überzeugen Sie sich selbst!

Wir beraten Sie gerne.

Bahnhofstr. 15 A · 08340 Schwarzenberg
Telefon 03774 21370

Öffnungszeiten: Mo.-Fr. 14.00 Uhr-18.00 Uhr
Sa. 10.00 Uhr-13.00 Uhr

Schwarzenberg, die „Perle des Erzgebirges"

Mit einem herzlichen "Glück Auf" grüßt Sie die Stadt an der Silberstraße, die zu den schönstgelegenen historischen Bergstädten des Erzgebirges zählt. Umgeben von einem grünen Kranz der Berge thronen auf einem Felssporn Schloss Schwarzenberg mit nebenstehender St. Georgenkirche - die Wahrzeichen der Stadt. Aneinandergeschmiegt reihen sich die Häuser der denkmalgeschützten Altstadt an. Auf Grund der herrlichen Lage trägt Schwarzenberg bereits seit über 100 Jahren den Beinamen "Perle des Erzgebirges".

Schloss Schwarzenberg

Schwarzenberg kann auf eine über 850-jährige aufregende Geschichte zurückblicken. Um 1150 entstand die Burganlage zum Schutz der Passstraßen nach Böhmen. Der Name "Schwarzenberg" rührt wohl von dem dunklen Fels her, worauf die Stadt errichtet wurde. In den Jahrhunderten wechselten oft die Burgherren bis die gesamte Herrschaft von Kurfürst Johann Friedrich von Weimar erworben wurde. 1555 bis 1558 wurde die Burg zu einem kurfürstlichen Jagdschloss umgebaut. Heute beherbergt das Schloss das Museum PERLA CASTRUM - Ein Schloss voller Geschichte. Dieses zeigt einen Einblick in die Stadtgeschichte und in die Geschichte des Bergbaus im Westerzgebirge. Die Exponate bestehen aus Erzeugnissen des eisenverarbeitenden Handwerks. Von der Meisterschaft sächsischer Zinngießerkunst zeugen die Stücke der Sammlung des gegenständlichen Gebrauchs- und Zunftzinns. Beeindruckende Exponate zur erzgebirgischen Schnitzkunst des Schnitzers Harry Schmidt sind zu bestaunen und auch in die besondere Geschichte der "Unbesetzten Zeit" 1945 kann eingetaucht werden. Kinder können ihren eigenen Schwibbogen gestalten oder im Schlossturm die Geschichte des Schlosses spielerisch entdecken. Die Geschichte des Spitzenklöppelns im Erzgebirge nebst einer Klöppelstube runden die Ausstellung ab. Außerdem erwarten attraktive Sonderausstellungen die Besucher. Einen Rundblick hoch über der Stadt ermöglicht die Aussichtsplattform im Turm.

St. Georgenkirche

Die St. Georgenkirche, von 1690 bis 1699 erbaut, ist bekannt für ihre 18,5 m breite und 34 m lange freitragende Balkendecke, welche nur auf den Grundmauern ruht. Die Innenausstattung ist im derben bäuerlichen Barock ausgeführt. Prunkvoll wirkt die Westseite mit der Orgelempore und der Ratsloge sowie die reichlich geschmückte Fürstenloge an der Nordseite. 1993 erhielt die Kirche eine Eule-Orgel.

Neben den Wahrzeichen gibt es in Schwarzenberg noch viele weitere Sehenswürdigkeiten zu entdecken. Beispielhaft genannt sei die Waldbühne als zweitgrößte Freilichtbühne Deutschlands.

Schwarzenberg feiert - feiern Sie mit!

Zu den jährlichen Höhepunkten Schwarzenbergs zählen das **Altstadt- und Edelweißfest - jährlich am 3. Augustwochenende -** sowie der traditionelle **Weihnachtsmarkt vom 2. bis 3. Advent**. Mit

seiner über 480-jährigen Tradition gilt der Schwarzenberger Weihnachtsmarkt als der zweitälteste Weihnachtsmarkt Sachsens. Die Besucher erwartet eine Stadt im Lichterzauber sowie Deutschlands älteste im Freien stehende Großpyramide und der große Heimatberg entlang des Bahnhofsberges. Die abendliche Bergparade im Fackelschein am Sonnabend vor dem 3. Advent bildet den Höhepunkt des Weihnachtsmarktes.

Foto: Foto-Weigel, Schwarzenberg

Liebes Brautpaar,

„Liebe besteht nicht nur darin,
dass man einander ansieht,
sondern dass man gemeinsam
in die gleiche Richtung blickt."

Antoine de Saint-Exupéry hat es treffend formuliert und ich möchte Ihnen diesen Spruch gerne mit auf Ihren weiteren, gemeinsamen Lebensweg geben.

Ein Rezept für das gemeinsame Glück gibt es sicher nicht, aber mit gegenseitiger Achtung, Vertrauen und Freude an gemeinsamen Erlebnissen werden Sie sicher viele glückliche Stunden miteinander verbringen.

Vielleicht finden Sie dabei Gefallen an dem einen oder anderen Rezept in diesem Kochbuch, welches wir Ihnen Dank der Unterstützung von regionalen Gewerbetreibenden übergeben können. Liebe geht ja bekanntlich durch den Magen.

Für Ihren gemeinsamen Lebensweg wünsche ich Ihnen alles erdenklich Gute. Mögen Sie sich immer gegenseitig unterstützen und Ihren Blick auf dieselben Ziele richten.

Ihr

R. Gehart
Oberbürgermeister

das goldene
KOCH
BUCH

Über 1000 Rezepte
aus Deutschland und aller Welt

GONDROM MEDIA

GONDROM MEDIA

DAS GOLDENE KOCHBUCH

DEUTSCHLAND · ÖSTERREICH · SCHWEIZ · ITALIEN (Südtirol)

verlag@gondrom-media.de · www.gondrom-media.de

© Gondrom GmbH & Co. KG, Gondrom Media, Bindlach 2021 (7935-04)

ISBN 978-3-9821-5949-2

Rezepte: Rainer Meidinger, Seevetal, www.styling-food.de
Verena Zemme, AKKABA Verlag und Agentur, Miesbach

Farbfotos: Anna M. Tränkner, Hamburg, www.lightrooms.de

Rezeptbearbeitung: Peter M. Neise

Inhaltliche Gestaltung und Konzept: Peter M. Neise

Covergestaltung, Satz und Layout: Peter M. Neise, Songül Ceylan, Nicola Aehle (Design Icons)

Wichtiger Hinweis:
Die Ratschläge in diesem Buch sind vom Verlag sorgfältig erwogen und geprüft,
dennoch kann eine Garantie nicht übernommen werden. Eine Haftung des Verlages
und seiner Beauftragten für Personen-, Sach- und Vermögensschäden ist ausgeschlossen.

Printed in Germany

www.gondrom-media.de

Liebe Leserin, lieber Leser,

das Goldene Kochbuch blickt bereits auf eine lange Tradition zurück und hat durch stetige Veränderungen immer den Zeitgeist vieler Hobbyköche und Kochprofis getroffen. Kochen ist nicht mehr nur Mittel zum Zweck, um den täglichen Nahrungsbedarf zu decken, sondern macht auch Spaß. Kochen verbindet und Kochen ist kommunikativ. Koch- und Essplätze verschmelzen miteinander und werden zum Mittelpunkt eines jeden Zuhauses.

Stöbern Sie doch gleich einmal in den verschiedenen Kategorien des Goldenen Kochbuches und gehen Sie dabei auf kulinarische Entdeckungsreise: Beginnend bei *Vorspeisen und Antipasti*, über *Salate, Dressings, Suppen und Eintöpfe*, finden Sie die Kategorie der *Saucen, Brühen und Marinaden*. Wie wäre es denn einmal mit einer ausgefallenen *Buttermilch-Tandoori-Marinade*?

Die Kategorie *Kartoffeln, Reis & Co.* lässt keine Wünsche in Bezug auf die richtige Beilage offen und bietet zudem Risottovarianten und neue Ideen für Gerichte mit Couscous, Bulgur, Hirse, Quinoa und Polenta. Neben bekannten Nudelgerichten haben wir für Sie zusätzlich Rezepte zu original italienischer Pasta aufgenommen. Ab Seite 284 erleben Sie die beliebte asiatische Küche mit Wok-Gerichten und scharfen Currys. Aber nicht nur ausgefallene und exotische Speisen verwöhnen unseren Gaumen: Alte Küchenklassiker wie *Wiener Schnitzel, Königsberger Klopse* oder ein original *Rheinischer Sauerbraten* sind auch aus der modernen Küche nicht wegzudenken.

Die Kategorie *Fingerfood, Snacks & Barbecue* nennt eine Vielzahl an schnellen und leicht zuzubereitenden Gerichten für Einladungen und Grillpartys. Selbstverständlich haben wir hierbei auch an die passenden Getränke gedacht und neben Heiß- und Kaltgetränken viele tolle Cocktail-, Longdrink- und Bowlerezepte für Sie und Ihre Freunde zusammengestellt. Die letzte Kategorie widmet sich dem *Kochen für Kinder* und zeigt eine abwechslungsreiche und gesunde Ernährung für Ihre Kleinen auf.

Sie finden hier über 1000 Rezepte, durchgehend farbig bebildert, ein umfangreiches Inhaltsverzeichnis sowie das notwendige Küchenwissen.

Viel Spaß und Freude mit Ihrem neuen Goldenen Kochbuch!

Der Inhalt

Küchenwissen

Vorspeisen, Salate & Suppen

Saucen, Marinaden & Gemüse

Kartoffeln, Reis & Co.

Nudeln, Pizza & pikante Kuchen

Mehlspeisen, Vollwert & Gesundes

Fleisch & Wild

Hühnchen, Gans & Wildgeflügel

Fisch & Meeresfrüchte

Wokgerichte, Currys & Exotisches

Küchenklassiker aus aller Welt

Fingerfood, Snacks & Barbecue

Desserts & Süßes

Kuchen, Torten & Gebäck

Getränke heiß & kalt

Kochen für Kinder

Register

KÜCHENWISSEN

Allgemeines zum Buch

Die Bedeutung der Symbole bei den Gerichten:

 Gericht ist einfach herzustellen.

 Gericht ist besonders kalorienarm.

 Gericht lässt sich schnell zubereiten.

Die Mengenangaben bei den Gerichten

Falls nicht anders angegeben, beziehen sich die angegebenen Mengen auf die Herstellung von jeweils 4 Portionen.

Die Abkürzungen der Maßeinheiten:

dash	Spritzer
ml	Milliliter
cl	Zentiliter
l	Liter
Pr.	Prise
Msp.	Messerspitze
g	Gramm
kg	Kilogramm
EL	Esslöffel
TL	Teelöffel
KL	Kaffeelöffel
Bd.	Bund
Pck.	Päckchen
Pkg.	Packung

Garmethoden

Abbinden oder Binden

Unter Abbinden (oder Andicken) versteht man beim Kochen das Eindicken von Suppen, Saucen und Flüssigkeiten. Häufige Bindemittel sind dabei Speisestärke, Eigelb, Mehlbutter oder Sahne.

Ablöschen

Beim Ablöschen wird das angeröstete Bratgut, z.b. Fleisch oder Fisch, mit einer Flüssigkeit (meist Brühe, Wasser oder Wein) begossen. Beim Aufkochen und Rühren wird dann der Bratensatz vom Topfboden gelöst und daraus kann eine Sauce entstehen.

Anschwitzen

Anschwitzen bedeutet kurzes Garen bei geringer Hitze unter Zugabe von wenig Fett. Zwiebeln und Schalotten werden glasig, goldgelb und weich, ohne dabei zu bräunen, Röstaromen entstehen nicht.

Backen

Beim Backen (meist zwischen 100 und 250 °C) wird das Gericht im Backofen gelockert, gebräunt und gegart. Auf dem Gargut entsteht nach einiger Zeit eine braune Kruste. Beim Backen mit Umluft wird die heiße Luft gleichmäßig verteilt, deshalb kann die Temperatur gegenüber der Ober- und Unterhitze-Einstellung um 20-30 °C reduziert werden.

Beizen

Beim Beizen werden z.B. Fischstücke (Lachs) verzehrfertig gemacht, indem man sie mit Salz und Gewürzen einreibt. Hierdurch wird Wasser entzogen und das Nahrungsmittel haltbar gemacht (z.B. Graved Lachs).

Blanchieren

Beim Blanchieren werden Lebensmittel (meist Gemüse) für kurze Zeit (ca. 3-5 Minuten) in heißem Wasser gekocht. Sehr feines Gargut kann auch nur mit heißem Wasser überbrüht werden.

Braten

Braten bedeutet das Garen von Nahrungsmitteln bei starker Hitze mit oder ohne Zugabe von Fett. Dabei wird die Oberfläche des Bratgutes gebräunt.

Dämpfen

Beim Dämpfen liegen die Lebensmittel nicht im Wasser, sondern werden durch ein Sieb im heißen Wasserdampf gegart. Besonders geeignet ist diese schonende Methode für Gemüse und Fisch.

In einem Dampfgar- oder Schnellkochtopf wird zusätzlich hoher Druck erzeugt, wodurch es wesentlich schneller geht.

Dünsten

Beim Dünsten wird Fleisch, Fisch oder Gemüse im eigenen Saft oder mit wenig Flüssigkeit (z.B. Wasser, Brühe oder Wein) fettarm gegart.

Einkochen oder Einmachen

Beim Einkochen werden meist Gemüse, Obst oder Fleisch in Gläser oder Dosen abgefüllt und dann durch starkes Erhitzen und Luftausschluss konserviert.

Einlegen oder Pökeln

Beim Einlegen oder Pökeln werden Lebensmittel konserviert, indem sie mit Salz(lake), Essig oder Olivenöl umschlossen aufbewahrt werden.

Flambieren
Beim Flambieren wird eine Speise mit hochprozentigem
Alkohol (z.B. Rum, Weinbrand) übergossen und dann kurz
entzündet. Der Alkohol verdunstet dabei und das Aroma der
Spirituose bleibt.

Frittieren
Beim Frittieren wird das Bratgut meist in kleinen Portionen
schwimmend in heißem Fett gebacken. Oft wird dafür eine
Fritteuse verwendet.

Garen
Garen ist ein übergreifender Begriff für das Zubereiten
bzw. Haltbarmachen von Lebensmitteln mit oder ohne
Wärmezufuhr.

Glacieren
Beim Glacieren oder Überziehen werden Lebensmittel mit
einer glänzenden Schicht bedeckt. Das dient der Optik
(z.B. bei feinem Gemüse) oder dem Schutz (z.B. beim
Überziehen eines Kuchens mit Kuvertüre).

Gratinieren oder Überbacken
Aufläufe oder ähnliche Gerichte werden beim Gratinieren
durch kurzes Garen bei starker Oberhitze im Backofen mit
einer Kruste auf der Oberfläche versehen.

Grillen
Beim Grillen wird das Gargut unter glühender Wärme-
strahlung meist auf einem Rost gegart. Durch die starke
Hitze schließen sich die Poren schnell und z.B. Fleisch bleibt
innen saftig und wird außen knusprig.

Karamellisieren

Beim Karamellisieren wird Zucker, z.B. trocken in der Pfanne oder auf einem Backblech, stark erhitzt und schmilzt. Durch die Zugabe von Flüssigkeit (z.b. Sahne oder Milch) entsteht Karamell, das zum Verzieren von Kuchen oder Desserts verwendet werden kann.

Kochen

Beim Kochen wird eine Flüssigkeit (z.b. Wasser oder Brühe) bis zum Siedepunkt sprudelnd erhitzt und nach Einlegen der zu garenden Lebensmittel auf dieser Temperatur gehalten.

Montieren

Beim Montieren werden Suppen oder Saucen durch Zugabe von Butter mit einem Schneebesen aufgeschlagen. Dabei entsteht eine cremige Konsistenz.

Niedrigtemperaturgaren

Die vorbereiteteten Lebensmittel (z.B. Fleisch oder Fisch) werden am Stück gewürzt, meist kurz angebraten und dann bei niedriger Temperatur (ca. 80 °C) langsam gegart.
Die Gardauer kann dabei mehrere Stunden betragen.

Panieren

Beim Panieren wird Fleisch, Fisch oder Gemüse mit einer Schicht aus Paniermehl überzogen. Dabei wird das Gargut zuerst in Mehl, dann in geschlagenem und gewürztem Ei und schließlich im Paniermehl gewendet und dann in heißem Fett schwimmend ausgebacken.

Passieren

Beim Passieren erfolgt die Trennung von Flüssigkeit und festen Bestandteilen durch Seihen oder durch Streichen durch ein (Spitz-)Sieb oder ein Passiertuch.

Pochieren oder **Garziehen**

Beim Pochieren werden Lebensmittel (z.B. Eier oder Fisch) in wenig Flüssigkeit bei einer Temperatur von etwa 75-90 °C sanft gegart.

Pürieren

Pürieren ist das Zerkleinern von Lebensmitteln (meist mit einem Pürierstab) zu einem homogenen Brei (Püree).

Reduzieren

Reduzieren ist das Einkochen von Flüssigkeiten (z.B. Fonds oder Bratensaft), um den Geschmack hervorzuheben.

Rösten

Beim Rösten werden Lebensmittel ohne Fett erhitzt, um ihnen Feuchtigkeit zu entziehen. Dabei entsteht oft eine Bräunung und das typische Röstaroma. Diese Methode ähnelt dem Vorgehen beim „Braten" oder „Grillen".

Sautieren

Beim Sautieren wird das vorbereitete Gargut für kurze Zeit bei einer hohen Temperatur mit etwas Fett offen in einer Pfanne mit hochgezogenem Rand (Sauteuse) geschwenkt.

Schmoren

Beim Schmoren wird das Gargut zuerst scharf angebraten, anschließend mit Flüssigkeit abgelöscht und zugedeckt bei mittlerer Temperatur langsam fertig gegart.

Sieden oder **Köcheln**

Beim Sieden oder Köcheln wird das Gargut in einer Kochflüssigkeit knapp unter dem Siedepunkt (bei Wasser 100 °C) zubereitet.

Küchenkräuter & Gewürze – von Ajowan bis Zitronengras

Bei vielen Kräuter- und Gewürzpflanzen können mehrere Bestandteile verwendet werden, z.b. Blätter, Blüten, Samen oder Wurzeln.

Name	Geschmack	Verwendung
Ajowan (Kretischer Kümmel)	wie starker Thymian, nur schärfer und bitterer	in Suppen, Fleischgerichten, Pilaw, zu Kartoffeln, Hülsenfrüchten
Anis (Römischer Fenchel)	fenchelähnlicher, süßlicher Geschmack, würzig herb	Kuchen, Plätzchen, Brot, Süßspeisen, Obstsalate, Birnen- und Apfelkompotte, Pflaumenmus
Bärlauch (Wilder Knoblauch)	knoblauchähnlich, jedoch weniger intensiv	junge Blätter und Blüten gehackt zu Salaten, Suppen, Saucen, Quark, Gemüse, als Pesto
Basilikum (Basilienkraut)	eigentümlich und unverwechselbar, leicht pfeffrig, süßlich nach Nelken	zu Tomaten, Pilzen, Hühnerfleisch, Fisch, Meeresfrüchten, Salaten, Saucen, Pasta, Pizza, Käse (Mozzarella), als Pesto
Beifuß (Gänsekraut)	angenehm aromatisch und leicht bitter, wermutähnlich	wird mitgekocht bei Gans, Ente, Schwein, Hammel, Aal, Makrele, Hering, kräftigen Fleischeintöpfen, Kohlgerichten
Bockshornklee (Kuhhorn)	scharf, durchdringend, sellerieähnlich, leicht bitter	keimende Sprossen im Salat; Samen zu Fleisch- und Gemüsegerichten, Currygerichten, Chutneys, Süßspeisen, Gebäck
Bohnenkraut (Pfefferkraut)	leicht pfefferähnlich, duftend würzig	Bohnen- und Erbsengerichte, Eintöpfe, Suppen, Fisch, Fleisch
Boretsch (Gurkenkraut)	gurkenähnlich, erfrischend	blaue Blüten im Salat, als Deko oder als Tee; Kraut in Suppen, Eintöpfen, zum Einkochen

Brennnessel	frisch, spinatähnlich	als Tee, in Salaten, Eintöpfen, wie Spinat als Gemüse
Brunnenkresse	frisch, leicht scharf, meerrettichähnlich	zu Salaten, Quark und mit Äpfeln gemischt (anstatt Meerrettich), zu gekochten Eiern oder Omelett
Cayennepfeffer (gemahlene Chilis)	brennend-scharf, etwas bitter	in Grillsaucen, Suppen, Eintöpfen, Currys, Gemüsegerichten, Gulasch, zu kurz gebratenem Fleisch, Fisch, Meeresfrüchten
Chilischoten (Peperoni) rot und grün	paprikaähnlich; frisch, getrocknet oder eingelegt in verschiedenen Schärfegraden – je länger mitgekocht, desto schärfer	in Chili con Carne, Currys, scharfen Tomatensaucen, Tabascosauce, Sambal Oelek, Harissa
Dill (Gurkenkraut)	fenchelähnlich	Fisch, Salate, Omeletts, Geflügel, Gemüse und Kartoffeln, Suppen, Saucen
Estragon (Drachenkraut)	leicht bitter und süßlich, starkes Aroma	in Saucen (Sauce Béarnaise), Suppen, Eintöpfen, zu gebratenem Fisch und Fleisch, Omeletts, eingelegten Gurken, Essig, Senf
Fenchel	süßlich, würzig, anisartig	Knolle als Gemüse, zu Fisch (Makrele, Aal, Lachs), Samen in Marinaden, Wurst, Gemüseaufläufen, Tee, Gebäck
Frühlingszwiebel (Lauchzwiebel, japanische Zwiebel)	zwiebelähnlich, etwas weniger scharf	in Salaten, Suppen, Eintöpfen, aisatischen Fleisch- und Gemüsegerichten, zu Quark
Galgant (Thai-Ingwer)	aromatisch-scharf, ingwerähnlich	wie Ingwer, in Fleisch- und Fischgerichten, Gemüse, Currys, Reisgerichte, Likör
Gartenkresse (Kressekraut)	beißend-scharf, erinnert an Senf und Rettich	zu Salaten, Kartoffeln, Eiergerichten, Omeletts, Dressings, zu gedünstetem Fisch und Fleisch

Holunder	süßlich-aromatisch, duftend	Blüten ausgebacken, als Gelee, Sirup, Limonade oder Tee
Ingwer	brennend-scharf und frisch (kandiert, als Pulver oder als frische Knolle erhältlich)	in asiatischen Gemüse-, Fleisch- und Fischgerichten, Currys, Chutneys, eingelegt zu Sushi
Kaffir-Limetten-blätter (Kaffir-Limonenblätter)	sehr armoatisch, durchdringend zitronenartig	Blätter im Ganzen mitkochen bei asiatischen Gerichten (Currys, Suppen, Eintöpfen), danach entfernen
Kapern	herb, bitter, würzig oder säuerlich oder salzig (je nach Marinade)	zu weißen Saucen (Tatare, Rémoulade, Vinaigrette), zu Fisch, in Salate
Kapuzinerkresse	würzig-pfeffrig	zu Salaten, zu Quark oder als Sauce verarbeitet
Kardamom	würzig, süßlich und brennend	in orientalischen Reis- und Currygerichten, Suppen, Backwaren (Weihnachtsgebäck), Süßspeisen, Marinaden, Obstsalaten
Kerbel (Suppenkraut)	zart anisähnlich, süßlich	zu Salaten, Suppen, Saucen, Mayonnaise, Quark, Tomaten, auch zu Lamm-/Hammelfleisch, Fisch und Gemüse
Knoblauch	charakteristischer Geruch, scharf und durchdringend	in mediterranen Gerichten und Beilagen (z.B. Aioli, Tzatziki), eingelegt pur oder mit Kräutern, in Saucen, Marinaden, zu Fleisch, Fisch und Geflügel
Korianderblätter (Chinesische Petersilie, Wanzenkraut)	kräftiges moschusartiges Aroma, seifig, scharf-bitter	in spanischen und asiatischen Speisen, Saucen, Suppen, Fisch, Fleisch, Geflügel, zu Chili con Carne
Korianderkörner (meist gemahlen)	süßes, schweres Aroma, etwas pfeffrig, würzig-pikant	in asiatischen Speisen, zu Hülsenfrüchten, Eintöpfen, in Gebäck (z.B. Brot, Weihnachtsgebäck)

Kreuzkümmel (Cumin)	würzig, brennend, leicht bitter (nicht mit Schwarzkümmel zu verwechseln)	zu Suppen, Eintöpfen, Fleisch-, Fisch-, Eier- und Kohlgerichten; Gewürz für Kuchen und Brot
Kümmel	anisähnlich, herb	alle Kohlsorten, Kartoffeln, (Bratkartoffeln), Saucen, Quark, in und auf Brot und Gebäck
Kurkuma (Gelbwurz)	aromatisch-scharf, ingwer-ähnlich, leicht bitter	zu Currys, Reis- und Nudelgerichten, in Saucen, Fleisch- und Eierspeisen, Mayonnaisen, zu Fisch und Meeresfrüchten
Lein(samen)	ohne intensiven Eigengeschmack	zu Backwaren, in Müslis, als Leinsamenöl zu Salat und Quark
Liebstöckel	sellerieähnlich, pikant-süßlich, kräftig im Geschmack	zu Salaten, Suppen, Eintöpfen und fast allen Gemüsesorten, zu allen Fleisch- und Fischarten, Schmorbraten
Lorbeer	leicht bitter, herb-würzig (sparsam verwenden)	zu Fleisch-, Fisch- und Wildgerichten, zu Saucen, Marinaden, zum Beizen, zu Essigfrüchten, Pasteten
Majoran	leicht brennend, süßlich, leicht thymianähnlich	zu Suppen, Saucen, Eintöpfen, Hammelfleischgerichten, Lebergerichten, Würzmittel für Wurst, Pasteten, Füllungen
Meerrettich (Kren)	beißend-scharf, pfeffrig, bis zu Tränen reizend	als Creme zu Saucen, Räucherfisch, gekochtem Rindfleisch (Tafelspitz), Eiern, Würstchen, als Dip
Melisse (Zitronenmelisse, Herztrost)	leicht säuerlich, frisch	Salate, Saucen (für Wild), Suppen, Quark, Geflügel, Bowlen, Marmelade, Tee
Minze (Pfefferminze)	frisch, fast pfeffrig	Lamm, Wild, Saucen, Süßspeisen, Sorbets, Obstsalate, als Deko für Cocktails

Mohn	nussig	in Kuchen, Stollen, Strudel und Gebäck, in Saucen, zu Nudeln oder Reis
Muskatblüte (Macisblüte)	zart-bitter, harzig-warm, feines Aroma	bei hellen Saucen oder klaren Suppen mitkochen und dann entfernen
Muskatnuss	sehr streng, feurig, leicht bitter	nur eine Prise zu Gemüse-gerichten, Saucen, auch in Punsch oder Glühwein, zu Schokoladen- und Vanillesaucen
Nelken	brennend-scharf	in Gebäck, Marinaden, Saucen, Wurst, Fleisch- und Fischgerichten
Oregano	leicht bitter, ähnelt dem Majoran, jedoch intensiver	in Suppen, Saucen, Ein-töpfen, Pizza, als Würz-mittel für Wurst, Pasteten, Füllungen
Paprikapulver	von süßlich bis scharf, (edelsüß, rosenscharf, scharf)	zu Gulasch, Tomaten-suppe, deftigen Salaten, Saucen, Quark, Käse, Fleisch, Wurst
Petersilie	frisch-süßlich, leicht bitter	zu Salaten, Suppen, Saucen, Mayonnaise, Eier-, Fisch- und Fleischgerich-ten, Kartoffeln, Gemüse
Pfeffer, grüner	mild-aromatisch	zu Steaks, Tatar und Saucen, meist in einer Salz-/ Essiglake konserviert
Pfeffer, schwarzer	weniger scharf, aber aromatischer und würziger als weißer Pfeffer	zu allen dunklen Speisen, Marinaden, Eintopfgerich-ten, zu kurz gebratenem und gegrilltem Fleisch
Pfeffer, weißer	schärfer als schwarzer Pfeffer	zu allen hellen Fleisch-sorten, hellem Gemüse und hellen Saucen
Piment (Nelkenpfeffer, Jamaikapfeffer)	würzig, leicht wie Pfeffer, Nelken, Zimt o.Ä.	Für Fleisch- und Fischsup-pen, Frikassees, Pasteten, Fleischgerichte, in Beizen und Marinaden

Rapunzel	starker Eigengeschmack, ähnlich Feldsalat; Wurzel schmeckt mild und süßlich	Blätter als Salat, zu Suppen oder wie Spinat; Wurzeln als Gemüse
Rauke (Rucola)	säuerlich-scharf	in Salaten, zu Pizza, Pasta
Rosmarin	sehr aromatisch, kampherähnlich	zu Lamm, Kalb, Ziege, Wild, Fisch, Reis, Eiergerichten
Safran (als Fäden oder gemahlen)	intensiver Geruch, leicht bitterer Geschmack	Kuchen, Gebäck, Fischsuppe (Bouillabaisse), zu Reis (Paella, Risotto, Pilaw), zu Saucen für Meeresfrüchte
Salbei	kampherähnlich, aromatisch und leicht bitter	in die Gansfüllung, zu fetten Fleisch- und Wurstsorten, fette Fischarten, Aal, Blätter als Tee
Sanddorn	Beeren riechen fruchtig, schmecken sauer	als Säuerungsgewürz bei allen Salaten, Suppen, in Milchgetränken, in Marmeladen und als Saft
Sandelholz	aromatisch-süßlich	Backwaren, Puddings, Fruchtgelees, Tee, Pilaws
Sauerampfer	säuerlich-frisch	in Suppen, Saucen, als Püree zu Fisch
Schalotte (Edelzwiebel, Eschalotte)	feineres, weniger scharfes und eher würzigeres Aroma als Zwiebeln	in Salaten, Saucen, für Essigmarinaden
Schnittlauch (Jakobszwiebel, Binsenlauch)	zwiebelähnlich scharf und würzig	zu Suppen, Saucen, Salaten, Quark, Fleisch, Fisch, Eiergerichten, Kartoffeln, in Dressings und Marinaden, Kräuterbutter
Schwarzkümmel	leicht bitter, würzig scharf	in orientalischen Gerichten (Currys, Chutneys, Dals), zu Hammel, Lamm, Backwaren (Fladenbrot), in Pasteten
Selleriesamen	leicht bitter, aromatisch	zu Suppen, Saucen, Salaten, Tomaten, allen Fleischgerichten, in Gebäck

Senfkörner (Senfsaat)	geruchslos wenn getrocknet, sonst scharf	zu Suppen, Saucen, in Marinaden für Fleisch, Fisch und Gemüse, beim Einkochen von Gemüse
Sesam	nussartig	zu asiatischen Gerichten, als Paste (Tahina), als Öl, zu Gebäck, über Halva
Sternanis	aromatisch, anis-ähnlich	in Gebäck, Pflaumenmus, Puddings, bei asiatischen Gerichten zu Fleisch
Süßholz (Lakritze)	süßlich-herb	als Süßigkeit, zu Süßspeisen, Obstsalaten und in Getränken
Szechuanpfeffer (Anispfeffer, Sichuanpfeffer)	feurig-scharf, leichtes Zitronenaroma	zu Fisch, Schweinefleisch, Hähnchen, Ente, in Suppen, Reis, Nudeln
Tamarinde (Sauerdattel, Indische Feige)	intensiv sauer trotz hohen Zuckeranteils	in indischen Chutneys, Relishes, Currys, zu Suppen und Saucen
Thai-Basilikum (Horapa)	anis- oder lakritzartiger Geschmack, leicht süßlich	in roten und grünen Currys, thailändischen Speisen, zu gebratenem Fisch oder Fleisch, Suppen
Thymian	starkes Eigenaroma, leicht brennend, bitterer Beigeschmack	zu allen Braten und kräftigen Fleischgerichten, zu Muschel- und Fischgerichten, (Bohnen-)Suppen, Kohlgerichten, Gemüsegerichten, Wurst
Vanille	duftend aromatisch und leicht süßlich	in Süßspeisen (Kompotten, Eierkuchen, Quarkspeisen), Gebäck, Eis, aromatisiert Getränke
Wacholder (getrocknete Beeren)	leicht bitter und harzig, würzig	zu Wild, Fleisch, Sauerkraut, in Marinaden, Beizen, Fischsud
Waldmeister (Maikraut)	Waldmeistergeschmack, frisch, angenehm würzig	in Maibowle, Sirup, Eis, als Garnitur zu Süßspeisen
Wermut (Absinth, Magenkraut)	duftet aromatisch bitter	in Getränken, zu fetten gebratenen Fleischgerichten

| Zimt | würzig-süßlich | in Kuchen und Gebäck, zu Süßspeisen, Kompotten, in Currys |
| Zitronengras | kräftig-sauer, wie Zitronensaft mit Ingwer | den unteren (helleren) Teil verwenden, zu Fleisch-, Fischgerichten, Suppen, Meeresfrüchten |

Die wichtigsten Gewürzmischungen

Name	Bestandteile	Verwendung
Curry	u.a. Kurkuma, Ingwer, Kardamom, Cayennepfeffer Koriander, Paprikapulver, Nelken, Zimt, Kreuzkümmel, Bockshornklee	zu Saucen, Marinaden, Dips, Nudelgerichten, Fleisch, Geflügel und Fisch
Chinagewürz	u.a. Kurkuma, Koriander, Ingwer, Sellerie	zu chinesischen Geflügel-, Fleisch-, Nudel und Reisgerichten
Fines Herbes	u.a. Schnittlauch, Kerbel, Petersilie und Estragon	in Suppen, Saucen, Omeletts, Kräuterbutter
Kräuter der Provence (Herbes de Provence)	Thymian, Salbei, Rosmarin, Majoran, Estragon, Bohnenkraut, Lavendel, Oregano	Ratatouille, Gemüsesuppen und -eintöpfe, zu Kurzgebratenem und Gegrilltem, in Marinaden
Pizzagewürz	u.a. Oregano, Basilikum, Rosmarin, Thymian	zu Pizza, Tomatensaucen, Gemüseaufläufen
Gyros Gewürzmischung	u.a. Zwiebel, Knoblauch, Pfeffer, Koriander, Oregano, Majoran, Thymian, Paprikapulver	zu allen griechischen Fleisch- und Fischgerichten (z.B. Gyros)
Lebkuchengewürz	u.a. Kardamom, Anis, Sternanis, Zimt, Piment	zu Weihnachtsgebäck
Suppengewürz	getrocknetes Gemüse, u.a. Möhren, Sellerie, Tomaten, Porree, Zwiebeln und getrocknete Kräuter	für Brühen, Suppen, Saucen und Eintöpfe als Geschmacksgeber

Speiseöle – der feine Unterschied

Pflanzenöle enthalten gesättigte und ungesättigte Fettsäuren, die wichtig für unsere Gesundheit sind. Aber Öl ist nicht gleich Öl. Beim Kochen sollte man deshalb darauf achten, dass die verwendete Ölsorte für die Garmethode (z.B. Braten) geeignet ist. Außerdem lassen sich Öle auch durch die Art der Gewinnung qualitativ unterscheiden.

Raffinierte Öle

Der Öl-Rohstoff wird bei hohen Temperaturen gepresst. Bei der chemischen oder physikalischen Raffination gehen wertvolle sekundäre Pflanzenstoffe, geschmackliche Eigenarten und die typische Farbe verloren. Das Öl enthält kaum noch Vitamine oder andere wertvolle Inhaltsstoffe. Raffinierte Öle sind weitestgehend geschmacksneutral, von heller Farbe und können ohne Qualitätseinbußen hoch erhitzt werden.

Nichtraffinierte Öle

Die Rohware wird kalt gepresst, eine geringe Wärmezufuhr bei der Pressung bis ca. 60 °C ist möglich. Zur Steigerung der Haltbarkeit werden diese Öle teilweise gedämpft. Bei der Dämpfung werden wie bei der Raffination unerwünschte Begleitstoffe vermindert.

Kalt gepresste Öle
(Native Öle,
oft auch Bezeichnung
„aus erster Pressung")

Die ölhaltigen Bestandteile einer Pflanze werden schonend und ohne Wärmezufuhr nur durch Druck oder Reibung mechanisch zu Öl verarbeitet. Nach der Pressung erfolgt meist nur eine Filtration. Die Öle enthalten alle wertvollen Inhaltsstoffe. Der deutliche Frucht- oder Saatgeschmack, Geruch und die intensive Farbe sind charakteristisch.
Diese Öle dürfen beim Zubereiten von Speisen nicht hoch erhitzt werden, denn dann würden die gesunden Inhaltsstoffe zerstört. Außerdem können sogar schädliche Substanzen entstehen. Außerdem sollten native Öle kühl und dunkel und nicht zu lange gelagert werden.

Kernöle

Die Saat wird von der Schale befreit, dann werden die Kerne zu kaltgepresstem, nativem Öl weiterverarbeitet. Auf eine Raffination kann verzichtet werden. Wie bei nativen Ölen bleiben die Inhalts- und Geschmacksstoffe sowie die Vitamine erhalten.

Die wichtigsten Ölsorten im Überblick

Kalt gepresst	Geschmack und Verwendung
Distelöl	geschmacksneutral, zu Salaten, Dipps, Quark
Kürbiskernöl	nussig, leicht herb, intensiver Eigengeschmack, zu Salaten
Maiskeimöl	relativ geschmacksneutral, leicht süß, in Salatsaucen oder für Süßspeisen
Olivenöl	am besten „natives Olivenöl extra" oder „extra vergine" fruchtig, typisches Olivenaroma, in Salaten, durch hohen Rauchpunkt auch zum Dünsten, Schmoren und schonenden Braten
Walnussöl	lieblich nussig, zu Desserts, Kuchen, Milchspeisen, Salate
Kalt gepresst oder raffiniert	**Geschmack und Verwendung**
Erdnussöl	kalt gepresst: zarter, nussiger Geschmack raffiniert: relativ geschmacksneutral, zum Braten, Backen
Leinöl (Leinsamenöl)	kalt gepresst oder nichtraffiniert: nussig, leicht bitter, würzig, je nach Sorte zu Quark und Kartoffeln, Salaten
Rapsöl	kalt gepresst oder nichtraffiniert: relativ geschmacksneutral, je nach Sorte zum Backen, Braten, Frittieren, Dünsten
Sesamöl	kalt gepresst oder raffiniert: kräftig nussig, gelegentlich würziges Röstaroma, je nach Sorte zu Salaten, Dips, Reisgerichten oder zum Frittieren, Kochen, Braten
Sojaöl (Sojabohnenöl)	kalt gepresst oder raffiniert: relativ geschmacklos, je nach Sorte für Salate oder zum Kochen, Backen, Braten
Sonnenblumenöl (Sonnenblumenkernöl)	kalt gepresst oder raffiniert: mildes, leicht nussiges Aroma, je nach Sorte zu Salat, Saucen, Dressings oder zum Braten, Kochen, Backen
Traubenkernöl	kalt gepresst oder nichtraffiniert: je nach Sorte fein-nussig oder geschmacksneutral, zu Käse- oder frischen Blattsalaten, aber auch zum Dünsten, Kochen und Braten
Raffiniert	**Geschmack und Verwendung**
Kokos(nuss)öl, Kokosfett, Palmöl	relativ geschmacksneutral, leichte Kokosnote hocherhitzbar, zum Backen, Braten und Frittieren
Frittieröl	meist raffiniertes Oliven-, Erdnuss-, Sonnenblumen- oder Rapsöl, auch Mischungen aus diesen Sorten, zum Braten, Frittieren und zum starken Erhitzen geeignet

Die wichtigsten Essigsorten

Sorte	Geschmack und Verwendung
Apfelessig	aus frischen, vollreifen Früchten gewonnen, vergoren und anschließend naturtrüb gefüllt, als Würzmittel für Rohkostsalate, Fisch- und Geflügelgerichte, zum Beizen
Branntweinessig, weinwürziger Essig oder Tafelessig	aus reinem Alkohol, der auf der Grundlage von Zuckerrübenmelasse, Getreide oder Kartoffeln hergestellt wurde, selten zum Würzen von Speisen verwendet, eher zum Einlegen von Fleisch oder zum Einkochen
Weinessig	aus Rot- oder Weißwein hergestellter Essig, Geschmack je nach Weinsorte und -qualität
Kräuteressig	angesetzter Weinessig mit Estragon, Basilikum, Schnittlauch, Pimpernelle, Dill, Thymian, Lorbeerblatt, Pfefferkörner und Gewürznelken, Verwendung ja nach Sorte in Salaten, Dressings, Saucen
Gewürzessig	wie Kräuteressig, jedoch zusätzlich gewürzt mit z.b. Muskatnuss, Senfkörnern, Nelken, Ingwer, Pfefferkörnern, je nach Sorte zu Salaten, Saucen, zum Einkochen
Sherryessig	spanischer Weinessig, etwas saurer als Weinessig, verdünnt zu Salaten und auch Fleischgerichten
Aceto Balsamico (dunkler Weinessig)	sehr edler italienischer Weinessig, das Original trägt die Bezeichnung „Tradizionale de Modena" und „di Modena", geschmacklich von leicht bis kräftig, von fruchtig bis süß-säuerlich, zu Tomaten und Mozzarella, Salaten, Dressings, Obstsalaten, pur als Aperitif oder Digestif
Aceto Balsamico Bianco (heller Weinessig)	leichter, etwas weniger würzig als Aceto Balsamico, zu feinen Gemüsesorten und Salaten, Dressings
Reisessig	aus Reiswein oder fermentiertem Reis hergestellt, milder als normaler Wein- oder Branntweinessig, zum Würzen von Sushi-Reis, in asiatischem Salat und Gemüse

Daneben gibt es noch eine Reihe aromatisierter Essige, z.B.:

mit Blumen:	Veilchen, Rosen, Lavendel, Boretschblüten (färben blau).
mit Früchten:	Himbeeren, Birnen, Saft oder Schalen von Zitronen, Orangen
mit Honig:	eine Spezialität aus dem Elsass
mit Bier:	eine Spezialität in England und Schottland

Lexikon – Küchenbegriffe in drei Sprachen
(Deutschland/Österreich/Schweiz)

deutsch	österreichisch	schweizerisch
Apfelkuchen	Apfelkuchen	Öpfelturte
Aprikose	Marille	Aprikose (regional: Ämrich)
Arme Ritter	Pofesen, Povesen	Fotzelschnitten
Aubergine	Aubergine, Melanzani	Aubergine, Melanzani
Barsch	Kretzer	Egli (regional: Chretzer)
Bauchspeck	Bauchfleisch, Brüstl	Speck
Blaubeere, Heidelbeere	Schwarzbeere, Moosbeere	Heidelbeere, Heubeeri, Heiti
Bockwurst	Knackwurst, Knacker	Brühwurst, Cervelat
Bratenfett	Schmalz, Bratfett	Schmutz
Brathuhn (regional: Hähnchen)	Brathendl	Poulet, Güggeli
Bratkartoffeln (regional: Röster)	geröstete Erdäpfel, Braterdäpfel	Bratherdäpfel, Brothärdöpfel
Brokkoli	Brockerl	Spargelkohl
Brötchen	Semmel (regional: Weckerl)	Weggli, Semmeli
Brühwurst	Kochwürstel	Klöpfer
Butter	Butter, Teebutter	Butter, Anke, Angge
Chili, Peperoni	Pfefferoni	Chili, Peperoncini
Eigelb	Dotter	Eidotter
Eisbein (regional: Haxe)	Stelze	Gnagi, Wädli
Erdnuss	Aschanti(nuss)	Spanische Nüssli
Esskastanie	Maronen, Kästen	Maroni
Feldsalat (regional: Rapunzel)	Vogerlsalat	Nüsslisalat
Fleischbrühe	Rindssuppe	Bouillon
Fleischwurst	Extrawurst	saarländische Lyoner
Frikadelle (regional: Bulette)	faschiertes Laiberl	Hackplätzchen, Hackbifdeggli
Graubrot, Schwarzbrot	Schwarzbrot	Ruchbrot

deutsch	österreichisch	schweizerisch
Grüne Bohnen	Fisolen	Bohnen
Gurke	Gurke, Murkn	Gurke, Gugummere
Hackfleisch	Faschiertes (regional: Haschee)	Hackfleisch, Gehacktes
Hefeknödel (regional: Dampfnudel)	Germknödel	Hefechüechli, Hefeknödel
Hefeteig	Germteig	Vorteig
Hefezopf	Striezl, Butterzopf	Zopf, Züpfe
Holunder	Holler	Holder
Hörnchen	Kipferl (regional: Herndl)	Gipfeli
Hühnchen	Hendl	Mistkratzerli
Johannisbeere	Ribisel	Ribiseli, Trübeli
Karotten (regional: Möhren)	gelbe Rübe	Rüebli
Kartoffel	Erdapfel, Grundbirn	Kartoffel, Grumpere, Härdöpfel
Kartoffelpuffer, Reibekuchen	Erdapfelpuffer	Rösti, Härdöpfeltätschli
Kartoffelpüree	Erdapfelpüree	Kartoffelstock
Käse	Käse	Chäsch, Chäs
Käsesahne (Torte)	Topfentorte	Cheesecake
Keule	Schlegel	Keule, Schlegel, Stotzen
Kloß, Klößchen	Knödel, Nockerl	Knödel, Chlötz, Chügeli
Knoblauch	Knofel	Knoblauch, Knobli
Kohl	Kraut	Kabis
Kompott	Röster	Mües
Kopfsalat, grüner Salat	Häuptlsalat	Kopfsalat, Chopfsalat
Kotelett	Karree	Côtelette, Karré
Leberkäse	Leberkäs, Leberkas	Fleischkäse
Mais	Kukuruz	Mais, Türken
Mangold	Mangold	Krautstiele
Marmelade	Marmalad, Mamla(a)d	Gonfi, Gumfi, Gomfi
Paniermehl	Brösel	Paniermehl, Brösmeli
Pellkartoffeln	gekochte Erdäpfel	Geschwellti, Schelfeler

deutsch	österreichisch	schweizerisch
Petersilie	Petersil	Peterli
Pfannkuchen (regional: Eierkuchen)	Palatschinke(n)	Amelette
Pfifferling	Reherl, Eierschwammerl	Eierschwämmli, Eierschwamm
Pflaume, Zwetschge	Zwetschke	Pflaume, Zwätschge
Pflaumenmus	Powidl	Pflaumenmus, Zwetschgenmus
Plätzchen	Keks	Chrömli, Guetsli
Polenta	Maismehl	Türkenribel
Puderzucker	Staubzucker, Backzucker	Staubzucker
Quark(Käse-)kuchen	Topfenkuchen	Quarktorte
Radieschen	Radieserl	Radiesli
Rinderfilet	Lungenbraten	Rindsfilet
Rosenkohl	Kohlsprossen	Rosenkohl, Weißkohl
Rosinen	Zibeben	Weinbeere (Wyybeeri)
Rote Bete	Rote Rübe, Rohne	Rahne, Rande
Rotkohl (regional: Blaukraut)	Rotkraut, Blaukraut	Rotkraut, Rot- oder Blauchabis
Rouladen	Fleischvögerl	Fleischvögel, Fleischvogel
Sahne, sauer	Sauerrahm, Schmand	Sauerrahm, Suurrahm
Sahne, süß	Obers, Rahm	Rahm, Nidle
Schweinebraten	Schweinsbraten	Schwynsbrate, Schwiinsbratä
Spinat	Spinat	Binätsch
Tomaten	Paradeiser	Tomaten, Pelati
Walnuss	Welschnuss	Baumnuss
Weißkohl, Kohl	Kraut, Weißkraut	Weißkohl, Kabis
Wiener Würstchen	Frankfurter	Wienerli
Windbeutel	Brandteigkrapferl	Ofenchüechli
Wirsing	Kohl	Wirz
Zucchini	Kiawas	Zucchetti (gross), Zucchini (klein)
Zwiebelkuchen	Zwiebelkuchen	Bölletünne

VORSPEISEN & ANTIPASTI

Kalte Vorspeisen

Tomaten mit Mozzarella

Arbeitszeit: 15 Min.

750 g Tomaten,
250 g Mozzarella, 4 EL Olivenöl,
2-3 EL guter Balsamico, Salz,
Pfeffer, 1 Bd. Basilikum

Die Tomaten in Scheiben schneiden und auf einem flachen Teller hübsch anrichten. Mozzarella abtropfen lassen und ebenfalls in dünne Scheiben schneiden.

Über oder zwischen die Tomatenscheiben legen und mit dem verrührten Essig und Öl beträufeln. Salzen, mit Pfeffer aus der Mühle würzen und die gewaschenen Basilikumblätter darüberstreuen.

Weinblätter

Arbeitszeit: 40 Min.
Ruhezeit: 30 Min.
Garzeit: 20 Min.

1 Beutel eingelegte Weinblätter,
125 g Reis, 1 EL Öl, 1 Zwiebel,
1 Knoblauchzehe, 3 Tomaten,
1 EL gehackte Kapern,
300 g Hackfleisch (Rind, Hammel oder Lamm), ½ Bd. glatte
Petersilie, 1 TL Paprikapulver,
edelsüß, Salz, Pfeffer, 2 Zitronen

Die Weinblätter in warmem Wasser einweichen. Den Reis kochen und beiseite stellen. Zwiebeln und Knoblauch häuten und fein hacken. Die Tomaten häuten und klein schneiden. Die Petersilie klein hacken. In einer Schüssel Reis, Hackfleisch, Zwiebel, Knoblauch, Petersilie, Tomaten und Kapern mit Paprikapulver, Salz und Pfeffer gut vermischen. 30 Minuten kühl stellen. Die Weinblätter unter kaltem Wasser abspülen und auf Küchenpapier abtropfen lassen. Aus dem Fleischteig kleine Röllchen von halber Daumengröße formen. Auf jedes Weinblatt 1 Fleischröllchen legen und die Weinblätter zusammenrollen. Dazu erst die Seiten einschlagen, dann das Blatt von unten zur Spitze hin aufrollen. Das Olivenöl mit dem Zitronensaft mischen.

Die Weinblätter nebeneinander in eine flache Auflaufform legen und mit Zitronen-Öl-Mischung übergießen. Zugedeckt im Backofen bei kleiner Hitze 20 Minuten schmoren.

Oliven-Bruschetta

Arbeitszeit: 20 Min.

8 Scheiben Weißbrot, 2 Knoblauchzehen, 2 Fleischtomaten,
1 Glas schwarze, entsteinte
Oliven (200 g), 4 EL bestes
Olivenöl, 4 Anchoafilets, Salz,
Pfeffer, Basilikumblätter

Die Fleischtomaten häuten und vierteln, das Kerngehäuse entfernen und zusammen mit den schwarzen Oliven mit einem Stabmixer zu einer feinen Paste pürieren.

Das Weißbrot kross toasten, die Knoblauchzehen darauf abreiben und mit dem Olivenöl beträufeln. Anschließend die Brotscheiben mit der Olivenpaste gleichmäßig bestreichen und mit je einem gewässerten Anchoafilet belegen. Mit Salz und Pfeffer würzen und Basilikumblätter belegen.

Artischocken mit Aioli

Frische Artischocken oben bei den Blattspitzen gerade zurechtschneiden, Stielansatz unter dem Artischockenboden glatt abschneiden. Die untersten, äußeren, harten drei bis vier Blätter entfernen. Die Artischocken in Zitronenwasser abspülen. Reichlich Salzwasser zum Kochen bringen und 1 Esslöffel Öl und Zitronensaft beimengen. Die Artischocken einlegen und 40-50 Minuten kochen. Für das Aioli Mayonnaise mit Jogurt, durchgepresstem Knoblauch, Pfeffer und restlichem Zitronensaft verrühren und kühl stellen.
Die Artischocken aus dem Wasser heben, umgekehrt auf einem Sieb abtropfen lassen, die mittleren Blätter herausziehen und mit einem Löffel die Fäden *(Heu)* aus dem Inneren der Artischocke entfernen. Mittlere Blätter verkehrt aufsetzen und mit der Sauce servieren.

Arbeitszeit: 25 Min.
Garzeit: etwa 50 Min.

6-12 Artischocken, Öl, Zitronensaft, Salzwasser

2 EL Mayonnaise,
2 EL Magermilchjogurt,
2 Knoblauchzehen,
Salz, Pfeffer

Mariniertes Tunfischcarpaccio

Den Tunfisch in feine Scheiben schneiden, zwischen Klarsichtfolie legen und vorsichtig dünn klopfen. Die Folie entfernen und die Tunfischscheiben auf vier Tellern gleichmäßig verteilen. Essig, Limettensaft und Olivenöl in einer Schüssel verrühren und die vorher in feine Würfel geschnittenen Tomaten dazugeben. Das Carpaccio mit Salz und Pfeffer würzen, die Marinade gleichmäßig darüber verteilen und mit fein geschnittenen Basilikumblättern garnieren.

Arbeitszeit: 15 Min.

240 g Tunfisch,
3 EL Weißweinessig,
Saft von 1 Limette,
4 EL Olivenöl, 4 geschälte Tomaten, Salz, Pfeffer, Basilikumblätter

Avocadotaler
auf Fenchel-Orangen-Salat

Arbeitszeit: 25 Min.
Garzeit: 10 Min.

400 g gemischtes Hackfleisch (Kalb und Rind), 2 Schalotten, ½ Avocado, Salz, Pfeffer, 2-3 EL Öl zum Braten

3-4 Orangen, 2-3 Fenchelknollen, Olivenöl, Essig, Salz, Pfeffer

Die Schalotten für das Hackfleisch abziehen und klein würfeln. Die Avocado halbieren, aus der Schale heben und in sehr kleine Würfel schneiden.
Schalotten und Avocado in einer Schüssel mit dem Hackfleisch vermischen, gut salzen, pfeffern und kneten. 8 kleine flache Hacksteaks formen und in der Pfanne in Öl braten.
Für den Salat die Orangen schälen und in Scheiben schneiden, den Fenchel ebenfalls in Scheiben schneiden und beides auf den Tellern anrichten.
Aus Olivenöl, Essig, Salz und Pfeffer ein Dressing anrühren und über den Salat gießen. Die Avocadotaler daraufsetzen.

Englisches Roastbeef

Arbeitszeit: 15 Min.
Kühlzeit: 2 Std.
Garzeit: 35 Min.

1 kg Lende oder Filet vom Rinderrücken, Salz, Pfeffer, Senf, 1 Zwiebel, 80 g Öl, etwas Brühe, evtl. etwas Rotwein

Das Fleisch säubern und eventuell Sehnen entfernen. In die verbleibende Haut und Fettschicht mehrere Einschnitte machen, um ein Zusammenziehen während des Bratens zu verhindern. Das Fleisch salzen, pfeffern und mit Senf bestreichen, dann für 2 Stunden kühl stellen.
Die Zwiebel häuten und vierteln. Das Fleisch rasch in sehr heißem Öl zuerst auf der Fettseite, dann von allen Seiten anbraten. Mit der geviertelten Zwiebel für etwa 25 Minuten im vorgeheizten Backofen bei 225-250°C unter wiederholten Begießen von Eigensaft und Brühe gar schmoren. Noch 10 Minuten im abgeschalteten Backofen nachgaren lassen und zum Servieren in fingerdicke Scheiben schneiden. Nach Geschmack aus dem Bratensaft eine Sauce bereiten, indem man den Bratensatz mit etwas Rotwein oder Brühe löst, alles einmal aufkochen lässt und dann abseiht.

Matjesfilet weiß-rot

Arbeitszeit: 10 Min.
Ruhezeit: 1 Std.

12 Matjesfilets, ½ l Buttermilch, 500 g Naturjogurt, 1 Bd. Dill, 2-3 EL mittelscharfer Senf, Saft einer Zitrone, Salz, Pfeffer, Zucker, Worcestersauce, Rote Bete aus dem Glas

Die gewaschenen, gut abgetropften Matjesfilets in einem geeigneten Gefäß mit Buttermilch für 1 Stunde ziehen lassen. Jogurt, fein gehackten Dill, Senf und Zitronensaft in einer Schüssel glatt rühren, mit Salz, Pfeffer und Zucker würzen und mit Worcestersauce nach Belieben verfeinern. Matjesfilet aus der Buttermilch nehmen, in 2-3 cm große Stücke schneiden und unter die Dillsauce geben. Mit der in Scheiben geschnittenen Rote Bete auf Tellern anrichten.

Lachs auf Brunnenkresse mit Apfelmeerrettich

Den Apfel fein raspeln und mit Zitronensaft beträufeln. Die Zwiebel fein schneiden, mit dem Apfel, Honig, Crème fraîche und Sahnemeerrettich mischen, anschließend mit Salz und Pfeffer würzen. Die Brunnenkresse waschen und in einem Sieb abtropfen lassen, mit Essig und Olivenöl marinieren und mit Salz und Pfeffer abschmecken. Den Graved Lachs auf 4 Tellern verteilen und mit der Brunnenkresse und dem Apfelmeerrettich dekorativ anrichten.

Arbeitszeit: 10 Min.

1 säuerlicher Apfel (z. B. Granny Smith), Saft einer Zitrone, 1 rote Zwiebel, 1 TL Honig, 1 Becher Crème fraîche, 2 EL Sahne-meerrettich, Salz, Pfeffer, 200 g Brunnenkresse, 1 EL Balsamico, 2 EL Olivenöl, 400 g Graved Lachs in Scheiben

Weißes Spargelmousse mit Kaviargurken

Den Spargel schälen, die Enden abschneiden und die Schalen in 1 Liter Wasser mit Salz und Zucker 15 Minuten sieden lassen. Danach die Schalen entfernen, den Spargel hinzugeben und 10 Minuten weich kochen. Anschließend den Spargel mit 300 ml Spargelfond und der Butter in einem Mixer fein pürieren. Die bereits eingeweichte Gelatine dazugeben und alles durch ein feines Sieb gießen. Die Creme abschmecken und abkühlen lassen. Sobald die Masse zu gelieren beginnt, die steif geschlagene Sahne unterheben und die Mousse in kleine Förmchen füllen. Mindestens 3 Stunden kalt stellen. Die geschälte Gurke in feine Streifen hobeln, mit Salz und Pfeffer würzen und mit dem Zitronensaft marinieren. Das Spargelmousse auf 4 Teller stürzen, mit den Gurkenstreifen anrichten und dem Keta-Kaviar dekorieren.

Zubereitung: 30 Min.
Ruhezeit: 3 Std.

500 g Spargel,
300 ml Spargelfond,
5 Blatt Gelatine, 20 g kalte Butter, 200 ml geschlagene Sahne, 1 Salatgurke, Salz, Pfeffer, Zucker,
Saft von ½ Zitrone,
50 g Keta-Kaviar

Warme Vorspeisen

Pikante Steinpilz-Waffeln

Arbeitszeit: 20 Min.
Ruhezeit: 10 Min.

3 Eier, 120 g Margarine,
150 ml Buttermilch, 1 TL Majoran gerebelt, Salz, Muskatnuss,
Pfeffer, 200 g Mehl, 1 EL Steinpilzmehl (Gewürzregal),
1 Pck. Backpulver, etwas Öl
für das Waffeleisen

außerdem: Waffeleisen

Eier, Margarine, Buttermilch und Majoran in eine Schüssel
geben und mit dem Handrührgerät 5 Minuten schaumig
rühren. Die Masse mit Salz, Muskatnuss und Pfeffer würzen.
Mehl, Steinpilzmehl und Backpulver mischen, dazugeben
und langsam unterrühren. Danach den Waffelteig 10 Minuten quellen lassen.
Inzwischen das Waffeleisen erhitzen, mit Öl einpinseln und
den Teig portionsweise in 3-4 Minuten goldbraun ausbacken. Dazu passt frischer Kräuterquark.

Polenta-Pilz-Pancakes

Zubereitung: 20 Min.
Ruhezeit: 15 Min.

75 g Polenta, 50 g Weizenmehl,
375 ml Milch, 2 EL Olivenöl,
2 Eier (Kl. M), Salz, 1 Prise Zucker, Pfeffer, 1 Zweig Rosmarin,
300 g gemischte Pilze der Saison

Polenta und Weizenmehl in einer Schüssel mit Milch und
Olivenöl glatt rühren und 15 Minuten quellen lassen.
Zwischenzeitlich die Eier trennen und die Eiweiße mit
1 Prise Salz und 1 Prise Zucker steif schlagen. Die Eigelbe
unter die Mehlmasse rühren und danach den Eischnee
vorsichtig unterheben.
Die Pilze putzen, in Stücke schneiden und in einer Pfanne
mit Olivenöl kurz anbraten. Mit Salz, Pfeffer und fein
gehackten Rosmarin würzen und anschließend auf einen
Teller mit Küchenpapier kurz abtropfen lassen.

Die Pilze unter den Teig mischen und dann die Pancakes in einer kleinen beschichteten Pfanne mit etwas Öl einzeln goldbraun ausbacken.

Champignons, gefüllt

Die Champignons putzen, Stiele vorsichtig herausdrehen und beiseite stellen. Die Champignonköpfe mit Zitronensaft, 1 Prise Salz und der Butter zugedeckt 15 Minuten dünsten. Inzwischen aus Butter, Mehl und Milch, Ei und 1 Teelöffel Parmesan eine Béchamelsauce (Anleitung s. S. 101) kochen. Für die Füllung Champignonstiele fein hacken, mit Petersilie und fein gewürfelter Zwiebel in Butter andünsten. Fein geschnittenen Schinken, Paniermehl dazugeben, dann 3 Esslöffel der Béchamelsauce unter die Füllung rühren und mit Salz und Pfeffer abschmecken. Die Champignonköpfe in eine Form legen und die Füllung möglichst hoch hineinfüllen. Die restliche Béchamelsauce mit Sahne, Salz und Muskat abschmecken, über die Champignons gießen und mit Parmesan und Paniermehl bestreuen. Mit einem nussgroßen Stück Butter kurz im Backofen goldgelb gratinieren.

Arbeitszeit: 25 Min.
Garzeit: etwa 25 Min.

8 große Champignons, Zitronensaft, Salz, 50 g Butter

für die Béchamelsauce und zum Gratinieren:
20 g Butter, 20 g Mehl, ¼ l Milch, 1 Ei, 2 TL Parmesan, 125 ml Sahne, Muskat, 1 EL Paniermehl, Salz, 1 nussgroßes Stück Butter

für die Füllung:
Stiele der Champignons, etwas gehackte Petersilie, 1 kleine Zwiebel, 60 g Butter, 100 g Schinken, 1 EL Paniermehl, Salz, Pfeffer

Panierter Sellerie mit Kräutersojade

Den Sellerie schälen und in 1 cm breite Scheiben schneiden. In einem Topf mit Salzwasser 5 Minuten blanchieren, abgießen und in kaltem Wasser abschrecken. Die Selleriescheiben einzeln in Mehl wenden, durch verquirltes Ei ziehen und in Paniermehl wenden. In einer Pfanne mit Butterschmalz 4-5 Minuten goldbraun anbraten, herausnehmen und auf Küchenpapier abtropfen lassen. Die Gartenkräuter fein hacken und mit der Sojade in einer Schüssel mischen. Mit Salz, Pfeffer, Paprikapulver und der Sesampaste würzen und zu den Selleriescheiben servieren.

Arbeitszeit: 20 Min.
Garzeit: 10 Min.

1 Knollensellerie (ca. 900 g), Salz, 4 EL Mehl, 2 Eier, 200 g Paniermehl, 100 g Butterschmalz, 1 Bd. gemischte Gartenkräuter, 400 g Sojade (Reformhaus), Salz, Pfeffer, ½ TL Paprikapulver, 1 EL Sesampaste/Tahin (Reformhaus)

Gratinierte Feigen mit Gorgonzola

Die Feigen kreuzförmig einschneiden und in eine Auflaufform setzen. Den Gorgonzola über die Feigen zerbröckeln und mit Olivenöl und Ahornsirup beträufeln. Anschließend mit rosa Pfeffer und wenig Salz würzen und mit Haselnusskrokant bestreuen. Im vorgeheizten Backofen auf Grillfunktion 5-6 Minuten gratinieren und mit Baguette servieren.

Arbeitszeit: 15 Min.
Garzeit: 5-6 Min.

8 reife Feigen, 100 g Gorgonzola, 2 EL Olivenöl, 2 EL Ahornsirup, ½ TL rosa Pfeffer, Salz, 2 EL Haselnusskrokant

Schnelle Crostini

Arbeitszeit: 25 Min.
Backzeit: gesamt 25 Min.

12 Scheiben Weißbrot

1 grüne Paprikaschote,
500 g gemischtes Hackfleisch,
2 EL Paniermehl, Pfeffer,
Paprikapulver, Knoblauchsalz,
1 Prise Chilipulver, 200 g junger
Gouda, 150 g gekochter Schinken, 1 kleines Glas Kapern,
12 Scheiben Salami

außerdem: Backpapier

Paprika klein würfeln, Käse und Schinken in kleine Würfel schneiden und in eine Schüssel geben. Mit Hackfleisch, Paniermehl und Kapern gut vermengen. Anschließend mit Salz, Pfeffer, Paprikapulver und Chili würzig abschmecken. Das Weißbrot auf ein mit Backpapier belegtes Blech legen und mit der angemachten Hackmasse bestreichen. Für etwa 25 Minuten bei mittlerer Hitze im Backofen backen, bis das Gehackte knusprig braun ist. Kurz vor dem Ende der Garzeit die Salamischeiben auf das Weißbrot legen.

Kartoffelpuffer mit Lachs

Arbeitszeit: 40 Min.
Garzeit: gesamt etwa 15 Min.

1 Pck. Kloßteig halb und halb,
2 kleine Zwiebeln, 2 Eier,
Salz, Pfeffer, 8 Scheiben
Räucherlachs, je 2 EL scharfer
Senf und Kräutersenf, Zitronen-
saft, 1 Bd. Dill oder Kerbel,
Butterschmalz zum Braten

Kloßteig in eine Schüssel geben. Die Zwiebeln schälen und fein hacken und unter die Kartoffelmasse mischen. Dann mit Ei, Salz und Pfeffer gut verrühren.
Das Butterschmalz in einer flachen Pfanne erhitzen, jeweils 2 Esslöffel Teig in das heiße Fett geben und flach drücken. Die Puffer bei mittlerer Temperatur auf jeder Seite etwa 4 Minuten braten, bis sie goldbraun sind.
Für die Sauce die Senfsorten mit Zitronensaft verrühren.
Den Lachs in Streifen schneiden, über die Puffer geben und mit Sauce beträufeln. Dill oder Kerbel abbrausen, trocken schütteln, die Blättchen abzupfen und darüberstreuen.

Kartoffel-Apfelrösti mit Blutwurst und Kressedip

Arbeitszeit: 30 Min.
Garzeit: 10 Min.

2 Äpfel (z. B. Boskop), 300 g
Kartoffeln (vorwiegend festkochend), Salz, Pfeffer, Muskat,
1 TL Majoran, 1 Blutwurst (ca.
200 g), 100 g Butterschmalz,
1 Becher Sauerrahm, 1 Spritzer
Zitronensaft, 1 Schälchen
Gartenkresse

Die Äpfel vierteln und das Kerngehäuse entfernen.
Kartoffeln schälen und zusammen mit den Äpfeln auf einer Gemüsereibe grob raspeln.
Danach die Röstimasse in ein Sieb geben, fest ausdrücken und mit Salz, Pfeffer, Muskat und Majoran würzen.
Die Blutwurst enthäuten, in grobe Würfel schneiden und mit der Röstimasse mischen. In einer Pfanne das Butter-schmalz erhitzen, die Masse mit einem Esslöffel portions-weise hineingeben und die Rösti bei mittlerer Hitze 4-5 Minuten von jeder Seite goldbraun anbraten.
Für den Dip den Sauerrahm mit einem Rührgerät glatt rüh-ren und mit Salz, Pfeffer und einem Spritzer Zitronensaft abschmecken. Die Rösti auf Teller verteilen, mit dem Dip verfeinern und frischer Gartenkresse bestreuen.

Vietnamesische Frühlingsrollen

Das Fleisch fein hacken. Die Sojabohnenkeimlinge abtropfen lassen und nicht zu klein schneiden. Alles mit Zucker, Sojasauce, Reiswein und Pfeffer vermengen. Für den Dip den Ingwer schälen und fein hacken. Die Frühlingszwiebeln putzen und fein würfeln. Mit Sojasauce verrühren und in 4 Portionsschalen füllen. Ein feuchtes Küchentuch auf die Arbeitsfläche legen, je ein Reispapierblatt in kaltes Wasser tauchen, darauflegen und jeweils 2 Esslöffel Fleischteig auf die Mitte setzen. Die Seiten einschlagen und das Reispapier aufrollen. Die Ränder dabei fest zukleben, eventuell etwas Wasser nachpinseln. Das Öl im Wok zum Sieden bringen, die Frühlingsrollen darin schwimmend in 3-4 Minuten goldgelb frittieren, dann abtropfen und zum Dip genießen.

Arbeitszeit: 20 Min.
Garzeit: gesamt ca. 30 Min.

Je 200 g Schnitzelfleisch von der Pute und vom Schwein, 100 g Sojabohnenkeimlinge (Glas), 1 TL Zucker, 1 EL Sojasauce, 1 EL Reiswein, schwarzer Pfeffer, 20-24 Reispapierblätter, 1 l Pflanzenöl zum Frittieren

für den Dip:
1 kleine Ingwerwurzel, 2 Frühlingszwiebeln, Sojasauce nach Belieben

Garnelen Wan Tan

Wan Tan Blätter auftauen und mit einem feuchten Tuch abdecken. Die rohen Garnelen mit Chili, Koriander, Ingwer, Frühlingszwiebeln und dem Ei in einem Mixer grob zerkleinern. Je 1 Teelöffel der Masse auf ein Wan Tan Blatt verteilen und mit verquirltem Ei die Kanten einstreichen. Dann die einzelnen Blätter zu einem Dreieck zusammenfalten und die Kanten fest andrücken. Die Fritteuse auf 180 °C vorheizen und die Wan Tan 5-6 Minuten goldbraun frittieren, auf Küchenpapier abtropfen lassen und sofort servieren. Reichen Sie dazu eine Marinade aus Sojasauce, fein gehackten Chili, Ingwer, Limettensaft und Erdnussöl.

Arbeitszeit: 20 Min.
Garzeit: 10 Min.

20-30 Wan Tan Blätter (TK), 600 g rohe, geschälte TK-Garnelen (aufgetaut), 1 Chili, ½ Bd. Koriander, ½ TL frisch geriebenen Ingwer, 3 Frühlingszwiebeln, 2 Eier

Jakobsmuscheln mit Orangen-Chicorée

Arbeitszeit: 20 Min.
Garzeit: 10 Min.

2 Orangen, 4 Chicorée,
12 Jakobsmuscheln ausgelöst
(ersatzweise tiefgekühlt),
2 EL Olivenöl, Salz, Pfeffer,
1 Prise Zucker, 50 g eiskalte
Butterflocken, Thai-Basilikum

Die Orangen schälen, filetieren und mit dem Saft in einer Schüssel zur Seite stellen. Chicorée lauwarm waschen, abtropfen lassen und in Streifen schneiden. Jakobsmuscheln abwaschen, trocken tupfen und in einer heißen Pfanne mit Olivenöl 2-3 Minuten von jeder Seite goldbraun anbraten und herausnehmen. Chicorée in die Pfanne geben, mit Salz, Pfeffer und Zucker würzen und den Orangenfilets aufgießen. Die Flüssigkeit nach und nach mit den kalten Butterflocken binden und danach den Chicorée auf Teller anrichten. Die Jakobsmuscheln verteilen, leicht mit Salz und Pfeffer würzen und mit Thai-Basilikum garnieren.

Couscous „Marokkanische Art"

Arbeitszeit: 30 Min.
Ruhezeit: 10 Min.

400 g Couscous, 2 EL Olivenöl,
400 ml Gemüsebrühe, 2 rote
Spitzpaprika, 2 gelbe Spitzpaprika, 2 kleine Zwiebeln, Salz,
Pfeffer, ½ TL Harissa, 1 Msp.
Kreuzkümmelpulver, 50 g eingeweichte Rosinen, 50 g Pinienkerne, ½ Bd. Koriander

Den Couscous in eine Glasschüssel geben, mit 1 Esslöffel Olivenöl mischen und kochender Gemüsebrühe übergießen. Anschließend zugedeckt 10 Minuten quellen lassen. Paprika waschen, halbieren, das Kerngehäuse entfernen und zusammen mit den Zwiebeln achteln.
In einer Pfanne mit dem restlichen Olivenöl farblos anbraten und mit Salz, Pfeffer, Harissa und Kreuzkümmelpulver würzen. Die Rosinen untermischen und zugedeckt 5 Minuten dünsten lassen. Pinienkerne in einer Pfanne ohne Öl bei mittlerer Hitze goldbraun rösten. Den Couscous auf einem Teller anrichten und das Gemüse in der Mitte dekorieren.

Zum Schluss mit den Pinienkernen und dem zuvor gehackten Koriandergrün bestreuen.

Tiroler Knödel

Die Brötchen in kleine Würfel schneiden. Den Speck würfeln, anschwitzen und zu den Brötchenwürfeln geben. Das mit Milch verquirlte Ei dazugeben, gut durchmischen, mit Salz und Pfeffer würzen. Ruhen lassen, bis die Würfel feuchtweich sind. Das Mehl und das klein gehackte Räucherfleisch daruntermischen. Klößchen formen und in der kochenden Fleischbrühe 10 Minuten ziehen lassen.

Arbeitszeit: 15 Min.
Garzeit: 10 Min.

2 altbackene Brötchen, 100 g Speck, 3 EL Milch, 1 Ei, Salz, weißer Pfeffer, 50 g Mehl, 100 g mageres gekochtes Räucherfleisch (Speck oder Räucherschinken)

Crunchige Geflügelleber auf roten Linsen

Die Linsen gründlich waschen und durch ein feines Sieb gießen. Schalotte schälen und fein hacken. In einem Topf mit Butterschmalz die Schalotte farblos anschwitzen, Linsen, Lorbeerblatt und Thymianzweig dazugeben und mit Geflügelfond aufgießen. Bei schwacher Hitze 10 Minuten garen, anschließend mit Salz und Pfeffer würzen und mit Essig und Olivenöl verfeinern.
Die Geflügelleber in verquirltem Ei wenden und danach mit zerbröselten Maisflakes panieren. Die Leber in einer heißen Pfanne mit Butterschmalz je nach Größe 2-3 Minuten von jeder Seite knusprig anbraten. Zum Schluss mit den warmen Linsen anrichten und sofort servieren.

Arbeitszeit: 30 Min.
Garzeit: 15 Min.

200 g rote Linsen, 1 Schalotte, 1 Lorbeerblatt, 1 Thymianzweig, 300 ml Geflügelfond, Salz, Pfeffer, 2 EL Balsamicoessig, 2 EL Olivenöl, 250 g Geflügelleber (küchenfertig), 1 Ei, 100 g Maisflakes, 100 g Butterschmalz

Gratinierte Zucchinischiffchen mit Feta

Die Zucchini der Länge nach halbieren und mit einem Teelöffel aushöhlen. Pinienkerne in einer Pfanne mit Öl kurz goldbraun anbraten und in ein Sieb gießen. Getrocknete Tomaten in Würfel schneiden und den Thymian fein hacken. In einer Schüssel den zerbröckelten Feta mit Pinienkernen, getrockneten Tomaten, Thymian und Olivenöl mischen und mit Salz und Pfeffer würzen. Die Zucchinischiffchen in eine Auflaufform legen, mit Pesto bestreichen und der Käsemischung gleichmäßig füllen. Mit der Gemüsebrühe aufgießen und für ca. 20 Minuten bei 200 °C (Umluft 180 °C) im Backofen garen und warm servieren.

Zubereitung: 15 Min.
Garzeit: 20 Min.

2 mittelgroße Zucchini, 50 g Pinienkerne, 50 g getrockneten Tomaten, 2 Thymianzweige, 2 EL Olivenöl, 250 g Fetakäse, 1 EL Pesto (aus dem Glas), 100 ml Gemüsebrühe, Salz, Pfeffer

SUSHI & SASHIMI

Eine japanische Weisheit lautet:
Die beste Art einen Fisch zu kochen
ist ihn überhaupt nicht zu kochen.

Sushi-Reis (Grundrezept)

Arbeitszeit: 20 Min.
Garzeit: 20 Min.
Abkühlzeit: 10 Min.

175 g Sushi-Reis, 1 TL Salz,
2 EL japanischer Reisessig,
1 EL Mirin (süßer Reiswein)

Reis in einem Sieb gründlich waschen und gut abgetropft in einen Topf mit 350 ml Wasser geben. Den Reis einmal kurz aufkochen, dann bei mittlerer Hitze 20 Minuten zugedeckt ausquellen lassen. Anschließend in eine vorher ausgespülte Porzellan- oder Holzschüssel geben und mit Salz, Reisessig und Mirin würzen. Mit einem großen Holzlöffel den Reis durch ständiges Umstechen so schnell wie möglich abkühlen (nicht rühren!).

TIPP   *Den Reis bis zur Verwendung mit einem feuchten Tuch abdecken, damit er nicht austrocknet.*

Nigiri-Sushi

Arbeitszeit: 30 Min.
Ruhezeit: 10 Min.
Vorbereitungszeit: 40 Min. für den Sushi-Reis

200 g Lachsfilet, 200 g Tunfisch,
16 geschälte Garnelen ohne Kopf, 1 TL Sojasauce,
400 g fertiger Sushi-Reis,
Wasabi-Paste, ½ Noriblatt

Lachs- und Tunfischfilet mit einem scharfen Messer schräg in 2 cm dünne Scheiben schneiden. Die Garnelen mit etwas Sojasauce marinieren und 10 Minuten ziehen lassen, danach längs aufschneiden und flach drücken. Den Sushi-Reis zu länglichen Röllchen formen, den jeweiligen Belag dünn mit wenig Wasabi-Paste bestreichen, auf den Reis legen und gut andrücken. Das Noriblatt in dünne Streifen schneiden und die Sushi damit fest umwickeln.

Maki-Sushi

Arbeitszeit: 30 Min.
Vorbereitungszeit: 40 Min. für den Sushi-Reis

4 Noriblätter, 100 g Salatgurke,
100 g frisches Lachsfilet,
1 TL Wasabi-Paste (grüner Meerrettich), 400 g fertiger Sushi-Reis (s. Grundrezept)

außerdem: Bambusmatte zum Rollen

Die Noriblätter und die Gurke längs halbieren, bei der Gurke das Kerngehäuse entfernen. Lachs und Gurke in 8 cm lange, schmale Streifen schneiden. Den Reis mit angefeuchteten Händen in 8 Portionen aufteilen. Auf eine Bambusmatte je ein halbes Noriblatt quer legen, 1 Portion Reis darauf verteilen und flach drücken. Wasabi-Paste dünn daraufstreichen und mit je einem Lachs- und einem Gurkenstreifen belegen. Die Füllung mit den Händen festhalten, die Bambusmatte nach vorne klappen, aufrollen und fest zu einer Rolle zusammendrücken. Matte zurückschlagen und die Sushirolle am Ende andrücken. Mit einem angefeuchteten, scharfen Messer in 6 gleichmäßige Rollen schneiden. Diesen Vorgang wiederholen, bis alle Zutaten verarbeitet sind. Mit eingelegtem Ingwer und Sojasauce servieren.

California-Maki

Die Bambusmatte mit dem Noriblatt belegen und 250 g von dem fertigen Sushi-Reis gleichmäßig darauf verteilen. Mit Klarsichtfolie abdecken, vorsichtig umdrehen und nun mit der Folie nach unten auf die Bambusmatte legen. Anschließend dünn mit Wasabi bestreichen und eine zweite Schicht mit 150 g Sushi-Reis darauf verteilen. Surimi und in Spalten geschnittene Avocado damit belegen.
Die Füllung etwas festhalten, die Bambusmatte nach vorne klappen, aufrollen und fest zu einer Rolle zusammendrücken. Folie vorsichtig lösen. Zum Schluss die Rolle in geröstetem Sesam wälzen und mit einem scharfen, angefeuchteten Messer in 8 Portionen schneiden. Mit eingelegtem Ingwer, Sojasauce und Wasabi servieren.

Arbeitszeit: 45 Min.
Vorbereitungszeit: 40 Min.
für den Sushi-Reis

1 Noriblatt, 400 g fertiger Sushi-Reis, 1 Msp. Wasabi, 2 Surimi, 1 Avocado, 50 g gerösteter Sesam

eingelegter Ingwer, Sojasauce, Wasabi

außerdem: Bambusmatte zum Rollen

Sashimi

Fischfilet auf eine Arbeitsplatte legen und mit einem scharfen Messer in leicht schräge, hauchdünne Scheiben schneiden. Fisch auf einigen Tellern dekorativ anrichten und mit eingelegtem Ingwer und Sojasauce servieren.

Arbeitszeit: 10 Min.

400 g extra frisches Fischfilet (z.B. Tunfisch, Lachs, Barsch)

eingelegter Ingwer, Sojasauce

SALATE

Kalte Salate

Salate richtig vorbereiten

Feldsalat

Den Feldsalat verlesen, gründlich waschen und abtropfen lassen. Marinade erst kurz vor dem Servieren darübergießen, sonst fallen die zarten Blättchen zusammen.

Endiviensalat

Die äußeren harten Blätter und die Wurzelreste entfernen. Die übrigen Blätter waschen, fest zusammenfassen und in feine Streifen schneiden. Dazu passt ein Essig-Öl-Dressing, das mit etwas Zucker abgeschmeckt wird.

Kopfsalat

Die äußeren Blätter entfernen, die inneren Blätter vom Strunk lösen und größere Blätter mit dem Messer teilen. Anschließend Salat gut waschen und abtropfen lassen oder in der Salatschleuder trocknen. Erst unmittelbar vor dem Servieren mit einem Dressing vermengen.

Radicchiosalat

Die Wurzeln abschneiden, säubern, die roten Blättchen ganz vom Strunk trennen. Kräftig waschen, ausschwenken und eventuell in der Salatschleuder trocknen.

Chicoréesalat

Die äußeren Blätter entfernen, den unteren Teil abschneiden und den bitteren Kern (Strunk) mit einem spitzen Messer herausschneiden. Gut waschen, in feine Ringe schneiden. Dann gut ausschwenken und mit der gewünschten Marinade anmachen. Man kann klein geschnittene Mandarinenspalten oder Orangenfilets daruntermischen.

Wilde Salatsorten

Wilde Salatsorten sind z. B. Feldsalat (Rapunzelsalat), junge Löwenzahnblätter, Sauerampfer, Kapuziner- oder Brunnenkresse. Die Blättchen gründlich waschen, ausschwenken und erst unmittelbar vor dem Anrichten anmachen.

Frühlingssalat mit Radieschen

Den Kopfsalat waschen und zerkleinern, die Radieschen in feine Scheiben schneiden. Die Tomaten achteln, die Gurke in Würfel schneiden. Kräuter waschen, trocken schütteln und hacken und mit dem Salat, den Tomaten- und Gurkenstücken in eine Salatschüssel geben. In einer kleinen Schüssel Essig oder Zitronensaft mit Salz und Pfeffer gut verrühren. Wenn sich das Salz aufgelöst hat, das Öl einrühren, so wird die Sauce schön sämig. Zum Schluss die fein gehackte Zwiebel zugeben. Kurz vor dem Servieren die Sauce über den Salat gießen und alles gut vermischen.

Arbeitszeit: 15-20 Min.

1 Kopfsalat, 1 Bd. Radieschen, 2 Tomaten, ½ Salatgurke, je ein paar Zweige Petersilie, Schnittlauch und Dill, 1 kleine Zwiebel, 1-2 EL Essig oder Zitronensaft, Salz, weißer Pfeffer, 2-3 EL Öl

Radieschen- und Rettichsalat

Rote, braune oder weiße Radieschen (oder Rettiche) putzen und waschen. In Scheiben schneiden oder hobeln, mit Salz bestreuen, einige Zeit ziehen lassen. Das sich bildende Wasser abgießen und den Salat mit Essig, Öl und etwas Kümmel anmachen.

Arbeitszeit: 15 Min.
Ruhezeit: 15 Min.

Radieschen oder Rettiche, Salz, Essig, Öl, Kümmel

Römischer Salat mit Roquefortdressing

Vom römischen Salat nur die inneren zarten Blätter verwenden, waschen, gut abtropfen lassen, zerkleinern. Aus den übrigen Zutaten ein dickflüssiges Roquefortdressing bereiten. Den Salat in die Schüssel geben und mit der Salatsauce übergießen. Einmal durchwenden und sofort servieren.

Arbeitszeit: 20 Min.

1 Staude römischer Salat (Lattich), 60 g Roquefort, 2½ EL Essig, 1 EL Olivenöl, Salz

Gurkensalat

Arbeitszeit: 20 Min.

1 Salatgurke, Salz, Pfeffer, Paprikapulver, Öl, Weinessig oder Saft von ½ Zitrone, Knoblauch, 1 EL frisch gehackter Schnittlauch oder Dill

Die Salatgurke kurz vor dem Anrichten von der Spitze zum Stiel schälen, fein hobeln, leicht salzen, etwas ruhen lassen, nicht ausdrücken, sondern nur aus dem Gurkenwasser herausnehmen.

Unmittelbar vor dem Servieren mit Öl begießen und mit Weinessig oder Zitronensaft ansäuern. Mit etwas Knoblauch und Pfeffer würzen, fein geschnittenen Schnittlauch oder Dill nach Geschmack beifügen. Mit Pfeffer oder Paprikapulver bestreuen.

Spinatsalat mit Hähnchenbrustfilet und Parmaschinken

Arbeitszeit: 20 Min.

125 g junger Spinat, 75 g Radicchio, 125 g Hähnchenbrustfilet, 50 g Champignons, 50 g Parmaschinken (dünn geschnitten), 2 EL Olivenöl, 1 EL Weißweinessig, abgeriebene Schale und Saft von 1 Orange, 1 EL Naturjogurt, Salz, Pfeffer

Spinat waschen, Radicchio in mundgerechte Stücke schneiden, kurz in lauwarmes Wasser legen und anschließend trocken schleudern. Hähnchenbrustfilets in Streifen schneiden, mit Salz, Pfeffer und Thymian würzen und in einer Pfanne 3-4 Minuten goldbraun anbraten. Den Parmaschinken halbieren und in derselben Pfanne mit Olivenöl kross braten. Champignons putzen und in dünne Scheiben hobeln.

Für das Dressing Olivenöl, Weißweinessig, Orangenabrieb, Orangensaft und Jogurt glatt rühren, mit Salz und Pfeffer würzen und über den Salat gießen. Gut durchmischen, auf Teller verteilen und servieren.

Herzhafter Krautsalat

Weißkohl putzen (äußere Blätter und Strunk entfernen), feinstreifig schneiden, in Salzwasser mit etwas Kümmel, Majoran, einer Prise Zucker und etwas Essig einige Minuten kochen, dann zugedeckt ziehen lassen. Gut abtropfen lassen und noch heiß mit gekochtem Essig (und einer Spur Zucker) und Öl anrichten, zum Schluss kleinwürfelig geschnittenen Räucherspeck, den man bei geringer Hitze glasig dünstet oder knusprig braun anbrät, daraufstreuen.

Arbeitszeit: 40 Min.
Ruhezeit: 20 Min.

1 kleiner Weißkohlkopf
(500-700 g), Salz, Zucker,
1 TL Essig, ½ TL Kümmel,
Majoran, 3 EL Öl,
Räucherspeck

Rotkohlsalat

Die äußeren Blätter entfernen und nur die zarteren, inneren Blätter verwenden, die dickeren Rippen herausschneiden, dann die Blätter in sehr feine Streifen schneiden. Mit Salz vermischen und eine Zeit lang zugedeckt ziehen lassen. Dann auspressen. Den Speck klein würfeln, in 2 Esslöffel Öl leicht anbraten. Das Kraut dazugeben, Weißwein angießen und das Kraut unter fortwährendem Umrühren bissfest dünsten. Dann mit Salz, Pfeffer, einer Prise Zucker, Essig und Öl abschmecken und kalt servieren.

Arbeitszeit: 40 Min.

1 kg Rotkohl, 125 g Speck,
2 EL Öl, ½ Glas Weißwein,
Salz, Pfeffer, 1 Prise Zucker,
etwas Essig, Öl

Chinakohlsalat

Chinakohl in feine Streifen schneiden, waschen und gut abtropfen lassen. Aus den restlichen Zutaten ein Dressing anrühren und die Kohlstreifen kurz darin ziehen lassen.

Arbeitszeit: 15 Min.
Ruhezeit: 10-20 Min.

1 kg Chinakohl, 2 EL Essig,
2 EL Öl, Salz, Pfeffer

Karottensalat

Die Karotten und Äpfel schälen, entkernen und fein reiben. Mit dem Zitrussaft vermischen, mit Puderzucker und Salz abschmecken und mit Zitronen- und Orangenabrieb verfeinern. Im Kühlschrank eine Zeit lang ziehen lassen.

Arbeitszeit: 20 Min.
Ruhezeit: 30 Min.

400 g Karotten, 2 Äpfel,
Saft und Schale von 1 Orange
und 1 Zitrone, Puderzucker, Salz

Pikanter Tomatensalat

Nur feste und reife Freilandtomaten zum Salat verwenden. Die Tomaten waschen, den Stielansatz ausschneiden, unten einritzen, einige Sekunden in kochendes Wasser geben, sofort kalt abschrecken und schälen. In Scheiben oder Spalten schneiden, mit Pfeffer, Salz, Zucker, gehackter Petersilie, Essig und Öl und der gehackten Zwiebel pikant anmachen.

Arbeitszeit: 35 Min.

6-8 Tomaten, Salz,
1 Prise Zucker, Pfeffer,
Petersilie, Essig, Öl, 1 Zwiebel

Maissalat

Arbeitszeit: 10 Min.
Ruhezeit: 1 Std.

1 Dose Mais, 1 EL Weinessig,
1 EL scharfer Senf, Salz,
3 EL Öl, Petersilie

Die Maiskörner gut abtropfen lassen. Essig mit Senf und Salz verrühren und das Öl unter Schlagen mit dem Schneebesen einrühren und mit den Maiskörnern vermischen. 1 Stunde ziehen lassen. Mit gehackter Petersilie bestreut servieren.

Paprikasalat

Arbeitszeit: 10 Min.
Ruhezeit: 20 Min.

Je 1 grüne und rote
Paprikaschote, Salz, Essig,
Öl, Pfeffer, 1 Zwiebel

Paprikaschoten von Stiel, Kernen und Scheidewänden säubern, waschen und in feine Streifen schneiden. Mit Salz gemischt eine Zeit lang ziehen lassen, auspressen und mit Essig, Pfeffer und Öl anmachen. Eventuell in Streifen geschnittene Zwiebel dazugeben.

Rucolasalat mit Parmesanspänen

Arbeitszeit: 30 Min.

400 g Rucola, 200 g Kirschtomaten, 50 g Sonnenblumenkerne, 50 g Parmesanspäne,
3 EL Balsamicoessig, 4 EL feinstes
Olivenöl, Salz, Pfeffer,
½ TL Dijonsenf

Den Rucola gründlich waschen und trocken schleudern, die Kirschtomaten waschen und halbieren. Die Sonnenblumenkerne in einer beschichteten Pfanne ohne Öl goldbraun rösten. In einer Schüssel Balsamicoessig, Olivenöl, Dijonsenf, Salz und Pfeffer mit einem Schneebesen verrühren. Rucola und Tomaten darin marinieren. Den angemachten Salat auf Teller verteilen und mit Parmesanspänen bestreuen.

Grüne-Bohnen-Salat

Arbeitszeit: 30 Min.

500 g grüne Bohnen, Öl,
Pfeffer, Essig, Salz, 1 Prise
Zucker, Dillkraut, Zwiebel

Die grünen Bohnen abziehen, waschen, in 4-5 cm lange Stücke schneiden und in Salzwasser rasch nicht zu weich kochen, abschrecken und abtropfen lassen.

VARIANTE *Bohnen aus dem Glas nehmen, gut abtropfen lassen. Mit Öl, Pfeffer, Essig, Salz, Zucker und Dill abschmecken und fein geschnittene Zwiebel darüberstreuen.*

Selleriesalat

Arbeitszeit: 40 Min.
Kühlzeit: 1-2 Std.

1-2 Sellerieknollen, Zitronensaft,
1 Prise Zucker, Pfeffer, Salz,
2 EL Weinessig, 3 EL Öl

Knollensellerie schälen, achteln und in dünne Scheiben oder Streifen schneiden. Sofort mit wenig Wasser, Zitronensaft, etwas Zucker und 1 Prise Salz weich dünsten. Wenn die Flüssigkeit fast verdunstet ist, die Marinade anrichten. Dafür Zucker, Pfeffer, Essig und Öl in einer Schüssel abschmecken und zum Sellerie geben. Für 1–2 Stunden kühl stellen und dabei gelegentlich durchmischen.

Fenchelsalat

Den Fenchel waschen, putzen, den Strunk entfernen und in feine Scheiben schneiden. Eine Marinade aus Essig, fein gehackter Zwiebel, Knoblauch, Petersilie und Öl anrühren und den Fenchel darin anmachen. Mit Salz und Pfeffer abschmecken und zum Servieren mit Schnittlauch bestreuen.

Arbeitszeit: 20 Min.

2 mittlere gekochte Fenchelknollen, 1 EL Weinessig, 1 weiße Zwiebel, Knoblauch, Petersilie, 3 EL Öl, Salz, Pfeffer, Schnittlauch

Artischockensalat mit knusprigen Kapern

Artischocken in ein Sieb gießen, abwaschen, abtropfen lassen und vierteln. Anchoafilets abwaschen, mit getrockneten Tomaten und Basilikumblättern in Streifen schneiden und alles in einer Schüssel mischen. Für das Dressing 3 Esslöffel Olivenöl, Weißweinessig, zerdrückte Knoblauchzehe und grobem Senf glatt rühren und mit Salz, Pfeffer und 1 Prise Zucker würzen. Das Dressing über den Salat geben, gut mischen und 10 Minuten ziehen lassen. Zwischenzeitlich in einer heißen Pfanne mit dem restlichen Olivenöl, in Mehl gewälzte Kapern, 1-2 Minuten goldbraun anbraten und auf Küchenpapier abtropfen lassen. Den Salat auf Tellern verteilen und mit den knusprigen Kapern bestreuen.

Arbeitszeit: 15 Min.
Ruhezeit: 10 Min.

250 g Artischockenherzen aus dem Glas, 50 g Anchoafilets in Öl, 25 g getrocknete Tomaten, Basilikumblätter, 6 EL Olivenöl, 1 EL Weißweinessig, 1 Knoblauchzehe, ½ TL grober Dijonsenf, Salz, Pfeffer, 1 Prise Zucker, 50 g Kapern, 1 EL Mehl

Spargelsalat

Den Spargel schälen, in Stücke schneiden und in Salzwasser mit einer Spur Zucker bissfest kochen. Im Sud erkalten lassen, in einem Sieb gut abtropfen lassen. Aus den restlichen Zutaten ein Dressing anrühren und über den Spargel gießen.

Arbeitszeit: 30 Min.
Ruhezeit: 30 Min.

500 g Spargel, etwas Salz und Zucker für das Kochwasser, Zitronensaft, Öl, Salz

Avocadosalat mit Flusskrebsen

Arbeitszeit: 20 Min.

3 Hass-Avocados (ca. 400 g), Saft einer Zitrone, 125 g Kirschtomaten, 75 g Brunnenkresse, 200 g Feldsalat, 3 Frühlingszwiebeln, 400 g Flusskrebse in Lake, 4 EL Apfelessig, 2 EL Walnussöl, 4 EL Traubenkernöl, Salz, Pfeffer, Cayennepfeffer

Avocados schälen, halbieren, den Stein entfernen und sofort mit Zitronensaft beträufeln. Flusskrebse in einem Sieb kalt abspülen und gut abtropfen lassen. Kirschtomaten waschen und halbieren, Frühlingszwiebeln in feine Ringe schneiden. Brunnenkresse waschen und verlesen, dabei die groben Stiele abzwicken. Feldsalat waschen, trocken schleudern und den Wurzelansatz entfernen.
In einer Schüssel den Apfelessig, Walnussöl, Traubenkernöl, Salz, Pfeffer und Cayennepfeffer mit einem Schneebesen kräftig verrühren, sämtliche Zutaten miteinander mischen und mit dem Dressing in der Schüssel marinieren.

Türkischer Hirtensalat

Arbeitszeit: 20 Min.

1 Kopfsalat, 2 kleine Zwiebeln, 4 reife Tomaten, 50 g schwarze, entsteinte Oliven, ½ Bd. Petersilie, 4 frische Minzeblätter, 3 EL Zitronensaft, 4 EL feinstes Olivenöl, Salz, schwarzer Pfeffer, 150 g Schafskäse

Salat putzen, waschen, trocken schleudern und in mundgerechte Stücke zupfen. Zwiebeln schälen und in feine Ringe schneiden. Tomaten waschen, Stielansätze herausschneiden und achteln. Kräuter von den Stielen zupfen und fein hacken.
Zitronensaft, Olivenöl, Salz und Pfeffer zu einem Dressing verrühren und alles zusammen mit den Oliven in einer Schüssel marinieren. Den Hirtensalat auf Teller anrichten und Schafskäse darüberbröckeln.

Griechischer Salat

Zwiebel schälen, in dünne Ringe schneiden, Tomaten und Gurke waschen und zusammen mit dem Feta in 1 cm breite Würfel schneiden. Die Oliven halbieren und die Estragon-blätter fein hacken. In einer Schüssel Olivenöl, Estragon-essig, Salz und Pfeffer mit einem Schneebesen verrühren, sämtliche Zutaten darin vermischen und 15 Minuten zu-gedeckt ziehen lassen. Anschließend den Salat auf Teller verteilen und mit frischem Fladenbrot servieren.

Arbeitszeit: 15 Min.
Ruhezeit: 15 Min.

1 TL Salz, 3 EL Olivenöl, Estragonessig, 1 Prise Pfeffer, 1 rote Zwiebel, 500 g Tomaten, 1 Salatgurke, 100 g schwarze Oliven ohne Stein, 250 g Feta-käse, etwas Estragon

frisches Fladenbrot

Tunfischsalat mit Oliven (Salade Niçoise)

Tunfisch, grüne Bohnen, Eier, Tomaten, Paprikaschoten und Sellerie in kleine Würfel schneiden.
Anschließend mit den klein geschnittenen Oliven, gehack-ten Kapern und fein geschnittenen Zwiebeln vermischen. Den Salat mit Essig und Öl beträufeln und mit Salz und Pfeffer abschmecken.

Arbeitszeit: 30 Min.

2 Dosen Tunfisch in Öl, 100 g grüne Bohnen aus der Dose, 4 hartgekochte Eier, 4 Tomaten, 2 grüne Paprikaschoten, ¼ gekochte Sellerieknolle, 2 EL Oliven, 1 EL Kapern, 2 Zwie-beln, Essig, Öl, Salz, Pfeffer

Tunfischsalat mit Käse

Tunfisch abtropfen lassen und in eine Schüssel geben. Zwiebel schälen, Gurke halbieren und das Kerngehäuse mit einem Löffel entfernen. Anschließend Zwiebel, Gurke und Zucchini zusammen mit dem Käse in feine Würfel schnei-den. Eisbergsalat waschen, trocken schleudern und in Stü-cke schneiden. Schnittlauch in feine Röllchen schneiden. Danach sämtliche Zutaten miteinander vermischen. Aus Jogurt, Senf, Essig, Olivenöl, Salz, Pfeffer und 1 Prise Zucker ein Dressing rühren und den Salat damit marinieren.

Arbeitszeit: 20 Min.

1 Dose Tunfisch im eigenen Saft (150 g Abtropfgewicht), 1 große Zwiebel, ½ Salatgurke, 1 kleine Zucchini, 150 g Gouda, 1 kleiner Eisbergsalat, ½ Bd. Schnittlauch, 150 ml Natur-jogurt, 1 TL Senf, 3 EL Rotwein-essig, 3 EL Olivenöl, Salz, Pfeffer, 1 Prise Zucker

Norddeutscher Matjessalat

Matjesfilets in 2-3 cm breite Stücke schneiden. Apfel wa-schen, das Kerngehäuse entfernen und mit den Gewürzgur-ken in Würfel schneiden. Zwiebel schälen, halbieren und in feine Streifen schneiden. Sämtliche Zutaten in einer Schüssel vermischen. Jogurt, Crème fraîche, Zitronensaft und fein ge-hackten Dill zu einer Sauce verrühren und mit Salz und Pfef-fer würzen. Über die vorbereiteten Zutaten geben, vorsich-tig vermengen und mindestens 3 Stunden ziehen lassen.

Zubereitung: 15 Min.
Ruhezeit: 3 Std.

5 frische doppelte Matjesfilets, 400 g Jogurt, 1 EL Crème fraîche, 1 Zitrone, 1 säuerlicher Apfel, 1 Zwiebel, 2 Gewürz-gurken, Salz, Pfeffer, Dill

Sojasalat mit Shrimps

Arbeitszeit: 40 Min.
Ruhezeit: 60 Min.

1 Dose Sojakeimlinge,
1 Pck. Shrimps (TK),
1 Ingwerpflaume in Sirup

¼ l Weißwein, Saft von
½ Zitrone, etwas Cognac,
1 TL Senf, Tabascosauce,
Zucker, Salz, Pfeffer

1 EL Sojasauce, 1 EL Essig,
1 EL Öl, Salz, Pfeffer, Zucker,
1 EL frischer Koriander

Sojakeime aus der Dose nehmen, unter fließendem Wasser abspülen, gut abtropfen lassen. Die Shrimps in einer Schüssel auftauen lassen, den Darm entfernen. Kurz mit kaltem Wasser abspülen, abtropfen lassen. Weißwein, Zitronensaft, Cognac, Senf und Tabascosauce mischen, mit Zucker, Salz, Pfeffer abschmecken und über die Shrimps gießen. Gut durchmischen und ½ Stunde stehen lassen, dabei mehrmals umrühren. Shrimps herausnehmen, abtropfen lassen, zu den Sojakeimlingen und der in Scheiben geschnittenen Ingwerpflaume geben, alles gut durchmischen.
Aus Sojasauce, Essig, Öl, Salz, Pfeffer und Zucker eine Marinade bereiten, gehackten Koriander dazugeben und über den angerichteten Salat gießen. Gut durchmischen und durchziehen lassen.

Kichererbsensalat mit südländischem Gemüse

Arbeitszeit: 15 Min.
Ruhezeit: 1 Std.

1 Dose Kichererbsen gekocht
(400 g Abtropfgewicht), 1 Zwiebel, 1 türkische Paprika, 2 reife Fleischtomaten, 1 kleine Salatgurke, 1 TL indische Gewürzmischung Chat Masala, 1 Msp. Cumin, 3 EL Obstessig, 4 EL feinstes Olivenöl, Salz, Pfeffer

Kichererbsen in ein Sieb gießen und abtropfen lassen. Zwiebel schälen, Paprika und Tomaten halbieren, den Stielansatz herausschneiden und alles zusammen in feine Würfel schneiden. Die Gurke halbieren und mit dem Kerngehäuse würfeln. In einer Schüssel Olivenöl, Obstessig, Gewürzmischung, Cumin, Salz und Pfeffer verrühren und den Salat damit marinieren. Im Kühlschrank mindestens 1 Stunde zugedeckt ziehen lassen.

Trampo-Salat mit Meeresfrüchten

Arbeitszeit: 30 Min.
Ruhezeit: 10 Min.

1 Gemüsezwiebel, 1 gelbe und 1 rote Paprikaschote, 4 reife Fleischtomaten, 4 Frühlingszwiebeln, 1 kleine Honigmelone (ca. 400 g), eingelegte Meeresfrüchte in Öl (480 g Abtropfgewicht), 3-4 EL Weißweinessig, 6 EL feinstes Olivenöl, Salz, Pfeffer, 1 Prise Zucker

Die Gemüsezwiebel schälen, halbieren und klein schneiden. Die Paprikaschoten halbieren, das Kerngehäuse entfernen und in feine Streifen schneiden. Die Tomaten halbieren, den Stielansatz herausschneiden und würfeln. Frühlingszwiebeln waschen und in Ringe schneiden, die Honigmelone schälen, halbieren, mit einem Löffel das Kerngehäuse ausschaben und in kleine Stücke schneiden. Meeresfrüchte in ein Sieb gießen und das Öl abtropfen lassen. Sämtliche Zutaten in einer Schüssel mischen und mit einem Dressing aus Weißweinessig, Olivenöl, Salz, Pfeffer und 1 Prise Zucker marinieren. Im Kühlschrank 10 Minuten ziehen lassen, nochmals nachwürzen und servieren.

Geflügel-Reissalat mit roten Bohnen

Reis nach Packungsangabe in Salzwasser gar kochen, abgießen und abkühlen lassen. Zwischenzeitlich die Hähnchenoberschenkel mit Chimichurri, Salz und Pfeffer würzen, mit
1 Esslöffel Olivenöl beträufeln und im vorgeheizten Backofen, bei 200 °C (Umluft 180 °C), 15 Minuten garen. Die
Bohnen in ein Sieb gießen und kalt abspülen. Paprika waschen, putzen und in kleine Stücke schneiden. Zwiebel fein
würfeln. Koriander fein hacken. Die Hähnchenoberschenkel
in Würfel schneiden und mit den restlichen Zutaten in einer
Schüssel mischen. Mit Weißweinessig dem restlichen Olivenöl, Zitronensaft, Salz und Pfeffer marinieren.

Arbeitszeit: 20 Min.
Garzeit: gesamt ca. 60 Min.

250 g Vollkornreis, 4 Hähnchenoberschenkel (ca. 250 g),
½ TL Chimichurri, Salz, Pfeffer,
4 EL Olivenöl, 1 Glas rote
Bohnen (250 g Abtropfgewicht),
200 g grüne Paprika, 1 rote
Zwiebel, ½ Bd. Koriander,
1 EL Weißweinessig,
Saft von ½ Zitrone

Metternichsalat

Den Sellerie und die Äpfel schälen, in feine Streifen schneiden, mit Pfeffer, Salz, Senf, Zucker und Mayonnaise verrühren. Von dem gekochten oder gebratenen Huhn das Fleisch
ablösen, die Haut entfernen, ebenso klein schneiden und
unter den Selleriesalat mischen. In einer Schüssel anrichten.
Die Tomaten häuten, in gleiche Viertel schneiden und den
Salat damit umlegen. Zum Schluss mit Senf in ganz dünnen
Fäden gitterartig überziehen.

Arbeitszeit: 25 Min.

1 Knolle Sellerie,
2 große Äpfel, Salz, Pfeffer,
1 EL Senf, Zucker,
4 EL Mayonnaise,
1 gekochtes oder gebratenes
Huhn, 6-8 Tomaten

Glasnudelsalat

Arbeitszeit: 30 Min.
Einweichzeit: 10 Min.

150 g Glasnudeln, 1 Bd. Lauchzwiebeln, 100 g Kirschtomaten,
300 g Hackfleisch, Salz, Pfeffer,
2 EL Olivenöl, Saft von ½ Limette, 1 TL Sesamöl, Sweet Chilisauce, 1 EL helle Sojasauce

Glasnudeln mit ½ Liter kochendem Wasser übergießen und 10 Minuten einweichen lassen, danach abschrecken und in Stücke schneiden. Lauchzwiebeln waschen und in feine Ringe schneiden. Kirschtomaten waschen und halbieren. Hackfleisch in einer Pfanne mit heißem Öl 3-4 Minuten kräftig anbraten, mit Salz und Pfeffer würzen und herausnehmen. Alle Zutaten in einer Schüssel mischen und mit Limettensaft, Sesamöl, Sweet Chilisauce und Sojasauce anmachen.

Nudelsalat für Partys

Arbeitszeit: 25 Min.
Kühlzeit: 2 Std.

200 g Hörnchen- oder Spiral-
nudeln, Salz, 1 Zwiebel,
4 mittelgroße Gewürzgurken,
150 g Erbsen (Dose)

4 EL Öl, 2 EL Essig,
1 TL Senf, Salz, Pfeffer,
gehackte Petersilie

Die Nudeln in Salzwasser gar kochen, in ein Sieb abschütten und abtropfen lassen. Zwiebel und Gurken fein würfeln. Die Erbsen abtropfen lassen. Die Nudeln mit allen Zutaten in eine Salatschüssel geben und alles gut vermischen.
Für die Sauce das Öl, den Essig und den Senf in eine kleine Schüssel geben und alles gründlich mit einer Gabel verrühren. Die Sauce salzen, pfeffern und zum Schluss die fein gehackte Petersilie darüberstreuen, mit dem Salat vermischen und mindestens 2 Stunden im Kühlschrank durchziehen lassen.

TIPP   *Der Salat lässt sich nach Belieben zum Beispiel mit gekochtem Schinken, Würstchen, Champignons, Mais, Paprika oder Käsewürfeln erweitern.*

Klassischer Kartoffelsalat

Kartoffeln in der Schale kochen. Pellen und in nicht zu dünne, gleichmäßige Scheiben schneiden. Noch heiß mit etwas heißer Bouillon und Essig anmachen, mit Pfeffer, Salz und einer Spur Zucker würzen, mit Öl und nach Wunsch mit klein geschnittener Zwiebel oder gewürfelten Gewürzgurken vermischen.

Statt der heißen Bouillon kann man auch heißes Wasser (und Essig) oder Weißwein nehmen. Dieser Salat kann noch warm oder auch kalt serviert werden.

Arbeitszeit: 40 Min.

750 g Salatkartoffeln,
125 ml Bouillon, 4 EL Öl,
4 EL Weinessig, Salz,
Pfeffer, 1 Prise Zucker
evtl. 1 kleine Zwiebel und
1-2 Gewürzgurken

Klassischer Eiersalat

Mayonnaise und Jogurt zu einer cremigen Salatsauce verrühren, mit Pfeffer und etwas Salz oder Curry würzen. Spargel, Gurken und Kapern abtropfen lassen. Alles in kleine Stücke schneiden. Nach Geschmack den Käse klein würfeln und dazugeben. Die Eier pellen und einmal längs und einmal quer in Würfel schneiden.

Zuerst alle Zutaten, außer den Eiern, mit der Sauce mischen. Zum Schluss die Eier vorsichtig unterheben und den Salat kurz durchziehen lassen. Mit dem frischen Kastenweißbrot servieren.

Arbeitszeit: 25 Min.
Kühlzeit: 30 Min.

4 EL Mayonnaise, 4 EL Magerjogurt, Pfeffer, 1 Prise Salz
oder Currypulver, 1 Glas Spargel,
3-4 Gewürzgurken, 1 TL Kapern,
4 hart gekochte Eier,
200 g Emmentaler am Stück,
4 Scheiben Weißbrot

Marinierter Lauchsalat

Lauch der Länge nach durchschneiden, reinigen, in kochendes Salz-Zitronen-Wasser geben und etwa 10 Minuten kochen lassen. Das Wasser fast zur Gänze abgießen, Brühwürfel, Öl und Pfeffer dazugeben und alles abschmecken. Den Lauch darin erkalten lassen und in der Marinade anrichten. Bei Bedarf noch einmal abschmecken.

Arbeitszeit: 20 Min.
Gar- und Ruhezeit: 40 Min.

5 Stangen Lauch, Salz, Pfeffer,
Zucker, 1 EL Zitronensaft,
1 Brühwürfel, 2 EL Öl

Pikanter Blumenkohlsalat

Den Blumenkohl in Salzwasser mit Zitronenscheiben oder etwas -saft nicht zu weich kochen, abtropfen und auskühlen lassen. In Röschen teilen. In der Zwischenzeit eine Marinade aus Essig, wenig Kochsud, Zucker, Muskat und Salz anmachen, über die Röschen geben und etwas ziehen lassen. Gelegentlich durchmischen. Zum Schluss mit Pfeffer würzen und mit Öl begießen. Mit Kräutern bestreut anrichten.

Arbeitszeit: 40 Min.

1 Blumenkohl, Salz,
etwas Zitronensaft oder
2 Zitronenscheiben,
1 EL Weinessig, Zucker,
Muskat, Salz, Pfeffer,
3 EL Öl, 1 TL gehackte Kräuter

Warme Salate

Warmer Kartoffelsalat mit geräucherten Markrelenfilets

Arbeitszeit: 30 Min.
Garzeit: 30 Min.
Ruhezeit: 10 Min.

600 g vorwiegend festkochende Kartoffeln, 1 kleine Zwiebel, 4 EL Olivenöl, 400 ml Gemüsebrühe, 3 EL Weißweinessig, 1 EL grobkörniger Senf, Salz, Pfeffer, 1 geräucherte Makrele (ca. 600 g), 1 Schälchen Gartenkresse

Kartoffeln in einem Topf mit Wasser etwa 30 Minuten bissfest weich kochen, anschließend abgießen, schälen, in Scheiben schneiden und zugedeckt warm halten. Zwiebel schälen, fein würfeln und in einem Topf mit 1 Esslöffel Olivenöl farblos anschwitzen. Mit 400 ml Gemüsebrühe aufgießen und auf die Hälfte einkochen lassen. Anschließend Weißweinessig, grobkörnigen Senf, Salz und Pfeffer zugeben, über die Kartoffelscheiben gießen und 10 Minuten ziehen lassen.
Zwischenzeitlich die Makrele küchenfertig zubereiten. Kartoffelsalat mit dem restlichen Olivenöl mischen und nach Bedarf nachwürzen. Zum Schluss dekorativ auf Teller anrichten, mit frischer Gartenkresse bestreuen und noch warm servieren.

Warmer Nudelsalat mit Mandeln

Arbeitszeit: 20 Min.
Garzeit: 15 Min.

125 g Dinkelspirelli, 1 rote Zwiebel, 1 kleine Zucchini, 50 g Kirschtomaten, 50 g ungeschälte Mandeln, 3 EL Olivenöl, 3 EL Weißweinessig, 8 schwarze Oliven, Pfeffer, Salz, Zucker, 30 g Mahon-Käse

Nudeln in kochendem Salzwasser 8-10 Minuten bissfest garen. Zwiebel schälen und fein würfeln. Zucchini putzen, waschen und grob raspeln. Kirschtomaten waschen und halbieren. Mandeln grob hacken, in einer Pfanne mit Öl 3-4 Minuten rösten und herausnehmen. Zwiebel, Zucchini und Kirschtomaten in derselben Pfanne kurz andünsten. Das Gemüse mit Essig und 2 Esslöffel Wasser ablöschen, Mandeln und Oliven zufügen und mit Salz, Pfeffer und Zucker abschmecken. Nudeln unter das Gemüse mischen und auf Tellern anrichten. Mahon-Käse reiben und darüberstreuen.

Bayerischer warmer Weißkohlsalat

Arbeitszeit: 30 Min.

500 g Weißkohl, 4 EL Pflanzenöl, 50 g Schinkenspeck, Kümmel, Salz, Essig, Senf, 1 Prise Zucker, Pfeffer

Weißkohl waschen und in feine Streifen schneiden. Mit 3 Esslöffeln Öl mischen und 10 Minuten kräftig mit den Händen kneten. Schinkenspeck in Würfel schneiden, in einer Pfanne mit restlichem Öl anbraten, Weißkohl und Kümmel nach Geschmack dazugeben und unter Rühren erhitzen. Essig und Senf vermischen, mit Salz, Pfeffer und einer Prise Zucker abschmecken und mit dem Salat vermischen.

Gebratener Spargelsalat mit Feta

Spargel waschen, die holzigen Enden abschneiden und in 4 cm lange Stücke schneiden. Olivenöl in einer Pfanne erhitzen, den Spargel 5 Minuten anbraten und die Pfanne vom Herd nehmen. Rucola waschen und trocken schleudern, Kirschtomaten waschen und vierteln.
Schafskäse würfeln und alles in einer Schüssel mischen. Mit Balsamicoessig, Walnussöl, Salz, Pfeffer und 1 Prise Zucker marinieren. Warmen Spargel aus der Pfanne nehmen und zusammen mit dem Salat auf Tellern anrichten.

Arbeitszeit: 30 Min.

1 kg grüner Spargel,
250 g Rucola, 150 g Kirschtomaten, 150 g Fetakäse,
3 EL Olivenöl,
3 EL Balsamicoessig,
2 EL Walnussöl,
Salz, Pfeffer, Zucker

Austernpilzsalat mit Mungosprossen und gebratenen Garnelen

Aufgetaute Garnelen gründlich waschen und abtropfen lassen. Mit Sojasauce und Limettensaft marinieren und 15 Minuten ziehen lassen. Zwiebel und Knoblauch schälen und sehr fein würfeln. Austernpilze am Strunk abschneiden und in mundgerechte Stücke schneiden. 2 Esslöffel Olivenöl in einer Pfanne erhitzen, die Austernpilze 3-4 Minuten kräftig anbraten und herausnehmen. Anschließend die Mungosprossen in derselben Pfanne einmal durchschwenken und mit den Austernpilzen in eine Schüssel geben. Erneut 2 Esslöffel Olivenöl in die Pfanne geben und die Garnelen 3-4 Minuten bei starker Hitze braten. Aus Essig, Erdnussöl und Fischsauce ein Dressing mischen, mit Salz und Szechuanpfeffer würzen und den warmen Salat damit übergießen.

Arbeitszeit: 20 Min.
Garzeit: 10 Min.
Ruhezeit: 15 Min.

500 g aufgetaute TK-Garnelenschwänze (geschält/ohne Kopf),
1 EL Sojasauce, Saft ½ Limette,
1 kleine Zwiebel, 1 Knoblauchzehe, 4 EL Olivenöl, 300 g Austernpilze, 100 g Mungosprossen,
2 EL weißer Balsamicoessig,
2 EL Erdnussöl, 1 TL Fischsauce,
Salz, Szechuanpfeffer

Mediterraner Gemüsesalat mit Sardellenfilets

Arbeitszeit: 30 Min.
Garzeit: 20 Min.

1 rote Zwiebel, 2 gelbe Paprika-schoten, 2 rote Paprikaschoten, 3 EL Olivenöl, 2 Zucchini, 2 Knoblauchzehen, 50 g Sardel-lenfilets, etwas Essig, 25 g schwarze Oliven, Salz, Pfeffer, Basilikumblätter

Zwiebel schälen und achteln. Die Paprikaschoten waschen, Samenkerne entfernen und in dicke Streifen schneiden. Zucchini waschen, in Scheiben schneiden und den Knob-lauch zerdrücken. Öl in einer Pfanne erhitzen und Zwiebel, Paprika, Zucchini und Knoblauch darin unter Rühren bei mittlerer Hitze 20 Minuten braten.
Sardellen fein hacken, mit den Oliven und dem Essig dazu-geben, mit Salz und Pfeffer abschmecken. Basilikumblätter in feine Streifen schneiden und über das auf Tellern ange-richtete Gemüse streuen.

Warmer Linsensalat mit Ziegenkäse und Babyspinat

Arbeitszeit: 30 Min.
Garzeit: 10 Min.

100 g rote Linsen, 250 ml Gemüsebrühe, 200 g Babyspi-nat, 1 gelbe Paprikaschote, 200 g Tomaten, 4 EL Olivenöl, Salz, 1 Ziegenkäserolle (200 g), 2 EL Pinienkerne, 1 Schalotte, 1 EL Honig, 1 EL grober Senf, 3 EL Obstessig, Salz, Pfeffer

Linsen waschen und in einem Topf mit Brühe 10 Minuten köcheln lassen. Anschließend abgießen und warm halten. Babyspinat waschen, vorsichtig trocken schleudern und grobe Stiele entfernen. Paprika und Tomaten waschen, putzen, fein würfeln und unter den Babyspinat mischen. Ziegenkäse in vier Stücke teilen, in einer beschichteten Pfanne mit 1 Esslöffel Öl vorsichtig anbraten und heraus-nehmen. Pinienkerne in die Pfanne geben und leicht rösten. Eine fein geschnittene Schalotte mit Honig, Senf, Obstessig und Olivenöl glatt rühren und mit Salz und Pfeffer würzen. Dressing mit den warmen Linsen und dem Babyspinat mi-schen, den Salat mit dem Ziegenkäse auf Tellern anrichten und den Pinienkernen bestreuen.

Warmer Schwarzwurzelsalat mit Egerlingen

Arbeitszeit: 20 Min.
Garzeit: 15 Min.

500 g Schwarzwurzeln, 200 ml Milch, 300 g Egerling, 4 EL Olivenöl, 3 EL Estragon-essig, Salz, Pfeffer, 2 Zweige frischer Estragon

Die Schwarzwurzeln waschen, schälen und umgehend in Essigwasser legen. In einem großen Topf mit 1 Liter Wasser und Milch 8-10 Minuten bissfest kochen und abgießen. Danach in mundgerechte Stücke schneiden und warm halten. Egerlinge putzen, in Scheiben schneiden und in einer Pfanne mit Olivenöl 2-3 Minuten goldbraun braten. Mit den Schwarzwurzeln mischen und mit Olivenöl, Essig, Salz und Pfeffer marinieren und gehackten Estragon bestreuen.

Warmer Fenchelsalat mit Orangenfilets und Kapernäpfel

Fenchel putzen, den Strunk entfernen und vierteln. In kochendem Wasser 10 Minuten bissfest garen, herausnehmen und warm halten. Orangen mit einem scharfen Messer schälen und filetieren. Vom Frisée die äußeren Blätter entfernen, die gelben Blätter kurz in warmes Wasser legen und trocken schleudern. Kapernäpfel in einem Sieb abtropfen lassen. Sämtliche Zutaten vorsichtig in einem flachen Gefäß mischen und mit einem Dressing aus Buttermilch, Weißweinessig, Olivenöl, Salz und Pfeffer marinieren. Den noch warmen Fenchelsalat auf Teller anrichten und sofort genießen.

Arbeitszeit: 30 Min.
Garzeit: 10 Min.

2 Fenchelknollen, 2 Orangen,
½ Friséesalat, 50 g Kapernäpfel,
100 ml Buttermilch,
4 EL Weißweinessig,
3 EL Olivenöl, Salz, Pfeffer

Mediterraner Brotsalat „Frutti di Mare"

Brot in dünne Scheiben schneiden, auf einem Backblech verteilen und im vorgeheizten Backofen bei 180°C (Umluft 160°C) 10-15 Minuten braun rösten, dabei öfter wenden. Tomaten waschen, putzen und in dünne Spalten schneiden. Rucola putzen, waschen und in mundgerechte Stücke zupfen. Meeresfrüchte in einem Sieb abtropfen lassen. Sämtliche Zutaten mit den Oliven in einer Schüssel mischen. Aus Essig, Olivenöl, Salz, Pfeffer und Zucker ein Dressing bereiten. Brot aus dem Backofen nehmen, unter den Salat mischen, auf Tellern anrichten und mit dem Dressing marinieren.

Arbeitszeit: 30 Min.
Garzeit: 15 Min.

Meeresfrüchte in Öl
(380 g Abtropfgewicht),
200 g Baguette-Brot, 5 Tomaten,
150 g Rucola, 75 g schwarze
Oliven ohne Stein, 6 EL heller
Balsamicoessig, 6 EL Olivenöl,
Salz, Pfeffer, Zucker

Dressings

Essig-Öl-Dressing

Arbeitszeit: 5 Min.

1 Teil Essig, 1 Teil Öl, Salz, Pfeffer, nach Wunsch etwas Zucker

Die einzelnen Zutaten werden gut miteinander verrührt und kurz vor dem Servieren über den angerichteten Salat gegossen. Anstatt des Essigs kann auch Zitronensaft verwendet werden. Diese Variante kann man nach Geschmack mit etwas Honig süßen.

Kräutermarinade

Arbeitszeit: 15-20 Min.

1 Eigelb hart gekocht, 1 TL Öl, 1 EL Essig, Salz, Pfeffer, Zucker, 1 EL Kräuter (Petersilie, Schnittlauch, Kerbel, Estragon)

Eigelb und Essig gut verrühren, mit Salz, Pfeffer und Zucker gut abschmecken, das Öl und die fein gehackten Kräuter dazurühren.
Auch eine fein geschnittene Zwiebel kann man darunterrühren, wenn man die Marinade sofort verwendet. Dieses Dressing eignet sich besonders für Blatt-, Endivien- und Tomatensalat.

Senfsauce

Arbeitszeit: 10 Min.

3 hart gekochte Eigelbe, 6 EL Senf, 125 ml saure Sahne, 1 kleine Zwiebel, 2 Äpfel

Die Zwiebel schälen und fein hacken. Die Äpfel waschen, schälen und fein reiben. Die Eigelbe würfeln und mit Senf und Zwiebel vermengen, die Äpfel dazugeben und die saure Sahne darunterrühren.

Senf-Vinaigrette (Foto S. 69, links)

Arbeitszeit: 5 Min.

2 EL Kräuteressig, 1 TL Salz, 2 TL Estragon-Dijonsenf, 1 Knoblauchzehe, 8 EL Olivenöl, Pfeffer

Essig und Salz verrühren. Den Knoblauch durchpressen und zusammen mit dem Senf zufügen, dann das Öl unterschlagen, bis eine Emulsion entsteht. Mit etwas Pfeffer würzen.

Jogurtdressing

Arbeitszeit: 15 Min.

½ Becher Jogurt, 2-3 EL Apfelsinensaft, 1 EL Öl, 1 Eigelb, Salz, Pfeffer

Den Jogurt mit dem Apfelsinensaft cremig rühren. Dann das Öl und das Eigelb gründlichem mit der Jogurtmasse verquirlen und mit Salz und Pfeffer abschmecken.

Schlanke Jogurt-Mayonnaise

Arbeitszeit: 10 Min.

4 EL Jogurt, 2 EL Salatcreme (15 % Fett), 1 kleine Karotte, frische Petersilie, Salz, Pfeffer

Petersilie waschen und fein hacken. Jogurt und Salatcreme miteinander verrühren und mit fein gehackter Karotte und Petersilie vermengen. Mit Salz und Pfeffer würzen.

French Dressing (Foto S. 69, rechts)

Alle Zutaten in den Mixbecher geben und den Mixer so lange eingeschaltet lassen, bis alles gut durchgemischt ist. Den Salat trocken ausschwenken und mit der Marinade vermischen. Für ein besonderes Aroma kann man die Salatschüssel zuvor mit einer Knoblauchzehe ausreiben.

Arbeitszeit: 20 Min.

2 ganz frische Eigelbe,
1-2 EL Zitronensaft,
1 TL scharfer Senf, Salz, Pfeffer,
125 ml Öl, 100 g Sahne

Italienisches Dressing (Foto S. 69, Mitte)

Den Gorgonzola klein schneiden, in eine Schüssel geben und mit einer Gabel zerdrücken. Mit etwas Milch und dem Öl glatt rühren und mit Salz und Pfeffer abschmecken.

Arbeitszeit: 10 Min.

160 g Gorgonzola, 100 ml Milch,
5 EL Öl, Salz, Pfeffer

Fruchtiges Quarkdressing

Speisequark, Sahne und Marmelade gut verrühren. Das Dressing anschließend mit Salz, Pfeffer, Zucker und etwas Senf gut abschmecken. Eventuell mit etwas Milch verdünnen.

Arbeitszeit: 10 Min.

100 g Speisequark, 4 EL Sahne,
2 EL Johannis- oder Preiselbeermarmelade, Pfeffer, Senf, Salz,
1 Prise Zucker, evtl. 1-2 EL Milch

Roquefort-Dressing

Den Roquefort mit einer Gabel zerdrücken oder durch ein feines Sieb streichen, Mayonnaise und Sahne darunterrühren, mit Senf, Salz, Zucker und Cayennepfeffer würzen und abschmecken. Zitronensaft dazumischen.
Eventuell ½ Stunde in den Kühlschrank stellen. Für Salate aus Bleichsellerie, Chicorée, Tomaten und Blumenkohl.

Arbeitszeit: 20 Min.
Kühlzeit: 30 Min.

50 g Roquefort, 2 EL Mayonnaise, 4 EL Sahne, ½ TL Senf, Salz,
1 Prise Zucker, Cayennepfeffer,
1 TL Zitronensaft

Cremiges Sahnedressing

Arbeitszeit: 10 Min.

125 ml Sahne, 1 EL Weinessig oder Zitronensaft, Salz, Pfeffer, Zucker, 1 EL frische Kräuter

Sahne, Weinessig oder Zitronensaft (nach Geschmack) in einer Schüssel vermischen. Dann mit Salz, Pfeffer und Zucker abschmecken und die gewaschenen und frisch gehackten Kräuter zugeben.

> **TIPP** *Das Salatdressing sollte erst kurz vor dem Servieren über den Salat gegeben werden, damit die Blätter knackig und frisch bleiben.*

American Dressing (Foto S. 71, rechts)

Arbeitszeit: 15 Min.

2 ganz frische Eigelbe, 1-2 EL Zitronensaft, 1 TL scharfer Senf, Salz, frisch gemahlener schwarzer Pfeffer, 125 ml Öl, 100 g Sahne

Eigelbe mit 1 Esslöffel Zitronensaft, Senf, Salz und Pfeffer mit einem Schneebesen oder einem Stabmixer verquirlen. Das Öl zuerst tropfenweise, dann in dünnem Strahl zugießen und dabei weiterrühren, bis eine dicke Mayonnaise entsteht.
Die Sahne steif schlagen und unterziehen. Die Sauce mit dem restlichen Zitronensaft abschmecken.

Speckdressing

Arbeitszeit: 20 Min.

75 g Bauchspeck, 2 EL Essig, Salz, Pfeffer

Den Speck fein würfeln und ohne Fett in einer beschichteten Pfanne anbraten. Speck beiseite stellen und abkühlen lassen. Speckfond in der Pfanne mit Essig und etwas Wasser ablöschen, mit Salz und Pfeffer abschmecken und mit dem Speck über den Salat gießen. Passt gut zu grünem Salat oder zu Krautsalat.

Kaviardressing (Foto S. 71, links)

Arbeitszeit: 5 Min.

100 g Crème fraîche, 100 g Jogurt, 1 TL Senf, 1 EL Sherryessig, 2 EL Traubenkernöl, Salz, Pfeffer, Saft von ½ Zitrone, 100 g Kaviar (z.B. Beluga-/Keta-Kaviar)

Crème fraîche, Jogurt, Senf, Essig und Öl verrühren. Anschließend das Dressing mit Salz, Pfeffer und Zitronensaft abschmecken und danach den Kaviar unterheben.
Dieses Dressing passt wunderbar zu kalten Salaten mit Fisch und Meeresfrüchten.

Sauerrahmdressing

Arbeitszeit: 10 Min.

200 g Sauerrahm, Saft von 1 Limette, Salz, roter Pfeffer, 1 TL Ahornsirup, einige Tropfen geröstetes Sesamöl

Den Sauerrahm in eine Schüssel geben und mit dem Schneebesen glatt rühren. Limettensaft und Ahornsirup hineinarbeiten und anschließend mit Sesamöl, Salz und rotem Pfeffer abschmecken.

Avocadodressing

Die Avocado halbieren, schälen, den Kern entfernen und mit Zitronensaft, Essig und Senf mit einem Stabmixer in einem hohen Gefäß zu einer feinen Creme pürieren. Mit Salz und Pfeffer würzen und nach Belieben mit Tabasco verfeinern.

Zubereitung: 15 Min.

1 reife Hass-Avocado, 1 EL Zitronensaft, 1 EL Weißweinessig, 1 TL Dijonsenf, Salz, Pfeffer, 1-2 Tropfen Tabascosauce

Schnittlauchdressing

Buttermilch in einer Schüssel mit Zitronensaft, Balsamicoessig und Honig glatt rühren, den Schnittlauch in feine Röllchen schneiden, dazugeben und mit frisch geriebenem Meerrettich verfeinern. Zum Schluss mit Salz und Pfeffer würzen.

Arbeitszeit: 10 Min.

200 ml Buttermilch, Saft von 1 Zitrone, einige Tropfen Balsamicoessig, 1-2 EL Honig, 1 Bd. Schnittlauch, frischer Meerrettich, Salz, Pfeffer

Paprikadressing (Foto oben, Mitte)

Paprikaschoten in ein Sieb gießen und abtropfen lassen, dabei 2 Esslöffel vom Sud aufbewahren. In einem geeigneten Gefäß die Paprika mit Olivenöl, Paprikasud und Rotweinessig mischen und mit dem Stabmixer zu einem feinen Dressing pürieren. Mit Salz und Pfeffer abschmecken.

Arbeitszeit: 15 Min.

150 g gegrillte Paprikaschoten aus dem Glas, 5 EL Olivenöl, 2 TL Rotweinessig, Salz, Pfeffer

> **TIPP** *Natives Olivenöl Extra (Extra Virgin) wird kaltgepresst und schonend hergestellt. Dieses Öl aus erster Pressung gilt als besonders hochwertig. Kalt verwendet ist es reich an einfach ungesättigten Fettsäuren und enthält viel Vitamin E und K. Bei starker Erhitzung gehen diese Vitamine allerdings verloren.*

SUPPEN

Kaltschalen

Kaltes Schotensüppchen

Arbeitszeit: 20 Min.
Kühlzeit: 1 Std.

250 g Zuckerschoten,
300 g Erbsen (TK), 1 Bd. Lauchzwiebeln, 2 EL Olivenöl,
½ l Gemüsebrühe, ½ l Buttermilch, etwas Weißwein, Salz,
Pfeffer, 1 Prise Zucker,
4 Blätter Zitronenmelisse

Zuckerschoten waschen, putzen, einen kleinen Teil in feine Streifen schneiden, den Rest halbieren. Erbsen auftauen lassen. Lauchzwiebeln waschen und in feine Ringe schneiden. In einem Topf mit Olivenöl, Lauchzwiebeln, Zuckerschoten und Erbsen anschwitzen, mit Weißwein ablösen, einmal aufkochen lassen und mit Gemüsebrühe auffüllen.

Etwa 10 Minuten köcheln lassen, Buttermilch zugießen, mit dem Stabmixer fein pürieren und durch ein Sieb schütten. Mit Salz, Pfeffer und 1 Prise Zucker abschmecken und mindestens 1 Stunde abgedeckt kalt stellen.

Vor dem Servieren restliche Zuckerschoten in einer Pfanne mit Öl kurz anschwitzen, die Zitronenmelisse in feine Streifen schneiden und die Suppe damit verfeinern.

Kalte Consommé

Arbeitszeit: etwa 15 Min.
Kühlzeit: über Nacht

1 l selbst gemachte Kraftbrühe,
4 EL Sherry oder Cognac, Salz,
evtl. Eierstich oder 2 Tomaten

Die Kraftbrühe wenigstens 12 Stunden, am besten über Nacht, kalt stellen und dann sorgfältig das Fett abnehmen. Den Sherry (oder den Cognac) dazugeben und bei Bedarf nachsalzen. Die Tomaten in feine Würfel schneiden.

Eisgekühlt mit Eierstich (s. S. 89) oder Tomatenwürfeln als
Einlage servieren.

Andalusischer Gazpacho

Die Tomaten waschen, enthäuten und entkernen und dann
in kleine Würfel schneiden. Die Gurke schälen und grob
hacken, dabei einige Scheiben zurückbehalten. Die Paprikaschoten entkernen und klein hacken. Die Zwiebel und die
Knoblauchzehe abziehen und fein hacken. Alles mit in
Wasser eingeweichtem und gut ausgedrücktem Brot und Öl
mit dem Stabmixer pürieren. Die Masse in die Hühnerbrühe
rühren, mit Salz, Essig, Thymian, Oregano und Cayennepfeffer abschmecken und 2 Stunden zugedeckt kalt stellen.

Arbeitszeit: 40 Min.
Kühlzeit: 2 Std.

500 g Tomaten, 1 mittlere
Salatgurke, je 1 rote und grüne
Paprikaschote, 1 Zwiebel,
1 kleine Knoblauchzehe,
3 EL kalt gepresstes Olivenöl,
100 g altes Weißbrot, Zitrone,
1 Msp. Cayennepfeffer, Salz,
Rotweinessig, Thymian,
Oregano, 1¼ l Hühnerbrühe

TIPP *Der Gazpacho muss eiskalt serviert werden. Man gibt
ihn in kleine Schälchen – zusammen mit kleinen
Weißbrotwürfelchen, Gurkenwürfelchen, hart gekochten
gehackten Eiern, Paprikastreifen, enthäuteten und würfelig
geschnittenen Tomaten oder grob gehackten Zwiebeln.*

Spanische Honig-Kaltschale

Das Toastbrot zerkleinern. Mit den geriebenen Mandeln,
dem Essig und dem Öl kräftig aufrühren. Salzen und
pfeffern, Knoblauch dazudrücken. Die zerkleinerte Melone
dazugeben, alles mit dem Mixstab pürieren.
2 bis 3 Stunden kalt stellen, dann abschmecken und mit
den Weintrauben und Mandelblättchen anrichten. Dazu
passen Weißbrot und spanische Tapas.

Arbeitszeit: 15 Min.
Kühlzeit: 2-3 Std.

4 Toastbrotscheiben, 75 g geriebene Mandeln, 3 EL Sherryessig,
3 EL Olivenöl, Salz, weißer
Pfeffer, 4 Knoblauchzehen,
½ Honig-Melone, 100 g
Trauben, Mandelblättchen

Kalte Kartoffelsuppe

Das Weiße der gesäuberten Lauchstangen in Ringe schneiden und mit der gehackten Zwiebel in Butter andünsten.
Ein paar Ringe für die Garnitur abzweigen.
Zwiebel-Lauch-Mischung mit Mehl bestäuben, mit kochender Brühe übergießen und die rohen, geschälten, gewürfelten Kartoffeln zugeben. Etwa 20 Minuten gar dünsten, danach durch ein Sieb passieren und im Kühlschrank erkalten
lassen. Vor dem Servieren die Sahne unterrühren, mit Salz
und Pfeffer abschmecken und mit den Lauchringen und fein
gehackten Kräutern bestreuen.

Arbeitszeit: 20 Min.
Kühlzeit: 1 ½ Std.
Garzeit: 30 Min.

3 Lauchstangen (Porree),
1 kleine Zwiebel, 40 g Butter,
½ TL Mehl, 1¼ l Hühnerbrühe,
250 g Kartoffeln, 1 EL Sahne,
Salz, Pfeffer, gehackte
frische Kräuter

Kalte Avocadosuppe

Arbeitszeit: 30 Min.
Kühlzeit: 30 Min.

500 g sehr reife Avocado,
1 Zitrone, 4 EL trockener
Weißwein, 125 ml saure Sahne,
¼ l entfettete Hühnerbrühe,
2 EL Nussöl, 1 Spritzer Worcestersauce, Salz, Pfeffer, ¼ l Sahne,
etwas abgeriebene Zitronenschale, frische Zitronenmelisse

Die Avocados halbieren, entsteinen und eine Hälfte mit Zitronensaft beträufeln und beiseitelegen.

Von den anderen Hälfte mit einem Löffel das Fruchtfleisch auslösen und sofort durch ein Sieb streichen. Mit dem restlichen Saft der Zitrone, dem Weißwein und der sauren Sahne vermischen. Dann die Hühnerbrühe und tropfenweise das Nussöl dazugeben.

Mit Salz, Pfeffer, Worcestersauce und einer Messerspitze Zitronenschale würzen, 30 Minuten im Kühlschrank ruhen lassen.

Vor dem Servieren nachwürzen und die steif geschlagene Sahne unterziehen und mit Melisseblättchen und feinen Avocadostreifchen (von der übrigen Frucht) garnieren.

VARIANTEN   *Geben Sie frisch gehacktes Basilikum dazu. Oder reichen Sie die Suppe mit würzigen, heißen Weißbrotwürfeln. Wichtig ist, dass die Einlagen, die Sie wählen, in der Suppe ansprechend aussehen.*

Kalte Jogurt-Gurkensuppe

Arbeitszeit: 15 Min.
Kühlzeit: 1 Std.

1 Knoblauchzehe,
750 g Magermilchjogurt, 4 EL
saure Sahne, 1 EL Himbeeressig,
2 Salatgurken, 8 TL gehackte
Kräuter, 50 g gehackte Walnüsse,
Salz, Pfeffer, 1 Prise Zucker

Knoblauch schälen und zusammen mit Jogurt, saurer Sahne und Himbeeressig in einem hohen Gefäß mit dem Stabmixer pürieren.

Gurken waschen, fein würfeln und mit den Kräutern und den Walnüssen unter den Jogurt rühren. Mit Salz, Pfeffer und 1 Prise Zucker würzen. Mindestens 1 Stunde kalt stellen und mit Kräuterbaguette servieren.

Melonen-Kaltschale

Arbeitszeit: 20 Min.
Kühlzeit: 1 Std.

1 Honigmelone, 2 EL Zitronensaft, 1 Pck. Vanillezucker,
4 Kugeln Zitronensorbet,
½ l Prosecco, 1 EL Pinienkerne,
frische Minzeblätter

Die Melone halbieren, Kerne entfernen und klein schneiden. Melonenstücke, Zitronensaft, Zitronensorbet und Vanillezucker in einem hohen Gefäß mit dem Stabmixer fein pürieren und zugedeckt 1 Stunde kalt stellen.

Vor dem Servieren die Pinienkerne in einer beschichteten Pfanne ohne Öl goldbraun anbraten. Den Prosecco behutsam unter die Kaltschale rühren. Die Minze waschen und in feine Streifen schneiden. Zum Schluss in tiefe Dessertschalen füllen, mit Pinienkernen und Minze bestreuen und servieren.

Geeistes Paprika-Süppchen

Paprika waschen, halbieren und das Kerngehäuse entfernen. Zwiebel und Knoblauchzehe schälen und fein würfeln. Chilischote in feine Ringe schneiden.
Olivenöl in einer Pfanne erhitzen, Gemüse farblos darin anschwitzen, dann mit Gemüsebrühe ablöschen und zugedeckt etwa 10 Minuten köcheln lassen.
Anschließend mit dem Stabmixer fein pürieren und durch ein Sieb geben.
Die Suppe mit Rotweinessig, Salz, Pfeffer und 1 Prise Zucker abschmecken und mit der Crème fraîche verfeinern. Im Kühlschrank zugedeckt für mindestens 1 Stunde kalt stellen, danach servieren. Nach Geschmack mit einem Löffel Crème fraîche eine Spur in die Kaltschale garnieren.

Arbeitszeit: 20 Min.
Kühlzeit: 1 Std.

4 rote Paprika, 1 Zwiebel, 1 Knoblauchzehe, 1 Chilischote, 2 EL Olivenöl, 1 l Gemüsebrühe, 1 EL Rotweinessig, Salz, Pfeffer, 1 Prise Zucker, 2 EL Crème fraîche

Tomaten-Kaltschale

Tomaten waschen, den Stielansatz entfernen und in grobe Stücke schneiden. Basilikum waschen, trocken schütteln und grob hacken. Knoblauchzehe schälen und halbieren.
Sämtliche Zutaten in einen Mixbecher geben, Gemüsebrühe dazugießen und mit dem Stabmixer oder der Küchenmaschine fein pürieren.
Mit Salz, Pfeffer und Zucker abschmecken, danach mindestens 30 Minuten kalt stellen. Zum Schluss die Kaltschale auf Tellern anrichten, den Frischkäse darin verteilen und mit der Balsamicocreme verfeinern.

Arbeitszeit: 20 Min.
Ruhezeit: 30 Min.

5 vollreife Strauchtomaten, ½ Bd. Basilikum, 1 Knoblauchzehe, 200 ml Gemüsebrühe, Salz, Pfeffer, 1 Prise Zucker, 200 g Hütten-Frischkäse (Cottage Frischkäse), 1 EL Balsamicocreme

Warme Suppen

Leberknödelsuppe

Arbeitszeit: 45 Min.
Kühlzeit: 30 Min.
Garzeit: 15 Min.

für die Knödel:
2 alte Brötchen, 125 ml Brühe,
150 g Kalbsleber, 1 Zwiebel,
½ Bd. Petersilie, 1 EL Butter,
1 Ei, Salz, Pfeffer, Muskat

für die Suppe:
2 Karotten,
100 g Knollensellerie,
4 Frühlingszwiebeln,
1 EL Öl, 1 Lorbeerblatt,
Salz, Pfeffer, 1 l Gemüsebrühe,
½ Bd. Petersilie

Brötchen in der Brühe einweichen. Kalbsleber durch den Wolf drehen oder mit der Küchenmaschine zerkleinern. Zwiebeln fein würfeln, Petersilie waschen, trocken schütteln und fein hacken. Butter in einem Topf erhitzen, Zwiebel und gehackte Petersilie darin andünsten und abkühlen lassen. Brötchen gut ausdrücken und mit Leber, Zwiebel-Petersilie-Mix und Ei gut vermengen. Mit Salz, Pfeffer und Muskat abschmecken. Anschließend mit feuchten Händen zu kleinen Knödeln formen und 30 Minuten zugedeckt kalt stellen. Karotten und Sellerie schälen, in kleine Würfel schneiden, gewaschene Frühlingszwiebeln in feine Ringe schneiden. Gemüse in einem Topf mit Öl andünsten und mit Salz und Pfeffer würzen. Brühe angießen, das Lorbeerblatt dazugeben und bei mittlerer Hitze 5 Minuten köcheln lassen. Knödel zugeben und weitere 10 Minuten zugedeckt garen, bis die Knödel an die Oberfläche kommen. Die Suppe auf Teller verteilen und mit Petersilie garnieren.

Frühlingssuppe

Arbeitszeit: etwa 20 Min.
Garzeit: 10 Min.

1¼ l Gemüsebrühe, Salz,
300 g Gemüse,
1 EL fein gehackter Schnittlauch

Die gewaschenen und fein gehackten Gemüse (z.B. Erbsen, Lauch, Karotten, Kohlrabi, Blumenkohl, Sellerie) in der Brühe etwa 15 Minuten sanft garen. Danach nur mit ein wenig Salz abschmecken und mit Schnittlauch bestreut servieren.

Minestrone

Das Gemüse waschen. Sellerie, Karotten, Kartoffeln und Zucchini schälen und in Scheiben oder Würfel schneiden. Das Weiße der Frühlingszwiebeln in Ringe schneiden und den Kohl grob hobeln. Tomaten häuten und würfeln und Erbsen auspulen. Grüne Bohnen und Fenchel in kleine Stücke schneiden und auch das zarte Fenchelgrün verwenden und wie die Kräuter hacken. Die Zwiebel würfeln und den Knoblauch fein pressen.

Bauchspeck würfeln und in Olivenöl anbraten, Zwiebelwürfel und Knoblauch mit der Petersilie hinzufügen. Bis auf die Erbsen, die grünen Bohnen und die Tomatenwürfel das zerkleinerte Gemüse zugeben, mit der Brühe auffüllen und salzen. 20 Minuten leicht köcheln, dann Bohnen und Tomaten beifügen und wieder 20 Minuten kochen.

Zum Schluss die Nudeln und Erbsen zugeben und noch 15 Minuten sieden lassen. Wer lieber Reis verwendet, kocht ihn am besten vor und gibt ihn der fertigen Minestrone bei.

Arbeitszeit: 45 Min.
Garzeit: ca. 1 Std.

125 g Bauchspeck, 1 Stängel Bleichsellerie, 1-2 Karotten, 4 Kartoffeln, 2 kleine Zucchini, 2 Frühlingszwiebeln, ¼ Kopf Weißkohl, 250 g feste Tomaten, 300 g weiße Bohnen (Dose), 500 g Erbsenschoten, 200 g grüne Bohnen, 1 Fenchelknolle, 2 Knoblauchzehen, 1 Zwiebel, je 1 Bd. Petersilie und Basilikum, 2 Stängel Salbei, 4 EL Olivenöl, 1 l Fleischbrühe, 150 g Hörnchennudeln oder Reis, Salz, nach Geschmack etwas Parmesan

TIPP *Minestrone wird mit geriebenem Parmesan bestreut und mit frischem Weißbrot serviert. Je nach Saison und Geschmack sind alle Gemüsekombinationen möglich.*

Beeftea

Das Rindfleisch sehr fein hacken, durch den Fleischwolf drehen, leicht salzen und das Wasser mit der Hand in das Fleisch einkneten. ½ Stunde kühl stellen und ziehen lassen. Dann die Masse in ein großes Einkochglas geben, die Fleischbrühe dazugießen. 1 Eiweiß schaumig schlagen und ebenfalls dazugeben. Das Glas fest verschließen und in ein kaltes Wasserbad stellen. Das Wasser zum Kochen bringen und 2-3 Stunden sehr langsam kochen, bis der aufsteigende Fleischsaft klar geworden ist. Aus dem Wasser nehmen, die Brühe durch ein Tuch seihen, eventuell mit Sherry abschmecken und heiß oder kalt servieren. Die restlichen Fleischfasern sind nicht mehr zu verwenden.

Arbeitszeit: etwa 50 Min.
Garzeit: 2-3 Std.

500 g mageres, fett- und hautfreies Rindfleisch, ¼ l Wasser, 1 l Fleischbrühe, 1 Eiweiß, Salz, evtl. etwas Sherry

VARIANTEN *Man kann kurz vor dem Servieren einen konzentrierten Kräuter- und Gemüsefond dazugeben oder Beeftea auch mit verschiedenen Einlagen servieren.*

Kräutercremesuppe

Arbeitszeit: 30 Min.
Garzeit: etwa 40 Min.

1 Zwiebel, 3 Kartoffeln,
4 Scheiben Räucherspeck,
½ l Fleischbrühe, ½ l Milch,
125 g frische Kräuter
(Spinat, Kresse, Sauerampfer,
Petersilie, Schnittlauch),
100 g Crème fraîche, Muskat,
Salz und Pfeffer

Zwiebel und Kartoffeln schälen, Zwiebel hacken und
Kartoffel würfeln. Speck im Suppentopf knusprig braten und
wieder herausnehmen. Zwiebel und Kartoffelwürfel im
Speckfett andünsten, Fleischbrühe und Milch zugeben und
20 Minuten kochen. Währenddessen die Kräuter waschen,
trocknen und fein hacken. Danach 2-3 Minuten in der Suppe ziehen lassen, Crème fraîche unterrühren und noch einmal aufkochen. Mit Muskat, Salz und Pfeffer abschmecken.
Den gerösteten Speck zerbröseln und vor dem Servieren
über jede Portion streuen.

Brokkolicremesuppe

Arbeitszeit: 30 Min.
Garzeit: ca. 30 Min.

500 g Brokkoli, 1 Zwiebel,
200 g Kartoffeln, 1 EL Butter,
¾ l Gemüsebrühe,
20 g Crème fraîche,
Salz, Pfeffer,
50 g Mandelblättchen

Vom Brokkoli die Röschen abschneiden, die Stiele schälen
und klein schneiden. Zwiebel schälen und fein hacken. Kartoffeln waschen, schälen und in Stücke schneiden. In einem
Topf mit Butter die Zwiebel farblos anschwitzen, Brokkoli-
stiele und Kartoffeln dazugeben, 3-4 Minuten garen und
anschließend mit Gemüsebrühe aufgießen. Bei mittlerer Hitze 10 Minuten köcheln lassen, danach die Brokkoliröschen
dazugeben und weitere 10 Minuten garen. Die Suppe mit
dem Stabmixer fein pürieren, Crème fraîche unterrühren
und mit Salz und Pfeffer würzen. Mandelblättchen in einer
Pfanne ohne Öl 2-3 Minuten goldbraun rösten, dabei
mehrmals wenden. Zum Schluss die Brokkolicremesuppe in
Teller füllen und mit Mandelblättchen bestreuen.

Kartoffelsuppe

Arbeitszeit: 20 Min.
Garzeit: 30 Min.

750 g Kartoffeln, 1¼ l Fleisch-
brühe, 150 g geräucherter
Speck, 2 mittelgroße Zwiebeln,
Salz, 1 TL getrockneter Majoran,
Pfeffer, 125 ml Sahne,
2 Eigelbe, 1 TL Butter

Die rohen, geschälten Kartoffeln in Würfel schneiden, ebenso die Zwiebeln und den Speck. Speckwürfel und Zwiebeln
in der Butter golden anbraten, Kartoffeln zugeben und mit
der Brühe ablöschen. Mit Salz und Majoran würzen und 20
Minuten weich kochen. Eigelbe in der Sahne verquirlen und
einrühren – dabei darf die Suppe nicht mehr kochen. Vor
dem Servieren eventuell noch nachwürzen.

| VARIANTEN | *Es gibt eine Fülle von weiteren Zutaten, die den Charakter dieser kräftigen Suppe verän-dern, wie Lachs und Schmand (elegant), Debreziner Würst-chen und Paprika (feurig), Äpfel und Birnen (norddeutsch).* |

Gemüsecremesüppchen

Kartoffeln, Zwiebel und Karotten schälen und klein schneiden. Lauch halbieren und waschen. Erbsen auftauen.
In einem Topf mit Olivenöl sämtliche Zutaten 5-6 Minuten anschwitzen und mit Brühe aufgießen. Zugedeckt 30 Minuten sanft köcheln lassen.
Anschließend saure Sahne beigeben und mit dem Stabmixer sämig pürieren. Mit Salz, Pfeffer und Muskat abschmecken und frisch gehacktem Liebstöckel verfeinern.

Arbeitszeit: 20 Min.
Garzeit: 30 Min.

2 große Kartoffeln, 1 Zwiebel,
1 Stange Lauch, 3 Karotten,
100 g Tiefkühlerbsen,
1 EL Olivenöl, Liebstöckel,
Salz, Pfeffer, Muskat,
150 ml saure Sahne, 1 l Brühe

Klare Tomaten-Essenz

Tomaten putzen und grob zerteilen. Zwiebel und Knoblauch schälen und ebenfalls grob schneiden. In einem Topf mit Öl, Zwiebel und Knoblauch andünsten. Tomaten zugeben und mit Weißwein ablöschen.
Etwas einkochen lassen, anschließend die Brühe und das Basilikum zugeben, mit Salz und Pfeffer abschmecken und 30 Minuten sanft köcheln lassen.
Die Suppe durch ein Sieb gießen und erkalten lassen.
Eiweiße mit Eiswürfeln verquirlen, zusammen mit Sternanis in die Suppe geben und unter ständigem Rühren aufkochen. Erneut 30 Minuten am Siedepunkt ziehen lassen.
Dann die Suppe vorsichtig durch ein Passiertuch gießen und nach Belieben mit Sherry verfeinern.

Arbeitszeit: 20 Min.
Garzeit: 1 Std.
Ruhezeit: 1 Std.

1 kg frische Tomaten,
1 Zwiebel, 1 Knoblauchzehe,
1 EL Olivenöl, 100 ml Weißwein,
1 l Gemüsebrühe,
einige Blätter Basilikum,
Salz, Pfeffer, 3 Eiweiße,
2 Sternanis, Sherry nach
Belieben

Steinpilzcremesuppe

Arbeitszeit: 15 Min.
Ruhezeit: 10 Min.
Garzeit: 20 Min.

100 g getrocknete Steinpilze,
2 Knoblauchzehen, 2 Zweige
Thymian, 1 l Gemüsebrühe,
1 EL Olivenöl, 150 ml Sahne,
Salz, Pfeffer, 1 EL Oystersauce,
1 Bd. Schnittlauch

Steinpilze mit heißem Wasser übergießen und 10 Minuten ziehen lassen. Knoblauch und Thymian hacken, in einem Topf mit Olivenöl anschwitzen, ausgedrückte Steinpilze dazugeben, mit Gemüsebrühe aufgießen und 20 Minuten sanft köcheln lassen. Sahne einrühren und mit dem Stabmixer fein pürieren. Suppe mit Salz und Pfeffer abschmecken und Oystersauce verfeinern. Schnittlauch in feine Röllchen schneiden und vor dem Servieren über die Suppe streuen.

Zucchinicreme mit Safran

Arbeitszeit: 15 Min.
Garzeit: 20 Min.

1 Kartoffel, 1 Zwiebel,
1 kg Zucchini, 2 EL Olivenöl,
2 EL Pernod, 1 l Gemüsebrühe,
1 Döschen Safranfäden,
3 EL saure Sahne, Salz, Pfeffer

Kartoffel und Zwiebel schälen und mit den Zucchini klein schneiden. Zwiebel und Kartoffel in einem Topf mit Olivenöl farblos andünsten, Zucchini dazugeben, mit Pernod ablöschen und Gemüsebrühe aufgießen.
Safranfäden unterrühren und 20 Minuten sanft köcheln lassen. Suppe in ein hohes Gefäß gießen, saure Sahne beigeben und mit dem Stabmixer pürieren, bis die Suppe eine sämige Konsistenz aufweist. Mit Salz und Pfeffer abschmecken und mit ein paar Safranfäden heiß servieren.

Spargelcremesuppe

Arbeitszeit: 30 Min.
Garzeit: etwa 30 Min.

250 g Spargel, ½ TL Salz,
40 g Butter, 40 g Mehl,
1 Eigelb, 2 EL Sahne,
Salz, Zitronensaft

Den geschälten Spargel in 3 cm lange Stücke schneiden. 1 ¼ l Wasser und das Salz zum Kochen bringen und die Spargelstücke bei milder Hitze etwa 15 Minuten weich kochen. Den Spargel warm stellen. Butter und Mehl zu einer hellen Mehlschwitze anbräunen und mit dem Spargelwasser

nach und nach ablöschen. 10 Minuten sanft kochen. Das
Eigelb mit der Sahne verrühren und die heiße, nicht mehr
kochende Suppe damit binden. Spargelstückchen einlegen
und mit Salz und ein paar Tropfen Zitronensaft würzen.

Lauchcremesuppe

Lauch putzen, waschen und in Scheiben schneiden. Speck
knusprig braten und wieder aus dem Topf nehmen. Lauchringe im Speckfett andünsten und mit der Fleischbrühe ablöschen, 10 Minuten kochen. Danach Milch und Püree-
flocken unterrühren und wieder erhitzen. Mit Crème
fraîche, Salz und weißem Pfeffer abschmecken, wer will,
kann eine Prise Muskat zugeben. Die Speckscheiben zerkrümeln und beim Servieren über jede Portion streuen.

Arbeitszeit: 40 Min.
Garzeit: 30 Min.

2 Stangen Lauch (Porree),
4 Scheiben geräucherter Speck,
¾ l Fleischbrühe, ¼ l Milch,
¼ Pck. Kartoffelpüreepulver
oder -flocken, 125 ml Crème
fraîche, Sahne, weißer Pfeffer,
Salz, Muskat nach Geschmack

Kerbel-Rahm-Suppe

Die Butter in einem Topf bei mittlerer Hitze schmelzen.
Das Mehl zügig einrühren, damit es keine Farbe bekommt.
Dann unter Rühren mit Milch, Fleischbrühe und Wein auf-
füllen, einmal aufkochen lassen und anschließend bei gerin-
gerer Temperatur weitere 5 Minuten köcheln. Mit Sahne,
Salz, Pfeffer und einer Prise Zucker abschmecken. Inzwi-
schen die Kräuter waschen, fein hacken und in die Suppe
rühren – nicht mehr kochen. Den gekochten Schinken in
Würfel schneiden. Die Suppe in Teller füllen und mit
Schinkenwürfeln bestreuen.

Arbeitszeit: 8 Min.
Garzeit: 15 Min.

80 g Butter, 50 g Mehl,
½ l Milch, ½ l Fleischbrühe,
125 ml Weißwein, 125 ml Sahne,
Salz, Pfeffer, Zucker, 2 Bd.
Petersilie, 1 Kästchen Kresse,
100 g gekochter Schinken

Blumenkohlpüreesuppe

Den Blumenkohl säubern, in Röschen teilen und 30 Minuten
wässern und dann in leicht gesalzenem Wasser 20-30 Minuten nicht zu weich kochen. Die Zwiebel schälen und fein
schneiden, in heißer Butter andünsten, mit Mehl bestäuben
und etwas anbräunen. Dann mit der Brühe aufgießen.
Zwei Drittel der Blumenkohlröschen dazugeben, glatt rühren und ½ Stunde langsam auskochen lassen, dann die Suppe mit dem Stabmixer passieren. Mit Salz, weißem Pfeffer
und etwas Muskat würzen und abschmecken. Eigelb und
Sahne verrühren und die Suppe damit binden. Mit Butter
vollenden. Die restlichen Blumenkohlröschen als Einlage
hineingeben und mit fein gehackter Petersilie bestreuen.

Arbeitszeit: 30 Min.
Garzeit: 1 Std.

1 Blumenkohl, 1 Zwiebel,
40 g Butter, 1 TL Mehl,
1¼ l Fleischbrühe, Salz,
weißer Pfeffer, Muskat, 1 Eigelb,
125 ml Sahne, 20 g Butter,
1 Bd. Petersilie

Grüne Erbsenpüreesuppe

Arbeitszeit: etwa 30 Min.
Ruhezeit: über Nacht

200 g getrocknete grüne Erbsen, 1½ l Räucherfleischbrühe oder Wasser, 1 Karotte, ½ Lorbeerblatt, Thymianzweig, 2 Gewürznelken, 2 rohe Kartoffeln, 100 g Speck, 1 Zwiebel, 1 EL Zucker, 20 g Butter, 2 EL Sahne

Die über Nacht in Wasser eingeweichten Erbsen in genügend Wasser oder Brühe mit gewürfelter Karotte, Lorbeerblatt, Thymian und Nelken zum Kochen bringen. Die Kartoffeln schälen, grob würfeln und etwa 15 Minuten vor Ende der Kochzeit mitkochen.

Inzwischen die Zwiebel mit dem gewürfelten Speck anbraten, in die Erbsensuppe geben und für die letzten 10 Minuten Kochzeit mitgaren.

Anschließend alles passieren und würzen. Mit einer Prise Zucker, der Sahne und der Butter abrunden.

> **TIPP** *Wenn Sie anstatt fertiger Räucherfleischbrühe Wasser verwenden, können Sie für den Geschmack auch ein Stück Räucherspeck mit Schwarte mitkochen.*

Kürbiscremesuppe

Zubereitungszeit: 45 Min.

1 Zwiebel, 500 g Kürbisfleisch, 1 Knoblauchzehe, etwas Butter, Gewürze (1 TL Paprikapulver, Kümmel, 1 Lorbeerblatt, Salz, Pfeffer), 1 l Rinderbrühe, Kürbiskerne, 1-2 EL Kürbiskernöl

Die Zwiebel schälen und fein hacken, das Kürbisfleisch in große Würfel schneiden, die Knoblauchzehe schälen und ganz klein schneiden.

Etwas Butter erhitzen und die Zwiebel und den Knoblauch darin glasig anbraten. Dann die Kürbisfleischwürfel dazugeben und kurz mitdünsten. Die Gewürze dazugeben und mit der Brühe aufgießen. Ungefähr 15 Minuten leicht köcheln lassen, das Lorbeerblatt herausnehmen und das Ganze mit dem Stabmixer pürieren und eventuell noch einmal abschmecken. Zum Schluss in Teller füllen, mit den Kürbiskernen garnieren und das Kernöl dekorativ darübertropfen.

Kürbisrahmsuppe mit Räucheraal

Arbeitszeit: 15 Min.
Garzeit: etwa 25 Min.

300 g Kürbis, 3 Zwiebeln (mittelgroß), 75 g Sellerie, Butter oder Olivenöl, 600 ml Geflügelbrühe, 200 ml Sahne, Salz, Pfeffer, 200 g Räucheraal, Schnittlauch

Das Gemüse putzen und in kleine Stücke schneiden, damit es sich später gut pürieren lässt. In Butter oder Olivenöl in einem ausreichend großen Topf anschmoren – es sollte nicht braun werden. Mit der Brühe ablöschen und etwa 20 Minuten köcheln lassen.

Wenn das Gemüse weich ist, die Suppe mit dem Stabmixer pürieren. Mit Salz und Pfeffer würzen, die Sahne hinzufügen und die Suppe nochmals aufschlagen. Den Räucheraal in Stücken einlegen, damit er warm wird. Die Suppe mit frischen Schnittlauchröllchen garnieren.

Karotten-Kürbiscreme mit Ingwer

Karotten und Kürbis schälen, putzen und klein schneiden. Zwiebel schälen und fein würfeln. In einem Topf mit Olivenöl das Gemüse anschwitzen, mit Orangensaft ablöschen und Gemüsebrühe aufgießen. Ingwer dazugeben und zugedeckt 20 Minuten sanft köcheln. Danach den Sauerrahm dazugeben und mit dem Stabmixer fein pürieren.
Die Suppe mit Salz und Pfeffer abschmecken. Sesam in einer beschichteten Pfanne ohne Öl anbraten, über die bereits angerichtete Suppe streuen und heiß servieren.

Arbeitszeit: 25 Min.
Garzeit: 20 Min.

400 g Karotten,
400 g Hokkaidokürbis,
1 Zwiebel, 2 EL Olivenöl,
100 ml Orangensaft,
1 l Gemüsebrühe,
1 TL frisch geriebener Ingwer,
2 EL Sauerrahm,
2 TL Sesam, Salz, Pfeffer

Glasnudelsuppe

Die Lauchzwiebeln putzen, waschen und in feine Ringe schneiden. Zuckerschoten putzen und waschen. Champignons aus dem Glas abtropfen lassen. Karotten schälen und in Scheiben schneiden. Schiitake-Pilze putzen und in Scheiben schneiden. Glasnudeln mit kaltem Wasser abspülen. Hühnerfleisch in Würfel schneiden. Öl in einem Topf erhitzen, Fleisch darin anbraten. Mit der Brühe ablöschen und aufkochen. Die vorbereiteten Zutaten zugeben und 10 Minuten köcheln. Mit Sojasauce, Salz und Curry, Zucker, Pfeffer und Ingwer pikant abschmecken.

Arbeitszeit: 15 Min.
Garzeit: 10 Min.

1 Bd. Lauchzwiebeln,
150 g Zuckerschoten,
125 g Champignons,
250 g Karotten,
200 g Schiitake-Pilze,
100 g Glasnudeln,
250 g Hühnerbrustfilets,
2 EL Sesamöl, 1½ l Hühnerbrühe,
Sojasauce, Salz, Currypulver,
½ TL Zucker, frisch gemahlener
Pfeffer, 1 TL frisch geriebener
Ingwer

TIPP *Wenn Sie frische Champignons verwenden, dann schneiden Sie diese ebenfalls ins Scheiben und braten Sie mit dem Fleisch im Topf oder Wok mit an.*

Fischsuppe Bodensee

Zubereitungszeit: etwa 45 Min.

700-800 g gemischte Fischfilets (Hecht, Zander, Lachsforelle), 750 ml Fischfond, 200 ml trockener Weißwein, 3-4 Fäden Safran, 3 Tomaten, 3 Scheiben Weißbrot, Butter, Salz, Pfeffer, Kerbel

Die Filets (ohne Haut) von allen Gräten befreien und in mundgerechte Stücke schneiden. Den Fischfond und den Weißwein in einem Topf erhitzen, den Safran zugeben und alles einmal aufkochen.

Die Hitze reduzieren, die Fischfilets vorsichtig einlegen und etwa 8 Minuten ziehen lassen, ohne dass die Suppe kocht. Inzwischen die Tomaten mit heißem Wasser überbrühen, die Haut abziehen und in die Suppe einlegen.

Das Weißbrot in Würfel schneiden, in der Butter anbraten und den Kerbel fein hacken. Die Suppe mit Salz und Pfeffer abschmecken und in vorgewärmte Teller füllen. Die Weißbrotwürfel und den Kerbel darüberstreuen.

Ostfriesische Krabbensuppe

Arbeitszeit: 35 Min.
Garzeit: 20 Min.

600 g Kartoffeln, 100 g Lauch, 100 g Schinkenspeck, 1 EL Butterschmalz, 1 Zwiebel, 1 l Fischbrühe, 200 ml Crème fraîche, Salz, Pfeffer, Muskat, 300 g Krabben, 4 EL glatte Petersilie

Geschälte Kartoffeln und Lauch klein schneiden, Zwiebeln schälen und fein würfeln. Speck in kleine Würfel schneiden und in einer Pfanne mit Butterschmalz anbraten. Zwiebeln dazugeben und mit andünsten.

Fischbrühe aufgießen, Kartoffeln und Lauch dazugeben und 20 Minuten sanft köcheln lassen.

Anschließend Crème fraîche dazugeben und die Suppe mit einem Stabmixer fein pürieren. Zum Schluss mit den Gewürzen abschmecken und die Krabben unterheben. Auf Tellern anrichten, mit Petersilie bestreuen und heiß servieren.

Hamburger Aalsuppe

Den küchenfertigen Aal mit Salz abreiben und in Stücke von etwa 5 cm teilen. Speck und Zwiebeln würfeln. Den Speck bei geringer Temperatur ausbraten. Dann die Temperatur erhöhen und die Zwiebeln goldgelb anbraten. Das Gemüse waschen, putzen und zerkleinern. Karottenscheiben, Selleriewürfel und Lauchstreifen sowie die getrockneten Kräuter zu den Zwiebeln geben und kurz andünsten lassen. Mit 1 Liter Wasser ablöschen, salzen und die Brühe zufügen, dann aufkochen. Inzwischen die Birnen schälen, entkernen und in Viertel schneiden. Wenn die Suppe kocht, die Aalstücke und die Früchte einlegen und etwa 25 Minuten bei kleiner Hitze köcheln lassen. Danach die Erbsen und die gehackten, frischen Kräuter einrühren und mit Pfeffer würzen. Das Mehl mit etwas Brühe in einer Tasse gut verrühren, in die Suppe einquirlen und weitere fünf Minuten kochen. Mit frischen Schwarzbrotscheiben servieren.

Arbeitszeit: etwa 45 Min.
Garzeit: etwa 50 Min.

750 g frischer Aal, 100 g geräucherter Speck, 2 Zwiebeln, 3 Karotten, 1 Sellerieknolle, 2 Stangen Lauch (Porree), ½ TL getrockneter Majoran, Salbei, Estragon und Thymian, ½ l Brühe, 2 Birnen, 100 g Dosen- oder Tiefkühlerbsen, etwas frische Petersilie und Dill, 2 EL Mehl, Salz, Pfeffer

VARIANTE *Eine andere Variation dieses Rezeptes sieht mitgekochte Backpflaumen vor, die zusammen mit dem rohen Gemüse eingelegt werden.*

Käsesuppe mit Riesling

Zwiebel, Knoblauch, Lauch und Kartoffeln schälen oder putzen und klein schneiden. Die Butter in einem Topf erhitzen und das Gemüse darin kurz anschwitzen. Die Kartoffeln zufügen, alles mit der Brühe auffüllen und bei nicht zu starker Hitze etwa 20-25 Minuten weich kochen.
Die Suppe mit dem Stabmixer pürieren, bis sie glatt ist. Dann den Wein, die Sahne und den Käse nach und nach einrühren und mit Salz und Pfeffer abschmecken.

Zubereitungszeit: 45 Min.

1 Zwiebel, 1 Knoblauchzehe, 1 Stange Lauch, 2 Kartoffeln, 30 g Butter, 1 l Gemüsebrühe, 125 ml Weißwein, 125 ml Sahne, 50 g Emmentaler, 50 g Schmelzkäse, 1 Prise Salz, Pfeffer

VARIANTE *Für eine pfiffige Einlage brauchen Sie nur 150 g Blätterteig (TK), etwas Mehl, 1 Ei, 50 g Sesamkörner und gut 1 Stunde Zeit: Ein Backblech kalt ausspülen. Den Blätterteig 2 mm stark auf einer bemehlten Arbeitsfläche ausrollen, mit einem runden Ausstecher kleine Taler ausstechen und aufs Backblech legen. 1 Stunde ruhen lassen. Danach mit verquirltem Ei bestreichen, mit Sesamkörnern bestreuen und im Backofen bei 200 °C goldbraun backen.*

Gulaschsuppe

Arbeitszeit: 40 Min.
Garzeit: 1 Std.

200 g Zwiebeln, 500 g Rinderschulter ohne Knochen, 2 EL
Schweinefett (oder Öl), 200 g
Kartoffeln, ½ TL Rosenpaprika,
¼ TL Kümmel, Salz, 1 Spritzer
Essig, 1 TL Tomatenmark,
½-¾ l Brühe, 1 kleine Knoblauchzehe nach Geschmack

Die fein geschnittenen Zwiebeln in heißem Fett goldgelb braten, Paprika darüberstreuen und sofort mit etwas Essig-wasser löschen. Das kleinwürfelig geschnittene Rindfleisch mit gehacktem Kümmel, Salz und Tomatenmark (und Knob-lauch) beigeben und das Ganze im eigenen Saft weich düns-ten; dabei immer wieder umrühren und mit etwas Flüssigkeit aufgießen. Dann die geschälten und gewürfelten Kartoffeln beigeben, mit Brühe (oder Wasser) aufgießen und zugedeckt etwa 50 Minuten weich kochen. Zum Schluss nachwürzen und eventuell mit etwas saurer Sahne abschmecken.

Rote-Linsen-Suppe

Arbeitszeit: 15 Min.
Garzeit: etwa 20 Min.

1 Bd. Suppengrün, 2 Karotten,
1 Bd. Frühlingszwiebeln,
1-2 Knoblauchzehen, 1 EL
Olivenöl, 100 g rote Linsen,
¾ l Gemüsebrühe, 150 ml Sojamilch, 1 Lorbeerblatt, 125 ml
Sahne, 1 EL Zitronensaft, Kräutersalz, Cayennepfeffer, etwas
Zitronenschale, 1 Bd. Koriander

Suppengrün und Karotten putzen, waschen und klein würfeln. Frühlingszwiebeln putzen, waschen und in Stücke schneiden. Knoblauch abziehen und fein hacken. Öl in ei-nem Topf erhitzen, Suppengrün, Karotten, Frühlingszwie-beln und Knoblauch darin unter Rühren anbraten. Linsen zugeben und kurz mitdünsten. Mit Brühe und Sojamilch aufgießen und aufkochen, Lorbeerblatt zugeben und alles zugedeckt bei schwacher Hitze 10 Minuten garen. Die Sah-ne hineinrühren, das Lorbeerblatt entfernen. Die Suppe pürieren, mit Zitronensaft, Kräutersalz und Cayennepfeffer pikant abschmecken. Mit in feine Streifen geschnittener Zitronenschale und gehacktem Koriander bestreuen.

Pesto-Süppchen mit Pinienkernen

Arbeitszeit: 30 Min.
Garzeit: ca. 25 Min.

2 Knoblauchzehen,
1 Bd. Basilikum, ½ Bd. Petersilie,
50 g Parmesan, 125 ml Olivenöl,
Salz, Pfeffer, 50 g Pinienkerne,
200 g Kartoffeln, 1 Zwiebel,
150 g Zucchini, 100 g Zuckerschoten, 1 l Gemüsebrühe,
100 g TK-Erbsen

Für das Pesto den Knoblauch grob hacken. Basilikum und Petersilie waschen, trocken schütteln und grob schneiden. Parmesan fein raspeln. Sämtliche Zutaten in ein hohes Gefäß füllen, 100 ml Olivenöl zugießen und mit dem Stab-mixer fein pürieren. Danach mit Salz und Pfeffer würzen und beiseite stellen. Pinienkerne in einer Pfanne ohne Öl 3-4 Minuten goldbraun rösten, dabei mehrmals wenden. Für die Suppe die Kartoffeln waschen, schälen und klein schneiden. Zwiebel fein hacken. Zucchini und Zuckerscho-ten waschen, den Stielansatz entfernen und klein schneiden. In einem Topf mit dem restlichen Olivenöl die Zwiebel farblos andünsten, Kartoffeln, Zucchini und Zuckerschoten dazugeben und mit Gemüsebrühe auffüllen. Bei geringer

Hitze 10 Minuten köcheln lassen, danach die Erbsen dazugeben und weitere 5 Minuten garen. Mit dem Stabmixer
fein pürieren, anschließend das Pesto dazugeben und mit
Salz und Pfeffer abschmecken. Die Suppe auf Tellern anrichten, mit den Pinienkernen bestreuen und heiß servieren.

Scharfe Surimisuppe

Schalotten schälen, in kleine Würfel schneiden und in einem
Topf mit Olivenöl glasig dünsten. Den Fischfond aufgießen,
Ajvar unterrühren und 15 Minuten sanft köcheln lassen. Angerührte Speisestärke mit einem Schneebesen einrühren
und mit Salz und Pfeffer nach Geschmack würzen. Surimi in
1 cm breite Röllchen schneiden, zur Suppe geben, mit Dill
bestreuen und servieren.

Arbeitszeit: 15 Min.
Garzeit: 15 Min.

2 Schalotten, 2 EL Olivenöl,
0,75 l Fischfond, 2 EL scharfe
Ajvarpaste, 1 EL Speisestärke,
Salz, Pfeffer, 250 g Surimi,
2 EL gehackter Dill

Mulligatawny

Das klein geschnittene Gemüse mit Brühe, Knoblauch, Pfeffer und der Hälfte des Korianders in einem großen Topf zum
Kochen bringen. Auf kleiner Flamme in 45 Minuten weich
kochen. Etwas abkühlen lassen, dann mit dem Pürierstab
zerkleinern und durch ein Sieb zurück in den Topf passieren.
Leise weiter köcheln lassen.
Die Zwiebel in Öl oder Butter langsam bräunen, unter
kräftigem Rühren Curry und Mehl zugeben und dann alles
in die Suppe rühren. Einige Minuten weiterköcheln lassen.
Vor dem Servieren Schmand oder Sahne und den restlichen
Koriander unterrühren. Mit Salz abschmecken.

Arbeitszeit: 20-25 Min.
Garzeit: 90 Min.

400 g Gemüse (nach Wahl Karotten, Zwiebeln, Sellerie, Pilze),
¾ l Brühe, ½ TL klein gehackter
Knoblauch, Pfeffer, 2 EL frische
Korianderblättchen oder
2 TL getr. Koriander, Pfeffer,
½ klein gehackte Zwiebel,
Öl oder Butter, 2 TL Currypulver,
2 EL Mehl, 3 EL Schmand oder
Sahne, Salz

Bihunsuppe

Arbeitszeit: 15 Min.
Garzeit: 15 Min.

300 g Hähnchenbrustfilet,
1 Karotte, 100 g Champignons,
1 rote Paprika, 80 g Bambus-
scheiben, 100 g Glasnudeln,
½ Glas Mu-Err-Pilze,
1 l Geflügelbrühe,
1 TL Speisestärke,
3 EL Sojasauce,
Sambal Oelek, Salz, Pfeffer,

Hähnchenbrust 10 Minuten bei schwacher Hitze in einem Topf mit Geflügelbrühe kochen und danach in Streifen schneiden. Karotte, Paprika und Champignons putzen und klein schneiden. Bambus und Mu-Err-Pilze in ein Sieb gießen und abspülen.

Glasnudeln in Stücke brechen. Sämtliche Zutaten in der Geflügelbrühe 5-6 Minuten sanft köcheln lassen.

Mit Speisestärke leicht abbinden, anschließend mit Soja-sauce, Sambal Oelek, Salz und Pfeffer pikant abschmecken und heiß servieren.

Grießnockerlsuppe

Arbeitszeit: 15 Min.
Garzeit: 10-12 Min.

1 Ei, 60 g weiche Butter oder
Margarine, 120 g grober Grieß,
Salz, Muskat, ½ l Gemüsebrühe,
1 Bd. Schnittlauch, 1 Karotte
in Juliennes geschnitten

Butter, Salz und geriebenen Muskat schaumig rühren. Das ganze Ei einrühren (bei mehreren Eiern für eine größere Menge die Eier nach und nach einrühren). Zuletzt den Grieß daruntermischen und 10 Minuten ruhen lassen. Aus der Masse mit 2 angefeuchteten Teelöffeln kleine Nockerl formen und diese im Kühlschrank ziehen lassen.

Die Gemüsebrühe aufkochen und die Nockerl etwa 10 Mi-nuten mehr ziehen als kochen lassen (die Suppe eventuell mit kaltem Wasser abkühlen). Die Karottenjuliennes für 5 Minuten mitgaren und zum Servieren mit Schnittlauch-röllchen bestreuen.

Bouillon mit Eierstich

Ei, Eigelbe und Sahne gut verquirlen, mit Salz, Pfeffer und Muskat würzen. Die Masse in eine gut gebutterte Kastenform oder Stieltöpfchen füllen, die Form zugedeckt in ein heißes, nicht kochendes Wasserbad stellen und stocken lassen. Auskühlen, dann auf ein Brett stürzen und in die gewünschten Formen schneiden.
Die Bouillon aufkochen und unmittelbar vor dem Servieren den Eierstich hineingeben.

Arbeitszeit: 10 Min.
Abkühlzeit: 60 Min.
Garzeit: 20 Min.

1 Ei, 2 Eigelbe, 125 ml Sahne oder Milch, Salz, weißer Pfeffer, Muskat, 10 g Butter,
½ l Bouillon

> **TIPP** *Sie können den Eierstich auch mit Tomatenmark, passiertem Spinat, fein gehackten Kräutern (Petersilie, Kerbel, Basilikum, Estragon) oder Paprika würzen.*

Pfannkuchensuppe (Frittatensuppe oder Flädlesuppe)

Das leicht gesalzene Ei mit der Milch und dem Mehl verquirlen, bis ein dickflüssiger Teig entsteht (bei Bedarf noch etwas Mehl zugeben).
Das Fett in einer Pfanne erhitzen, schöpfkellenweise den Teig eingießen, durch Schwenken gleichmäßig auf dem Pfannenboden verteilen und auf beiden Seiten goldgelb backen. Die fertigen Pfannkuchen aufeinanderlegen, zusammenrollen und in schmale Streifen schneiden.
Die Brühe erhitzen und die Streifen erst vor dem Servieren hineingeben. Mit geschnittenem Schnittlauch bestreuen.

Arbeitszeit: 20 Min.
Garzeit: 5 Min.

1 Ei, Prise Salz, ¼ l Milch, ca. 80 g Mehl,
etwas Öl oder Butter zum Ausbacken,
½ l Rinder- oder Gemüsebrühe,
1 Bd. Schnittlauch

Parmesannockerl

Die Eier in 8 Minuten hart kochen und sofort abschrecken. Schälen, das Eigelb vorsichtig aus dem Eiweiß lösen und beides getrennt durch ein Sieb streichen.
Die Butter schaumig rühren, das rohe Eigelb sowie die durchpassierten Eier unterrühren und alles zu einer schaumigen Masse vermengen. Danach das Mehl und den geriebenen Käse hinzufügen und mit 1 Prise Pfeffer und fein gehackter Petersilie würzen.
In einem Topf die Fleischbrühe zum Kochen bringen und 2 Teelöffel in die heiße Flüssigkeit tauchen. Mit den heißen Löffeln aus der Käsemasse längliche Nockerl formen und diese in der Brühe 5 Minuten gar ziehen lassen.

Arbeitszeit: etwa 30 Min.
Garzeit: 5 Min.

2 Eier, 30 g Butter,
1 Eigelbe, 30 g Mehl,
50 g geriebener Parmesankäse,
Pfeffer, ½ Bd. Petersilie,
½ l Fleischbrühe

Eintöpfe

Pichelsteiner

Arbeitszeit: 50 Min.

100 g Kalbfleisch, 200 g Rindfleisch, 100 g Schweinefleisch, evtl. 100 g Lammfleisch, 150 g Räucherspeck, 2-3 Zwiebeln, 400 g Suppengrün (Lauch, Karotten, Sellerie und Petersilienwurzel), 1 kleiner Kohlkopf (oder Weißkohl), 400 g Kartoffeln, Brühe, 200 g Butter, 100 g Markscheiben, Salz, Pfeffer, Kümmel

Fleisch in grobe Würfel schneiden, salzen, pfeffern und wenigstens 2 Stunden stehen lassen. Den Speck würfeln und im eigenen Fett leicht andünsten. Die Zwiebeln in Streifen schneiden und in dem Speckfett goldgelb anbraten. Suppengrün putzen und in kleine Würfel schneiden. Den Kohl waschen, kurz mit kochendem Wasser überbrühen und in 2 cm breite Streifen schneiden. Die Kartoffeln schälen und in Scheiben schneiden.

Eine gut verschließbare Gratinform mit Butter bestreichen und mit den Markscheiben auslegen. Sämtliche Zutaten schichtweise einfüllen, wobei jede Schicht mit wenig Salz, Pfeffer und Kümmel gewürzt wird.

Mit Brühe aufgießen, bis die Form halb voll ist, sehr gut verschließen und alles zusammen 1 Stunde bei kleiner (ca. 180 °C) Hitze im Backofen garen.

Borschtsch

Arbeitszeit: etwa 1 Std.
Garzeit: 2 Std.

750 g Rinderschulter, 1 Lorbeerblatt, Salz, 1 kleiner Weißkohl, 1 Zwiebel, 2 Stangen Lauch, 3 Karotten, ¼ Sellerieknolle, 1 Brühwürfel, 1 frisch gekochte Rote Bete (oder Glas), 4 TL saure Sahne

Rinderschulter in kochendes Wasser geben und mit dem Lorbeerblatt und Salz 90 Minuten bei milder Hitze kochen, bis das Fleisch gar ist. Kohl, Zwiebel, Lauch, Karotten und Sellerie in Würfel, Stäbchen und Scheiben schneiden. Das Gemüse zum Fleisch geben, mit dem Brühwürfel würzen und weitere 25 Minuten kochen.

Danach das Fleisch herausnehmen, in Scheiben oder Würfel schneiden und die gekochte oder fein geriebene rohe Rote Bete zugeben. Abschmecken und bei Bedarf mit noch etwas Instantbrühe in den Eintopf nachwürzen. Mit einem dicken Klecks saurer Sahne auf der Suppe servieren.

Gemüsetopf Provence

Arbeitszeit: 40 Min.
Garzeit: 5 Min.

375 g Auberginen, 175 g Zucchini, 1 grüne, 1 rote Paprikaschote, 6 Tomaten, 5 EL Olivenöl, 2 Zwiebeln, 2 Knoblauchzehen, Pfeffer, 1 EL Kräuter der Provence, 1 EL gehackte Petersilie

Die Auberginen säubern, waschen, vierteln und in dicke Scheiben schneiden, ebenso die Zucchini und die Paprikaschoten waschen und in Stücke schneiden. Die Tomaten häuten und vierteln.

5 Esslöffel Öl im offenen Schnellkochtopf erhitzen, die in Scheiben geschnittenen Zwiebeln leicht anschwitzen, das Gemüse zufügen, mit Pfeffer und Kräutern der Provence

würzen. Den Topf schließen, bei erreichter Dampfleistung für 5 Minuten garen lassen. Zum Schluss die Knoblauchzehen zerdrücken, unter das Gemüse rühren und gehackte Petersilie darüberstreuen.

Gemüseeintopf mit Geflügelwürstchen

Die Kartoffeln, die Karotten und den Sellerie waschen, schälen und in 1 cm breite Würfel schneiden. Den Lauch waschen und in Ringe schneiden. Den Knoblauch schälen und zusammen mit Majoran fein hacken.

Butterschmalz in einem Topf heiß werden lassen und das Gemüse darin anschwitzen, dann mit Gemüsebrühe aufgießen und zugedeckt bei mittlerer Hitze 25 Minuten köcheln lassen. Nach 15 Minuten die grünen Bohnen zugeben. Inzwischen die Würstchen schräg in Scheiben schneiden. Die Hälfte von dem Gemüse herausnehmen, grüne Currypaste und Crème fraîche untermischen und mit dem Stabmixer sämig pürieren. Püriertes Gemüse in den Topf zurückgeben, die Würstchen hineinlegen mit Salz und Pfeffer abschmecken.

Den Eintopf in vorgewärmten Tellern servieren und mit Schnittlauchröllchen bestreuen.

Arbeitszeit: 20 Min.
Garzeit: 25 Min.

500 g Kartoffeln (vorwiegend festkochend), 300 g Karotten, 300 g Knollensellerie, 1 Stange Lauch, 1 Knoblauchzehe, etwas Majoran, 1 EL Butterschmalz, 1 l Gemüsebrühe, 150 g grüne Bohnen (TK), ½ TL grüne Currypaste, 50 g Crème fraîche, 4 Geflügel-Würstchen, Salz, Pfeffer, ½ Bd. Schnittlauch

Linseneintopf, klassisch

Arbeitszeit: 20 Min.
Ruhezeit: über Nacht
Garzeit: etwa 30 Min.

500 g Linsen, 2 l Wasser,
2 Zwiebeln, 20 g Fett,
20 g Mehl, Saft und Schale von
¼ Zitrone, 2 TL Senf, Pfeffer,
Salz, Thymian, 1 Prise Zucker,
250 g Speck, ½ Bd. Petersilie,
Essig nach Geschmack

Die Linsen bei Bedarf über Nacht einweichen, dann nach
Anleitung gar kochen, dabei etwas Kochwasser auffangen.
Eine Mehlschwitze aus Fett, fein geschnittenen Zwiebeln und
Mehl bereiten und mit dem Linsenwasser aufgießen. An-
schließend mit fein gehackter Zitronenschale, Zitronensaft,
Zucker, Pfeffer, einer Spur Thymian und Senf würzen und
mit Salz abschmecken. Die weich gekochten Linsen damit
binden. Gewürfelten Speck anbraten, in den Linseneintopf
geben und eventuell noch einmal nachwürzen und etwas
Essig zugeben. Mit gehackter Petersilie bestreuen.

 # Steckrübeneintopf mit Speckdatteln

Arbeitszeit: 50 Min.
Garzeit: 30 Min.

1 Steckrübe (ca. 1 kg),
250 g Karotten, 300 g Kartoffeln, 1 Zwiebel, 1 EL Majoran,
2 EL Butterschmalz, 1 l Gemüsebrühe, 12 Speckdatteln,
Salz, Pfeffer

Die Steckrübe, die Karotten und die Kartoffeln waschen,
schälen und in 1 cm breite Würfel schneiden. Zwiebel
schälen und klein schneiden, den Majoran hacken.
1 Esslöffel Butterschmalz in einem Topf erhitzen, Gemüse
darin andünsten, Majoran zugeben und mit Gemüsebrühe
ablöschen. Zugedeckt ca. 30 Minuten köcheln lassen.
Anschließend mit dem Stabmixer grobstückig pürieren
und mit Salz und Pfeffer abschmecken.
Zwischenzeitlich die Speckdatteln in einer Pfanne mit dem
restlichen Butterschmalz goldbraun anbraten und zum
Steckrübeneintopf servieren.

Erbseneintopf

Erbsen die Nacht über einweichen und im Einweichwasser erhitzen. Geschälte Zwiebel und Suppengrün klein schneiden und mit etwas Salz zu den Erbsen geben. Bei kleiner Hitze etwa 2 Stunden leise kochen. Inzwischen die Kartoffeln schälen und in Viertel schneiden. Nach 1 Stunde den kleinwürfelig geschnittenen Speck und die Kartoffeln beigeben. Mit Pfeffer und Majoran würzen und abschmecken.

Arbeitszeit: 15 Min.
Ruhezeit: über Nacht
Garzeit: etwa 2 Std.

500 g gelbe getrocknete Erbsen, 1 Zwiebel, Suppengrün, Salz, 250 g geräucherter, durchwachsener Speck, 500 g Kartoffeln, Pfeffer, 1 TL Majoran

Serbische Bohnensuppe

Die Bohnen über Nacht einweichen und im Einweichwasser aufkochen, abseihen. Dann mit 1½ Liter warmem Wasser, einer geschälten und halbierten Zwiebel, Knoblauch und Salz erneut zum Kochen bringen und in etwa 1½ Stunden weich kochen. Zwiebel und Knoblauch danach entfernen. Die andere Zwiebel fein schneiden und in heißem Öl hellbraun anbraten. Die geputzten und in kleine Stücke geschnittenen Paprikaschoten ebenfalls anschwitzen, mit Rosenpaprika würzen, dann mit kaltem Wasser aufgießen, umrühren und die gewürfelten Kartoffeln roh beigeben. In 20 Minuten alles weich dünsten.
Inzwischen die Schweinerippe und den Speck in etwas Wasser etwa 45 Minuten weich kochen und dann die Knochen auslösen und das Fleisch in Stücke schneiden. Die Paprika-Kartoffel-Mischung zu den Bohnen geben und das Fleisch einlegen. Mit Salz, Pfeffer und Thymian abschmecken.

Arbeitszeit: etwa 1 Std.
Garzeit: 2 Std.
Einweichen: über Nacht

200 g weiße Bohnen, 2 mittelgroße Zwiebeln, 1 EL Öl, 2 Paprikaschoten, 2 Kartoffeln, 1 EL Rosenpaprika, Thymian, Salz, Pfeffer, ½ Knoblauchzehe, 300 g geräucherte Schweinerippe, 100 g Räucherspeck

Mexikanischer Bohnentopf

Die Kartoffeln mit etwas Butter weich kochen, pellen, vierteln und beiseite stellen. Das Fleisch in Streifen schneiden und in einer Pfanne mit Öl leicht anbraten. Den klein gehackten Knoblauch dazugeben. Mit den Gewürzen abschmecken und die Temperatur herunterschalten. Den Frühstücksspeck klein würfeln, dazugeben und unter Rühren anbraten. Anschließend den Mais und die Bohnen in die Pfanne geben und im Fond mitbraten. Mit je 2 Esslöffel Fleischbrühe und passierten Tomaten ablöschen und weitere 5 Minuten dünsten. Die Kartoffelviertel dazugeben, mit etwas Brühe aufgießen und alles etwa 15 Minuten ziehen lassen. Mit Salbeiblättern verziert servieren.

Arbeitszeit: 15 Min.
Garzeit: etwa 10 Min.

500 g mageres, zartes Kalbs- oder auch Rindfleisch, 100 g Frühstücksspeck, 500 g möglichst kleine Kartoffeln, etwas Butter für das Kochwasser, 3 Knoblauchzehen, 1 kleine Dose rote Bohnen, 1 kleine Dose Mais, 2 EL passierte Tomaten, Öl, Salz, Pfeffer, Cayennepfeffer, Salbeiblätter, etwas Fleischbrühe

Bohneneintopf mit Pesto

Arbeitszeit: 15 Min.
Ruhezeit: über Nacht
Garzeit: etwa 1 ½ Std.

150 g getrocknete weiße Bohnen
500 g Wirsing, 2 große Karotten,
1 Stange Lauch, 100 g Räucherspeck, 2 weiße Zwiebeln, 1 kleine Dose geschälte Tomaten,
1 l Brühe (instant), 2 Lorbeerblätter, Kräuter der Provence,
1 Bd. Basilikum, 2 Knoblauchzehen, 25 g Pinienkerne,
2-3 EL Olivenöl, Salz

Die Bohnen über Nacht in 1 Liter Wasser einweichen. Am nächsten Tag mit dem Einweichwasser zum Kochen bringen und bei mittlerer Hitze 1¼ Stunden köcheln lassen.

Inzwischen den Wirsing waschen und in 3 cm breite Streifen schneiden. Die Karotten schälen und in Scheiben schneiden. Den Lauch putzen, waschen und in feine Ringe schneiden. Den Speck würfeln, die geschälten Zwiebeln hacken. Speck in einem Topf auslassen, Zwiebeln und das Gemüse dazugeben und unter Rühren kurz anbraten. Mit der Brühe aufgießen. Die Tomaten mit dem Saft hinzufügen, die Lorbeerblätter einlegen und mit Kräutern der Provence würzen. Das Gemüse 15 Minuten garen.

Die Hälfte der gekochten Bohnen pürieren, dann mit den restlichen Bohnen zur Gemüsesuppe geben. Bei kleiner Hitze weitere 15 Minuten köcheln lassen. Die Basilikumblätter mit dem geschälten gehackten Knoblauch, den Pinienkernen und 1 Teelöffel Salz im Mörser zermahlen, dabei nach und nach das Olivenöl einarbeiten. Den Gemüseeintopf portionsweise anrichten und in die Mitte jeweils etwas Basilikumpesto geben.

Enteneintopf mit Gemüse und Gnocchi

Arbeitszeit: 20 Min.
Ruhezeit: über Nacht
Garzeit: etwa 2 Std.

200 g entsteinte halbierte
Backpflaumen, 200 ml Sojasauce, 1 Ente (ca. 2 kg), 1 Bd.
Suppengrün, je 1 TL schwarze
Pfeffer- und Pimentkörner,
1 EL Geflügelbrühpulver,
je 150 g gewürfelte Karotten,
Lauch und Sellerie,
400 g Gnocchi, 1 EL frisch
gehackter Koriander

Die Backpflaumen einen Tag zuvor in die Sojasauce einlegen und kühl stellen.

Die Ente waschen, in einem entsprechend großen Topf mit etwa 3 Litern Wasser ansetzen und einmal aufkochen lassen. Die Gewürze, Brühpulver und das klein geschnittene Suppengrün zugeben und die Ente 1 Stunde köcheln lassen. Anschließend aus dem Kochtopf nehmen, die Entenbrühe durch ein Sieb streichen und auffangen. Mit einem Saucenlöffel überschüssiges Fett abschöpfen, dabei ein wenig Fett aufbewahren. Fleisch enthäuten, von den Knochen lösen und würfeln. Das Gemüse in 1 Esslöffel Entenfett leicht anschwitzen, mit 1 Liter Geflügelbrühe und der Flüssigkeit der Backpflaumen auffüllen und garen. In der Zwischenzeit die Gnocchi garen. Wenn das Gemüse gar ist, die Entenstücke, die Backpflaumen und die Gnocchi zugeben. Die Suppe auf Teller verteilen und mit Koriander bestreut servieren.

Fischeintopf

Fischfilets waschen, trocken tupfen und in Streifen schneiden. Staudensellerie und Lauch waschen, putzen und in Stücke schneiden. Zwiebeln schälen und in Spalten schneiden. Knoblauch schälen und in dünne Scheiben schneiden. Das Gemüse in einem Topf mit Olivenöl glasig anschwitzen, mit Fischfond ablöschen, Safranfäden zugeben und 8-10 Minuten sanft köcheln lassen.
Einen Schuss Pernod zugeben, die Fischstücke einlegen und 10 Minuten gar ziehen lassen (nicht kochen!). Mit Salz und Pfeffer abschmecken und mit Dillspitzen garniert servieren.

Arbeitszeit: 30 Min.
Garzeit: 20 Min.

200 g Lachs, 200 g Zander, 200 g Rotbarschfilet, 200 g Seelachsfilet, 2 Stangen Staudensellerie, 1 Stange Lauch, 2 rote Zwiebeln, 2 Knoblauchzehen, 2 EL Olivenöl, 1 l Fischfond, 1 Döschen Safranfäden (0,1 g), 1 Schuss Pernod, Salz, Pfeffer, Dillspitzen

Grünkohleintopf mit Kochwürsten

Grünkohl gründlich waschen und in kochendem Wasser ca. 1 Minute blanchieren. In ein Sieb gießen, abtropfen und etwas abkühlen lassen. Kartoffeln waschen, schälen und in dünne Scheiben schneiden. Zwiebel schälen und klein würfeln. Grünkohl fein hacken.
Butterschmalz in einem Topf erhitzen, Kartoffeln und Zwiebeln farblos anschwitzen, Grünkohl zugeben, mit Brühe aufgießen und zugedeckt 45 Minuten köcheln lassen. Dabei mehrmals umrühren. Mit Salz, Pfeffer und süßem Senf abschmecken. Kochwürstchen in Scheiben schneiden und ca. 10 Minuten vor Ende der Garzeit zum Eintopf geben.

Arbeitszeit: 45 Min.
Garzeit: 45 Min.

750 g geputzter Grünkohl, 300 g Kartoffeln (mehligkochend), 1 Zwiebel, 1 EL Butterschmalz, 1 l Gemüsebrühe, 4 Kochwürste, Pfeffer, Salz, 1 TL süßer Senf

SAUCEN & BRÜHEN

Klare Fleischbrühe

Um eine gehaltvolle Brühe (bzw. Suppe) zu erhalten, muss man eine gute Grundbrühe (Fond) aus frischen und hochwertigen Zutaten bereiten.

• Will man von einem Stück Rindfleisch nur eine kräftige Brühe, dann setzt man das Fleisch im kalten Wasser an.

• Nur wenn man das Fleisch in das bereits kochende Wasser einlegt, bekommt man in erster Linie ein vorzügliches Rindfleisch (weil sich die Poren des Fleisches sofort schließen), die Brühe dagegen wird dabei nicht so geschmacksintensiv.

• Salz darf man erst ganz zum Schluss dazugeben.

• Markknochen dürfen nicht mit dem Mark mitgekocht werden; die Brühe würde dadurch trüb und fett werden. Das Mark nimmt man heraus, schneidet es in Scheiben oder kleine Würfel und gibt diese kurz vor dem Anrichten in die kochende Brühe. Dadurch bleibt der gute Geschmack des Marks erhalten.

> **TIPP** *Die Fleischbrühe soll in Farbe, Ausgiebigkeit und Einlage stets auf die folgenden Gerichte der Speisenfolge abgestimmt werden. Zu Fleischspeisen in einer Sauce und mit Sättigungsbeilagen wählt man eine leichte Fleischbrühe, zu naturgebratenen Fleischspeisen kann man eine „dicke", gebundene Suppe nehmen.*

Rinderbrühe

Arbeitszeit: etwa 40 Min.
Garzeit: etwa 1½ Stunden

300 g Rinderknochen, 600 g Rindfleisch (wie Beinscheibe, Ochsenschwanz, Querrippe), 60 g Rinderleber, 30 g Milz, 40 g Fett, 1 Zwiebel, Suppengrün, Salz, Muskat, 15 Pfefferkörner, 7 Pimentkörner, 1 gehäufter TL Thymian

Die Knochen gut waschen, in sprudelnd heißem Wasser blanchieren, abseihen und mit kaltem Wasser abspülen. In heißem Fett die klein geschnittene Leber und die Milz anbraten und die ebenfalls fein geschnittene Zwiebel mitgaren. Die Knochen können auch kurz mit angebraten werden. Dann mit kaltem Wasser aufgießen, bis das Ganze etwa handbreit mit Wasser bedeckt ist. Das Fleisch im Ganzen sowie die Gewürze beigeben, zum Kochen bringen und offen langsam etwa 1½ Stunden weitergaren.
Den Schaum von Zeit zu Zeit mit einer Schaumkelle abnehmen. Etwa 30-40 Minuten vor Ende der Kochzeit Salz und klein geschnittenes Suppengemüse hinzugeben.

Sobald das Fleisch weich ist, herausnehmen. Ein Sieb mit einem Passiertuch auslegen und Muskat darüberreiben, die Brühe langsam durchgießen.

Hühnerbouillon (Foto unten, rechts)

Das küchenfertige, gewaschene Huhn im Ganzen in einen Kochtopf geben und so viel Wasser aufgießen, bis das Huhn gut bedeckt ist. Salz und Pfefferkörner beigeben. Etwa 2½ Stunden kochen. Nach 1 Stunde der Garzeit Zwiebel, Suppengrün sowie die gehäutete Tomate beigeben. Sobald das Huhn gar ist, herausnehmen und warm stellen.
Die Brühe durch ein feines Sieb seihen. Eventuell entfetten. Abschmecken. Dann das Huhn ohne Haut, Knochen und Knorpel klein schneiden und in die fertige Brühe geben.

Arbeitszeit: etwa 50 Min.
Garzeit: etwa 2½ Stunden

1 Suppenhuhn (1 kg),
1 Bd. Suppengrün, Salz,
3 Pfefferkörner, ½ Zwiebel,
1 Tomate

Klare Gemüsebrühe (Foto oben, links)

Das geputzte und gewaschene Gemüse klein schneiden.
In 1½ Liter Wasser etwa 1-1½ Stunden langsam gar kochen.
Die Tomaten häuten und in Stücke schneiden, die Kräuter waschen. Erst in den letzten 20 Minuten auch die Gewürze, die zerteilten Tomaten und die Kräuter mitkochen.
Die Brühe abseihen, mit Selleriesalz und Pfeffer abschmecken. Man kann diese Brühe auch direkt mit fein geschnittenem Schnittlauch oder mit fein gehackter Kresse bestreut anrichten.

Arbeitszeit: etwa 30 Min.
Garzeit: etwa 1 ½ Stunden

500 g Gemüse nach Wahl und Jahreszeit (z.B. Sellerie, Karotten, Lauch), 4 Tomaten, 3 Pfefferkörner, 1 Lorbeerblatt, 3 Wacholderbeeren, 2 EL gehackte Kräuter (Kerbel, Basilikum, Estragon, Bohnenkraut, Petersilie u.a.), Selleriesalz, Pfeffer

Kraftbrühe (Consommé)

Arbeitszeit: 40 Min.
Garzeit: etwa 2 Stunden

2 Eiweiße, 400 g mageres
sehnen- und fettfreies Rindfleisch
(Hüftfleisch), 50 g Suppengrün
(Karotten, Sellerie, Lauch),
1 EL fein geschnittene Zwiebel,
Salz, 1½ l klare Fleischbrühe

Zuerst die Fleischeinlage vorbereiten: Die Eiweiße mit ¼ Liter kaltem Wasser gut verrühren und mit dem Schneebesen aufschlagen. Das fein gehackte Rindfleisch (es kann auch durch den Fleischwolf gedreht werden), das klein geschnittene Suppengrün, die Zwiebel und das Salz dazugeben. Alles gut verrühren und etwa 1 Stunde in den Kühlschrank stellen.

Das vorbereitete Klärfleisch in die kalte, vollständig entfettete Fleischbrühe geben, ganz langsam erhitzen und noch 1-1 ½ Stunden köcheln lassen. Eventuell von Zeit zu Zeit den Schaum mit der Schaumkelle abnehmen.

Die Consommé vom Herd nehmen und noch einmal am Kochplattenrand 30 Minuten ziehen lassen. Die Brühe schöpfkellenweise durch ein Leinentuch seihen und mit Salz abschmecken.

Braune Grundsauce (Jus)

Arbeitszeit: 20 Min.
Garzeit: 4-5 Stunden

1 kg Kalbsknochen,
200 g Speckschwarte,
3 Karotten, 2 Zwiebeln,
30 g Fett, Salz, Majoran,
Thymian, ½ Lorbeerblatt

Knochen klein hacken, mit klein geschnittenen Speckschwarten und Karotten, gehackten Zwiebeln und den Gewürzen in Fett anbraten. Mit 3 Litern Wasser aufgießen, leicht salzen und etwa 4-5 Stunden kochen lassen.

Von dieser Grundsauce können viele Saucen abgeleitet werden. Man kann sie auf Vorrat kochen. Erkaltet geliert die Sauce.

Grundsauce hell

Arbeitszeit: 5-10 Min.
Garzeit: 10 Min.

40 g Butter, 30 g Mehl,
½ l Flüssigkeit (z.B. Brühe,
Wasser oder Fond)

Für das Grundrezept der hellen Sauce 40 g Butter in einem Topf zerlassen und darin das Mehl langsam anschwitzen, bis es hellgelb wird. Dann nach und nach ½ Liter Flüssigkeit hinzufügen und dabei ständig mit einem Schneebesen umrühren, damit sich keine Klümpchen bilden. Vorsichtig unter Rühren zum Kochen bringen.

Grundsauce dunkel

Arbeitszeit: 5-10 Min.
Garzeit: 10 Min.

40–50 g Mehl, 40 g Butter,
½ l Brühe oder Fond,
nach Geschmack Rotwein,
Madeira oder Tomatenmark

Die Butter in einem Topf zerlassen, das Mehl kräftig anschwitzen und mit ½ Liter Brühe oder Fond unter Rühren nach und nach ablöschen. Für die dunkle Farbe kann man Rotwein, Madeira oder Tomatenmark zugeben.

Vegetarische Bratensauce (Foto oben, links)

Die Zwiebel schälen, in feine Würfel schneiden und in einem Topf mit 2 Esslöffeln Öl 5 Minuten anschwitzen. Mehl zugeben und weitere 5 Minuten anschwitzen, bis eine Mehlschwitze entsteht.
Geschälte, zerdrückte Knoblauchzehe dazugeben und 1-2 Minuten garen. Mit der Gemüsebrühe unter ständigem Rühren aufgießen. Zum Kochen bringen und 10 Minuten köcheln lassen. Zum Schluss mit Hefeextrakt, Sojasauce sowie Salz und Pfeffer abschmecken.

Arbeitszeit: 10 Min.
Garzeit: ca. 20 Min.

1 Zwiebel, 2 EL Öl, 2 EL Mehl, 1 Knoblauchzehe, ½ l dunkle Gemüsebrühe, 1 TL Hefe-Extrakt (Reformhaus), 1-2 EL Sojasauce, Salz, Pfeffer

Pilzsauce (Foto oben, rechts)

Champignons putzen, den Strunk abschneiden und in feine Scheiben schneiden. Zwiebel und Knoblauch schälen und fein hacken. In einem Topf mit Butter und Olivenöl, Zwiebel und Knoblauch farblos anschwitzen, Champignons zugeben und 5 Minuten bei starker Hitze dünsten.
Stärkemehl einstreuen und 1-2 Minuten einkochen lassen. Danach unter ständigem Rühren kalte Milch und Gemüsebrühe zugießen und weitere 5 Minuten sanft köcheln lassen. Frischkäse beigeben und mit dem Stabmixer alles sämig pürieren. Mit Salz, Pfeffer und 1 Spritzer Zitronensaft abschmecken. Die Sauce kann mit frisch gehackter Petersilie bestreut serviert werden.

Arbeitszeit: 10 Min.
Garzeit: 12 Min.

250 g Champignons, 1 kleine Zwiebel, 1 Knoblauchzehe, 1 EL Butter, 1 EL Olivenöl, 1 gehäufter TL Stärke, 250 ml Milch, 250 ml Gemüsebrühe, 1 EL Kräuterfrischkäse, Salz, Pfeffer, Zitronensaft, nach Belieben 1 EL gehackte Petersilie

Paprikasauce (Foto oben, rechts)

Arbeitszeit: 10 Min.
Garzeit: 35 Min.

2 rote Paprikaschoten,
4 Knoblauchzehen,
200 ml Gemüsebrühe, Salz,
Pfeffer, Zitronensaft,
1 EL Ajvar, etwas Olivenöl

Paprikaschoten halbieren, das Kerngehäuse entfernen und zusammen mit ganzen Knoblauchzehen in einer Auflaufform verteilen. Mit Olivenöl beträufeln und im vorgeheizten Backofen bei 200 °C (Umluft 180 °C) 30 Minuten garen. Anschließend die Haut von den Paprikaschoten abziehen und den Knoblauch durch ein Sieb streichen.

Gemüsebrühe in einem Topf erhitzen, zusammen mit der Hälfte der Paprikaschoten, Knoblauchpüree und Ajvar mit einem Stabmixer fein pürieren.

Restliche Paprika in feine Würfel schneiden, zur Sauce geben, mit Salz, Pfeffer und 1 Spritzer Zitronensaft abschmecken und servieren.

Orangensauce

Arbeitszeit: 15 Min.
Garzeit: 10 Min.

½ l braune Grundsauce,
1 Orange, 1 Zitrone,
3 EL Madeira,
1 TL Stärkemehl

Orange gut waschen oder eine unbehandelte Frucht verwenden, schälen, dann die Schale in sehr feine Streifen schneiden und mit dem Madeirawein und etwas Wasser 5 Minuten kochen. Durch ein Sieb zur braunen Grundsauce streichen und mit Orangensaft und etwas Zitronensaft noch einige Minuten kochen lassen.

Stärkemehl und etwas Wein, beides gut verrührt, dazugeben und die Sauce damit binden. Diese Sauce eignet sich besonders für Entenbraten (aus dem Bratensaft des Tieres hergestellt) oder für Wildbraten.

Béchamelsauce

Das Mehl langsam in die heiße Butter geben und ganz
leicht anschwitzen lassen, bis sich Blasen bilden. Das Mehl
darf dabei keinerlei Farbe annehmen.
Dann die kalte Milch mit dem Schneebesen unter ständigem Rühren dazugießen, aufkochen lassen und dabei glatt
rühren. Langsam kochen lassen (etwa 15-20 Minuten). Die
Menge der Milch hängt davon ab, ob man eine dünnere
oder dickere Grundsauce benötigt.
Salzen und pfeffern und mit geriebenem Muskat würzen.
Bei niedriger Hitze auskochen lassen. Mit Zitronensaft und
Sahne abschmecken.
Man kann die Béchamelsauce, wenn man sie als eigenstän-
dige Sauce verwendet, auch mit 1-2 Eigelbe binden. Sie eignet sich zum Gratinieren von Gemüse-, Fisch- und Fleisch-
gerichten.

Arbeitszeit: 5 Min.
Garzeit: 15-20 Min.

60 g Butter, 60 g Mehl,
¼-½ l Milch, Salz, Muskat,
Pfeffer, Zitronensaft,
1 EL Sahne

VARIANTE *Man kann auch eine kleine Zwiebel, mit 1-2 Gewürznelken gespickt und ein Stück Lorbeerblatt
mitkochen und die Sauce dann durch ein Spitzsieb passieren.*

Sauce Béarnaise (Foto Seite 100, links)

Schalotte, Kerbel und Estragon klein hacken und mit Pfefferkörnern, Essig und Weißwein zusammen in einem Töpfchen
kurz aufkochen. Dies ist die für die Sauce Béarnaise notwendige Reduktion.
Für die Sauce die Butter in einer kleinen Kasserolle auf den
Herd stellen und schmelzen lassen – die Butter darf sogar
ein kleines bisschen braun werden. Die Eigelbe in eine
Sauteuse (Schwenkpfanne) mit rundem Boden geben, oder
in einen Schlagkessel, der auf einen Topf mit kochendem
Wasser passt. Einen Topf mit Wasser zum Kochen bringen,
die Reduktion zu den Eigelben geben und das Ganze über
dem kochenden Wassertopf mit einem feindrahtigen
Schneebesen verquirlen, bis eine dicke Sauce entsteht.
Den Schlagkessel vom Topf nehmen, damit sich die Topf-
wände etwas abkühlen, dabei immer weiter rühren und die
flüssige Butter hineinträufeln. Mit Salz abschmecken.
Sauce Béarnaise passt am besten zu gegrilltem Fleisch wie
etwa Chateaubriand oder zu gedünstetem Fisch.

Arbeitszeit: 20 Min.
Garzeit: 15 Min.

1 Schalotte, 1 Bd. Estragon,
1 Bd. Kerbel (nach Geschmack),
6 zerstoßene Pfefferkörner,
1 TL Essig, 1 EL Weißwein,
4 Eigelb, 250 g Butter

Sauce Hollandaise (Holländische Sauce)

Arbeitszeit: 10-15 Min.

20 g Mehl, ¼ l Brühe (je nach Gericht Gemüse-, Fleisch- oder Fischbrühe), 2-3 Eigelbe, 50 g Butter, Salz, weißer Pfeffer, 1 Spritzer Zitronensaft, 1 TL Zucker, etwas Weißwein, 2-3 EL süße Sahne

Das Mehl mit der kalten Brühe anrühren und bei schwacher Hitze unter ständigem Rühren andicken. Für das Wasserbad kochendes Wasser in einen Topf füllen, in den das Gefäß für die Sauce hineinpasst. Die kalte Butter in Flocken abwechselnd mit den verquirlten Eigelben zu der Sauce geben und zerlassen. Dabei kräftig weiterrühren (abschlagen), damit die Sauce sehr cremig wird. Die weiteren Zutaten nach und nach einarbeiten und die fertige Sauce sofort servieren. Bei Bedarf im heißen Wasserbad aufwärmen, aber nie aufkochen lassen. Eine Sauce Hollandaise kann mit Kräutern, geschlagener Sahne, geriebenem Parmesan, Senf, Orangensaft oder Tomatenmark verfeinert werden und passt ideal zu Spargel und allen feinen Gemüsen sowie Fischgerichten.

Cumberlandsauce

Arbeitszeit: 15 Min.
Ruhezeit: 3-4 Stunden
Garzeit: 10 Min.

2-4 EL Preiselbeerkompott, 250 g Johannisbeergelee, 2 EL Madeira- oder Portwein, 2-3 EL Rotwein, ½ ungespritzte Zitrone, 1 ungespritzte Orange, 1 Msp. englischer Senf, Worcestersauce, Cayennepfeffer, Zucker

Preiselbeerkompott durch ein Sieb streichen, mit Johannisbeergelee verrühren und mit Madeira- oder Portwein verdünnen. Den Saft von ½ Zitrone und ½ Orange sowie etwas Senf und Worcestersauce dazurühren. Einige dünne Streifen Zitronenschale und die Schale von ½ Orange sehr dünn schneiden und mit etwas Wasser weich kochen. Das Wasser abgießen und die Schalen im restlichen Rotwein und wenig Zucker noch einmal aufkochen. Dann in die Sauce einrühren. Nachwürzen und einige Stunden kalt stellen.

Gorgonzolasauce

Arbeitszeit: 15 Min.
Garzeit: ca. 15 Min.

400 ml Gemüsebrühe, 100 ml Sahne, 150 g Gorgonzola, 1 Fleischtomate, ½ Bd. Basilikum, Salz, Pfeffer, Muskatnuss

Gemüsebrühe und Sahne in einem Topf bei geringer Hitze 10 Minuten einkochen. Gorgonzola in kleine Würfel schneiden, in die Sahnemischung geben und weitere 5 Minuten köcheln lassen, bis sich der Käse vollständig aufgelöst hat. Den Stielansatz der Tomaten entfernen und kreuzförmig einritzen. In kochendem Wasser 10 Sekunden blanchieren, kalt abschrecken und die Haut abziehen, danach vierteln und klein schneiden. Basilikum waschen und in feine Streifen schneiden. Die Sauce mit kalten Butterflocken binden und mit Salz, Pfeffer und Muskatnuss würzen. Zum Schluss die Tomatenstücke und Basilikumstreifen dazugeben und nach Belieben zu Fleisch- oder Nudelgerichten servieren.

MARINADEN

Senf-Kräuter-Marinade (Foto unten, rechts)

Die Kräuter waschen, trocken schütteln, dann die Blättchen abzupfen und fein hacken. In einer Schüssel das Olivenöl, den grobkörnigen Senf, den Honig, den Pfeffer, die Kräuter und den Weißweinessig verrühren. Mit dieser Marinade lassen sich sämtliche Grillfleischarten marinieren.

Arbeitszeit: 10 Min.

3 Stiele Thymian, 3 Stiele glatte Petersilie, 3 Stiele Oregano, 3 Stiele Majoran, 200 ml Olivenöl, 3 EL grobkörniger Senf, Pfeffer, 1 EL Honig, 70 ml Weißweinessig

Thai Basilikum-Marinade (Foto oben, links)

Ingwer schälen und fein hacken. Thai-Basilikum waschen, trocken schütteln und fein hacken. Zitrone waschen, abreiben und auspressen. Mit Olivenöl und Salz in einem hohen Gefäß mischen und mit dem Stabmixer kurz pürieren. Mit grobem Pfeffer abschmecken. Grillgut damit marinieren.

Arbeitszeit: 10 Min.

30 g Ingwer, Saft und Abrieb von 1 Zitrone, ½ Bd. Thai-Basilikum, 250 ml Olivenöl, Salz, grob gemahlener Pfeffer

Buttermilch-Tandoori-Marinade (mitte)

Die Buttermilch in ein hohes Gefäß geben und mit den restlichen Zutaten mit dem Stabmixer fein pürieren. Zugedeckt 10 Minuten ziehen lassen. Dies ist eine leichte Marinade für helle Fleischsorten.

Arbeitszeit: 5 Min.

½ l Buttermilch, 1 EL Tandoori-paste, Saft einer Limette, Salz, Pfeffer, frischer Ingwer

Zitronenmarinade

Zitronensaft, Essig und Sojasauce mit dem Öl verrühren, bis alles gut miteinander vermischt ist. Die Marinade reicht z.B. für das Einlegen von 4 Fleisch- oder Fischspießchen.

Arbeitszeit: 5 Min.

100 ml Öl, Saft von 1 Zitrone, 2 EL Essig, 2 EL Sojasauce

Orangenmarinade

Arbeitszeit: 5 Minuten

5 EL Olivenöl, 3 EL trockener Sherry, 2 EL Sojasauce, 3 EL Orangensaft, 1 TL Feigensenf, 2 gepresste Knoblauchzehen, Pfeffer, Salz

Die Knoblauchzehen schälen und fein pressen. Zusammen mit den anderen Zutaten in eine Schüssel geben und mit dem Stabmixer fein pürieren. Gleichmäßig auf das Grillgut verteilen. Eignet sich hervorragend zum Marinieren von Geflügelfleisch.

Scharfe Honigmariande

Arbeitszeit: 5 Min.

50 g Honig, 4 EL Zitronensaft, 1 EL Senf, 1 TL Currypulver, ½ TL Knoblauchsalz, ¼ TL Zitronenpfeffer, 1 Msp. Sambal Oelek

Den Honig in eine Schüssel geben und mit Zitronensaft, Senf, Currypulver, Knoblauchsalz, Zitronenpfeffer und Sambal oelek zu einer glatten Masse verrühren. Die Marinade zugedeckt 30 Minuten kühl ziehen lassen.

DIPS, CHUTNEYS & WÜRZPASTEN

Pesto

Arbeitszeit: 10 Min.

2 Knoblauchzehen, 1 Bd. Basilikum, ½ Bd. Blattpetersilie, 50 g Pinienkerne, 50 g Parmesan, 250 ml feinstes Olivenöl, Salz, Pfeffer

Knoblauchzehen schälen und grob hacken. Basilikum und Petersilie waschen, trocken schütteln und die Blätter von den Stielen zupfen. In einer Pfanne ohne Öl die Pinienkerne goldbraun rösten, den Parmesan fein reiben. Sämtliche Zutaten mit dem Öl mischen, pürieren oder mit dem Mörser zerstampfen. Nach Geschmack mit Salz und Pfeffer würzen.

Kapernpaste mit Anchoas (Foto S. 105, li.)

Arbeitszeit: 15 Min.

100 g Kapernäpfel, 2 Knoblauchzehen, 4 Anchoafilets, 50 g Mandeln, 100 ml Olivenöl, 4 Minzeblätter

Kapernäpfel vom Stil trennen, Knoblauchzehen schälen und grob hacken. Mandeln in einer Pfanne ohne Öl leicht bräunen. Sämtliche Zutaten mit dem Öl mischen und mit dem Pürierstab zu einer Paste verarbeiten.

Bärlauch-Dip

Arbeitszeit: 10 Min.
Ruhezeit: 15 Min.

1 Bd. frischer Bärlauch, 250 g Magerquark, 150 g Sahnejogurt, 2 EL Olivenöl, Salz, Pfeffer

Den Bärlauch waschen, fein schneiden und mit Quark, Jogurt und Olivenöl glatt rühren. Mit Salz und Pfeffer abschmecken und mindestens 15 Minuten zugedeckt ziehen lassen.

Curry-Mango-Dip (Foto S. 105, links unten)

Arbeitszeit: 10 Min.

1 reife Mango, 200 g Sahnejogurt, Thai-Basilikum, gelbe Currypaste (Asialaden), Saft ½ Limette, Salz, Szechunanpfeffer

Mango schälen und das Fruchtfleisch lösen. Mit Sahnejogurt, Thai-Basilikum, Currypaste und Limettensaft fein pürieren und mit Salz und Szechuanpfeffer pikant abschmecken.

Auberginenpaste

Auberginen schälen und in grobe Würfel schneiden. Knoblauchzehen schälen und grob hacken. In einer Pfanne mit etwas Olivenöl 10 Minuten anschwitzen, dabei mehrmals umrühren. Anschließend zusammen mit gehackten Basilikumblättern und Pinienkernen im Mixer zerkleinern. Abwechselnd restliches Olivenöl und Parmesan zugeben, bis die gewünschte Konsistenz erreicht ist.

Arbeitszeit: 15 Min.
Garzeit: 10 Min.

2 Auberginen, 2 Knoblauchzehen, ½ Bd. Basilikum, 50 g Pinienkerne, 100 ml Olivenöl, 100 g Parmesan

Zwiebelchutney

Zwiebeln schälen, fein würfeln, Chilischote in sehr feine Ringe schneiden. In einem Topf mit Olivenöl 2-3 Minuten farblos anschwitzen, Zucker, Wein, Essig und Lorbeer zugeben und mindestens 15 Minuten einkochen lassen. Mit Meersalz würzen und in ein Glas mit Twist-off-Deckel heiß einfüllen. Verschließen und auf dem Kopf 5 Minuten stehen lassen.

Arbeitszeit: 15 Min.
Garzeit: 20 Min.

1 kg Zwiebeln, 1 EL Olivenöl, 250 g brauner Zucker, 100 ml Rotwein, 100 ml Balsamicoessig, 1 kleine Chilischote, 1 Lorbeerblatt, Meersalz

Tomatenchutney (Foto oben, rechts)

Tomaten waschen, Stielansatz entfernen und in 1 cm große Würfel schneiden. Ingwer und Zwiebeln fein würfeln. Chilischote in sehr feine Ringe schneiden. Gemüse mit Zucker, Meersalz, Pfeffer und Essig in einem Topf etwa 1 Stunde einkochen lassen, dabei mehrmals umrühren. Einen Teil davon pürieren. Die Einmachhilfe unter die gesamte Masse rühren, in Gläser füllen und nach dem Erkalten verschließen.

Arbeitszeit; 30 Min.
Garzeit: ca. 1 Std.

1 kg grüne Tomaten, 30 g frischer Ingwer, 2 Zwiebeln, 1 kleine Chilischote, 150 g brauner Zucker, 1 TL Meersalz, Pfeffer, 125 ml Weißweinessig, 1 Pck. Einmachhilfe

GEMÜSEBEILAGEN & -GERICHTE
Kohl & Blattgemüse

Gelber Blumenkohl

Arbeitszeit: 30 Min.

1 kleiner Blumenkohl, 1 Zwiebel,
1 Knoblauchzehe, 2 EL Olivenöl,
½ TL Kurkuma, ½ TL gemahlene
Koriandersamen, 2 Kardamomkapseln, Salz, Pfeffer

Blumenkohl waschen und in kleine Röschen zerteilen. Zwiebel und Knoblauch schälen und klein schneiden. In einem Topf mit Olivenöl 8 Minuten dünsten, danach Kurkuma, Koriander und Kardamom einstreuen und weitere 3 Minuten garen. Mit 125 ml Wasser aufgießen und mit Salz und Pfeffer würzen. Zugedeckt bei mäßiger Hitze 10 Minuten garen, dabei öfter umrühren und servieren.

Kohlrabi in Sahnesauce

Arbeitszeit: 5 Min.
Garzeit: etwa 20 Min.

4 Kohlrabi, 40 g Butter oder
Margarine, 125 ml Brühe
(instant) oder Wasser, etwas Salz,
1 EL Sahne oder Crème fraîche,
Muskat, 1 EL gehackte Petersilie

Kohlrabi schälen, waschen und in dünne Scheiben oder Streifen schneiden. Die zarten Kohlrabiblätter grob hacken und wie Spinat zubereiten oder mit dem Gemüse gar dünsten. Die Butter zerlassen und die Kohlrabischeiben oder -streifen und eventuell die Blätter kurze Zeit darin erhitzen. Brühe oder Wasser und etwas Salz hinzugeben und die Kohlrabi gar dünsten lassen.
Mit etwas Sahne oder Crème fraîche binden, mit Salz und Muskat abschmecken und mit Petersilie bestreuen. Beim Anrichten die Blätter um das Gemüse legen.

Mangold

Mangold verlesen, gut waschen, sehr fein schneiden oder mit dem Wiegemesser zerkleinern. Die fein geschnittene Zwiebel in Butter andünsten, den mit Salz zerdrückten Knoblauch dazugeben, ebenso den Mangold. Mit etwas Milch aufgießen und zugedeckt kurz dünsten. Zum Schluss mit Mehl binden und mit Salz und Muskat abschmecken.

Arbeitszeit: 10 Min.
Garzeit: etwa 20 Min.

1 kg Mangold, 1 Zwiebel, 60 g Butter, Salz, 1 Knoblauchzehe, Milch, 1 EL Mehl, Muskat

Spinat à la crème

Spinat gut waschen, hacken und klein schneiden. In die heiße Butter geben und leicht dünsten, bis er weich ist. Mit Zucker, Salz, Pfeffer und Muskat würzen und mit der Sahne verfeinern.

Arbeitszeit: 10 Min.
Garzeit: etwa 5 Min.

750 g Spinat, 60 g Butter, Salz, Zucker, Pfeffer, Muskat, 125 ml Sahne

Spinat auf italienische Art

Den Spinat in kochendes Salzwasser legen und nicht zu weich kochen. In Eiswasser abschrecken. Fein gehackte Knoblauchzehen in der Butter andünsten, Spinat zugeben, kurz erhitzen und mit Pfeffer und Salz abschmecken.

Arbeitszeit: 10 Min.
Garzeit: etwa 5 Min.

1 kg Spinat, Salz, 2 Knoblauchzehen, 120 g Butter, Pfeffer, Salz

Spinatklößchen mit Pecorino und Zitronenbutter

Blattspinat in einem Sieb auftauen lassen und gut ausdrücken. Brot entrinden und in grobe Würfel schneiden. Milch in einem Topf leicht erwärmen, über das Brot gießen und einweichen lassen. Pecorino auf einer Gemüsereibe fein reiben. Knoblauch schälen und klein schneiden, Petersilie waschen, trocken schütteln, abzupfen und hacken. Danach sämtliche Zutaten zusammen mit dem Blattspinat und Eiern unter die Brotmischung rühren. Mit Salz, Pfeffer und Muskatnuss abschmecken. Paniermehl untermengen, bis ein homogener, formbarer Teig entsteht. Teig mit einem feuchten Esslöffel zu Klößen formen und in einem Topf mit kochendem Salzwasser 2-3 Minuten köcheln, danach zudeckt weitere 7 Minuten ziehen lassen.
Zwischenzeitlich in einer Pfanne Butter und Zitronenabrieb aufschäumen. Spinatklößchen vorsichtig aus dem Kochtopf nehmen, abtropfen lassen und auf Teller anrichten. Mit der Zitronenbutter übergießen und heiß servieren.

Arbeitszeit: 15 Min.
Garzeit: ca. 15 Min.

1 kg TK-Blattspinat (geschnitten), 200 g Weißbrot, 125 ml Milch, 150 g Pecorino, 1 Knoblauchzehe, ½ Bd. Petersilie, 2 Eier, Muskat, 3 EL Paniermehl, Abrieb einer ½ Zitrone, Salz, Pfeffer, Muskatnuss, 3 EL Butter

Rosenkohl, gedünstet

Arbeitszeit: 10 Min.
Garzeit: etwa 20 Min.

60 g Fett oder Butter, 1 kleine
Zwiebel, 750 g Rosenkohl,
etwas Bouillon oder Brühe,
Salz, Muskat

In heißem Fett die fein geschnittene Zwiebel andünsten, den vorbereiteten Rosenkohl hinzugeben, würzen, mit etwas Wasser bzw. Bouillon aufgießen und 15-20 Minuten halb zugedeckt weich dünsten. Anschließend abschmecken und nach Geschmack mit etwas Zitronensaft beträufeln.

Apfelrotkohl

Arbeitszeit: 20 Min.
Garzeit: etwa 30 Min.

1 kg Rotkohl, 60 g Fett,
1 Zwiebel, 3 Äpfel,
1 TL Zucker, Salz, Pfeffer,
etwas Rotwein und Essig

Den Rotkohl in feine Streifen schneiden oder hobeln. Die fein gewürfelte Zwiebel und die gehobelten Äpfel in heißem Fett kurz andünsten, den Rotkohl dazugeben, gut durchmischen und mit Salz, Pfeffer und Zucker würzen.
Mit ¼ Liter heißem Wasser oder Brühe auffüllen und etwa 1 Stunde im geschlossenen Topf garen. Zum Schluss mit etwas Rotwein und Essig verfeinern.

Sauerkraut, gekocht

Arbeitszeit: 15 Min.
Garzeit: etwa 30 Min.

½ Zwiebel, 40 g Schweine-
schmalz, 1 säuerlicher Apfel,
500 g Sauerkraut, Salz, Zucker,
Kümmel oder 1 Kartoffel
nach Belieben

Den Apfel schälen, entkernen und in Scheiben schneiden. Die Zwiebel schälen und in Würfel schneiden, anschließend in einem Topf mit zerlassenem Schmalz goldgelb andünsten. Die Apfelscheiben und ¾ des Krautes zufügen, mit Salz und Zucker würzen und 30 Minuten bei mittlerer Hitze garen. Kurz vor Ende der Garzeit das restliche fein gehackte Sauerkraut dazugeben und noch einmal abschmecken.

VARIANTEN   *Wer das Kraut gebunden wünscht, reibt eine rohe Kartoffel hinein, ehe man das restliche Sauerkraut untermischt. Wer Kümmel dazu mag, gibt das Gewürz von Anfang an zu, damit es mitdünstet.*

Weißkraut auf bayerische Art

Arbeitszeit: 20 Min.
Garzeit: etwa 1 Stunde

1 Kopf Weißkohl (1 kg),
1 Zwiebel, 50 g Schweinefett,
2 Äpfel, 1 Prise Zucker, Salz,
½ l Fleischbrühe, 2 EL Essig,
1 EL gehackter Kümmel,
½ l Weißwein, 1 EL Mehl,
125 g durchwachsener Speck

Das Kraut putzen, achteln, den Strunk herausschneiden, die Blätter auslösen, die dicken Rippen herausschneiden und die Kohlblätter in feine Streifen schneiden. In heißem Fett die fein geschnittene Zwiebel andünsten. Das Kraut dazugeben, ebenso die geschälten, entkernten, geraspelten Äpfel und den Kümmel. Alles zuckern, salzen und mit Fleischbrühe angießen, gut durchrühren und 40 Minuten zugedeckt dünsten. Dabei mehrmals umrühren.

Inzwischen den Speck in Würfel schneiden, kurz in einer
Pfanne ohne Fett anbraten. Das Kraut mit Essig abschmecken. Mehl in kaltem Wasser anrühren und die Krautbrühe
damit binden. Weitere 5 Minuten kochen, mit Weißwein
verfeinern, den Speck dazugeben und gut durchmischen.

Brokkoli-Tempura

Brokkoli in kleine Röschen teilen, waschen und in einem
Sieb abtropfen lassen. Für den Tempurateig: Eigelb und Eiswasser in einer Schüssel mit einem Schneebesen verrühren.
Mehl durch ein Sieb einstreuen und zu einem glatten Teig
rühren. Reichlich Erdnussöl in einer Fritteuse oder im Wok
erhitzen. Brokkoli in Mehl wenden, gut abklopfen und
durch den Tempurateig ziehen. Mit einer Schaumkelle die
Röschen ins heiße Öl geben und bei 160 °C 4-5 Minuten
knusprig ausbacken. Dabei mehrmals wenden.

Arbeitszeit: 10 Min.

1 Brokkoli, 250 ml eiskaltes
Wasser, 125 g Mehl, 1 Eigelb,
1 l Erdnussöl oder Frittieröl

Sahnechicorée

Die vorbereiteten Chicorées in wenig Salzwasser mit
Zitronensaft und Butter nicht zu weich kochen.
Die Béchamelsauce (siehe Grundrezept) zubereiten und die
abgetropften Chicorée dazugeben und gut durchziehen
lassen. Mit Sahne und Ei vervollständigen und mit Salz,
Zucker und Muskat abschmecken.

Arbeitszeit: 10 Min.
Garzeit: etwa 15 Min.

6 Chicorées, Zitronensaft,
1 EL Butter, ¼ l Béchamelsauce,
125 ml Sahne, 1 Ei, Salz,
Zucker, Muskat

Weißkraut mit Erdnüssen

Arbeitszeit: 15 Min.
Garzeit: etwa 10 Min.

500 g Weißkraut, je 2 Frühlingszwiebeln und Selleriestangen,
100 g ungesalzene Erdnüsse,
5 EL Erdnussöl, 100 g Sojasprossen (frisch oder aus dem Glas),
125 ml Gemüsebrühe,
5 EL Reiswein, 2-3 EL Sojasauce,
Pfeffer, 2 EL Chilisauce

Das Weißkraut in dünne Streifen schneiden oder fein hobeln. Die Zwiebeln und den Sellerie der Länge nach halbieren, waschen und quer in dünne Streifen schneiden. Die Erdnüsse im Mixer grob zerkleinern.

Den Wok oder eine hohe Pfanne heiß werden lassen und die Erdnüsse darin schwenken, bis sie duften. Die Nüsse herausnehmen und auf einen Teller legen.

Dann das Öl erhitzen, das zerkleinerte Gemüse und die Sojasprossen unter Schwenken einige Minuten braten. Mit der Brühe beträufeln und mit Reiswein, Sojasauce und Pfeffer würzen. Zuletzt die Erdnüsse unterheben und alles mit Chilisauce abschmecken und sofort servieren.

Asiatisches Blattgemüse

Arbeitszeit: 10 Min.

200 g Chinakohl, 200 g
Pak Choi, 1 Knoblauchzehe,
2 EL Erdnussöl, 1 EL Sojasauce,
1 EL Fischsauce, 1 TL Ahornsirup,
einige Tropfen Sesamöl,
Salz, Pfeffer,
1 TL gerösteter Sesam

Pak Choi und Chinakohl waschen und gut abschütteln. Den Chinakohl in breite Streifen schneiden, Pak Choi je nach Größe ganz lassen oder der Länge nach halbieren. Knoblauchzehe schälen und fein hacken. In einer heißen Pfanne mit Erdnussöl den Knoblauch angehen lassen, das Gemüse zugeben und 3-4 Minuten anbraten.

Mit Sojasauce, Fischsauce und Ahornsirup ablöschen und mit Salz, Pfeffer und Sesamöl würzen. Gerösteten Sesam darüberstreuen und servieren.

Wirsing mit Speck

Den Wirsing in einzelne Blätter zerteilen und dabei die starken weißen Rippen herausschneiden. Salzwasser sprudelnd kochen lassen, Blätter hineingeben und erneut aufkochen. Abgießen und sofort in Eiswasser abkühlen. Danach die Blätter in grobe Streifen schneiden. Inzwischen den gewürfelten Speck in einer Pfanne auslassen, die zerdrückte Knoblauchzehe beifügen und glasig werden lassen. Kohlstreifen dazugeben und mit Salz, Pfeffer und Muskatnuss würzen. Zugedeckt weitere 30 Minuten dünsten.

Arbeitszeit: 25 Min.
Garzeit: etwa 30 Min.

1 kg Wirsing, Salz,
50 geräucherter Speck,
1 Zwiebel, 1 Knoblauchzehe,
Muskatnuss, Pfeffer

Wirsing, gedünstet

Den Wirsing vierteln, waschen und in Salzwasser nicht zu weich kochen. Danach auspressen und zu Kugeln formen. Die Zwiebel und den Speck in Scheiben schneiden. Die Kohlkugeln in eine Form legen, salzen und pfeffern und mit Speck- und Zwiebelscheiben abwechselnd belegen. Mit etwas Bratensaft oder Fleischbrühe begießen und im Backofen bei etwa 175 °C zugedeckt etwa 1 Stunde dünsten. Von Zeit zu Zeit etwas Brühe nachgießen.

Arbeitszeit: 15 Min.
Garzeit: etwa 1 Std.

1 kg Wirsing, 200 g Speck,
1 Zwiebel, Salz, Pfeffer,
etwas Bratensaft oder
Fleischbrühe

Spitzkohl, scharf-sauer

Spitzkohl waschen, putzen, vierteln und den Strunk herausschneiden. Blätter in 3 cm große Stücke schneiden. Zwiebel in feine Streifen, Chilischote in feine Ringe schneiden und dann in einer Pfanne mit Erdnussöl farblos anschwitzen. Den Spitzkohl zugeben und 3-4 Minuten braten. Anschließend mit Reisessig, Sesamöl und Honig mischen und weitere 2-3 Minuten garen. Mit Salz und Szechuanpfeffer würzen.

Arbeitszeit: 10 Min.
Garzeit: ca. 10 Min.

500 g Spitzkohl, 1 Zwiebel,
1 Chilischote, 2 EL Erdnussöl,
3 EL Reisessig, 1 Spritzer
Sesamöl, 1 EL Honig,
Szechuanpfeffer, Salz

Gebratener Romanesco mit Serano

Romanesco waschen, in Röschen teilen, 5-6 Minuten in Salzwasser kochen und abtropfen lassen. Serano Schinken in Streifen schneiden, getrocknete Tomaten in grobe Würfel schneiden. Olivenöl in einer Pfanne erhitzen, Knoblauchzehe durchpressen und mit Schinken und Tomaten 3-4 Minuten anbraten. Romanesco zugeben, weitere 2-3 Minuten Farbe nehmen lassen und mit Balsamico ablöschen. Etwa 5 Minuten ziehen lassen und mit Salz und Pfeffer würzen. Mit geriebenem Parmesan bestreuen und anrichten.

Arbeitszeit: 20 Min.
Garzeit: ca. 15 Min.

1 Romanesco, 1 Knoblauchzehe,
50 g getrocknete Tomaten,
100 g Serano Schinken,
2 EL Olivenöl, 1 EL Balsamicoessig, Salz, Pfeffer,
50 g Parmesan gerieben

Hülsen- & Fruchtgemüse

Auberginen, gebacken

Arbeitszeit: 15 Min.
Ruhezeit: 30 Min.
Garzeit: etwa 10 Min.

4 Auberginen (400 g), Salz,
125 ml Milch, 1 Ei,
125 g Mehl, Pfeffer (oder
Edelsüßpaprika),
Öl zum Ausbacken

Die geschälten Früchte in 1 cm dicke Scheiben schneiden und leicht gesalzen ½ Stunde ziehen lassen, anschließend mit einem Küchentuch trocken tupfen. Das Ei mit Salz, Pfeffer oder Paprika und der Milch verquirlen.
Die Auberginenscheiben durch die Eiermilch ziehen, im Mehl wenden und dann in heißem Öl goldgelb ausbacken.

VARIANTE *Für Auberginen im Backteig zuerst aus Mehl, Ei, Milch, Paniermehl, Salz und Pfeffer einen Teig anrühren. Die durchgezogenen Auberginenscheiben hineintauchen, kurz abtropfen und in heißem Öl schwimmend frittieren.*

Auberginen, gefüllt

Arbeitszeit: 10 Min.
Garzeit: gesamt etwa 40 Min.

4 Auberginen, mittelgroß, 3 EL
Olivenöl, Butter für die Form,
Salz, 2 TL Senf, 3 Zwiebeln,
2 Knoblauchzehen, 1 TL Rosmarin, 8 EL Paniermehl, 40 g Butter

Auberginen längs halbieren, Fruchtfleisch herauslösen und grob hacken. Öl erhitzen, Auberginenhälften von allen Seiten darin anbraten. Herausnehmen, in eine gefettete Auflaufform setzen, salzen und mit Senf bestreichen. Zwiebeln und Knoblauchzehen in feine Würfel schneiden und mit dem Fruchtfleisch im Öl anbraten. Salzen und in die Auberginenhälften füllen. Mit Rosmarin und Paniermehl bestreuen und Butterflöckchen daraufgeben. Form in den vorgeheizten Backofen setzen und bei 200 °C etwa 20-25 Minuten garen. Dazu schmeckt frischer Reis mit Petersilie.

Zucchini, gebacken

Arbeitszeit: 15 Min.
Ruhezeit: 15 Min.
Garzeit: etwa 10 Min.

4 Zucchini, Salz, Mehl,
Öl zum Braten, Petersilie,
Zitronenscheiben

Die geschälten Zucchini in Scheiben schneiden, salzen und für ¼ Stunde ziehen lassen. Mit Küchentüchern gut trocken tupfen, in Mehl wenden und in heißem Öl schwimmend braten. Abtropfen lassen und mit gehackter Petersilie und Zitronenspalten garnieren.

Erbsenpüree

Arbeitszeit: 20 Min.
Einweichzeit: über Nacht
Garzeit: etwa 20 Min.

500 g getrocknete gelbe Erbsen,
1-2 l Wasser, 1 Zwiebel, 2 Gewürznelken, 3-4 Kartoffeln, 60 g
Butter, ¼ l Milch, Salz, Pfeffer

Die über Nacht eingeweichten Erbsen unter Zugabe einer Zwiebel und Gewürznelken in 1-2 Litern Wasser nach Packungsanleitung weich kochen. Nach Hälfte der Garzeit die geschälten und gewürfelten Kartoffeln beigeben und mitkochen.

Zum Schluss alles durch ein Sieb streichen, die Butter in Stücken einrühren und mit kochend heißer Milch (oder Sahne) glatt rühren. Mit Salz und Pfeffer abschmecken.

Scharfe Stangenbohnen

Bohnen waschen, putzen und die einzelnen Stangen jeweils in 3 Stücke schneiden. In einem Topf mit Salzwasser 5-6 Minuten kochen lassen. Bohnen abgießen, in Eiswasser abschrecken und abtropfen lassen.

Frühlingszwiebeln in Ringe schneiden, Knoblauch und Chilischoten fein hacken. In einer heißen Pfanne mit Erdnussöl den Knoblauch, Chilischoten, Frühlingszwiebeln und Ingwer 2-3 Minuten anschwitzen. Bohnen zugeben, mit Salz und Szechuanpfeffer würzen und servieren.

Arbeitszeit: 20 Min.

200 g grüne Stangenbohnen, ½ Bd. Frühlingszwiebeln, 1 Knoblauchzehe, 2 EL Erdnussöl, 2 getrocknete Chilis, 1 EL eingelegter Ingwer, Salz, ½ TL Szechuanpfeffer

Junge Butterbohnen

Die Bohnen werden geputzt, wenn nötig geschnitten. In wenig kochendem Salzwasser (mit einem Stiel Bohnenkraut oder 1 Teelöffel getrocknetem Bohnenkraut) weich dünsten. Je nach Bohnendicke dauert das zwischen 10 und 20 Minuten. Danach das Kochwasser abgießen, die Bohnen in einer gewärmten Schüssel anrichten und mit der flüssigen, heißen Butter begießen. Gehackte Petersilie oder in Butter geröstetes Paniermehl darüberstreuen.

Arbeitszeit: 10 Min.
Garzeit: etwa 10-20 Min.

750 g junge Bohnen, Salz, Bohnenkraut, 60 g Butter, 1 EL gehackte Petersilie oder Paniermehl

Rote Linsen mit Minzjogurt

Arbeitszeit: 10 Min.
Garzeit: etwa 30 Min.

250 g rote Linsen, 300 ml Brühe (instant), 1 Stück Ingwerwurzel, 1 Zwiebel, 2 Knoblauchzehen, 1 grüne Chilischote, etwas Kreuzkümmel, Kurkuma und Meersalz, 2 EL Erdnussöl, 250 g Jogurt, Salz, 1 Handvoll frische, gehackte Minze

Die roten Linsen mit der Brühe halb gar kochen (nach Packungsanweisung) und beiseite stellen.

Den Ingwer schälen und fein hacken. Knoblauch, Chili, Kurkuma, Kreuzkümmel und Meersalz im Mörser zerstoßen. Diese Mischung zusammen mit den gewürfelten Zwiebeln und dem Ingwer in 2 Esslöffeln Erdnussöl anbraten.

Die Linsen dazugeben und in der restlichen Garzeit fertig kochen. Die Linsen sollten noch bissfest sein.

Den Jogurt (mindestens 3,5 % Fett) glatt rühren, mit der Minze, Salz und Kreuzkümmel abschmecken und zu den Linsen servieren. Ein paar Minzeblättchen als Dekoration dazugeben.

Zuckerschoten „Snüsch"

Arbeitszeit: 10 Min.
Garzeit: ca. 10 Min.

200 g Zuckerschoten, 2 rote Zwiebeln, 1 Bd. Frühlingszwiebeln, 1 EL Butter, 100 g TK-Erbsen, 0,5 l Buttermilch, Salz, Pfeffer, Muskat, 4 Minzeblätter

Zuckerschoten waschen, putzen und schräg halbieren. Zwiebeln schälen und in Spalten schneiden. Frühlingszwiebeln in Ringe schneiden.

In einem Topf mit Butter die Zwiebeln, Frühlingszwiebeln, Zuckerschoten und Erbsen 4-5 Minuten anschwitzen. Mit Buttermilch aufgießen und einmal aufkochen lassen.

Den Snüsch mit Salz, Pfeffer und Muskat würzen und mit fein geschnittener Minze verfeinern.

Peperonata

Die Zwiebeln in Streifen schneiden, 5 Minuten im Öl andünsten, dann die in Streifen geschnittenen Paprikaschoten dazugeben und mitbraten. Nach 5 Minuten die geschälten, entkernten und geachtelten Tomaten beigeben, salzen, pfeffern und mit heißer Fleischbrühe angießen.
Mit Essig und Thymian würzen, den zerdrückten Knoblauch beigeben und zugedeckt 20 Minuten dünsten. Bei Bedarf nachwürzen.

Arbeitszeit: 10 Min.
Garzeit: etwa 30 Min.

3 mittlere Zwiebeln, 4 EL Olivenöl, 1 kg grüne und rote Paprikaschoten, 500 g reife Tomaten, Salz, ¼ l Fleischbrühe (instant), 1 EL Weinessig, Pfeffer, Thymian, 1 Knoblauchzehe

Tomaten, gebraten

Die Tomaten halbieren, entkernen, mit der offenen Seite zuerst in eine Pfanne mit heißer Butter oder heißem Öl legen und rasch anbraten. Dann umdrehen und auf der Hautseite fertig garen. Mit Salz und Pfeffer abschmecken.

Arbeitszeit: 10 Min.
Garzeit: etwa 10 Min.

8-10 fleischige Tomaten, 3-4 EL Butter oder Öl, Salz, Pfeffer

Tomaten auf provenzalische Art

Die Tomaten halbieren, aushöhlen, entkernen und innen leicht salzen.
Paniermehl mit klein gehacktem und zerdrücktem Knoblauch, gehackter Petersilie und Basilikum vermischen, salzen und pfeffern. Mit dieser Farce die Tomatenhälften füllen, mit etwas Olivenöl beträufeln und bei 200°C im Backofen 30 Minuten überbacken.

Arbeitszeit: 15 Min.
Garzeit: etwa 30 Min.

8 mittelgroße Tomaten, 4 EL Paniermehl, 4 Knoblauchzehen, Salz, Pfeffer, Olivenöl, ½ Bd. Petersilie, Basilikum

Gebratene Mungobohnensprossen mit Shiitake-Pilzen

Mungobohnensprossen waschen und abtropfen lassen. Frühlingszwiebeln putzen und in feine Ringe schneiden. Shiitake-Pilze in Scheiben schneiden, Knoblauchzehe schälen und fein hacken.
Erdnussöl in einer heißen Pfanne erhitzen, Knoblauch anschwitzen, Shiitake-Pilze dazugeben und 1-2 Minuten scharf anbraten. Mungobohnensprossen und Frühlingszwiebeln dazugeben, mit Oystersauce mischen und mit Salz, Pfeffer und 1 Prise Zucker würzen.

Arbeitszeit: 10 Min.

250 g Mungobohnensprossen, 1 Bd. Frühlingszwiebeln, 100 g frische Shiitake-Pilze, 2 EL Erdnussöl, Salz, Pfeffer, 1 Prise Zucker, 1 Knoblauchzehe, etwas Oystersauce

> **TIPP** *Der Shiitake-Pilz zählt in der TCM zu den Heilpilzen. Der regelmäßige Genuss soll Beschwerden wie Magenleiden, Kopfschmerzen und Schwindelgefühle lindern.*

Wurzel- & Knollengemüse

Fenchelgemüse

Arbeitszeit: 5 Min.
Garzeit: etwa 20 Min.

4 Fenchelknollen, 2 EL Butter, 2 EL Mehl, ¼ l Brühe (instant), Pfeffer, Salz, Muskat, 2 EL Sahne

Die Knollen waschen, säubern, das harte Äußere entfernen, das junge Grün fein schneiden und mit den Knollen in kochendem Salzwasser weich kochen.
Aus Butter und Mehl eine helle Mehlschwitze bereiten, mit der Gemüsebrühe aufgießen, das Gemüse dazugeben und noch einmal aufkochen lassen.
Mit Salz, Pfeffer und Muskat abschmecken und mit der Sahne abrunden.

Fenchel, gebacken

Arbeitszeit: 15 Min.
Garzeit: etwa 20 Min.

4 Fenchelknollen, ½ l Wasser, Zitronensaft, 1 Prise Salz, Pfeffer, Muskat, 2 Eier, 6 EL Paniermehl, Öl zum Braten, Petersilie, Zitronenscheiben

Die vorbereiteten Knollen in Scheiben schneiden, mit Salz und Zitronensaft in ½ Liter kochendes Wasser geben, mit Pfeffer und Muskat würzen. 15 Minuten bei geringer Hitze nicht zu weich kochen. Herausnehmen, abtropfen und auskühlen lassen.
Eier mit Salz und Pfeffer verquirlen, die Fenchelscheiben darin und dann im Paniermehl wälzen. In heißem Öl auf beiden Seiten je 3 Minuten goldgelb braten. Mit Zitronenscheiben und Petersilie garniert anrichten.

Selleriepüree

Arbeitszeit: 20 Min.
Garzeit: etwa 20 Min.

1 große Sellerieknolle, 1 TL Zitronensaft, je 1 Prise Salz und Zucker, 3 EL dicke Béchamelsauce, 2-3 gekochte Kartoffeln, 30 g Butter, Pfeffer, 2-4 EL Sahne

Den Sellerie schälen und in Scheiben schneiden. Mit Zitronensaft und Zucker in Salzwasser weich dünsten. Herausnehmen und direkt mit Béchamelsauce (siehe Grundrezept) und gekochten Kartoffeln pürieren. Mit Butter, Salz, Pfeffer und Sahne abschmecken und glatt rühren.

Staudensellerie mit Roquefort und Walnüssen

Arbeitszeit: 10 Min.
Garzeit: 10 Min.

2 Bd. Staudensellerie, 200 ml Gemüsebrühe, Salz, Muskat, 150 g Roquefort, 2 EL Ricotta, 50 g Walnüsse

Staudensellerie putzen, waschen und in ca. 5 cm lange Stücke schneiden. Selleriegrün und Walnüsse grob hacken. Selleriestücke in eine Auflaufform legen, mit Gemüsebrühe aufgießen und wenig Salz und Muskat würzen. Roquefortkäse mit Ricotta mischen, zusammen mit den Walnüssen gleichmäßig über den Sellerie verteilen und im vorgeheizten Backofen bei 200 °C (Umluft 180 °C) 10 Minuten garen.
Mit Selleriegrün bestreuen und servieren.

Sellerie Bordelaise

Den Sellerie in Scheiben schneiden und mit etwas Brühe (oder Wasser), Zitronensaft und Zucker bissfest dünsten. Zwiebel fein hacken und in der Butter goldgelb andünsten. Die in Scheiben geschnittenen Champignons und die fein gehackte Petersilie dazugeben und weiterdünsten. Mit Brühe aufgießen und Tomatenmark unterrühren.

Stärkemehl im Weißwein auflösen, in die Zwiebelsauce gießen und einige Minuten köcheln lassen. Die Selleriescheiben in eine feuerfeste Form legen, die Sauce darübergießen, mit Parmesan bestreuen, mit Rindermarkscheiben belegen und im heißen Backofen gratinieren.

Arbeitszeit: 20 Min.
Garzeit: etwa 30 Min.

2 große Sellerieknollen, etwas Zitronensaft, Zucker, Brühe, 1 Zwiebel, 30-40 g Butter, 100 g Champignons, 1 Msp. Tomatenmark, 250 ml Brühe, ½ TL Stärkemehl, 2-3 EL Weißwein, 4 EL Parmesan, 6 Rindermarkscheiben, 1 EL gehackte Petersilie

Schwarzwurzeln mit Meerrettichcreme

Schwarzwurzeln waschen, schälen, in ca. 5 cm lange Stücke schneiden und sofort in Essigwasser legen. Butterkekse in einer Tüte zerbröseln und dann mit dem Frischkäse in einer Schüssel vermengen. In einem Topf mit Gemüsebrühe und Milch die Schwarzwurzeln 10 Minuten bissfest garen, herausnehmen und abschrecken.

Anschließend in eine Auflaufform legen, mit Salz, Pfeffer und 1 Spritzer Zitronensaft würzen und mit den Frischkäse-Keks-Crumbles gleichmäßig belegen. Im vorgeheizten Backofen auf Grillfunktion bei 200 °C (Umluft 180 °C) 5-6 Minuten goldbraun gratinieren, heiß servieren.

Arbeitszeit: 5 Min.

1 Bd. Schwarzwurzeln, etwas Essig, ¼ l Milch, 100 ml Gemüsebrühe, 100 g Meerrettich-Frischkäse, 150 g Butterkekse, etwas Zitronensaft, Salz, Pfeffer

Kretischer Karottenkuchen (Tassenkuchen)

Arbeitszeit: 15 Min.
Garzeit: etwa 20 Min.

4 Eier, 2 Tassen Zucker, 1⅓ Tasse
Öl, 3 Tassen geriebene Karotten,
3 Tassen Mehl, 1 Tasse
grob gehackte Walnüsse,
1 Pck. Backpulver

Die Eier verquirlen und mit dem Zucker und dem Öl zu einem Teig mischen. Die Karotten schälen und reiben, das Backpulver mit dem Mehl vermischen, die Nüsse hinzufügen und in den Teig rühren.
Ein Backblech oder eine Flache Form mit Öl einpinseln, und die Masse daraufstreichen. Bei 180-200 °C backen, bis der Kuchen goldgelb ist.

Pastinaken mit Ahornsirup, Chilis und Mandelkrokant

Arbeitszeit: 10 Min.
Garzeit: 15 Min.

400 g Pastinaken,
100 g Walnüsse, 1 Chilischote,
2 EL Olivenöl, 2 EL Ahornsirup,
50 g Mandelkrokant, Salz

Die Pastinaken waschen, schälen, in grobe Stifte schneiden und gleichmäßig auf ein Backblech legen.
Die Walnüsse grob hacken, die Chilischote waschen und in feine Ringe schneiden. Zusammen mit Olivenöl, Ahornsirup und Mandelkrokant gleichmäßig über den Pastinaken verteilen.
Mit Salz würzen und im vorgeheizten Backofen bei 200 °C (Umluft 180 °C) etwa 15 Minuten garen. Dabei mehrmals wenden.

TIPP *Am besten schmecken Pastinaken nach dem ersten Frost. Man bereitet sie wie Karotten zu.*

Babykarotten mit Kokos-Ingwercreme

Babykarotten waschen und putzen, Frühlingszwiebeln waschen und in Ringe schneiden. Ingwer mit einer Gemüsereibe fein raspeln.

In einem Topf das Kokosfett zerlassen und die Frühlingszwiebeln darin anschwitzen, Babykarotten zugeben und 2-3 Minuten garen.

Anschließend mit Kokosmilch und Gemüsebrühe aufgießen, Ingwer und Currypaste unterrühren und weitere 3-4 Minuten dünsten. Mit Salz abschmecken und servieren.

Arbeitszeit: 10 Min.
Garzeit: ca. 10 Min.

400 g Babykarotten, 1 Bd. Frühlingszwiebel, 1 Stück Ingwer, 1 EL Kokosfett, ½ TL gelbe Currypaste, 125 ml Kokosmilch, 200 ml Gemüsebrühe, Salz

Rote Bete in saurer Sahne

Die Rote Bete säubern, ca. 1 Stunde kochen. Schälen und in Scheiben schneiden. Die fein geschnittene Zwiebel in einer großen Pfanne mit heißer Butter andünsten, mit Mehl bestäuben und weitergaren. Dann mit Milch auffüllen und 10 Minuten langsam kochen lassen.

Die Rote-Bete-Scheiben dazugeben und darin erhitzen, mit Salz, Zucker, Muskat, Essig und Zitronensaft abschmecken. Zum Schluss die saure Sahne einrühren.

Arbeitszeit: 15 Min.
Garzeit: etwa 40 Min.

750 g Rote Bete, 1 kleine Zwiebel, 40 g Butter, 2 EL Mehl, ¼ l Milch, Salz, Zucker, Muskat, Essig, Zitronensaft, 2 EL saure Sahne

> **TIPP** *Rote-Bete-Knollen färben beim Schälen sehr stark. Am besten hierzu Einmalhandschuhe benutzen, denn die rote Farbe ist äußerst hartnäckig.*

Steckrüben-Kürbisgemüse mit Morcheln

Steckrüben putzen und schälen, Kürbis halbieren, schälen, die Kerne entfernen und beides in 1 cm breite Würfel schneiden. Morcheln gründlich waschen und in kaltem Wasser mindestens 15 Minuten einweichen. Die Zwiebel schälen, klein schneiden und in einem Topf mit Butter farblos anschwitzen. Morcheln abgießen, ausdrücken, mit den Gemüsewürfeln dazugeben und 3-4 Minuten schmoren. Anschließend mit 300 ml Gemüsebrühe aufgießen und mit Salz, Pfeffer und Muskatnuss würzen.

Gemüse bei mittlerer Hitze 20-25 Minuten garen, dabei mehrmals vorsichtig umrühren. Zum Schluss die Crème fraîche unterrühren und mit der Petersilie bestreuen.

Arbeitszeit: 25 Min.
Garzeit: ca. 30 Min.
Einweichzeit: ca. 15 Min.

500 g Steckrüben, 300 g Kürbis, 20 g getrocknete Morcheln, 1 kleine Zwiebel, 1 EL Butter, 300 ml Gemüsebrühe, Salz, Pfeffer, Muskatnuss, 50 g Crème fraîche, 1 EL gehackte Petersilie

Zwiebel- & Lauchgemüse

Lauchgemüse

Arbeitszeit: 5 Min.
Garzeit: etwa 15 Min.

1 kg Lauch, 50 g Butter,
40 g Mehl, Bouillon oder Brühe
(instant), Salz, Pfeffer, Muskat,
3 EL Sahne, Petersilie, Salz

Den Lauch waschen, in Stücke schneiden und in Salzwasser weich kochen. Aus Butter und Mehl eine helle Mehlschwitze bereiten, mit Brühe aufgießen und gut verkochen. Salzen, pfeffern, mit Muskat würzen, dann Lauch dazugeben, mit Sahne abrunden und mit gehackter Petersilie anrichten.

Erdnuss-Lauchkroketten

Arbeitszeit: 45 Min.
Garzeit: ca. 10 Min.
Abkühlzeit: ca. 30 Min.

für ca. 30 Kroketten:
500 g Lauch, 1 Knoblauchzehe,
½ Bd. Petersilie, 150 g Erdnüsse
(ungesalzen), 2 Scheiben
Toastbrot, 1 EL Olivenöl, Salz,
Pfeffer, 75 g Butter, 90 g Mehl,
½ l Milch, Muskatnuss,
1½ l Frittieröl (z. B. Erdnussöl)

Lauchstange halbieren, waschen und in feine Streifen schneiden. Knoblauchzehe schälen und fein hacken. Petersilie waschen, trocken schütteln und fein hacken. Erdnüsse und Toastbrot im Mixer fein zerkleinern. In einer Pfanne mit Olivenöl Knoblauch und Lauch 3-4 Minuten anbraten, mit Salz und Pfeffer würzen und danach kalt stellen.
Butter in einem Topf erhitzen, Mehl dazugeben und unter Rühren leicht bräunen lassen. Mit kalter Milch aufgießen und unter ständigem Rühren aufkochen lassen, bis eine gebundene Masse entsteht. Lauchgemüse und Petersilie unterrühren, mit Salz, Pfeffer und Muskatnuss würzen. Die Masse mit Klarsichtfolie abgedeckt kalt stellen. Anschließend in einen Spritzbeutel ohne Tülle füllen, einen langen Strang auf eine bemehlte Arbeitsfläche aufspritzen und in jeweils 4 cm lange Kroketten teilen. Diesen Vorgang wiederholen, bis die restliche Masse aufgebraucht ist.
Mit drei Tellern eine Panierstation aus Mehl, verquirlten Eiern und der Erdnuss-Brotmischung aufbauen. Die Kroketten zuerst in Mehl wenden, dann durch die Eier ziehen mit der Nussmischung panieren. In der Fritteuse bei 170 °C 3-4 Minuten goldbraun frittieren, anschließend auf Küchenpapier abtropfen lassen. Lecker als Beilage oder einfach als Snack.

Walnuss-Trauben-Lauchsalat

Arbeitszeit: 15 Min.

400 g Lauch (nur das Weiße
vom Lauch), 200 g Trauben,
100 g Walnüsse, 250 g Jogurt,
2 EL Zitronensaft,
1 TL Ahornsirup, Salz, Pfeffer

Lauch waschen, halbieren und in feine Streifen schneiden. Trauben waschen und halbieren. Walnüsse in kochendem Wasser 2-3 Minuten blanchieren, kalt abschrecken und grob hacken. Jogurt in einer Schüssel mit Zitronensaft und Ahornsirup glatt rühren. Lauch, Trauben und Walnüsse untermischen und mit Salz und Pfeffer würzen.

Gebackene Frühlingszwiebeln in der Folie

Frühlingszwiebeln waschen, putzen und je einen Bund auf ein großes Stück Alufolie legen. Feta, Olivenöl und Bärlauchpesto gleichmäßig darüber verteilen und mit Salz und Pfeffer würzen. Je 1 Esslöffel Weißwein darübergeben und die Folien fest zu 4 Päckchen verschließen. Im vorgeheizten Backofen bei 200 °C (Umluft 180 °C) 10 Minuten backen.

Arbeitszeit: 5 Min.

4 Bd. Frühlingszwiebeln, 200 g Feta, 4 TL Olivenöl, 4 TL Bärlauchpesto, 4 EL Weißwein, Salz, Pfeffer

Hausgemachte Lauchzwiebel-Würstchen

Hackfleisch und grüner Speck mit Salz, Pfeffer, Muskatnuss und Paprikapulver würzen und in einem Mixer kurz pürieren. Die fertige Wurstfarce herausnehmen und kalt stellen. Zwischenzeitlich die Lauchzwiebeln putzen, waschen, halbieren und in feine Ringe schneiden. In einer Pfanne mit Butter 2-3 Minuten anschwitzen, Majoran dazugeben und ebenfalls abkühlen lassen. Wurstfarce und Lauchzwiebeln mischen und in einen Spritzbeutel mit 8 mm Lochtülle füllen. Anschließend in den mehrfach gereinigten Wurstdarm füllen und mit Küchengarn in 10 cm lange Würstchen abbinden. Danach in einem Topf mit 70 °C heißem Wasser 3-4 Minuten ziehen lassen, herausnehmen und kalt abschrecken. In einer Pfanne mit Butterschmalz 5 Minuten goldbraun braten und mit frischem Brot servieren.

Arbeitszeit: 45 Min.
Garzeit: ca. 10 Min.
Abkühlzeit: ca. 15 Min.

300 g Schweinehackfleisch, 100 g grüner Speck (fein geschnitten), 100 ml Sahne, 1 Bd. Lauchzwiebeln, Salz, Pfeffer, Muskatnuss, 1 TL Paprikapulver, 1 EL Butter, 1 TL Majoran gerebelt, ca. 60 cm Wurstdarm vom Schwein (beim Fleischer vorbestellen!), 1 EL Butterschmalz

Spargel & Kürbis

Spargel mit Butter und Paniermehl

Arbeitszeit: 30 Min.
Garzeit: etwa 25 Min.

1 kg Spargel, 1 Prise Zucker,
Salz, 2 TL Butter, 2 gehackte,
hart gekochte Eier, 1 TL gehackte
Petersilie, 4 EL Paniermehl,
30 g braune Butter

Den geschälten, gebündelten Spargel in Salzwasser mit Zucker und Butter weich kochen. Abtropfen lassen und auf einer vorgewärmten Platte anordnen. Die Stangen mit den gehackten Eiern und der Petersilie, beides gut vermischt, bestreuen. Das Paniermehl in Butter anrösten und das Paniermehl über den Spargel verteilen.

Spargel mit Parmesan

Arbeitszeit: etwa 30 Min.
Garzeit: etwa 30 Min.

1 kg Spargel, Salzwasser,
1 Prise Zucker, Salz, 2 TL Butter,
100 g geriebener Parmesankäse,
60 g Butter

Den Spargel schälen, waschen, bündeln und in Salzwasser mit Butter und Zucker weich kochen. Gut abtropfen lassen und in einer Auflaufform stufenweise anordnen, sodass alle Köpfe sichtbar sind. Diese mit geriebenem Käse bestreuen, mit gebräunter Butter übergießen und im heißen Backofen leicht gratinieren.

Marinierter grüner Spargel mit Pinienkernen

Arbeitszeit: 15 Min.
Garzeit: 5 Min.

2 EL Pinienkerne, 3 Tomaten,
1 Zwiebel, ½ Bd. Basilikum,
2 kg grüner Spargel, Salz,
Zucker, 1 Knoblauchzehe,
4 EL weißer Balsamicoessig,
5 EL Olivenöl, Pfeffer

nach Belieben: geriebener
Parmesan, Basilikumblätter

Pinienkerne in einer Pfanne ohne Öl goldbraun rösten und herausnehmen. Tomaten halbieren, Kerngehäuse entfernen und klein würfeln. Zwiebel schälen und fein schneiden. Basilikum waschen und in Streifen schneiden. Spargel waschen und die Enden großzügig abschneiden. Anschließend in kochendem, leicht gesalzenem Wasser mit 1 Teelöffel Zucker zugedeckt ca. 4-5 Minuten garen. Zwischenzeitlich Knoblauch fein hacken. Aus 5 Esslöffeln Spargelsud, Essig, Olivenöl, Knoblauch, Salz und Pfeffer ein Dressing herstellen und mit Tomaten, Zwiebeln, Pinienkernen und Basilikum mischen. Spargel aus dem Sud nehmen, abtropfen lassen und auf Tellern anrichten. Mit dem Dressing marinieren und mit Parmesanspänen und Basilikumblättern dekorieren.

Kürbispüree

Arbeitszeit: 15 Min.
Garzeit: ca. 10 Min.

1 Hokkaidokürbis (ca. 800 g),
1 kleine Zwiebel, 1 Chilischote,
2 EL Öl, 50 ml Orangensaft,
100 ml Gemüsebrühe, Salz, Muskat, 30 g eiskalte Butterflocken

Kürbis waschen, vierteln, Kerne entfernen und in Stücke schneiden. Zwiebel fein würfeln. Chili halbieren, Kerne entfernen und fein hacken. Olivenöl in einem Topf erhitzen, Zwiebeln, Kürbis und Chili darin andünsten und mit Orangensaft ablöschen. Mit Gemüsebrühe aufgießen und zugedeckt ca. 10 Minuten garen. Den Kürbis mit Butterflocken fein stampfen und mit Salz und Muskat abschmecken.

Senf-Kürbis

Kürbis schälen, halbieren, entkernen und in grobe Stücke schneiden. Perlzwiebeln in ein Sieb gießen und abspülen. In einem Topf Weißwein, Weißweinessig, Zucker, Zimtstange, Sternanis und Salz 30 Minuten lang auf etwa 200 ml Flüssigkeit einkochen.
Kürbisstücke und Perlzwiebeln zugeben, 5-6 Minuten zugedeckt köcheln lassen und danach in eine flache Form füllen. Zugedeckt mindestens 3 Stunden ziehen lassen und vor dem Servieren nochmals leicht erwärmen.

Arbeitszeit: 10 Min.
Garzeit: ca. 5-6 Min.
Ruhezeit: mind. 3 Std.

1 kleiner Kürbis (ca. 600 g), 250 ml Weißwein, 100 ml Weißweinessig, 200 g Zucker, 1 Zimtstange, 1 Sternanis, 100 g Perlzwiebeln aus dem Glas, Salz

Kürbis als Beilage

Den Kürbis schälen, das Fleisch in Streifen schneiden. Salzen, mit Essig begießen und ¼ Stunde ziehen lassen. Die fein geschnittenen Zwiebeln und den Dill in Fett andünsten, mit Zitronensaft, Zucker, Pfeffer und Paprika würzen. Den gut abgetropften Kürbis dazugeben, anbraten und mit heißer Fleischbrühe weiterkochen, bis der Kürbis weich ist. Zum Schluss das Mehl mit saurer Sahne verquirlen und in das fertige Gemüse einkochen. Mit fein gehacktem Dillkraut bestreut anrichten.

Arbeitszeit: 25 Min.
Ruhezeit: 15 Min.
Garzeit: etwa 15 Min.

1-1½ kg Kürbis, Salz, 2 EL Essig, 1-2 Zwiebeln, 2 EL Dill, 40 g Fett, Zitronensaft, 1 Prise Zucker, Pfeffer, ½ TL Paprika, 125 ml heiße Fleischbrühe, 40 g Mehl, ¼ l saure Sahne, 1 Stängel Dillkraut

Pilze & Trüffel

Pilzschecke „Provenzalischer Art"

Arbeitszeit: 20 Min.
Backzeit: 40 Min.

1 Blätterteig aus dem Frischepack, etwas Butter und Mehl für
die Form, 400 g gemischte Pilze
nach Saison (z. B. Champignons,
Pfifferlinge und Steinpilze),
1 Zwiebel, 1 EL Butterschmalz,
1 EL gehackte Kräuter (Thymian,
Rosmarin, Oregano), Salz,
Pfeffer, 1 Becher Sauerrahm
(20% Fett), 2 Eier, Muskat

Blätterteig auf einer bemehlten Arbeitsfläche ausrollen und in eine gebutterte, mit Mehl bestäubte Auflaufform legen. Den Teig über den Rand hochziehen. Pilze sorgfältig reinigen und in grobe Stücke schneiden. Zwiebel schälen und fein würfeln.

In einer heißen Pfanne mit Butterschmalz Pilze 3-4 Minuten kräftig anbraten, Kräuter dazugeben und mit Salz und Pfeffer würzen. Anschließend herausnehmen und abkühlen lassen. Schmand in einer Schüssel mit den Eiern, Salz, Pfeffer und Muskat glatt rühren und in die ausgelegte Auflaufform gießen. Pilze gleichmäßig darin verteilen und den Blätterteig darüberschlagen.

Im vorgeheizten Backofen bei 180°C (Umluft nicht empfehlenswert) 30 Minuten backen. Die Hitze auf 150°C reduzieren und die Pilzschecke weitere 10-15 Minuten fertig backen.

Mangold-Austernpilz-Pfanne

Arbeitszeit: 15 Min.
Garzeit: etwa 20 Min.

300 g Mangold, 250 g Austernpilze, 1 Schalotte, 1 Knoblauchzehe, 3 EL Öl, Salz, Pfeffer,
1 Bd. Petersilie, 150 g Sauerrahm

Den Mangold waschen, putzen, die Stiele abschneiden und in Stücke teilen. Die Blätter klein schneiden. Die Austernpilze putzen, die Schalotte in Spalten schneiden und den Knoblauch fein hacken.

Öl in einer Pfanne erhitzen und darin Knoblauch und Schalotte anbraten. Mangoldstiele und Austernpilze dazugeben
und unter Wenden gut anbraten. Etwa 10 Minuten brutzeln,
dann die Mangoldblätter zugeben und mit Salz und Pfeffer
pikant würzen.
Petersilie waschen und grob hacken. Mit dem Sauerrahm in
die Pfanne geben und heiß servieren. Fladenbrot oder
Baguette dazu reichen.

Gebackene Austernpilze

Austernpilze am Strunk abschneiden, putzen, mit Zitronensaft beträufeln und mit Salz und Pfeffer würzen. Eier mit
einer Gabel verquirlen. Paniermehl mit Thymian in einer
Schüssel vermischen. Austernpilze einzeln zuerst in Mehl
wenden, anschließend durch die Eier ziehen und dann im
Paniermehl wenden. Dabei die Panade leicht festdrücken.
Diesen Vorgang so lange wiederholen, bis sämtliche Pilze
paniert sind. In einer Fritteuse bei 160 °C die Pilze 4-5 Minuten goldbraun ausbacken und auf Küchenpapier abtropfen
lassen. Zu den gebackenen Austernpilzen passt Remoula-
den- oder Knoblauchsauce.

Arbeitszeit: 15 Min.
Garzeit: ca. 10 Min

400 g Austernpilze, Zitronensaft,
Salz, Pfeffer, 50 g Mehl, 2 Eier,
100 g frisch geriebenes Paniermehl, ½ TL getrockneter
Thymian, Öl zum Ausbacken

Pilz-Sahne-Ragout

Die Pilze putzen und in Scheiben schneiden. Die Zwiebel
schälen, fein würfeln und in einer Pfanne mit heißer Butter
glasig werden lassen. Die Pilze beigeben und 15 Minuten
dünsten. Mit Salz, Pfeffer Muskat und Zitronensaft abschmecken.
Mit Speisestärke oder Mehl verrührte saure Sahne beigeben,
gut durchrühren und kurz ziehen, aber nicht kochen lassen.
Zum Schluss alles noch einmal abschmecken.

Arbeitszeit: 10 Min.
Garzeit: etwa 20 Min.

500 g frische Pilze, Zitronensaft,
1 Zwiebel, 30 g Butter, Salz,
Pfeffer, Muskat, etwas Wasser,
1 TL Speisestärke,
¼ l saure Sahne

Frische Pfifferlinge

Pfifferlinge putzen, waschen und gut abtropfen lassen; kleinere Pilze unzerteilt verwenden, größere halbieren oder
vierteln. Fein geschnittene Zwiebel in der Butter hellbraun
anbraten. Die Pfifferlinge dazugeben, salzen, pfeffern und
bei geschlossenem Topf im eigenen Saft etwa 20 Minuten
weich dünsten. In einer gewärmten Schüssel anrichten und
mit gehackter Petersilie bestreuen.

Arbeitszeit: 15 Min.
Garzeit: etwa 25 Min.

600 g frische Pfifferlinge,
1 kleine Zwiebel, 60 g Butter,
Salz, Pfeffer, Petersilie

Pfifferlinge mit Rührei

Arbeitszeit: 15 Min.
Garzeit: etwa 15 Min.

500 g Pfifferlinge, 1 Zwiebel (oder einige Schalotten), 60 g Butter, Salz, Pfeffer, 4 Eier, 1 EL Milch, frische Petersilie

Die Pfifferlinge säubern, waschen, halbieren. Fein geschnittene Zwiebel in heißer Butter kurz anlaufen lassen, die Pfifferlinge zugeben, würzen, dann bei hoher Hitze kurz rösten. Die Eier mit der Milch und etwas Salz verquirlen, über die Pfifferlinge gießen, unter vorsichtigem Rühren kurz stocken lassen und mit gehackter Petersilie bestreuen.

Steinpilze in Gemüsepfannkuchen

Arbeitszeit: 25 Min.
Garzeit: etwa 20 Min.

200 g Steinpilze, 3 Frühlingszwiebeln, 1 Paprikaschote, 2 Tomaten, 1 Karotte, 2 Eier, 150 g Mehl, 150 ml Milch, Salz, Pfeffer, Muskat, Butterschmalz, etwas heiße Brühe (instant), Petersilie und Schnittlauch, 2 EL Sahne

Die Steinpilze säubern und in kleine Scheiben schneiden. Die Frühlingszwiebeln in feine Ringe schneiden. Die Paprika, die Tomaten (gehäutet) und die geschälte Karotte in feine Würfel schneiden.
Ein Ei trennen, die Eiweiße steif schlagen. Milch, Mehl, 1 ganzes Ei und Eigelbe zu einem zähflüssigen Teig verrühren und mit Salz, Pfeffer und Muskat würzen. Das geschlagene Eiweiß unterheben, die Karotten und Paprikawürfel mit einrühren. Petersilie und Schnittlauch fein hacken.
Butterschmalz in der Pfanne erhitzen, den Pfannkuchenteig einlaufen lassen, goldbraun ausbacken und warm stellen. Frühlingszwiebeln in Butterschmalz glasig andünsten. Steinpilze kurz mitbraten und mit der heißen Brühe ablöschen. Die Tomatenwürfel, Schnittlauch und Petersilie dazugeben. Alles mit Sahne aufgießen, mit Salz und Pfeffer abschmecken und die Sauce leicht einkochen.
Die Pfannkuchen auf flachem Teller anrichten, Steinpilzfüllung daraufgeben und Pfannkuchen zur Hälfte einschlagen.

Barolo-Risotto mit schwarzem Trüffel

Arbeitszeit: 20 Min.
Garzeit: ca. 35 Min.

1 schwarze Trüffelknolle (ca. 60 g), 50 g Butter, 100 ml roter Portwein, 250 ml Barolo (ital. Rotwein), 2 Schalotten, ½ Bd. Kerbel, 750 ml Geflügelbrühe, 2 EL Olivenöl, 300 g Risottoreis, 75 g frisch geriebener Parmesan, Salz, Pfeffer

Trüffelknolle gründlich unter fließendem Wasser abbürsten und mit Küchenpapier trocken tupfen. In Scheiben schneiden und in einer Pfanne mit 1 Esslöffel leicht gebräunter Butter 2-3 Minuten anbraten. Mit Portwein ablöschen, dem Rotwein aufgießen und offen auf ca. 50 ml einkochen lassen. Schalotten schälen und fein würfeln. Kerbel waschen, trocken schütteln und fein hacken. Geflügelbrühe erhitzen und warmstellen. Olivenöl in einem zweiten Topf erhitzen, Schalotten farblos darin anschwitzen, den Reis dazugeben und weitere 2 Minuten mitdünsten. Den Reis mit Brühe bedecken und bei mittlerer Hitze 20-25 Minuten bissfest garen. Dabei mehrmals umrühren und immer wieder Brühe nachgießen. Danach die restliche Butter und Parmesan unter den Reis rühren, Trüffelscheiben und Rotwein dazugeben und mit Salz und Pfeffer würzen. Zum Schluss das Trüffel-Barolo-Risotto mit Kerbel bestreuen und sofort servieren.

Waldpilz-Rösti mit Schnittlauch-Crème fraîche

Pilze sorgfältig reinigen und in Stücke schneiden. Zwiebel schälen und klein schneiden, Speck sehr fein würfeln. In einer heißen Pfanne mit Butterschmalz, Zwiebeln, Speck und Pilze 3-4 Minuten kräftig anbraten.
Die Kartoffeln schälen, waschen und mit einer Gemüsereibe fein raspeln. Anschließend in einem Sieb gut ausdrücken, dabei die Flüssigkeit auffangen. Kartoffeln, Pilze, Eier, Petersilie und die abgesetzte Stärke in einer Schüssel mischen und mit Salz, Pfeffer und Muskat würzen. In einer Pfanne mit Öl die Röstimasse mit einem Esslöffel verteilen, 4-5 Minuten bei mittlerer Hitze auf jeder Seite goldbraun anbraten, auf Küchenpapier abtropfen und warm servieren.
Für die Schnittlauch-Crème fraîche, Schnittlauch in feine Röllchen schneiden, mit Crème fraîche, Zitronensaft, Salz und Pfeffer in einer Schüssel mischen und glatt rühren.

Arbeitszeit: 20 Min.
Garzeit: ca. 15 Min.

200 g gemischte Waldpilze (z.B. Maronen, Steinpilze, Pfifferlinge), 400 g Kartoffeln (vorwiegend festkochend), 1 kleine Zwiebel, 50 g Speck, 2 Eier, 1 EL Butterschmalz, 1 EL gehackte Petersilie, Muskat, 1 Becher Crème fraîche (200 g), 1 Spritzer Zitronensaft, ½ Bd. Schnittlauch, Salz, Pfeffer, Öl zum Ausbacken

KARTOFFELN

Kartoffeln als Beilage

Salzkartoffeln

Arbeitszeit: 10 Min.
Garzeit: etwa 20-30 Min.

1 kg Kartoffeln,
1 EL Salz

Die rohen Kartoffeln schälen, vierteln oder oval schneiden – sehr kleine Kartoffeln können im Ganzen verwendet werden. Die Kartoffeln in einem Topf knapp mit Salzwasser bedeckt 15-30 Minuten weich kochen. Das Wasser abgießen und zugedeckt aufschütteln, bis sie mehlig werden (speziell für Kroketten).

> **VARIANTE**   *Für die dampfgegarte Zubereitung die vorbereiteten Kartoffeln in das Sieb eines Dämpfers legen und salzen. In den unteren Topf Wasser einfüllen, das Sieb daraufsetzen und zugedeckt 20-30 Minuten dämpfen.*

Folienkartoffeln

Arbeitszeit: 10 Min.
Garzeit: 50 Min.

4 große Kartoffeln à 200 g
(mehligkochend),
Salz, Kümmel

außerdem: Alufolie

Kartoffeln gründlich waschen. In kochendem Salzwasser ca. 20 Minuten bissfest garen und herausnehmen.
4 Stücke Alufolie ausbreiten, die Kartoffeln darauflegen, mit Salz und Kümmel würzen und fest in der Folie einwickeln. Im vorgeheizten Backofen bei 200°C (Umluft: 180°C) weitere 30 Minuten garen. Dazu schmeckt Kräuterquark.

Petersilienkartoffeln

Für Petersilienkartoffeln werden schön geformte kleine bzw. in Viertel geschnittene Pell- oder Salzkartoffeln verwendet. Pellkartoffeln schälen. Die Kartoffeln mit zerlassener Butter übergießen und anschließend mit frisch gehackter Petersilie bestreuen.

Arbeitszeit: 5 Min.

1 kg heiße Pell- oder Salzkartoffeln, 100 g Butter, 1 Bd. frische Petersilie

> **TIPP** *Kleine Kartoffeln aus neuer Ernte kocht man im Ganzen und schwenkt sie in brauner Butter und Petersilie. Etwas salzen.*

Bratkartoffeln

Die geschälten Pellkartoffeln in grobe Scheiben schneiden. Den in kleine Würfel geschnittenen Speck in einer heißen Pfanne auslassen, dann die Kartoffelscheiben zugeben und rundherum anbraten. Die Zwiebel schälen, würfeln und dann dazugeben und salzen. 20 Minuten goldbraun braten und am Schluss nochmals abschmecken.

Arbeitszeit: 10 Min.
Garzeit: etwa 20 Min.

1 kg Pellkartoffeln, 150 g Speck, 1 Zwiebel, Salz, Pfeffer

> **VARIANTE** *Bratkartoffeln aus rohen Kartoffeln: 1 kg Kartoffeln schälen, waschen, trocknen und in feine Scheiben schneiden. In 125 ml heißem Öl in einer großen Pfanne scharf anbraten und einige Male wenden. 2 Zwiebeln fein schneiden, zu den Kartoffeln geben, salzen, pfeffern und noch 25 Minuten fertig braten.*

Kartoffelpüree

Rohe Kartoffeln schälen, waschen, in Salzwasser weich kochen. Wasser abgießen und die Kartoffeln ausdampfen lassen. Noch heiß durch die Kartoffelpresse drücken oder mit einer Gabel zu einem Brei zerdrücken.
Unter ständigem Rühren dann Butter, Eigelb und Milch dazugeben. Mit Salz und frisch geriebenem Muskat abschmecken. Das Püree mit dem Schneebesen dann so lange schlagen, bis das Püree schaumigfein und weiß ist. Sofort servieren.

Arbeitszeit: 15 Min.
Garzeit: etwa 30 Min.

1 kg mehligkochende Kartoffeln, Salz, 60 g Butter, 1 Eigelb, ¼-½ l heiße Milch, Muskat

> **TIPP** *Je nach dem dazu servierten Hauptgericht kann man das Kartoffelpüree auch mit gebratenen Zwiebelringen obenauf garnieren.*

Feiner Kartoffelsalat mit Mayonnaise

Arbeitszeit: ca. 30 Min.
Garzeit: ca. 30 Min.

500 g festkochende Kartoffeln,
3 EL Salatmayonnaise,
1 Gewürzgurke,
1 fein gehackte Zwiebel,
1 TL Salz, Pfeffer, 1 EL Essig,
3 EL heiße Brühe,
Salz, Pfeffer

Die Kartoffeln in der Schale kochen, schälen und etwas abkühlen lassen. Dann in Scheiben oder Stücken in eine Schüssel schneiden. Mit Salz und Pfeffer würzen, mit heißer Brühe übergießen und ein paar Minuten zugedeckt durchziehen lassen. Die Mayonnaise mit den Zwiebelwürfeln und der fein gehackten Gurke verrühren, dann die noch warmen Kartoffeln dazugeben. Gut vermischen und erkalten lassen, bei Bedarf nachwürzen. Nach Geschmack mit Petersilie, Eiervierteln oder Tomatenscheiben garniert servieren.

Kartoffelnudeln

Arbeitszeit: 15 Min.
Garzeit: etwa 7 Min.

500 g Kartoffeln,
200 g Mehl,
30 g Butter, 1 Ei, Salz,
2 EL Sauerrahm

Die Kartoffeln kochen und schälen, dann pressen oder pürieren und mit den anderen Zutaten möglichst rasch zu einem glatten Teig verarbeiten. Den Teig in mehrere Teile schneiden und daraus daumendicke Rollen formen, etwa 5 cm lange Stücke abschneiden und daraus auf dem bemehlten Brett zugespitzte Nudeln herstellen.
Die Nudeln in kochendes Salzwasser geben und 5 Minuten kochen lassen, bis sie an die Oberfläche kommen. Abseihen, kalt abschrecken und mit Sauerrahm, frischem Pfeffer und Petersilie servieren. Kartoffelnudeln schmecken gut als Beilage zu Fleisch oder Fisch.

Walser Rösti

Zubereitungszeit: 40 Min.

1 kg mehligkochende Kartoffeln,
etwas Salz und Butter,
100 g Speck, Butterschmalz

Die Kartoffeln am Vortag in der Schale mit etwas Salz und einem Stückchen Butter garen. Für das Rösti die Kartoffeln schälen und grob reiben oder klein schneiden. Den Speck klein würfeln und in etwas heißer Butter auslassen. Die Speckwürfel unter die geriebenen Kartoffeln mischen und alles gut salzen.
Eine passende Pfanne erhitzen, das Butterschmalz hineingeben – dabei auch den Rand einfetten. Die gesamte Kartoffelmasse in die Pfanne geben und etwas andrücken. Das Kartoffelrösti bei kleiner Hitze braten. Vom Rand weg eventuell noch etwas Butterschmalz in die Pfanne geben. Das Rösti etwas fester andrücken, einen Teller auflegen und etwa 10 Minuten weiter braten, bis die Unterseite goldgelb und knusprig ist – dabei bei Bedarf nach und nach weiter Butterschmalz vom Rand her zugeben.

Das Rösti dann auf den Teller kippen und vom Teller mit der zweiten Seite in die erneut mit Butterschmalz gefettete Pfanne gleiten lassen. Auch auf dieser Seite knusprig backen, herausnehmen und portionieren.

Rosmarinkartoffeln

Kartoffeln gründlich waschen und mit der Schale halbieren. Rosmarin von dem Stiel abstreifen und grob hacken. Knoblauchzehen mit der Schale zerdrücken und sämtliche Zutaten auf ein Backblech legen.
Olivenöl, Paprikapulver und Meersalz gut mischen und gleichmäßig über den Kartoffeln verteilen. Im vorgeheizten Backofen bei 200°C (Umluft 180°C) 30-40 Minuten, je nach Größe, goldbraun backen.

Arbeitszeit: 15 Min.
Garzeit: ca. 40 Min.

800 g mittelgroße Kartoffeln (vorwiegend festkochend), 5 Zweige Rosmarin, 3 Knoblauchzehen, 3 EL Olivenöl, 1 TL Paprikapulver edelsüß, grobes Meersalz

Pommes frites

Kartoffeln schälen, waschen, in Stifte schneiden und mit einem Geschirrtuch trocken tupfen. Frittierfett in einer tiefen Pfanne oder der Fritteuse auf 150°C erhitzen und die Pommes frites portionsweise ca. 3-4 Minuten vorblanchieren. Danach herausnehmen und abkühlen lassen. Kurz vor dem Servieren das Frittierfett auf 180°C erhitzen und die vorblanchierten Pommes portionsweise etwa 4-5 Minuten goldbraun ausbacken.

Arbeitszeit: 50 Min.

1 kg vorwiegend festkochende Kartoffeln, 1 kg Frittierfett

Klöße & Knödel

Quarkklößchen als Suppeneinlage

Arbeitszeit: 15 Min.

½ Bd. Schnittlauch,
150 g Quark, 1 Eigelb, Salz,
Pfeffer, Muskatnuss, 1 TL Mehl,
2 EL frisch geriebenes
Paniermehl

Schnittlauch in feine Röllchen schneiden. Quark in einer Schüssel mit Eigelb, Salz, Pfeffer und Muskatnuss glatt rühren, anschließend Mehl, Paniermehl und Schnittlauch untermischen und zu einer homogenen Masse verarbeiten. Mit einem feuchten Teelöffel kleine Nocken abstechen, in kochendes Salzwasser oder die vorbereitete Suppe geben und 2-3 Minuten kochen. Anschließend zugedeckt weitere 5 Minuten ziehen lassen.

Kartoffelklöße, halb und halb (oben re.)

Arbeitszeit: 30 Min.
Garzeit: etwa 25 Min.

1 kg rohe Kartoffeln,
250 g gekochte Kartoffeln,
2 Scheiben Kastenweißbrot,
Salz, 1 EL Butter

Rohe Kartoffeln schälen und reiben, durch ein Tuch fest auspressen. Das ausgepresste Kartoffelwasser stehen lassen, damit sich die Stärke absetzen kann; dann die Flüssigkeit abgießen und die Stärke zu den ausgepressten Kartoffeln geben. Die gekochten Kartoffeln reiben und dazugeben, gut zu einem glatten Teig vermengen und salzen.
Weißbrot in Würfel schneiden, in heißer Butter in der Pfanne goldgelb rösten. Aus der Masse runde Klöße formen und dabei in jeden Kloß einige Weißbrotwürfel einarbeiten. In Salzwasser 20-25 Minuten schwach kochen lassen.

Kartoffelklöße

Die gekochten und geschälten Kartoffeln zerdrücken oder pressen und mit Eigelbe, Butter und einer Prise Salz verrühren. Mehl und Grieß nach und nach einkneten, bis ein festerer Teig entsteht. Daraus Klöße formen. Offen in einem Topf mit Salzwasser etwa 10 Minuten köcheln lassen.

Arbeitszeit: 25 Min.
Garzeit: etwa 10 Min.

750 g gekochte Kartoffeln,
1-2 EL Grieß, 90 g Mehl,
1-2 Eigelb, 20 g Butter, Salz

„Rohe" Kartoffelklöße

Die geschälten rohen Kartoffeln in eine Schüssel mit Wasser reiben und anschließend in einem Tuch gut auspressen. Aus Milch, Grieß und Salz einen dicken Grießbrei kochen, Kartoffelmasse mit dem kochend heißen Grießbrei verrühren und zu einem festen Teig verarbeiten. Klöße formen, in kochendes Salzwasser geben, dann bei mittlerer Hitze 20-30 Minuten mehr ziehen als kochen lassen.

Arbeitszeit: 40 Min.
Garzeit: etwa 30 Min.

750 g Kartoffeln, ¼ l Milch,
Salz, 100 g Grieß

Semmelknödel (Foto S. 132, links)

Die Zwiebel und die Knoblauchzehe würfeln und in der heißen Butter andünsten, gehackte Petersilie unterrühren und zum Abkühlen zur Seite stellen. Brötchen in dünne Scheiben schneiden, in einer großen Schüssel mit lauwarmer Milch übergießen und Eier, Salz und Pfeffer unterrühren. Zwiebel-Petersilie-Mischung unterarbeiten und zum Schluss mit 1 Esslöffel Mehl binden. Ist der Teig zu matschig, kann er durch die Zugabe von Paniermehl gefestigt werden. Mit feuchten Händen mittelgroße Knödel formen und im kochenden Salzwasser etwa 15 Minuten mehr ziehen als kochen lassen. Die Knödel sind gar, sobald sie nach oben steigen und sich drehen.

Arbeitszeit: 25 Min.
Garzeit: 20 Min.

1 Zwiebel, 1 Knoblauchzehe,
10 g Butter, 1 Bd. Petersilie,
6 alte Brötchen, ¼ l Milch,
3 Eier, Salz, Pfeffer, 1 EL Mehl

Grießklöße

Die Brötchen in Würfel schneiden und in Butter rösten. Die Speckwürfel in einer zweiten Pfanne auslassen, dann mit dem Grieß vermischen, weiterbraten. Das Ganze mit heißer Brühe ablöschen, gut verrühren und die Brötchenwürfel beigeben. Salzen und 10 Minuten ziehen lassen. Aus dieser Masse große Klöße formen und in Salzwasser oder Rauchfleischbrühe etwa 16 Minuten mehr ziehen als kochen lassen.

Arbeitszeit: 15 Min.
Garzeit: 15 Min.

2 alte Brötchen, etwas Butter,
50 g Räucherspeck,
250 g grober Grieß,
¼ l Fleischbrühe, Salz

Speckknödel

Arbeitszeit: 30 Min.
Garzeit: gesamt etwa 45 Min.

1 kg mehligkochende Kartoffeln,
2 Eier, 80 g Grieß, 150 g Mehl,
200 g Räucherspeck, 1 Zwiebel,
2 EL gehackte Petersilie,
Salz, Pfeffer

Kartoffeln in Salzwasser kochen, schälen und noch heiß durch die Kartoffelpresse drücken. Mit Eiern, Grieß und Mehl zu einem mittelfesten Teig verarbeiten. Gewürfelten Speck im eigenen Fett auslassen, fein geschnittene Zwiebel darin anbraten, Petersilie beigeben und mit Salz und Pfeffer würzen. Dann zum Kartoffelteig geben und hineinarbeiten. Eventuell nachwürzen. Kleinere Klöße formen, in Salzwasser 15 Minuten mehr ziehen als kochen lassen.

Serviettenknödel

Arbeitszeit: 30 Min.
Ruhezeit: 15 Min.
Garzeit: etwa 30 Min.

6-8 alte Brötchen,
40 g Butter, 2-3 Eier,
etwa ¼ l Milch, Salz, Muskat,
etwas Butter, Paniermehl
nach Geschmack

Von den Brötchen etwa die Hälfte der Rinde abschneiden. Dann die Brötchen in kleine Würfel schneiden, mit zerlassener Butter übergießen und leicht durchmischen. Milch mit Eiern, Salz und Muskat verrühren, über die Brötchen gießen und einarbeiten. Leicht zusammendrücken und ¼ Stunde ziehen lassen. Ein sauberes Geschirrtuch befeuchten, mit Butter bestreichen, die Kloßmasse in der Mitte daraufgeben und dann an den Enden zubinden. In Salzwasser schwimmend für 30 Minuten kochen. Kurz kalt abschrecken, vorsichtig auswickeln und in fingerdicke Scheiben schneiden. Beim Anrichten mit zerlassener Butter bestreichen oder mit Paniermehl betreut servieren.

Hechtklößchen

Arbeitszeit: 20 Min.
Ruhezeit: ca. 1 Std.
Garzeit: 10 Min.

600 g Hechtfilet, Salz, Pfeffer,
Muskatnuss, Senfpulver,
2 Brötchen vom Vortag,
2 Eiweiße, 200 g Sahne,
3 Dillzweige, ½ l Fischfond

Hechtfilet entgräten, in kleine Stücke schneiden, mit Salz, Pfeffer, Muskatnuss und Senfpulver würzen und 5 Minuten einfrieren. Brötchen klein schneiden und in etwas lauwarmen Wasser einweichen. Dill waschen, trocken schütteln und fein hacken. Fischstücke im Mixer fein pürieren, abwechselnd Sahne und Eiweiße langsam hinzugeben und zu einer homogenen Masse verarbeiten. Anschließend die leicht ausgedrückten Brötchen einarbeiten, erneut abschmecken und zugedeckt für 1 Stunde im Kühlschrank kalt stellen. Fischfond in einem Topf aufkochen und danach die Hitze reduzieren. Mit einem feuchten Esslöffel einzelne Klöße abstechen und im Fond etwa 10 Minuten ziehen lassen, bis sie an der Oberfläche schwimmen.
Zum Schluss vorsichtig herausnehmen, auf Teller verteilen, mit Fischfond übergießen und dem Dill bestreuen.

Nocken

Mehl, Eier und Salz mit einer knappen Tasse Wasser zu einer dicken Masse verrühren, bis der Teig ganz glatt ist und Luftblasen wirft.

Dann den Teig auf ein Brett geben, mit dem Messer oder einer Teigspatel kleine Stückchen „abschaben" und diese in das kochende Salzwasser geben. Einige Minuten kochen lassen, bis Nocken nach oben steigen – sie sollen kernig schmecken und noch Biss haben. Dann herausheben, abtropfen lassen und als Beilage zu Gulasch und anderen Gerichten mit viel Sauce reichen.

Arbeitszeit: 15 Min.
Garzeit: 15 Min.

500 g Mehl,
4 Eier, Salz

Ricottaklößchen mit Basilikum

Basilikum waschen, trocken schütteln und fein schneiden. Ricotta und Eigelbein einer Schüssel mit dem Schneebesen glatt rühren. Dann Paniermehl, Mehl und Basilikum untermischen und mit Salz und Pfeffer würzen.

Mit einem Teelöffel kleine Klößchen aus der Masse formen und in einem Topf mit kochendem Salzwasser 2-3 Minuten garen, danach weitere 10 Minuten zugedeckt ziehen lassen. Ricottaklößchen sind eine ideale Einlage für eine leckere Tomatensuppe oder eine deftige Kraftbrühe.

Arbeitszeit: 10 Min.
Garzeit: ca. 15 Min.

½ Bd. Basilikum, 200 g Ricotta, 4 Eigelbe, 40 g frisch geriebenes Paniermehl, 40 g Mehl, Salz, Pfeffer

Gnocchi

Gnocchi (Grundrezept)

Arbeitszeit: 20 Min.
Garzeit: ca. 30 Min.

1 kg mehligkochende Kartoffeln,
200 g Mehl, 100 g Weizengrieß,
1 Ei, Salz, Muskat, 1 TL Butter

Kartoffeln waschen und in Salzwasser sehr weich kochen. Anschließend pellen und durch eine Kartoffelpresse in eine Schüssel drücken. Mehl, Weizengrieß, Eier und Butter zugeben, mit Salz und Muskat würzen und zu einem Teig verkneten. Den Teig in 4 Portionen aufteilen und diese auf einer bemehlten Arbeitsfläche zu Rollen formen. Mit einem Messer in 1 cm breite Stücke schneiden, danach zu Kugeln drehen und mit einer Gabel leicht flach drücken. Gnocchi in reichlich kochendem Salzwasser einmal aufkochen und ziehen lassen, bis sie an der Oberfläche schwimmen. Mit einer Schaumkelle herausnehmen und abtropfen lassen.

Gnocchi mit Parmesan

Arbeitszeit: 20 Min.
Garzeit: 15 Min.

150 g Grieß, 60 g Butter,
¾ l Milch, 150 g Parmesan,
1 Eigelb, Muskat, Salz

Die Milch aufkochen, 30 g von der Butter, eine Prise Salz und Muskat zugeben und den Grieß einrühren. Bei schwacher Hitze aufgehen lassen. Dann 1 Esslöffel Parmesan und das Eigelb einrühren. Die Masse fingerdick auf ein gefettetes Blech streichen. Vollständig erkaltet mit kleinem Ausstecher Scheiben ausstechen, in eine gefettete Form legen, mit Parmesan bestreuen, zerlassene Butter darübergießen und bei 220 °C im heißen Backofen 15 Minuten goldgelb backen.

Kürbis-Gorgonzola-Gnocchi

Arbeitszeit: 40 Min.
Garzeit: etwa 20 Min.

100 g Butter, 400 g Kürbis,
250 g Gorgonzola, Salz,
Pfeffer, 400 g Weizenmehl,
100 g geriebener Parmesan,
5 Salbeiblätter

Kürbis schälen, hobeln und mit der Hälfte der Butter und 50 ml Wasser weich dämpfen, bis ein Mus entsteht. Gorgonzola zerbröckeln, zum Kürbis geben und rühren, bis der Käse geschmolzen ist. Mit Salz und Pfeffer abschmecken. Mehl darunterarbeiten bis ein glatter Teig entsteht. Auf einer bemehlten Arbeitsfläche in 1 cm dicke Würste ausrollen und von diesen 1 cm lange Stücke abschneiden. Zu Kügelchen rollen und in kochendes Salzwasser geben, bis sie an die Wasseroberfläche aufsteigen (etwa 5 Minuten). Lagenweise in eine ausgebutterte Auflaufform geben, dazwischen Parmesan streuen. Die restliche Butter schmelzen, die fein geschnittenen Salbeiblätter darin anziehen lassen und über die Gnocchi geben. Im vorgeheizten Backofen bei 180 °C etwa 20 Minuten überbacken.

Gnocchi mit Bärlauchpesto und gebratenen Austernpilzen

Gnocchi in reichlich kochendes Salzwasser geben, nach 1 Minute vom Herd nehmen und ca. 2-3 Minuten ziehen lassen. Danach abgießen und abtropfen lassen. Knoblauchzehe fein hacken. Frühlingszwiebeln waschen, putzen und in feine Ringe schneiden. Austernpilze am Strunk abschneiden und je nach Größe halbieren oder vierteln. In einer heißen Pfanne mit Olivenöl den Knoblauch anschwenken, Austernpilze zugeben und 3-4 Minuten kräftig anbraten. Frühlingszwiebeln untermischen, mit Salz und Pfeffer würzen, herausnehmen und warm stellen. Butter in derselben Pfanne aufschäumen lassen, Gnocchi zugeben und mit dem Bärlauchpesto mischen. Zum Schluss Gnocchi mit den Austernpilzen auf Tellern anrichten und servieren.

Arbeitszeit: 20 Min.
Garzeit: 10 Min.
für die Gnocchi: ca. 50 Min.

Gnocchi (siehe Grundrezept),
1 Knoblauchzehe,
½ Bd. Frühlingszwiebel,
200 g Austernpilze,
2 EL Olivenöl, Salz, Pfeffer,
1 EL Bärlauchpesto

Sesam-Gnocchi mit Spargel

Spargel waschen, die Enden abschneiden und schräg in 3-4 cm lange Stücke schneiden Zwiebel fein würfeln. Salbei waschen und die Blättchen in Streifen schneiden. Gnocchi in reichlich kochendes Salzwasser geben, vom Herd nehmen und ca. 2-3 Minuten ziehen lassen. Abgießen und abtropfen lassen. In einer Pfanne ohne Öl den Sesam anbraten, Butter und Salbei zufügen und aufschäumen lassen. Gnocchi darin schwenken und warm stellen. In einer Pfanne mit Olivenöl die Zwiebel andünsten, Spargel zugeben und 4-5 Minuten goldbraun anschwitzen, dabei mehrmals wenden, Gnocchi zugeben und mit Salz und Pfeffer abschmecken.

Arbeitszeit: 20 Min.
Garzeit: 10 Min.
für die Gnocchi: ca. 50 Min.

500 g grüner Spargel,
1 Zwiebel, 3 Stiele Salbei,
Gnocchi (siehe Grundrezept),
2 EL Sesam, 50 g Butter,
1 EL Olivenöl, Salz, Pfeffer

REIS & RISOTTO

Morchelrisotto
mit Pecorino und Radicchio

Arbeitszeit: 45 Min.
Einweichzeit: 1 Std.

50 g getrocknete Morcheln,
1 kleine Zwiebel, 3 EL Butter,
250 g Risottoreis, 50 ml Weißwein, 400 ml Gemüsebrühe,
½ Radicchio, 3 EL frisch
geriebener Pecorino,
2 EL geschlagene Sahne

Morcheln gründlich waschen und in lauwarmen Wasser 1 Stunde einweichen. Danach erneut waschen, abtropfen lassen und je nach Größe halbieren oder vierteln. Zwiebel klein schneiden und in einem Topf mit 1 Esslöffel aufgeschäumter Butter farblos anschwitzen. Morcheln dazugeben, 2-3 Minuten braten und danach den Reis untermischen. Mit Weißwein ablöschen, einmal aufkochen lassen und mit einem Teil der Brühe aufgießen. Nach und nach restliche Brühe zugießen, bis der Reis bissfest gegart ist. Den Radicchio waschen und in Streifen schneiden. Restliche Butter, Pecorino, geschlagene Sahne und Radicchio unter den Reis rühren und mit Salz und Pfeffer abschmecken.

Risotto mit Pilzen

Arbeitszeit: 10 Min.
Garzeit: 25 Min.

250 g Langkornreis,
1 kleine Zwiebel, 4 EL Öl,
250 g Pilze (Steinpilze,
Pfifferlinge, Champignons),
1½ l Brühe, 30 g Butter,
30 g geriebener Parmesan

In heißem Öl die fein geschnittene Zwiebel anschwitzen, den gewaschenen und abgetropften Reis beigeben und glasig andünsten. Die gesäuberten, in Scheiben geschnittenen Pilze beigeben, kurz mitdünsten, mit einem Teil der heißen Brühe aufgießen, bis der Reis bedeckt ist. Risotto langsam unter Zugabe der restlichen Brühe gar kochen. Vor dem Servieren frische Butter und Parmesan darunterziehen.

Tunfischrisotto

Die Zwiebel schälen, fein hacken und im heißen Öl andünsten. Den Reis einrühren und etwa 1 Minute mitbraten, dann die Brühe angießen. 15 Minuten köcheln lassen.
Die Zucchini in dünne Scheiben schneiden. Die Tomate häuten, das Fruchtfleisch würfeln. Den Tunfisch abtropfen lassen. Die Petersilie fein hacken. Gemüse und Tomatenmark zum Reis geben, gegebenenfalls noch etwas Brühe angießen, weitere 5 Minuten schmoren.
Tunfisch und Erbsen zugeben, salzen und pfeffern.
5 Minuten bei schwacher Temperatur im Reis ziehen lassen, dabei Butter und den Parmesan unterrühren. Mit Petersilie bestreut servieren.

Arbeitszeit: 20 Min.
Garzeit: 25 Min.

1 Zwiebel, 2 EL Öl, 160 g Mittelkornreis (Avorio), 650–700 ml Fleischbrühe (instant), 1 kleine Zucchini, 1 Fleischtomate, 1 EL Tomatenmark, 1 Dose Tunfisch in Öl, 100 g Erbsen (TK), Salz, Pfeffer, 1 EL Butter, 1 EL ger. Parmesankäse, 1/2 Bd. Petersilie

Gemüserisotto

Zwiebel schälen, fein hacken und in heißem Öl glasig dünsten. Reis zugeben und kurz unter Rühren mitbraten. Die Gemüsebrühe angießen, alles zugedeckt kurz aufkochen lassen, dann in der offenen Pfanne bei schwacher Temperatur 10 Minuten garen.
In der Zwischenzeit den Brokkoli putzen und in kleine Röschen teilen, die Karotte schälen und in feine Stifte schneiden. Den Brokkoli, die aufgetauten Erbsen und die Karotte zum Reis geben und das Risotto weitere 10 Minuten garen. Dabei nach und nach die Sahne zugießen. Zum Schluss Butter und Parmesan unter das Risotto mischen und mit Salz und Pfeffer kräftig abschmecken.

Arbeitszeit: 25 Min.
Garzeit: 25 Min.

160 g Mittelkornreis (Avorio), 1 kleine Zwiebel, 2 EL Öl, 600 ml Gemüsebrühe (instant), je 100 g Brokkoli und Erbsen (TK), 1 Karotte, 75 ml Sahne, 1 TL Butter, 2 EL geriebener Parmesan, Salz, Pfeffer

Spargelrisotto mit Prosecco

Die Champignons putzen und in feine Scheiben schneiden. Öl erhitzen, die gehackte Zwiebel, den Knoblauch und die Pilze darin anbraten. Den Reis zufügen und kurz mitdünsten. Fleischbrühe und Prosecco angießen. Alles bei schwacher Temperatur 20 Minuten garen lassen.
Den abgetropften Spargel in etwa 3 cm lange Stücke schneiden. Die Erbsen in ein Sieb geben, kurz mit warmem Wasser abbrausen und auftauen lassen. Etwa 10 Minuten vor Ende der Garzeit Spargel und Erbsen untermischen, salzen und pfeffern. Parmesan und Butter unter das fertige Risotto mischen und nochmals kräftig abschmecken.

Arbeitszeit: 25 Min.
Garzeit: 25 Min.

1 kleine Zwiebel, 1 Knoblauchzehe, 5 große Champignons, 2 EL Öl, 160 g Mittelkornreis (Avorio), 600 ml Fleischbrühe (instant), 200 ml Prosecco (trocken), 150 g Spargel (aus dem Glas oder frisch), 50 g Erbsen (TK), Salz, weißer Pfeffer, 1 TL Butter, 1 EL geriebener Parmesan

Mexikanische Reispfanne

Arbeitszeit: 20 Min.
Garzeit: 35 Min.

2 Knoblauchzehen, 1 Zwiebel, 200 g Langkornreis, 2 EL Olivenöl, 1 TL Chilipulver, 1 TL Kurkuma, 400 ml Fleischbrühe, 1 rote Paprikaschote, 1 Bd. Frühlingszwiebeln, 1 grüne Chilischote, 50 g grüne Oliven, 500 g Rinderhackfleisch, Pfeffer, Salz, 1 EL gehackte Petersilie

Zwiebel und Knoblauch schälen und klein schneiden. Reis abwaschen und in einem Sieb abtropfen lassen. In einem Topf mit Olivenöl Zwiebel und Knoblauch glasig andünsten, Reis, Chilipulver und Kurkuma dazugeben und weitere 2 Minuten anbraten. Mit Brühe aufgießen und bei schwacher Hitze 15-20 Minuten köcheln lassen. Anschließend warmstellen.

Paprikaschote und Frühlingszwiebeln waschen, putzen und klein schneiden. Chilischote halbieren, entkernen und fein hacken, Oliven in Scheiben schneiden.

Restliches Olivenöl in einer Pfanne erhitzen, Hackfleisch bei mittlerer Hitze 6-7 Minuten krümelig braten und das Gemüse dazugeben. Mit Salz und Pfeffer würzen und weitere 5 Minuten garen. Reis unter die Gemüsepfanne mischen, mit Petersilie bestreuen und servieren.

Gebratener Reis mit Ei

Arbeitszeit: 10 Min.
Garzeit: 30 Min.

350 g Basmati-Reis, 2 EL Erdnussöl, 2 Eier, 1 TL Sojasauce, ½ TL Sesamöl, Salz, Pfeffer, 1 Msp. Fünfergewürz

Reis in doppelter Menge Wasser mit etwas Salz aufkochen, 2-3 Minuten köcheln lassen und zugedeckt auf niedrigster Stufe 15 Minuten ziehen lassen. Herausnehmen und anschließend in einer Pfanne mit Erdnussöl bei mittlerer Hitze 4-5 Minuten unter Rühren braten.

Ei mit Sojasauce und Sesamöl gut verquirlen und rasch, gleichmäßig unterrühren. Mit Salz, Pfeffer und Fünfergewürz abschmecken und sofort servieren.

 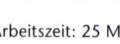

Wildreis mit Pilzen

Arbeitszeit: 25 Min.
Garzeit: 30 Min.

400 g Wildreis, 1 Zwiebel, 150 g Champignons, 150 g Kräutersaitlinge, 2 EL Butter, 1 EL Mehl, 200 ml Hühnerbrühe, Salz, Pfeffer, 1 EL Sojasauce, 1 Spritzer Zitronensaft, frisch gehackter Kerbel nach Geschmack

Wildreis waschen und in einem Topf mit der dreifachen Menge an Wasser 30-35 Minuten garen. Zwiebel schälen, halbieren und klein schneiden. Champignons und Kräutersaitlinge putzen und in Scheiben schneiden.

Zwiebel in einem Topf mit Butter glasig dünsten, Pilze dazugeben und 4-5 Minuten anbraten. Anschließend mit Mehl bestäuben und Geflügelbrühe unter Rühren aufgießen. Die Brühe zum Kochen bringen, bis sie anfängt zu binden. Mit Salz, Pfeffer, Sojasauce und Zitronensaft abschmecken.

In einer gefetteten Auflaufform Wildreis und Pilze mischen und im vorgeheizten Backofen auf 180°C (Umluft 160°C)

30 Minuten backen. Den Reis aus dem Backofen nehmen, anrichten, mit frisch gehacktem Kerbel bestreuen und sofort servieren.

Gebackene Reiskugeln mit Miesmuscheln

Arbeitszeit: 30 Min.
Garzeit: 30 Min.

1 Zwiebel, 1 Knoblauchzehe, 250 g Klebereis, 2 EL Olivenöl, 4 cl Pernod, 400 ml Gemüsebrühe, 1 rote Paprikaschote, 1 grüne Chilischote, 150 g TK-Miesmuschelfleisch (aufgetaut), 1 EL gehacktes Koriandergrün, 1 TL Speisestärke, Salz, Pfeffer, 1 TL Currypulver, 50 g Mehl, 2 Eier, 100 g Paniermehl, Öl zum Frittieren

Zwiebel und Knoblauchzehe schälen und klein schneiden. Reis in einem Sieb abwaschen und abtropfen lassen. In einem Topf mit Olivenöl die Zwiebel und den Knoblauch farblos anschwitzen, Reis dazugeben, mit Pernod ablöschen und Gemüsebrühe aufgießen. Bei geringer Hitze 15 Minuten bissfest garen, danach auf einem Blech verteilen und auskühlen lassen.

Paprikaschote waschen, putzen und in kleine Würfel schneiden, Chilischote halbieren, Kerne entfernen und klein hacken. Muschelfleisch in kleine Stücke schneiden. In einer Schüssel sämtliche Zutaten und die Speisestärke unter den Reis mischen, mit Salz, Pfeffer und Curry würzen und portionsweise in ca. 3 cm große Kugeln formen.

Danach eine Panierstation aus verquirlten Eiern, Mehl und Paniermehl vorbereiten. Die Kugeln einzeln zuerst in Mehl wenden, dann durch die Eier ziehen und zum Schluss in Paniermehl wälzen. Die Reiskugeln in einer Fritteuse bei 180°C 4-5 Minuten goldbraun ausbacken, auf Küchenpapier abtropfen lassen und heiß servieren.

COUSCOUS, BULGUR & CO.

Gefüllte Portobelli mit Couscous

Arbeitszeit: 25 Min.

60 g Couscous, Salz, 1 rote Paprikaschote, 2 Stangen Staudensellerie, je 4 Stiele Petersilie und Minze, 4 Riesen-Champignons (Portobelli), 1 EL Olivenöl, Salz, Pfeffer, 100 ml Gemüsebrühe, 400 g Vollmilch-Jogurt, Abrieb und Saft 1 Limette, Cayennepfeffer

Couscous nach Packungsanweisung mit kochendem Salz-wasser übergießen und zugedeckt 10 Minuten quellen lassen. Paprika und Staudensellerie putzen und in kleine Würfel schneiden. Petersilie und Minze waschen, trocken schütteln, fein hacken und zum Couscous geben. Pilze säu-bern und den Strunk abschneiden. Danach mit Olivenöl und 1 Spritzer Limettensaft beträufeln und mit Salz und Pfeffer würzen. Pilze mit Couscous füllen, in eine Auflaufform setzen und Brühe angießen. Im vorgeheizten Backofen auf Grillfunktion bei 200°C für 10-15 Minuten gratinieren. Jogurt mit Limettenschale, Limettensaft, Salz und Cayenne-pfeffer abschmecken und zu den Champignons reichen.

Couscous-Auflauf mit Rinderhackfleisch

Arbeitszeit: 15 Min.
Garzeit: 40 Min.

120 g Couscous, 3 EL Olivenöl, ca. 300 g Zucchini, 120 g Feta, 1 Zwiebel, 400 g Rinderhack-fleisch, Salz, Pfeffer, Paprikapul-ver, 50 ml Gemüsebrühe, 2 Do-sen Pizzatomaten à 400 g, 1 TL Oregano, Butter für die Form

Couscous mit 1 Esslöffel Olivenöl mischen, nach Packungs-anleitung mit kochendem Wasser übergießen und zuge-deckt 10 Minuten quellen lassen. Zucchini waschen, putzen und in Würfel schneiden. Zwiebel schälen und klein schnei-den. In einer heißen Pfanne mit dem restlichen Olivenöl Zwiebel glasig anschwitzen, Hackfleisch zugeben, mit Salz,

Pfeffer und Paprikapulver würzen und 5-6 Minuten kross anbraten. Brühe und Pizzatomaten zugießen, Zucchini und Oregano untermischen und kurz aufkochen lassen. Anschließend den Couscous in eine gefettete Auflaufform geben, Hackfleischmischung gleichmäßig darüber verteilen und mit Feta bestreuen. Im vorgeheizten Backofen bei 180°C 20-25 Minuten überbacken und servieren.

Quinoa-Weißkohl-Auflauf

Quinoa in 350 ml kochende Gemüsebrühe geben und bei geringer Hitze zugedeckt 15 Minuten garen. Zwiebel schälen, halbieren und in Streifen schneiden. Weißkohl vierteln, den Strunk herausschneiden und mit dem Messer oder einem Gemüsehobel in feine Streifen schneiden.
In einer Pfanne mit Olivenöl die Zwiebelstreifen und den Katenschinken 2-3 Minuten anschwitzen, Weißkohl dazugeben, mit Kümmel, Paprikapulver, Salz und Pfeffer abschmecken. Die restliche Gemüsebrühe aufgießen und 5 Minuten zugedeckt schmoren. Anschließend Quinoa untermischen und alles in eine gefettete Auflaufform füllen.
Eier mit Crème fraîche, Hefestreuwürze und Thymian in einer Schüssel verrühren, über die Quinoa-Kohl-Masse gießen und mit Gratinkäse gleichmäßig bestreuen. Im vorgeheizten Backofen bei 200°C (Umluft 180°C) ca. 30 Minuten überbacken.

Arbeitszeit: 20 Min.
Garzeit: ca. 50 Min.

150 g Quinoa (Inka- oder Perureis), 500 ml Gemüsebrühe, 1 Gemüsezwiebel, 1 kleiner Weißkohl, 100 g Katenschinken (gewürfelt), 1 TL Paprikapulver, 1 Msp. gemahlener Kümmel, Salz, Pfeffer, 3 Eier, 1 Becher Crème fraîche, 1 TL Hefestreuwürze, 1 TL getrockneter Thymian, 40 g geriebener Gratinkäse

Gefüllte Spitzpaprika mit Quinoa „Türkischer Art"

Quinoa in 350 ml kochende Gemüsebrühe geben und bei geringer Hitze zugedeckt 15 Minuten garen. Paprikas waschen, längs halbieren und das Kerngehäuse entfernen. Anchoafilets, Kapern und Thymian fein hacken und unter die Quinoa mischen. Paprikas damit füllen und in eine gefettete Auflaufform legen. Zwiebel in einem Topf mit Olivenöl farblos anschwitzen, Pizzatomaten, Ajvar und Lorbeerblatt zugeben und mit der restlichen Gemüsebrühe aufgießen.
Mit Salz, Pfeffer und 1 Prise Zucker würzen und 4-5 Minuten köcheln. Tomatensauce vorsichtig in die Auflaufform gießen und im vorgeheizten Backofen bei 200°C (Umluft 180°C) 25 Minuten garen. Paprikas herausnehmen, mit gehackter Petersilie bestreuen und servieren.

Arbeitszeit: 15 Min.
Garzeit: ca. 45 Min.

150 g Quinoa, 500 ml Gemüsebrühe, 1 kg rote Spitzpaprikas, 4 Anchoafilets, 50 g Kapern, 1 Zweig Tymian, 1 Zwiebel, 1 Dose Pizzatomaten (400 g), 2 EL pikantes Ajvar, 1 Lorbeerblatt, Salz, Pfeffer, 1 Prise Zucker, 1 EL gehackte Petersilie, 1 EL Olivenöl

Polenta-Steinpilz-Plätzchen

Arbeitszeit: 25 Min.
Ruhezeit: 15 Min.
Garzeit: 25 Min.

600 ml Geflügelbrühe,
1 EL Butter, Salz, Muskatnuss,
125 g Polenta (Maisgries),
100 g geriebener Parmesan,
200 g Steinpilze (alternativ Kräutersaitlinge), 1 kleine Zwiebel,
3 EL Olivenöl, Pfeffer,
2 EL frisches Paniermehl

Geflügelbrühe mit Butter, Salz und Muskatnuss in einem Topf aufkochen, Maisgrieß einrühren und unter ständigem Rühren 4-5 Minuten köcheln lassen. Danach zugedeckt 15 Minuten quellen lassen. Anschließend 60 g Parmesan unterrühren, die Polenta auf ein gefettetes Backblech streichen und auskühlen lassen.

Zwischenzeitlich Steinpilze putzen und in kleine Stücke schneiden. Zwiebel schälen und fein schneiden. In einer Pfanne mit Olivenöl die Zwiebel glasig anschwitzen, Steinpilze dazugeben und 4-5 Minuten braten. Mit Salz und Pfeffer würzen und Paniermehl mischen.

Aus der Polenta runde Plätzchen ausstechen und auf ein weiteres Backblech mit Backpapier legen. Plätzchen mit je 1 Teelöffel Steinpilzkrume belegen und mit dem restlichem Parmesan bestreuen. Im vorgeheizten Backofen auf Grillfunktion bei 200°C 15 Minuten goldbraun überbacken. Herausnehmen und heiß servieren.

Hirseauflauf mit Frühlingsgemüse

Arbeitszeit: 20 Min.
Garzeit: etwa 1 Std.

1 Zwiebel, 10 g Butter,
200 g Hirse, 1 TL Kurkuma,
600 ml Gemüsebrühe,
100 g Champignons,
1 Bd. Frühlingszwiebel,
100 g Erbsen (TK), 1 Zucchini,
Salz, Pfeffer, Muskatnuss,
100 g Gouda, 4 Scheiben
Vollkornzwieback,
1 Bd. Petersilie,
etwas Butter für die Form

Zwiebel schälen und fein würfeln. Butter in einem Topf erhitzen und die Zwiebel glasig dünsten. Hirse dazugeben, 2-3 Minuten mitdünsten, Kurkuma dazugeben und mit Gemüsebrühe aufgießen. Zugedeckt bei geringer Hitze 10 Minuten köcheln, danach ca. 20 Minuten ausquellen lassen.

Zwischenzeitlich, Champignons putzen und vierteln, Frühlingszwiebeln waschen und in Ringe schneiden. Zucchini waschen, den Stielansatz entfernen und in 1 cm breite Würfel schneiden. Petersilie waschen und fein hacken.

Erbsen in einem Sieb abwaschen und zusammen mit dem restlichen Gemüse unter die Hirse mischen. Mit Salz, Pfeffer und Muskatnuss abschmecken und in eine gefettete Auflaufform füllen. Gouda reiben und zusammen mit dem zerriebenen Zwieback gleichmäßig auf den Auflauf verteilen. Im vorgeheizten Backofen bei 200°C (Umluft 180°C) 25 Minuten backen, herausnehmen und servieren.

TIPP   *Hirse gehört zu den glutenfreien Getreidearten und kann deshalb auch von Personen, die Magen-Darm-Probleme haben oder an Zöliakie leiden, genossen werden.*

Bulgurboote

Zwiebel schälen und fein schneiden. Getrocknete Tomaten abtropfen lassen und in kleine Würfel schneiden. In einem Topf mit Olivenöl die Zwiebel farblos anschwitzen, Bulgur dazugeben und weitere 2-3 Minuten dünsten. Mit 200 ml Gemüsebrühe aufgießen, einmal aufkochen und danach 5-7 Minuten zugedeckt quellen lassen. Oliven und Kapernäpfel abtropfen lassen und in Scheiben schneiden. Anschließend Tomaten, Oliven, Kapernäpfel, Thymian und 30 g Pecorino unter den Bulgur mischen und mit Salz und Pfeffer würzen.

Zucchini waschen, längs halbieren und mit einem Esslöffel das Innere ausschaben. Zucchini mit der Bulgurmischung füllen und in eine Auflaufform legen. Restlichen Gemüsebrühe zugießen und im vorgeheizten Backofen bei 200 °C (Umluft: 180 °C) 20 Minuten garen. 5 Minuten vor Garzeitende restlichen Pecorino gleichmäßig darüberstreuen, fertig überbacken und heiß servieren.

Arbeitszeit: 15 Min.
Garzeit: 30 Min.

1 Zwiebel, 8 getrocknete Tomaten in Öl, 2 EL Olivenöl, 200 g Bulgur, ¾ l Gemüsebrühe, 50 g schwarze Oliven ohne Stein, 50 g Kapernäpfel, 1 EL gehackter Thymian, 80 g frisch geriebener Pecorino, Salz, Pfeffer, 4 Zucchini (à ca. 200 g)

> **TIPP** *Bulgur entsteht, indem man Weizen vorkocht und anschließend trocknet. Die dabei entstehende Kleie wird entfernt und die Körner geschnitten. Der Geschmack lässt sich mit hell und nussig beschreiben. Auch nach dem Kochen und Zerkleinern ist er noch reich an Proteinen und Mineralien.*

AUFLÄUFE, GRATINS & PFANNENGERICHTE

Tomaten-Mozzarella-Auflauf

Arbeitszeit: 20 Min.
Garzeit: ca. 25 Min.

400 g Kirschtomaten, 1 Zwiebel,
50 g schwarze Oliven, Salz,
Pfeffer, 1 Prise Zucker, 2 EL
Olivenöl, 100 g Ricotta,
100 ml Milch, 4 Eier, 2 EL Pesto,
Salz, Pfeffer, 225 g Mozzarella,
5 Blätter Basilikum,
etwas Butter für die Form

Tomaten waschen und halbieren, Zwiebel schälen und grob würfeln. Basilikum waschen, trocken schütteln und in feine Streifen schneiden. In einer Pfanne mit Olivenöl die Zwiebel 2-3 Minuten farblos anschwitzen, Tomaten und Oliven zugeben und weitere 2-3 Minuten schmoren lassen. Mit Salz, Pfeffer und 1 Prise Zucker würzen.
Zwischenzeitlich Ricotta, Milch, Eier und Pesto in einer Schüssel verquirlen und mit Salz und Pfeffer würzen. Tomatengemüse in eine gefettete Auflaufform geben, mit Mozzarella gleichmäßig belegen und der Ricottamilch übergießen. Im vorgeheizten Backofen auf Grillfunktion bei 210 °C 15 Minuten gratinieren. Auflauf aus dem Backofen nehmen, mit Basilikum bestreuen und heiß servieren.

Tomaten-Auberginen, überbacken

Arbeitszeit: 15 Min.
Garzeit: etwa 30 Min.

400 g Tomaten, 400 g Auberginen, 250 g gekochte Kartoffeln,
3 EL gehackte Petersilie,
60 g Butter (oder Öl), 50 g geriebener Parmesan, ¼ l saure
Sahne, 1 EL Paniermehl

Petersilie in der Butter anschwitzen, die Tomaten- und die Auberginenscheiben dazugeben und zugedeckt 10 Minuten dämpfen. Die Kartoffeln in Scheiben geschnitten dazugeben, weitere 5 Minuten erhitzen, dann mit geriebenem Käse und der sauren Sahne vermischen. Das Gemüse in eine mit Butter gefettete Auflaufform geben und mit der restlichen

Petersilie, etwas geriebenem Käse und dem Paniermehl
bestreuen. Mit einigen Butterflöckchen belegen und bei
200 °C im Backofen 20 Minuten überbacken.

Brokkoliauflauf mit Weißweinsahne

Brokkoli säubern, in Röschen teilen und in Salzwasser etwa
10 Minuten weich kochen. Inzwischen für die Sauce gehackte Zwiebel und Knoblauch in heißem Öl anbraten, Schinken
würfeln und mit den geschälten, entkernten und klein geschnittenen Tomaten beifügen. Salzen, pfeffern und mit
Wein aufgießen. Dünsten lassen, bis der Brokkoli gar ist.
Die abgetropften Brokkoliröschen in einer gebutterten
Auflaufform auslegen und mit der Sauce übergießen. Mit
geriebenem Käse bestreuen und im 220 °C heißen Backofen
etwa 15 Minuten überbacken.

Arbeitszeit: 15 Min.
Garzeit: etwa 30 Min.

1-2 Köpfe Brokkoli,
1 Zwiebel, 1 Knoblauchzehe,
4 EL Olivenöl, 100 g gekochter
Schinken, 4 Tomaten, Salz,
Pfeffer, 125 ml Weißwein,
50 g geriebener Käse
(Emmentaler oder Parmesan),
etwas Butter für die Form

Blumenkohl-Kartoffel-Auflauf

Kartoffeln schälen und in Scheiben schneiden. Blumenkohl
waschen und in Röschen teilen, die Stiele schälen und in
Stücke schneiden. Salzwasser aufkochen, Brokkoli darin
8 Minuten garen, abtropfen lassen. Gemüsesud beiseite stellen. Backofen auf 220 °C vorheizen. Blumenkohl und Kartoffeln abwechselnd in eine Auflaufform schichten. Öl in einem
Topf erhitzen, Mehl darin anschwitzen. Unter ständigem
Rühren mit dem Schneebesen etwas abgekühlten Gemüsesud und Milch unterrühren, 3 Minuten köcheln. Frischkäse
zugeben und unter Rühren auflösen. Sauce mit Kräutersalz,
Pfeffer, etwas Muskatnuss, Zitronensaft und einem Spritzer
Sojasauce abschmecken, über das Gemüse gießen. Auflauf
mit Käse bestreuen und im heißen Backofen 20 Minuten
überbacken. Danach mit gehackter Petersilie bestreuen.

Arbeitszeit: 20 Min.
Backzeit: 30 Min.

600 g Pellkartoffeln (vom
Vortag), 1 kg Blumenkohl,
Kräutersalz, 3 EL Öl, 2 EL Dinkelmehl, ½ l Milch, 100 g Kräuterfrischkäse, Pfeffer, Muskatnuss,
1 TL Zitronensaft, Sojasauce,
Salz, 100 g geriebener Käse
(z. B. Pecorino), 1 Bd. Petersilie

Lauch-Gratin

Die Lauchstangen in Scheiben schneiden und waschen.
Butter in einer Pfanne erhitzen und den Lauch, mit den
Gewürzen bestreut, kurz dünsten. Mit einer Tasse Wasser
20 Minuten kochen. Dann aus der Brühe heben, in eine
gefettete Auflaufform legen und mit den Käsescheiben
belegen. Bei 200 °C im Backofen überbacken, bis der Käse
schmilzt. Mit Rosenpaprika bestreuen und servieren.

Arbeitszeit: 10 Min.
Garzeit: etwa 30 Min.

1 kg Lauch, 1 EL Butter, Salz,
Muskat, Pfeffer, 125 g Emmentaler in Scheiben, Rosenpaprika,
etwas Butter für die Form

Chicoréeauflauf

Arbeitszeit: 15 Min.
Garzeit: etwa 40 Min.

6-8 feste Chicorée, 8 Scheiben gekochten Schinken, 8 Scheiben Emmentaler, 1 ungespritzte geviertelte Zitrone, 1 kleine Dose geschälte Tomaten, Salz

Die Chicorées putzen, den Keil herausschneiden. ¼ Liter Wasser mit den Zitronenstücken zum Kochen bringen und die Stauden darin 15 Minuten weich dämpfen. Eine Auflaufform buttern und die Dosentomaten abtropfen lassen. Dann jeden abgetropften Chicorée erst in eine Scheibe Schinken und dann in eine Scheibe Käse wickeln und nebeneinander in die Form legen. Dosentomaten am Rand dazugeben und leicht salzen. Bei 200 °C im vorgeheizten Backofen 20 Minuten backen, bis der Käse goldgelb geschmolzen ist.

Vegetarische Moussaka

Arbeitszeit: 30 Min.
Garzeit: ca. 50 Min.

400 g Kartoffeln (vorwiegend festkochend), Salz, Pfeffer, 1 Zweig Rosmarin, 300 g Auberginen, 300 g Zucchini, 500 g Strauchtomaten, 1 Zwiebel, 4 EL Olivenöl, 150 ml Milch, 4 Eier

Die Kartoffeln waschen, schälen, in dünne Scheiben schneiden und in eine gefettete Auflaufform legen. Mit Salz, Pfeffer und fein gehacktem Rosmarin würzen und im vorgeheizten Backofen bei 200 °C (Umluft 180 °C) 20 Minuten vorgaren.
Zwischenzeitlich Auberginen und Zucchini waschen, den Stielansatz abschneiden und in Scheiben schneiden.
Tomaten in kochendem Wasser 10 Sekunden blanchieren, abschrecken, enthäuten und ebenfalls in Scheiben schneiden. Zwiebeln schälen, halbieren und in Streifen schneiden. Auberginen und Zucchini in einer Pfanne mit Olivenöl 3-5 Minuten anbraten, Zwiebelstreifen dazugeben und mit Salz und Pfeffer würzen.
Das Gemüse dachziegelartig auf die vorgegarten Kartoffeln legen. Milch und Eier in einer Schale verquirlen und anschließend alles mit der Eiermilch übergießen. Weitere 20-25 Minuten auf 180 °C (Umluft 160°C) im Backofen garen und vor dem Servieren leicht abkühlen lassen.

Kartoffelauflauf

Arbeitszeit: 25 Min.
Garzeit: etwa 1 Stunde

750 g mehligkochende Kartoffeln, 2 Knoblauchzehen, 2 Eier, ½ l Sahne, 175 g geriebener Käse (Emmentaler), etwas Butter, Salz, Pfeffer, Muskat

Rohe Kartoffeln schälen und in millimeterdünne, gleichmäßige Scheiben schneiden oder hobeln. Eine Auflaufform mit einer Knoblauchzehe ausreiben und mit Butter einfetten. Dann die Kartoffeln fächerförmig und lagenweise einschichten. Jede Lage kurz salzen und pfeffern und ein paar Schnipsel Knoblauch zufügen. Am Rand der Auflaufform muss mindestens 1 cm Platz frei bleiben. Die Sahne (oder Crème fraîche) in einer Schüssel mit den Eiern verquirlen, den geriebenen Käse untermischen und mit Salz, Pfeffer und einer Prise Muskat würzen. Die Flüssigkeit über die Kartoffeln gießen und ein paar Butterflöckchen darauf verteilen. Bei 200 °C im vorgeheizten Backofen 50-60 Minuten backen. Damit die Oberfläche nicht zu schnell braun wird, eventuell mit Alufolie abdecken.

Zucchini-Auberginen-Hackpfanne

Arbeitszeit: 25 Min.
Garzeit: ca. 20 Min.

Zucchini und Auberginen waschen, putzen und in ca. 1 cm breite Würfel schneiden. Zwiebel und Knoblauch schälen und klein schneiden. Tomaten waschen, den Stielansatz herausschneiden und in Spalten schneiden. Maiskölbchen abgießen und in breite Stücke teilen.
Olivenöl in einer großen Pfanne erhitzen, das Hackfleisch 5-6 Minuten kräftig darin anbraten, mit Salz, Pfeffer und Paprika würzen und herausnehmen. Zwiebel und Knoblauch in derselben Pfanne farblos anschwitzen, Zucchini und Auberginen zufügen, 3-4 Minuten anbraten und mit der Brühe aufgießen. Bei schwacher Hitze weitere 8-10 Minuten garen. Das Hackfleisch und die Tomatenspalten zum Gemüse geben und gut mischen. Feta zerbröseln und gleichmäßig darüber verteilen, erneut nachwürzen und mit Thymian und Petersilie bestreuen. Auf Tellern anrichten oder in der Pfanne servieren.

2 Zucchini, 2 Auberginen, 1 Zwiebel, 2 Knoblauchzehen, 2 Fleischtomaten, 100 g Babymais (aus dem Glas), 2 EL Olivenöl, 400 g Hackfleisch vom Rind, Salz, Pfeffer, Paprika edelsüß, 200 ml Gemüsebrühe, 100 g Fetakäse, 1 EL gehackter Thymian, 1 EL gehackte Petersilie

Makkaroniauflauf (Maccheroni al forno)

Arbeitszeit: 20 Min.
Garzeit: 30 Min.

300 g Makkaroni, 100 g Butter,
40 g Mehl, 125 ml Milch,
3 Eigelbe, ¼ l saure Sahne,
Pfeffer, Salz, Muskat,
100 g Räucherfleisch oder
gekochter Schinken,
3 Eiweiße, 80 g Parmesan,
etwas Butter für die Form

Eine Béchamelsauce (siehe Grundrezept) aus 40 g Butter und 40 g Mehl mit 125 ml Milch bereiten, 3 Eigelbe, die Sahne und 60 g weiche Butter dazurühren. Die kurz gebrochenen, weich gekochten Makkaroni, die Gewürze und das fein gehackte Fleisch dazugeben. Die Eiweiße zu Schnee schlagen und zum Schluss unterheben.
Alles in eine gefettete Auflaufform füllen, mit geriebenem Parmesan bestreuen und im heißen Backofen bei 200°C etwa 30 Minuten überbacken.

Süßkartoffel-Gratin mit Kokos

Arbeitszeit: 20 Min.
Garzeit: ca. 50 Min.

600 g Süßkartoffeln,
400 g Sellerieknolle, 1 walnussgroßes Stück Ingwer,
4 Zweige Zitronenthymian,
1 Dose Kokosmilch (400 ml),
100 ml Sahne, 2 Eier, Salz,
Pfeffer, 2 EL Kokosraspel

Süßkartoffeln und Sellerie waschen, schälen und beides mit einem Gemüsehobel in dünne Scheiben schneiden. Ingwer schälen, in Scheiben schneiden und fein würfeln. Zitronenthymian waschen, trocken tupfen und fein hacken.
Kartoffeln und Sellerie in eine gefettete Auflaufform dachziegelartig einschichten und mit Ingwer bestreuen. In einer Schüssel Kokosmilch, Sahne und Eier mischen und mit Salz und Pfeffer würzen. Die Mischung über die Kartoffeln und den Sellerie gießen und mit Kokosraspeln bestreuen.
Im vorgeheizten Backofen bei 200°C (Umluft: 180°C) 40-50 Minuten garen, herausnehmen und heiß servieren.

Frühlings-Lasagne mit Mozzarella

Zwiebeln, Knoblauch, Frühlingszwiebeln und Karotten schälen, klein schneiden und bei mittlerer Hitze im Öl andünsten. Hackfleisch zugeben, gut anbraten und mit den Gewürzen abschmecken. Mit Milch ablöschen. Eine Dose Tomaten und das Tomatenmark dazugeben. Von der zweiten Dose Tomaten den Saft abseihen und nur die Tomaten in die Pfanne geben. Alles etwa 30 Minuten schmoren, dann noch einmal abschmecken. Die Lasagneblätter bissfest garen. Den Backofen auf 200 °C vorheizen. Eine 2-Liter-Backform mit Butter ausstreichen. Den Boden mit Lasagnenudeln auslegen. Darauf eine Lage Hackfleisch geben, dann Mozzarellascheiben. In dieser Reihenfolge weiterarbeiten. Die Lasagne auf der mittleren Schiene 40 Minuten backen. Die Oberfläche sollte goldbraun gratiniert sein.

Arbeitszeit: 40 Min.
Garzeit: etwa 1 Stunde

12 Lasagneblätter

Für die Hackfleischsauce:
2 Zwiebeln, 4 Knoblauchzehen, 3 Frühlingszwiebeln, 2 Karotten, 4 EL Öl, 200 g gemischtes Hackfleisch, Salz, Pfeffer, 1 Msp. Chilipulver, je ½ TL frische Frühlingskräuter, 100 ml Milch, 2 kleine Dosen pürierte Tomaten, 2 EL Tomatenmark, 1 Kugel Mozzarella, 50 g Butter

Cannelloni

Zwiebeln, Knoblauch und Petersilie fein hacken. Die Hälfte davon in 3 Esslöffeln Olivenöl anbraten. Tomaten klein schneiden und dazugeben. Salzen und pfeffern und 30 Minuten köcheln. Den Spinat putzen, waschen und in kochendem Wasser 3 Minuten blanchieren, herausnehmen und klein hacken. Den Schinken in Würfel schneiden.
Das restliche Öl erhitzen, übrige Zwiebeln und Knoblauch darin bei mittlerer Hitze 5 Minuten anbraten. Das Hackfleisch zugeben, krümelig braten und anschließend in einer Schüssel mit Spinat und Schinken mischen. Alles etwas abkühlen lassen. Die Hälfte des Parmesan, Salz und Pfeffer untermischen.
Bei Verwendung von vorzukochenden Cannelloni (Packungsanleitung) diese nun in reichlich Salzwasser *al dente* kochen. Abtropfen lassen und auf ein Tuch legen. Den Backofen auf 200 °C vorheizen. Eine Auflaufform mit Butter ausstreichen. Die Hälfte der Tomatensauce auf dem Boden der Form verteilen. Die Cannelloni mit der Fleisch-Spinat-Masse füllen und dann in die Form schichten. Mit der übrigen Tomatensauce übergießen, mit Parmesan bestreuen und die Butterflöckchen daraufsetzen. Im Backofen etwa 20-25 Minuten überbacken, bis der Käse zerläuft und braun wird.

Arbeitszeit: 40 Min.
Garzeit: etwa 30 Min.

Für die Füllung: 400 g geschälte Tomaten, 2 kleine Zwiebeln, 2 Knoblauchzehen, 1 Bd. Petersilie, 6 EL Olivenöl, Salz, Pfeffer, 250 g frischer Blattspinat, 100 g gekochter Schinken, 350 g Rinderhackfleisch

Für die Nudeln: 20 Cannelloni, 100 g frisch geriebener Parmesan, Butterflöckchen, etwas Butter für die Form

Sonntags-Lasagne (Italienische Nudelpastete)

Arbeitszeit: 1 Std.
Garzeit: 1 Std.

250 g grüne oder gelbe Lasagneplatten, 50 g geräucherter Speck, 375 g gemischtes Hackfleisch, 3 Zwiebeln, Salz, Pfeffer, je 1 TL Thymian, Basilikum, 500 g Tomaten, 1 Dose Tomatenmark, 125 ml Weißwein, 1 EL Butter, 2 EL Mehl, 125 ml Sahne, 75 g geriebener Käse (Parmesan), ½ l Béchamelsauce

Am besten Lasagneplatten verwenden, die nicht vorgegart werden müssen. Speckwürfel anbraten, Zwiebeln würfeln und beides in einer Pfanne anbraten, das Hackfleisch zufügen und mitgaren. 5 Minuten garen.
Die Tomaten enthäuten, entkernen und halbieren und dann mit dem Wein und dem Tomatenmark untermischen. Die Sahne zufügen und mit den Gewürzen abschmecken. Alles weitere 15 Minuten dünsten.
Inzwischen den Boden einer gefetteten Auflaufform mit einer Schicht Nudelplatten auslegen, dünn mit Béchamelsauce bestreichen und die Hackfleisch-Tomaten-Masse darauf verteilen. Abwechselnd Schicht für Schicht so aufbauen und mit Béchamelsauce enden. Darauf den geriebenen Käse streuen und bei 180°C im Backofen 35 Minuten überbacken.

Gnocchi-Gemüse-Auflauf

Arbeitszeit: 15 Min.
Vorbereitungszeit: 20 Min.
Garzeit: 30 Min.

500 g Gnocchi, 1 kleine Zwiebel, 75 g Speckwürfel, 3 EL Olivenöl, Salz, Pfeffer, 1 Knoblauchzehe, ½ Lauch, je 1 kleine rote und 1 kleine gelbe Paprika, 1 Zucchini, 2 Knoblauchzehen, 2 EL Basilikumpesto, 50 g frisch geriebener Parmesan

Gnocchi in reichlich kochendes Salzwasser geben, vom Herd nehmen und ca. 2-3 Minuten ziehen lassen. Danach mit einem Sieb abgießen und abtropfen lassen.
Die Zwiebel schälen, würfeln und zusammen mit dem Speck in einer heißen Pfanne mit 1 Esslöffel Olivenöl etwa 2-3 Minuten anschwitzen.
Gnocchi dazugeben, durchschwenken, mit Salz und Pfeffer würzen und warm stellen. Anschließend Knoblauch, Lauch, Paprika und Zucchini waschen und klein schneiden.
In einer Pfanne mit dem restlichem Olivenöl den Knoblauch kurz anschwenken, Gemüse dazugeben und 3-4 Minuten anbraten. Mit Salz und Pfeffer würzen und Basilikumpesto abschmecken.
In einer ausgebutterten Auflaufform zuerst die Gnocchi einfüllen, danach das Gemüse gleichmäßig darüber verteilen. Mit Parmesan bestreuen und im vorgeheizten Backofen bei 200°C ca. 20 Minuten backen.

TIPP   *Mit selbst gemachten Gnocchi schmeckt der Auflauf noch besser. Ein Grundrezept für die kleinen Kartoffelklößchen finden Sie im Kapitel „Gnocchi".*

Kürbispfanne mit Ziegenkäse

Kartoffeln schälen, waschen und in 1 cm breite Stücke schneiden. 2 Esslöffel Olivenöl in einer großen Pfanne erhitzen, Kartoffeln darin bei mittlerer Hitze unter gelegentlichem Wenden 20 Minuten braten. Kürbis waschen, halbieren und die Kerne entfernen. Danach in Spalten schneiden und in 1 cm große Stücke würfeln.

In einer weiteren Pfanne mit dem restlichen Olivenöl den Kürbis 10–15 Minuten braten. Rucola putzen, waschen und trocken schleudern. Walnüsse grob hacken und ca. 3 Minuten vor Ende der Garzeit zu den Kartoffeln geben. Zum Schluss Kürbis, Rucola und Kartoffeln in einer Pfanne mischen, Ziegenkäse gleichmäßig darüber verteilen, mit Salz und Pfeffer und nach Belieben Meerrettich darüberraspeln.

Arbeitszeit: 20 Min.
Garzeit: 35 Min.

750 g Kartoffeln, 4 EL Olivenöl, 1 Hokkaidokürbis (ca. 800 g), 60 g Rucola, 100 g Walnusskernhälften, Salz, Pfeffer, 4 Ziegen-Frischkäsetaler (à 40 g), frischer Meerrettich nach Belieben.

Feines Bauernfrühstück

Kartoffeln schälen und in 0,5 cm dicke Scheiben schneiden. Zwiebel und Paprika klein würfeln. Den Speck im heißen Fett unter häufigem Wenden anbraten. Kartoffeln, Zwiebel und Paprika zufügen, mit Majoran, Salz und Pfeffer würzen. 5 Minuten bei schwacher Temperatur braten. Die Eier mit der Sahne verrühren und darübergießen, dann bei schwacher Temperatur stocken lassen. Das Bauernfrühstück auf vorgewärmte Teller verteilen und mit Schnittlauchröllchen bestreuen.

Zubereitungszeit: 30 Min.

400 g Kartoffeln (gekocht), 1 Zwiebel, ½ rote Paprikaschote, 100 g klein gewürfelter Frühstücksspeck, 2 EL Fett, 1 Prise Majoran, Salz, Pfeffer aus der Mühle, 4 Eier, 2 EL Sahne, ½ Bd. Schnittlauch

Hamburger Pannfisch

Arbeitszeit: 25 Min.

800 g Pellkartoffeln vom Vortag, 3 rote Zwiebeln, 50 g gewürfelter Bauchspeck, 4 EL Butterschmalz, 300 g Rotbarschfilet, 300 g Seelachsfilet, 4 EL Mehl, 200 ml Fischfond, 200 g Crème fraîche, 4 EL körniger Senf, 1 Spritzer Zitronensaft, Salz, Pfeffer, 2 Dillzweige

Pellkartoffeln schälen und in 1 cm breite Scheiben schneiden. Zwiebeln schälen, halbieren und in Spalten schneiden. 2 Esslöffel Butterschmalz in einer großen beschichteten Pfanne erhitzen und die Kartoffelscheiben 10 Minuten goldbraun braten. Nach 5 Minuten Speck und Zwiebeln dazugeben, wenden und mit Salz und Pfeffer würzen. Zwischenzeitlich Rotbarsch- und Seelachsfilets in große Würfel schneiden, salzen, pfeffern und mit Mehl bestäuben. In einer zweiten Pfanne mit dem restlichen Butterschmalz die Fischwürfel rundherum 5 Minuten goldbraun braten. Anschließend vorsichtig unter die Kartoffeln mischen und warm stellen.

In einem kleinen Topf Fischfond, Crème fraîche und körnigen Senf aufkochen und mit Zitronensaft, Salz und Pfeffer würzen. Pannfisch auf Teller anrichten, mit der Sauce übergießen und mit gehacktem Dill bestreuen.

Kartoffel-Tortilla

Arbeitszeit: 15 Min.
Garzeit: etwa 25 Min.

4 große Kartoffeln, 1 große Zwiebel, 4 EL Olivenöl, Salz, Pfeffer aus der Mühle, 8 Eier

Die Kartoffeln schälen, waschen, klein würfeln und in 2 Esslöffel Öl bei mittlerer Temperatur anbraten. Inzwischen die Zwiebeln schälen und fein hacken und zu den Kartoffeln geben. Umrühren und alles etwa 3 Minuten bei halb aufgelegtem Deckel braten. Die Pfanne vom Herd nehmen. Die Kartoffeln in eine Schüssel füllen und salzen.

Die Eier schaumig schlagen, salzen und dazugeben. Das übrige Öl in der Pfanne erhitzen und das Kartoffel-Ei-Gemisch wieder hineingeben.
Wenn die Eier zu stocken beginnen, die Tortilla noch einmal umrühren und am Rand etwas nach innen zusammendrücken. Sobald die Unterseite braun wird, die Tortilla mit einem Teller umdrehen und fertig braten.

Kartoffelgulasch

Den in kleine Würfel geschnittenen Speck in heiße Butter glasig werden lassen, die fein geschnittenen Zwiebeln dazugeben und goldgelb anbraten. Die Temperatur herunterschalten. Alles gut mit Paprika bestreuen, kräftig durchrösten, mit Essig sofort ablöschen, mit Bouillon aufgießen.
Die rohen Kartoffeln schälen und in gröbere Würfel schneiden. Die Temperatur wieder erhöhen. Zuerst Kümmel, Knoblauch, Majoran und Salz beigeben, dann die Kartoffelwürfel und alles bei geschlossenem Deckel weich kochen, dabei gelegentlich umrühren.

Arbeitszeit: 15 Min.
Garzeit: etwa 10 Min.

30 g Speck, 40 g Butter, 200 g Zwiebeln, 1 EL Rosenpaprika, ½ EL Essig, Brühe (instant), gehackter Kümmel, 1 zerdrückte Knoblauchzehe, 1 Prise Majoran, Salz, 800 g rohe geschälte Kartoffeln, evtl. etwas Jogurt oder Schmand, ½ Lorbeerblatt

> **TIPP** *Man kann auch ½ Lorbeerblatt mitkochen und zum Schluss mit Jogurt oder Schmand verfeinern.*

Zucchinigemüse mit Schinken

Die Kartoffeln pellen und in Scheiben schneiden. Die Zucchini waschen, schälen und würfeln. Den Schinken ebenfalls in Würfel schneiden. Das Öl erhitzen, die Kartoffeln und den Schinken darin bei mittlerer Temperatur etwa 3 Minuten anbraten. Dabei mehrfach wenden. Die Zucchiniwürfel zufügen und alles 5 Minuten garen. Inzwischen den Salbei fein hacken – etwas für die Dekoration beiseite stellen. Restlichen Salbei mit Wasser, Schmand, Zitronensaft und Zucker verrühren. Die Sauce zum Zucchinigemüse geben und unter Rühren 5 Minuten köcheln lassen. Mit Salz und Pfeffer pikant abschmecken, auf zwei Teller verteilen und mit den Salbeistreifen bestreuen.

Arbeitszeit: 20 Min.
Garzeit: etwa 10 Min.

400 g Kartoffeln (gekocht), 300 g Zucchini, 200 g gekochter Schinken (am Stück), 2 EL Öl, 2 Salbeiblätter, 4 EL Wasser, 2 EL Schmand, 2 EL Zitronensaft, je 1 Prise Zucker, Salz und Pfeffer

> **TIPP** *Frischer Salbei ist ein sehr kräftig schmeckendes Küchenkraut – deshalb die Dekoration in sehr feine Streifen schneiden und gleichmäßig auf dem Gemüse verteilen.*

NUDELGERICHTE

Nudelteig (Grundrezept)

Arbeitszeit: 30 Min.
Ruhezeit: 20 Min.
Garzeit: 8 Min.

500 g Mehl, 3 Eier, Öl,
etwas warmes Wasser

Das Mehl, die Eier und etwas warmes Wasser auf der Arbeitsfläche zu einem festen Teig vermengen und gut durchkneten. Anschließend in 4-5 kleine Laibchen schneiden und jeden Teil für sich kneten, bis der Teig seidenglatt ist. Die Oberfläche der Laibchen mit wenig Öl bestreichen und etwas ruhen lassen. Die Laibchen zu sehr dünnen, runden Platten ausrollen und kurz antrocknen lassen. Die Teigplatten vorsichtig zusammenrollen und zum Beispiel in feine Suppennudeln oder in 0,5 cm breite Bandnudeln schneiden oder mit einer Nudelmaschine weiterverarbeiten.

Spinat-Nudeln mit Walnuss-Sauce

Arbeitszeit: etwa 20 Min.
Garzeit: 12 Min.

500 g grüne Nudeln, Salz

für die Walnuss-Sauce: 200 g
Walnuss-Kerne, 100 g Pinienkerne, 100 g Allgäuer Bergkäse
(frisch gerieben), 20 Basilikumblätter, 6 EL Schlagsahne, Salz,
Pfeffer, 50 g zerlassene Butter

Nudeln in Salzwasser bissfest kochen und abtropfen lassen. Nüsse und Pinienkerne im Mixer zerkleinern. Basilikumblätter waschen und klein zupfen, mit den Nüssen und dem Bergkäse mit einem Holzlöffel in einer vorgewärmten Schüssel gut vermischen. Dann die Nudeln zugeben und mit Salz und Pfeffer abschmecken. Wenn die Sauce noch zu fest ist, mit etwas zerlassener Butter und erwärmter Schlagsahne flüssiger und somit geschmeidiger machen. Die Sauce soll die heißen Nudeln cremig umschließen.

Allgäuer Käsespätzle

Zubereitungszeit: etwa 1 Std.

2-3 Zwiebeln, 200-230 g
Emmentaler, 500 g Mehl, Salz,
3 Eier, 150 ml kaltes Wasser,
Öl, Pfeffer

Die Zwiebeln schälen und in Ringe schneiden, den Käse hobeln. Das Mehl mit 2-3 guten Prisen Salz in eine Schüssel sieben. Die Eier mit einem Rührlöffel unterrühren. Nach und nach 150 ml kaltes Wasser zugeben, bis ein zäher Teig entsteht. Der Teig ist richtig, wenn er zäh ist wie Hefeteig und sich ebenso leicht von der Schüssel löst.
In einem weiten Topf Wasser mit Salz zum Sieden bringen. Dann vom Herd nehmen, den Spätzlehobel etwa zur Hälfte füllen und die erste Portion Spätzle ins Wasser hobeln. Den Topf zurück auf die Herdplatte ziehen, bis alle Spätzle an der Oberfläche schwimmen. Die Spätzle portionsweise garen, dann abschöpfen und in einer Schüssel warm halten. Die Zwiebeln mit etwas Öl in der Pfanne nicht zu braun anbraten. Abwechselnd eine Lage Spätzle, eine Lage Käse und

eine Lage Zwiebeln in eine Backform schichten. Jede Schicht etwas salzen und pfeffern, und alles zum Durchziehen 5-8 Minuten bei 100 °C in den Backofen geben.

Parmesan-Spaghetti

Spaghetti nach Packungsanleitung in reichlich Salzwasser bissfest kochen. Inzwischen den Parmesan grob reiben. Die Nudeln nur abgießen – nicht kalt abbrausen – und sofort mit der Butter und dem Käse vermengen. Mit frisch gemahlenem Pfeffer würzen.

Arbeitszeit: 12 Min.
Garzeit: 10 Min.

400 g Spaghetti, 50 g Butter, 50 g Parmesan am Stück, Salz, frisch gemahlener Pfeffer

Gebratene Quark-Kartoffelnudeln mit eingelegten Früchten

Die Kartoffeln mit der Schale 30 Minuten weich kochen, schälen und heiß durch die Kartoffelpresse in eine Schüssel pressen oder reiben. Mehl, Quark, Salz und Muskatnuss dazugeben und zu einem festen, homogenen Teig verarbeiten. Auf einer bemehlten Arbeitsfläche den Teig halbieren und zu langen Rollen mit 1 cm Durchmesser verarbeiten. Anschließend die Rollen in 7-8 cm lange Stücke schneiden und in einer beschichteten Pfanne mit Butterschmalz 15 Minuten bei mäßiger Hitze goldgelb braten, dabei mehrmals wenden. Zum Schluss die Quark-Kartoffelnudeln mit eingelegten Früchten der Saison servieren.

Arbeitszeit: 30 Min.
Garzeit: 45 Min.

500 g Kartoffeln, 1 Ei, 200 g Quark, Mehl nach Erfordernis (je nach Feuchtigkeit von Kartoffel und Quark), Salz, Muskatnuss, 100 g Butterschmalz, eingelegte Früchte (z.B. Zwetschgen, Aprikosen, Kirschen)

Krautkrapfen

Arbeitszeit: 30 Min.
Ruhezeit: 30 Min.
Garzeit: 40 Min.

500 g Mehl, 2 Eier, Salz,
Muskatnuss, 1 Zwiebel,
200 g roher, gewürfelter
Bauchspeck,
500 g Sauerkraut,
2 EL Butterschmalz,
Salz, Pfeffer

Mehl, Eier, 4 Esslöffel lauwarmes Wasser, Salz und Muskatnuss in einer Schüssel zu einem geschmeidigen Nudelteig
verarbeiten und zugedeckt 30 Minuten kalt stellen.
Zwischenzeitlich für den Belag die Zwiebel schälen, halbieren und fein würfeln. Sauerkraut in einem Sieb abspülen,
mit Bauchspeck und Zwiebeln mischen und mit Salz und
Pfeffer würzen.
Auf einer bemehlten Arbeitsfläche den Teig dünn ausrollen
und den Belag gleichmäßig darauf verteilen. Mit einem
Messer den belegten Teig in 5 cm breite Streifen schneiden
und einzeln vorsichtig zu etwa 4 cm breiten Rollen aufrollen. Anschließend die Krautkrapfen aufrecht und dicht
nebeneinander in eine beschichtete Pfanne mit Butterschmalz setzen und zugedeckt bei mittlerer Hitze 30 Minuten garen. Mithilfe eines Tellers die Krautkrapfen wenden,
10 Minuten weiter garen und heiß servieren.

Nudeln mit Käsesauce

Arbeitszeit: 5 Min.
Garzeit: 20 Min.

500 g Bandnudeln, 50 g Butter,
250 g saure Sahne,
120 g Emmentaler,
2 EL Parmesan, 2 Eier

Die Bandnudeln in reichlich Salzwasser bissfest kochen. In
der Zwischenzeit den Parmesan, fein geriebenen Emmentaler und saure Sahne mit den 2 Eiern in einer Schüssel über
dem heißen Wasserbad verrühren, bis eine sämige Sauce
entsteht. Die Nudeln abseihen, Butter untermischen und in
eine Schüssel geben. Die Käsesauce dazu servieren.

Kärntner Nudeln

Aus Mehl, Ei, Salz und Wasser einen nicht zu festen Teig kneten und ½ Stunde in einer Schüssel, die mit einem nassen Handtuch abgedeckt wird, ruhen lassen.

Für die Füllung die Zwiebel in der Butter dünsten. Die Kartoffeln schälen, mit einer Gabel zerdrücken und mit dem Schichtkäse vermengen. Mit Salz, Minze, Kerbel und Majoran abschmecken und zu kleinen Bällchen formen. Aus dem Teig eine Rolle formen und etwa 1 cm große Stücke abschneiden. Die Stücke rund ausrollen, mit Füllung belegen und zu einem Halbmond zusammendrücken. Die Nudeln in kochendem Salzwasser gar ziehen lassen, abseihen und mit flüssiger Butter übergießen.

Zubereitungszeit: etwa 1½ Std.

Für den Teig: 250 g Mehl, 1 Ei, 100 ml Wasser, 1 TL Salz.

für die Füllung: 250 g gekochte Kartoffeln, 250 g Schichtkäse, 1 kleine Zwiebel, 1 TL Salz, 1 EL fein gehackte Minze, 1 EL fein gehackter Kerbel, etwas Majoran, 40 g zerlassene Butter zum Übergießen

Nudeln nach Art Pasta asciutta

Die Spaghetti in Salzwasser kochen. In einer Pfanne in heißem Öl fein geschnittene Zwiebel, fein geschnittenes Suppengrün und gehackte Petersilie andünsten, mit Paprika bestreuen und 1 Esslöffel Flüssigkeit beigeben. Die abgezogenen Tomaten in Achtel geschnitten, den gewürfelten Schinken sowie etwas Wasser oder Brühe dazugeben und alles sehr weich kochen. Die Sauce mit Salz, Pfeffer, 1 Prise Zucker und etwas Tomatenmark abschmecken und über die Nudeln geben. Reibekäse daraufstreuen und heiß servieren.

Arbeitszeit: 20 Min.
Garzeit: etwa 40 Min.

500 g Spaghetti, 4 EL Öl, 1 Zwiebel, Suppengrün, Petersilie, Salz, Pfeffer, Paprika, 1 Prise Zucker, 8-10 Tomaten, 1-2 EL Tomatenmark, 250 g gekochter Schinken, ½ Tasse Wasser oder Fleischbrühe, geriebener Käse

> **TIPP** *Diese sehr deutsche Version einer italienischen Pastasauce ist schnell gekocht und nicht nur bei Kindern äußerst beliebt.*

Schinken-Nudel-Auflauf

Die Nudeln in Salzwasser bissfest kochen, kalt abbrausen, abtropfen lassen und in eine Schüssel geben. Eine Béchamelsauce aus Butter, Mehl und Milch herstellen (siehe Grundrezept). Die saure Sahne, die Eigelbe, den gewürfelten Schinken dazugeben, mit Salz, Pfeffer, und Muskat würzen und alles zu den Nudeln geben. Die Eiweiße zu Schnee schlagen und die Hälfte des Parmesan darunterheben. Alles in eine mit Butter gefettete Form geben, mit restlichem Parmesan und etwas Paniermehl bestreuen, mit flüssiger Butter beträufeln und 30 Minuten bei 200 °C goldgelb backen.

Arbeitszeit: 20 Min.
Garzeit: 25 Min.

200 g Nudeln, 50 g Butter, 40 g Mehl, ¼ l Milch, ¼ l saure Sahne, 3 Eier, 200 g Schinken, Salz, Pfeffer, 50 g Parmesan, Muskat, 1 EL Paniermehl, etwas Butter für die Form

G´schupfte Allgäuer Nudle mit Sauerkraut

Arbeitszeit: 45 Min.
Ruhezeit: 30 Min.
Garzeit: ca. 70 Min.

300 g Mehl, 2 Eier, Salz, Muskatnuss, 1 Tasse lauwarmes Wasser,
500 g Sauerkraut, 1 Zwiebel,
1 kleiner Apfel, ½ TL Kümmel,
1 EL Butterschmalz, 100 ml
Weißwein, 500 ml Gemüse-
brühe, 1 Scheibe Bauchspeck
(ca. 150 g), 1 Lorbeerblatt, Salz,
Pfeffer, 1 Prise Zucker, 1 EL angerührte Speisestärke, 1 EL Butter

Mehl, Eier, Wasser, Salz und Muskatnuss in einer Schüssel zu einem geschmeidigen Nudelteig verarbeiten und abgedeckt 30 Minuten kalt stellen. Zwischenzeitlich das Sauerkraut in einem Sieb abspülen und abtropfen lassen. Zwiebel schälen, halbieren und fein würfeln. Apfel waschen und mit der Schale auf einer Gemüsereibe grob raspeln. Kümmel im Mörser grob zerstoßen und in einem Topf mit Butter-schmalz, der Zwiebel und dem Apfel anschwitzen lassen. Sauerkraut dazugeben, 3-4 Minuten andünsten, danach mit Weißwein ablöschen und Gemüsebrühe aufgießen. Den Bauchspeck und das Lorbeerblatt hineinlegen und mit Salz, Pfeffer und 1 Prise Zucker würzen. Zugedeckt bei geringer Hitze 45 Minuten köcheln lassen und danach mit angerühr-ter Speisestärke abbinden. Bauchspeck herausnehmen und das Kraut warm stellen.

Den Nudelteig auf einer bemehlten Arbeitsfläche zu einer dünnen Rolle ausrollen und mit dem Messer in kleine Stücke schneiden. Mit den Handballen die Teigstücke einzeln zu kleinen Würstchen formen und in einem großen Topf mit kochendem Salzwasser 2-3 Minuten garen. Danach abgie-ßen, in kaltem Wasser abschrecken und anschließend in ei-ner beschichteten Pfanne mit Butter 4-5 Minuten goldgelb braten. Dabei mehrmals wenden und erneut abschmecken. Sauerkraut untermischen, bei geringer Hitze 8-10 Minuten schmoren lassen und heiß servieren.

Bandnudeln mit Bärlauchsauce

Zubereitungszeit: 20 Min.

500 g Bandnudeln, Salz,
200 g Bärlauch, 1 Schalotte,
3 EL Olivenöl, 100 ml Weißwein,
120 ml Gemüsebrühe, 50 ml
Milch, 1 EL Sahne, Knoblauch,
Pfeffer, Salz, Zitronensaft

Die Nudeln in kochendes Salzwasser geben. Inzwischen den frischen Bärlauch waschen, gut trocknen und die groben Stiele entfernen. Die Schalotte schälen, fein würfeln und mit 2 Esslöffeln Olivenöl andünsten. Mit Weißwein ablöschen, dann Brühe, Milch und Sahne zufügen. Die Sauce etwa 4-5 Minuten ohne Deckel einkochen lassen.

Den Bärlauch in feine Streifen schneiden und in die Sauce geben. Mit frisch gepresstem Knoblauch, gemahlenem Pfef-fer, Salz und Zitronensaft würzen. Die Nudeln abgießen und in 1 Esslöffel Olivenöl schwenken. Nudeln mit der Bärlauch-sauce gut vermischen.

Conchiglie mit Bärlauchpesto und Shiitake-Pilzen

Mandeln in einer Pfanne ohne Öl ca. 3 Minuten rösten. Bärlauch putzen, waschen, trocken schütteln und in Streifen schneiden. Parmesan mit einem Käsehobel fein reiben. Alle Zutaten in einem Mörser zerstoßen, 100 ml Olivenöl langsam dazugießen, zu einer feinen Paste verarbeiten und mit Salz und Pfeffer abschmecken.

Nudeln nach Packungsanweisung garen. Zwischenzeitlich Shiitake-Pilze in Scheiben schneiden, die Zwiebel klein schneiden. In einer Pfanne mit dem restlichen Olivenöl die Zwiebel farblos anschwitzen, Shiitake-Pilze zugeben und alles 3-4 Minuten braten. Mozzarella in Würfel schneiden. Nudelwasser abgießen, Mozzarella, Shiitake-Pilze und Pesto unter die Nudeln mischen und auf den Tellern anrichten.

Arbeitszeit: 20 Min.
Garzeit: ca. 20 Min.

50 g gemahlene Mandeln, 1 Bd. Bärlauch (100 g), 50 g Parmesan, 125 ml Olivenöl, Salz, Pfeffer, 400 g Conchiglie (Muschelnudeln), 1 Kugel Büffelmozzarella, 1 kleine Zwiebel, 200 g frische Shiitake-Pilze

Schinkenfleckerl

Mehl, Ei und etwas Wasser zu einem festen und glatten Nudelteig verkneten. Teig dünn ausrollen und antrocknen lassen. In ca. 1 × 1 cm große Fleckerl schneiden und für 10 Minuten in kochendes Salzwasser geben, abschrecken und gut abtropfen lassen. Das Fett in einer beschichteten Pfanne erhitzen, den klein geschnittenen Schinken, das Räucherfleisch oder die Wurst zusammen mit den Nudeln hineingeben und alles gut anbraten. Mit Salz und Pfeffer abschmecken.

Arbeitszeit: etwa 30 Min.
Garzeit: 20 Min.

350 g Mehl, 1 Ei , 250 g gekochter Schinken, Räucherfleisch oder Wurst, 50 g Fett, Salz, Pfeffer

ORIGINAL ITALIENISCHE PASTA

Nudelteig, italienisch (Grundrezept)

Arbeitszeit: 10 Min.
Ruhezeit: ca. 1 Std.

250 g Mehl, 100 g Hart-
weizengrieß, 1 Ei, 3 Eigelbe,
1 EL Olivenöl, Salz, Muskatnuss

Mehl, Hartweizengrieß, Eier, Olivenöl, Salz und Muskatnuss in einer Schüssel mischen und mit den Knethaken des Rührgerätes 5 Minuten zu einem geschmeidigen Teig verarbeiten. Anschließend zu einer Kugel formen, mit Folie umwickeln und mindestens 1 Stunde ruhen lassen.

Zur weiteren Verarbeitung den Nudelteig mit einer Nudelmaschine verarbeiten oder auf einer bemehlten Arbeitsfläche mit einem Nudelholz ganz dünn ausrollen und in die gewünschte Form schneiden.

Spinatfettuccine mit geräuchertem Lachs und Senfkörnern

Arbeitszeit: 15 Min.
Garzeit: ca. 20 Min.

300 g Räucherlachs, ½ Bd. Dill,
1 kleine Zwiebel, 1 EL Butter,
2 EL Senfkörner, 300 ml Fischfond, 500 g Spinatfettuccine,
1 Becher Crème fraîche, Salz,
Pfeffer, 1 Spritzer Zitronensaft

Räucherlachs in 1 cm breite Streifen schneiden und den Dill waschen und fein hacken. Zwiebel schälen, halbieren und fein würfeln. In einem Topf mit Butter die Zwiebeln farblos anschwitzen, Senfkörner dazugeben, mit Fischfond aufgießen und zugedeckt bei geringer Hitze 15 Minuten köcheln lassen.

Zwischenzeitlich in einem großen Topf mit Salzwasser die Spinatfettuccine nach Packungsangabe al dente kochen, abgießen und warm stellen. Crème fraîche in den Fond einrühren und erneut aufkochen lassen. Mit Salz und Pfeffer würzen und mit Zitronensaft abschmecken. Nudeln und Dill mit der Sauce mischen, auf Tellern anrichten und den Räucherlachs gleichmäßig darüber verteilen.

Pappardelle mit frischen Rahmpfifferlingen

Pappardelle in einem großen Topf mit Salzwasser nach Packungsangabe kochen, abgießen und warm halten. Zwischenzeitlich Zwiebel schälen und fein schneiden. Pfifferlinge sorgfältig mit einem Pinsel vom Sand reinigen und je nach Größe halbieren oder im Ganzen lassen. Estragonblätter von den Stielen zupfen und grob hacken. In einer heißen Pfanne mit Olivenöl die Zwiebel mit dem Bauchspeck 2-3 Minuten anschwitzen, Pfifferlinge dazugeben, 4-5 Minuten kräftig anbraten und mit Salz und Pfeffer würzen. Die Pilze auf einem Teller kurz im Backofen warm halten.
Den Bratensatz mit Gemüsebrühe und Sahne aufgießen und die Flüssigkeit um die Hälfte einkochen lassen. Die Pfifferlinge und den Estragon unter die Sauce rühren und mit den Pappardelle mischen. Auf Tellern anrichten, mit Parmesan bestreuen und heiß servieren.

Arbeitszeit: 20 Min.
Garzeit: ca 15 Min.

500 g Pappardelle, 1 Zwiebel, 300 g frische Pfifferlinge, 100 g gewürfelter Speck, 2 EL Olivenöl, 300 ml Gemüsebrühe, 200 ml Sahne, 3 Zweige Estragon, 30 g frisch geriebener Parmesan, Salz, Pfeffer

Pappardelle mit dicken Bohnen und Salbei

Die Zwiebel und die Knoblauchzehen schälen und in feine Würfel hacken. Karotten und Knollensellerie schälen und in 1 cm breite Würfel schneiden. Chorizo klein schneiden. Salbei waschen, trocken schütteln und in feine Streifen schneiden.
In einem Topf mit Olivenöl die Zwiebel und den Knoblauch glasig anschwitzen, Chorizo zugeben, 3-4 Minuten anbraten und mit Gemüsebrühe aufgießen. Zugedeckt bei geringer Hitze 10 Minuten köcheln lassen. Anschließend die Bohnen in einem Sieb abgießen und zur Wurst geben. Mit Salz und Pfeffer abschmecken und mit Balsamicoessig verfeinern. Inzwischen die Pappardelle in einem großen Topf mit Salzwasser nach Packungsangabe al dente kochen und abgießen. Die Nudeln unter das Bohnengemüse mischen, mit Salbei bestreuen und heiß servieren.

Arbeitszeit: 15 Min.
Garzeit: ca. 20 Min.

1 Zwiebel, 2 Knoblauchzehen, 100 g Karotten, 100 g Knollensellerie, 300 g Chorizo (spanische Paprikawurst), 4 frische Salbeiblätter, 2 EL Olivenöl, ½ l Gemüsebrühe, 1 Dose dicke Bohnen (440 g), 2 EL Balsamicoessig, Salz, Pfeffer, 500 g Pappardelle

Spaghetti vongole

Arbeitszeit: 12 Min.
Garzeit: 20 Min.

1 kg Venusmuscheln, Olivenöl, 3 Knoblauchzehen, 1 Bd. Petersilie, 2 Tomaten, 250 g Spaghetti, ¼ l Weißwein, Pfeffer

Die Muscheln waschen, dabei geöffnete Muscheln sofort wegwerfen. In einer tiefen Pfanne großzügig Olivenöl erhitzen, die Muscheln zugeben und bei geschlossenem Deckel garen. Dabei gelegentlich umrühren.
Nach 10 Minuten alle Muscheln, die noch ganz geschlossen sind, ebenfalls wegwerfen: Diese sind schlecht.
Den Knoblauch und die Tomaten klein hacken, zu den Muscheln zugeben, mit Weißwein aufgießen und einmal kurz aufkochen lassen. Petersilie klein hacken und untermischen, Pfeffer nach Belieben darüberreiben. Mit den gekochten Spaghetti vermischen und sofort servieren.

Spaghetti aglio, olio, peperoncino

Arbeitszeit: 10 Min.
Garzeit: etwa 15 Min.

3 getrocknete Peperoni, 1 Bd. Petersilie, 500 g Spaghetti, 4-5 EL Olivenöl, 2 Knoblauchzehen, Pfeffer, Salz

Die Peperoni in kleinste Stücke schneiden. Die Petersilie klein hacken. Die Spaghetti in kochendem Salzwasser nach Packungsanleitung bissfest garen.
Das Olivenöl erhitzen, Peperoni hineingeben, den Knoblauch dazupressen und bei mittlerer Temperatur anbraten. Die Petersilie unterrühren und mit 3-4 Esslöffeln Nudelwasser ablöschen. Die Spaghetti abgießen, gut mit der Sauce vermengen, salzen und pfeffern.

Spaghetti al pesto verde

Arbeitszeit: 15 Min.
Garzeit: 12 Min.

60 g Parmesankäse, 2 Bd. Basilikum, 1 Knoblauchzehe, 30 g Pinienkerne, 500 g Spaghetti, 125 ml Olivenöl, Salz , Pfeffer

Die Basilikumblätter waschen und trocken tupfen. Mit dem frisch geriebenen Parmesan, den Pinienkernen und der Knoblauchzehe in einen Mixer geben oder mit dem Pürierstab zerkleinern. Während des Mixens nach und nach das Olivenöl dazugießen und am Schluss mit Salz und Pfeffer abschmecken. Die Nudeln in Salzwasser al dente kochen, abgießen und in eine große Schüssel füllen. Mit dem frischen Basilikumpesto vermengen und sofort servieren.

Farfalle mit Tunfischsauce

Arbeitszeit: 15 Min.
Garzeit: etwa 15 Min.

1 Zwiebel, ½ getrocknete Chilischote, 3 EL Olivenöl, 1 Dose Tomaten, 1 TL Curry, Salz, Pfeffer, 500 g Farfalle, 150 g Tunfisch (Dose), 1 EL Sahne, Reibekäse

Die Zwiebel in Würfel schneiden und im Öl andünsten. Die Chilischote in kleinste Stücke schneiden und mitdünsten. Die Tomaten dazugeben, mit Curry, Salz und Pfeffer würzen und gar dünsten. Inzwischen die Nudeln in kochendem Salzwasser aufsetzen und nach Packungsanweisung bissfest garen. Den Tunfisch abtropfen lassen, zerpflücken und in der Tomatensauce ohne Kochen erwärmen. Mit der Sahne abrunden. Die Nudeln in die Teller geben, mit der Sauce übergießen und mit Reibekäse servieren.

Schwarze Nudeln mit Flusskrebsen

Zwiebel schälen und fein würfeln. Fenchel halbieren, den Strunk keilförmig herausschneiden und in 1 cm breite Würfel schneiden. In einem Topf mit Olivenöl die Zwiebel farblos anschwitzen, Fenchel und Safranfäden dazugeben, 2-3 Minuten weiter garen und mit Pernod ablöschen. Tomaten untermischen, mit Gemüsebrühe aufgießen und zugedeckt 15 Minuten bei geringer Hitze köcheln lassen. Zwischenzeitlich in einem großen Topf mit Salzwasser die Nudeln nach Packungsangabe al dente kochen. Die Sauce mit Salz und Pfeffer würzen und mit Balsamicoessig verfeinern. Flusskrebse untermischen, dabei nicht mehr köcheln lassen. Nudeln abgießen, mit der Sauce mischen und mit Basilikum bestreuen.

Arbeitszeit: 20 Min.
Garzeit: ca. 25 Min.

1 Zwiebel, 1 Fenchelknolle, 2 EL Olivenöl, 1 Msp. Safranfäden, 4 cl Pernod, 1 Dose Pizzatomaten, ½ l Gemüsebrühe, 500 g schwarze Nudeln, Salz, Pfeffer, 1 EL Balsamicoessig, 200 g Flusskrebse (Kühlregal), 2 EL gehackter Basilikum

TIPP *Zum Färben von schwarzen Nudeln verwendet man in der Regel Tintenfischtinte (Sepiatinte). Die Pasta wird dadurch nicht nur schwarz, sondern schmeckt auch nach Tintenfisch. Man erhält die Tinte in gut sortierten Fischgeschäften oder Feinkostläden.*

Paprika-Linguine mit flambierten Garnelen

Arbeitszeit: 15 Min.
Garzeit: ca. 10 Min.

500 g Linguine (flache Spaghetti), 4 EL Olivenöl, 1 Knoblauchzehe, 12 aufgetaute Garnelenschwänze ohne Schale (16/20),
3 EL Cognac, 100 ml Brühe,
5 EL Ajvar, 1 Glas gegrillte
Paprikaschoten in Streifen
(290 g), Salz, Pfeffer,
3-4 Zweige Basilikum

Linguine nach Packungsangabe kochen, abgießen und mit
1 Esslöffel Olivenöl mischen.

Zwischenzeitlich die Knoblauchzehe schälen, in feine Scheiben schneiden und in einer heißen Pfanne mit 3 Esslöffel
Olivenöl leicht bräunen lassen. Das Basilikum waschen und
in Streifen schneiden. Garnelenschwänze zum Knoblauch
geben und 3-4 Minuten kräftig anbraten. Mit Cognac ablöschen und vorsichtig flambieren, bis die Flamme erlischt.
Anschließend mit Brühe aufgießen, mit dem Ajvar und den
Paprikastreifen mischen und 2-3 Minuten bei geringer Hitze
köcheln lassen. Mit Salz und Pfeffer würzen und dem
Basilikum bestreuen. Zum Schluss die Paprikagarnelen mit
den Linguine mischen und sofort servieren.

Tagliatelle mit Oliven und Rosinen

Arbeitszeit: 15 Min.
Garzeit: 25 Min.

500 g Tagliatelle, Salz,
4 Knoblauchzehen,
300 g Fleischtomaten,
5 EL Olivenöl, 100 g schwarze
Oliven, 2 EL Kapern,
30 g Rosinen, Pfeffer, 2–3 EL
frisch gehackte Petersilie

Die Nudeln bissfest garen. Den Knoblauch fein hacken.
Tomaten abziehen und fein würfeln. Das Öl erhitzen, den
Knoblauch kurz anbraten, die Tomaten zugeben und 10 Mi-
nuten köcheln lassen.

Die Oliven entsteinen und in Scheiben schneiden. Mit den
Kapern und den Rosinen in die Sauce geben und alles mit
Salz und Pfeffer würzen. Die Petersilie einrühren, die Nudeln
unterheben und alles auf Tellern anrichten.

Tagliatelle mit Erbsen

Tiefkühlerbsen kurz blanchieren, Dosenerbsen abtropfen lassen. Nudeln in reichlich Salzwasser bissfest kochen. Sahne in einer großen Pfanne erhitzen, kurz einkochen, dann die Hitze reduzieren und den Parmesan darin schmelzen lassen. Die Erbsen und die Schinkenwürfel untermischen und die abgetropften Nudeln zugeben. Alles noch einmal erhitzen, mit Salz und Pfeffer abschmecken und sofort servieren.

Arbeitszeit: 20 Min.
Garzeit: 25 Min.

450 g Erbsen (tiefgekühlt oder Dose), 400 g Tagliatelle verde, ¼ l Sahne, Salz, Pfeffer, 20 g Parmesan, 200 g gewürfelter gekochter Schinken

Penne mit frischen Steinpilzen

Die Pilze waschen und der Länge nach in Scheiben schneiden. Den Speck klein würfeln und die Schalotten fein hacken. Die Sahne bei mittlerer Hitze in einem Stieltopf eindicken. Die Penne in Salzwasser bissfest kochen. Den Speck in der zerlassenen Butter anbraten, Schalotten und Pilze hinzufügen. Sahne und Petersilie untermischen und mit Salz und Pfeffer abschmecken. Das Ganze 5 Minuten köcheln lassen und mit den Nudeln gemischt servieren.

Arbeitszeit: 15 Min.
Garzeit: 20 Min.

je 500 g Penne und frische Steinpilze, 100 g roher, durchwachsener Speck, 2 Schalotten, 250 ml Sahne, 20 g Butter, 1 EL gehackte Petersilie, Salz, frisch gemahlener Pfeffer

Penne al arrabiata

Die Nudeln in kochendem Salzwasser bissfest garen. Inzwischen den Knoblauch und die Zwiebel hacken und mit den zerkleinerten Chilischoten im Olivenöl anbraten. Die Tomaten halbieren und entkernen. Das Fruchtfleisch in dünne Scheiben schneiden, zu der Zwiebel geben und 1 Minute mitbraten. Salzen, pfeffern und noch 5 Minuten weiter köcheln lassen. Mit der gehackten Petersilie bestreut servieren.

Arbeitszeit: 10 Min.
Garzeit: 15 Min.

500 g Penne rigate, 2 Knoblauchzehen, ½ Zwiebel, 3 getrocknete rote Chilischoten, 4 EL Olivenöl, 450 g Cocktailtomaten, 1 – 2 EL gehackte Petersilie, Salz, Pfeffer

Penne al ragù

Hackfleisch mit den Kräutern vermischen, gut salzen und pfeffern und für etwa 1 Stunde kühl stellen. Petersilie klein hacken. Zwiebel und Knoblauch klein würfeln, mit Olivenöl in einem Topf anbraten, das Hackfleisch zugeben und braten, bis es zerkrümelt. Dann mit der Milch ablöschen. Die Tomaten zugeben, die Temperatur reduzieren und das Tomatenmark einrühren. Eventuell etwas Fleischbrühe angießen und mindestens 2 Stunden köcheln. Die Penne bissfest kochen, abtropfen und in eine Schüssel füllen. Die Sauce darüber geben und nach Geschmack mit Parmesan bestreuen.

Arbeitszeit: 20 Min.
Garzeit: 12 Min.

250 g Hackfleisch (Rind und Schwein), je ½ TL Oregano, Basilikum, Thymian und Majoran, Salz, Pfeffer, 1 Zwiebel, 2 Knoblauchzehen, ½ Bd. Petersilie, 2 EL Olivenöl, 100 ml Milch, 1 Dose Pizzatomaten, 1-2 EL Tomatenmark, etwas Fleischbrühe (instant), 250 g Penne, frisch geriebener Parmesan

Rigatoni mit karamellisierten Zwiebeln, Sardellen und Kapern

Arbeitszeit: 15 Min.
Garzeit: ca. 15 Min.

1 Zwiebel, 4 Zweige Petersilie, 4 Sardellenfilets, 4 EL Olivenöl, 1 Zitrone, 250 ml Geflügelbrühe, 500 g Rigatoni, 2 EL Kapern, 1 EL gehackte Petersilie, Salz, Pfeffer, 30 g frisch geriebener Parmesan

Die Zwiebel schälen, halbieren und fein würfeln. Petersilie waschen, trocken schütteln und mit den Sardellenfilets klein hacken. Die Zitrone waschen, die Schale abreiben und dann den Saft auspressen.

Olivenöl in einer Pfanne erhitzen, die Zwiebel darin 6-7 Minuten goldgelb andünsten, die Zitronenschale zugeben und mit Zitronensaft ablöschen. Dann mit der Geflügelbrühe aufgießen und die Flüssigkeit um die Hälfte einkochen lassen.

Inzwischen die Nudeln in ausreichend Salzwasser al dente kochen, abgießen und mit der Zwiebelmischung vermengen. Anschließend Sardellen, Kapern und Petersilie zugeben und mit wenig Salz und Pfeffer abschmecken und gut mischen. Zum Schluss auf Tellern anrichten mit frisch geriebenem Parmesan bestreuen und heiß servieren.

> **TIPP** *Kapern sind die eingelegten Blütenknospen des Kapernstrauchs. Sie werden immer erst kurz vor Ende der Garzeit zugefügt, da sich ihr Geschmack durch längeres Erhitzen verändert, und man sollte wegen ihres intensiven Eigengeschmacks andere Gewürze sparsam verwenden.*

Pancetta-Rahmnudeln

Arbeitszeit: 15 Min.
Garzeit: ca. 20 Min.

1 Zwiebel, 150 g Pancetta, 50 g getrocknete Tomaten in Öl, 400 g Tortiglioni, 100 g Erbsen, 2 EL Olivenöl, Salz, Pfeffer, 4 Eier, 2 EL Schmand, 1 EL gehackte Petersilie

Zwiebel schälen, halbieren und klein schneiden. Pancetta und getrocknete Tomaten in Streifen schneiden. Tortiglioni in einem großen Topf mit Salzwasser nach Packungsangabe al dente kochen und abgießen.

In einem Topf mit Olivenöl die Zwiebel und den Pancetta 3-4 Minuten anbraten. Nudeln, getrocknete Tomaten und Erbsen zugeben und weitere 2-3 Minuten braten.

Eier und Schmand in einer Schüssel verquirlen und mit Salz und Pfeffer würzen. Eiermischung über die Nudeln gießen und bei milder Hitze 5 Minuten stocken lassen, dabei mehrmals vorsichtig wenden. Zum Schluss die Nudeln auf Tellern anrichten, mit Petersilie bestreuen und sofort servieren.

> **TIPP** *Pancetta ist ein luftgetrockneter Bauchspeck vom Schwein aus Italien.*

Spinat-Ricotta-Ravioli
mit brauner Butter und Salbei

Spinat waschen, Stielansätze entfernen und in einem Sieb
abtropfen lassen. Zwiebel schälen und fein würfeln. In
einem großen Topf mit Olivenöl die Zwiebeln glasig anschwitzen, Blattspinat dazugeben und garen, bis er zusammenfällt. Anschließend etwas abkühlen lassen, gut
ausdrücken und fein hacken. Danach den Spinat in einer
Schüssel mit Ricotta, Parmesan und Eigelb mischen und mit
Muskatnuss, Salz und Pfeffer abschmecken.
Nudelteig nach Grundrezept herstellen und in zwei Hälften
teilen, mit einer Nudelmaschine nacheinander von Stufe
1-6 ausrollen und auf eine bemehlte Arbeitsfläche legen.
Diesen Vorgang mit der zweiten Teighälfte wiederholen.
Eine Teigbahn mit verquirltem Ei bestreichen und mit ausreichend Abstand je 1 Teelöffel der Füllung verteilen. Zweite
Teigbahn darüberlegen und vorsichtig andrücken. Mit einem Ausstecher die Ravioli ausstechen und in einem Topf
mit Salzwasser 3-4 Minuten kochen. Abgießen, abtropfen
lassen und warm stellen.
In einer Pfanne die Butter aufschäumen, in Streifen geschnittene Salbeiblätter und restliches Olivenöl zugeben
und auf mittlerer Hitze bräunen lassen. Ravioli auf Tellern
anrichten, mit der Salbeibutter übergießen und mit
Parmesan bestreuen.

Arbeitszeit: 30 Min.
Garzeit: ca. 10 Min.

500 g frischer Spinat,
1 kleine Zwiebel, 250 g Ricotta,
50 g frisch geriebener Parmesan,
1 Ei, Salz, Pfeffer, Nudelteig
(siehe Grundrezept), 1 Eigelb
10 Salbeiblätter, 100 g Butter,
2 EL Olivenöl, etwas Muskatnuss

außerdem: Nudelmaschine,
Ausstecher in Ravioliform

Farfalle mit Zucchini-Pilzrahm

Arbeitszeit: 20 Min.
Garzeit: ca. 20 Min.

1 Zwiebel, 1 Knoblauchzehe, 1 Zucchini, 150 g Champignons, 3 Zweige Basilikum, 4 getrocknete Tomaten in Öl, 3 EL Olivenöl, ½ TL getrockneter Oregano, Salz, Pfeffer, 250 ml Gemüsebrühe, 200 ml Sahne, 400 g Farfalle, 50 g frisch geriebenen Parmesan

Zwiebel und Knoblauchzehe schälen und klein schneiden. Zucchini waschen, Stielansatz abschneiden, vierteln und in Stücke schneiden. Champignons abreiben und in Scheiben schneiden. Basilikum waschen und trocken schütteln, getrocknete Tomaten abtupfen und beides in Streifen schneiden. In einer heißen Pfanne mit Olivenöl die Zwiebeln und Knoblauch farblos anschwitzen lassen, Champignons und Zucchini dazugeben und 4-5 Minuten kräftig anbraten. Getrocknete Tomaten und Oregano dazugeben und mit Salz und Pfeffer würzen. Mit Gemüsebrühe und Sahne aufgießen und 6-7 Minuten bei geringer Hitze köcheln lassen. Zwischenzeitlich Farfalle in einem großen Topf mit Salzwasser nach Packungsangabe al dente kochen, abgießen und unter die Sauce mischen. Parmesan einrühren, auf Tellern servieren, mit Basilikum bestreuen und sofort servieren.

Fricelli mit Auberginen-Minz-Pesto und Pinienkernen

Arbeitszeit: 15 Min.
Garzeit: ca. 15 Min.

100 g Pinienkerne, 2 Auberginen, Salz, 6 Zweige frische Minze, ½ Chilischote, 4 getrocknete Tomaten, 100 ml Olivenöl, 150 ml Gemüsebrühe, 100 g Parmesan, 500 g Fricelli, Pfeffer

Pinienkerne in einer Pfanne ohne Öl 3-4 Minuten goldgelb rösten. Auberginen schälen, in 1 cm breite Würfel schneiden und salzen. Minze waschen, von den Stielen zupfen und grob zerkleinern. Chilischote in feine Ringe schneiden und mit den Auberginen und getrockneten Tomaten in einer heißen Pfanne mit Olivenöl 4-5 Minuten kräftig anbraten. Dabei mehrmals wenden. Gemüsebrühe zugießen und weitere

5 Minuten zugedeckt schmoren lassen. Auberginengemüse mit Pinienkernen, 75 g Parmesan und Minzeblättern in einem Mixer oder mit dem Stabmixer fein pürieren, Olivenöl langsam dazugießen und mit Salz und Pfeffer abschmecken. Fricelli in einem großen Topf al dente kochen, abgießen und mit dem Pesto mischen. Nudeln auf Teller anrichten, mit dem restlichen Parmesan bestreuen und sofort servieren.

Roquefort-Nudeln mit Tomaten und Basilikum

Von den Tomaten den Stielansatz entfernen, für 10 Sekunden in kochendes Wasser geben, anschließend in Eiswasser abschrecken und enthäuten. Vierteln, Kerngehäuse entfernen und Fruchtfleisch in grobe Würfel schneiden. Basilikum waschen und in Streifen schneiden. Geflügelbrühe in einem Topf mit Sahne um die Hälfte einkochen lassen. Zwischenzeitlich die Tagliatelle in einem großen Topf mit Salzwasser nach Packungsangabe kochen, abgießen und warm halten. Roquefort zur reduzierten Brühe geben, weitere 2-3 Minuten einkochen lassen, Tomatenwürfel und Basilikum dazugeben und mit Salz, Pfeffer und Muskatnuss würzen. Tagliatelle unter die Sauce mischen und sofort servieren.

Arbeitszeit: 15 Min.
Garzeit: ca. 20 Min.

½ l Geflügelbrühe,
150 ml Sahne, 250 g Roquefort,
2 Fleischtomaten,
½ Bd. Basilikum, Salz,
Pfeffer, Muskatnuss,
500 g Tagliatelle

Conchiglioni mit Tintenfisch und pikanter Tomatensauce

Die kleinen Tintenfische auftauen lassen, waschen, trocken tupfen und in mundgerechte Stücke schneiden. Zwiebel und Knoblauch schälen und klein schneiden. Chilischote in feine Ringe schneiden, Petersilie waschen, trocken schütteln und fein hacken. In einem Topf mit 2 Esslöffeln Olivenöl, Zwiebel, Knoblauch und Chilischote anschwitzen, mit Cognac ablöschen und Fischfond aufgießen. Pizzatomaten und Lorbeerblätter zugeben, mit Salz und Pfeffer würzen und zugedeckt bei geringer Hitze 20 Minuten köcheln lassen. Zwischenzeitlich die Nudeln in einem großen Topf mit Salzwasser nach Packungsangabe al dente kochen. In einer heißen Pfanne mit dem restlichen Olivenöl den Tintenfisch für 3-4 Minuten kräftig anbraten und dann in die Tomatensauce geben. Conchiglioni abgießen mit der Tomatensauce mischen und auf Tellern anrichten. Sofort servieren.

Arbeitszeit: 15 Min.
Garzeit: ca. 25 Min.

500 g Tintenfische (tiefgefroren, küchenfertig), 1 Zwiebel,
2 Knoblauchzehen, 1 Chilischote,
3 Stiele Petersilie, 6 EL Olivenöl,
4 cl Cognac, 200 ml Fischfond,
1 Dose Pizzatomaten (440 g),
2 Lorbeerblätter, Salz, Pfeffer
500 g Conchiglioni (sehr große Muschelnudeln)

PIZZA

Pizzateig mit Mineralwasser (Grundrezept)

Arbeitszeit: 20 Min.
Backzeit: ca. 15 Min.

½ Würfel frische Hefe,
200 ml lauwarmes Mineral-
wasser, ½ TL Zucker,
400 g Mehl, 4 EL Olivenöl,
1 TL Salz

außerdem: Backpapier

Hefe mit lauwarmen Mineralwasser und Zucker glatt rühren. Das Mehl mit dem Salz in einer Rührschüssel vermischen, die aufgelöste Hefe und das Öl zugeben. Mit den Knethaken des Handrührgerätes zu einem geschmeidigen Teig verarbeiten und zugedeckt an einem warmen Ort für 45 Minuten gehen lassen. Anschließend in 4 Portionen teilen und auf einer bemehlten Arbeitsfläche rund ausrollen.

Die Pizzen auf ein mit Backpapier belegtes Backblech legen und nach Geschmack belegen. Im vorgeheizten Backofen auf bei 200°C (Ober-/Unterhitze) in ca. 25 Minuten knusprig backen, herausnehmen und sofort servieren.

Pizzateig mit Quark (Grundrezept)

Arbeitszeit: 10 Min.
Backzeit: ca. 25 Min.

250 g Quark, 1 Pck. Backpulver,
2 Eigelbe, 500 g Mehl,
50 g Öl, 50 g Milch, 1 Prise Salz,
Fett für das Backblech

Sämtliche Zutaten in einer Schüssel mischen und mit den Knethaken des Handrührgerätes 4-5 Minuten zu einem geschmeidigen Teig kneten, anschließend zugedeckt 15 Minuten ruhen lassen. Den Teig auf einer bemehlten Arbeitsfläche dünn ausrollen und auf ein gefettetes Backblech legen. Pizza nach Wunsch belegen und im vorgeheizten Backofen auf bei 200°C (Ober-/Unterhitze) in ca. 25 Minuten knusprig backen, herausnehmen und sofort servieren.

Pizza Napoli

Arbeitszeit: 30 Min.
Garzeit: 10 Min.

Hefeteig, Fett für die Form,
1 kg Tomaten, 1 EL Zucker,
Salz, Pfeffer, je 2 TL Basilikum
und Oregano, 1 TL Sardellenpaste oder -ringe, 3 EL Öl,
1 Kugel Mozzarella

außerdem: Backpapier

Hefeteig bereiten (Grundrezept siehe oben), auf einer bemehlten Arbeitsfläche dünn ausrollen und auf ein Backpapier ausgelegtes Backblech legen. Den Rand etwas dicker auslegen. Mit einer Gabel mehrmals einstechen.

Sardellenpaste und 1 Esslöffel Olivenöl verrühren, dünn auf den Teig streichen (oder Sardellenringe oder -streifen in Reihen oben auf die Tomatenscheiben legen). In Scheiben geschnittene Tomaten darauf verteilen, leicht salzen und zuckern. Mozzarella in kleine Würfel schneiden und darauf verteilen. Mit Salz, Pfeffer, Basilikum und Oregano würzen und mit etwas Olivenöl beträufeln. Im vorgeheizten Backofen auf bei 200°C (Ober-/Unterhitze) in 15-25 Minuten knusprig backen, herausnehmen und sofort servieren.

Pizza Quattro Stagioni

Mehl in eine Schüssel geben, in die Mitte eine Mulde drücken. Hefe in 100 ml warmem Wasser auflösen und in die Mulde gießen. Mit etwas Mehl bestäuben und an einen warmen Ort 15 Minuten ruhen lassen. Wasser, Öl und Salz dazugeben und alles zu einem glatten Teig verkneten. Zugedeckt 30 Minuten an einen warmen Ort gehen lassen.
Inzwischen die Tomaten blanchieren, häuten und ohne Stielansatz klein schneiden. Mit 2 Esslöffeln Öl einkochen, dann mit Salz, Pfeffer, Oregano würzen und den gehackten Knoblauch untermischen. Den Backofen auf 250 °C vorheizen. Champignons in Scheiben schneiden, Artischocken vierteln. Mozzarella, Schinken und Salami würfeln. Den Teig ausrollen und auf ein mit Backpapier ausgelegtes Blech legen. Mit Tomatensauce bestreichen, jedes Pizzaviertel anders belegen: mit Champignons, mit Salami und Oliven, mit Schinken und mit Artischocken belegen. Den Mozzarella darübergeben, mit Öl beträufeln und 20 Minuten backen.

Arbeitszeit: 35 Min.
Ruhe- und Garzeit: etwa 45 Min.

für 8 Personen:
500 g Mehl, 1 Würfel Hefe (41 g), 16 EL Olivenöl, Salz

800 g Tomaten, Pfeffer, Oregano, 4 Knoblauchzehen, 240 g Champignons, 8 Artischockenherzen in Öl eingelegt, je 100 g Schinken und Salami, einige schwarze Oliven, 300 g Mozzarella

außerdem: Backpapier

Pizza Rustica

Den Teig nach Grundrezept vorbereiten und auf 2 mit Backpapier belegten Backblechen dünn ausrollen. Dünne Tomaten- und Salamischeiben darauf verteilen, dann die geviertelten Artischockenherzen und die geputzten, halbierten Champignons. Zum Schluss Garnelen, Oliven und in Scheiben geschnittenen Mozzarella auf der Pizza verteilen und mit Olivenöl beträufeln. 15-20 Minuten bei 220 °C backen.

Arbeitszeit: 25 Min.
Garzeit: 20 Min.

Pizzateig, 400 g Tomaten, 200 g Champignons, 1 kl. Dose Artischockenherzen, 100 g Garnelen (Dose), schwarze Oliven, 100 g Salami, 200 g Mozzarella, 4 EL Olivenöl

außerdem: Backpapier

QUICHES, TARTES & PIKANTE KUCHEN

Quiche mit vier Käsesorten

Arbeitszeit: 15 Min.
Backzeit: 15 Min.

für den Teig: 120 g Mehl, 20 ml Milch, 2 EL Öl, 1 Ei, 1 Pck. Hefe

für den Belag: 80 g Comté, 80 g Mimolette, 80 g Bleu de Gex (oder Roquefort), 80 g Münsterkäse

Etwas Mehl und Butter für die Form

Mehl, Milch, Öl, das Ei und die Hefe mischen und den Teig kneten, bis er glatt und geschmeidig ist. Eine 25 cm große Form (am besten eine Tarteform aus feuerfester Keramik) einbuttern und mit Mehl bestäuben. Den Teig in die Form legen und den gesamten Boden damit bedecken. Viertel auf dem Teigboden markieren und jedes Teil mit einer Sorte Käsestückchen belegen. Die Quiche im vorgeheizten Backofen bei 200 °C 15 Minuten backen.

Rote-Bete-Quiche

Arbeitszeit: 25 Min.
Ruhezeit: 1 Std.
Backzeit: 35 Min.

für den Teig: 150 g Weizenmehl, 75 g kalte Butter, 1 Eigelb, Salz, Muskat

für den Eierguss: 200 g Sahne, 150 ml Milch, 3 Eier, 1 EL Sahnemeerrettich, Salz, Muskatnuss, 1 Msp. gemahlener Kreuzkümmel, 2 kleine Knollen Rote Bete, etwas Mehl für die Form

Butter in kleine Würfel schneiden, mit Mehl, Eigelb, Salz und Muskat in einer Schüssel mischen und zu einer Teigkugel verarbeiten. Zugedeckt für mindestens 1 Stunde kühl stellen. Anschließend den Mürbeteig auf einer bemehlten Arbeitsfläche dünn ausrollen und eine gefettete und mit Mehl bestäubte Springform damit auslegen. Der Teigrand sollte hierbei 2-3 cm hoch sein. Den Teigboden mit einer Gabel mehrmals einstechen. Rote Bete in 1 cm breite Würfel schneiden, gleichmäßig in der Springform verteilen. In einer

Schüssel Sahne, Milch, Eier, Sahnemeerrettich, Salz, Muskatnuss und Kreuzkümmel mit dem Schneebesen verquirlen
und über die Rote Bete gießen. Im vorgeheizten Backofen
bei 180 °C (Ober-/Unterhitze) 35 Minuten backen.

Quiche mit Tunfisch

Die Quicheform einfetten und mit Mürbeteig auslegen.
Zum „Blindbacken" den Teig mit Backpapier bedecken,
dann Hülsenfrüchte darauf verteilen und 10 Minuten bei
180 °C vorbacken. Wieder aus dem Ofen nehmen und
Backpapier und Hülsenfrüchte entfernen.
Die Tomaten in Scheiben schneiden, entkernen und salzen.
Den Teig mit Senf bestreichen und 30 g geriebenen Emmentaler darüberstreuen. Den Tunfisch und die Tomaten
darauf verteilen. In einer Schüssel Eier, Crème fraîche, den
restlichen Käse, Petersilie, Muskat, Salz und Pfeffer verrühren. Die Mischung in die Form geben. Thymian und Rosmarin darüberstreuen und bei 210 °C fertig backen.

Arbeitszeit: 15 Min.
Backzeit: 40 Min.

160 g fertiger Mürbeteig,
500 g Tomaten, 2 EL Senf,
60 g geriebener Emmentaler
(20 % Fett), 120 g Tunfisch im
eigenen Saft

2 Eier, 100 ml leichte Crème
fraîche, ½ Bd. Petersilie, 1 Prise
Muskat, Salz, Pfeffer, je ein
Zweig Thymian und Rosmarin

ca. 2 Pck. getrocknete Erbsen
oder andere Hülsenfrüchte zum
Blindbacken

Zucchini-Quiche

Den Backofen auf 200 °C vorheizen. Die Zucchini in kleine
Würfel schneiden. 250 ml Wasser mit Salz, Pfeffer und Muskat zum Kochen bringen. Die Zucchiniwürfel hinzugeben
und 2 Minuten kochen. Den Grieß hinzufügen und noch
1 Minute garen, dabei umrühren. Vom Herd nehmen.
In einer Schüssel Eier, Crème légère und Parmesan verrühren und mit Salz und Pfeffer abschmecken. Alles in einer
Quicheform verteilen und 30 Minuten backen.

Arbeitszeit: 20 Min.
Backzeit: 30 Min.

2 Zucchini, Salz, Pfeffer,
½ TL Muskat, 20 g Grieß,
2 Eier, 250 g Crème légère,
30 g Parmesan

Kleine Specktörtchen

Das Mehl durchsieben, mit Butter, Wasser und Salz zu einem Mürbeteig verkneten und für 1 Stunde in den Kühlschrank stellen. Inzwischen Speck und Zwiebeln würfeln
und in der Butter goldgelb dünsten. Milch, Eier, Gewürze
mit dem fein gewürfelten Käse mischen und die leicht abgekühlte Zwiebel-Speck-Masse unterrühren. Den Teig dünn
ausrollen und in kleine gefettete Torteletteförmchen geben.
Jeweils die Teigböden mit der Gabel einstechen, die Füllung
einstreichen und mit Schnittlauch bestreuen. Im vorgeheizten Backofen bei 200 °C etwa 20 Minuten backen.

Arbeitszeit: 20 Min.
Ruhezeit: 1 Std.
Backzeit: 20 Min.

175 g Mehl, 100 g Butter,
¼ Tasse Wasser, 1 Prise Salz,
2 Zwiebeln, 75 g geräucherter
Speck, 125 ml Milch, 2 Eier,
Salz, Paprika, Kümmel,
50 g Emmentaler,
1 Bd. gehackter Schnittlauch

Zwiebelkuchen

Arbeitszeit: 30 Min.
Ruhezeit: 2 Std.
Garzeit: gesamt etwa 1 Std.

125 ml Milch, 1 Pck. Instanthefe
oder 25 g frische Hefe,
½ TL Zucker, 75 g Butter,
250 g Mehl, 1 Prise Salz

6 große Zwiebeln, 100 g Butter,
1 Becher Naturjogurt,
1 Becher saure Sahne, 3 Eier,
gemahlener Kümmel, Pfeffer,
Edelsüßpaprika, Salz

Für den Hefeteig die Instanthefe unter das Mehl mischen, dann lauwarme Milch, Zucker, Salz und zerlassene Butter zugeben und alles glatt kneten. Frische Hefe zuerst zerbröckeln und mit lauwarmer Milch und Zucker einen Vorteig verrühren, kurz gehen lassen und dann mit Mehl, Salz und Butter zu einem Teig verkneten. Wer den Teig eher herzhaft möchte, kann ½ Teelöffel Salz zugeben. Die Schüssel mit einem Tuch bedecken und den Teig an einem warmen Ort 1 Stunde gehen lassen.

Für die Füllung die Zwiebeln schälen und in Ringe oder Streifen schneiden, in der Butter etwa 30 Minuten weich dünsten. Abkühlen lassen und mit dem Jogurt, der sauren Sahne und den Eiern verrühren und mit Kümmel, Paprika, Salz und Pfeffer abschmecken.

Den aufgegangenen Teig zu einer Kugel kneten und auf einer bemehlten Unterlage zu einem runden Boden von etwa 0,5 cm Höhe ausrollen. Den Boden mit etwas Mehl bestreuen und zuerst zum Halbkreis übereinanderschlagen, danach zum Viertelkreis. Das Viertel in eine gefettete Springform geben und so auseinanderfalten, dass der Teigrand bis zum oberen Rand der Form reicht. Überstehenden Teig abschneiden. Die Zwiebelmasse gleichmäßig in der Form verteilen und im vorgeheizten Backofen bei 220 °C etwa 30 Minuten backen.

> **TIPP** *Ein perfekter Begleiter für den Zwiebelkuchen ist Federweißer. Dieser junge Wein ist noch nicht ganz durchgegoren und schmeckt süß und prickelnd.*

Italienische Spinattorte

Arbeitszeit: etwa 30 Min.
Garzeit: gesamt etwa 1 ¼ Std.

1 Pck. tiefgekühlter Blätterteig,
300 g gefrorener oder 500 g
frischer Spinat, 2 Zwiebeln,
125 g geräucherter Speck, 3 Eier,
¼ l saure Sahne, 3 gehäufte TL
Speisestärke, Salz, Pfeffer, Muskat, 50 g geriebener Käse,
1 EL Paniermehl

Den Blätterteig rund ausrollen, auf ein mit Backpapier ausgelegtes Blech legen und eine Teigrolle als Rand rundherum andrücken.

Tiefgekühlten Spinat mit ein wenig Wasser dünsten, bis er aufgetaut ist, oder frischen Spinat waschen, kurz dünsten und abgießen. Speck würfeln und auslassen, gehackte Zwiebel darin andünsten und zum Spinat geben.

Eier, Sahne und Speisestärke vermischen, ebenfalls zum Spinat geben, würzen und die Hälfte des Käses unterrühren.

Teigboden mit der Gabel einstechen und die Spinatmasse
darauf verteilen. Mit dem restlichen Käse und dem Paniermehl bestreuen. Bei 190°C im vorgeheizten Backofen etwa
60 Minuten backen.

Mallorquinische Gemüsetarte

In einer Schüssel die Milch, Wasser, Öl, Schweineschmalz,
Salz, Mehl und Backpulver mischen. Mit den Knethaken des
Rührgerätes 4 -5 Minuten zu einem geschmeidigen Teig
verarbeiten und zugedeckt 20 Minuten ruhen lassen. Anschließend auf einer bemehlten Arbeitsfläche den Teig in
Backblechgröße rechteckig ausrollen und auf ein gefettetes,
mit Mehl bestäubtes Backblech legen. Mit einer Gabel
mehrmals einstechen und mit Olivenöl bepinseln.
Die Paprikaschoten halbieren, das Kerngehäuse herausschneiden, waschen und in Streifen schneiden. Frühlingszwiebeln waschen und in Ringe schneiden, getrocknete
Aprikosen in feine Streifen schneiden. Sämtliche Zutaten
gleichmäßig auf dem Tarteboden verteilen, mit Basilikumpesto und Olivenöl beträufeln und mit Meersalz und Pfeffer
würzen.
Im vorgeheizten Backofen bei 210°C (Umluft nicht empfehlenswert) 15-20 Minuten knusprig backen. Die Tarte etwas
abkühlen lassen und am besten lauwarm verzehren.

Arbeitszeit: 20 Min.
Ruhezeit: 20 Min.
Backzeit: 20 Min.

für den Teig: 150 ml Milch,
150 ml kaltes Wasser, 150 ml
Pflanzenöl, 1 EL Schweineschmalz, Salz, ca. 600 g Mehl,
½ TL Backpulver, 2 EL Olivenöl

für den Belag: 1 kg gelbgrüne
Spitzpaprika, 2 Bd. Frühlingszwiebeln, 150 g getrocknete
Aprikosen, 1 EL Basilikumpesto,
3 EL Olivenöl, 1 TL grobes
Meersalz, Pfeffer, etwas Mehl
und Butter für die Form

Lauchtorte

Arbeitszeit: 30 Min.
Ruhezeit: 2 Std.
Garzeit: gesamt etwa 1 Std.

250 g Mehl, 125 g Butter, 1 Prise
Salz, 5 Eier, etwa 1 kg Lauch,
1 EL Butter, 1 TL Aromat, Salz,
Pfeffer, Muskat, 1 Becher Natur-
jogurt, 125 ml saure Sahne, 3 TL
Speisestärke, 25 g geräucherter
Speck, 25 g geriebener Käse

Mehl, Butter und Salz mit dem Handrührgerät zu einem Mürbeteig verkneten. Zuletzt 1 Ei unterkneten und den Teig für 2 Stunden im Kühlschrank ruhen lassen. Inzwischen 2 Eier hart kochen. Den Lauch putzen, die grünen, harten Blätter entfernen und die zarten Blätter längs halbieren und in Streifen schneiden. Lauch in der Butter, dem Aromat und ½ Tasse Wasser 5 Minuten dünsten, dann gründlich abtropfen lassen. Den Teig ausrollen und eine gefettete Tarteform damit auslegen. Jogurt, Sahne, Speisestärke, Pfeffer, Muskat und 2 rohe Eier verrühren und unter den abgekühlten Lauch mischen. Alles in die Form füllen und mit fein geschnittenen Speckwürfeln und geriebenem Käse bestreuen. Mit den halbierten, gekochten Eiern belegen und im vorgeheizten Backofen bei 200 °C etwa 50 Minuten goldgelb backen.

 # Sauerkraut-Kranz

Arbeitszeit: 30 Min.
Ruhezeit: 2 Std.
Backzeit: ca. 1 Std.

350 g Weizenmehl, 150 g Dinkel-
mehl, Salz, 1 Würfel Hefe, 1 TL
Zucker, 125 ml Milch, 150 g But-
ter, 3 Eier, 1 Bd. Frühlingszwie-
beln, 200 g Sauerkraut, 100 g
Katenschinken, 1 TL gemahlener
Kreuzkümmel, 1 EL Olivenöl,
Fett und Mehl für die Form

Weizen- und Dinkelmehl mit Salz in einer Schüssel mischen und eine Mulde formen. Hefe und Zucker in lauwarmer Milch glatt rühren, in die Mulde gießen und 10 Minuten gehen lassen. Dann Eier und weiche Butter nach und nach dazugeben und mit den Knethaken des Rührgerätes zu einem geschmeidigen Teig verarbeiten. Zugedeckt an einem warmen Ort für etwa 2 Stunden gehen lassen. Zwischenzeitlich die Frühlingszwiebeln waschen und in Ringe schneiden. Sauerkraut in einem Sieb abwaschen, abtropfen lassen und klein hacken. In einem Topf mit Olivenöl den Katenschinken 3-4 Minuten angehen lassen, Sauerkraut und Frühlingszwiebeln dazugeben und mit Kreuzkümmel würzen. Die Krautmischung in den Teig einarbeiten und dann in eine gefettete und mit Mehl bestäubte Kranz-Backform einfüllen. 15 Minuten gehen lassen und im vorgeheizten Backofen bei 180 °C (Umluft 160 °C) ca. 1 Stunde backen.

Herrentorte

Mehl und Hefe gut vermischen, dann Zucker, Salz, Ei sowie die zerlassene, aber wieder abgekühlte Butter und die lauwarme Milch unterkneten. Mit dem Knethaken des Handrührgerätes mindestens 5 Minuten zu einem geschmeidigen Teig verarbeiten. Wenn er noch klebt, noch etwas Mehl zugeben. An einem warmen Ort zugedeckt 1 Stunde gehen lassen, danach nochmals gründlich durchkneten.

Zwei Drittel des Teiges rund ausrollen und eine gefettete Springform damit auslegen. Erneut gehen lassen. Wenn der Teig doppelte Höhe erreicht hat, bei 200-225 °C im vorgeheizten Backofen etwa 20 Minuten backen, anschließend abkühlen lassen. Aus dem restlichen Teig kleine Quadrate ausrollen, diese zu Dreiecken halbieren und jeweils mit einer Scheibe würziger Salami zu Hörnchen rollen. Sie werden ebenfalls bei 225 °C etwa 15 Minuten gebacken und schmecken frisch aus dem Backofen besonders gut.

Für die Füllung der Herrentorte nun aus 2 Eigelbe, 2 Teelöffel Senf, Essig und Öl eine Mayonnaise rühren, den Quark beifügen und mit Salz und Zucker abschmecken. 2 hart gekochte, Eier und 2 Cornichons würfeln und in die Hälfte der Quarkmayonnaise geben. Den Tortenboden quer durchschneiden und die untere Hälfte mit dieser Mischung bestreichen, oberen Boden auflegen, andrücken und nun die ganze Torte gleichmäßig mit der restlichen Quarkmayonnaise bestreichen. Mit der Teigkarte klein geschnittene rohe Schinkenwürfelchen am Rand festdrücken. Den Lachsschinken zu Röllchen drehen und sternförmig so auf der Torte anordnen, dass später auf jedem Stück eines ist. Die Torte mit hart gekochten Eierscheiben, Cornichonscheibchen und Petersilie verzieren. Vor dem Servieren muss die Torte mindestens 6 Stunden im Kühlschrank durchziehen.

Arbeitszeit: ca. 200 Minuten
Wartezeit: 1 Std.

500 g Mehl, 1 Pck. Trockenhefe, 1 TL Zucker, Salz, 1 Ei, 100 g Butter, ¼ l Milch, 2 Eigelbe, 2 TL Senf, Zucker, 2 EL Essig, ¼ l Öl, 250 g Speisequark, 3 hart gekochte Eier, 3 Cornichons, 125 g roher Schinken am Stück, 16 Scheiben Lachsschinken, ¼ Bd. Petersilie

nach Belieben: Salami für die Hörnchen aus Teigresten

PIKANTE MEHLSPEISEN

Piroggen mit Spinat-Rosinenfüllung

Arbeitszeit: 30 Min.
Ruhezeit: 1 Std.
Backzeit: ca. 20 Min.

150 g Butter, 100 ml Olivenöl, 275 g Mehl, 1 Ei, 2 EL Naturjogurt, 1 TL Backpulver, Salz, 1 rote Zwiebel, 1 EL eingeweichte Rosinen, 150 g TK Spinat (aufgetaut), Pfeffer, 1 Eigelb, 100 g Schafkäse, etwas Butter für das Blech

Die Butter, 75 ml Olivenöl, Mehl, Ei, Jogurt, Backpulver und Salz in einer großen Rührschüssel sorgfältig mischen und bedeckt im Kühlschrank mindestens 1 Stunde kalt stellen. Zwiebel fein schneiden und in einer Pfanne mit dem restlichen Olivenöl glasig anschwitzen, Rosinen und Blattspinat dazugeben und mit Salz und Pfeffer würzen. Anschließend etwas ausdrücken, grob hacken und 10 Minuten kalt stellen. Schafkäse zerbröseln und mit dem Rosinen-Blattspinat vermischen. Teig aus dem Kühlschrank nehmen und in pflaumengroße Stücke teilen. Eine Mulde in den Teig drücken und je 1 Esslöffel der Füllung hineingeben. Teig fest zusammendrücken und oval formen. Backblech mit Butter einfetten, die Piroggen darauf legen, mit Eigelb bestreichen und im vorgeheiztem Backofen bei 180 °C (Umluft 160 °C) 20 Minuten goldbraun backen und warm servieren.

Pfannkuchen mit Spinatfüllung

Arbeitszeit: 20 Min.
Garzeit: gesamt etwa 30 Min.

250 g Mehl, ½ l Milch, 2-3 Eier, etwas Salz, Butter

500 g Spinat, 1 Zwiebel, 3 EL Olivenöl, Salz, Pfeffer, Muskat, 100 g geriebener Käse, 200 g Sauerrahm, 2 EL Butter

Mehl in eine Schüssel sieben. Milch, Eier und Salz gut verquirlen und mit dem Mehl zu einem dickflüssigen Teig ohne Klümpchen verrühren. Butter in der Pfanne erhitzen, einen Schöpflöffel Teig in die Mitte gießen und die Pfanne drehen, bis sich der Teig verteilt hat. Auf beiden Seiten goldgelb backen, herausnehmen und warm halten.

Für die Füllung den Spinat putzen, in Streifen schneiden und mit der klein gehackten Zwiebel in einer Pfanne mit Öl anbraten. Mit Salz, Pfeffer, Muskat würzen. Die Pfannkuchen mit dieser Masse bestreichen und zusammenrollen. Eine Auflaufform mit Butter einfetten und die Pfannkuchen hineinlegen. Den geriebenen Käse mit dem Sauerrahm vermischen, über die Pfannkuchen verteilen und im Backofen bei mittlerer Hitze noch etwas überbacken.

Gefüllte Pfannkuchen mit Chorizo

Mehl, Maismehl und Milch mit einem Schneebesen zu einem glatten Teig verrühren. Eier dazugeben, mit Salz und Koriander würzen und 10 Minuten quellen lassen. Chorizo halbieren, die Haut abziehen und in dünne Scheiben schneiden. Paprika putzen, halbieren, das Kerngehäuse entfernen und in Streifen schneiden. Zwiebel schälen, klein schneiden und in einer Pfanne mit 1 Esslöffel Öl farblos anschwitzen. Chorizo und Paprikastreifen dazugeben, 3-4 Minuten anbraten und mit Ajvar und Gemüsebrühe mischen. Aus dem Teig in einer beschichteten Pfanne mit dem restlichen Öl 4 Pfannkuchen von jeder Seite goldbraun ausbacken. Die Pfannkuchen mit dem Chorizo-Paprikagemüse füllen, falten und auf ein mit Backpapier belegtes Backblech legen. Gleichmäßig mit Käse bestreuen und im vorgeheizten Backofen auf Grillfunktion 4-5 Minuten überbacken und sofort servieren.

Arbeitszeit: 30 Min.
Garzeit: ca. 25 Min.
Ruhezeit: ca. 10 Min.

200 g Mehl, 50 g Maismehl, 300 ml Milch, 4 Eier, Salz, 1 Msp. Korianderpulver, 400 g pikante Chorizo (spanische Salami), 500 g gemischte Paprika, 1 Zwiebel, 3 EL Rapsöl, 100 g Ajvar, 125 ml Gemüsebrühe, 100 g Gratinierkäse

außerdem: Backpapier

Tunfisch-Pfannkuchen

Eier trennen und die Eiweiße mit dem Rührgerät steif schlagen. Milch, Mehl, Eigelb und Salz in einer Schüssel zu einem glatten Teig rühren und den Eischnee vorsichtig unterheben. Zwiebel schälen und fein würfeln. Paprika putzen, waschen und in dünne Streifen schneiden. Tunfisch abtropfen lassen. Basilikum waschen, trocken schütteln und die Blättchen von den Stielen zupfen. 1 Teelöffel Butterschmalz in einer Pfanne erhitzen, Zwiebel darin glasig anschwitzen, Paprikastreifen zugeben, mit Salz und Pfeffer würzen und 2-3 Minuten braten. ¼ des Pfannkuchenteiges über das Gemüse gießen, ¼ des Tunfisches in den Teig verteilen und 2-3 Minuten von jeder Seite goldgelb anbraten. Diesen Vorgang dreimal wiederholen, bis der Teig aufgebraucht ist. Pfannkuchen auf Tellern anrichten und mit Basilikum bestreuen.

Arbeitszeit: 20 Min.
Garzeit: ca. 30 Min.

250 ml Milch, 3 Eier, 125 g Mehl, Salz, 1 Zwiebel, 2 rote Paprikaschoten, 2 Dosen Tunfisch im eigenen Saft, 4 Stiele Basilikum, 4 TL Butterschmalz, Pfeffer

Lauch-Tomaten-Muffins mit grünem Pfeffer

Arbeitszeit: 20 Min.
Backzeit: ca. 25 Min.

120 g Lauch, 1 kleine Zwiebel, 4 getrocknete Tomaten in Öl, 1 EL grüner Pfeffer in Lake, 3 Zweige Thymian, 120 g Weizenmehl, 90 g Dinkelmehl, 1 Pck. Backpulver, 40 g feine Haferflocken, ½ TL Salz, 2 Eier, 50 ml Olivenöl, 250 ml Milch, 40 g geriebener Gruyère

Lauch waschen, putzen und in feine Ringe schneiden. Zwiebel klein würfeln. Getrocknete Tomaten in Stücke schneiden, grünen Pfeffer abgießen und grob zerdrücken. Thymian waschen, trocken schütteln und fein hacken. Weizen- und Dinkelmehl, Backpulver, Haferflocken und Salz in einer Schüssel vermischen. Lauch, Zwiebeln, getrocknete Tomaten, grünen Pfeffer und Thymian dazugeben. Eier in einer zweiten Schüssel mit dem Schneebesen verquirlen, Olivenöl, Milch und 20 g Käse dazugeben und glatt rühren. Die Mehlmischung hinzufügen und vorsichtig unterheben. Muffinformen ca. ¾ mit dem Teig füllen und dem restlichem Käse bestreuen. Im vorgeheiztem Backofen bei 180 °C (Umluft 160 °C) 20-25 Minuten goldgelb backen.

Pikanter mexikanischer Rührkuchen

Arbeitszeit: 25 Min.
Garzeit: ca. 10 Min.
Backzeit: ca. 35-40 Min.

2 rote Paprikaschoten, 1 kleine Chilischote, 200 g gekochter Schinken, 1 Dose Mais, 1 kleine Zwiebel, 2 EL Olivenöl, 6 Eier, 200 g Mehl, 2 TL Backpulver, 200 g warme Butter, 2 EL Gemüsebrühe, 1 TL getrockneter Thymian, Salz, Pfeffer, 200 g geriebener Gouda, etwas Butter und Mehl für die Form

Paprika putzen, waschen und in kleine Würfel schneiden. Chilischote in feine Ringe schneiden, Schinken und Zwiebel würfeln. In einer Pfanne mit Olivenöl die Zwiebel glasig anschwitzen, Paprika, Chili, Mais und Schinken dazugeben, mit Salz und Pfeffer würzen. Mit Brühe aufgießen und 3-4 Minuten garen. Eier, Mehl, Backpulver, Butter und Thymian in einer Schüssel mischen und mit den Knethaken des Rührgerätes zu einem Teig verarbeiten. Gemüse und geriebenen Gouda dazugeben und gut vermischen. Den Teig in eine gefettete und mit Mehl bestäubte Gugelhupfform füllen und im vorgeheizten Backofen bei 190°C (Umluft 170°C) 35-40 Minuten goldgelb backen. Dann auf ein Kuchengitter stürzen, leicht abkühlen lassen und lauwarm servieren.

Südtiroler Schlutzkrapfen

Arbeitszeit: 40 Min.
Ruhezeit: 1 Std.
Garzeit: ca. 10 Min.

150 g Roggenmehl, 100 g Weizenmehl, 1 Ei, Salz, 1 EL Olivenöl, 3-4 EL lauwarmes Wasser, 500 g Blattspinat, 3 Stiele Petersilie, 1 Zwiebel, 1 EL Butter, 100 g Quark, 50 g frisch geriebener Parmesan, Pfeffer, Muskat

außerdem: Nudelmaschine

Roggenmehl, Weizenmehl, Ei, Salz, Olivenöl und 3-4 Esslöffel lauwarmes Wasser in einer Schüssel mischen und mit den Knethaken des Handrührgerätes zu einem glatten Teig verarbeiten. Zugedeckt etwa 1 Stunde kalt stellen. Spinat von den dicken Stielenden abtrennen, waschen und in einem Topf mit wenig kochendem Salzwasser 2-3 Minuten zugedeckt dünsten. Anschließend in ein Sieb abgießen, abtropfen lassen, fest ausdrücken und fein schneiden. Petersilie waschen und die Blätter fein hacken. Die Zwiebel klein würfeln und in einem Topf mit Butter glasig anschwitzen. Spinat, Quark, Parmesan und Petersilie dazugeben und mit Salz, Pfeffer und Muskat würzen. Danach die Masse 15 Minuten im Kühlschrank auskühlen lassen. Den Teig mit einer Nudelmaschine auf einer bemehlten Arbeitsfläche dünn ausrollen. Mit einem Glas (ca. 8 cm Ø) etwa 16 Kreise ausstechen und je 1 Teelöffel Spinat-Masse darauf geben. Teig überklappen und die Ränder fest andrücken. Die Schlutzkrapfen in einem großen Topf mit kochendem Salzwasser ca. 3-4 Minuten garen, vorsichtig mit einer Schaumkelle herausnehmen und mit dem restlichen Parmesan bestreuen.

Lachs-Crêpes-Torte

Für den Teig Mehl mit Milch in einer Schüssel glatt rühren, Eier dazugeben und mit Salz und Muskat würzen, dann zugedeckt 10 Minuten ruhen lassen. Den Frischkäse mit Meerrettich, Feigensenf und Salz verrühren. Dill waschen, fein hacken und unter die Creme rühren. Radicchioblätter mit lauwarmen Wasser waschen und in feine Streifen schneiden. Räucherlachs in Würfel schneiden. ½ Teelöffel Butterschmalz in einer kleinen Pfanne (20 cm Ø) erhitzen und die Crêpes einzeln ausbacken. Auf einem Teller 15 Minuten abkühlen lassen. Die Crêpes mit Frischkäsecreme bestreichen, mit Radicchio und Lachs belegen und dann übereinanderstapeln. Mit einem unbelegten Crêpe abschließen und leicht andrücken. Im Kühlschrank für 1 Stunde kalt stellen.

Arbeitszeit: 20 Min.
Ruhezeit: ca. 1½ Std.
Garzeit: ca. 15 Min.

100 g Mehl, 125 ml Milch,
2 Eier, 1 Prise Salz,
1 Prise Muskat,
20 g Butterschmalz,
150 g Frischkäse,
1 TL Meerrettich,
1 EL Feigensenf,
½ Bd. Dill,
4 Blätter Radicchio,
200 g Räucherlachs

VEGETARISCHE GERICHTE

Pochierte Senf-Eier mit Bärlauchpüree

Arbeitszeit: 30 Min.
Garzeit: ca. 35 Min.

600 g Kartoffeln
(mehligkochend), Salz,
2 EL Butter, 30 g Mehl,
250 ml Gemüsebrühe,
250 ml Milch,
2 EL grober Senf,
Pfeffer, 4 EL Essig,
50 g Bärlauchpesto,
Muskatnuss,
8 Eier, 1 Zwiebel,
2 EL Pflanzenöl

Kartoffeln schälen, waschen, halbieren und in Salzwasser 25 Minuten weich kochen. 1 Esslöffel Butter in einem Topf schmelzen, Mehl dazugeben und anschwitzen. Mit Gemüsebrühe und 125 ml Milch aufgießen und unter ständigem Rühren aufkochen lassen. Senf unterrühren und mit Salz und Pfeffer abschmecken. Zwischenzeitlich 1 Liter Salzwasser mit Essig zum Kochen bringen. Kartoffeln abgießen und in eine Schüssel geben. Mit den restlichen 125 ml Milch, 1 Esslöffel Butter und Bärlauchpesto mischen und mit einem Kartoffelstampfer zu einem Brei zerdrücken. Mit Salz und Muskatnuss abschmecken und warm halten.

Die Eier einzeln in eine Kelle schlagen, vorsichtig in das siedende Essigwasser gleiten lassen und bei schwacher Hitze 4-5 Minuten pochieren. Danach mit einer Schaumkelle herausnehmen, abtropfen lassen und warm stellen. Zwiebel schälen, in Ringe schneiden und in dem restlichen Mehl wenden. In einer heißen Pfanne mit Öl die Zwiebelringe 3-4 Minuten goldgelb ausbacken und auf Küchenpapier abtropfen lassen. Bärlauchpüree auf Tellern mit den Eiern anrichten, der Senfsauce übergießen und mit den Zwiebelringen garnieren.

Leipziger Allerlei

Spargel waschen, schälen, die Enden abschneiden und die Stangen in 3-4 cm lange Stücke schneiden. Blumenkohl waschen und in kleine Röschen teilen. Karotten waschen, schälen und schräg in Scheiben schneiden. Lauchzwiebeln putzen und in 2 cm lange Stücke schneiden, Zuckerschoten waschen, putzen und schräg halbieren. Erbsen in einem Sieb abwaschen und abtropfen lassen. Morcheln je nach Größe der Länge nach halbieren oder vierteln. Unter fließendem Wasser gründlich reinigen und auf Küchenpapier abtropfen lassen. Schalotten schälen, halbieren und fein würfeln. In einem großen Topf mit kochendem Salzwasser die Gemüsesorten einzeln 2-3 Minuten bissfest blanchieren, abgießen und in Eiswasser abschrecken. Dabei ½ Liter des Kochwassers aufbewahren. Butter in demselben Topf aufschäumen, Schalotten farblos anschwitzen, Morcheln dazugeben, 3-4 Minuten anbraten und herausnehmen. Bratensatz mit Weißwein ablöschen und einmal aufkochen lassen. Anschließend Sahne und Gemüsewasser zugießen und um die Hälfte einreduzieren. Blanchiertes Gemüse und Morcheln dazugeben, mit Salz, Pfeffer und Worcestersauce würzen und Crème fraîche verfeinern. Zum Schluss mit frisch gehackter Kerbel bestreuen und servieren.

Arbeitszeit: 40 Min.
Garzeit: ca. 25 Min.

Je 200 g weißer und grüner Spargel, ½ kleiner Blumenkohl, 100 g Karotten, 1 Bd. Lauchzwiebeln, 100 g Zuckerschoten, 100 g Erbsen, Salz, 100 g frische Morcheln (ersatzweise frische Pfifferlinge), 2 Schalotten, 20 g Butter, 30 ml Weißwein, 150 ml Sahne, Salz, Pfeffer, 1 TL Worcestersauce, 50 g Crème fraîche, ½ Bd. Kerbel

Kartoffelcurry

Kartoffeln schälen, waschen und in 1 cm große Würfel schneiden. In Salzwasser 5 Minuten vorkochen und abgießen. Zwiebeln und Knoblauch schälen und klein schneiden. Karotten schälen, waschen und in feine Scheiben schneiden. Paprikas halbieren, Kerngehäuse entfernen und in Würfel schneiden. Chilischote in feine Ringe schneiden. Shiitake-Pilze vom Strunk entfernen und vierteln. Erdnussöl in einem Wok erhitzen, Zwiebeln, Knoblauch und Chili goldgelb anbraten, restliches Gemüse dazugeben und 2-3 Minuten mitbraten. Danach mit Gemüsebrühe und Kokosmilch aufgießen. Ingwer schälen, fein reiben und mit Currypaste in die Sauce geben. Mit Salz und Fischsauce würzen und 3-4 Minuten sanft köcheln lassen. Koriander waschen, trocken schütteln und grob hacken. Kartoffel-Curry auf Tellern anrichten, mit Koriander bestreuen und servieren.

Arbeitszeit: 20 Min.
Garzeit: ca. 20 Min.

200 g Kartoffeln (vorwiegend festkochend), 2 rote Zwiebeln, 2 Knoblauchzehen, 1 walnussgroßes Stück Ingwer, 2 Karotten, 1 rote Chili, je 1 rote und 1 gelbe Paprika, 100 g frische Shiitake-Pilze, 2 EL Erdnussöl, 1 EL rote Currypaste, 200 ml Gemüsebrühe, 150 ml Kokosmilch, Salz, etwas Fischsauce, 1 Bd. frischer Koriander

Zucchini-Maisplätzchen mit Schafskäse

Arbeitszeit: 15 Min.
Garzeit: ca. 20 Min.

250 g Zucchini, 200 g Mais, 200 g Schafskäse, ½ Bd. Basilikum, 2 Eier, Salz, Pfeffer, Muskatnuss, 50 g Dinkelmehl, 1 EL Maisstärke, 200 g Kartoffelpüreepulver, 50 g Butterschmalz

nach Belieben:
Kräuterquark oder Zaziki

Zucchini waschen, Stielansatz abschneiden und auf einer Gemüsereibe grob raspeln. Mais in einem Sieb abtropfen lassen. Schafskäse in eine Schüssel zerkrümeln, mit Zucchini und Mais mischen. Basilikum waschen, trocken schütteln und fein hacken. Mit den Eiern unter die Gemüse-Käse-Mischung rühren und mit Salz, Pfeffer und Muskat würzen. Mehl, Maisstärke und Kartoffelpüreepulver mischen, zum Gemüse geben und alles zu einem cremigen Teig verarbeiten. Butterschmalz in einer Pfanne erhitzen und jeweils 3 Plätzchen 8-10 Minuten knusprig ausbacken, dabei mehrmals wenden. Plätzchen herausnehmen, auf Küchenpapier abtropfen lassen und mit Kräuterquark oder Zaziki servieren.

Gefüllte Kohlrabi

Arbeitszeit: 30 Min.
Ruhezeit: 15 Min.
Garzeit: ca. 60 Min.

50 g Vierkornschrot, 1 Zwiebel, 1 Knoblauchzehe, 1 gelbe Paprikaschote, 1 kleine Zucchini, 4 mittelgroße Kohlrabi, ½ Bd. Schnittlauch, 1 EL Butter, Salz, Pfeffer, 150 g Frischkäse mit Kräutern, 200 ml Gemüsebrühe, 2 EL Schlagsahne

Vierkornschrot mit 150 ml kochendem Wasser übergießen und zugedeckt 15 Minuten quellen lassen. Zwiebel und Knoblauch schälen und klein schneiden. Paprika halbieren und Kerngehäuse entfernen, Zucchini waschen, den Stielansatz abschneiden und mit der Paprika in feine Würfel schneiden. Kohlrabi schälen, waschen und die Herzblätter aufbewahren. Kohlrabi mit einem Kugelausstecher oder einem Löffel aushöhlen. Die Hälfte der Kohlrabimasse fein hacken und unter das gewürfelte Gemüse mischen. Kohlrabiblätter in feine Streifen und Schnittlauch in feine Röllchen schneiden. In einem Topf mit Butter, Zwiebel und Knoblauch farblos anschwitzen, Gemüse dazugeben und 3-4 Minuten garen. Getreideschrot untermischen, mit Salz und Pfeffer würzen und vom Herd nehmen. Anschließend Frischkäse und Schnittlauch einrühren, die fertige Masse in die Kohlrabi füllen und in eine feuerfeste Form setzen. Mit Gemüsebrühe aufgießen, restliche Kohlrabistücke in der Form verteilen und im vorgeheizten Backofen bei 200 °C (Umluft 180 °C) ca. 45 Minuten garen. Kohlrabi aus der Form heben, Schlagsahne in die Brühe zu den Kohlrabistücken geben und mit dem Stabmixer fein pürieren. Restlichen Frischkäse auf den Kohlrabis verteilen, in die Form zurückgeben und unter dem Grill 3-4 Minuten bräunen. Mit den fein geschnittenen Kohlrabiblättern bestreut servieren.

Chinakohl-Rouladen

Zwiebel und Knoblauch schälen und fein würfeln. Karotte schälen, waschen und mit einer Gemüsereibe grob raspeln. Grünkern-Fertigmischung mit 250 ml warmem Wasser glatt rühren und 15 Minuten quellen lassen.
1 Esslöffel Olivenöl in einer Pfanne erhitzen. Zwiebel, Knoblauch und Karottenraspel farblos andünsten, Grünkern-Mischung zufügen und 3-4 Minuten braten. Anschließend herausnehmen und kalt stellen.
Hüttenkäse in die kalte Mischung unterrühren und mit Salz und Pfeffer würzen. Beim Chinakohl den Strunk herausschneiden und die Blätter waschen und trocken schütteln. Anschließend auf einer Arbeitsfläche ausbreiten und jeweils 2 Esslöffel Grünkernmischung darauf verteilen. Die Seiten der Blätter einschlagen und von unten nach oben fest zu einer Roulade aufrollen. Danach einzeln mit Küchengarn zusammenbinden. Restliches Olivenöl in einer Pfanne erhitzen, Rouladen 4-5 Minuten von allen Seiten anbraten und herausnehmen.
Bratensatz mit Gemüsebrühe aufgießen, gehackte Tomaten und Sojasauce dazugeben und mit Salz, Pfeffer und einer Prise Zucker würzen. Rouladen in die Sauce legen und zugedeckt bei mittlerer Hitze ca. 10 Minuten schmoren.
Die Chinakohl-Rouladen auf Tellern anrichten, mit Basilikum und kleinen Tomatenstücken bestreuen und servieren.

Arbeitszeit: 30 Min.
Ruhezeit: 15 Min.
Garzeit: ca. 20 Min.

1 rote Zwiebel, 2 Knoblauchzehen, 1 Karotte, 1 Pck. Grünkern-Bratlinge Fertigmischung (200 g), 3 EL Olivenöl, 200 g Hüttenkäse, Salz, Pfeffer, 8 Chinakohlblätter, 250 ml Gemüsebrühe, 1 Dose gehackte Tomaten, 2 EL Sojasauce, 1 Prise Zucker, 2 EL fein geschnittener Basilikum

außerdem: Küchengarn

Tofugeschnetzeltes mit Austernpilzen

Arbeitszeit 20 Min.
Garzeit: ca. 15 Min.
Ruhezeit: 15 Min.

200 g Bärlauch-Tofu,
2 EL Limettensaft,
½ TL Paprikapulver,
2 EL Sojasauce, Salz, Pfeffer,
1 Zwiebel, 2 Frühlingszwiebeln,
100 g Austernpilze,
2 EL Butterschmalz,
1 EL Mehl, 50 ml Weißwein,
150 ml Gemüsebrühe,
100 g Crème fraîche,
½ Bd. Schnittlauch

Tofu in mundgerechte Streifen schneiden. Aus Limettensaft, Paprikapulver und Sojasauce eine Marinade herstellen, Tofustreifen dazugeben, mit Salz und Pfeffer würzen und 15 Minuten darin marinieren. Zwiebel schälen, halbieren und in feine Würfel schneiden. Frühlingszwiebeln waschen, trocken schütteln und in Ringe schneiden. Austernpilze putzen, die Strunkenden abschneiden und halbieren. 1 Esslöffel Butterschmalz in einer Pfanne erhitzen und die Zwiebel farblos anschwitzen. Austernpilze dazugeben, mit Salz und Pfeffer würzen und 3-4 Minuten kräftig anbraten. Anschließend die Pilze mit Mehl bestäuben, gut umrühren und mit Weißwein ablöschen. Mit Gemüsebrühe aufgießen, Crème fraîche unterrühren und 5-6 Minuten sanft köcheln lassen. Zwischenzeitlich die Tofustreifen in einem Sieb abtropfen lassen und in einer zweiten Pfanne mit dem restlichen Butterschmalz 4-5 Minuten knusprig braten, dabei öfter wenden. Frühlingszwiebeln dazugeben, durchschwenken und unter die Pilzsauce mischen. Tofugeschnetzeltes auf Tellern anrichten und mit Schnittlauch bestreuen.

Grünkern-Bratlinge mit schwarzem Rettich à la crème

Arbeitszeit: 30 Min.
Ruhezeit: 10 Min.
Garzeit: ca. 50 Min.

400 g Kartoffeln (mehligkochend), ½ TL Kreuzkümmel,
1 Lorbeerblatt, 100 g Grünkernschrot (Reformhaus),
250 ml Gemüsebrühe,
1 Zwiebel, 2 Knoblauchzehen,
50 g geriebener Gouda, 1 Ei,
2 EL Paniermehl, Salz, Pfeffer,
500 g schwarzer Rettich,
50 g Butterschmalz,
100 ml Kokosmilch,
1 Msp. grüne Currypaste,
1 EL Butter,
½ Bd. Schnittlauch

Kartoffeln waschen und in Salzwasser mit Kreuzkümmel und Lorbeerblatt 25 Minuten weich kochen. Grünkernschrot mit 250 ml Gemüsebrühe zugedeckt in einem Topf aufkochen, anschließend 10 Minuten quellen lassen und kalt stellen. Zwiebel und Knoblauch schälen und fein hacken. Kartoffeln schälen und anschließend durch eine Kartoffelpresse in eine Schüssel drücken. Käse, Ei, Zwiebel, Knoblauch, Paniermehl und Grünkernschrot dazugeben, mit Salz und Pfeffer würzen und zu einer geschmeidigen Masse verarbeiten. Mit angefeuchteten Händen 8 Bratlinge formen. Rettich waschen, schälen, halbieren und mit einem Gemüsehobel in Scheiben schneiden. Danach mit Salz würzen und 5 Minuten ziehen lassen. Die Bratlinge in einer heißen, großen Pfanne mit Butterschmalz 8-10 Minuten goldbraun braten, dabei mehrmals wenden. Rettich in einem Sieb abgießen, dabei das Rettichwasser auffangen. In einem Topf mit Butter den Rettich 2-3 Minuten glasig andünsten und mit Rettichwasser und Kokosmilch aufgießen. Currypaste einrühren, mit Salz und Pfeffer würzen und 4-5 Minuten köcheln lassen. Bratlinge mit dem Rettichgemüse auf Tellern anrichten und mit fein geschnittenen Schnittlauchröllchen bestreuen.

Paella „Gallega"

Zwiebel und Knoblauch schälen und fein hacken. Paprika halbieren, Kerngehäuse entfernen und in Streifen schneiden. Zucchini waschen, Stielansatz entfernen, halbieren und in Scheiben schneiden. Lauch halbieren, waschen und in 1 cm breite Stücke schneiden. Bohnen abwaschen und abtropfen lassen. In einer großen Pfanne mit Olivenöl, Zwiebel und Knoblauch goldgelb anbraten, Paprika, Zucchini und Lauch dazugeben und 4-5 Minuten braten. Bohnen und Erbsen untermischen, mit Salz und Pfeffer würzen und kurz durchschwenken. Anschließend das Gemüse herausnehmen und warm stellen.
Reis in die Pfanne geben, 2-3 Minuten anbraten, mit Paprikapulver, Kurkuma und Safran würzen und Gemüsebrühe aufgießen. Tomaten einrühren und zugedeckt 35 Minuten bei mittlerer Hitze garen. Dabei mehrmals umrühren. Zum Schluss das Gemüse mit dem Reis mischen und weitere 5 Minuten ziehen lassen. Mit frisch gehackter Petersilie bestreuen und Zitronenvierteln servieren.

Arbeitszeit: 20 Min.
Garzeit: ca. 40 Min

1 Zwiebel, 2 Knoblauchzehen,
2 rote Paprikaschoten,
1 Zucchini, 1 kleine Stange
Lauch, 1 Glas dicke Bohnen
(Reformhaus), 3 EL Olivenöl,
100 g TK-Erbsen, Salz, Pfeffer,
250 g Paellareis (Rundkornreis),
1 TL Paprikapulver,
½ TL Kurkuma, 1 g Safranfäden,
¾ l Gemüsebrühe,
1 Dose Pizzatomaten (440 g),
1 EL gehackte Petersilie,
einige Zitronenviertel

GESUNDE VOLLWERTKOST

Dinkelrollen mit Lauchzwiebeln

Arbeitszeit: 40 Min.
Garzeit: ca. 1 Std.
Abkühlzeit: ca. 30 Min.

1 Knoblauchzehe, 1 EL Butter,
80 g Dinkelkorn (Reformhaus),
400 g Gemüsebrühe,
1 Bd. Lauchzwiebeln,
100 g Champignons,
1 EL Olivenöl, 50 g Katenschinken gewürfelt, Salz, Pfeffer,
Muskatnuss, ½ Bd. Petersilie,
1 Pck. Strudelteig im Frischepack
(aus dem Kühlregal), 1 Ei,
etwas flüssige Butter

Knoblauchzehe schälen und fein hacken. Butter in einem Topf anschwitzen, Dinkelkorn dazugeben und mit Gemüsebrühe aufgießen. Mit Salz, Pfeffer und Muskatnuss würzen und zugedeckt bei geringer Hitze 30 Minuten köcheln lassen.

Zwischenzeitlich die Lauchzwiebeln waschen und in feine Ringe schneiden. Champignons putzen, den Stiel abschneiden und fein würfeln. In einer Pfanne mit Olivenöl den Katenschinken, Pilzwürfel und Lauchzwiebeln 2-3 Minuten anschwitzen. Dinkel abgießen, abtropfen lassen, mit dem Gemüse mischen und weitere 3-4 Minuten braten. Anschließend Petersilie untermischen, aus der Pfanne nehmen und 30 Minuten kalt stellen.

Je 1 Strudelblatt auf einem großen Tuch ausbreiten, mit flüssiger Butter bestreichen und ein zweites Blatt darüberlegen. Die Blätter in 6 Rechtecke schneiden, auf jedes Rechteck 1 Esslöffel der Dinkelmasse verteilen. Die Seiten einschlagen, zu einer Rolle aufrollen und auf ein gefettetes Backblech legen. Mit verquirltem Ei bestreichen und im vorgeheizten Backofen bei 180 °C (Umluft 180 °C) 15 Minuten goldbraun backen. Herausnehmen und servieren.

Gemüse-Bratlinge

Gemüsebrühe aufkochen, das Grünkernschrot einrühren und zugedeckt 10 Minuten bei geringer Hitze garen. Zwischenzeitlich die Karotten waschen, schälen und fein raspeln. Frühlingszwiebeln waschen und in feine Ringe schneiden. Gemüse unter den Grünkern mischen und weiter 5 Minuten garen. Danach vom Herd nehmen und abkühlen lassen. Knoblauch schälen und klein schneiden, Petersilie waschen, trocken schütteln und fein hacken. Beides mit den Eiern unter die Grünkern-Mischung rühren, mit Salz und Pfeffer würzen und zu kleinen Bratlinge formen. In einer beschichteten Pfanne mit Olivenöl die Bratlinge 4-5 Minuten auf jeder Seite goldbraun braten und nach Belieben warm oder kalt servieren.

Arbeitszeit: 25 Min.
Garzeit: ca. 25 Min.

500 ml Gemüsebrühe, 200 g Grünkernschrot (Reformhaus), 2 Karotten, ½ Bd. Frühlingszwiebeln, 1 Knoblauchzehe, ½ Bd. Petersilie, 2 Eier, Salz, Pfeffer, 3 EL Olivenöl

Waldpilz-Kartoffel-Strudel

Mehl, Öl, Wasser, Salz und Zucker in einer Schüssel mischen und mit den Knethaken des Handrührgerätes 10 Minuten zu einem geschmeidigen Teig verarbeiten. Den Teig zu einer Kugel formen, mit Öl bestreichen und mindestens 2 Stunden ruhen lassen.
Zwischenzeitlich die Kartoffeln waschen und in Salzwasser 25-30 Minuten weich kochen. Kartoffeln schälen, durch eine Kartoffelpresse drücken und mit den Eiern und geriebenem Toastbrot mischen. Waldpilze putzen, sorgfältig reinigen und in kleine Stücke schneiden. Petersilie waschen, trocken schütteln und fein hacken. Zwiebel schälen, klein schneiden und in einer Pfanne mit Butterschmalz farblos anschwitzen. Pilze dazugeben, bei starker Hitze 6-8 Minuten anbraten, Petersilie untermischen und mit Salz und Pfeffer würzen. Pilze unter die Kartoffelmasse mischen und vollständig abkühlen lassen.
Danach den Strudelteig auf einer mit Mehl bestäubten Arbeitsmatte hauchdünn ausziehen und mit Paniermehl bestreuen. Die Pilz-Kartoffelmasse am unteren Ende gleichmäßig verteilen, die Teigränder einschlagen und mithilfe der Arbeitsmatte zu einer Rolle aufrollen. Anschließend den Pilzstrudel auf ein mit Backpapier belegtes Backblech legen und im vorgeheizten Backofen bei 180 °C (Umluft 160 °C) 45 Minuten goldbraun backen.

Arbeitszeit: 45 Min.
Garzeit: ca. 1,5 Std.
Ruhezeit: ca. 2 Std.

für den Teig: 300 g Mehl, 2 EL Pflanzenöl, 100 ml lauwarmes Wasser, Salz, 1 Prise Zucker

für die Füllung: 500 g Kartoffeln, 2 Eier, 4 Scheiben geriebenes Toastbrot, 1 kg Waldpilze (Pfifferlinge, Steinpilze, Maronen), ½ Bd. Petersilie, 1 Zwiebel, 1 EL Butterschmalz, Salz, Pfeffer, 2 EL Paniermehl

außerdem: Backpapier, Arbeitsmatte (z.B. aus Silikon)

Hirse-Puffer mit getrockneten Tomaten

Arbeitszeit: 25 Min.
Garzeit: ca. 25 Min.

¾ l Gemüsebrühe,
300 g Hirse (Reformhaus),
100 g getrocknete Tomaten
in Öl, ½ Bd. Basilikum,
1 Kugel Büffelmozzarella,
Salz, Pfeffer,
3 EL Olivenöl, 2 Eier

Gemüsebrühe aufkochen, Hirse einrühren und zugedeckt 15-20 Minuten bei geringer Hitze garen. Danach vom Herd nehmen und abkühlen lassen. Die Tomaten in einem Sieb abtropfen lassen und in feine Streifen schneiden. Basilikum waschen, trocken schütteln und fein hacken. Büffelmozzarella in kleine Würfel schneiden. Die Hirse mit den Eiern, Tomaten, Basilikum und Mozzarella mischen und mit Salz und Pfeffer würzen. Danach in eine beschichtete Pfanne mit Olivenöl kleine Puffer aus je 1 Esslöffel der Hirsemasse geben und 4-5 Minuten auf jeder Seite goldbraun braten. Die Hirsepuffer nach Belieben warm oder kalt servieren.

Risi Bisi aus Vollkornreis

Arbeitszeit: 20 Min.
Garzeit: ca. 40 Min.

300 g Vollkornreis (Rundkornreis), 1 Zwiebel, 100 g Parmaschinken, 4 getrocknete Tomaten in Öl, ½ Bd. Petersilie, 1 EL Olivenöl, 1 EL Butter, 200 g Erbsen (TK), 50 g Parmesan, Salz, Pfeffer, ca. ½ l Gemüsebrühe

Den Reis in einem Sieb waschen und abtropfen lassen. Zwiebel schälen und fein würfeln, Parmaschinken in feine Streifen schneiden. Die Tomaten mit Küchenpapier vom Öl abtupfen und in kleine Würfel schneiden. Petersilie waschen, trocken schütteln und fein hacken. Olivenöl und Butter in einem Topf erhitzen, Zwiebel, Parmaschinken und Tomaten dazugeben und 2-3 Minuten anschwitzen. Anschließend den Reis dazugeben, mit 250 ml Gemüsebrühe aufgießen und bei mittlerer Hitze 30-35 Minuten garen. Dabei mehrmals umrühren und immer wieder Brühe nachgießen, bis der Reis gar ist, aber noch Biss hat. Danach die Erbsen und Parmesan dazugeben und mit Salz und Pfeffer würzen. Zum Schluss mit der Petersilie bestreuen und servieren.

Taboulé (Gemüsebulgur)

Arbeitszeit: 25 Min.
Garzeit: ca. 20 Min.

200 g Vollkornbulgur (Reformhaus), 50 g getrocknete Tomaten in Öl, ½ Bd. Koriander, 1 Zwiebel, 3 EL Olivenöl, ½ l Gemüsebrühe, 2 Paprikaschoten (gelb und rot), 2 Karotten, 1 Bd. Lauchzwiebeln, 50 g Datteln (ohne Stein), Salz, Pfeffer, 1 TL Curry, 1 Msp. Zimt, Saft von ½ Zitrone

Bulgur in einem Sieb kalt abspülen und abtropfen lassen. Tomaten mit Küchenpapier abtupfen und in feine Streifen schneiden. Koriander fein hacken. Zwiebel klein schneiden und in einem Topf mit 1 Esslöffel Olivenöl farblos anschwitzen. Bulgur dazugeben, mit Gemüsebrühe aufgießen und zugedeckt bei geringer Hitze 10-15 Minuten (nach Packungsangabe) quellen lassen. Paprika schälen, halbieren, das Kerngehäuse entfernen und in Streifen schneiden. Karotten schälen und in feine Scheiben schneiden. Lauchzwiebeln waschen und mit den Datteln in Ringe schneiden.

In einer Pfanne mit dem restlichen Olivenöl Paprikastreifen, Karotten und Lauchzwiebeln 3-4 Minuten anschwitzen, mit Salz, Pfeffer, Curry und Zimt würzen und mit Zitronensaft beträufeln. Anschließend Bulgur, Tomaten und Datteln unter das Gemüse mischen und mit Koriander bestreuen.

Buchweizenknödel mit Rahmpfifferlingen

Milch und Butter in einem Topf aufkochen und mit Salz, Pfeffer, Muskatnuss und Majoran würzen. Buchweizenmehl dazugeben und solange mit einem Kochlöffel rühren, bis sich der Teigballen vom Topfboden löst. Vom Herd nehmen, nach und nach die Eier unterrühren und abkühlen lassen. Pfifferlinge putzen und, je nach Größe, halbieren oder vierteln. Zwiebel halbieren und klein schneiden. Petersilie waschen und fein hacken. In einer Pfanne mit Butterschmalz die Zwiebel 1-2 Minuten anschwitzen, Pfifferlinge dazugeben und 3-4 Minuten kräftig braten. Mit Salz und Pfeffer abschmecken. Sahne und Gemüsebrühe dazugeben und weitere 4-5 Minuten bei geringer Hitze köcheln lassen. Salzwasser in einem großen Topf aufkochen, aus der Buchweizenmasse kleine Knödel formen und hineingeben. Die Hitze reduzieren und 10-12 Minuten gar ziehen lassen. Dann abtropfen lassen und mit den Rahmpfifferlingen auf Tellern anrichten, mit Petersilie bestreuen und servieren.

Arbeitszeit: 35 Min.
Garzeit: ca. 30 Min.
Abkühlzeit: ca. 30 Min.

250 ml Milch, 50 g Butter, Salz, Pfeffer, Muskatnuss, 1 TL Majoran gerebelt, 200 g Buchweizenmehl (Reformhaus), 2 Eier, 500 g frische Pfifferlinge, 1 Zwiebel, ½ Bd. Petersilie, 1 EL Butterschmalz, 200 ml Sahne, 250 ml Gemüsebrühe

Schaschlik mit drei Sorten Fleisch

Arbeitszeit: 25 Min.
Ruhezeit: 2 Std.
Garzeit: etwa 10 Min.

100 g Roastbeef, 100 g Hammel-kotelett, 100 g Schweinekotelett, 100 g durchwachsener Bauch-speck, 125 ml Öl, Pfeffer, 1 klei-ne zerdrückte Knoblauchzehe, 2 Wiener Würstchen, 1 Zwiebel, 4 Paprikaschoten, Salz, Edelsüßpaprika

außerdem: 8 Schaschlikspieße

Alle Fleischstücke in 3 cm große Stücke schneiden und in dem mit Pfeffer und Knoblauch gewürzten Öl für 2 Stunden ziehen lassen. Dabei mehrmals wenden, danach auf Küchentüchern abtropfen lassen. Würstchen und Speck in 2-3 cm große Stücke schneiden. Paprikaschoten waschen, entkernen und in je 8 Stücke teilen. Zwiebel schälen und vierteln. Die Zutaten abwechselnd auf die Spieße stecken und 8-10 Minuten grillen. Während der letzten Minuten salzen und mit Paprika bestreuen. Dazu Gemüsereis servieren.

Zweierlei Tafelspitz im Sud mit Blattspinat

Arbeitszeit: 20 Min.
Garzeit: ca. 2 Std.

2 Lorbeerblätter,
1 Zwiebel, 4 Nelken, Salz,
1 TL schwarze Pfefferkörner,
500 g Kalbstafelspitz,
500 g Putenbrust (küchenfertig),
500 g Blattspinat (TK),
2 Zehen Knoblauch,
1 EL Olivenöl, Pfeffer,
Muskatnuss, 4 TL frischer
Sahnemeerrettich

Zwiebel mit der Schale quer halbieren und mit Lorbeer und Nelken spicken. In 3 Litern Salzwasser die Zwiebel und die Pfefferkörner aufkochen lassen. Kalbstafelspitz und Puten-brust in den Sud geben und 1½ Stunden leicht köcheln. Dann vom Herd nehmen und zugedeckt weitere 30 Minuten ziehen lassen. Den Blattspinat in einem Sieb gut ausdrücken. Knoblauch fein hacken und in einer Pfanne mit Olivenöl 2-3 Minuten goldgelb anbraten. Blattspinat dazugeben, mit Salz, Pfeffer und Muskat würzen. Dann 100 ml von dem Fleischsud angießen, 3-4 Minuten köcheln lassen und warm stellen. Das Fleisch aus dem Sud nehmen und in 1 cm breite Scheiben schneiden. In tiefen Tellern anrichten, erneut nach-würzen und mit Spinat und Sahnemeerrettich servieren.

Bulgur-Pilaw mit Pute und Kalb

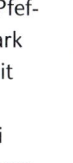

Putenbrust und Kalbfleisch in 2 cm breite Stücke schneiden. Zwiebel würfeln und in einer großen Pfanne mit 1 Esslöffel Butterschmalz glasig anschwitzen. Fleisch hinzugeben und 5-6 Minuten von allen Seiten kräftig anbraten. Mit Salz, Pfeffer, Paprikapulver und Kreuzkümmel würzen, Tomatenmark und gehackte Tomaten zugeben, gut unterrühren und mit Geflügelbrühe aufgießen. Zugedeckt bei mittlerer Hitze 30-40 Minuten köcheln lassen, bis das Fleisch zart ist. Bei Bedarf Brühe nachgießen. Restliches Butterschmalz in einem großen Topf erhitzen, Bulgur zugeben und unter ständigem Rühren 5 Minuten anbraten, danach vom Herd nehmen. Fleischstücke aus der Sauce nehmen und zum Bulgur geben. Tomatensauce mit kochendem Wasser auf 600 ml aufstocken und unter den Bulgur und das Fleisch rühren. Zugedeckt weitere 10 Minuten bei geringer Hitze köcheln lassen, bis die Flüssigkeit aufgesogen ist. Den Deckel abnehmen, ein sauberes Küchentuch über den Topf spannen und den Deckel wieder aufsetzen. Pilaw im vorgeheizten Backofen bei 140 °C (Umluft 120 °C) 15 Minuten dämpfen, bis der Bulgur weich ist. Mit Petersilie bestreuen und sofort servieren.

Arbeitszeit: 20 Min.
Garzeit: ca. 1 Std. 15 Min.

300 g Putenbrust (küchenfertig),
300 g Kalbfleisch (küchenfertig),
1 große Zwiebel,
2 EL Butterschmalz, Salz,
Pfeffer, 1 TL Paprikapulver,
1 Msp. Kreuzkümmel gemahlen,
20 g Tomatenmark,
1 Dose Pizzatomaten (440 g),
½ l Geflügelbrühe, 400 g Bulgur,
2 EL gehackte Petersilie

Saltimbocca „tricolore" mit Nudeln

Schnitzel zwischen Klarsichtfolie legen und flach klopfen, salzen, pfeffern und mit jeweils 1 Scheibe Parmaschinken und 1 Salbeiblatt belegen. Dann zusammenklappen und mit einem Zahnstocher feststecken. Tomaten entkernen und das Fruchtfleisch klein würfeln. Zwiebel in feine Ringe schneiden. Nudeln bissfest kochen und abtropfen lassen. Tomaten, Kapern und Bandnudeln in einer Pfanne mit 1 Esslöffel Olivenöl 3-4 Minuten schwenken. Mit Salz und Pfeffer würzen und warm halten. In einer zweiten Pfanne mit Olivenöl portionsweise die Saltimbocca 2-3 Minuten von jeder Seite kräftig braten, anschließend warm stellen. Butter in den Bratensatz geben und die Zwiebel darin kurz anbraten. Mit Weißwein ablöschen und bei starker Hitze 2 Minuten einkochen lassen. Speisestärke mit 2 Esslöffeln kaltem Wasser glatt rühren und in die Sauce rühren. Mit Salz und Pfeffer abschmecken. Zum Servieren jeweils drei unterschiedliche Saltimbocce mit der Sauce und den Nudeln anrichten.

Arbeitszeit: 35 Min.
Garzeit: ca. 25 Min.

je 4 dünne Scheiben Schweineschnitzel, Putenschnitzel und Kalbsschnitzel (à ca. 70 g),
Salz, Pfeffer, 12 dünne Scheiben Parmaschinken, 12 Blätter Salbei,
4 Tomaten, 1 Zwiebel,
250 g grüne Bandnudeln,
4 EL Olivenöl, 50 g Kapern,
1 EL Butter, 250 ml Weißwein,
1 TL Speisestärke

außerdem: Klarsichtfolie,
einige Zahnstocher

VOM SCHWEIN

Schweinehaxe, bayerisch

Arbeitszeit: ca. 30 Min.
Garzeit: ca. 2 ½ Std.

4 kleine Schweinehaxen, 20 g Schweineschmalz, Salz, Pfeffer, Kümmel und Rosenpaprika nach Geschmack, 1 Zwiebel, 1 Knoblauchzehe, 200 ml dunkles Bier, 200 ml Brühe

Schweinehaxen abspülen, trockentupfen und die Schwarte rautenförmig einschneiden. Die Gewürze mischen und das Fleisch damit einreiben. In einer großen Pfanne mit Schweineschmalz die Haxen rundherum scharf anbraten. Zwiebel und Knoblauch schälen und vierteln, dann mit den Haxen in einen Bräter legen, etwas Brühe und Bier angießen und im vorgeheizten Backofen bei 170 °C etwa 2½ Stunden braten. Dabei hin und wieder mit Bier und Bratensaft begießen. Aus dem Bräter nehmen und warm stellen. Den Bratensatz mit restlichem Bier und Brühe aufgießen und durch ein Sieb streichen. Dazu passen Semmelknödel.

Koteletts in Basilikumsahne

Arbeitszeit: 10 Min.
Garzeit: 10 Min.

1 Bd. frisches Basilikum, 4 Filetkoteletts vom Schwein, 200 ml Prosecco (trocken), 200 g Zuckerschoten, 2 EL Butter, Salz, Pfeffer aus der Mühle, 50 g Sahne, 1 EL Speisestärke

Basilikum fein hacken und in eine große, flache Schüssel geben. Mit Prosecco auffüllen und die Koteletts 10 Minuten darin ziehen lassen. Inzwischen die Zuckerschoten in der Hälfte der Butter kurz anbraten. Mit wenig Wasser auffüllen und 10 Minuten dünsten. Leicht salzen und pfeffern und dann im vorgeheizten Backofen (90 °C) warm halten.
Die Koteletts trocken tupfen. Restliche Butter erhitzen und das Fleisch darin auf jeder Seite 4-5 Minuten anbraten. Ebenfalls im Backofen warm stellen.

Bratensatz mit Proseccosud ablöschen und erhitzen. Sahne mit Speisestärke verrühren und dazugeben. Die Sauce einmal aufkochen lassen, mit Salz und Pfeffer pikant abschmecken und zu den Koteletts und Zuckerschoten servieren.

Schweinekoteletts mit Nüssen und Mandarinen

Koteletts waschen und mit Küchenpapier trocken tupfen, dann an den Rändern leicht einschneiden. In heißem Öl je eine Minute pro Seite scharf anbraten. Die Hitze reduzieren und pro Seite 6-8 Minuten fertig braten, salzen, pfeffern, herausnehmen und warm stellen. Die abgetropften Mandarinen mit dem Weißwein oder Sherry in der Pfanne erwärmen, auf den Koteletts verteilen und die in Butter gerösteten Mandelstifte darüberstreuen.

Arbeitszeit: 10 Min.
Garzeit: 20 Min.

4 Schweinekoteletts,
1 EL Öl, Salz, Pfeffer,
1 kleine Dose Mandarinen,
4 Esslöffel Weißwein oder Sherry,
2 Esslöffel Mandelstifte

Nackenkoteletts mit Schinkenhaube

Nackensteaks mit Salz, Pfeffer und Paprikapulver würzen, mit Mehl bestäuben und abklopfen. In einer Pfanne mit Olivenöl die Steaks von jeder Seite 3-4 Minuten anbraten und in eine Auflaufform legen. Schinken klein würfeln, Knoblauchzehe fein hacken. Lauchzwiebeln waschen und in feine Ringe schneiden. In einer Schüssel sämtliche Zutaten mit Schmelzkäse, Schmand und Petersilie mischen und die Masse gleichmäßig auf den Nackensteaks verteilen.
Im vorgeheizten Backofen bei 180°C (Umluft 160°C) etwa 30 Minuten goldbraun überbacken. Dazu passt Reis.

Arbeitszeit: 30 Min.
Garzeit: ca. 40 Min.

4 Schweinenackensteaks
(à 200 g), Salz, Pfeffer,
1 TL Paprikapulver (edelsüß),
1 EL Mehl, 2 EL Olivenöl,
200 g gekochter Schinken,
1 Knoblauchzehe,
1 Bd. Lauchzwiebeln,
150 g Schmelzkäse,
100 g Schmand,
1 EL gehackte Petersilie

Lackierter Schweinenacken

Schweinenacken an der Ober- und Unterseite kreuzförmig einritzen, Chilischote entkernen, Knoblauch schälen und mit der Schote fein hacken. 5-Gewürze-Pulver, Salz, Pfeffer, Sojasauce, Erdnussöl und Pflaumenmarmelade in einer Schüssel mischen, den Nacken gleichmäßig damit einreiben und zugedeckt über Nacht marinieren lassen. Am nächsten Tag das Fleisch auf ein Backblech legen und im vorgeheizten Backofen bei 150°C (Ober-/Unterhitze) 2-2½ Stunden garen, dabei mehrmals wenden und mit der Marinade bestreichen. Zum Schluss den Schweinenacken in dünne Scheiben schneiden und mit Reis oder Salat servieren.

Arbeitszeit: 20 Min.
Garzeit: ca. 2½ Std.
Ruhezeit: über Nacht

1 Schweinenacken (ca. 1 kg),
1 Chilischote, 2 Knoblauchzehen,
1 EL 5-Gewürze-Pulver, Salz,
Pfeffer, 2 EL Sojasauce,
4 EL Erdnussöl,
3 EL Pflaumenmarmelade

Zarte Minutenschnitzel

Arbeitszeit: 15 Min.
Garzeit: 30 Min.

8 kleine Schweineschnitzel,
Salz, Pfeffer, 100 g Butter,
2 Zwiebeln, 1 Knoblauchzehe,
¼ l Fleischbrühe

Die Schnitzel waschen, trocknen, klopfen, salzen und pfeffern. Den Rand mehrmals einschneiden. Aus Butter, fein geschnittenen Zwiebeln und zerdrücktem Knoblauch eine Knoblauchbutter bereiten.

Mit einem Teil der Butter eine feuerfeste Schüssel ausstreichen und die Schweineschnitzel nebeneinander einlegen. Jedes der Schnitzel mit etwas Knoblauchbutter belegen und dann im Backofen bei 200 °C leicht bräunen, nach 10 Minuten die Fleischbrühe darübergießen und noch ¼ Stunde schmoren lassen.

Zigeunerschnitzel

Arbeitszeit: 30 Min.
Garzeit: ca. 20 Min.

4 Schweineschnitzel (à 150 g),
Salz, Pfeffer, Paprikapulver (edelsüß), 1 EL Mehl, 1 Zwiebel,
2 Paprikaschoten (rot, gelb),
100 g Champignons, 2 EL Olivenöl, 100 g Bauchspeckwürfel,
1 EL Tomatenmark, 100 ml
Rotwein, 100 ml Bratensaft,
200 ml Brühe, 50 g Ajvar

außerdem: Alufolie

Die Schweineschnitzel mit Salz, Pfeffer und Paprikapulver würzen, in Mehl wenden und abklopfen. Zwiebel schälen und klein schneiden. Paprikas waschen, halbieren, das Kerngehäuse entfernen und in Streifen schneiden. Champignons sorgfältig reinigen und in Scheiben schneiden.

In einer Pfanne mit Olivenöl die Schnitzel 3-4 Minuten auf jeder Seite braten und danach in Folie warm halten. Anschließend Bauchspeck und Zwiebel in dem Bratensatz anschwitzen, Paprikastreifen und Champignons dazugeben und 2-3 Minuten kräftig anbraten. Das Tomatenmark unterrühren, mit Rotwein ablöschen und mit der Brühe aufgießen. 4-5 Minuten bei geringer Hitze köcheln lassen, danach Ajvar dazugeben und die Schnitzel mit dem Bratensaft in die Sauce geben. Auf Tellern anrichten und nach Belieben mit Pommes frites oder Kartoffeln servieren.

Schweinerollbraten

Arbeitszeit: 20 Min.
Garzeit: 2 Std.

1 kg gerollter Schweinebraten,
Salz, Pfeffer, 1 Msp. Paprika,
1 Msp. gemahlener Kümmel,
3 EL Öl, 1 Zwiebel,
1 Knoblauchzehe, 1 Karotte,
1 Stück alte Brotrinde

Den Braten am besten vom Fleischer bereits rollen und mit Garn fixieren lassen. Salz, Pfeffer, Paprika und Kümmel vermischen und den Braten von allen Seiten gut damit einreiben. In einem Bräter das Öl sehr heiß erhitzen und das Fleisch von allen Seiten kräftig anbraten, damit sich die Poren sofort schließen und kein Saft austritt.

Gehackten Knoblauch, gewürfelte Zwiebel und Karottenscheiben rund um den Braten legen und bei 200 °C in den vorgeheizten Backofen schieben. Gut zwei Stunden garen, dabei öfter wenden und mit dem Bratensaft begießen.

Dann das Fleisch warm stellen und die Sauce aufkochen lassen. Durch ein Sieb pürieren und die Brotrinde in der Sauce weich kochen, das bindet die Flüssigkeit auf natürliche Weise und intensiviert den Geschmack. Vor dem Servieren die Rinde herausnehmen und die Sauce mit den Fleischscheiben servieren.

Badisches Schäufele mit Wurzelgemüse

Fleisch waschen, trocken tupfen und in einen großen Topf mit 3 Liter kochendem Wasser geben. Zwiebeln schälen, quer halbieren und dazugeben. Lorbeerblätter, Pfefferkörner, Wacholderbeeren, Nelken und Thymian beigeben. Den Sud erneut aufkochen und anschließend 2 Stunden bei geringer Hitze leicht köcheln lassen.
Zwischenzeitlich Karotten und Petersilienwurzel waschen und schälen. Lauchstange putzen, halbieren und gründlich waschen. 10 Minuten vor Garzeitende das Wurzelgemüse in den Sud geben und mitkochen. Das gegarte Fleisch herausnehmen und zugedeckt 10 Minuten ruhen lassen. Wurzelgemüse herausnehmen, in Scheiben schneiden, mit Salz und Pfeffer würzen und warm stellen. Schäufele in 1 cm breite Scheiben schneiden, mit dem Gemüse und etwas Sud anrichten. Nach Belieben mit Senf verfeinern.

Arbeitszeit: 20 Min.
Garzeit: ca. 2 Std.
Ruhezeit: 10 Min.

1,2 kg gepökelte und geräucherte Schweineschulter,
2 Zwiebeln, 1 TL Pfefferkörner,
1 TL Wacholderbeeren,
2 Nelken, 2 Lorbeerblätter,
3 Zweige frischer Thymian,
3 Karotten, 3 Petersilienwurzeln,
1 Stange Lauch, Salz, Pfeffer,
Senf nach Belieben

Schweinebraten auf Bäckerart

Arbeitszeit: 20 Min.
Garzeit: 2 Stunden

800 g Schweinekeule,
-karree oder -rücken,
Salz, Kümmel, Knoblauch,
60 g Fett, 300 g Zwiebeln,
1 kg Kartoffeln,
125 ml Brühe

Das Stück Schweinebraten waschen, salzen, mit Kümmel und Knoblauch einreiben und mit grob geschnittenen Zwiebeln in etwas Fett anbraten. Fleisch herausnehmen und den Bratensatz mit der Brühe ablöschen.

Die Kartoffeln schälen, in Scheiben schneiden und in einen Bräter legen. Das Fleisch und die Zwiebeln auf die Kartoffeln legen und mit dem Bratensaft begießen. Im Backofen bei 220 °C ca. 100-120 Minuten fertiggaren. Das Fleisch zwischendurch immer wieder mit Eigensaft begießen und die Kartoffeln mehrfach wenden. Bei Bedarf noch etwas Brühe oder Wasser angießen.

Sauerfleisch „Hannoversche Art"

Arbeitszeit: 15 Min.
Garzeit: ca. 1 Std. 15 Min.
Ruhezeit: jeweils ca. 15 Min.,
danach über Nacht

600 g Schweinerücken ohne Knochen, 1 Zwiebel, 1 Lorbeerblatt, 3 Nelken, 1 Karotte, 1 Pastinake, 4 Stangen Staudensellerie, 4 Stiele Estragon, ½ Bd. Frühlingszwiebeln, ½ Bd. Petersilie, 8 Blatt Gelatine, 3 EL Estragonessig, Salz, Pfeffer, 1 Prise Zucker, 2 Eier, 1 Beet Kresse, Remouladensauce nach Geschmack

Das Fleisch waschen, in einem großen Topf mit kaltem Wasser bedecken und aufkochen. Zwiebel schälen, quer halbieren, mit dem Lorbeerblatt und Nelken spicken und dazugeben. Fleisch bei geringer Hitze etwa 45 Minuten köcheln lassen. Zwischenzeitlich Karotte und Pastinake waschen und schälen, Staudensellerie waschen und vom Strunk abschneiden. Etwas junges Blattgrün aufbewahren und mit der Petersilie fein hacken. Frühlingszwiebel waschen und die Enden abschneiden. Sämtliches Gemüse in den Sud geben und weitere 30 Minuten mitgaren.

Dann alles aus dem Topf nehmen und in einem Sieb abtropfen lassen. Fleisch und Gemüse einzeln in feine Scheiben schneiden.

Den Sud durch ein Sieb gießen und Selleriekraut und Petersilie unterrühren. Gelatine 4-5 Minuten in kaltem Wasser einweichen, leicht ausdrücken und in ½ Liter heißem Sud auflösen. Mit Essig abschmecken und mit Salz, Pfeffer und einer Prise Zucker kräftig würzen. Anschließend eine Terrinenform mit Klarsichtfolie auskleiden, etwa 3 mm hoch den Sud eingießen, kalt stellen und leicht fest werden lassen. Inzwischen die Eier hart kochen, abschrecken, schälen und mit dem Eierschneider in Scheiben schneiden. Zuerst die Eierscheiben einzeln nebeneinander in die Form legen, dann die Hälfte vom Gemüse gleichmäßig darauf verteilen und mit Flüssigkeit bedecken. Fleischscheiben einlegen, erneut Flüssigkeit zugießen, darauf restliches Gemüse verteilen und mit dem restlichen Sud übergießen.

Über Nacht kalt stellen. Sauerfleisch in fingerdicke Scheiben schneiden, nach Geschmack mit Remouladensauce anrichten und mit Kresse bestreuen. Dazu passen sehr gut knusprig gebratene Bratkartoffeln.

Zwiebelfleisch mit Stockschwämmchen

Die Schweineschnitzel abbrausen, trocken tupfen und in Streifen schneiden. Die Zwiebeln schälen und ebenfalls in Streifen schneiden. Den Knoblauch schälen und fein hacken. Alles mit Majoran, Salz, Pfeffer, Paprikapulver, Curry und Olivenöl in einen Gefrierbeutel geben. Den Gefrierbeutel verschließen, die Marinade 2-3 Minuten schwenkend einmassieren und für mindestens 1 Stunde kalt stellen.

Die Stockschwämmchen in ein Sieb gießen und abtropfen lassen. Das Zwiebelfleisch aus dem Beutel in einer Pfanne 4-5 Minuten bei starker Hitze goldbraun anbraten, dabei mehrmals wenden. Danach in ein Sieb geben und das Öl auffangen.

Das abgetropfte Öl erneut in die Pfanne gießen und die Stockschwämmchen darin 2-3 Minuten anbraten. Anschließend die Bratensauce zugießen und die Crème fraîche einrühren. Zum Schluss das Zwiebelfleisch unter die Pilzsauce mischen und auf Tellern servieren.

Arbeitszeit: 20 Min.
Garzeit: ca. 15 Min.
Ruhezeit: ca. 1 Std.

4 Schweineschnitzel (à 200 g), 2 Zwiebeln, 1 Knoblauchzehe, 1 TL Majoran gerebelt, Salz, Pfeffer, 1 EL Paprikapulver (edelsüß), 1 TL Curry, 4 EL Olivenöl, 1 Glas Stockschwämmchen, 100 ml Bratensauce, 1 EL Crème fraîche

Schweinemedaillons in Senfkörnersauce

Arbeitszeit: 20 Min.
Garzeit: ca. 25 Min.
Einweichzeit: ca. 30 Min.

2 EL Senfkörner, 8 Schweinemedaillons (à 80 g), Salz, Pfeffer,
1 EL Butterschmalz, 4 Schalotten, 100 ml Apfelsaft,
250 ml Gemüsebrühe, 4 Zweige
Majoran, 1 EL Crème fraîche

außerdem: Alufolie

Senfkörner mit kochendem Wasser übergießen und 30 Minuten quellen lassen. Medaillons mit Salz und Pfeffer würzen und in einer Pfanne mit Butterschmalz 3-4 Minuten von
jeder Seite anbraten. Danach in Folie wickeln und warm
stellen. Schalotten schälen und fein hacken. In derselben
Pfanne farblos anschwitzen, Senfkörner dazugeben und mit
Apfelsaft ablöschen. Anschließend mit der Brühe aufgießen
und zugedeckt 10 Minuten bei geringer Hitze köcheln
lassen. Zwischenzeitlich den Majoran waschen, trocken
schütteln und fein hacken. Crème fraîche und Majoran
unterrühren, Schweinemedaillons mit dem Bratensaft in die
Sauce geben und heiß servieren.

Schweineragout mit Gemüse

Arbeitszeit: 45 Min.
Garzeit: 1 Stunde

600 g Schweineschulter, Salz,
Pfeffer, 100 g Fett, 100 g Zwiebeln, 300 g weiße Bohnen
(gekocht oder aus der Dose),
200 g Karotten, 200 g Perlzwiebeln, 1 TL Speisestärke,
¼ l Weißwein, 200 g Tomaten,
200 g Champignons

Das Fleisch in mundgerechte Würfel schneiden, salzen,
pfeffern und in heißem Fett anbraten. Fein geschnittene
Zwiebel dazugeben, mit Wasser oder Brühe aufgießen und
alles etwa 60 Minuten dünsten.
Nach ½ Stunde mit den separat gegarten Bohnen, den Perlzwiebeln und den in gleichmäßige Stücke geschnittenen
Karotten zusammen schmoren.
Weißwein mit Speisestärke verrühren. Sobald das Fleisch gar
ist, zur Sauce geben und etwas mitkochen.
Die Champignonköpfe und die geschälten, in grobe Stücke
geschnittenen Tomaten in den letzten 10 Minuten mitdünsten. Als Beilage eignen sich Salzkartoffeln oder Nudeln.

Kräuterfilets in Senfsauce

Arbeitszeit: 15 Min.
Garzeit: 10 Min.

ca. 500 g Schweinefilet,
5 Schalotten, 1-2 EL Kräutersenf,
100 ml Brühe oder Weißwein,
½ Becher Jogurt, 1 EL saure
Sahne, je ½ Bd. gehackte
Petersilie, Basilikum und Kerbel
(oder getrocknete Kräuter),
2 EL Öl, Zucker, Salz, Pfeffer

Die Schalotten schälen und das Öl in der Pfanne erhitzen.
Das Filet mit Salz und Pfeffer einreiben und im heißen Öl
von allen Seiten anbraten. Anschließend die Schalotten zufügen und leicht anbraten. Den Senf auf das Filet streichen,
die Brühe dazugeben, den Deckel schließen und das Gericht
bei mittlerer Temperatur 10 Minuten schmoren. Anschließend das Fleisch herausnehmen und warm stellen.
Die Pfanne vom Herd nehmen, Sahne und Jogurt in die
Sauce rühren und die Kräuter untermischen. Die Sauce darf
nicht mehr kochen, sonst bilden Sahne und Jogurt Flocken.

Nach Belieben mit einer Prise Zucker und Senf abschmecken. Das Fleisch portionieren und mit der Sauce servieren.

Schweinefilet mit Lauchkern

Schweinefilet abwaschen, mit Küchenpapier trocken tupfen und mit einem Kochlöffelstiel längs eine Öffnung in das Fleisch bohren. Lauchstange putzen, in die gleiche Länge wie das Filet schneiden und gründlich waschen. Danach den Lauch vorsichtig als Kern in das Schweinefilet schieben. Majoran waschen, trocken schütteln und fein hacken. Schweinefilet mit Salz, Pfeffer, Majoran würzen und in einer Pfanne mit Olivenöl von allen Seiten 4-5 Minuten goldbraun anbraten. Im vorgeheizten Backofen bei 180 °C (Umluft 160 °C) 20 Minuten garen. Anschließend herausnehmen, zum Anrichten in Scheiben schneiden und mit einer beliebigen Beilage servieren.

Arbeitszeit: 20 Min.
Garzeit: ca. 25 Min.

ca. 600 g Schweinefilet,
1 dünne Stange Lauch, Salz,
Pfeffer, 4 Zweige Thymian,
2 Zweige Majoran,
2 EL Olivenöl

Szegediner Gulasch

Schweinefleisch und Zwiebeln in kleine Würfel schneiden und mit dem Öl andünsten. Mit Bouillon angießen. Das Sauerkraut locker einschichten und mit Paprika würzen. Die in Scheiben geschnittenen Kartoffeln dazugeben und alles salzen. Den Topf schließen und das Gulasch für 60 Minuten garen. Zum Schluss mit Kümmel abschmecken und die geviertelten Tomaten darunter mischen.

Arbeitszeit: 30 Min.
Garzeit: 20 Min.

400 g Schweinefleisch,
400 g Sauerkraut,
200 g Kartoffeln,
250 g Tomaten, 3 Zwiebeln,
Salz, 1 EL Paprika, 1 TL Kümmel,
3 EL Öl, ½ l Bouillon

Kassler im Brotteig

Arbeitszeit: 30 Min.
Garzeit: ca. 50 Min.
Ruhezeit: ca. 1 Std.

½ Hefewürfel, 200 ml Weizen-
bier, 1 TL gehackter Kümmel,
½ Pck. Fertigbackmischung
für Krustenbrot,
4-5 Majoranzweige,
1,2 kg Kassler, 3 EL Milch
zum Bestreichen

außerdem: Backpapier

Hefe in 100 ml lauwarmen Wasser auflösen, danach Bier, Kümmel und die Backmischung dazugeben. Mit den Knethaken des Handrührgerätes zu einem geschmeidigen Teig rühren. An einem warmen Ort zugedeckt 30 Minuten gehen lassen.

Den Teig auf einer bemehlten Arbeitsfläche 1 cm dick zu einem Rechteck ausrollen, Majoranzweige darauf verteilen und das Kassler darin einschlagen. Die Teigkanten mit Wasser bestreichen und gut andrücken. Das Brot auf ein mit Backpapier belegtes Backblech setzen und nochmals 30 Minuten gehen lassen.

Im vorgeheizten Backofen bei 220 °C (Umluft 200 °C) 10 Minuten vorbacken, danach die Temperatur auf 175 °C (Umluft 160 °C) reduzieren, das Brot mit Milch bestreichen und weitere 35-40 Minuten backen. Das Kassler aus dem Backofen nehmen, in Scheiben schneiden und servieren.

Rouladen mit Gemüsefüllung

Arbeitszeit: 30 Min.
Garzeit: 30 Min.

4 Schweineschnitzel (à 160 g),
100 g gewürfelte Brötchen,
50 g Rote Bete (Glas), 1 kleiner
Rotkohlkopf, 2 Eier, 60 ml Milch,
150 g Räucherspeckscheiben,
Salz, Pfeffer, etwas Fett für die
Form, etwas Brühe, Petersilie

Die Schnitzel dünn klopfen, an den Rändern etwas einschneiden, salzen und pfeffern. Für die Füllung Brötchenwürfel und die in feine Streifen geschnittene Rote Bete gut vermengen. Milch mit den Eiern verquirlen, mit Salz und Pfeffer würzen. Darübergießen und etwas durchziehen lassen. Die Füllung auf die Schnitzel streichen, einrollen und mit dünnen Speckstreifen umwickeln. Rotkohlblätter kurz blanchieren und abschrecken. Eine gut gefettete Auflauf-form mit den Rotkohlblättern auslegen und die Rouladen hineinlegen. Etwas Brühe angießen und bei mittlerer Hitze (200 °C) ca. 30 Minuten zugedeckt im Backofen schmoren. Zum Servieren mit Petersilie garnieren.

Emsländer Buskool mit Rippchen und Mett

Schweinerippchen in einem Topf mit Gemüsebrühe aufset-zen, aufkochen lassen und bei geringer Hitze 40 Minuten köcheln.
Zwischenzeitlich den Spitzkohl putzen, äußere Blätter ent-fernen, anschließend vierteln und den Strunk keilförmig herausschneiden. In 1 cm breite Stücke schneiden, waschen und in einem Sieb abtropfen lassen. Kartoffeln schälen, waschen und in grobe Würfel schneiden. Schweinemett mit einem Teelöffel mundgerecht portionieren und mit dem Gemüse in die Brühe geben. Grob gehackten Kümmel dazugeben und weitere 20 Minuten köcheln lassen. Fleisch und Mettstücke aus dem Topf nehmen und das Fleisch mit einem scharfen Messer von den Rippen schneiden. Kohl und Kartoffeln mit einem Kartoffelstampfer zerstampfen, Sauerrahm dazugeben, mit Salz und Pfeffer würzen und grobem Senf verfeinern. Fleisch- und Mettstücke zurück in den Eintopf geben und heiß servieren.

Arbeitszeit: 30 Min.
Garzeit: ca. 1 Std.

ca. 750 g Schweinerippchen ohne Knochen, 1 kg Spitzkohl, ca. 750 g Kartoffeln, 250 g gewürztes Schweinemett, ½ TL Kümmel, 2 EL Sauerrahm, Salz, Pfeffer, 1 TL grobkörniger Senf, etwas Gemüsebrühe

Reisfleisch mit Tomatenpaprika (Gyuvec)

Den Reis nach Packungsanleitung in der Brühe noch körnig vordünsten, zum Schluss die Butter zugeben. Auf den gefet-teten Boden eines Bräters (mit Deckel) eine Lage gedüns-ten Reis geben, darauf in Scheiben geschnittene, in Fett geröstete Zwiebeln und in Streifen geschnittene Paprika-schoten streuen. Darauf kommt der in Würfel geschnittene (eventuell mit Edelsüßpaprika gewürzte), in Fett angebrate-ne Schweinebraten (oder das angebratene Hackfleisch). Zuletzt folgt eine Schicht in Stücke geschnittene Tomaten. Den Deckel auflegen und das Reisfleisch bei 200 °C im vorgeheizten Backofen etwa 40 Minuten garen.

Arbeitszeit: 20 Min.
Garzeit: etwa 50 Min.

250 g Reis, 20 g Butter, ca. 400 ml Brühe, 1-2 Zwiebeln, 4-6 Tomaten, 2-3 grüne Paprika, 250 g Schweinebraten oder -hackfleisch, Fett für die Form

VOM RIND

Rumpsteak

Arbeitszeit: etwa 5 Min.
Garzeit: etwa 10 Min.

4 Rumpsteaks (à 200-300 g),
2 EL Butter oder Öl,
ca. 50 ml Bratensaft
oder Cognac, Salz,
frisch gemahlener Pfeffer

Das in 2-2½ cm dicke Scheiben geschnittene Fleisch in einer Pfanne mit sehr heißem Fett scharf anbraten und dann in etwa 4 Minuten pro Seite unter ständigem Begießen mit Bratensaft oder Cognac fertig braten. Zum Schluss salzen und pfeffern. Das Rumpsteak sollte noch sehr saftig sein. Dazu passen Meerrettich, Pommes frites und grüner Salat.

Filetsteak

Arbeitszeit: etwa 5 Min.
Garzeit: etwa 10 Min.

4 Scheiben Rinderfilet
(à 160-220 g), 3 EL Kokos-
oder Palmfett, Salz,
frisch gemahlener Pfeffer

Das Fleisch von Sehnen befreien, waschen und trocken tupfen. Die Steaks in einer sehr heißen Grillpfanne mit Fett von jeder Seite etwa 1 Minute scharf anbraten. Anschließend im Backofen bei 225 °C etwa 5-7 Minuten fertig garen oder von beiden Seiten etwa 2-3 Minuten (je nach gewünschtem Garpunkt) bei mittlerer Hitze in der Pfanne fertig braten. Zum Schluss mit Salz und Pfeffer würzen.

> **TIPP** *Mit dem **Drucktest** kann man während des Bratens festellen, wie weit das Steak schon gar ist:*
> *– das Fleisch gibt stark nach – **roh/raw/englisch** – das Steak ist innen noch roh, hat außen nur eine dünne Bratkruste, der austretende Saft ist blutig*
> *– das Fleisch gibt leicht nach – **blutig/rare** – nur der Fleischkern ist noch roh, der Rest ist zartrosa, knusprige braune Bratkruste*
> *– das Fleisch gibt etwas nach – **medium/à point** – das Fleisch ist durchgehend rosa, der Fleischsaft ist ebenfalls hellrosa*
> *– das Fleisch gibt kaum noch nach – **durch/well done** – das Fleischstück ist komplett hell durchgebraten.*

Rindfleischspitzen in Majoransauce

Arbeitszeit: 10 Min.
Garzeit: 1-2 Std.

300 g Zwiebeln, 120 g Fett,
750 g Rindfleisch, 1 EL Essig,
1 EL Tomatenmark, Salz, Pfeffer,
1 TL Majoran, etwas fein gehackte Zitronenschale, etwas Kümmel, 150 ml saure Sahne,
Saucenbinder nach Bedarf

Die fein geschnittenen Zwiebeln in heißem Fett goldgelb andünsten, das dünn geschnittene Rindfleisch dazugeben und kurz mitbraten. Mit dem Essig und etwas Wasser ablöschen. Tomatenmark, Salz, Pfeffer, Majoran, Zitronenschale und Kümmel beigeben und alles zugedeckt bei mittlerer Hitze 1-2 Stunden schmoren. Gelegentlich umrühren und eventuell etwas Flüssigkeit nachgießen. Zum Schluss die saure Sahne einrühren, abschmecken und bei Bedarf mit Saucenbinder etwas eindicken.

Rindermedaillons mit Pfifferlingen

Zwiebel und Knoblauch schälen. Die Rinderfilets mit dem zerdrückten Knoblauch in heißer Butter oder Öl anbraten. Anschließend salzen und warm stellen.
In der Bratbutter die fein geschnittene Zwiebel andünsten, Pfifferlinge dazugeben und mit Salz, Pfeffer und Calvados einige Minuten schmoren. Die saure Sahne darunterziehen. Dazu schmeckt zart gedünstetes Gemüse (Erbsen, Karotten, Spargel, Blumenkohl).

Arbeitszeit: 15 Min.
Garzeit: 10 Min.

8 Filetsteaks vom Rind (à 75 g),
1 Knoblauchzehe, 2 EL Butter
oder Öl, 1 Zwiebel,
1 Dose Pfifferlinge, Salz, Pfeffer,
2 EL Calvados, ¼ l saure Sahne

Filetspitzen Metternich

Den Reis nach Packungsanleitung garen. Anschließend mit der klein geschnittenen Trüffel und den enthäuteten, entkernten und gewürfelten Tomaten kurz andünsten. Den Tomatenreis in vier gebutterte kleine Formen füllen und im Wasserbad warm stellen. Die Fleischstücke mit dem Handballen leicht flach drücken und mit Küchengarn zu runden Tournedos binden. In einer heißen Pfanne mit 3 Esslöffeln Butter in etwa 2½ Minuten pro Seite *rare* braten. Salzen, pfeffern und kurz warm stellen. Im Bratfett die restliche Butter schmelzen und die in Scheiben geschnittenen Champignons darin dünsten. Mit Sahne und der restlichen Butter einmal aufkochen. Die Tournedos auf Tellern anrichten, den Reis danebenstürzen und mit den Champignons servieren.

Arbeitszeit: etwa 20 Min.
Garzeit: etwa 15 Min.

8 kleine Rinderfilets aus der
Spitze (à 80 g), 200 g frische
Champignons, 3 EL Sahne,
80 g Butter, 200 g Reis,
1 Trüffel, 2 Tomaten, Salz, Pfeffer

außerdem: Küchengarn

Rindermedaillons, gefüllt

Arbeitszeit: etwa 20 Min.
Garzeit: etwa 6 Min.

100 g Blattspinat, 1-2 EL Olivenöl, 8 Rindermedaillons (à 80 g),
50 g feine Kalbsleberwurst,
1 EL Cognac, 1 Stängel frischer
Salbei, 4 Scheiben Speck,
3 EL Öl, 1 EL Butter, Salz, Pfeffer

außerdem: Küchengarn

Den Spinat verlesen, waschen und kurz abtropfen lassen.
In einem Topf mit heißem Olivenöl zusammenfallen lassen.
In einem Sieb abtropfen. Die Medaillons in Form drücken.
Leberwurst und Cognac cremig verrühren, den gehackten
Blattspinat und die gehackten Salbeiblättchen beifügen.
Die Creme auf 4 Medaillons streichen und leicht andrücken,
die anderen vier darüberlegen. Je eine Speckscheibe rund
herumwickeln und mit Küchengarn befestigen.
Öl und Butter in einer Pfanne heiß werden lassen und die
Medaillons auf jeder Seite 1 Minute scharf anbraten.
Dann die Temperatur reduzieren und jede Seite noch
3-4 Minuten braten. Salzen, pfeffern und heiß servieren.

Burgunderbraten mit Steinpilzen

Arbeitszeit: 30 Min.
Garzeit: ca. 2 Std.

1 kg Rinderbraten (küchenfertig), Salz, Pfeffer, 150 g Schalotten, 1 Knoblauchzehe, 100 g
durchwachsener Speck, jeweils
2 Zweige Thymian, Petersilie,
Majoran, Basilikum, 2 EL Butterschmalz, 50 g Tomatenmark,
1 EL Mehl, ½ l guter Rotwein,
½ l Fleischbrühe, 1 Lorbeerblatt,
4 Pimentkörner, 400 g frische
Steinpilze, 1 EL Olivenöl

außerdem: Küchengarn

Rinderbraten waschen, trocken tupfen und mit Salz und
grob gestoßenem Pfeffer würzen. Schalotten schälen und in
grobe Stücke schneiden, Knoblauchzehe mit der Schale zerdrücken, den Speck fein würfeln. Kräuter waschen, trocken
schütteln und mit Küchengarn zusammenbinden. Butterschmalz in einem Bräter erhitzen, Fleisch 5-6 Minuten von
allen Seiten kräftig anbraten und herausnehmen.
Speckwürfel, Schalotten und Knoblauchzehe in den Bräter
geben und 3-4 Minuten goldbraun anbraten. Anschließend
Tomatenmark einrühren, mit Mehl bestäuben, 1-2 Minuten

anbraten und mit dem Rotwein ablöschen. Danach einmal aufkochen lassen und mit Fleischbrühe aufgießen. Lorbeerblatt, Piment und das Kräuterbündel dazugeben und im vorgeheizten Backofen bei 160 °C (Umluft 140 °C) etwa 2 Stunden schmoren. Dabei mehrmals wenden und mit Sauce übergießen. Zwischenzeitlich Steinpilze putzen und in grobe Stücke schneiden. In einer Pfanne mit Olivenöl 10 Minuten vor Garzeitende kräftig anbraten, mit Salz und Pfeffer würzen und warm stellen. Fleisch herausnehmen, Kräuter entfernen und die Sauce nach Bedarf erneut abschmecken. Burgunderbraten in 1 cm breite Scheiben schneiden, zusammen mit den Steinpilzen auf Tellern anrichten, reichlich Sauce angießen und servieren.

Schnelles Geschnetzeltes

Das Rindfleisch waschen, trocken tupfen und schräg zur Faser in sehr dünne Scheiben schneiden (fast abschaben). In heißem Öl 10 Minuten anbraten, dann warm stellen. Die fein geschnittenen Zwiebeln in sehr heißer Butter glasig dünsten, gewürfelte Gurken und in Scheiben geschnittene Oliven dazugeben. Dann Tomatenmark beigeben, salzen, pfeffern und unter ständigem Rühren 3 Minuten schmoren. Das Fleisch gut mit der sauren Sahne verrühren, zum Zwiebelgemisch geben und erhitzen. Mit Salz, Pfeffer und Edelsüßpaprika abschmecken. Sofort heiß servieren.

Arbeitszeit: 15 Min.
Garzeit: 15 Min.

750 g Rindfleisch (Keule), 2 EL Öl oder 20 g Fett, 2 Zwiebeln, 30 g Butter, 4-5 Gewürzgurken, 8 gefüllte grüne Oliven, 1 EL Tomatenmark, ¼ l saure Sahne, Salz, Pfeffer, Edelsüßpaprika

Filetbraten in Kräutersahne

Das Filetstück von Sehnen befreien und mit den Speckstreifen spicken. Anschließend salzen, pfeffern und in einem Bräter mit heißem Öl von allen Seiten scharf anbraten. Suppengrün und Zwiebel putzen und grob schneiden, dann mit Pfefferkörnern, Thymian und Lorbeerblatt zum Fleisch geben und mit Weißwein angießen.
Im Backofen bei 220 °C ca. 1½ Stunden schmoren, bei Bedarf etwas Wasser nachgießen. Das Fleisch herausnehmen und warm stellen. Den Bratsatz mit etwas Wasser lösen und in einen Topf absieben. Tomatenmark, fein geriebene Zitronenschale und -saft, saure Sahne, Mehl und Senf glatt rühren und dazugeben. Einige Zeit kochen lassen und kurz vor dem Anrichten ein Stück Butter in die Sauce geben. Mit gehackten Kapern und Petersilie bestreut servieren.

Arbeitszeit: 30 Min.
Garzeit: etwa 1½-2 Stunden

1 kg Rinderfilet,
80 g Räucherspeck,
Salz, Pfeffer, 60 ml Öl,
Suppengrün, 1 Zwiebel,
125 ml Weißwein,
4 Pfefferkörner,
1 Zweig Thymian,
1 Lorbeerblatt,
1 TL Tomatenmark,
Abrieb und Saft von ½ Zitrone,
40 g Mehl, ¼ l saure Sahne,
1 TL Senf, 20 g Butter,
1 EL Kapern, ½ Bd. Petersilie

Rinderfilet im Gemüsekissen

Arbeitszeit: 20 Min.
Garzeit: etwa 20 Min.

250 g Rinderfilet, 2 EL Öl,
Pfeffer, Salz, 100 g Mais
(aus der Dose), 2 Tomaten,
je 100 g grüne Bohnen, Erbsen
und Baby-Karotten,
1 TL getrockneter Thymian,
1 EL Crème fraîche

nach Geschmack:
¼ l Rotwein

Das Filet waschen, trocken tupfen, in Scheiben schneiden, mit Öl und Pfeffer einreiben und ohne weitere Fettzugabe auf jeder Seite 3 Minuten anbraten, herausnehmen, salzen und im Backofen (90 °C) warm stellen. Den abgetropften Mais, Bohnen, Erbsen und Baby-Karotten im Bratensatz 5 Minuten dünsten. Die Tomaten würfeln und dazugeben. Das Gemüse mit Thymian, Salz und Pfeffer würzen und weitere 5-10 Minuten schmoren lassen. Zum Schluss die Crème fraîche einrühren. Zum Servieren das Gemüse auf vorgewärmte Teller ausbreiten und das Rinderfilet darauf legen. Das Gericht erhält eine besondere Note, wenn Sie das Gemüse in etwas Rotwein schmoren.

Sauerbraten

Arbeitszeit: 45 Min.
Ruhezeit: 3 Tage
Garzeit: 2 Std.

1 kg sehr mageres Rindfleisch

1 Zwiebel, 1 Gewürznelke,
2 Piment- und 5 Pfefferkörner,
1 Lorbeerblatt, 125 ml Rotwein,
2 EL Essig, 250 ml Wasser

Salz, schwarzer Pfeffer,
100 g Speck, 2 Zwiebeln,
200 g Suppengrün,
125 ml heiße Fleischbrühe,
125 ml Sahne,
20 g Mehl,
1 Prise Zucker

Die in Ringe geschnittene Zwiebel, Gewürznelke, Piment- und Pfefferkörner und das Lorbeerblatt mit Essig, Rotwein und Wasser zum Kochen bringen und ¼ Stunde langsam köcheln. Dann die Marinade erkalten lassen und über das gewaschene Fleisch im Steinguttopf (oder einer Porzellanschüssel) gießen. Das Fleisch muss gut mit Flüssigkeit bedeckt sein. Zugedeckt 3 Tage an einem kühlen Ort ziehen lassen. Das Fleisch mehrmals wenden.

Dann das Fleisch herausnehmen, gut trocken tupfen, mit Salz und Pfeffer kräftig einreiben und in den ausgelassenen Speckwürfeln rasch auf allen Seiten anbraten (ca. 15 Minuten). Die klein geschnittenen Zwiebeln und das in Würfel geschnittenen Suppengrün ca. 10 Minuten mitbraten.

Mit der durchpassierten kalten Marinade und der heißen Fleischbrühe ablöschen. Zugedeckt etwa 90 Minuten schmoren lassen. Bei Bedarf etwas Flüssigkeit (Marinade oder Brühe) zugießen. Sobald das Fleisch gar ist, herausnehmen und warm stellen.

Den Schmorfond durchseihen und aufkochen. Sahne und Mehl gut verquirlen, dazugeben und die Sauce etwa 5 Minuten kochen lassen. Mit Salz, Pfeffer und Zucker abschmecken. Den Braten aufschneiden, etwas von der Sauce über die angerichteten Fleischscheiben geben, den Rest extra reichen. Als Beilage passen Nudeln, Klöße oder Kartoffelkroketten und Rotkohl.

Gerade die Zubereitung des Sauerbratens ist regional sehr variantenreich. So schmort man in Norddeutschland gern etwas eingeweichtes Backobst mit, oder man würzt die Sauce auch mit einem zerkrümelten Lebkuchen. Für einen Sauerbraten auf Wildbretart kann man einige Wacholder-beeren, aber auch noch zusätzlich einige Fichtennadeln mitschmoren lassen. Auch durch die Marinade kann der Geschmack variieren. Eine Alternative wird aus ½ Liter Buttermilch, ¼ Liter Essig, einigen Gewürzkörnern, einem Lorbeerblatt und Zwiebelscheiben zubereitet. Die Sauce kann auch mit saurer Sahne und Mehl gebunden werden.

Filet im Speckmantel

Das Filet von Haut und Sehnen befreien, waschen und trocken tupfen. Knoblauchzehe vierteln und zerdrücken und mit dem Salz, dem Pfeffer und dem Paprikapulver vermi-schen. Das Fleisch damit einreiben. Die Speckscheiben um das Fleischstück wickeln und mit Küchengarn festbinden. Das Filetstück auf einem Rost über der Fettpfanne bei 240°C im vorgeheizten Backofen 30-35 Minuten braten. Anschlie-ßend 5 Minuten ruhen lassen, das Garn entfernen und in Scheiben schneiden, damit der knusprige Speckrand erhal-ten bleibt. Die Garzeit richtet sich hier nach der Fleischdicke. Soll das Filet durchgebraten (well done) und nicht mehr rosa (medium) sein, muss man es 5-10 Minuten länger braten. Dazu schmeckt gedünstetes Gemüse und Kartoffelkroketten.

Arbeitszeit: etwa 10 Min.
Garzeit: etwa 40 Min.

1 kg gut abgehangenes Rinderfilet, 1 Knoblauchzehe, 1 TL Salz, 1 TL frisch gemahlener Pfeffer, 1 TL Paprikapulver (edelsüß), 100 g Speck in Scheiben

außerdem: Küchengarn

Pochiertes Rinderfilet mit Senfgurken-Aprikosen-Salsa

Arbeitszeit: 30 Min.
Garzeit: ca. 25 Min.

1 l Rinderbrühe, 4 EL Estragon-
essig, 1 Lorbeerblatt, 3 Zweige
Thymian, 3 Zweige Majoran,
800 g Rinderfilet (küchenfertig),
200 g Senfgurken aus dem Glas,
150 g frische Aprikosen,
3 Frühlingszwiebeln, 4 EL Olivenöl, 1 Spitzer Zitronensaft,
Salz, Pfeffer

Rinderbrühe in einem Bräter mit 3 Esslöffeln Estragonessig, Lorbeerblatt, Thymian und Majoran aufkochen. 5 Minuten bei mittlerer Hitze köcheln lassen, dann auf die kleinste Stufe zurückschalten. Rinderfilet in den Sud legen und 20 Minuten ziehen lassen. Die Brühe darf hierbei nicht zu heiß sein! Senfgurken abwaschen, abtropfen lassen und klein würfeln. Aprikosen waschen, entkernen und ebenfalls klein würfeln. Frühlingszwiebeln waschen und in feine Ringe schneiden. In einer Schüssel den restlichen Estragonessig mit Zitronensaft und Olivenöl glatt rühren. Mit Salz und Pfeffer würzen und mit dem Gemüse und den Aprikosen vermischen. Rinderfilet aus der Brühe nehmen, abtropfen lassen und in 1 cm breite Scheiben schneiden. Mit Salz und Pfeffer würzen, auf Tellern anrichten und mit der Senfgurken-Aprikosen-Salsa servieren.

Rouladen vom Rind

Arbeitszeit: 40 Min.
Garzeit: 1 Std.

4 Rinderrouladen (à 100-120 g),
Salz, Pfeffer, 250 g Hackfleisch
vom Schwein, ½ Bd. Petersilie,
½ TL Kümmel, 4 EL Sauerrahm,
4 Scheiben Bauchspeck, 2 EL Öl,
2 Karotten, 2 Zwiebeln, 2 EL
Tomatenmark, ¼ l Weißwein

außerdem: Küchengarn oder
Rouladennadeln

Die Rouladen klopfen, salzen und pfeffern. Hackfleisch mit gehackter Petersilie, zerstoßenem Kümmel und Sauerrahm gut vermengen, salzen und auf den Rouladen verteilen. Zusammenrollen, je eine Speckscheibe darumwickeln und zusammenbinden oder mit Rouladennadeln zusammenstecken. In heißem Öl von allen Seiten anbraten, bis der Speck knusprig wird, herausnehmen und warm stellen. Im Bratfett die streifig geschnittenen Zwiebeln und Karotten anbraten, bis die Zwiebeln hellbraun sind. Tomatenmark zugeben, mit Weißwein (oder Rinderbrühe) aufgießen und die Rouladen hineinlegen. Zugedeckt bei mittlerer Hitze ca. 50 Minuten gar schmoren. Rouladen herausnehmen, Fäden oder Nadeln entfernen und auf gewärmte Teller setzen. Die Sauce mit Salz und Pfeffer abschmecken, dann entweder passiert oder nur abgeseiht angießen.

Gulasch vom Rind

Das Fleisch in mundgerechte Würfel schneiden. Die in Scheiben geschnittenen Zwiebeln in heißem Fett unter ständigem Rühren goldgelb dünsten. Dann einen gehäuften Esslöffel Paprika dazugeben, sofort mit etwas Fleischbrühe oder Wasser, dem ein Spritzer Essig beigefügt wurde, ablöschen. Die Fleischwürfel, etwas Salz, das Tomatenmark und das Gulaschgewürz dazugeben. Zugedeckt langsam schmoren, dabei gelegentlich umrühren und nach Bedarf etwas heiße Flüssigkeit (Fleischbrühe oder Wasser) zugeben. Wenn das Fleisch weich ist, noch etwas Flüssigkeit zugießen, einmal aufkochen und abschmecken. Dieses Natursaftgulasch sollte eine rostbraune Farbe haben. Für eine sämige Sauce das Fleisch vor dem letzten Aufgießen mit Mehl bestäuben und dann erst die Flüssigkeit dazugeben, kurz aufkochen.

Arbeitszeit: 20 Min.
Garzeit: 90 Min.

1 kg Rindfleisch, 500 g Zwiebeln, 120 g Schweinefett, 40-50 g Edelsüßpaprika, Essig, Fleischbrühe oder Wasser, Salz, 1 EL Tomatenmark, 1 EL Gulaschgewürz (2 TL Majoran, ¼ TL Kümmel, 1 kleine Knoblauchzehe, etwas Zitronenschale – alles klein gehackt), 20 g Mehl

Ochsenschwanz italienischer Art

Ochsenschwanzstücke in einem großen Topf mit Salzwasser 15 Minuten kochen lassen, dabei den aufsteigenden Schaum abschöpfen. Anschließend aus der Brühe nehmen, trocken tupfen, in Mehl wenden und gut abklopfen. Zwiebeln und Knoblauch schälen und klein schneiden. Karotten schälen und würfeln. Bacon in dünne Stifte schneiden. In einem Bräter mit Olivenöl den Bacon, Zwiebeln, Knoblauch und Karotten 4-5 Minuten anschwitzen, danach den Ochsenschwanz dazugeben und rundum weitere 10 Minuten unter Rühren braten. Tomatenmark, Thymianzweige und Lorbeerblätter dazugeben, gut unterrühren und mit Weißwein ablöschen. Etwas reduzieren lassen und mit passierten Tomaten und ½ Liter Brühe aufgießen. Zugedeckt 2½ Stunden bei geringer Hitze köcheln lassen, mehrmals umrühren und bei Bedarf mehr Brühe dazugeben. Zum Schluss mit Salz und Pfeffer würzen. Dazu passen Reis oder Kartoffeln.

Arbeitszeit: 30 Min.
Garzeit: ca. 3 Std.

1 kg küchenfertige Ochsenschwanzstücke, Salz, 2 EL Mehl, 2 Zwiebeln, 2 Knoblauchzehen, 150 g Karotten, 100 g Bacon am Stück, 50 ml Olivenöl, 50 g Tomatenmark, 2 Thymianzweige, 2 Lorbeerblätter, 200 ml Weißwein, 400 g passierte Tomaten, Pfeffer, 500-750 ml Brühe

VOM KALB

Kalbsschnitzel natur

Arbeitszeit: 10 Min.
Garzeit: 15-20 Min.

4 Kalbsschnitzel (à 150 g),
Salz, Mehl, 40 g Butter, 125 ml
Brühe oder Wasser,
1 Spritzer Zitronensaft

Die auf beiden Seiten gut geklopften Schnitzel salzen und eine Seite mit Mehl bestäuben. Schnitzel mit der bemehlten Seite zuerst in einer sehr heißen Pfanne mit genügend Fett pro Seite 3-5 Minuten braten. Immer nur so viele Schnitzel in die Pfanne legen, wie richtig heiß angebraten werden können. Fleisch aus der Pfanne nehmen, auf einer Platte anrichten und warm stellen. Im Bratrückstand ein Stück frische Butter aufschäumen lassen, Brühe oder Wasser dazugießen, die Bratkruste auflösen und alles aufkochen lassen. Die Sauce mit einigen Tropfen Zitronensaft abschmecken und zu den Schnitzeln servieren.

Kapernschnitzel

Arbeitszeit: 10 Min.
Garzeit: 15-25 Min.

4 Kalbsschnitzel (à 150 g),
40 g Butter, 1 TL Estragon, Salz,
6 EL Weißwein, 2 EL Milch,
1-2 TL Kapern, 1 EL Mehl

Die Schnitzel waschen, trocken tupfen und klopfen. Dann in einer Pfanne mit sehr heißem Fett auf beiden Seiten braten, mit Estragon würzen und salzen. Mit Wein und Milch ablöschen, die gehackten Kapern beigeben und alles aufkochen lassen. Zum Schluss das Mehl mit etwas Weißwein glatt rühren und die Sauce damit binden.

Vitello tonnato

Arbeitszeit: 25 Min.
Ruhezeit: min. 4 Std.
Garzeit: etwa 1 Std.

300 g Kalbfleisch aus der Nuss,
30 g Staudensellerie,
30 g Karotten, 1 Zwiebel,
1 Nelke, 1 Lorbeerblatt,
¾ l Weißwein, 1 TL Salz, ½ Dose
Tunfisch, 2 Sardellenfilets,
1 Eigelb, 1 EL Weißweinessig,
2 TL Kapern, 4 EL Olivenöl,
Pfeffer, Salz

Das Kalbfleisch in einen Topf legen. Staudensellerie, Karotten und Zwiebel putzen, grob zerteilen und dazugeben. Nelke und Lorbeerblatt zufügen, Weißwein angießen. Mindestens 4 Stunden, am besten über Nacht kühl stellen und ziehen lassen, dabei mehrmals wenden. Dann so viel Wasser zugießen, dass das Fleisch knapp bedeckt ist. Salz zufügen und zum Kochen bringen. Bei geringer Hitze ca. 1 Stunde gar ziehen und dann im Sud abkühlen lassen. Fleisch herausnehmen, abtrocknen und in dünne Scheiben schneiden. Tunfisch gut abtropfen lassen und in einen Mixbecher geben. Gewässerte Sardellen, Eigelbe, Essig und Kapern zufügen. 1 Esslöffel der Kalbsbrühe dazugießen und mit dem Pürierstab pürieren. Dabei langsam das Olivenöl zugießen, salzen, pfeffern und mindestens 1 Stunde im Kühlschrank ziehen lassen. Die Kalbfleischscheiben auf Tellern anrichten und mit Sauce begießen. Dazu passt Weißbrot.

Gratinierte Kalbskoteletts in Käse-Sahne-Sauce

Die gesalzenen Koteletts nur auf einer Seite in Butter anbraten und mit der gebratenen Seite nach oben in eine gefettete Auflaufform legen. Die Champignons in kleine Würfel schneiden, in einem Stück Butter rasch anbraten. Mit Petersilie, Salz und Pfeffer abschmecken und dann alles auf den Koteletts verteilen. Das Ei mit Mehl und Milch verrühren und über die Koteletts gießen. Mit geriebenem Parmesan bestreuen, etwas Paniermehl und zerlassene Butter daraufgeben und bei 220 °C im Backofen 15 Minuten gratinieren.

Arbeitszeit: 20 Min.
Garzeit: 15 Min.

4 Kalbskoteletts (à 150 g), 80 g Butter, 200 g Champignons, Petersilie, Salz, Pfeffer, 1 Ei, 2 EL Mehl, 125 ml Milch, 80 g Parmesan, Paniermehl

Kalbsschnitzel-Röllchen mit Parmaschinken und Mozzarella

Kalbschnitzel zwischen Folie legen und mit einem Plattiereisen fein klopfen. Mit Salz und Pfeffer würzen und je einer Scheibe Parmaschinken und einer Scheibe Mozzarella belegen. Schnitzel zusammenrollen und mit den Zahnstochern feststecken. Schalotten schälen und fein schneiden. Olivenöl in einer Pfanne erhitzen und die Röllchen 3-4 Minuten von allen Seiten anbraten. Die Schalotten zugeben, 2 Minuten mit andünsten, danach die Tomatenstücke aus der Dose untermischen und 10 Minuten zugedeckt bei geringer Hitze schmoren lassen. Sherry dazugießen, mit Salz, Pfeffer und Zucker abschmecken und mit frisch gehacktem Estragon servieren.

Arbeitszeit: 30 Min.
Garzeit: ca. 20 Min.

8 Kalbsschnitzel (à 60 g), Salz, Pfeffer, 8 Scheiben Parmaschinken, 8 Scheiben Mozzarellaaufschnitt, 2 Schalotten, 2 EL Olivenöl, 1 Dose Pizzatomaten (440 g), 5 EL trockener Sherry, 1 Prise Zucker, 2 EL frisch gehackter Estragon

außerdem: 8 Zahnstocher

Kalbskoteletts, paniert

Arbeitszeit: 10 Min.
Garzeit: 20 Min.

4 Kalbskoteletts (à 200 g),
Salz, Pfeffer, 2 EL Mehl, 1 Ei,
2 EL Paniermehl, 3 EL Butter,
4 Zitronenscheiben

Die Koteletts klopfen, salzen, pfeffern und mit Mehl bestäuben, dann erst in verquirltem Ei und dann in Paniermehl wenden und sofort in heißer Butter auf beiden Seiten insgesamt ca. 8-10 Minuten goldbraun braten. Mit Zitronenscheiben garniert servieren.

Kalbspiccata mit Kirschtomatenragout

Arbeitszeit: 30 Min.
Garzeit: ca. 25 Min.

1 Zwiebel, 1 Knoblauchzehe,
1 Prise Zucker, 200 g Kirschtomaten, 1 EL Balsamico,
2 EL Olivenöl, Salz, Pfeffer,
12 dünne Kalbsschnitzel
(à ca. 30 g), 2 Eier, 3 EL frisch
geriebener Parmesan,
50 ml geschlagene Sahne,
1 EL Mehl, 50 g Butter,
½ Bd. Basilikum

Zwiebel und Knoblauchzehe fein hacken. Kirschtomaten waschen und halbieren. 1 Esslöffel Olivenöl in einem Topf erhitzen, Zwiebel und Knoblauch farblos anschwitzen, mit Balsamico ablöschen und 2-3 Minuten einkochen lassen. Kirschtomaten dazugeben, mit Salz, Pfeffer und Zucker würzen und zugedeckt 5 Minuten bei geringer Hitze köcheln lassen. Die Kalbschnitzel zwischen Klarsichtfolie legen und dünn klopfen. Basilikum waschen, trocken schütteln und in feine Streifen schneiden. Eier in einer Schüssel verquirlen und mit Parmesan, geschlagener Sahne und Basilikum mischen. Schnitzel mit Salz und Pfeffer würzen, beidseitig mit Mehl bestäuben und anschließend durch die Eiermasse ziehen. Butter und restliches Olivenöl in einer Pfanne erhitzen, die Schnitzel portionsweise beidseitig 5-6 Minuten darin bei mittlerer Hitze goldbraun braten, herausnehmen und warm stellen. Zum Schluss mit dem Tomatenragout auf Tellern anrichten und sofort servieren.

Kalb-Zucchini-Spießchen

Fleisch in etwa 3 cm große Würfel schneiden. Sieben Zwiebeln schälen, Zucchini waschen und beides in ca. 0,5 cm dicke Scheiben schneiden. Fleisch, Zwiebeln und die Zucchini abwechselnd auf Spieße stecken. Die letzte Zwiebel fein hacken, die Tomaten in Viertel schneiden und mit 20 g Butter in der Pfanne anbraten. Mit Weißwein und Brühe ablöschen und fertig garen. Kalbspieße in 20 g Butter in einer zweiten Pfanne von allen Seiten 5-8 Minuten braten und mit Salz und Pfeffer würzen. Kalbsspieße und Gemüse auf vorgewärmten Tellern servieren.

Arbeitszeit: 15 Min.
Garzeit: gesamt 25 Min.

600 g Kalbsfilet, 8 kleine Zwiebeln, 2-3 kleine Zucchini, 40 g Butter, 3 Tomaten, Salz, Pfeffer, 100 ml Weißwein, 200 ml Brühe

außerdem: 8 Holz- oder Metallspieße, feuerfeste Form

Sahnemedaillons mit Parmesankruste

Die gesalzenen, leicht gepfefferten Medaillons in der Butter auf beiden Seiten rasch anbraten und anschließend in eine Auflaufform legen. Im Bratfett die in Scheiben geschnittenen Champignons mit dem Zitronensaft und 3-4 Löffeln Sahne schmoren. Das Ganze mit dem Mehl bestäuben, aufkochen und mit Salz, Pfeffer und Muskat abschmecken. Über die Medaillons geben, mit Parmesan bestreuen und im heißen Backofen bei 220 °C ca. 10 Minuten gratinieren.

Arbeitszeit: 25 Min.
Garzeit: 10 Min.

8 Kalbsmedaillons (à 80 g), Salz, Pfeffer, 80 g Butter, 120 g Champignons, 1 EL Zitronensaft, 3-4 EL Sahne, 1 TL Mehl, 1 Prise Muskat, 4 EL geriebener Parmesan

Kalbsmedaillons mit Zucchinitalern

Die Kartoffeln waschen, schälen und auf einer Reibe grob hobeln. Die Zucchini ebenfalls klein hobeln. Die Schalotten schälen und fein hacken. Die Petersilie abbrausen, trocken schütteln und fein hacken. Alles mit Ei, Stärke, Salz, Pfeffer und dem Ingwerpulver verrühren. Öl und Butter in einer Pfanne erhitzen. Je einen Esslöffel von der Kartoffelmasse abnehmen, hineingeben und flach drücken. Die Zucchinitaler bei mittlerer Temperatur auf jeder Seite 5-10 Minuten braten.
Die Kalbsmedaillons waschen, trocken tupfen, mit Salz und Pfeffer würzen und in Mehl wenden. In einer heißen Pfanne mit Öl auf jeder Seite etwa ½ Minute braten, frische Butter beigeben und jede Seite noch etwa je 1½ Minuten braten. Das Fleisch sollte innen noch rosa *(medium)* sein. Die Medaillons herausnehmen und mit den Kartoffel-Zucchini-Talern anrichten.

Arbeitszeit: 20 Min.
Garzeit: 5 Min.

400 g Kartoffeln, 2 Schalotten, 2 kleine Zucchini, ½ Bd. glatte Petersilie, 1 Ei, 1 TL Speisestärke, Salz, Pfeffer, ½ TL Ingwerpulver, 2 EL Öl, 1 EL Butter

8 Kalbsmedaillons (à 100 g), Salz, weißer Pfeffer, 2 EL Mehl, 1 EL Öl, 20 g Butter

Kalbsgeschnetzeltes Züricher Art

Arbeitszeit: 20 Min.
Garzeit: 20 Min.

500 g Kalbfleisch (Keule), Salz,
Pfeffer, 2 EL Öl, 20 g Butter,
1 Zwiebel, 200 g Champignons,
¼ l Weißwein, 125 ml Sahne,
½ Bd. Petersilie

Das Kalbfleisch in kleine Streifen schneiden, mit Salz und Pfeffer würzen und in heißem Öl kurz anbraten. Aus der Pfanne nehmen und warm stellen. Das Öl abgießen, frische Butter in die Pfanne geben und darin die fein gehackte Zwiebel und die in Scheiben geschnittenen Champignons andünsten. Mit Salz und Pfeffer leicht würzen, den Wein dazugießen und zur Hälfte einkochen lassen. Dann die Sahne dazugeben und zur gewünschten Konsistenz einkochen. Das Fleisch in der Sauce erhitzen, abschmecken und mit gehackter Petersilie bestreut servieren. Dazu schmecken Rösti.

Kalbsbrust, gefüllt

Arbeitszeit: etwa 1 Std.
Garzeit: 1½ Stunden

1 kg Kalbsbrust, Salz, Pfeffer,
40 g Butter, 1 Zwiebel,
1 Karotte, ¼ l Brühe

für die Füllung: 50 g geräucherter Schinken, 50 g Butter,
1 Zwiebel, 3 Brötchen, 2-3 Eier,
3 EL Sahne, 200 ml kalte Milch,
2 TL gehackte Kräuter, Salz,
Pfeffer, Paprika, Muskat

außerdem: Küchengarn

Die schon vom Fleischer zum Füllen vorbereitete Kalbsbrust innen salzen und pfeffern. Für die Füllung den Schinken würfeln und in Butter anbraten, die fein geschnittene Zwiebel dazugeben und die in Würfel geschnittenen Brötchen untermengen. Eier, Sahne und Milch gut verquirlen und über die Masse gießen. Einweichen lassen. Die gehackten Kräuter dazugeben und mit Salz, Paprika und Muskat abschmecken. Alles immer sehr vorsichtig vermengen, da die einzelnen Würfel in ihrer Form erhalten bleiben sollen. Nach dem Einfüllen der Masse die Öffnung der Kalbsbrust mit Küchengarn gut verschließen. Die gefüllte Kalbsbrust salzen und in eine Pfanne mit zerlassener Butter legen. Grob geschnittene Zwiebel und Karotte beifügen und mit Brühe aufgießen. In den auf 220 °C vorgeheizten Backofen schieben und ca. 90 Minuten garen. Mit dem Saft öfter übergießen und beim Tranchieren darauf achten, dass die Fülle nicht zerdrückt wird. Bratfond mit etwas Brühe aufkochen und nochmals abschmecken.

Kalbshaxe, geschmort

Arbeitszeit: 15 Min.
Garzeit: 90 Min.

1 Kalbshaxe, je 1 Prise Salz
und Pfeffer, 1 Zwiebel,
2 EL Butter, 4 Scheiben Speck,
½ l Kalbsfond

Die Haxe mit salzen, pfeffern und mit der gewürfelten Zwiebel in einem Bräter mit heißer Butter anbraten. Mit etwas Wasser ablöschen. Die Oberseite der Haxe mit Speckscheiben belegen, Kalbsfond in den Bräter geben, und die Haxe im vorgeheizten Backofen bei 180 °C ca. 90 Minuten schmoren. Aus dem Ofen nehmen, das Fleisch vom Knochen lösen und in Scheiben schneiden.

VOM LAMM

Lammkoteletts mit Kapern-Orangensauce

Knoblauchzehen mit der Schale zerdrücken. Zitronenthymian von den Stielen abzupfen, dabei einen Teil aufbewahren. Pfeffer grob zerstoßen und mit Olivenöl und den restlichen Zutaten mischen. Lammkoteletts in einen Gefrierbeutel geben, Marinade dazugießen, den Beutel verschließen und gut mischen. Kalt stellen und mindestens 1 Stunde marinieren lassen.

Von den Orangen die Schale mit einem scharfen Messer abschälen, die einzelnen Filets heraustrennen und restlichen Saft auspressen. Schalotten schälen und fein schneiden. Koteletts aus dem Beutel nehmen und mit Salz würzen. Olivenöl in einer Pfanne erhitzen, Fleisch von beiden Seiten 4-5 Minuten bei mittlerer Hitze anbraten, herausnehmen und warm halten. Schalotten und Kapern in den Bratensatz geben und 2-3 Minuten anschwitzen. Orangenmarmelade einrühren und mit Orangensaft und Fleischbrühe aufgießen. Etwa 5 Minuten bei geringer Hitze einkochen, danach kalte Butterflocken mit einem Schneebesen einrühren und die Sauce damit abbinden. Zum Schluss die Orangenfilets dazugeben und nicht mehr kochen lassen. Lammkotelett auf Tellern anrichten, die Sauce angießen und mit den restlichem Zitronenthymian bestreuen.

Arbeitszeit: 30 Min.
Garzeit: ca. 15 Min.
Marinierzeit: mind. 1 Std.

2 Knoblauchzehen,
4 Stiele Zitronenthymian,
1 TL schwarze Pfefferkörner,
100 ml Olivenöl,
8 Lammkoteletts (à 100-125 g)

2 Orangen, 2 Schalotten, Salz,
50 g Kapern, 2 EL Orangenmarmelade, 200 ml Fleischbrühe, 30 g klein gewürfelte Butter (eisgekühlt)

außerdem: Gefrierbeutel

Lammkoteletts, gegrillt

Arbeitszeit: 10 Min.
Ruhezeit: 2 Std.
Garzeit: 6 Min.

8 Lammkoteletts (à 100-125 g),
½ Knoblauchzehe, 2-3 EL Öl,
60 g Kräuterbutter, 2 Tomaten,
Salz, Pfeffer

Die Koteletts an den Rändern einkerben und das Fleisch etwas vom Knochen lösen, vorsichtig klopfen. Mit der gehackten Knoblauchzehe einreiben, mit Öl bepinseln und im Kühlschrank 2 Stunden ziehen lassen. Auf einem geölten Grillrost von jeder Seite 3 Minuten grillen. Lammkoteletts sollten innen noch rosa sein. Mit Kräuterbutter und Tomatenvierteln garnieren. Am Tisch mit Salz und Pfeffer würzen.

Gefüllte Lammbrust mit Datteln und Schafskäse

Arbeitszeit: 40 Min.
Garzeit: ca. 1 Std. 30 Min.

1 Zwiebel, 2 Knoblauchzehen,
300 g Lammleber (vom
Fleischer), 1 Bd. Petersilie,
100 g Datteln, 150 g Schafskäse,
400 g Hackfleisch vom Rind,
Salz, Pfeffer, Paprikapulver,
1 kg Lammbrust ohne Knochen,
3 EL Olivenöl, 600 g kleine
Kartoffeln (Drillinge), 2 Zweige
Rosmarin, 200 ml Gemüsebrühe

außerdem: Küchengarn

Zwiebel, Knoblauch und Petersilie fein hacken, Lammleber klein würfeln. Datteln in grobe Stücke schneiden. Schafskäse in eine Schüssel bröseln, Rinderhackfleisch dazugeben und mit den restlichen Zutaten mischen. Mit Salz, Pfeffer und Paprikapulver würzen. Mit einem scharfen Messer vorsichtig eine Tasche in die Lammbrust schneiden, die Hackmischung einfüllen und mit Küchengarn zunähen. Lammbrust salzen und pfeffern und in einem Bräter mit heißem Olivenöl von allen Seiten 5-6 Minuten kräftig anbraten. Im Backofen bei 180 °C (Umluft 160 °C) etwa 1½ Stunden schmoren, dabei mehrmals wenden. Nach 1 Stunde die gewaschenen und halbierten Kartoffeln in der Schale sowie abgezupfte Rosmarinnadeln dazugeben, mit Gemüsebrühe aufgießen und weiterschmoren. Die Lammbrust in 1 cm dicke Scheiben schneiden und mit Kartoffeln und dem Bratfond servieren.

Lammspieße auf Jogurttomaten

Lammfleisch von Sehnen befreien. Vorhandenes Fett nicht abschneiden, dadurch erhält das Fleisch beim Garen sein Aroma und bleibt saftig. Fleisch in etwa 3 cm große Würfel schneiden. Für die Marinade Jogurt, Knoblauch, Salz und reichlich Pfeffer verrühren und die Fleischwürfel darin über Nacht, mindestens aber 4-5 Stunden im Kühlschrank marinieren. Fleischwürfel auf Spieße stecken und auf dem Grill unter Wenden etwa 8-10 Minuten grillen. Die Fleischtomaten und die Zwiebeln in sehr feine Scheiben schneiden, auf einer Platte anrichten und mit Salz und Pfeffer würzen. Jogurt mit Salz und Zitronensaft abschmecken und über die Tomaten geben. Lammspieße heiß dazu servieren.

Arbeitszeit: 20 Min.
Ruhezeit: mind. 4-5 Std.
Garzeit: etwa 10 Min.

900 g magere Lammschulter oder -keule ohne Knochen,
300 g Sahnejogurt,
3 zerdrückte Knoblauchzehen,
1 TL Salz, Pfeffer

4 Fleischtomaten, 2 Zwiebeln,
200 g Jogurt, 2 EL Zitronensaft
außerdem: Spieße

Lammeintopf mit Kichererbsen

Kichererbsen in einer Schüssel mit reichlich Wasser übergießen und mindestens 6 Stunden quellen lassen. Anschließend in ein Sieb gießen, gut abspülen und abtropfen lassen. Kichererbsen in einen Topf geben, mit kaltem Wasser bedecken und zum Kochen bringen. Mit Salz und Kreuzkümmel würzen und zugedeckt 1 Stunde bei geringer Hitze bissfest köcheln lassen. Lammschulter in 2 cm breite Würfel schneiden, mit Zitronenschale mischen und mit Salz und Pfeffer würzen. Danach 5 Minuten einziehen lassen. Zwiebeln schälen und in dünne Streifen schneiden. Knoblauchzehen schälen und fein hacken. Aubergine am Stielansatz abschneiden, waschen und in 1 cm große Würfel schneiden. Tomaten waschen, halbieren, den Strunk herausschneiden und grob würfeln. Olivenöl in einer großen Pfanne erhitzen, Lammfleischwürfel portionsweise 5-6 Minuten kräftig von allen Seiten anbraten und wieder herausnehmen. Zwiebeln und Knoblauch in den Bratensatz geben und farblos anschwitzen. Auberginenwürfel dazugeben und 5 Minuten unter Rühren anbraten. Dann die Tomatenwürfel unterrühren, mit Pimentpulver würzen und ½ Liter Kichererbsenbrühe aufgießen. Lammfleisch und Kichererbsen dazugeben und bei geringer Hitze zugedeckt 30 Minuten köcheln lassen. Danach ohne Deckel weitere 45 Minuten kochen, bis das Fleisch sehr zart und die Sauce eingedickt ist. Zum Schluss den Jogurt einrühren und mit frisch gehackter Minze servieren.

Arbeitszeit: 30 Min.
Garzeit: ca. 2 Std. 20 Min.
Einweichzeit: ca. 6 Std.

175 g getrocknete Kichererbsen,
Salz, ½ TL Kreuzkümmel gemahlen, 900 g entbeinte Lammschulter, Abrieb von ½ Zitrone,
Pfeffer, 2 Zwiebeln, 2 Knoblauchzehen, 350 g Aubergine,
2 große Tomaten, 1-2 EL Olivenöl, ½ TL Piment gemahlen,
150 g Naturjogurt,
2 EL frisch gehackte Minze

HACKFLEISCH

Hamburger & Cheeseburger

Arbeitszeit: 15 Min.
Garzeit: 15 Min.

1 EL Bratfett, 1 Zwiebel, 500 g Rinderhackfleisch oder Tatar, Salz, Pfeffer, 4 Hamburgerbrötchen, 8 Salatblätter, Essig, Öl, Tomatenketchup, Senf, 4 Scheiben Gouda

Im heißen Bratfett die in Ringe geschnittene Zwiebel goldgelb anbraten, herausnehmen und warm stellen. Hackfleisch oder Tatar salzen, pfeffern und sehr gut kneten. Aus der Masse vier 2 cm dicke, runde Frikadellen formen und im heißen Bratfett knusprig anbraten (ca. 10 Minuten). Das Hackfleisch darf innen noch rosa sein.
Die Brötchen aufschneiden und mit Senf und Ketchup bestreichen. Dann das Fleisch mit den Zwiebelringen und einer Scheibe Gouda (bei Cheeseburgern) mit zwei kurz in Essig und Öl marinierten Salatblättern darauf legen.

Deutsches Beefsteak

Arbeitszeit: 15 Min.
Garzeit: etwa 10 Min.

4 kleine Zwiebeln, 500 g Hackfleisch vom Rind, Salz, Pfeffer, 2 alte Brötchen, 60 g Butter, 3 EL Bratfett, 2 Zwiebeln

nach Geschmack:
1 TL Mehl, etwas Brühe

Die Brötchen in Wasser einweichen, dann ausdrücken.
Die fein geschnittene Zwiebeln mit dem Hackfleisch, Salz, Pfeffer und den Brötchen zu einer geschmeidigen Farce verarbeiten. Dann längliche Frikadellen daraus formen und dabei in die Mitte ein kleines Stück Butter drücken.
In einer Pfanne mit heißem Fett von beiden Seiten etwa 5 Minuten anbraten und dabei ständig mit heißem Bratfett begießen. Dann die beiden in grobe Ringe geschnittenen Zwiebel im restlichen Bratfett knusprig anbraten und die Beefsteaks damit garnieren. Der Bratensatz kann mit etwas in Wasser angerührtem Mehl gebunden und mit Brühe pikant abgeschmeckt als Sauce serviert werden. Dazu passen Kartoffelsalat oder Pommes frites.

Frikadellen

Arbeitszeit: 20 Min.
Garzeit: 15 Min.

500 g Hackfleisch (gemischt), 2 Brötchen, 1 Zwiebel, 1 Ei, ½ Bd. Petersilie, 1 Knoblauchzehe, 40 g Bratfett, ½ TL Majoran, Pfeffer, Salz, 1 EL Bratfett

Die Zwiebel fein würfeln und in einer Pfanne mit 40 g Fett anschwitzen. Die Brötchen in Wasser einweichen, gut auspressen und mit dem Hackfleisch, der gehackten Petersilie und dem Ei in eine Schüssel geben. Alles gut durchkneten, den Knoblauch dazupressen, mit Salz, Majoran und Pfeffer abschmecken und erneut gut durcharbeiten.
Restliches Bratfett in der Pfanne heiß werden lassen. Aus der Hackfleischmasse runde Frikadellen formen, flach drücken und im heißen Fett zuerst auf jeder Seite 1 Minute, dann nochmals auf jeder Seite 5 Minuten knusprig fertig garen.

Gefüllte Paprika

Für die Füllung Bratwurstmett und Hackfleisch vermischen, mit Salz und Pfeffer würzen und mit dem Ei und den Kräutern gut vermengen. Paprikaschoten waschen, den Deckel abschneiden, Inneres und Kerne herauslösen. Mit der Fleischmasse füllen und den Deckel wieder daraufsetzen. Die Schoten in eine gefettete Form mit Deckel setzen, etwas Brühe angießen und bei 200 °C im vorgeheizten Backofen etwa 50 Minuten garen. Nach 20 Minuten die mit Salz und Pfeffer gewürzten Tomaten angießen. Dazu passt Reis.

Arbeitszeit: 15 Min.
Garzeit: etwa 50 Min.

4 große oder 8 kleine Paprikaschoten, 200 g Bratwurstmett (vom Fleischer), 200 g Hackfleisch vom Schwein, 1 Ei, Salz, Pfeffer, 1 EL gehackte Kräuter, ¼ l Brühe, Fett für die Form, 400 g passierte Tomaten mit Knoblauch

Gefüllte Tomaten mit Hackfleisch

Zwiebel in feine Würfel schneiden, Knoblauch fein pressen. Öl in einer Pfanne erhitzen, Zwiebel und Hackfleisch unter Rühren bei starker Hitze 3-4 Minuten anbraten. Knoblauch dazugeben, mit Salz, Pfeffer, Paprika und Oregano würzen und weitere 5 Minuten braten. Am oberen Drittel den Tomatendeckel abschneiden und das Kerngehäuse aushöhlen. Tomaten mit dem Hackfleisch füllen und in eine Auflaufform setzen. Gemüsebrühe, Tomatenmark und das Kerngehäuse in einem Topf aufkochen und 4-5 Minuten bei mittlerer Hitze köcheln lassen. Den Käse gleichmäßig über die Tomaten streuen, die Brühe angießen und im vorgeheizten Backofen bei 180 °C (Umluft 160 °C) ca. 20 Minuten goldbraun überbacken. Basilikum waschen und in feine Streifen schneiden. Tomaten mit Basilikum bestreut heiß servieren.

Arbeitszeit: 50 Min.
Garzeit: ca. 35 Min.

1 Zwiebel, 1 Knoblauchzehe, 2 EL Olivenöl, 500 g gemischtes Hackfleisch, Salz, Pfeffer, Paprikapulver edelsüß, 1 EL Oregano getrocknet, 8 große Tomaten, ½ l Gemüsebrühe, 1 EL Tomatenmark, 100 g geriebenen Gouda, 8 Blätter Basilikum

Ćevapčići

Arbeitszeit: 15 Min.
Garzeit: ca. 10 Min.
Ruhezeit: mind. 1 Std.

2 Knoblauchzehen,
500 g gemischtes Hackfleisch,
1 Ei, ½ Bd. Petersilie, Salz,
Pfeffer, 1 EL Paprikapulver
edelsüß, 1 TL Paprikapulver
pikant, 1 EL Backpulver,
3 EL Olivenöl

Knoblauchzehen schälen und klein schneiden. Petersilie waschen, trocken schütteln, von den Stielen zupfen und fein hacken. Hackfleisch, Ei, Backpulver, Knoblauch und Petersilie in einer Schüssel vermengen und mit Salz, Pfeffer, Paprikapulver edelsüß und pikant würzen. Aus der Hackfleischmasse mit feuchten Händen 10 cm lange Ćevapčići-Röllchen formen, auf eine Platte legen und zugedeckt 1 Stunde kalt stellen. Danach eine Pfanne mit Olivenöl erhitzen, Ćevapčići 8-10 Minuten goldbraun braten, dabei mehrmals wenden. Zum Schluss aus der Pfanne nehmen, auf Tellern anrichten und mit Reis oder einem frischen Salat servieren.

Hackbraten

Arbeitszeit: 30 Min.
Garzeit: 45 Min.

600 g Hackfleisch (gemischt),
2 Brötchen, 1 Zwiebel,
½ Bd. Petersilie, 20 g Fett,
1 Ei, Salz, Pfeffer, Majoran,
gehackter Kümmel, 4 Scheiben
Speck, etwas Fleischbrühe,
¼ l saure Sahne, 1 TL Senf oder
1 Spritzer Zitronensaft

Das gemischte Hackfleisch mit den in Wasser eingeweichten, gut ausgepressten Brötchen zu einer geschmeidigen Masse verarbeiten. Die klein geschnittene Zwiebel und die gehackte Petersilie im Fett glasig andünsten und mit dem Ei, Salz, Pfeffer, Majoran und gehackten Kümmel dazugeben. Alles sehr gut durchmischen und die Masse nochmals gut verkneten. Bei Bedarf etwas Wasser einarbeiten, damit sie geschmeidiger wird. Nochmals mit Salz und Pfeffer abschmecken. Aus der Masse einen länglichen Laib formen und mit Speckscheiben umhüllen. In heißem Fett in einer Pfanne kurz anbraten, in den vorgeheizten Backofen

(220 °C) schieben und nach 15 Minuten etwas heißes Wasser oder Brühe angießen. 45 Minuten garen und öfter mit dem eigenen Saft begießen. Man kann auch während des Bratens etwas glatt gerührte saure Sahne darüber gießen, damit sich eine weiche Kruste auf dem Hackbraten bildet. Bratensaft zum Schluss mit Sahne, Senf oder einem Spritzer Zitronensaft zu einer Sauce abschmecken.

„Falscher Hase"

Die Karotten mit Butter, etwas Salz, Zucker und Majoran 15 Minuten köcheln und anschließend gut abtropfen lassen. Das geviertelte Brötchen in der Milch einweichen, anschließend gut ausdrücken. Zwiebeln und Petersilie möglichst klein schneiden. Das Hackfleisch mit dem Brötchen, Ei, Zwiebeln und Petersilie mischen und mit Salz, Pfeffer, Majoran und Thymian würzen. Bei Bedarf nach und nach Paniermehl dazugeben. Eine hohe Auflaufform zur Hälfte mit dem Hackfleisch füllen. Der Länge nach in der Mitte die harten Eier eindrücken – links und rechts davon die gekochten Karotten. Das übrige Hackfleisch darüber verteilen und gut zusammendrücken. Im vorgeheizten Backofen bei 180 °C etwa 1 Stunde offen backen. Den Braten aus der Form stürzen, in Scheiben schneiden und auf einer Platte anrichten.

Arbeitszeit: 30 Min.
Garzeit: 45 Min.

4 große Karotten, 1 TL Butter, Salz, 1 Prise Zucker, Majoran, 1 altbackenes Brötchen, 125 ml Milch, eventuell etwas Paniermehl, 500 g gemischtes Hackfleisch, 2 Zwiebeln, ½ Bd. Petersilie, 1 Ei, Salz, Pfeffer, je 2 TL getrockneter Thymian und Majoran, 2 hart gekochte Eier

Chili con Carne

Zwiebeln und Knoblauch schälen und fein hacken. Chilischote in feine Ringe schneiden. Paprikas waschen, Kerngehäuse entfernen und in Streifen schneiden. Lauchzwiebeln in feine Ringe schneiden. Olivenöl in einer Pfanne erhitzen, Zwiebeln und Knoblauch farblos anschwitzen, Hackfleisch dazugeben und 5-6 Minuten kräftig anbraten, dabei mit dem Kochlöffel das Hackfleisch zerkrümeln und mit Salz und Pfeffer würzen. Chili und Paprikastreifen untermischen und weitere 4-5 Minuten braten. Tomatenmark dazugeben, 2-3 Minuten mitrösten und mit Rotwein ablöschen. Tomatenstücke, Mais und Bohnen einrühren und zugedeckt 15 Minuten bei mittlerer Hitze köcheln lassen. Mit Salz, Pfeffer, Paprikapulver und Zucker abschmecken. Chili in Schalen anrichten, mit Lauchzwiebelringen und Oregano bestreuen und mit jeweils einem Esslöffel saurer Sahne servieren.

Arbeitszeit: 15 Min.
Garzeit: ca. 10 Min.

2 Zwiebeln, 2 Knoblauchzehen, 1 Chilischote, je 1 rote und gelbe Paprikaschote, 500 g Rinderhackfleisch, 2 EL Olivenöl, Salz, Pfeffer, Paprikapulver, 1 Prise Zucker, 100 ml Rotwein, 1 EL frisch gehackter Oregano, 1 Dose geschälte Tomaten (850 g), 1 kleine Dose Mais, 2 Dosen Kidney Bohnen (à 425 g), 1 Bd. Lauchzwiebeln, 4 EL saure Sahne

INNEREIEN

Saure Leber

Ruhezeit: 1-2 Std.
Arbeitszeit: 10 Min.
Garzeit: 10-15 Min.

600 g Schweine- oder Rinderleber in Scheiben, 125 ml Milch, 1 EL Mehl, Salz, 2 EL Fett, 200 ml Fleischbrühe, 1 TL Essig, 1 Spritzer Zitronensaft

Die Leber von „Röhren" befreien und für 1-2 Stunden in der Milch ziehen lassen. Herausnehmen, gut trocken tupfen, mit Mehl bestäuben und in heißem Fett rasch von beiden Seiten anbraten und dann salzen. Brühe und Essig zugeben und die Leber 5 Minuten bei schwacher Hitze ziehen lassen. Zuletzt die Sauce mit etwas Zitronensaft abschmecken.

Kalbsleber auf Berliner Art

Arbeitszeit: 15 Min.
Garzeit: 15 Min.

600 g Kalbsleber, Salz, Pfeffer, 40 g Butter, 4 Äpfel, 1 Zwiebel

Die Kalbsleber in Scheiben schneiden und in 20 g heißer Butter ca. 3-4 Minuten pro Seite braten. Gleichzeitig ausgestochene dicke Apfelscheiben mitbraten. Die Leber mit Salz und Pfeffer würzen und anrichten, dabei zwischen die Scheiben je eine Apfelscheibe legen. Warm stellen. Die in Scheiben geschnittene Zwiebel im Bratrückstand goldgelb anbraten, etwas Fett abgießen, restliche Butter beigeben, aufschäumen und über die angerichtete Leber gießen. Dazu passen Kartoffelpüree und geröstete Speckscheiben.

Leber venezianisch

Arbeitszeit: 15 Min.
Garzeit: 40 Min.

4 Zwiebeln, 3 EL Olivenöl, 3 EL gehackte Petersilie, 125 ml trockener Weißwein, 600 g Kalbsleber, ½ TL Salz, weißer Pfeffer, 2 EL Butter

Zwiebeln in dünne Ringe schneiden und im heißen Olivenöl bei geringer Hitze etwa 30 Minuten glasig dünsten, dabei gelegentlich wenden. Die Zwiebeln sollen dabei nicht geröstet, sondern nur weich gedünstet werden. Petersilie zugeben, mit dem Weißwein ablöschen und kurz aufkochen lassen. Jetzt die küchenfertige, in dünne Scheiben geschnittene Leber hineingeben und 4 Minuten in der Zwiebelmischung schmoren lassen. Salzen, pfeffern und erst zum Schluss die Butter unterrühren und schmelzen lassen.

Gänseleber mit gebratenen Äpfeln

Arbeitszeit: 10 Min.
Garzeit: etwa 12 Min.

250 g Reis, 500 g Gänseleber, 8 dick ausgestochene Apfelscheiben, 60 g Butter, etwas Mehl, etwas Madeirawein, 2 EL Brühe

Den Reis nach Packungsanleitung kochen. Die Gänseleber in 8 dicke Scheiben schneiden, auf einer Seite mit Mehl bestäuben und in einer Pfanne mit aufgeschäumter Butter etwa 8-12 Minuten von beiden Seiten braten. Gleichzeitig die Apfelscheiben mitbraten. Auf einer Servierplatte einen Ring aus Reis formen, in der Mitte die Gänseleber abwechselnd mit den Apfelscheiben anrichten. Den Bratfond mit dem Madeirawein, frischer Butter und der Brühe verfeinern und mit den Leber-Apfelscheiben servieren.

Kalbsbries mit Trüffelscheiben und Lauchzwiebeln

Gewässertes und gereinigtes Kalbsbries kurz in einem Topf mit Salzwasser ankochen, abschrecken und in Scheiben schneiden. Lauchzwiebeln putzen, waschen, halbieren und in 8 cm lange Stücke schneiden. Trüffelknolle unter fließendem Wasser gründlich abbürsten, abtrocknen und in Scheiben schneiden.
Kalbsbriesscheiben mit Salz und Pfeffer würzen, mit Mehl bestäuben und gut abklopfen. In einer Pfanne mit 1 Esslöffel Butter beidseitig 5-6 Minuten goldgelb bei mittlerer Hitze braten und herausnehmen.
Restliche Butter aufschäumen lassen, Trüffelscheiben und Lauchzwiebeln dazugeben und 2-3 Minuten braten. Mit Portwein ablöschen, Kalbsfond und Sahne aufgießen und die Sauce um die Hälfte einkochen lassen.
Zwischenzeitlich die Kräuter waschen, trocken schütteln und fein hacken. Kalbsbriesscheiben zusammen mit den Lauchzwiebeln, den Trüffelscheiben und der Sauce auf Tellern anrichten und mit den frischen Kräutern bestreut servieren.

Arbeitszeit: 30 Min.
Garzeit: ca. 20 Min.

300g Kalbsbries (küchenfertig), Salz, 8 Stangen Lauchzwiebeln, 1 mittelgroße Trüffelknolle, Pfeffer, 2 EL Mehl, 2 EL Butter, 50 ml weißer Portwein, 100 ml Kalbsfond, 4 EL Sahne, ½ Bd. gemischte Kräuter (Basilikum, Petersilie, Kerbel)

Kalbsnieren, geschmort

Arbeitszeit: 20 Min.
Garzeit: 15 Min.

2 Kalbsnieren (à ca. 400 g),
Salz, Pfeffer, Mehl, 40 g Butter,
½ Zwiebel, 60 g Champignons,
½ Bd. Petersilie, 3 EL Weißwein,
125 ml braune Grundsauce
oder Bratensaft,
2-3 EL Sahne, 20 g Butter

Nieren unter fließendem Wasser gründlich säubern und in Scheiben schneiden, salzen, pfeffern und auf einer Seite mit Mehl bestäuben. Eine Pfanne gut erhitzen, Butter aufschäumen, die Nierenscheiben hineinlegen und auf beiden Seiten ca. 3-4 Minuten braten. Herausheben, das Fett abtropfen lassen und warm stellen. Im Bratrückstand fein geschnittene Zwiebel und in Scheiben geschnittene Champignons anbraten. Zuletzt gehackte Petersilie dazugeben und mit Weißwein ablöschen. Mit Bratensaft aufgießen, kurz aufkochen, mit Sahne und Butter vollenden und das Ganze über die warm gestellten Nierenscheiben gießen.

Französische Kalbsnieren in grober Senfsauce

Arbeitszeit: 40 Min.
Garzeit: ca. 10 Min.
Wässerungszeit: ca. 20 Min.

2 Kalbsnieren (à ca. 400 g),
2 Schalotten, 3 EL Butter,
200 ml Cognac, 100 g Crème
fraîche, 1 TL Speisestärke,
1 Spritzer Zitronensaft,
2 EL grobkörniger Dijonsenf,
1 EL frisch gehackte Petersilie,
Salz, Pfeffer

Kalbsnieren halbieren und in einer Schüssel unter fließendem Wasser gründlich wässern. Anschließend mit einem scharfen Messer die Sehnen und kleine Adern herausschneiden und in einzelne Segmente teilen. Schalotten schälen und fein würfeln. In einer Pfanne mit 1 Esslöffel Butter farblos anschwitzen und herausnehmen. Restliche Butter in die Pfanne geben und die Nieren 2-3 Minuten kräftig anbraten, herausnehmen und warm stellen. Bratsatz mit 100 ml Cognac flambieren, mit einem Deckel die Flamme ersticken und den restlichen Cognac dazugeben. Einmal kurz aufkochen lassen, Schalotten mit Crème fraîche zugeben und mit angerührter Speisestärke die Flüssigkeit leicht binden. Senf und Petersilie einrühren, Nieren dazugeben, mit Zitronensaft abschmecken und mit Salz und Pfeffer würzen. Traditionell Baguette dazu reichen und sofort servieren.

Herz, gebacken

Das Herz zusammen mit dem klein geschnittenen Suppengrün in 2 Liter kochendes Salzwasser einlegen, die halbe geschälte Zwiebel, Lorbeerblatt, Pfeffer- und Pimentkörner beigeben und etwa 3 Stunden kochen. Kaltes Wasser in die Brühe gießen, um das Herz abzukühlen, dann herausnehmen und in dicke Scheiben schneiden. Salzen, pfeffern und mit Edelsüßpaprika bestäuben. Die einzelnen Stücke in Mehl wenden, durch das verquirlte Ei ziehen und im Paniermehl wenden. In heißem Fett auf jeder Seite 4 Minuten backen. Mit Tomaten, Petersilie und Zitronenscheiben garnieren.

Arbeitszeit: 20 Min.
Garzeit: 3 Std.

1 küchenfertiges Kalbsherz (ca. 1,5 kg), 1 Bd. Suppengrün, 2 Pfefferkörner, 2 Pimentkörner, ½ Zwiebel, ½ Lorbeerblatt, Pfeffer, Salz, Edelsüßpaprika, etwas Mehl, 1-2 Eier, etwas Paniermehl, 20 g Bratfett, 2 Tomaten, ½ Bd. Petersilie, 1 Zitrone

Schweineherz, geschmort

Die halbierten Herzen mit Speckstreifen spicken. Die fein geschnittene Zwiebel und den zerdrückten Knoblauch in heißem Fett andünsten. Die Herzen dazugeben und von allen Seiten anbraten. Mit Fleischbrühe ablöschen und zugedeckt ca. 60 Minuten schmoren. Nach der Hälfte der Garzeit die in Würfel geschnittenen Paprikaschoten beigeben, mit dem Wein aufgießen alles fertig garen. Zum Schluss mit Salz und Pfeffer abschmecken.

Arbeitszeit: 15 Min.
Garzeit: etwa 1 Std.

3-4 Schweineherzen (ca. 750 g), 60 g Räucherspeck, Fett zum Braten, 1 Zwiebel, 2 Knoblauchzehen, 500 ml Fleischbrühe, 2 Paprikaschoten, 125 ml Weißwein, Salz, Pfeffer

außerdem: Spicknadel

Saure Nieren

Nieren mit heißem Wasser begießen und 30 Minuten stehen lassen. Gewürfelten Speck in einer Pfanne glasig andünsten und warm stellen. Im Bratfett die gewürfelte Zwiebel anschwitzen und die klein gewürfelte halbe Karotte zugeben. Die Nieren abwaschen, dann in Scheiben schneiden, in die Pfanne geben und scharf braten. Sobald sie nicht mehr rot sind, herausnehmen und warm stellen. Im Bratfond das Mehl anschwitzen und mit Rotwein ablöschen. Tomatenmark zugeben, mit Salz, Pfeffer und klein gehacktem Kümmel würzen und mit Essig oder Zitronensaft abschmecken. Nieren und Speck zur Sauce geben und nochmals kräftig erhitzen.

Arbeitszeit: 20 Min.
Garzeit: 10-15 Min.

500 g Nieren (4 Stück, Schweine- oder Rindernieren), 125 g Speck, 1 Zwiebel, ½ Karotte, 30 g Mehl, 100 ml Rotwein, 1 EL Tomatenmark, Salz, Pfeffer, Kümmel, 1 TL Essig oder Zitronensaft

WILDGERICHTE

Buttermilchbeize

Arbeitszeit: 5 Min.
Ruhezeit: nach Rezept

Buttermilch nach Größe des Bratgutes

Das Fleisch in eine Porzellanschüssel legen und komplett mit der Buttermilch bedecken. An einem kühlen Ort für 24 Stunden in der Beize ziehen lassen und gelegentlich wenden. Danach gut abtropfen lassen und die Buttermilch entsorgen.

Wildbeize, gekocht

Arbeitszeit: 15 Min.
Garzeit: 15 Min.
Ruhezeit: nach Rezept

1 l Wasser, ¼ l Essig, ¼ l Rot-wein, 1 Karotte, ½ Sellerieknolle, 1 Petersilienwurzel, 1 Zwiebel, 2 Lorbeerblätter, einige Wachol-derbeeren und Pfefferkörner (grob zerdrückt), etwas Thymi-an, 2-3 Gewürznelken, etwas abgeriebene Zitronenschale, 1 EL Öl

Zur Wildbeize soll man nur guten Weinessig und guten Rot-wein verwenden. Wasser, Essig und Wein in einen Topf fül-len und heiß werden lassen. Karotte, Sellerie, Petersilienwur-zel und Zwiebel putzen, in Scheiben schneiden und mit den angegebenen Gewürzen in den Topf geben. 15 Minuten kochen lassen. Erst vollständig ausgekühlt über das Fleisch gießen und dieses vollständig mit Flüssigkeit bedecken. Obenauf mit einer dünnen Schicht Öl abschließen.

Das Fleisch sollte mindestens 24 Stunden an einem kühlen Ort in der Beize ziehen. In die Beize kein Salz geben, da das Fleisch sonst rot wird.

Beizt man das Fleisch, um es für längere Zeit zu konservie-ren und aufzubewahren, so nimmt man keinen Wein, son-dern auf 1 Liter Wasser nur ¼ Liter Essig, alle genannten Gewürze, aber kein Suppengrün, da sonst die Beize zu gä-ren beginnt.

Nach dem Beizen das Fleisch mindestens 30 Minuten abtropfen lassen und dann trocken tupfen.

Wildbeize, kalt

Gemüse putzen und in dünne Scheiben und Stücke schneiden und mit der Hälfte davon eine Schüssel auslegen. Das Wild oder die Wildstücke darauf legen und das restliche Gemüse und die Gewürzen, darauf verteilen. Mit Wein, Essig und Wasser aufgießen, bis alles vollständig bedeckt ist, und zum Schluss mit dem Öl abschließen. Mit einem Tuch bedeckt an einem kühlen Ort stellen und gelegentlich wenden.

Arbeitszeit: 15 Min.
Ruhezeit: nach Rezept

1 l Rotwein oder trockener Weißwein, je 60 ml Essig und Wasser, 2 kleine Zwiebeln, 2 Karotten, einige Pfefferkörner und Wacholderbeeren, 2 Lorbeerblätter, etwas Thymian, 1-2 EL Öl

nach Geschmack: Knollensellerie, Petersilienwurzel, Knoblauch

Buttermilch-Kaninchen auf Trauben-Kraut

Das Kaninchen abwaschen, trocken tupfen, gut mit Salz und Pfeffer einreiben und in eine Schüssel geben. Mit der Buttermilch übergießen und für 1-2 Tage in den Kühlschrank stellen. Einen Schmortopf mit Deckel bereitstellen, die Trauben waschen und halbieren. Das Sauerkraut in den Topf geben, die Trauben und den Speck darauf verteilen und mit Wacholderbeeren und Lorbeerblättern würzen. Etwa die Hälfte des Weins dazugießen. Das Kaninchenfleisch aus der Beize nehmen, abwaschen, trocken tupfen und auf das Kraut legen. Den restlichen Wein dazugeben und den Deckel schließen. In den kalten Backofen stellen, die Temperatur auf 200° C einstellen und etwa 90 Minuten schmoren. Den Deckel abnehmen und das Fleisch kurz zuerst von der einen, dann von der anderen Seite anbräunen lassen. Das Kaninchen mit der Sauce und dem Traubenkraut servieren.

Arbeitszeit: 20 Min.
Ruhezeit: 24-48 Std.
Garzeit: 1½ Stunden

1 l Buttermilch, 1 küchenfertiges Kaninchen oder Kaninchenteile (ca. 1 kg), 850 g Weinsauerkraut, 300 g weiße kernlose Trauben, 150 g gewürfelter Bauchspeck, ¼ l lieblicher Weißwein, Salz, Pfeffer, 2 Lorbeerblätter, Wacholderbeeren

Kräuter-Kaninchen

Arbeitszeit: 15 Min.
Garzeit: 45 Min.

1 Kaninchen in Teilen,
100 g gut durchwachsener
Speck, 1 Zwiebel, 50 g Butter,
Salz, Pfeffer, einige Zweige
Rosmarin, 1 Lorbeerblatt,
125 ml lieblicher Rotwein

Die Kaninchenteile gut salzen und pfeffern. Zwiebel schälen. In einer großen Pfanne (mit Deckel) oder einem Bräter die Butter schmelzen. Zuerst die Schenkel, etwa 6 Minuten später auch den Rücken bei mittlerer Hitze in die Pfanne geben und langsam von allen Seiten goldgelb anbraten. Dabei die Teile immer wieder wenden.

Die Zwiebel und den Speck würfeln und dazugeben. Alle Zutaten in Ruhe anbraten. Dann einige Zweige Rosmarin und das Lorbeerblatt dazugeben.

Den Deckel auflegen und bei geringer Hitze etwa 5-8 Minuten weiterbraten. Dann den Wein angießen und noch etwa 30 Minuten schmoren lassen.

Festlicher Hasenbraten

Arbeitszeit: 25 Min.
Ruhezeit: 12 Std.
Garzeit: etwa 1 Std.

1 Hasenrücken, 2 Hasenläufe
(Keulen), 150 g Räucherspeck,
Salz, Pfeffer, 2 EL Bratfett,
1 Karotte, 1 Petersilienwurzel,
¼ Sellerieknolle, 125 ml Rotwein,
1 Zwiebel, ½ l Wildfond,
4 Wacholderbeeren,
1 kleines Lorbeerblatt,
1 Thymianstängel, etwas
abgeriebene Zitronenschale,
375 ml saure Sahne, 30 g Mehl,
1 TL Senf, 1 TL Zitronensaft,
¼ EL Kapern

außerdem: Wildbeize, gekocht
(s. Seite 230), Spicknadel

Das Fleisch von der sehnigen Haut befreien und in der Beize 12-24 Stunden ziehen lassen. Gut abtropfen lassen, mit dünnen Speckstreifen spicken, salzen und pfeffern und zusammen mit den Fleischabfällen in heißem Fett bräunen. Das klein geschnittene Gemüse beigeben und unter häufigem Aufgießen von Rotwein und Beize im Backofen bei 220°C etwa 50 Minuten schmoren. Sobald das Suppengrün Farbe genommen hat, die gewürfelte Zwiebel beigeben, den halben Liter Wildfond angießen, die Gewürze zugeben und den Braten fertig schmoren.

Der Rücken ist ¼ Stunde früher gar als die Keulen, inzwischen warm stellen. Den Bratensatz durch ein Sieb passieren. Saure Sahne und Mehl mit etwas Flüssigkeit glatt rühren und die Sauce damit binden. Mit Zitronensaft und Senf abschmecken und Kapern als Einlage dazugeben.

Hasenpfeffer

Arbeitszeit: 25 Min.
Ruhezeit: 12 Std.
Garzeit: etwa 1¼ Std.

1 Hase (ca. 4 kg), 1 Zwiebel,
2 Knoblauchzehen, 1 Karotte,
8 Pfefferkörner, 4 Pimentkörner,
1 Lorbeerblatt, ¼ l Rotweinessig,
½ l Rotwein, 200 g geräucherter
Speck, 500 g Schalotten,
¼ l Fleischbrühe, Salz, Pfeffer,
2 Zweige Thymian, 1 Prise Zimt

Den Hasen gründlich säubern und in handliche Stücke zerlegen. In eine Keramikschüssel legen, die Zwiebel in Ringe schneiden, den Knoblauch zerdrücken und beides darüberstreuen. Die in Scheiben geschnittene Karotte und die Gewürze zugeben. Essig mit ¼ Liter Wein mischen und über das Fleisch gießen. Mindestens 12 Stunden zugedeckt an einem kühlen Platz beizen, dabei die Fleischstücke gelegentlich in der Flüssigkeit wenden. Vor dem Braten den gewürfelten Speck im Bräter auslassen und die Würfel wieder entfernen. Die Hasenstücke mit Küchenpapier trocknen und im Speckfett rundherum anbraten. Die geschälten Schalotten im Ganzen dazugeben, heiße Fleischbrühe und den restlichen Wein aufgießen. Mit Salz, Pfeffer und Thymian würzen und zugedeckt 60 Minuten schmoren lassen. Zum Ende der Garzeit Deckel abnehmen und die Flüssigkeit um die Hälfte einkochen lassen. Mit einer Prise Zimt abschmecken und servieren. Dazu passen gekochte Kartoffeln.

Hirschbraten mit Maronenkern

Hirschbraten waschen und trocken tupfen. Kräuter waschen, trocken schütteln und fein hacken. Maronen hacken und mit Kräutern und Cognac in einer Schüssel 15 Minuten marinieren. Diese Mischung als Knochenersatz in den Braten füllen, mit Küchengarn zubinden und mit Salz, Pfeffer und Paprikapulver würzen. Zwiebeln fein würfeln. Hirschbraten in einem Bräter mit Butterschmalz kräftig von allen Seiten 4-5 Minuten anbraten. Anschließend Zwiebeln dazugeben, kurz mit anschwitzen, danach mit Rotwein ablöschen und Wildfond aufgießen. Fleisch mit Honig bestreichen und im vorgeheizten Backofen bei 180 °C (Umluft 160 °C) ca. 1 Stunde schmoren. Dabei mehrmals mit Bratenfond übergießen. Den Hirschbraten herausnehmen und warm stellen. Crème fraîche in den Bratenfond einrühren und mit Salz, Pfeffer und Piment würzen. Braten in 1 cm breite Scheiben schneiden und mit der Sauce sofort servieren.

Arbeitszeit: 30 Min.
Garzeit: ca. 70 Min.
Marinierzeit: 15 Min.

1,2 kg Hirschschulter ohne Knochen (küchenfertig), ½ Bd. Thymian, ½ Bd. Majoran, 150 g Maronen im Frischepack, 4 cl Cognac, Salz, Pfeffer, Paprikapulver edelsüß, 2 Zwiebeln, 2 EL Butterschmalz, 250 ml Rotwein, 250 ml Wildfond, 1 EL Honig, 150 g Crème fraîche, 1 Msp. Piment gemahlen

außerdem: Küchengarn

Rehragout

Arbeitszeit: 15 Min.
Garzeit: 1½ Std.

1-1½ kg Rehfleisch (z.B. Schulter), 2 EL Öl, ½ l Rotwein, ca. ½ l Rinderbrühe oder Wildfond, 200 g Champignons, Wacholderbeeren, Salz, Pfeffer, etwas Mehl zum Binden

Das Fleisch in Würfel schneiden und im heißen Öl von allen Seiten anbraten. Wenn der Fleischsaft fast eingekocht ist, mit dem Wein ablöschen und mit Wildfond oder Brühe aufgießen, bis das Fleisch bedeckt ist. Die Wacholderbeeren zerreiben (Mörser), beigeben und mit dem Ragout garen. Das Fleisch in 1-1½ Stunden bei milder Hitze weich schmoren. Ab und zu mit Brühe oder Fond auffüllen.

Die Champignons in Scheiben schneiden und sobald das Fleisch gar ist, zum Ragout geben. Zuletzt mit Salz und Pfeffer abschmecken und die Sauce mit etwas Mehl binden.

Rehkeule badische Art

Arbeitszeit: 15 Min.
Garzeit: 90 Min.

1 kg Rehkeule, Salz, Pfeffer, 8 Wacholderbeeren, Thymian, Majoran, Rosmarin, 1 Lorbeerblatt, 100 g Bauschspeck, 2 Zwiebeln, 1 EL Butter, ¼ l trockener Rotwein, 1 EL Speisestärke, 125 g Crème fraîche

Rehkeule häuten, abwaschen und mit Küchenpapier trocken tupfen. Mit Salz, Pfeffer, zerdrückten Wacholderbeeren und gerebelten Gewürzen einreiben. Speck in sehr dünne Scheiben schneiden und damit die Keule umwickeln.

Fleisch mit den gewürfelten Zwiebeln in einen gefetteten Bräter geben, im Backofen bei 180 °C garen, ab und zu mit etwas Wasser angießen. Nach einer Stunde den Speck entfernen und den Braten noch ca. 30 Minuten bräunen lassen, herausnehmen und warm stellen. Bratenfond mit Rotwein ablöschen und mit Speisestärke binden. Crème fraîche unterziehen und nochmals mit Salz und Pfeffer abschmecken. Dazu schmecken Kartoffelklöße und Rotkraut.

Hirschfilets im Gemüsebett

Vom ausgelösten Rückenfilet 8 schräge Scheiben schneiden, leicht klopfen und mit Speckstreifen sternförmig spicken. Mit Salz, Pfeffer und Pastetengewürz würzen. Eine Pfanne erhitzen, einen Teil Butter darin aufschäumen und die Hirschfilets auf beiden Seiten ca. 2 Minuten braten. Das Fleisch herausnehmen und warm halten. Den Bratensatz mit Mehl bestäuben und mit Madeirawein und Wildfond aufkochen. Preiselbeerkompott, Senf und etwas Wasser glatt rühren und zur Sauce geben. Zum Schluss abseihen und mit frischer Butter abrunden. In der Zwischenzeit das Gemüse zubereiten. Zum Servieren die Filets auf Tellern anrichten und mit Sauce begießen. Jeweils einen Champignonkopf daraufsetzen und mit den gebratenen Tomatenhälften und den grünen Bohnen garnieren. Dazu schmecken Kartoffelkroketten und Preiselbeerkompott.

Arbeitszeit: 25 Min.
Garzeit: gesamt 30 Min.

600 g Hirschrückenfilet, Salz, Pfeffer, Pastetengewürz, 100 g Räucherspeck in Scheiben, 60 g Butter, 10 g Mehl, 125 ml Wildfond, 100 ml Madeira, Senf, 2 TL Preiselbeerkompott

4 halbierte gebratene Tomaten, in Butter geschwenkt, einige gedünstete grüne Bohnen, 8 dressierte und in Butter gebratene Champignonköpfe

außerdem: Spicknadel

Hirschragout in Rotweinsahne

Das Fleisch in grobe Würfel schneiden, pfeffern und in einer heißen Pfanne mit Öl scharf anbraten. Anschließend herausheben und in einen Bräter geben. Im Bratrückstand den gewürfelten Speck glasig anbraten. Das grob gewürfelte Gemüse dazugeben und andünsten, zuletzt die fein geschnittenen Zwiebeln kurz mitbraten. Alles mit Rotwein ablöschen und über das Fleisch gießen. Das Ragout sollte mit Flüssigkeit bedeckt sein. Wacholderbeeren, Thymian, Lorbeerblatt, Salz dazugeben und etwa 50 Minuten bei mittlerer Hitze schmoren.

Das Fleisch herausnehmen, sobald es weich ist, und in einen anderen Topf geben. Den Bratensaft mit saurer Sahne und Mehl binden, mit Essig, Preiselbeerkompott und Senf abschmecken. Die Sauce durch ein Sieb passieren, über das Fleisch geben und alles noch einige Minuten kochen. Als Beilage eignen sich Semmel- oder Serviettenklöße oder Teigwaren.

Arbeitszeit: 30 Min.
Garzeit: etwa 1 Stunde

600 g Hirschschulter, Pfeffer, 1 EL Öl, 120 g geräucherter Speck, 200 g Zwiebeln, 1 Karotte, 1 Petersilienwurzel, ¼ Sellerieknolle, einige Wacholderbeeren, etwas Thymian, 1 Lorbeerblatt, ½ l Rotwein, 40 g Mehl, 2 EL Essig, ¼ l saure Sahne, Salz, Senf, Preiselbeerkompott

TIPP *Passende Gewürze für Wild sind Pfeffer, Liebstöckel, Majoran, Thymian, Rosmarin, Petersilie, Lorbeerblätter, Pimentkörner, Nelken, Muskat, Wacholderbeeren und Paprika. Diese Gewürze können je nach Geschmack ergänzt werden.*

Festlicher Rehrücken

Arbeitszeit: 40 Min.
Garzeit: etwa 90 Min.

1 küchenfertiger Rehrücken
ohne Knochen (ca. 1 kg),
100 g Räucherspeck, Salz,
Pfeffer, Wacholderbeeren,
50 g Bratfett, 1 Bd. Suppengrün,
1 Zwiebel, Saft und Schale von
1 Zitrone, Saft von 1 Orange,
2 TL Mehl, 200 ml Rotwein,
50 ml Madeirawein, evtl. etwas
Brühe oder Wildfond,
125 ml saure Sahne

außerdem: Spicknadel,
1 großer Schaschlikspieß

Der Rehrücken wird von Haut und Sehnen befreit. In den Rückenmarkkanal wird ein Metallstab (z.B. ein Schaschlikspieß) geschoben, damit sich der Rücken beim Braten nicht verformt. Das Fleisch mit dem Räucherspeck spicken, mit Salz, Pfeffer und zerdrückten Wacholderbeeren einreiben. Dann das Fleisch in einer Pfanne oder in einem Bräter mit heißem Bratfett von allen Seiten scharf anbraten. Mit den Speckresten und eventuell klein gehackten Rehknochen, -haut und -sehnen, die vorher entfernt wurden, in einen Bräter legen. Das grob geschnittene Suppengrün und Zwiebel beigeben und im Backofen bei 180 °C etwa 50-60 Minuten braten. Dabei gelegentlich mit Bratensaft übergießen. Mit einem Fingerdruck lässt sich feststellen, ob der Rücken innen noch „englisch", also eher rosa ist, oder schon gar. Den Rehrücken herausnehmen und warm stellen.

Den Bratrückstand einkochen lassen, leicht mit Mehl binden (und nach Geschmack noch ¼ Liter saure Sahne zugeben), mit Rotwein und etwas Madeirawein ablöschen. Den Orangen- und Zitronensaft, etwas fein geschnittene Zitronenschale und zerdrückte Wacholderbeeren beigeben und weitere 10 Minuten kochen lassen. Bei Bedarf etwas Brühe oder Wildfond zugießen.

Zum Schluss den Bratensaft passieren oder daraus eine besondere Sauce kochen (siehe Tipp). Zum Servieren die Filets des Rückens heraustrennen, in dünne Scheiben tranchieren und dekorativ anrichten. Mit der fertigen Sauce servieren und nach Geschmack mit Orangenvierteln garnieren.

> **TIPP** *Zum Rehrücken harmonieren unterschiedliche Saucen: Man kann den Bratensaft mit Salz, Pfeffer, gemahlenen Gewürznelken und etwas Ingwer abschmecken.*
> *Oder Orangen- oder Quittenschnitze in etwas Madeira weich kochen, leicht zuckern und dann zur Sauce geben.*
> *Auch eine Cumberlandsauce unterstreicht das feine Wildaroma.*

Rehkeule im Gewürzsud

Die Rehkeule hohl auslösen, die sehnige Haut entfernen, spicken und mit Küchengarn in Form binden. Den Braten mit Salz, Pfeffer und Pastetengewürz einreiben und mit dem grob geschnittenen Suppengrün sowie den Fleischresten und den gehackten Knochen in einem Bräter mit heißem Fett von allen Seiten anbraten. Anschließend mit Wildfond aufgießen. Die zerdrückten Pfefferkörner, Wacholderbeeren, die Gewürznelke, etwas Zitronen- und Orangenschale, Thymian und Lorbeerblatt sowie das Preiselbeerkompott dazugeben. Den Braten zugedeckt im Backofen bei 200 °C (Ober-/Unterhitze) 1½ Stunden garen. Wenn das Fleisch gar ist, herausnehmen, Küchengarn entfernen und warm stellen. Den Bratensaft in einen Topf abseihen, Wein und Zitronensaft dazugeben und einkochen. Die saure Sahne mit dem Mehl verrühren, dazugeben und einige Minuten weitergaren. In die Sauce gibt man zum Schluss einige gehackte Kapern. Anschließend die Keule aufschneiden und mit der Sauce servieren.

Arbeitszeit: 40 Min.
Garzeit: etwa 1½ Std.

1 Rehkeule (ca. 1,2-1,5 kg), 80 g Spickspeck, Salz, Pfeffer, Pastetengewürz, Fett, 200 g Suppengrün, 200 ml Wildfond, 1 TL Senf, 1 Zitrone, 1 Orange, 4 Pfefferkörner, 1 Thymianstängel, 1 Gewürznelke, 1 Lorbeerblatt, 4 Wacholderbeeren, 1 EL Preiselbeerkompott, 125 ml Rot- oder Weißwein, 250 ml saure Sahne, 40 g Mehl, 1 TL gehackte Kapern

außerdem: Spicknadel, Küchengarn

Rehschnitzel „Nimrod"

Die Rehschnitzel klopfen, mit Öl und Zitronensaft beträufeln und einige Minuten ziehen lassen. Dann nur eine Seite in Mehl tauchen, die andere mit Salz, gestoßenen Wacholderbeeren und frisch gemahlenem Pfeffer würzen. Mit der bemehlten Seite zuerst in das heiße Öl geben und ca. 4 Minuten von jeder Seite braten. Die Schnitzel auf vorgewärmten Tellern anrichten. Saure Sahne mit etwas Mehl und Wasser glatt rühren und den Bratfond damit eindicken, einmal aufkochen, abschmecken und mit den Schnitzeln servieren.

Arbeitszeit: 15 Min.
Garzeit: etwa 12 Min.

8 kleine Rehschnitzel (à ca 80 g), 2 EL Öl, Zitronensaft, Salz, 2 Wacholderbeeren (zerrieben), frisch gemahlener Pfeffer, 50 g saure Sahne, etwas Mehl

Rehbraten

Zubereitungszeit: 1 Std.
Garzeit: ca. 2 Std.
Ruhezeit: 2 Tage

1½ kg Rehfleisch, Salz,
Pfeffer, 1-2 Liter Buttermilch,
¼ l Rotwein, 30 g Wildgewürz,
60 g Bratfett, 300 g Crème
fraîche, ½ l Wildfond, ¼ l trockener Rotwein, 1 Karotte,
4 Wacholderbeeren, 1 Knoblauchzehe, 2 Zwiebeln,
1 TL Johannisbeergelee,
etwas Thymian

Das Rehfleisch in eine Keramikschüssel legen. Die Buttermilch, den Rotwein und das Wildgewürz mischen und das
Fleisch damit begießen, bis es vollständig mit Flüssigkeit bedeckt ist. An einem kühlen Platz zwei Tage beizen. Das
Fleisch aus der Beize nehmen, waschen und trocken tupfen.
Mit Salz und Pfeffer würzen und im Fett anbraten, dann herausnehmen und beiseite stellen. Im Bratsatz erst die grob
gewürfelten Zwiebeln, dann die Crème fraîche anbraten, bis
sie bräunlich wird. Jetzt mit dem Fond und dem Rotwein
aufgießen. Den Thymian, die grob gewürfelte Karotte, die
Wachholderbeeren und den zerdrückten Knoblauch dazugeben. Den Braten und den saure Sahne-Fond in einen Bräter
geben, Deckel schließen und im Backofen bei 180 °C
(Ober-/Unterhitze) 1½-2 Stunden schmoren. Bei Bedarf gelegentlich Wasser oder gesiebte Beize nachgießen. Etwa 30
Minuten vor Ende der Garzeit das Fleisch auslösen und dann
offen in der Sauce weitergaren. Die Sauce mit Johannisbeergelee verfeinern, abschmecken und nach Geschmack absieben. Zum Servieren das Rehfleisch aufschneiden und auf
Tellern anrichten. Dazu passen Klöße und Rotkohl.

Rehgulasch

Arbeitszeit: 50 Min.
Garzeit: etwa 2 Std.
Ruhezeit: über Nacht

Marinade: 200 g Knochen
und Fleischabfälle, 30 g Butter,
1 Zwiebel, 1 Bd. Suppengrün,
1 EL Mehl, ½ l Rotwein,
¼ l Weinessig, 1 Lorbeerblatt,
1 TL Thymian, 6 zerstoßene
Pfefferkörner, 2 Gewürznelken

750 g Rehfleisch (Hals, Bauch-
lappen oder Bug), 30 g Butter,
30 g Räucherspeck, 1 EL Mehl,
200 ml Rinderbrühe oder
Wildfond, 1 Zwiebeln, Salz,
Pfeffer, Paprika

1 Zwiebel, 1 EL Öl, 30 g Zucker

Für die Beize die klein gehackten Knochen und die Fleischabfälle mit der in Scheiben geschnittenen Zwiebel und dem
Suppengrün in der Butter anbraten, mit Mehl bestäuben
und leicht bräunen lassen. Wein und Essig angießen, Thymian, Pfeffer und Nelken zugeben und 15 Minuten kochen lassen. Dann passieren. Das Fleisch in mundgerechte Würfel
schneiden und mit der Beize bedeckt über Nacht in den
Kühlschrank stellen. Fleischwürfel herausnehmen, gut abtropfen lassen und trocken tupfen. Eine Zwiebel und Speck
würfeln und in der Butter andünsten, dann die Fleischwürfel
dazugeben und anbraten. Mit Mehl bestäuben und mit
Brühe oder Fond ablöschen. Durchpassierte Marinade aufgießen, mit Salz, Pfeffer und Paprika würzen, aufkochen
und zugedeckt etwa 1½-2 Stunden köcheln lassen.
Die andere Zwiebel klein würfeln und in Öl und Zucker
glasieren. Zum Schluss die Zwiebel dazugeben und das
Gulasch noch einmal abschmecken.

Rehsteaks in Zitronenrotwein

Das Fleisch vorsichtig etwas flach klopfen, salzen, pfeffern und in einer Pfanne mit heißer Butter auf beiden Seiten rosa braten (3-5 Minuten). Die Steaks herausnehmen und kurz warm stellen. Den Bratfond mit der Fleischbrühe und dem Rotwein ablöschen, etwas einkochen und mit Zitronensaft abschmecken. Die Steaks damit überziehen.

Arbeitszeit: 10 Min.
Garzeit: 10 Min.

8 Rehsteaks aus der Keule (à 100 g), Salz, Pfeffer, 50 g Butter, 100 ml Fleischbrühe, 100 ml Rotwein, etwas Zitronensaft

Wildschweinkoteletts in Preiselbeersahne

Den Speck auf die Spicknadel ziehen und die Koteletts damit spicken, dann salzen und pfeffern. Das Schmalz in einer Pfanne erhitzen, die Koteletts in Mehl wenden und portionsweise von beiden Seiten kurz scharf anbraten. Aus der Pfanne nehmen und warm halten.
Das restliche Fett aus der Pfanne gießen, die Butter darin schmelzen und das Mehl darin hellbraun anschwitzen lassen. Die Brühe nach und nach aufgießen und einige Minuten köcheln lassen. Die Sahne und den Obstbrand zugeben, die Preiselbeermarmelade unterrühren und mit Salz und Pfeffer abschmecken. Die Koteletts in die Sauce geben und nochmals erhitzen, die Sauce darf jedoch nicht mehr kochen.

Zubereitungszeit: ca. 40 Min.
Garzeit: 1 Std.

8 Wildschweinkoteletts (à 80-100 g), 20 g Speck zum Spicken, Salz, Pfeffer, etwas Mehl, 2 EL Butterschmalz, 2-3 EL Butter, 1-2 EL Mehl, 150 ml Rinderbrühe oder Wildfond, 150 ml Sahne, 4 cl Obstbrand, 2-3 EL Preiselbeermarmelade

außerdem: Spicknadel

Wildschweingulasch

Arbeitszeit: ca. 20 Min.
Garzeit: 1 Std.

1 kg Wildschweingulasch,
3 EL Öl, 120 g Speck, 2 Zwiebeln, 2 Knoblauchzehen, Salz,
Pfeffer, ¼ l Rotwein, ½ l Brühe
oder Fond, 1 EL Tomatenmark,
Thymian, Rosmarin, evtl. etwas
Wildgewürz, 3 EL Mehl,
100 g Champignons,
½ Becher saure Sahne

Das Fleisch waschen und gut trocken tupfen. In einer großen Pfanne (mit Deckel) mit heißem Öl rundherum anbraten, dann das Fleisch herausnehmen und warm stellen. Den
Speck und die Zwiebeln in Würfel schneiden, im Bratfett
anbraten und den Knoblauch dazupressen.

Das Fleisch wieder dazugeben, salzen, pfeffern und mit
Rotwein und Brühe aufgießen. Mit Tomatenmark, Thymian
und Rosmarin würzen und das Gulasch mit geschlossenem
Deckel ca. 60 Minuten schmoren.

Wenn das Fleisch gar ist, das Mehl mit etwas Wasser anrühren und die kochende Flüssigkeit damit binden. Die Sauce
nochmals mit Salz, Pfeffer und den Gewürzen abschmecken.
Die Champignons in der Sauce erhitzen und das Gulasch
mit saurer Sahne verfeinern.

> **TIPP** *Frisches, zerlegtes und meist bratfertiges Wildbret erhält
> man bei ausgesuchten Fleischern oder beim Wildhändler.
> Auch über einen Jäger oder beim Forstamt kann man Wildfleisch
> beziehen, hier sollte aber abgeklärt werden, ob nur mit ganzen
> Tieren gehandelt wird oder ob es möglich ist, küchenfertige Teil-
> stücke zu kaufen. Dafür können Sie davon ausgehen, dass es sich
> um Wild aus freier Wildbahn handelt und Sie somit eine höhere
> Fleischqualität bekommen. Außerdem sollte je nach Art die fest-
> gelegte Schon- und Jagdzeit beachtet werden.*

Gebeiztes Wildschwein

Für die Beize Rotwein und Essig aufkochen. Zwiebel, Karotte und Staudensellerie putzen und grob würfeln und mit allen Gewürzen dazugeben. Zugedeckt 5 Minuten köcheln und zum Abkühlen beiseitestellen. Das Fleisch in 3-4 cm große Würfel schneiden, in die kalte Beize legen, zudecken und am besten über Nacht in den Kühlschrank stellen.

Die Fleischwürfel aus der Beize nehmen, abtropfen lassen und mit Küchenpapier abtupfen. Die Beize durch ein feines Sieb gießen und beiseitestellen. In einer großen Pfanne 5 Esslöffel Öl erhitzen. Das Fleisch portionsweise rundum braun anbraten, salzen und pfeffern. Die Hälfte der Beize angießen und das Fleisch mit geschlossenem Deckel 90 Minuten schmoren.

Die getrockneten Zwetschgen in der restlichen Beize einweichen und die Rosinen in Wasser einweichen. Beides abtropfen lassen, dabei die Beize auffangen. Die Zwetschgen in feine Streifen schneiden, die Zwiebel und 1 Teelöffel Rosmarin fein hacken.

In einer Pfanne 2 Esslöffel Butter zerlassen, Zwiebel glasig dünsten, Zwetschgen, Orangeat, Rosinen und Rosmarin einrühren, mischen und pfeffern, Beize angießen und durchköcheln. Nach etwa 1 Stunde Schmorzeit die Mischung zum Fleisch geben, noch 20 Minuten weiterschmoren und mit Salz und Pfeffer abschmecken.

Arbeitszeit: 30 Min.
Garzeit: 2-3 Std.
Ruhezeit: mind. 4 Std.

für die Beize: ½ l kräftiger Rotwein, 125 ml milder Rotweinessig, je 1 Zwiebel, Karotte und Staudensellerie, 1 Lorbeerblatt, 1 TL getrockneter Thymian, ½ TL schwarze Pfefferkörner, 2 Gewürznelken, ¼ TL Salz

1 kg Wildschwein, 150 g getrocknete, entsteinte Zwetschgen, je 30 g fein gewürfeltes Orangeat und Rosinen, 1 TL frischer Rosmarin, 1 große Zwiebel, 5 EL Öl, 2 EL Butter, Salz, Pfeffer aus der Mühle

Gämsekeule, gebeizt

Alle Zutaten für die Beize in einem Topf aufkochen und dann abkühlen lassen. Das Suppengrün in kleine Stücke schneiden und eine Schicht davon in eine große Keramikschüssel legen. Die Keule häuten und dazugeben, mit dem Rest des Suppengrüns belegen und mit der kalten Beize bedecken. Gut zugedeckt und an einem kühlen Ort 1-2 Tage durchziehen lassen.

Das Fleisch trocken tupfen und rundum spicken. Die Butter in einem Bräter erhitzen, den restlichen Speck dazugeben, das Fleisch rundum gut anbraten. Mit der Beize ablöschen, die Hälfte des Suppengrüns zugeben und die Keule 2 Stunden schmoren. Ist das Fleisch gar, herausnehmen, zerteilen und warm halten. Die Sauce mit etwas Mehl binden.

Arbeitszeit: ca. 35 Min.
Garzeit: ca. 2 Std.
Beizen: 3-5 Tage

für die Beize:
je ½ l Rotwein und Wasser, 300 g Suppengrün, 1 Zwiebel, 1 Lorbeerblatt, einige Pfefferkörner, 1 Blatt Salbei

1 Gämsekeule (etwa 2-3 kg), 150 g Speck, 2-3 EL Butter, 30 g Mehl

außerdem: Spicknadel

GEFLÜGEL

Suppenhuhn mit Reis

Arbeitszeit: etwa 10 Min.
Garzeit: je nach Alter
und Größe 1¾-2¼ Std.

1 küchenfertiges Suppenhuhn
(1-1½ kg), Salz, 1 Zwiebel,
1 Bd. Suppengemüse,
200 g Reis, Pfeffer,
1 Bd. gehackte Petersilie

Das Suppenhuhn waschen und in gut 2 Liter kochendes Salzwasser legen. 60 Minuten leicht köcheln lassen. Dann das geputzte und zerkleinerte Suppengrün und die gewürfelte Zwiebel beigeben und das Huhn fertig kochen. Je nach Alter und Größe des Tieres liegt die Kochzeit zwischen 1¾ und 2¼ Stunden.

Das fertige Huhn herausnehmen und abtropfen lassen. Die Hühnerbrühe abseihen und den Reis darin nach Packungsanleitung kochen. Inzwischen das Hühnerfleisch vom Knochen lösen, klein schneiden und vor dem Servieren in der Brühe wieder erhitzen. Mit Salz und Pfeffer abschmecken und mit Petersilie bestreut servieren.

Hühnerfrikassee

Arbeitszeit: etwa 25 Min.
Garzeit: gesamt etwa 2½ Std.
Garzeit Suppenhuhn:
1¾-2¼ Std.

1 Suppenhuhn (1-1½ kg), Salz,
1 Bd. Suppengemüse, 1 Zwiebel

4 EL Butter, 2 EL Mehl,
1 l Hühnerbrühe, je 1 Glas
Spargelköpfe und Champignons,
einige Blumenkohlröschen (TK),
etwas Weißwein, Zitronensaft,
1 TL fein gehackte Kapern,
Salz, Muskat, Pfeffer

Das Huhn in gut 2 Liter kochendes Salzwasser legen und 60 Minuten leicht köcheln lassen. Dann zerkleinerte Suppengrün und die gewürfelte Zwiebel beigeben und das Huhn fertig kochen. Dann herausnehmen, Knochen und Haut entfernen und das Fleisch in kleinere Stücke zerlegen. In der Hühnerbrühe die Blumenkohlröschen bissfest kochen. Aus Butter und Mehl eine helle Mehlschwitze bereiten, mit so viel Hühnerbrühe ablöschen, dass eine sämige Sauce entsteht. Mit Wein, Zitronensaft und Kapern verfeinern und mit Salz, Pfeffer und Muskat abschmecken. Abgetropften und klein geschnittenen Spargel, Champignons und Kapern mit dem Hühnerfleisch in die fertige Sauce geben, kurz erhitzen und auf flachen Tellern anrichten. Dazu passt Reis.

Backhendl (Huhn, paniert)

Arbeitszeit: etwa 15 Min.
Garzeit: etwa 15 Min.

1 junges Hähnchen (ca. 1 kg),
Frittieröl, Salz, Pfeffer,
100 g Mehl, 1-2 Eier,
100 g Paniermehl,
1 Zitrone, Petersilie
außerdem: Fritteuse

Die Fritteuse befüllen und auf 180°C vorheizen. Das Hähnchen säubern, waschen, in vier Teile schneiden und trocken tupfen. Die Schenkel am Gelenk einschneiden. Mit Salz und Pfeffer würzen, dann in Mehl, verquirltem Ei und zuletzt in Paniermehl wenden. In der Fritteuse etwa 10-15 Minuten backen und dann auf Küchenpapier abtropfen lassen.

Das Backhendl mit Zitronenscheiben oder -schnitzen und Petersilie garniert anrichten.

Huhn in Weißwein-Sahne-Sauce

Das küchenfertige Huhn vierteln, salzen und pfeffern.
In einer Pfanne mit heißer Butter von allen Seiten anbraten.
Dann Perlzwiebeln, Champignons und Weißwein dazuge-
ben und zugedeckt etwa 30-40 Minuten weich schmoren.
Sahne und Eigelbe gut verrühren, die Sauce damit binden.
Gehackte Petersilie zugeben und nochmals abschmecken.

Arbeitszeit: etwa 15 Min.
Garzeit: 50 Min.

1 Huhn (ca. 1 kg), Salz, Pfeffer,
2 EL Butter, 100 g Perlzwiebeln,
100 g Champignons, 150 ml
Weißwein, 125 ml Sahne,
1 Eigelb, 1 Bd. Petersilie

Brathuhn/Brathähnchen

Den Backofen auf 220 °C vorheizen. Das Huhn säubern, waschen und trocken tupfen. Anschließend innen und außen
kräftig mit Salz, Pfeffer und Paprika würzen. Mit dem Öl
bepinseln, bis es überall eingeölt ist, dann auf einen Hähnchenbräter setzen und diesen auf ein Backblech stellen.
Im Backofen je nach Größe 45-60 Minuten grillen. Dabei
regelmäßig mit dem entstehenden Saft und der Butter bepinseln. Zum Schluss den Bratensatz lösen, mit etwas Brühe
aufkochen und durchseihen. Wenn man Kräuter, Zwiebelscheiben und Sellerie- oder Karottenstücke mitgart, wird die
Sauce dicker und erhält einen würzigen Geschmack.

Arbeitszeit: etwa 20 Min.
Garzeit: je nach Alter 30-60 Min.

1 Brathuhn (ca. 1 kg),
Salz, Pfeffer, Paprika, 2 EL Öl,
30 g Butter, 100 ml Hühner-
oder Fleischbrühe

nach Geschmack
frische Kräuter, 1 Zwiebel,
1 Stück Sellerie,
1 Karotte

außerdem: Hähnchenbräter

TIPP   *Ältere Hähnchen benötigen etwa 60 Minuten Garzeit.*
3-6 Monate alte Hühner 40-45 Minuten und jüngere
Tiere nur ungefähr 30 Minuten.

Saté-Hühnerspieße

Arbeitszeit: 15 Min.
Garzeit: ca. 10 Min.
Marinierzeit: mind. 1 Std.

500 g Hähnchenbrust, 1 TL Koriandersamen, ½ TL schwarze Pfefferkörner, 1 Stängel Zitonengras, 1 kleine Chilischote, Salz, 1 TL geriebener Palmzucker, 125 ml Kokosmilch, 1 EL Sojasauce, 2 EL Olivenöl

außerdem: Holzspieße

Hähnchenbrust abwaschen, trocken tupfen, längs in dünne Scheiben schneiden und in eine Schüssel geben. Koriandersamen und Pfefferkörner in einer Pfanne ohne Öl rösten, bis sie duften, danach im Mörser fein zerstoßen. Zitronengras und Chilischote fein hacken, zum Gewürz geben und mit Salz und Palmzucker zu einer feinen Paste zerreiben. Kokosmilch in einen Topf geben, mit der Gewürzpaste und Sojasauce glatt rühren und 2-3 Minuten köcheln lassen. Anschließend abkühlen lassen, über das Fleisch gießen, durchkneten und mindestens 1 Stunde marinieren. Danach die Fleischstücke einzeln auf Holzspieße stecken und in einer heißen Grillpfanne mit Olivenöl oder auf dem Holzgrill 3-4 Minuten garen, bis das Fleisch zwar durch, aber nicht trocken ist. Dabei immer wieder mit Marinade bestreichen.

Geflügelkroketten „Baskischer Art"

Arbeitszeit: 45 Min.
Garzeit: ca. 10 Min.
Abkühlzeit: ca. 30 Min.

für ca. 30 Kroketten: ½ fertiges Grillhähnchen, 3 EL halbtrockener Sherry, 1 kleine Zwiebel, 75 g Butter, 1 EL gehackter Kerbel, ½ l Milch, 90 g Mehl, Salz, Pfeffer, Muskat, 200 g frisch geriebenes Weißbrot, 2 Eier, 4 EL Mehl, 1½ l Frittieröl

außerdem: Fritteuse, Spritzbeutel

Das Grillhähnchenfleisch von den Knochen lösen, in feine Würfel schneiden und in einer Schüssel mit dem Sherry marinieren. Zwiebel schälen, fein würfeln und in einem Topf mit Butter glasig anschwitzen. Mehl dazugeben und leicht bräunen lassen. Mit kalter Milch aufgießen und unter ständigem Rühren aufkochen, bis eine gebundene Masse entsteht. Geflügelfleisch und Kerbel unterrühren und mit Salz, Pfeffer und Muskat würzen. Die Masse in ein geeignetes Gefäß füllen, mit Klarsichtfolie abdecken und kalt stellen.

Anschließend in einen Spritzbeutel ohne Tülle füllen, einen langen Strang auf eine bemehlte Arbeitsfläche aufspritzen und in jeweils 4 cm lange Kroketten teilen. Diesen Vorgang wiederholen, bis die gesamte Masse aufgebraucht ist.

Mit drei Tellern eine Panierstation aus Mehl, verquirlten Eiern und geriebenem Weißbrot aufbauen. Die Kroketten zuerst in Mehl wenden, dann durch die Eier ziehen und in Paniermehl rollen. In einer vorgeheizten Fritteuse bei 170 °C, 3-4 Minuten goldbraun frittieren, herausnehmen und auf Küchenpapier abtropfen lassen.

Drumsticks vom Blech

Hähnchenunterkeulen waschen, trocken tupfen und von Federresten befreien. Knoblauch schälen und fein hacken. Chilischote in feine Ringe schneiden, Ingwer schälen und auf einer Gemüsereibe fein reiben. Anschließend in einem 6-Liter-Gefrierbeutel Knoblauch, Chili, Ingwer, Olivenöl, Sweet Chicken Chilisauce, Sojasauce, Honig, Limettensaft, Salz, Pfeffer und Currypulver mischen. Hähnchenunterkeulen dazugeben, den Gefrierbeutel gut verschließen und die Marinade in das Fleisch 2-3 Minuten einmassieren. Danach kalt stellen und mindestens 1 Stunde ziehen lassen. Drumsticks auf ein Blech legen, im vorgeheizten Backofen bei 180 °C (Umluft 160 °C) 30-35 Minuten goldbraun braten, dabei mehrmals wenden und mit der Marinade bestreichen. Zum Schluss Koriander waschen, trocken schütteln, hacken und über die Drumsticks gleichmäßig verteilen.

Arbeitszeit: 15 Min.
Garzeit: ca. 35 Min.
Marinierzeit: ca. 1 Std.

12 Stück Hähnchenunterkeulen (Drumsticks), 2 Knoblauchzehen, 1 Chilischote, 1 walnussgroßes Stück Ingwer, 100 ml Olivenöl, 4 EL Sweet Chicken Chili Sauce (Asialaden), 2 EL Sojasauce, 2 EL Honig, Saft von 1 Limette, Salz, Pfeffer, Currypulver, ½ Bd. frischer Koriander

außerdem: Gefrierbeutel

Belgische Poularde

Die Poularde waschen, trocken tupfen und in acht Teile zerlegen, dabei Brust und Rücken halbieren. Die Stücke kräftig mit Salz und Pfeffer würzen und beiseitestellen. Die Zwiebeln schälen und in dünne Ringe schneiden. Die Karotte schälen und in Scheiben schneiden. Die Tomaten überbrühen, häuten und klein schneiden. Fett in einem Bräter erhitzen. Hühnchenteile, Zwiebelringe, Lorbeerblatt, Thymian und die Karottenscheiben dazugeben und bei mittlerer Hitze etwa 10 Minuten anbraten. Dann mit Bier und etwas Brühe ablöschen und zum Kochen bringen. Den Deckel auflegen und 45-60 Minuten auf kleinster Hitze schmoren. Zum Schluss die Sauce mit dem angerührten Mehl binden.

Arbeitszeit: etwa 30 Min.
Garzeit: etwa 1 Std.

1 Poularde (ca. 1½ kg), Salz, Pfeffer, 2 kleine Zwiebeln, 2 Tomaten, 1 Karotte, 50 g Butter oder Margarine, 1 Prise Thymian, 1 Lorbeerblatt, 125 ml Brühe, ½ l helles Bier, 1 EL Mehl

Putenschnitzel mit Rotweintomaten

Arbeitszeit: etwa 15 Min.
Garzeit: etwa 15 Min.

4 Putenschnitzel (à ca. 200 g),
1 kg reife Tomaten, 2 Zwiebeln,
2 Knoblauchzehen, Kräutersalz,
Pfeffer, 4 EL Olivenöl,
100 ml trockener Rotwein,
2 EL Tomatenmark,
½ TL Oregano,
½ Bd. Basilikum

Die Schnitzel kalt abspülen und trocken tupfen. Tomaten häuten und in Stücke schneiden. Zwiebeln und Knoblauch würfeln. 2 Esslöffel Öl in einer großen Pfanne erhitzen. Die Schnitzel von beiden Seiten anbraten, salzen, pfeffern und aus der Pfanne nehmen. Das restliche Öl in der Pfanne erhitzen und Zwiebel und Knoblauch glasig dünsten. Tomaten, Wein und Tomatenmark zugeben, mit Salz, Pfeffer und Oregano würzen. Alles zugedeckt 5 Minuten köcheln lassen, dabei öfter umrühren. Inzwischen die Schnitzel in feine Streifen schneiden, dann in die Tomatensauce legen und zugedeckt 5-7 Minuten garen. Mit Basilikum bestreut servieren. Dazu passt Duftreis oder grüne Bandnudeln.

Putenbrust

Arbeitszeit: 25 Min.
Garzeit: etwa 1 Std.

1 Putenbrust (etwa 1 kg),
Salz, Pfeffer, 4 EL Olivenöl,
15 g Butter, je 3 Zweige Thymian
und Rosmarin, etwas Majoran,
200 ml Wasser oder Weißwein,
1-2 TL Speisestärke

Den Backofen auf 180 °C vorheizen. Die Putenbrust gut salzen und pfeffern. Olivenöl in einer großen Pfanne erhitzen, die Pute mit der Brust nach unten ins heiße Fett legen und von allen anderen Seiten gut anbraten. Dann die Hitze reduzieren und die Butter in der Pfanne schmelzen lassen. Die Putenbrust von allen Seiten mit Gewürzen bestreuen und mit der Butter begießen. Die Pute mit der Brustseite nach unten in einen Bräter legen. Den Bratensatz in der Pfanne mit Wasser oder Weißwein ablösen und darüber gießen. Die Pute etwa 45 Minuten bei 180 °C schmoren. Dann wenden und mit der Brustseite nach oben weitere 20 Minuten garen. Das Fleisch aus dem Bräter nehmen und in Alufolie einschlagen. Den Bratenfond mit Salz und Pfeffer abschmecken und nach Belieben mit angerührter Speisestärke binden.

Schaschlik von der Pute

Arbeitszeit: etwa 20 Min.
Garzeit: etwa 20 Min.

500 g Putenfleisch, 100 g magerer Räucherspeck, 1 grüne und
1 gelbe Paprika, 8 Aprikosen,
1 EL Currypulver, Öl, Salz,
Pfeffer, 125 ml Geflügelbrühe,
3 EL Tomatenketchup
außerdem: Schaschlikspieße

Das Putenfleisch waschen, trocken tupfen und in etwa 3 cm breite und 2 cm hohe Würfel schneiden. Dann salzen, pfeffern und mit dem Currypulver einreiben. Den Speck in 8 Scheiben schneiden. Die Paprika waschen, das Kerngehäuse entfernen und achteln.
Putenfleisch, Speckstreifen und Paprikastücke abwechselnd auf die Spieße stecken. Dazwischen pro Spieß zwei

Aprikosen verteilen. Das Öl in der Pfanne erhitzen und die Spieße darin scharf anbraten. Den Ketchup kurz mit anbraten, dann Geflügelbrühe ablöschen und mit Curry, Salz und Pfeffer pikant abschmecken. Bei geschlossenem Deckel und mittlerer Temperatur noch etwa 10 Minuten fertig garen. Dazu passt Reis oder Fladenbrot.

Safran-Geflügelbällchen

Putenschnitzel grob zerkleinern und in der Küchenmaschine zu einer feinen Masse verarbeiten. Die Chilischote waschen, entkernen und in feine Ringe schneiden. Die Zwiebeln schälen und klein würfeln.
Gekochten Reis und Chiliringe in eine Schüssel geben und mit dem Putengehackten verkneten. Die Masse mit Zimt, Koriander, Paprika abschmecken und dann kleine Bällchen daraus formen. In einer großen hohen Pfanne mit Deckel die Butter zerlassen und die Bällchen darin goldbraun anbraten. Die Zwiebeln, Pfeffer und Safran zugeben. Umrühren und eine Weile schmoren lassen. Die Brühe angießen und alles bei geschlossenem Deckel etwa 35 Minuten weitergaren. Dann den Deckel abnehmen, die gehackte Petersilie und den Zitronensaft in die Pfanne geben und alles nochmals 5 Minuten köcheln lassen.
Dazu passt mit Kurkuma und Salz gekochter Basmatireis, den man am Schluss mit Rosinen und Mandeln mischt.

Arbeitszeit: 15 Min.
Garzeit: etwa 50 Min.

500 g Putenschnitzel,
300 g gekochter Reis,
1 Chilischote, je 1 TL Koriander,
Paprikapulver und Zimt,
etwas Pfeffer, 2 Zwiebeln,
1 TL gemahlener Safran,
500 ml Brühe, 4 EL Butter,
Saft von 1 Zitrone,
1 Bd. Petersilie

außerdem: Küchenmaschine

Truthahn auf amerikanische Art

Arbeitszeit: etwa 35 Min.
Garzeit: nach Gewicht
2½-3 Stunden

1 Truthahn oder Puter (8-10 kg),
200 g eingeweichtes, ausge-
drücktes Weißbrot (ohne Rinde),
250 g fein gehacktes Kalbsnie-
renfett, 1 Zwiebel, Salz, Pfeffer,
30 g Butter, 2 Eier, 2 Eigelbe,
1 Bd. Petersilie, 2 Blatt Salbei,
einige Speckscheiben (je nach
Größe des Puters),
200 ml Geflügelfond

außerdem: Küchengarn, Nadel

Vor dem Braten den Truthahn „dressieren". Dazu brauchen
Sie Nadel und Küchengarn: Zuerst beide Flügel sowie die
nach hinten gezogene Halshaut mit der Nadel durchstechen, das Garn durchziehen, dann durch die beiden
Schenkel stechen und zusammenbinden. Als Nächstes ober-
halb der Fußenden durch die Bauchhaut stechen, unterhalb
der Füße zurückstechen und mit dem Ende des Garns
zusammenziehen. Dadurch wird die Brust herausgehoben,
die Schenkel zusammengepresst und der Truthahn bekommt eine schöne Form, und – was noch wichtiger ist –
es kann beim Braten nicht so leicht austrocknen.

Für die Füllung Weißbrot und Nierenfett, die Eier, gehackte
Petersilie und gehackten Salbei vermischen und mit Salz
und Pfeffer würzen. Den Puter damit füllen, ebenfalls würzen und mit Speckscheiben umwickeln. In einem großen
Bräter mit der Butter etwa 2½-3 Stunden bei 200°C garen.
In der letzten Viertelstunde ohne die Speckscheiben
bräunen lassen. Herausnehmen, die Butter abgießen, den
Bratensatz mit etwas Fond ablöschen. Den Puter tranchieren
und im Backofen warm halten. Inzwischen möglichst viel
sichtbares Fett vom Bratenfond mit einem Löffel abnehmen,
die übrige Sauce passieren und heiß zum Puter servieren.
Dazu passen Maiskölbchen, überbackene Süßkartoffeln,
Kartoffelpürree und eine Cranberrysauce.

Gans, gebraten

Die Äpfel schälen, entkernen und in kleine Würfel schneiden. Die Gans innen und außen kalt abspülen. Trocken tupfen und innen und außen salzen und pfeffern. Gans mit den
Äpfeln füllen, mit Küchengarn zunähen und mit der Brustseite nach unten in einen Bräter legen. Die Haut mit einer
Gabel einstechen und einen halben Liter heißes Wasser angießen. Bei 200 °C im Backofen etwa 2½-3 Stunden schmoren. Während der gesamten Bratzeit immer wieder das aus-
getretene Fett abschöpfen und die Gans alle 20 Minuten
mit Bratensaft begießen. Bei Bedarf heißes Wasser nachgießen, sonst brennt die Gans an. Nach etwa 1 Stunde wenden und die Temperatur um 20 °C verringern. Die Gans sollte jetzt schön braun werden. 15 Minuten vor Ende der
Garzeit den Braten mit Bier einpinseln und die Temperatur
auf 240 °C erhöhen (nur Oberhitze). Die fertige Gans aus
dem Bräter nehmen und warm stellen. Den Bräter mit der
Sauce auf den Herd stellen und das restliche Fett abnehmen. Dann 125 ml heißes Wasser angießen, unter Rühren
aufkochen, dabei den Bratensatz lösen. Die Sauce durch ein
Sieb gießen. Mit Rotwein angerührte Stärke zugeben, kurz
aufkochen und mit Salz und Pfeffer abschmecken.

Arbeitszeit: etwa 35 Min.
Garzeit: je nach Gewicht 2-3 Std.

1 küchenfertige Gans (4-5 kg),
500 g säuerliche Äpfel,
Salz, Pfeffer, 100 ml Bier,
100 ml Rotwein,
2 TL Speisestärke
außerdem: Küchengarn, Nadel

Gans auf hessische Art

Schweinefleisch mit den Innereien der Gans, den ausgedrückten Brötchen und der in Butter angeschwitzten,
gehackten Zwiebel in der Küchenmaschine zu einer feinen
Masse verarbeiten. Die Füllung mit Eiern, gehackter Petersilie, Salz, Pfeffer, Muskat und Majoran würzen und gut
durchkneten. Damit die Gans füllen, zusammennähen,
rundherum salzen, binden und bei 200 °C etwa 2-2½ Stunden braten. Bei Bedarf etwas Wasser angießen und das aus-
getretene Fett abschöpfen. Aus der Pfanne nehmen, den
Bratsatz mit braunem Fond oder Bouillon ablöschen, entfetten und gut einkochen. Die Gans tranchieren und mit der
Füllung garnieren. Zuerst Keulen und Flügel mit der Geflü-
gelschere abschneiden. Die Gans auf den Rücken legen und
quer über den Bauch aufschneiden, dann auf der Höhe der
Keulen jeweils das rechte und das linke Brustteil vom Rücken
abtrennen. Beide Brustteile in 4-5 Stücke schneiden, genauso den Rücken zerteilen. Die Gans ist nun servierfertig.

Arbeitszeit: etwa 40 Min.
Garzeit: etwa 2 ½ Stunden

1 Junggans (ca. 4 kg) mit
Magen, Nieren, Leber und Herz
(Innereien weich gekocht),
500 g Schweinefleisch,
2 eingeweichte Brötchen,
1 Zwiebel, 2 Eier,
1 Bd. Petersilie, Salz, Pfeffer,
Muskat, Majoran, 200 ml brauner Fond oder Bouillon
außerdem: Küchenmaschine,
Küchengarn, Nadel

Ente mit Orangensauce

Arbeitszeit: etwa 40 Min.
Garzeit: etwa 1 ½ Std.

1 junge Ente (1,5 kg),
Salz, Pfeffer, 50 g Butter,
1 Bd. Suppengemüse, 1 Zwiebel,
5 große kernlose Orangen,
100 ml Weißwein, 1 EL guter
Weinessig, 20 g Zucker,
30 g Butter, ½ Bd. Petersilie
Dekorkirschen nach Geschmack

Die küchenfertige Ente innen und außen mit Salz und Pfeffer würzen. Die Orangen waschen und zwei Früchte auspressen. In einer Pfanne die Butter schmelzen, die Ente hineingeben und rundherum scharf anbraten. Zwiebel und Gemüse putzen und grob würfeln. Überflüssiges Fett abschöpfen, Gemüse und Zwiebel beigeben und mit anbraten. Mit Weißwein ablöschen, den Orangensaft dazugeben und zugedeckt im Backofen bei 210 °C etwa 1½ Stunden gar schmoren. Dabei gelegentlich mit Bratensaft übergießen und bei Bedarf etwas Wasser nachgießen.

Von einer Orange die Schale dünn abschälen, in feine Streifen schneiden und in heißem Wasser sehr stark blanchieren. Die restlichen Früchte schälen, die Filets herauslösen und in etwas Butter erhitzen. Sobald die Ente gar ist, herausnehmen und warm stellen.

Den Zucker zu hellem Karamell schmelzen, mit dem Weinessig ablöschen, den Saft der gedünsteten Orangenstücke dazugeben und einkochen. Die Entenschmorsauce entfetten, mit dem Gemüse passieren und zur gewünschten Dicke einkochen. Die Karamelllösung dazugeben, abschmecken und mit den blanchierten Orangenschalen vermischen. Die Ente mit den Orangenfilets, gehackter Petersilie und Dekorkirschen garnieren und mit Orangensauce servieren.

Entenbrust mit Preiselbeer-Honig-Sauce

Arbeitszeit: 20 Min.
Garzeit: etwa 25 Min.

4 Entenbrustfilets (à ca. 200 g),
3 EL Öl, Salz, Pfeffer,
200 ml Brühe, 1 Zwiebel,
1 säuerlicher Apfel, 1 Zweig
Salbei (oder 1 TL getrockneter
Salbei), 2-3 EL Preiselbeeren,
1 EL Honig, 1 TL Zitronensaft

Die Entenbrustfilets abbrausen, trocken tupfen und in einer großen Pfanne in heißem Öl von beiden Seiten scharf anbraten. Wenn das Fleisch braun ist, mit Salz und Pfeffer würzen und bei geringer Temperatur 15-20 Minuten unter mehrmaligem Wenden weiterbraten.

In der Zwischenzeit die Zwiebel schälen und fein würfeln. Den Apfel schälen, entkernen und in Spalten oder Scheiben schneiden. Den Salbei hacken.

Zwiebel, Apfel, Salbei und Preiselbeeren zur Entenbrust geben und einige Minuten mitbraten. Dann den Bratenfond mit Brühe aufgießen, den Honig einrühren und den Deckel der Pfanne schließen. Die Sauce vor dem Servieren mit Salz, Pfeffer und Zitronensaft kräftig abschmecken.

Unter der Haut gefüllte Ente

Die Ente waschen, trocken tupfen und von innen und außen mit Salz und Pfeffer würzen. Zwiebel und Knoblauchzehe schälen und fein würfeln. Petersilie und Majoran waschen, trocken schütteln und fein hacken. Brötchen in feine Scheiben schneiden und mit heißer, nicht kochender Milch übergießen und 2-3 Minuten einweichen lassen. Innereien der Ente von Häuten und Sehnen befreien und fein hacken. Mit den restlichen Zutaten und dem Ei in einer Schüssel mischen und gut vermengen. Mit Salz, Pfeffer und Muskatnuss würzen. Die Haut an der unteren Öffnung vorsichtig am Knochen einschneiden und mit einem flachen Kochlöffelstiel vom Fleisch lösen. Füllung langsam unter die Haut geben (die Haut sollte hierbei nicht einreißen!) und gleichmäßig verteilen.

Gefüllte Ente in einen Bräter mit Entenschmalz legen und im vorgeheizten Backofen bei 200 °C (Umluft 180 °C) 15 Minuten vorgaren. Anschließend die Temperatur auf 160 °C (Umluft 140 °C) reduzieren, etwas Geflügelbrühe dazugießen und weitere 1½ Stunden schmoren. Dabei die Ente regelmäßig mit Brühe und Bratensaft übergießen. Die fertige Ente aus dem Backofen nehmen, 4-5 Minuten ruhen lassen und servieren. Dazu schmecken selbst gemachte Semmelknödel.

Arbeitszeit: 45 Min.
Garzeit: ca. 1¾ Std.
Ruhezeit: 5 Min.

1 Vierländer Ente (ca. 1,6 kg – küchenfertig), Salz, Pfeffer aus der Mühle, Innereien der Ente, 1 Zwiebel, 1 Knoblauchzehe, 4 Zweige Majoran, ½ Bd. Petersilie, 2 Brötchen vom Vortag, 100 ml Milch, 1 Ei, 2 EL Entenschmalz, etwas Muskat, 200 ml Geflügelbrühe

WILDGEFLÜGEL

Wildente mit Cranberry-Kompott

Arbeitszeit: 30 Min.
Garzeit: ca. 40 Min.

2 Wildenten (à 1 kg), Salz,
Pfeffer, je 2 Zweige Rosmarin
und Thymian, 2 EL Butter-
schmalz, 125 ml Rotwein,
125 ml roter Portwein,
1 Zimtstange, 1 EL Zucker,
400 g Cranberrys,
1 EL angerührte Speisestärke,
1 EL Honig,
1 TL Feigensenf

Die Enten waschen, trocken tupfen und innen und außen
mit Salz und Pfeffer würzen. Mit Rosmarin und Thymian-
zweigen füllen und in einen Bräter legen. Butterschmalz
dazugeben, erhitzen und die Enten 4-5 Minuten von allen
Seiten anbraten. Anschließend zugedeckt im vorgeheizten
Backofen bei 210 °C (Umluft 190 °C) 30-35 Minuten braten.
Dabei mehrmals mit dem Bratensaft begießen.
Zwischenzeitlich Rotwein, Portwein, Zucker und Zimt in
einem Topf mit den Cranberrys erhitzen und 8-10 Minuten
bei mittlerer Hitze köcheln lassen. Danach mit angerührter
Speisestärke leicht binden und warm stellen. Honig und
Senf glatt rühren, die Enten 10 Minuten vor Garzeitende
damit bepinseln und offen fertig garen. Zum Schluss die
Enten aus dem Backofen nehmen, tranchieren und zusam-
men mit dem Cranberry-Kompott servieren.

Fasan, gebraten

Arbeitszeit: 25 Min.
Garzeit: nach Größe 45-60 Min.

1 küchenfertiger Fasan (ca. 1 kg),
Salz, Pfeffer, 2 Speckscheiben,
1 EL Bratfett, 1 TL Butter,
1 TL Mehl, etwas Wildfond

außerdem: Küchengarn

Den Fasan waschen, trocken tupfen, salzen und pfeffern.
Flügel und Keulen mit Küchengarn am Körper festbinden –
dabei über die Brust 1-2 größere Scheiben Speck binden.
In einer Pfanne Fett erhitzen, den Fasan kurz anbraten, dann
im 200 °C heißen Backofen fertig garen: Zuerst auf die eine

Brusthälfte legen und 10 Minuten braten, dann auf der anderen Brusthälfte weitere 10 Minuten braten. Zum Schluss auf dem Rücken liegend garen. Dabei immer wieder mit Bratfett begießen. Vor Beendigung der Garzeit die Speckscheiben entfernen, damit der Fasan genügend Farbe bekommt. Den Fasan herausnehmen und warm stellen. Den Bratensatz einkochen, etwas Fett abgießen und 1 Teelöffel Butter beigeben. Leicht anbräunen lassen, mit Mehl bestäuben und mit etwas Wildfond zu einer Sauce verkochen. Dann abseihen. Den Fasen zerteilen und mit der Sauce servieren. Als Beilage eignen sich Rotkohl, Serviettenklöße, Kartoffelkroketten und Preiselbeerkompott.

TIPP *Man rechnet je nach Größe des Fasans mit 45-60 Minuten Garzeit bei 200 °C. Die Sauce kann man mit Wein, Portwein, Cognac und Trüffeln verfeinern.*

Fasan in Pfeffersauce

Fasan waschen, trocken tupfen und wie im vorhergehenden Rezept im Backofen zubereiten.
Für die Pfeffersauce die zerkleinerten Wildabschnitte und das klein geschnittene Suppengrün in Öl anschwitzen.
Mit Wein und Essig ablöschen und fast völlig einkochen.
Dann die Fleischbrühe dazugießen und 1 Stunde bei geringer Hitze garen. Die Pfefferkörner, zur Hälfte leicht zerdrückt, dazugeben und noch einmal 10 Minuten mitkochen lassen. Die Sauce durch ein Sieb passieren und noch einmal erhitzen. Den Fasan zerteilen, anrichten und mit der Pfeffersauce servieren. Gut dazu passen zum Beispiel gedünstete Birnenhälften, die mit Preiselbeerkompott gefüllt sind.

Arbeitszeit: 15 Min.
Garzeit: etwa 1¼ Std.

1 Fasan (ca. 1 kg), 1 EL Bratfett, 2 Scheiben Speck, Salz, Pfeffer, 125 g Wildabschnitte, 1 Bd. Suppengrün, 2 EL Öl, 1-2 EL Essig, 1 l Fleischbrühe, 100 ml Weißwein, 2 TL grüne Pfefferkörner

Fasan, gefüllt

Den Fasan vorbereiten und innen würzen. Fleisch und Geflügelleber mit dem Eigelb und gehackter Petersilie in der Küchenmaschine zu einer Farce verarbeiten. Den Fasan damit füllen, zunähen und mit Speckscheiben umwickeln. Auf ein Rost in den Backofen legen oder in einem Bräter mit heißem Fett bei 200 °C 45-60 Minuten garen. Dabei gelegentlich mit Butter bestreichen. Für die Sauce den Bratensaft mit Madeira, Tomatenmark und Brühe abschmecken und einmal aufkochen.

Arbeitszeit: 35 Min.
Garzeit: nach Größe 45-60 Min.

1 Fasan (ca. 1 kg), Salz, Pfeffer, 200 g Schweinefleisch, 2 Geflügellebern, 1 Eigelb, 1 TL Petersilie, 2 Speckscheiben, Butter, Muskat, 1 Glas Madeira, 1 EL Tomatenmark, etwas Brühe

außerdem: Küchengarn

Tauben, gefüllt

Arbeitszeit: 30 Min.
Garzeit: gesamt etwa 1 Std.

4 Tauben (à 250 g), 40 g Butter

für die Füllung: 4 altbackene
Brötchen, ½ l heiße Fleischbrühe, 1 Ei, 1 Zwiebel, 5-6
Champignons, ½ Bd. Petersilie,
10 g Butter, Salz, Pfeffer

als Garnitur: 8 Champignonköpfe, 1 Zwiebel, 20 g Butter,
Salz, weißer Pfeffer, Saft von
½ Zitrone, etwas Kresse

außerdem: Küchengarn

Für die Füllung Brötchen klein schneiden, mit heißer Fleischbrühe übergießen und ¼ Stunde einweichen. Fein geschnittene Zwiebel, gehackte Champignons und Petersilie in heißer Butter anschwitzen, Brötchen und das Ei dazugeben,
salzen und pfeffern. 15 Minuten unter ständigem Rühren
erhitzen, dann abkühlen lassen. Tauben innen und außen
salzen und pfeffern, die Fülle einstreichen und die Öffnun-
gen verschließen. Die Tauben in heißer Butter rundum anbraten, restliche Fleischbrühe zugießen und zugedeckt im
Backofen bei 200 °C 25 Minuten schmoren. Öfter begießen.
Inzwischen die gewürfelte Zwiebel in heißer Butter andünsten, die Champignonköpfe dazugeben, salzen, pfeffern und
10 Minuten schmoren lassen. Mit Zitronensaft beträufeln.
Die Tauben mit der Sauce, den Champignons und der
Kresse garniert servieren.

Rebhuhn, gebraten

Arbeitszeit: 20 Min.
Garzeit: 45-60 Min.

2 Rebhühner (à ca. 500 g),
Salz, Pfeffer, 4 Scheiben fetten
Speck, 80 g Butter, 1 TL Mehl,
etwas Brühe, ¼ l Rotwein,
1 TL Stärkemehl

außerdem: Küchengarn

Die Rebhühner waschen, trocken tupfen, salzen und pfeffern. Dann mit Küchengarn binden und dabei die Speckscheiben über den Brusthälften befestigen. Die Butter in
einem Bräter schmelzen und die Rebhühner zuerst mit der
Brust nach unten und unter Begießen mit Bratensaft im
Backofen bei 200 °C ca. 45-60 Minuten garen. Nach 10 Minuten wenden und während der kompletten Garzeit immer
wieder mit Bratensaft begießen, kurz vor dem Fertigbraten
den Speck abnehmen. Rebhühner herausnehmen und warm
stellen. Bratensatz mit Fleischbrühe und Rotwein aufgießen,
Stärkemehl einrühren und zu einer Sauce aufkochen. Die
Rebhühner tranchieren, den Speck darauf verteilen und mit
der Sauce servieren. Dazu passen Linsen oder Erbsenpüree.

Marinierte Wachteln vom Grill

Arbeitszeit: 30 Min.
Garzeit: ca. 15 Min.
Marinierzeit: ca. 1 Std.

8 Wachteln (küchenfertig), Salz,
Pfeffer, 1 Knoblauchzehe,
1 Zweig Rosmarin, ½ Bd. Petersilie, 2 EL Olivenöl, 2 EL Cognac

Wachteln mit einem scharfen Messer auf der Rückenseite
am Rückgrat entlang durchschneiden, auseinanderklappen
und vorsichtig flach drücken. Knoblauch schälen und klein
schneiden. Petersilie und Rosmarin waschen, trocken schütteln und fein hacken. Wachteln mit Salz und Pfeffer würzen,
mit Olivenöl, Knoblauch und gehackten Kräutern einreiben
und zugedeckt mindestens 1 Stunde marinieren lassen.

Anschließend die Wachteln in einer heißen Grillpfanne mit Olivenöl oder auf dem Holzgrill 10-15 Minuten goldbraun grillen, dabei mehrmals wenden und mit Cognac bepinseln.

Geschmorte Wildtauben mit Pfifferlingen

Tauben waschen, trocken tupfen, das Innere mit Salz und Pfeffer würzen und mit je 1 Zweig Rosmarin füllen. Pancetta-Speck gleichmäßig um die Tauben wickeln und in einen geölten Bräter mit Deckel legen. Im vorgeheizten Backofen bei 200°C (Umluft 180°C) 30 Minuten braten. Anschließend die Speckscheiben entfernen und die Tauben weitere 5 Minuten offen goldbraun garen.
Zwischenzeitlich die Speckscheiben in feine Würfel schneiden, Schalotten schälen und fein hacken. Pfifferlinge sorgfältig mit einem Pinsel reinigen, notfalls waschen und gut trocken tupfen. In einer Pfanne mit schäumender Butter, Schalotten, Pancetta und Pfifferlinge 4-5 Minuten anbraten, anschließend mit dem Bratenfond der Tauben, Geflügelbrühe und Sahne aufgießen, zerdrückte Wacholderbeeren dazugeben, mit Salz und Pfeffer würzen und 3-4 Minuten bei milder Hitze köcheln. Tauben aus dem Backofen nehmen, auf Tellern mit den Pfifferlingen anrichten, mit frisch gehacktem Thymian bestreuen und sofort servieren.

Arbeitszeit: 20 Min.
Garzeit: ca. 35 Min.

4 Tauben (à 250 g), Salz, Pfeffer, 100 g Pancetta (dünn geschnitten), 2 EL Olivenöl, 2 Schalotten, 1 EL Butter, 200 g frische Pfifferlinge, 250 ml Geflügelbrühe, 4 Wacholderbeeren, 1 TL frisch gehackter Thymian, 4 Zweige Rosmarin, 125 ml Sahne

SÜßWASSERFISCH

Fisch im Bierteig

Arbeitszeit: 15 Min.
Garzeit: etwa 12 Min.

450 g Fischfilet (TK),
Saft von ½ Zitrone,
Salz, Pfeffer, Paprika

für den Backteig:
125 ml Bier, 2 Eier,
125 g Mehl, Salz

Den gefrorenen Fisch mit dem Elektromesser oder einem Brotmesser in Stücke schneiden, mit Zitronensaft beträufeln und mit Salz, Pfeffer und Paprika würzen.

Aus den Teigzutaten einen dickflüssigen Backteig herstellen. Die Fischstücke erst in Mehl wenden und dann durch den Teig ziehen.

In genügend heißem Öl schwimmend oder in der Fritteuse etwa 12 Minuten goldbraun ausbacken.

Fisch in Alufolie

Arbeitszeit: 15 Min.
Garzeit: 35-50 Min.

750 g Fisch (im Ganzen ohne Gräten und Abfall – oder Filets),
Saft von ½ Zitrone, Salz,
2 Bd. frische Kräuter,
z.B. Petersilie, Dill, Salbei,
Zitronenmelisse

außerdem: Alufolie

Für diese Zubereitungsart eignen sich Forellen, Äschen, Barsche, Felchen, Schleien, Makrelen oder Seezungen.

Ein Stück Alufolie doppelt so groß vorschneiden, wie der Fisch ist. Die Fische (oder Fischstücke) säubern, trocken tupfen und in die Mitte der Folie legen. Mit Zitronensaft beträufeln und leicht salzen. Auf die Fische dann die fein gehackten Kräuter streuen, die Folie von allen Seiten an den Fisch andrücken und gut verschließen.

Die Fischpakete in den vorgeheizten Backofen auf den Rost oder in eine Bratpfanne legen und bei etwa 200 °C je nach Größe der Fische 35-50 Minuten garen.

Gratinierte Fischfilets

Die Filets, gewaschen und trocken getupft, mit Zitronensaft und fein geschnittenen Zwiebeln 30 Minuten im Kühlschrank marinieren. Die Filets dann in mit Essig gesäuertem, siedendem Salzwasser halb gar ziehen lassen, herausnehmen und leicht zerpflücken.

Die Eiweiße steif schlagen. In heißer Butter das Mehl anschwitzen, ohne es Farbe nehmen zu lassen, mit Milch langsam aufgießen, dabei ständig mit dem Schneebesen schlagen. Mit etwas Brühe auffüllen, würzen und aufkochen lassen. Vom Herd nehmen und Eigelbe darunter ziehen. Zum Schluss den Eischnee unter die Masse ziehen. Dann das Fischfleisch lagenweise abwechselnd mit der Sauce in eine gebutterte Auflaufform geben, geriebenen Käse daraufstreuen und mit einigen Butterflocken belegen. Im heißen Backofen hellbraun überbacken.

Marinieren: 30 Min.
Arbeitszeit: 30 Min.
Garzeit: etwa 35 Min.

800 g Fischfilets, ½ Zitrone, 1 Zwiebel, Salz, 1 Schuss Essig, 40 g Butter, 40 g Mehl, ¼ l Milch, etwas Brühe, Muskat, Pfeffer, 2 Eigelbe, 2 Eiweiße, Butter für die Form und die Flöckchen, 5 EL geriebener Käse

Fischfilets in Weißweinsauce

Die Zwiebel fein würfeln, Champignons putzen und in Scheiben schneiden. Die Zwiebel in einer Pfanne mit heißer Butter andünsten, 1 Tasse Wasser, Champignons, gehackte Kräuter, Salz und Pfeffer dazugeben und 10 Minuten leicht kochen lassen. Die Fischfilets in der Zwischenzeit waschen, trocken tupfen und mit etwas Zitronensaft säuern. Dann in die Pfanne geben, mit dem Weißwein aufgießen und zugedeckt bei geringer Hitze in der Pfanne oder im Backofen bei 150 °C gar ziehen lassen. Sobald der Fisch gar ist, den Sud mit Eigelb, Sahne und geschmolzener Butter zu einer sämigen Sauce verrühren (nicht aufkochen!). Mit etwas Zitronensaft, Salz und Pfeffer abschmecken.

Arbeitszeit: 30 Min.
Garzeit: 20-30 Min.

800 g Fischfilets, 1 Zwiebel, 20 g Butter, 150 g Champignons, 1 Bd. frische Kräuter nach Belieben, Salz, Pfeffer, Saft von 1 Zitrone, 200 ml Weißwein, 1 Eigelb, 125 ml Sahne, 10 g Butter

Fischklöße

Pilze und Zwiebeln klein schneiden. Das Fischfilet sehr fein hacken oder pürieren. Mit dem gut ausgedrückten Brötchen, Zwiebel, Ei, Pilzen, Gewürzen, Kräutern, Sardellenpaste und Zitronensaft gut vermengen und abschmecken. Mit zwei befeuchteten Löffeln kleinere oder größere Klöße formen und in kochendem, leicht gesalzenem Wasser etwa 3 Minuten mehr ziehen als kochen lassen. Herausnehmen, abtropfen lassen und beliebig weiterverwenden.

Arbeitszeit: 30 Min.
Garzeit: 3 Min.

500 g Fischfilet, 1 eingeweichtes Brötchen, 100 g Champignons, 1 Ei, 1 Zwiebel, Salz, Pfeffer, Thymian, Majoran, 1 TL gehackte Kräuter, 2-3 TL Sardellenpaste, 1 TL Zitronensaft

Fischfilets auf Gärtnerinart

Arbeitszeit: 10 Min.
Garzeit: 15 Min.

800 g Fischfilets, Saft von
½ Zitrone, Salz, 4 EL Öl, 1 EL
Weißwein, 1 EL saure Sahne,
3 EL Kräuter (z.B. Petersilie,
Melisse, Estragon, Kerbel, Pim-
pinelle, Schnittlauch, Kresse)

Die Fischfilets waschen, mit Zitronensaft beträufeln und salzen. Öl in einem Topf erhitzen und Filets unter Beigabe von Weißwein und saurer Sahne im zugedeckten Topf etwa 15 Minuten gar dünsten. Frische Kräuter hacken und unmittelbar vor dem Servieren über die Filets streuen. Dazu passen am besten Salzkartoffeln.

Fischröllchen mit Champignons

Arbeitszeit: 35 Min.
Garzeit: 20-30 Min.

4 Fischfilets, Saft von ½ Zitrone
1 Zwiebel, 100 g Butter
(oder Margarine),
200 g Champignons,
1 EL gehackte Petersilie,
1 Ei, 1-2 EL Paniermehl, Salz,
Paprika, Fischfond,
125 ml Crème fraîche,
1 TL Speisestärke

außerdem: Zahnstocher

Die nicht zu dicken Fischfilets mit Zitronensaft beträufeln und kurz ziehen lassen. Dann salzen. Die fein geschnittene Zwiebel in 60 g Butter andünsten, die in Scheiben geschnittenen Champignons dazugeben, mit Zitronensaft beträufeln und kurz weiter dünsten. Vom Herd nehmen, Petersilie darunterrühren, das Ei dazugeben und mit dem Paniermehl zu einer festen Masse verrühren. Mit Salz und Paprika würzen. Diese Masse auf die Fischfilets streichen, einrollen und mit Zahnstochern zusammenstecken. Restliche Butter (oder Margarine) erhitzen, die Fischrouladen einlegen, mit etwas Brühe aufgießen und zugedeckt bei geringer Hitze langsam gar dünsten. Die Crème fraîche mit der Speisestärke verrühren und die Sauce zum Schluss damit binden. Nachwürzen und pikant abschmecken.

Forelle, gebraten

Arbeitszeit: 20 Min.
Zubereitungszeit: ca. 15 Min.

4 küchenfertige Forellen
(à ca. 300 g), 1 Bd. Petersilie,
1 Zwiebeln, Salz, Pfeffer, Mehl,
1 Ei, etwas Fett zum Braten,
2 EL Butter, 1 Zitrone

Die Fische innen und außen leicht salzen und pfeffern. Die Hälfte der Petersilie klein hacken, Zwiebel fein würfeln, beides mischen und die Forellen damit füllen. Die Fische erst in Mehl und dann in verquirltem Ei wenden. Dann in eine Pfanne mit heißem Fett legen und ca. 10 Minuten von beiden Seiten knusprig braten. Um das Aroma zu verfeinern, zum Schluss die Butter ins Bratfett geben. Mit Petersilie und Zitronenspalten garniert servieren. Dazu passen Salzkartoffeln.

Forellen mit Mandeln

Arbeitszeit: 25 Min.
Garzeit: 25 Min.

4 Forellen, 2 Zitronen, Salz,
100 g Butter, 100 g Mandelblättchen, 1 Bd. Petersilie

Forellen säubern, innen und außen mit Zitronensaft beträufeln, ¼ Stunde ziehen lassen. Dann salzen. Butter in einer großen Pfanne erhitzen, die Forellen darin auf jeder Seite 1-2 Minuten, dann noch einmal auf jeder Seite 8 Minuten braten. Die Mandeln darüberstreuen und goldgelb werden lassen, dann die Fische darin wenden.

Fertige Fische auf vorgewärmten Tellern anrichten. Die restlichen Mandeln aus der Pfanne auf die Fische geben, mit gehackter Petersilie bestreuen und mit ganzer Petersilie und mit Zitronenscheiben garnieren.

Forelle blau mit frischem Apfel-Sahne-Meerrettich

Forellen waschen, vorsichtig trocken tupfen und leicht biegen (dabei nicht die Schleimschicht entfernen). Danach mit einem Küchengarn den Kopf mit der Schwanzflosse zusammenbinden. In einem Topf 250 ml Wasser mit Weißweinessig aufkochen lassen, über die Forellen gießen und 5 Minuten ziehen lassen. Anschließend den Weißwein, 2 Liter Wasser, Salz, Lorbeerblätter, Pfefferkörner, Wacholderbeeren und Petersilienstiele aufkochen. Forellen in den Sud legen, Hitze reduzieren und 10 Minuten ziehen lassen. Zwischenzeitlich die Sahne mit einem Handrührgerät steif schlagen. Apfel waschen und auf einer Gemüsereibe fein raspeln und mit dem Meerrettich unter die Sahne heben. Mit Salz, Pfeffer und 1 Spritzer Zitronensaft abschmecken. Forellen vorsichtig aus dem Sud nehmen, Küchengarn entfernen und auf Tellern anrichten. Mit dem Apfel-Sahne-Meerrettich und je einer Zitronenspalte servieren.

Arbeitszeit: 30 Min.
Garzeit: ca. 15 Min.
Marinierzeit: 5 Min.

4 küchenfertige Forellen (extra frisch), 6 EL Weißweinessig, 250 ml Weißwein, Salz, 2 Lorbeerblätter, 4 Pfefferkörner, 2 Wacholderbeeren, 2 Stängel Petersilie

300 g Schlagsahne, 3 EL frisch geriebenen Meerrettich (oder aus dem Glas), 1 säuerlicher Apfel, Salz, Pfeffer, 1 Prise Zucker, 1 Spritzer Zitronensaft, 1 Zitrone, geviertelt

außerdem: Küchengarn

Paprika-Zander

Arbeitszeit: 25 Min.
Ruhezeit: 15 Min.
Garzeit: 25 Min.

1 Zander (1,2-1,5 kg),
Saft von ½ Zitrone,
Salz, Pfeffer, Paprikapulver,
3 EL Butter, 200 ml Sahne

Fisch säubern, ausnehmen und gut waschen. Dann trocken tupfen, auf beiden Seiten einige Male leicht einschneiden, mit Zitrone beträufeln und ¼ Stunde ruhen lassen. Mit reichlich Salz, Pfeffer und viel Paprikapulver bestreuen, in einer Form mit etwas Sahne begießen und mit heißer Butter im Backofen bei 175 °C etwa 25 Minuten garen. Dabei gelegentlich mit flüssiger Butter und Sahne bestreichen. Dazu passen Salzkartoffeln.

Zanderfilets mit Limetten-Anisbutter

Arbeitszeit: 20 Min.
Garzeit: ca. 10 Min.

4 Zanderfilets mit Haut küchenfertig (à 140 g), 1 TL Koriandersaat, 2 EL Maismehl, Salz, Pfeffer, 3 EL Olivenöl, 1 EL Butter, 3 EL Anislikör, Abrieb von ½ und Saft von 1 Limette

Koriandersaat in einer Pfanne ohne Öl rösten, herausnehmen und im Mörser fein zerstoßen. Koriander und Maismehl in ein flaches Gefäß geben und gut mischen. Die Zanderfilets waschen, mit Salz und Pfeffer würzen und mit der Hautseite in der Mehlmischung wälzen. In einer heißen Pfanne mit Olivenöl die Fischfilets auf der Hautseite 3-4 Minuten bei mittlerer Hitze kross anbraten, wenden, 1-2 Minuten weiterbraten, danach herausnehmen und auf Küchenpapier abtropfen lassen. Anschließend Butter in die Pfanne geben, aufschäumen lassen und mit Anislikör ablöschen. Limettensaft und Abrieb dazugeben und mit einem Schneebesen einrühren, bis die Sauce eine leichte Bindung erhält. Dabei nicht mehr kochen lassen. Zanderfilets auf Tellern anrichten und mit der Zitronen-Anisbutter beträufeln.

Karpfen, gebacken

Jedes Karpfen-Kotelett an den dicken Stellen zwei- bis drei-
mal einschneiden, von allen Seiten salzen und pfeffern, mit
Zitronensaft beträufeln und 30 Minuten ziehen lassen.
In Mehl, dann in verquirlten Eiern und zuletzt in Paniermehl
wenden. Das Fett in einer Pfanne erhitzen, dann die
Koteletts hineinlegen und ungefähr 10 Minuten backen.
Der Fisch ist gar, wenn er an der dicksten Stelle leicht zu
durchstechen ist. Mit Zitronenscheiben garnieren.

Arbeitszeit: 15 Min.
Garzeit 10-15 Min.

8 dicke Karpfen-Koteletts,
Saft von 1 Zitrone,
Salz, Pfeffer, 100 g Mehl,
2 Eier, 150 g Paniermehl,
40 g Fett zum Backen,
1 Zitrone

Karpfen, gefüllt

Den Karpfen von der Rückengräte her ausnehmen. Die
Leber mit der fein geschnittenen Zwiebel, gehackter Petersilie und Schnittlauch und der Fischmilch in Butter andünsten. Auskühlen lassen und mit einem aufgeweichten und
ausgedrückten Brötchen, Salz, Muskat und 2 Eiern vermengen. Mit dieser Masse den gesäuberten Karpfen füllen und
zunähen. In einer Pfanne mit brauner Butter leicht anbraten
und dann mit den in Scheiben geschnittenen Pilzen, dem
Rotwein und ¼ Liter kochendem Wasser zugedeckt etwa
20-30 Minuten ziehen lassen. Der Sud darf nicht kochen.

Arbeitszeit: 30 Min.
Garzeit 20-30 Min.

1 Karpfen (ca. 1-1½ kg), Leber
und Fischmilch (Samen männl.
Karpfen) des Fisches,
1 Zwiebel, ¼ Bd. Petersilie,
¼ Bd. Schnittlauch, 140 g Butter,
1 Brötchen, Salz, Muskat,
2 Eier, 100 g Pilze, ¼ l Rotwein

außerdem: Küchengarn

Serbischer Karpfen

Für die Marinade das Öl mit den fein zerdrückten Knoblauchzehen und Paprika gut verrühren. Den portionierten
Karpfen in eine Porzellanschüssel geben, mit der Marinade
übergießen und zugedeckt einige Stunden im Kühlschrank
marinieren.
Dann den Fisch aus der Marinade heben, gut abtropfen lassen, salzen und in Mehl wenden. In einer tiefen Pfanne zwei
Finger hoch Öl erhitzen, die Fischstücke einlegen und
knusprig ausbacken.
Inzwischen für die Knoblauchbutter die Butter, fein gehackten Knoblauch, Salz, Pfeffer, Petersilie und Zitronensaft nach
und nach schaumig verrühren. Zu einer Rolle formen, in
Frischhaltefolie einwickeln und kurz ins Gefrierfach legen,
damit die Butter wieder fest wird.
Den fertigen Fisch auf Küchentüchern gut abtropfen lassen
und mit den Knoblauchbutterscheiben belegt servieren.
Dazu passen zum Beispiel Senfgurken und pikante Salate.

Arbeitszeit: 30 Min.
Kühlzeit: mehrere Stunden
Garzeit: 15 Min.

1 Karpfen (in 4 Portionen
geschnitten), Mehl, Salz,
Öl zum Backen

für die Marinade:
125 ml Öl, 4 Knoblauchzehen,
2 TL Edelsüßpaprika

für die Knoblauchbutter:
80 g Butter, 4 Knoblauchzehen,
Salz, weißer Pfeffer,
1 EL fein gehackte Petersilie,
etwas Zitronensaft

Hecht im Gemüsebett

Arbeitszeit: 50 Min.
Garzeit: 20-30 Min.

1 Hecht (etwa 1,5-2 kg),
Salz, 125 g Speck,
2 Paprikaschoten, 1 Zwiebel,
250 g Tomaten, 1 Prise Zucker,
¼ l Weißwein, 1 EL Mehl

Den Hecht abspülen, trocken tupfen und innen salzen. Einen Teil des Specks würfeln und in einer großen Pfanne glasig andünsten. Dann die in Streifen geschnittene Paprika und die gewürfelte Zwiebel dazugeben und etwa 15 Minuten weiter dünsten. Die gehäuteten und gewürfelten Tomaten leicht salzen und mit einer Prise Zucker würzen, dann dazugeben und weitere 3 Minuten dünsten. Den Hecht mit der Bauchseite nach unten auf das gedünstete Gemüse legen, etwas Wasser und den Weißwein aufgießen, mit den restlichen Speckstreifen belegen und zugedeckt 20-30 Minuten dünsten. Dann herausnehmen und warm stellen. Mehl mit etwas kaltem Wasser glatt rühren und den Sud damit binden. Kurz aufkochen lassen und das Gemüse mit dem Hecht umkränzen. Dazu passen Reis oder Kartoffeln.

Flussbarsch-Filets

Arbeitszeit: 40 Min.
Garzeit: 20 Min.

750 g Flussbarschfilet,
Salz, Pfeffer, 1 Zitrone,
4 gehackte Schalotten,
¼ l Weißwein

2 EL frische Kräuter (wie Estragon, Kerbel, Majoran, Thymian, Petersilie), 1 Salbeiblatt, 1 Knoblauchzehe, 100 g Butter, 1 TL Mehl, 50 ml Schlagsahne, 1 Eigelb, Butter für die Form

Die Filets in eine flache Schale legen, mit Salz und Pfeffer würzen, mit dem frisch gepressten Zitronensaft beträufeln und zugedeckt 30 Minuten ziehen lassen. Eine Auflaufform ausbuttern und den Backofen auf 250 °C vorheizen. Die Fischfilets in die Form schichten und mit den klein gehackten Schalotten bestreuen. Zum Schluss den Wein angießen und das Gericht im Backofen bei 180 °C 10 Minuten zugedeckt dünsten. Inzwischen die Kräuter, das Salbeiblatt und den Knoblauch ganz fein hacken und in einer Schüssel mit Butter, Mehl, Sahne und Eigelb schaumig rühren. Mit wenig Salz und Pfeffer würzen und über die Filets geben. Die Form leicht hin und her schwenken, damit sich die Flüssigkeit mit dem Wein mischt und diesen leicht bindet. 5-7 Minuten offen bei 220 °C (Oberhitze) im Backofen fertig garen.

Überbackener Wels

Arbeitszeit: etwa 30 Min.
Garzeit: etwa 20 Min.

800 g Welsfilet, etwas Mehl

Saft von 2 Zitronen, 3 Knoblauchzehen, 125 ml Schlagsahne, 200 g Butter, 1 Lorbeerblatt, 2 EL frische Kräuter (z.B. Dill, Petersilie, Kerbel), 2 EL Weißwein, Salz, Pfeffer, 3 TL Meerrettich

Für die Sauce die Zitronen ausdrücken und den Knoblauch zerdrücken. Die Schlagsahne in einen Topf gießen. Die Hälfte der Butter, den halben Zitronensaft und die zerdrückten Knoblauchzehen sowie das Lorbeerblatt zugeben und alles einmal aufkochen. Mit gehackten Kräutern, Wein, Pfeffer und Salz abschmecken. Den Fisch säubern, mit restlichem Zitronensaft säuern, salzen, pfeffern und in 4 Stücke teilen.

Die übrige Butter in einer Pfanne erhitzen. Jedes Stück Fisch erst in Mehl wenden, dann kurz in der Butter scharf anbraten. Inzwischen die Sauce in eine Auflaufform geben, einen Teelöffel Meerrettich untermischen und dann die Filets hineinlegen. Die Oberseite der Filets mit restlichem Meerrettich bestreichen und etwa 10 Minuten bei 225 °C im Backofen überbacken.

Gedämpftes Welsfilet mit Senfsauce

Lauchzwiebeln waschen und in 1 cm breite Ringe schneiden. Karotte schälen und in Stifte hobeln. Fenchelknolle waschen, halbieren, den Strunk keilförmig herausschneiden und in feine Streifen schneiden. In einem Topf mit Olivenöl das Gemüse 1-2 Minuten anschwitzen, mit Weißwein ablöschen und Fischfond aufgießen. Danach 3-4 Minuten bei mittlerer Hitze köcheln lassen. Zwischenzeitlich die Welsfilets waschen, trocken tupfen und in eine Pfanne legen. Gemüsesud mit Gemüseeinlage darübergießen und bei geringer Hitze 6-8 Minuten zugedeckt köcheln lassen. Kerbel waschen, trocken schütteln und fein hacken. Zucker, Malzessig, Senf und Kerbel in einer Schüssel miteinander verrühren und tropfenweise Sonnenblumenöl zugießen. Mit einem Schneebesen gut verrühren und mit Salz und Pfeffer würzen. Welsfilets aus dem Sud nehmen, mit dem Gemüse auf Tellern anrichten, der Senfsauce übergießen und sofort servieren.

Arbeitszeit: 25 Min.
Garzeit: ca. 15 Min.

4 küchenfertige Welsfilets (à 180 g), 1 Bd. Lauchzwiebeln, 1 Karotte, 1 kleine Fenchelknolle, 1 EL Olivenöl, 50 ml Weißwein, ½ L Fischfond, ½ Bd. Kerbel, 1 EL Zucker, 2 EL Malzessig, 2 EL mittelscharfer Senf, 7 EL Sonnenblumenöl, Salz, Pfeffer

SALZWASSERFISCH

Seezunge im Backteig

Ruhezeit: 15 Min.
Arbeitszeit: 30 Min.
Garzeit: 10 Min.

1 kg Seezungenfilets, 1 Zitrone,
1 Zwiebel, ¼ Bd. Petersilie

2 Eier, 100 g Mehl, Salz,
2 TL Öl, 125 ml Bier

Fett zum Ausbacken

Die Eier trennen. Das Mehl mit dem Öl, den Eigelben und etwas Salz zu einen dickflüssigen Backteig verquirlen. Eiweiße zu Eischnee schlagen und zum Schluss unter den Teig heben, dann etwa 15 Minuten ruhen lassen.

Die rohen Fischstücke inzwischen waschen, trocken tupfen und mit Zitronensaft, fein geschnittener Zwiebel und gehackter Petersilie marinieren.

In einer hohen Pfanne genügend Fett sehr stark erhitzen oder die Fritteuse vorheizen. Die Fischfilets aus der Marinade nehmen, salzen, in den Backteig tauchen und sofort schwimmend ausbacken. Dazu passen grüner Salat, grünes Gemüse oder verschiedene Saucen.

  ## Aal mit Chorizo in Rotwein

Arbeitszeit: 20 Min.
Garzeit: ca. 15 Min.

2 Aale küchenfertig (à 600 g),
2 EL Mehl, Salz, Pfeffer, 1 Knoblauchzehe, 150 g Champignons,
100 g Silberzwiebeln, 2 EL
Olivenöl, 100 g weiche Chorizo
(spanische Salami), 2 Lorbeerblätter, 4 Zweige Thymian, 250 ml
Rotwein, 250 ml Fischfond,
100 g eiskalte, gewürfelte Butter

Die Aale in 5 cm lange Stücke schneiden, mit Mehl bestäuben und mit Salz und Pfeffer würzen. Knoblauchzehe schälen und fein hacken, Champignons putzen und vierteln. Silberzwiebeln abwaschen und abtropfen lassen.

Chorizo in kleine Würfel schneiden und mit dem Knoblauch in einem Topf mit Olivenöl 2-3 Minuten anbraten. Aalstücke, Silberzwiebeln und Champignons dazugeben und weitere 3-4 Minuten braten, dabei mehrmals wenden.

Mit Rotwein ablöschen und dem Fischfond aufgießen.
Lorbeerblätter und Thymian beigeben und zugedeckt
8-10 Minuten dünsten lassen.
Anschließend vorsichtig durch ein Sieb gießen und warm
stellen. Die Flüssigkeit erneut aufkochen und um ein Drittel
einkochen lassen. Mit Salz und Pfeffer würzen. Danach kalte
Butter mit dem Schneebesen einrühren, bis die Sauce
bindet, dabei nicht mehr kochen lassen. Zum Schluss die
Aalstücke mit dem Gemüse auf Tellern verteilen und mit
viel Sauce servieren.

TIPP *Mit einem Fettanteil von ca. 28 Prozent ist der Aal ein
ausgesprochen fetter und somit kalorienreicher Fisch.
Dafür hat sein Fett einen sehr hohen Anteil der wichtigen und
gesunden Omega-3-Fettsäuren.*

Kabeljau im Mangoldpäckchen

Den Mangold waschen und putzen, davon 12 Blätter
blanchieren und die Stiele in Stifte schneiden. Die Kabeljaufilets waschen, trocken tupfen und in 12 Stücke schneiden. Mit Salz, Pfeffer und Zitronensaft würzen. Je 1 Stück
Fisch auf ein blanchiertes Mangoldblatt legen, Blätter einschlagen, zu einem Päckchen rollen und beiseitestellen.
Die Tomaten überbrühen, häuten und würfeln. Zwiebel
schälen, fein hacken und in einer großen Pfanne mit Deckel
in etwas Öl kurz anschwitzen. Mangoldstiele zugeben und
alles etwa 3 Minuten dünsten, dann Tomatenmark einrühren, Tomatenstücke zugeben und mit Salz, Pfeffer und
Kräutern würzen. Alles 5 Minuten köcheln lassen, dann die
Fischpäckchen hineinsetzen und zugedeckt etwa 10 Minuten garen.
4 der restlichen Mangoldblätter in feine Streifen schneiden
und 5 Minuten mitgaren. Fischpäckchen mit dem Gemüse
auf vorgewärmten Tellern anrichten. Mit Reis, Kartoffeln
oder Brot servieren.

Arbeitszeit: etwa 1 Std.
Garzeit: etwa 20 Min.

600 g Kabeljaufilets,
900 g Mangold, Salz,
Kräutersalz, Pfeffer, 1 Zitrone,
4 große Fleischtomaten,
1 Gemüsezwiebel,
2 EL Olivenöl,
2 EL Tomatenmark,
1 TL Kräuter der Provence

TIPP *Zum Blanchieren den Mangold in Blätter teilen. Die weißen Teile bzw. Stiele der Blätter abtrennen und waschen.
Grüne Blätter in kochendem Salzwasser 1 Minute blanchieren, kalt
abschrecken und Mittelrippen flach schneiden. Weiße Blattstiele
schälen und in Streifen schneiden.*

Rotbarschfilet in Curryrahm

Arbeitszeit: 20 Min.
Garzeit: 15 Min.

400 g Rotbarschfilet,
1 EL Zitronensaft, Salz, Pfeffer,
1 EL Butter, 1 EL Mehl, 1 EL
Curry, 200 ml Gemüsebrühe,
100 ml Sahne, 2 Scheiben
Ananas und 2 halbe Pfirsiche aus
der Dose, 300 g gekochter Reis

Den Fisch waschen, trocken tupfen und in mundgerechte Stücke schneiden. Mit Zitronensaft beträufeln, leicht salzen und pfeffern und einige Minuten ziehen lassen.
Die Butter zerlassen, Mehl und Curry einrühren. Mit Brühe und Sahne nach und nach unter ständigem Rühren auffüllen und aufkochen lassen. Die Sauce 5 Minuten köcheln lassen.
Inzwischen Ananas und Pfirsiche in einem Sieb abtropfen lassen und in kleine Stücke schneiden.
Das Fischfilet zur Sauce geben und 10 Minuten darin ziehen lassen. Den Reis und die Früchte zugeben und weitere 5 Minuten garen, mit Salz und Pfeffer abschmecken.

Lachsfilet mit Tomaten-Ingwer-Sauce

Arbeitszeit: 25 Min.
Garzeit: 25 Min.

2 Tomaten,
4 Wildlachsfilets (à ca. 125 g),
1 Bd. Petersilie, etwas Olivenöl,
Salz, Pfeffer, 25 g Ingwer,
2 Zweige frischer Rosmarin,
¼ l Weißwein, etwas Butter
für das Blech

Die Tomaten überbrühen und häuten, das Fruchtfleisch klein schneiden und beiseite stellen.
Ein Backblech einbuttern und den Backofen auf 200 °C vorheizen. Die Lachsfilets abwaschen, trocknen und auf das Blech legen. Den Ingwer fein schneiden, den Fisch damit bestreuen und mit etwas Weißwein angießen. Die Rosmarinzweige und etwas Olivenöl hinzugeben und alles mit Salz und Pfeffer würzen. Die Filets auf der unteren Schiene 10-15 Minuten garen. Wenn das Filet gar ist, herausnehmen und im Backofen warm stellen. Die Bratflüssigkeit in einen Topf umgießen, die klein geschnittene Petersilie und die Tomatenstücke dazugeben. Die Sauce gut umrühren und leicht erwärmen. Den Lachs auf vorgewärmte Teller geben und mit der Sauce anrichten. Dazu schmecken Bratkartoffeln oder gekochter Reis und ein gemischter Salat.

TIPP
Lachs ist eine Delikatesse, die auf vielerlei Art zubereitet werden kann: Man kann ihn braten und grillen, im Ganzen im Ofen backen, in Gemüsesud, Fischfond, Brühe und Wein pochieren oder ihn gratinieren.
Dill ist der perfekte Begleiter für den Lachs. Auch Petersilie, Kerbel, Estragon, Basilikum und Koriander passen gut, oder, wenn man es etwas exotischer mag, Curry, Knoblauch, Fenchel-, Senf- oder Koriandersamen.

Saltimbocca vom Lachs mit Kartoffelcreme

In die Lachstranchen vorsichtig eine Tasche schneiden und jeweils mit einer Scheibe eingerolltem Serrano-Schinken und einem Salbeiblatt füllen. Kartoffeln schälen, waschen und in grobe Stücke schneiden. In einem Topf mit Salzwasser und Lorbeerblatt ca. 20-25 Minuten weich kochen, abgießen und ausdampfen lassen. Crème fraîche, 4 Esslöffel Olivenöl, Zitronenabrieb und Zitronensaft zu den Kartoffeln gießen und mit dem Stabmixer zu einer Kartoffelcreme pürieren. Mit Salz, Pfeffer und Muskat abschmecken und warm stellen. Lachstranchen mit Salz und Pfeffer würzen und in einer heißen Pfanne mit dem restlichen Olivenöl 4 Minuten von jeder Seite bei mittlerer Hitze goldbraun braten. Lachstranchen herausnehmen, auf Tellern mit der Kartoffelcreme anrichten und sofort servieren.

Arbeitszeit: 25 Min.
Garzeit: ca. 35 Min.

4 küchenfertige Lachstranchen mit Haut (à 180 g), 4 dünne Scheiben Serrano-Schinken (Jamón Serrano), 4 Salbeiblätter, Salz, Pfeffer, 6 EL Olivenöl, 400 g Kartoffeln (mehligkochend), 1 Lorbeerblatt, 150 g Crème fraîche, Abrieb und Saft von 1 Zitrone, Muskat

Lachs mit Jogurtdip

Die Zitrone auspressen. Den Lachs waschen, trocken tupfen und mit Salz, Pfeffer und Zitronensaft würzen. Dill waschen, trocken schütteln und fein hacken. Jogurt mit saurer Sahne verrühren. Salzen, pfeffern und Dill und Krabben unterrühren. In vier Schälchen füllen und kalt stellen.
Öl in einer Pfanne erhitzen, Lachsscheiben darin von jeder Seite 4 Minuten braten. Auf vorgewärmten Tellern anrichten und mit dem Dip servieren.

Arbeitszeit: 25 Min.
Garzeit: 4 Min.

4 Scheiben Lachsfilet (à 150-200 g), 1 Zitrone, Salz, Pfeffer, 2 Bd. Dill, 200 g Jogurt, 50 g saure Sahne, 50 g Krabben, 2 EL Sojaöl

Kabeljau mallorquinischer Art

Arbeitszeit: 30 Min.
Garzeit: ca. 15 Min.
Einweichzeit: 15 Min.

4 Kabeljaufilets (à 180 g),
50 g Sultaninen, 50 g Pinienkerne, 4 EL Olivenöl,
3 Knoblauchzehen,
4 getrocknete Tomaten in Öl,
500 g junger Spinat,
Salz, Pfeffer, 1 Zitrone

Sultaninen in einer Schüssel mit heißem Wasser abgedeckt 15 Minuten einweichen lassen. Zwischenzeitlich Pinienkerne in einer Pfanne ohne Öl 2-3 Minuten goldbraun rösten. Spinat waschen, Stiele entfernen und in einem Sieb abtropfen lassen. Knoblauch schälen und fein hacken. Getrocknete Tomaten in feine Streifen schneiden.

Kabeljaufilets mit Zitronensaft beträufeln und mit Salz und Pfeffer würzen. In einer großen Pfanne mit Olivenöl 4-5 Minuten von beiden Seiten bei mittlerer Hitze anbraten und herausnehmen. Knoblauch in die Pfanne geben, 1-2 Minuten goldbraun rösten, Spinat dazugeben und zugedeckt 4-5 Minuten garen, bis er zusammenfällt. Anschließend den Deckel abnehmen, getrocknete Tomaten, Sultaninen und Pinienkerne untermischen und mit Salz und Pfeffer würzen. Die Fischfilets dazugeben, vorsichtig mit dem Spinat zudecken und offen 3-4 Minuten bei geringer Hitze weitergaren, bis die Flüssigkeit verdampft ist. Den Kabeljau mit dem Spinatgemüse auf Tellern anrichten und sofort servieren.

TIPP *Fisch aus nachhaltiger Fischerei ist mittlerweile überall im Handel zu bekommen. Achten Sie beim Kauf auf die verschiedenen Symbole auf den Verpackungen, wie z.B. „MSC" oder das SAFE-Umweltsiegel.*

Kabeljau in Weißwein

Die Filets in eine gefettete Auflaufform geben, salzen, pfeffern, mit Zitronensaft beträufeln. Etwas Weißwein angießen und 15 Minuten zugedeckt dünsten. Dann die Filets herausheben und warm stellen.

Den Saft mit einer hellen Mehlschwitze binden, mit Zitronensaft und Weißwein abschmecken. Die Filets wieder einlegen, mit gehackter Petersilie bestreuen und 5 Minuten zugedeckt ziehen lassen. Vor dem Servieren dick mit geriebenem Käse bestreuen. Dazu passen Petersilienkartoffeln oder gekochter Grünkern.

Arbeitszeit: 10 Min.
Garzeit: 25 Min.

4 Kabeljaufilets (à 150 g),
Salz, Pfeffer, Saft von 1 Zitrone,
200 ml Weißwein, 40 g Butter,
1 EL Mehl, 1 Bd. Petersilie,
etwas Butter für die Form,
4 EL geriebener Käse

Gebratene Scholle

Von den küchenfertigen Schollen den Flossensaum rundum in Richtung Kopf abschneiden. Die Fische kalt abwaschen, gut trocken tupfen, etwas salzen, pfeffern und leicht in Mehl wenden. Die Butter in der Pfanne heiß werden lassen und die Schollen von jeder Seite etwa 4 Minuten braten. Für die Sauce den Bratensatz mit etwas Brühe, Wein oder Wasser und Sahne lösen und abschmecken.

Arbeitszeit: 10 Min.
Garzeit: 10 Min.

4 küchenfertige Schollen
(à 250 g), 3 EL Mehl,
40 g Butter oder Butterschmalz,
Salz, Pfeffer, 125 ml Brühe,
Weißwein oder Sahne

> **TIPP** *Dazu passen am besten feine Gemüse wie gekochte Karotten, Lauch, Brokkoli, Stangensellerie oder fein geschnittener Paprika.*

Scholle auf Hamburger Art

Die Pilze aus der Dose in einem Sieb abtropfen lassen und klein schneiden oder frische Pilze putzen und in feine Scheiben schneiden. Die Krabben abtropfen lassen.

Gewaschene, trocken getupfte Schollen mit Salz würzen, in etwas Mehl wenden und in einer Pfanne mit heißer Butter und heißem Öl bei mittlerer Hitze von jeder Seite etwa 6 Minuten braten.

Den gegarten Fisch herausnehmen und kurz warm stellen. Im Bratfett die Pilze kurz andünsten. Dann die Krabben und Kapern zugeben, die Crème fraîche unterrühren und alles etwa 5 Minuten erwärmen. Die Schollen auf vorgewärmten Tellern anrichten und die Pilz-Krabben-Crème darüber verteilen. Mit Zitronenscheiben und Petersilie garniert heiß servieren.

Arbeitszeit: 15 Min.
Garzeit: etwa 15 Min.

4 küchenfertige Schollen
(à 250 g), Salz, 3 EL Mehl,
2 EL Butter, 3 EL Öl,
100 g Champignons,
140 g Nordsee-Krabben,
2 TL Kapern, 2 EL Crème fraîche,
1 Zitrone, ½ Bd. Petersilie

Fischtopf mit Gurken-Senfgemüse

Arbeitszeit: 20 Min.
Garzeit: ca. 15 Min.

600 g Seelachsfilet, 1 EL Senfkörner, ½ Bd. Lauchzwiebeln,
2 Salatgurken, 1 EL Olivenöl,
1 EL Kokosmehl (Reformhaus),
250 ml Fischfond, 100 g Sauerrahm oder Crème fraîche,
1 EL scharfer Senf, Salz,
Pfeffer, 1 Prise Zucker,
Saft von ½ Zitrone, ½ Bd. Dill

Seelachsfilet waschen, trocken tupfen und in 2-3 cm breite Stücke schneiden. Senfkörner mit kochendem Wasser übergießen und 10 Minuten quellen lassen. Lauchzwiebeln waschen und in 1 cm breite Ringe schneiden. Gurken streifig schälen, halbieren, mit einem Löffel das Kerngehäuse ausschaben und in ca. 2 cm breite Scheiben schneiden. Olivenöl in einem Topf erhitzen, Senfkörner mit den Lauchzwiebeln 1-2 Minuten farblos anschwitzen, Gurken dazugeben und weitere 3-4 Minuten mitgaren. Kokosmehl darüberstauben, gut unterrühren und mit Fischfond aufgießen. Sauerrahm oder Crème fraîche und Senf einrühren und mit Salz, Pfeffer und Zucker abschmecken. Fischstücke mit Zitronensaft beträufeln, in das Gurkengemüse einlegen und 3-4 Minuten bei milder Hitze zugedeckt köcheln lassen. Zwischenzeitlich den Dill waschen, trocken schütteln und grob hacken. Seelachs mit Gurkengemüse auf Tellern anrichten, mit Dill bestreuen und sofort servieren.

Seelachs in der Papillote

Arbeitszeit: 35 Min.
Garzeit: 25 Min.

4 küchenfertige Seelachsfilets
(à 180 g), Saft von 1 Zitrone,
Salz, Pfeffer, 2 Bd. Lauchzwiebeln, 200 g Kirschtomaten,
150 g frische Shiitake-Pilze,
4 Zweige Petersilie, 4 TL Olivenöl, 4 Zweige Thymian, 4 kleine
Lorbeerblätter,
4 TL Butter, 4 EL Pernod

außerdem: Backpapier
(in 8 Stücke zugeschnitten)

Seelachsfiletes waschen, trocken tupfen, mit Zitronensaft beträufeln und mit Salz und Pfeffer würzen. Lauchzwiebeln waschen und in 1 cm breite Ringe schneiden. Kirschtomaten waschen und halbieren. Shiitake-Pilze mit einem Pinsel reinigen, den Stiel abtrennen und in Scheiben schneiden. Petersilie waschen, trocken schütteln und fein hacken. Gemüse, Pilze und Petersilie in eine Schüssel geben und gut vermengen. Für jede Portion 2 Backpapierzuschnitte übereinanderlegen und die Mitte mit je 1 Teelöffel Olivenöl bestreichen. Die Hälfte der Gemüsemischung auf dem Papier verteilen, Fischfilets darauflegen und mit dem restlichen Gemüse zudecken. Anschließend jeweils 1 Thymianzweig, 1 Lorbeerblatt und 1 Teelöffel Butter darauf verteilen. 1 Esslöffel Pernod über die Zusammenstellung gießen und mit Salz und Pfeffer würzen. Backpapier von unten nach oben über den Fisch falten und an den Seiten fest zu einer Papillote falten. Die Päckchen auf ein Backblech legen. Im vorgeheizten Backofen bei 190 °C (Umluft 170 °C) 25 Minuten backen. Zum Schluss die Päckchen aus dem Backofen nehmen, auf Tellern verteilen und am Tisch öffnen.

Schellfisch auf norddeutsche Art

Reichlich Wasser mit Pfefferkörnern, Zwiebel und Salz aufkochen, dann den kochfertigen, in Stücke geschnittenen Fisch einlegen und 10-15 Minuten gar ziehen lassen. Aus Butter und Mehl eine helle Mehlschwitze bereiten, mit Fischsud aufgießen und zu einer sämigen Sauce verkochen. Zum Schluss den geriebenen Meerrettich einrühren und mit Zitronensaft abschmecken.

Arbeitszeit: 15 Min.
Garzeit: etwa 15 Min.

1 Schellfisch (ca. 1 kg),
5-8 weiße Pfefferkörner,
1 Zwiebel, Salz, 30 g Butter,
30 g Mehl, 2-3 EL geriebener
Meerrettich, Saft von ½ Zitrone

Schellfisch „Mexikanischer Art"

Zwiebel und Knoblauch schälen und fein hacken. Chilischote in feine Ringe schneiden. Tomaten waschen, den Stielansatz herausschneiden und in kleine Würfel schneiden. In eine Schüssel geben, Olivenöl und Limettensaft dazugeben und mit Salz und Pfeffer abschmecken. Schellfischfilet in 4 Portionen schneiden, waschen und trocken tupfen. Mit Limettensaft beträufeln und Salz und Pfeffer würzen. Anschließend in eine gebutterte Auflaufform legen, mit Guacamole gleichmäßig bestreichen und mit Käse und zerbröselten Tortillachips bestreuen. Im vorgeheizten Backofen bei 200 °C (Umluft 180 °C) 20 Minuten goldbraun überbacken. Zwischenzeitlich Koriandergrün waschen, trocken schütteln und fein hacken. Schellfisch aus dem Backofen nehmen, auf Tellern mit Salsa und saurer Sahne anrichten, mit Koriander bestreuen und sofort servieren.

Arbeitszeit: 30 Min.
Garzeit: ca. 20 Min.

800 g Schellfischfilet,
1 Zwiebel, 1 Knoblauchzehe,
1 kleine Chilischote,
4 Tomaten, 4 EL Olivenöl,
Saft von 1 Limette, Salz,
Pfeffer, 200 ml Guacamole
(Avocado-Salsa),
100 g geriebener Mozzarella,
50 g Tortillachips,
½ Bd. Koriandergrün,
4 EL saure Sahne,
etwas Butter für die Form

Gebratenes Steinbuttfilet mit Mango-Spinatgemüse

Arbeitszeit: 30 Min.
Garzeit: ca. 15 Min.

600 g Steinbuttfilet,
1 rote Zwiebel, 1 kg frischer
Blattspinat, 2 Flugmangos,
2 EL Olivenöl, 100 ml
Kokosmilch, Salz, Pfeffer,
Saft von 1 Limette,
100 ml Fischfond

Steinbuttfilet waschen, trocken tupfen und in 4 Portionen schneiden. Zwiebel schälen, halbieren und fein würfeln. Blattspinat von den groben Stielen befreien, waschen und in einem Sieb abtropfen lassen. Mangos schälen, am Stein entlangschneiden, das Fruchtfleisch lösen und in 1 cm breite Spalten schneiden.

In einer Pfanne mit 1 Esslöffel Olivenöl Zwiebel farblos anschwitzen, Blattspinat dazugeben und 2-3 Minuten garen, bis er zusammengefallen ist. Mangospalten beigeben, mit Kokosmilch und Fischfond aufgießen und weitere 3-4 Minuten köcheln lassen, danach warm stellen. Fischfilets mit Salz und Pfeffer würzen und mit Limettensaft beträufeln. In einer zweiten Pfanne mit dem restlichen Olivenöl 4-5 Minuten von beiden Seiten bei mittlerer Hitze goldbraun braten. Mango-Spinat mit je einer Steinbutttranche auf Tellern anrichten, mit Sauce begießen und sofort servieren.

Gratinierter Steinbutt

Arbeitszeit: 20 Min.
Garzeit: etwa 30 Min.

1 Steinbutt (etwa 1 kg), Salz,
250 g Champignons, 1 EL Butter,
300 ml Béchamelsauce,
Paniermehl oder Parmesan

Den kochfertigen Steinbutt in wenig gut gesalzenem Wasser gar ziehen lassen. Herausheben und gut abtropfen lassen. Gräten und Haut entfernen, den Fisch in gleichmäßige Stücke schneiden und die Stücke nebeneinander in eine gut gebutterte Form legen. Mit den in Butter gedünsteten, in

Scheiben geschnittenen Champignons bedecken, mit der Béchamelsauce überziehen, mit etwas Paniermehl oder geriebenem Käse bestreuen, einige Butterflocken daraufsetzen und 10 Minuten im heißen Backofen gratinieren. Den Steinbutt anrichten. Nach Belieben rund um den Fisch ein mit Eigelb verrührtes Kartoffelpüree anrichten.

Tunfisch à la Bordelaise

Fisch in dicke Scheiben schneiden, würzen und in Butter und Öl auf beiden Seiten kurz anbraten. Die in Scheiben geschnittene Zwiebel und Schalotten mitrösten. Die geschälten, entkernten, zerhackten Tomaten dazugeben, mit Weißwein und brauner Sauce angießen, würzen und zugedeckt ½ Stunde garen lassen. Die in Scheiben geschnittenen Champignons in Butter dünsten, mit Salz, Pfeffer und ein paar Tropfen Zitronensaft würzen, die Sauce darübergießen und einkochen lassen. Den angerichteten Fisch mit Sauce bedecken und mit gehackter Petersilie bestreut servieren.

Arbeitszeit: 30 Min.
Garzeit: etwa 40 Min.

600 g frischer Tunfisch,
1 EL Öl, 40 g Butter, Salz,
Pfeffer, etwas Zitronensaft,
1 Zwiebel, 2 Schalotten,
150 g Champignons,
250 g Tomaten,
125 ml Weißwein,
125 ml braune Sauce,
1 Bd. Petersilie

Seeteufel in pikanter Sauce

Fisch kalt abspülen, trocken tupfen und mit Zitronensaft beträufeln. Kräuter fein hacken. Frühlingszwiebeln in feine Ringe schneiden. Tomate waschen, Oliven entkernen und beides in kleine Würfel schneiden.
Öl in einer Pfanne erhitzen, Frühlingszwiebeln darin glasig braten. Kräuter, Tomate, Kapern, Oliven und Fischfond zugeben. Alles unter Rühren erhitzen, salzen und pfeffern. Fischscheiben salzen, pfeffern und in die Sauce legen. Bei mittlerer Hitze zugedeckt etwa 2 Minuten gar ziehen lassen. Auf vorgewärmten Tellern mit der Sauce anrichten. Dazu passen Pellkartoffeln, Naturreis oder einfach Brot.

Arbeitszeit: 25 Min.
Garzeit: 10 Min.

4 Scheiben Seeteufel
(à ca. 150 g), 2 EL Zitronensaft,
Rosmarin, 1 Bd. Basilikum,
1 Bd. Frühlingszwiebeln,
1 Fleischtomate,
6 schwarze Oliven,
1 EL Olivenöl, 4 TL Kapern,
200 ml Fischfond,
Kräutersalz, Pfeffer

Gebackene Sardinen

Die frischen Sardinen schuppen, ausnehmen, Kopf und Gräten entfernen, gut waschen und trocknen. Dann in Mehl wenden und durch die mit etwas Öl geschlagenen Eier ziehen und in Paniermehl wälzen. In heißem Fett rasch goldgelb backen. Mit Zitronenspalten garniert anrichten. Man kann die Sardinen auch nur in Mehl wenden und in Fett ausbacken. Dazu passt eine würzige Zitronen-Kapern-Sauce.

Arbeitszeit: 30 Min.
Garzeit: 10 Min.

16 frische Sardinen,
etwas Mehl, etwas Öl,
2 Eier, etwas Paniermehl,
Fett zum Ausbacken,
1 Zitrone

Seezunge auf bretonische Art

Arbeitszeit: 30 Min.
Garzeit: etwa 20 Min.

12 Seezungenfilets (à 50 g),
1 Zitrone, 250 g Champignons,
80 g Butter, Salz, Pfeffer,
¼ Bd. Petersilie, 1 Knoblauchzehe, 20 g Butter

Seezungenfilets waschen, trocken tupfen, mit Zitronensaft beträufeln und beiseitestellen.

Inzwischen die klein geschnittenen Champignons in heißer Butter etwa 8 Minuten dünsten, fein zerdrückten Knoblauch beigeben, salzen, pfeffern und alles aus der Pfanne nehmen und warm stellen. Die Seezungenfilets leicht salzen, im Bratfett mit etwas frischer Butter auf jeder Seite etwa 3 Minuten braten. Fein gehackte Petersilie dazugeben, kurz mitschmoren und auf einer vorgewärmten Platte anrichten.

Die Filets mit den Champignons überziehen, mit frischer fein gehackter Petersilie bestreuen. Butter in der Pfanne etwas bräunen und über den Fisch gießen. Mit Salzkartoffeln servieren.

Schwertfisch mit Safran-Risotto

Arbeitszeit: 20 Min.
Garzeit: gesamt etwa 40 Min.

250 g Schwertfisch in Scheiben,
1 EL Öl, 1 EL Zitronensaft,
1 kleine Zwiebel, 100 g Mittelkornreis (Avorio), 300-350 ml
Gemüsebrühe (oder Fischfond),
½ Teelöffel Safran Salz, Pfeffer,
1 Fleischtomate, 1 EL saure
Sahne, 1 Bd. Dill, 2 EL Butter

Die Fischscheiben mit Zitronensaft beträufeln und beiseitestellen. Die Zwiebel schälen, fein hacken und in der Pfanne andünsten. Den Reis dazugeben und glasig werden lassen. Dann 300 ml Brühe (oder Fischfond) angießen und mit Safran und Pfeffer würzen. Den Risotto zugedeckt 20 Minuten bei schwacher Temperatur garen. Bei Bedarf Brühe nachgießen. Inzwischen die Tomate häuten, Stielansatz und Kerne entfernen und würfeln. Den Dill waschen und fein hacken. 5 Minuten vor Ende der Garzeit die Tomatenwürfel mitgaren. Zum Schluss den Dill und die saure Sahne unterrühren. Butter in einer Pfanne schmelzen, den Fisch darin braten und dabei salzen und pfeffern.

Stockfisch, überbacken

Arbeitszeit: 30 Min.
Garzeit: 20 Min.

600 g Stockfisch (z.B. Kabeljau,
Seelachs, Schellfisch
oder Dorsch)

1 Zwiebel, 40 g Butter,
30 g Mehl, ¼ l Milch,
Salz, Pfeffer, Muskat

500 g gegarte Pellkartoffeln,
2 EL Paniermehl

Den Stockfisch wässern, dabei mehrmals Wasser erneuern, in Stücke schneiden und in ungesalzenem Wasser ansetzen und zum Kochen bringen. 10 Minuten nur ziehen lassen. Zwischenzeitlich die Pellkartoffeln schälen.

Aus Butter, fein geschnittener Zwiebel, Mehl und Milch eine Béchamelsauce kochen. Mit Salz, Pfeffer und Muskat abschmecken.

Die Kartoffeln in Scheiben schneiden und anschließend in eine gebutterte Schüssel schichten, dabei jede Lage salzen. Den Stockfisch gut abtropfen lassen, entgräten, auseinanderzupfen und auf die Kartoffeln schichten. Die Béchamelsauce über den Fisch geben, mit Paniermehl bestreuen und im vorgeheizten Backofen bei 200 °C ca. 5 Minuten überbacken.

Gebratener Tintenfisch mit Tomatensauce und schwarzen Oliven

Die Tintenfische gründlich waschen, trocken tupfen und in dünne Ringe schneiden.

Tomaten kreuzweise einritzen, den Stielansatz herausschneiden und in kochendem Wasser 10 Sekunden blanchieren. Anschließend herausnehmen, in Eiswasser abschrecken, häuten und mit dem Kerngehäuse in grobe Würfel schneiden. Die Zwiebel und den Knoblauch schälen und klein schneiden. Chilischote in feine Ringe schneiden.

Olivenöl in einer Pfanne erhitzen und die Tintenfischringe darin 2-3 Minuten kräftig anbraten. Zwiebel, Knoblauch und Chilischote dazugeben und kurz durchschwenken.

Tomatenwürfel untermischen und mit Weißwein ablöschen. Dann mit Fischfond aufgießen und zugedeckt 5-6 Minuten bei geringer Hitze schmoren lassen.

Zwischenzeitlich die Petersilie waschen, trocken schütteln und fein hacken. Oliven, Kapernäpfel und Petersilie zum Fisch in die Pfanne geben, mit Salz, Pfeffer und 1 Prise Zucker abschmecken und sofort servieren.

Arbeitszeit: 25 Min.
Garzeit: ca. 10 Min.

750 g küchenfertige Tintenfische (TK),
6 große Tomaten,
1 Zwiebel, 1 Knoblauchzehe,
1 kleine Chilischote,
3 EL Olivenöl,
100 ml Weißwein,
100 ml Fischfond,
½ Bd. Petersilie,
50 g schwarze Oliven,
50 g Kapernäpfel,
Salz, Pfeffer, 1 Prise Zucker

MEERESFRÜCHTE

Scampi im Weißweinmantel

Arbeitszeit: 25 Min.
Marinieren: etwa 20 Min.
Garzeit: 5-10 Min.

400 g Scampi (TK),
Salz, Zitrone, Petersilie,
etwas Mehl, 3 Eier,
200 ml Weißwein oder Prosecco,
Fett zum Ausbacken

Die aufgetauten Scampi kurz in kochendes Salzwasser legen, herausnehmen und mit Salz, Zitronensaft und gehackter Petersilie eine Zeit lang marinieren.
Dann die Scampi abtropfen und einzeln gut in Mehl wenden. Die Eier mit dem Wein aufschlagen, die Scampischwänze durch diesen Backteig ziehen und in heißem Backfett ausbacken.

Gambas al ajillo (Garnelen in Knoblauch)

Arbeitszeit: 15 Min.
Garzeit: ca. 10 Min.

400 g TK-Garnelen,
4 Knoblauchzehen, 8 getrocknete kleine Chilischoten (vom Spanier), 200 ml Olivenöl,
grobes Meersalz,
4 Zweige Basilikum

Garnelen auftauen, abspülen und in einem Sieb abtropfen lassen. Knoblauch schälen und in dünne Scheiben schneiden. Basilikum waschen, trocken schütteln und in grobe Streifen schneiden.
Olivenöl in einer Pfanne stark erhitzen, Knoblauch, Chilischoten, Basilikum und Meersalz zugeben und 2-3 Minuten leicht anbräunen. Garnelen untermischen und weitere 3-4 Minuten garen. „Gambas al ajillo" sofort mit frischem Weißbrot servieren.

Krabbenomelett

Die Krabben eventuell auftauen und abtropfen lassen. Die Zwiebel würfeln und in heißer Butter hellgelb anschwitzen, mit Mehl bestäuben, mit Milch aufgießen und 3 Minuten kochen. Salzen und pfeffern. Die Krabben dazugeben. 2-3 Esslöffel Krabben beiseitestellen.

Die Eier mit etwas Wasser verquirlen, salzen und pfeffern und jeweils mit etwas frischer Butter davon vier Omeletts backen. Sobald die Eimasse zu stocken beginnt, jeweils ein Viertel der Krabbenmasse auf die Mitte der Omeletts geben, das Omelett zusammenschlagen und auf eine vorgewärmte Platte gleiten lassen. Mit Petersilie, Zitronenachteln und den restlichen Krabben garniert servieren.

Arbeitszeit: 20 Min.
Garzeit: 15-20 Min.

200 g Krabben (auch TK),
1 Zwiebel, 10 g Butter,
1 TL Mehl, 4 EL Milch,
Salz, Pfeffer, 8 Eier,
30 g Butter, Zitrone,
½ Bd. Petersilie

Zucchinipuffer mit Garnelen

Die Garnelen gut abtropfen lassen. Kartoffeln waschen, schälen und grob reiben. Zwiebel schälen und fein würfeln. Zucchini waschen, längs halbieren und in Scheiben schneiden. Kartoffeln, Zucchinischeiben und Zwiebel mit fein gehackter Petersilie, Ei, Stärke, Salz, Pfeffer und Ingwerpulver vermengen. Das Öl und die Butter erhitzen. Von der Masse jeweils 1 Esslöffel abnehmen, in die Pfanne geben und flach drücken. Die Puffer bei mittlerer Temperatur auf jeder Seite 5-10 Minuten braten und dann warm stellen. Die Garnelen kurz in der Pfanne anbraten und mit den Puffern servieren.

Arbeitszeit: 25 Min.
Garzeit: 5-10 Min.

100 g gekochte Garnelen,
400 g Kartoffeln, 1 Zwiebel,
150 g Zucchini, ½ Bd. Petersilie,
1 Ei, 1 TL Speisestärke, Salz,
Pfeffer, ½ TL Ingwerpulver,
2 EL Öl, 1 EL Butter

Garnelen-Limetten-Spieße

Die Garnelen in eine Schüssel geben, Tiefkühl-Garnelen vorher auftauen und trocken tupfen. 1 Limette auspressen, das Basilikum waschen, trocken tupfen und fein hacken, den Knoblauch durch die Presse drücken. Alles mit Salz, Pfeffer und Olivenöl zu einer Marinade verrühren, über die Garnelen geben und etwa 4 Stunden kühl stellen.

1 Limette heiß waschen und in Scheiben schneiden.

Die Garnelen abtropfen lassen und abwechselnd mit den Limettenscheiben auf Spieße stecken.

Auf dem vorbereiteten Grill von jeder Seite etwa 4 Minuten grillen. Beim Wenden nochmals mit Marinade einstreichen.

Die Knoblauchbutter in Scheiben schneiden und mit den Spießen servieren.

Arbeitszeit: 10 Min.
Ruhezeit: etwa 4 Std.
Garzeit: etwa 10 Min.

16 Riesengarnelen, 2 Limetten,
1 Bd. Basilikum, 2 Knoblauchzehen, Salz, Pfeffer, 6 EL Olivenöl,
125 g Knoblauchbutter

außerdem: 4 Holz- oder
Metallspieße

Scharfe Garnelensuppe

Arbeitszeit: etwa 30 Min.
Garzeit: 15 Min.

8 geschälte Riesengarnelen,
100 g Galgantwurzel (Asialaden),
2 Stängel Zitronengras,
2 Schalotten, 150 g Austernpilze,
4 Stängel Koriandergrün,
4 kleine rote Chilischoten,
1 l Geflügelbrühe (instant),
3-4 EL Fischsauce,
Saft von ½ Limette,
1 EL Chilipaste in Öl

Galgant schälen und in Scheibchen schneiden. Vom Zitronengras das Weiße waschen und mit einem Messerrücken anschlagen. Schalotten in Streifen schneiden. Austernpilze klein schneiden. Korianderblättchen fein hacken. Chilischoten mit einem Messerrücken anschlagen, damit der Saft auslaufen kann. Die Brühe im Wok aufkochen. Die Gewürze einrühren. Mit Fischsauce und Limettensaft abschmecken. Die Riesengarnelen längs halbieren, den Darm entfernen und unter fließendem Wasser waschen. Mit der Chilipaste in die Brühe rühren und 5-8 Minuten ziehen lassen. In Schalen verteilen und mit Koriander garnieren.

Krebse im Weinsud

Zubereitungszeit: etwa 20 Min.

4 möglichst große
küchenfertige Krebse,
je ½ l Weißwein und
Brühe oder Fischfond,
1 Bd. frische Petersilie,
Salz, etwas Weinbrand
oder Cognac

Weißwein und Brühe zu etwa gleichen Teilen in einen Topf geben, mit der Petersilie und einer Prise Salz aufkochen. Die Krebse in den Sud einlegen und je nach Größe 3-5 Minuten kochen. Die Krebse herausnehmen und warm stellen. Den Sud mit dem Weinbrand abschmecken und zusammen mit den Krebsen servieren.

TIPP *Mit einem Krebsmesser fällt das Essen leichter. Es hat ein kleines Loch, durch das man die Scheren und Beine stecken kann, um sie aufzuknacken. Um den Schwanz abzunehmen, legt man den Krebs in die Hand, biegt das Schwanzende nach oben und dreht es leicht. Zum Schluss schlitzt man die Unterseite des Panzers mit dem Messer auf und entfernt den Darm.*

Hummer Thermidor

Arbeitszeit: 30 Min.
Garzeit: ca. 15 Min.

2 lebende Hummer
(alternativ Tiefkühl-Hummer),
1 Zwiebel, 1 Karotte,
½ Lauchstange, Salz,
1 Dillzweig, 1 TL Paprikapulver,
½ TL Kümmel, 2 cl Cognac,
2 Schalotten, 1 EL Butter,
100 ml Weißwein,
200 ml Hummerfond,
100 g Crème fraîche,
1 Msp. Cayennepfeffer,
2 EL geschlagene Sahne

Zwiebel und Karotte schälen und klein schneiden. Lauch waschen und in Stücke schneiden. In einem großen Topf mit Salzwasser das Gemüse mit dem Dillzweig, Paprikapulver und Kümmel aufkochen. Die Hummer kopfüber ins stark kochende Wasser geben, 2 Minuten abkochen, danach vom Herd nehmen und weitere 3 Minuten ziehen lassen. Anschließend in Eiswasser legen, die Scheren vom Körper abtrennen und mit einem Messer der Länge nach halbieren. Das Hummerfleisch vorsichtig aus der Schale lösen, in Scheiben schneiden und mit Cognac beträufeln. Schalotten schälen und fein würfeln. In einem Topf mit Butter farblos anschwitzen, mit Weißwein ablöschen und aufkochen lassen. Dann mit Hummerfond aufgießen und auf ein Drittel der Menge einkochen lassen. Crème fraîche unterrühren und mit Salz und Cayennepfeffer würzen. Etwas Sauce auf die Karkassen verteilen und das Hummerfleisch daraufsetzen. Geschlagene Sahne unter die restliche Sauce heben, über dem Hummerfleisch verteilen und im vorgeheizten Backofen auf Grillstufe 3-4 Minuten goldbraun gratinieren. Sofort mit frischem Baguette servieren.

Paprikapizza mit flambierten Garnelen

Den Blätterteig auf einer bemehlten Arbeitsfläche dünn ausrollen und auf ein mit 1 Esslöffel Olivenöl bestrichenes und mit Mehl bestäubtes Backblech legen. Den Teigboden mit einer Gabel mehrmals einstechen, mit 2 Esslöffeln Olivenöl beträufeln und mit Ajvar gleichmäßig bestreichen.
Kräuter waschen und fein hacken. Paprikastreifen abtropfen und mit den Kräutern gleichmäßig auf der Pizza verteilen. Im vorgeheizten Backofen bei 210 °C (Umluft nicht empfehlenswert) 20 Minuten goldbraun backen. Kurz vor Fertigstellung die Garnelenschwänze in einer heißen Pfanne mit dem restlichen Olivenöl 3-4 Minuten kräftig anbraten, mit Cognac übergießen und vorsichtig flambieren, bis die Flamme erlischt. Mit Salz und Pfeffer würzen. Zum Schluss die Garnelen gleichmäßig auf der Pizza verteilen und servieren.

Arbeitszeit: 15 Min.
Garzeit: ca. 10 Min.

12 aufgetaute Garnelenschwänze ohne Schale (16/20),
1 Pck. Blätterteig im Frischepack, etwas Mehl für das Blech,
5 EL Olivenöl, 5 EL mildes Ajvar,
1 Glas gegrillte Paprikaschoten in Streifen (290 g), je 2 Zweige Oregano, Thymian und Basilikum, 3 EL Cognac, Salz, Pfeffer

Miesmuscheln in Weißweinsauce

Arbeitszeit: 10 Min.
Garzeit: 5-10 Min.

1 kg Miesmuscheln (Pfahlmuscheln), 2 Zwiebeln, 2 EL Butter, 250 ml Weißwein, 2 EL gehackte Petersilie, 1 EL frische Kräuter (z.B. Dill, Rosmarin und Salbei), Salz, Pfeffer

Die Muscheln unter fließendem Wasser säubern. Nur gut geschlossene Muscheln verwenden. Zwiebeln und Petersilie klein schneiden und in einem Topf mit Butter andünsten, Weißwein angießen, Kräuter und Gewürze beigeben und die Muscheln darin bei geschlossenem Deckel kochen, bis sie sich öffnen. Nur die geöffneten Muscheln servieren.

Vongole im Tontopf mit Blätterteighaube

Arbeitszeit: 30 Min.
Garzeit: ca. 15 Min.

2 kg frische Vongole (Muscheln), 1 Zwiebel, 2 Knoblauchzehen, ½ Lauchstange, 2 Karotten, 4 Zweige Thymian, 4 Zweige Basilikum, 2 EL Olivenöl, 1 Lorbeerblatt, 50 ml trockener Vermouth, 200 ml Fischfond, Salz, Pfeffer,1 Pck. Blätterteig in Frischepack (aus dem Kühlregal), 1 Eigelb, etwas Mehl

Vongole gründlich waschen, mindestens 1 Stunde kalt wässern, danach in einem Sieb abtropfen lassen. Zwiebel und Knoblauchzehen fein hacken. Lauchstange halbieren und in kleine Würfel schneiden. Karotten schälen, mit dem Sparschäler in Streifen schneiden und fein würfeln. Thymian und Basilikum waschen, trocken schütteln und fein hacken. In einem Topf mit Olivenöl die Zwiebel, Knoblauch, Lauch und Karottenstreifen 2-3 Minuten anschwitzen. Vongole, Lorbeerblatt und Kräuter dazugeben, gut untermischen und mit Vermouth ablöschen. Fischfond dazugießen und 3-4 Minuten zugedeckt bei mittlerer Hitze köcheln lassen. Mit Salz und Pfeffer abschmecken, anschließend nur die geöffneten Vongole in eine feuerfeste Tonschale (alternativ eine runde Auflaufform) geben. Blätterteig auf einer bemehlten Arbeitsfläche ausrollen und etwas größer als die

Tonschale kreisförmig ausschneiden. Den Rand der Schale mit verquirltem Eigelb bestreichen, Blätterteig vorsichtig darüberlegen, festdrücken und mit dem restlichen Eigelb bepinseln. Muscheltopf im vorgeheizten Backofen bei 180 °C (Umluft 160 °C) 8-10 Minuten goldbraun überbacken. Muscheln aus dem Backofen nehmen und am Tisch öffnen.

Muscheln in würzigem Sud

Arbeitszeit: 25 Min.
Garzeit: 5-10 Min.

1 kg Miesmuscheln,
3 EL Öl, 1 kleine Zwiebel,
2 Knoblauchzehen,
2 TL gehackte Petersilie,
etwas Lauch, etwas Thymian,
½ Lorbeerblatt,
¼ l trockener Weißwein,
½ EL Kümmel, 2 Pfefferkörner

Fein geschnittene Zwiebel und zerdrückten Knoblauch in heißem Öl anschwitzen, Petersilie und Lauch mitgaren. Mit Weißwein ablöschen, Lorbeerblatt, Thymian, Pfefferkörner und Kümmel beigeben. Die Muscheln in den kochenden Sud geben und zugedeckt 10 Minuten ziehen, nicht kochen, lassen. Den Topf etwas hin und her bewegen, damit sich die Schalen öffnen. Kurz ziehen lassen, dann die Muscheln herausnehmen, die obere Deckelschale entfernen, die Muscheln entbarten. Muschelschalen mit der Muschel in einer vorgewärmten, tiefen Schüssel anrichten. Den heißen Kochfond darübergießen. Dazu Toast oder Pariser Brot servieren.

> **TIPP** *Nur geschlossene Muscheln ins Kochwasser geben. Muscheln, die beim Kochen an der Oberfläche schwimmen oder die nach dem Garkochen geschlossen bleiben, aussortieren. Färben sich Muscheln beim Kochen schwarz oder rot, müssen alle Muscheln weggeworfen werden (weil giftige darunter sind!).*

Schwertmuscheln im Safransud

Arbeitszeit: 30 Min.
Garzeit: ca. 20 Min.

1 kg Schwertmuscheln,
1 Zwiebel, 1 Knoblauchzehe,
100 g Fenchel, 4 Zweige
Basilikum, 3 EL Olivenöl,
1 Pck. Safranfäden (1 g),
4 cl Pernod, 100 ml Weißwein,
100 ml Fischfond, 60 g eiskalte
Butterflocken, Salz, Pfeffer

Die Schwertmuscheln gründlich unter fließendem, kaltem Wasser abspülen. Abtropfen lassen. Zwiebel und Knoblauchzehe sehr fein schneiden. Fenchel halbieren, Strunk entfernen und in feine Würfel schneiden. Basilikum fein hacken. In einer großen Pfanne mit Olivenöl die Muscheln erwärmen und zugedeckt 4-5 Minuten ziehen lassen. Zwiebel, Knoblauch, Fenchel und Safranfäden dazugeben, kurz mitdünsten und mit Pernod und Weißwein ablöschen. Danach einmal aufkochen lassen und mit Fischfond aufgießen. Die Muscheln herausnehmen und den Sud um die Hälfte einkochen lassen. Die Butterflocken einrühren, bis die Flüssigkeit bindet, dabei nicht mehr kochen lassen. Zum Schluss die Muscheln zurück in die Pfanne legen, mit Salz und Pfeffer würzen und mit Basilikum bestreuen.

Frische Austern

Arbeitszeit: 25 Min.
Garzeit: 5-10 Min.

5-10 Austern pro Person,
2-3 Zitronen,
Toast oder Weißbrot

Die kostbare Flüssigkeit, in die die Auster gebettet ist, darf beim Öffnen nicht vergossen werden. Muschelsplitter mit einem in warmes Wasser getauchten Pinsel entfernen.
Die geöffneten Austern werden auf einer runden Platte auf gestoßenem Eis angerichtet (Eis in ein Tuch geben, mit einem Hammer vorsichtig zerkleinern).
Garniert wird die Platte mit Zitronenachteln. Dazu reicht man Toast oder Weißbrot und Butter.

> **TIPP** *Vor dem Öffnen unter fließendem kalten Wasser reinigen, dann mit dem Austernbrecher (ein zweischneidiges, kurzes Messer) öffnen: Man nimmt die Austern mit der Wölbung nach unten mit der linken Hand, sticht mit dem Austernmesser zwischen die beiden Schalendeckel und bewegt es vorsichtig auf und ab.*

Austern in Sauce

Arbeitszeit: 25 Min.
Garzeit: 5-10 Min.

24 Austern, 150 ml Weißwein,
300 ml helle Grundsauce
(siehe Grundrezept),
Paprika (edelsüß), 1 Eigelb,
125 ml Sauerrahm, 1 TL Butter

Wein erhitzen und über das Fleisch der geöffneten Austern gießen (den Wein auffangen) und das Fleisch herausnehmen. Den aufgefangenen Wein mit einer hellen Sauce dick einkochen, abschmecken, mit Eigelb binden und den Sauerrahm unterziehen. Dann die Austern dazugeben. Butter darauf zergehen lassen und anrichten.

Gebratene Jakobsmuscheln mit Chinakohl

Arbeitszeit: 20 Min.
Garzeit: ca. 15 Min.
Marinierzeit: mind. 20 Min.

400 g ausgelöstes Jakobsmuschelfleisch, 1 Zwiebel, 2 Knoblauchzehen, 1 Chinakohl
(ca. 500 g), 200 g Zuckerschoten, 3 EL Erdnussöl, 1 EL geröstetes Sesamöl, 1 EL schwarzer Sesam, 1 EL Fischsauce, 1 EL Hoisin Sauce, Salz, Zitronenpfeffer

Jakobsmuscheln abwaschen und mit Küchenpapier vorsichtig trocken tupfen. Zwiebel und Knoblauchzehen schälen und klein schneiden. Chinakohl waschen, halbieren, den Strunk keilförmig herausschneiden und den Kohl in Streifen schneiden. Zuckerschoten waschen und schräg halbieren.
2 Esslöffel Erdnussöl in einem Wok erhitzen und die Jakobsmuscheln 3-4 Minuten bei starker Hitze anbraten, dabei mehrmals wenden. Anschließend die Muscheln herausnehmen und warm stellen. Den Wok mit Küchenpapier ausreiben, Sesamöl dazugießen und die Zwiebeln und Knoblauch 1-2 Minuten glasig andünsten. Chinakohl und Zuckerschoten dazugeben und unter Rühren weitere 2-3 Minuten anbraten. Mit Fischsauce, Hoisin Sauce, Salz und Zitronen-

pfeffer würzen und mit dem Sesam bestreuen. Zum Schluss die Jakobsmuscheln untermischen und sofort servieren.

Gebackene grüne Schellmuscheln

Arbeitszeit: 30 Min.
Garzeit: ca. 15 Min.

16 grüne TK-Schellmuscheln (Asialaden), 1 EL Olivenöl, 1 Zwiebel, 1 Knoblauchzehe, 1 rote Paprika, 50 g Butter, 100 g Mehl, ½ l Milch, Muskatnuss, Salz, Pfeffer, 1 verquirltes Ei, 100 g Paniermehl

Muscheln auftauen, Muschelfleisch herauslösen und in grobe Stücke schneiden. Zwiebel und Knoblauchzehe schälen und fein hacken. Paprika halbieren, Kerngehäuse entfernen und in kleine Würfel schneiden. Für die Béchamelsauce die Butter in einem Topf erhitzen, 50 g Mehl dazugeben, 1-2 Minuten anschwitzen und nach und nach mit kalter Milch aufgießen. Mit Salz, Pfeffer und Muskatnuss würzen und unter ständigem Rühren 5 Minuten köcheln lassen, danach kalt stellen. Zwischenzeitlich in einem zweiten Topf mit Olivenöl die Zwiebel und den Knoblauch anschwitzen, Paprikawürfel und Muscheln dazugeben, mit Pfeffer würzen und ebenfalls kalt stellen. Muschelfleisch mit der Béchamelsauce mischen, in die Muschelschalen füllen und festdrücken. Aus drei Schüsseln eine Panierstraße vorbereiten: eine mit dem restlichen Mehl, eine mit dem verquirltem Ei und eine mit Paniermehl. Muscheln auf der Oberseite zuerst im Mehl, dann in den Eiern und zuletzt im Paniermehl wenden. In einer Fritteuse bei 170 °C 3-4 Minuten goldgelb ausbacken, herausnehmen und auf Küchenpapier abtropfen lassen. Muscheln nach Belieben mit Knoblauchsauce und Zitrone servieren.

WOKGERICHTE

Gemüse-Tempura

Arbeitszeit: 30 Min.
Garzeit: ca. 15 Min.
Ruhezeit: 10 Min.

300 ml eiskaltes Wasser,
125 g Reismehl, Salz, 1 Eiweiß,
8 frische Shiitake-Pilze, 1 Bd.
Thaispargel, 1 rote Paprika,
2 Karotten, 1 Bd. Lauchzwiebeln,
ca. 1½ l Erdnussöl zum Frittieren
(je nach Wokgröße),
1 EL Mirin (Reiswein),
1 EL Sojasauce, 1 walnussgroßes
Stück geriebener Ingwer,
1 EL gehacktes Koriandergrün

Eiswasser in einer Schüssel mit Salz und Reismehl glatt rühren, leicht geschlagenes Eiweiß dazugeben und vorsichtig unterheben. Tempurateig zugedeckt im Kühlschrank 10 Minuten quellen lassen. Shiitake-Pilze mit Küchenpapier abwischen (nicht waschen) und den Stiel abschneiden. Thaispargel waschen und die Enden abschneiden. Paprika waschen, halbieren, das Kerngehäuse entfernen und in 1 cm breite Streifen schneiden. Karotten waschen, schälen, halbieren und längs in Stifte schneiden. Lauchzwiebeln waschen und in 6-7 cm lange Stücke schneiden.

„Tempura" nennt sich eine japanische Zubereitungsart für frittierte Speisen. Dafür den Wok zwei Drittel mit Erdnussöl füllen und auf 180 °C erhitzen. Gemüsestücke in vier Portionen teilen. Die erste Portion durch den Teig ziehen und dann 2-3 Minuten schwimmend im Öl goldbraun frittieren. Anschließend herausnehmen, auf Küchenpapier abtropfen lassen und warm halten. Genauso mit den anderen Portionen verfahren. Zum Schluss Mirin und Sojasauce mit frisch geriebenem Ingwer und Koriandergrün mischen und zum Tempuragemüse servieren.

Reisnudelsalat

Reisnudeln einweichen, gut abtropfen lassen. Mit einem Küchentuch zugedeckt beiseitestellen. 5 Esslöffel Öl im Wok erhitzen und fein gehackten Knoblauch darin anschwitzen. Zucker dazugeben und bei schwacher Hitze schmelzen. Garnelen hinzufügen und 5 Minuten unter häufigem Rühren braten. Brühe und Sojasauce unterrühren und kurz aufkochen. Die Nudeln auf einer Platte verteilen, die Garnelen mit der Sauce darübergießen. Mit der Hälfte des Basilikums vermischen. Je nach Geschmack mit ½ Esslöffel Sojasauce abschmecken. Mit dem restlichen Basilikum garnieren.

Arbeitszeit: 20 Min.
Garzeit: etwa 10 Min.

350 g Reisnudeln (etwa ½ cm breit), 3 Zehen Knoblauch, 5 EL Pflanzenöl, 2 EL brauner Zucker, 350 g blanchierte Garnelen, 100 ml Gemüsebrühe, 1 EL Sojasauce, ca. 2 Handvoll Basilikumblätter

Gebratene Eiernudeln mit Hähnchenbrustfilet

Die Nudeln nach Packungsanleitung garen. Erbsen etwa 2 Minuten vor Ende der Garzeit unaufgetaut zufügen. Nudeln und Erbsen abgießen und gut abtropfen lassen. Die Filets in Würfel schneiden. Öl in einer Pfanne erhitzen, die Hähnchenwürfel goldbraun anbraten. Salzen, pfeffern und herausnehmen. Nudeln, Erbsen und Sprossen im restlichen Öl kurz anbraten und mit Curry und Salz würzen. Hähnchenwürfel in die Pfanne geben und unterrühren. Die Eier mit einer Gabel verquirlen und gleichmäßig über die Nudeln gießen. 2-3 Minuten unter Rühren braten, bis die Eier gestockt sind. Mit Schnittlauch garniert servieren.

Arbeitszeit: 30 Min.
Garzeit: etwa 10 Min.

400 g Asia-Eiernudeln, Salz, Pfeffer, 100 g TK-Erbsen, etwa 300 g Hähnchenbrustfilet, 1-2 EL Öl, Pfeffer, 100 g Munbohnensprossen, Currypulver, 2 Eier, Schnittlauch zum Garnieren

Mie goreng (Gebratene Nudeln mit Schweinefleisch)

Nudeln nach Packungsanleitung garen. Schweinefleisch, Zwiebel, Knoblauch, Frühlingszwiebeln und die Chilischote ohne Kerne klein schneiden. Sellerie und Kohl in kleine Stücke schneiden. Nudeln kalt abschrecken und gründlich abtropfen lassen. Den Wok heiß werden lassen, das Erdnussöl erhitzen und darin die Zwiebel-, Knoblauch-, Frühlingszwiebel- und Chiliwürfel andünsten. Die Garnelen und das Fleisch dazugeben und unter Rühren anbraten, bis es leicht gebräunt ist. Den Bleichsellerie und den Kohl hinzufügen und kurz mitbraten. Mit Shrimpspaste, Salz, Pfeffer und der Sojasauce würzen und mit 2 Esslöffeln Wasser beträufeln. Die Nudeln unterheben und 5 Minuten mitbraten.

Arbeitszeit: 20 Min.
Garzeit: 10 Min.

250 g Mie-Nudeln, Salz, 400 g Schweinenackensteaks, 1 Zwiebel, 4 Knoblauchzehen, 2 Frühlingszwiebeln, 1 Chilischote, 2 Stängel Bleichsellerie, 250 g Weißkohl, 4 EL Erdnussöl, 100 g geschälte Garnelen, ½ TL getrocknete Shrimpspaste, Pfeffer, 1 EL Sojasauce

Schweinefleisch, chinesische Art

Arbeitszeit: 25 Min.
Garzeit: 5 Min.

400 g Schweinefilet,
2 TL Sojasauce, 2 TL Maisstärke,
3 EL Öl, 70 g Champignons,
3 grüne Pfefferschoten,
1 Glas Bambussprossen,
Salz, Zucker, 1 EL Reiswein

Das Fleisch in feine Streifen schneiden, mit der Sojasauce und der Maisstärke vermengen und kurz ziehen lassen. In der Pfanne oder im Wok das Öl erhitzen und das Fleisch etwa 3 Minuten darin kräftig braten. Pfefferschoten in kleine Stücke und Champignons in Scheiben schneiden, mit etwas Salz und Zucker dazugeben und 1 Minute braten. Dann die Bambussprossen daruntermischen und noch 1 Minute braten. Den Reiswein darüberträufeln, das Ganze kurz durchrühren und servieren. Dazu passt Basmatireis.

Sesam-Rindfleisch mit Paprikagemüse

Arbeitszeit: 20 Min.
Ruhezeit: 2 Std.
Garzeit: gesamt etwa 15 Min.

100 g Sesamsamen,
500 g Rinderlende,
1 kleines Stück Ingwer,
je 4 Knoblauchzehen und
Frühlingszwiebeln,
3 EL Sojasauce,
½ EL Zucker, Pfeffer,
Cayennepfeffer,
2 Paprikaschoten,
2 EL Pflanzenöl, Salz,
50 ml Fleischbrühe (instant)

Den Wok heiß werden lassen und die Sesamsamen darin ohne Fett schwenken, bis sie duften. Herausnehmen und abkühlen lassen. Die Rinderlende in schmale Streifen schneiden und mit dem Sesam in einer Schüssel vermengen. Ingwer, Knoblauch und Frühlingszwiebeln fein würfeln. Das Gemüse mit Sojasauce, Zucker, Pfeffer und Cayennepfeffer unter die Fleischstreifen mischen. Die Schüssel abgedeckt etwa 2 Stunden kühl stellen. Inzwischen die Paprika in kleine Rauten schneiden. Den Wok wieder heiß werden lassen und das Öl darin erhitzen. Die Fleisch-Gemüse-Mischung unter ständigem Rühren scharf durchbraten. Zuletzt die Paprikastücke unterheben. Wenig salzen oder noch etwas Sojasauce hinzufügen. Mit Fleischbrühe beträufeln und mehrmals durchschwenken. Sofort servieren.

Rindfleisch mit Erdnüssen und Koriander

Arbeitszeit: 20 Min.
Ruhezeit: 1 Std.
Garzeit: 10 Min.

500 g Rindersteak,
4 Knoblauchzehen,
5-6 Stängel Koriander,
1 Stück Ingwerwurzel,
50 g Erdnüsse, 2 Zwiebeln,
1 Salatgurke, 3 EL Pflanzenöl,
½ Limette, 2 EL Fischsauce,
1 EL Sesamsauce

Das Steak in schmale Streifen schneiden. Den Knoblauch fein würfeln. Für die Garnitur einige Blättchen vom Koriander abzupfen, den restlichen Koriander fein hacken. Den Ingwer und die Nüsse fein hacken. Die Zwiebeln in Streifen schneiden. Die Gurke schälen, halbieren, die Kerne entfernen und den Rest in Scheiben schneiden. Dann den Wok heiß werden lassen und darin 3 Esslöffel Pflanzenöl erhitzen. Das Fleisch scharf anbraten, herausnehmen und auf einen Teller legen. Ingwer, Nüsse, Zwiebeln und Gurke etwa 3 Minuten im Wok schwenken.

Das Fleisch untermengen und 1 Minute weiterschwenken.
Alles mit Limettensaft und Koriander vermengen. Mit Fischsauce und Sesamsauce würzen. Auf vorgewärmten Tellern
anrichten und mit Korianderblättchen garnieren.

Chop Suey mit Rindfleisch

Rinderfilet in feine Streifen schneiden. In einer Schale Mirin,
helle Sojasauce und Sesamöl mischen und das Fleisch
20 Minuten zugedeckt marinieren. Zwiebel schälen und in
feine Ringe schneiden, Knoblauchgemüse waschen und in
3 cm lange Stücke schneiden. Champignons putzen, den
Stiel abschneiden und in Scheiben schneiden. Brokkoli waschen und in kleine Röschen teilen. Zuckerschoten waschen
und schräg halbieren. Wasserkastanien und Bambussprossen
in einem Sieb abwaschen und abtropfen lassen, Kastanien in
Scheiben schneiden. 2 Esslöffel Erdnussöl in einem Wok
erhitzen, Rinderfiletstreifen dazugeben, 2-3 Minuten kräftig
anbraten, herausnehmen und warm halten. Den Wok mit
Küchenpapier ausreiben, restliches Öl zugießen und die
Zwiebel 1-2 Minuten darin anschwitzen. Knoblauchstangen,
Champignons und Brokkoli untermischen und weitere
2 Minuten braten, dabei mehrmals rühren. Danach Zuckerschoten, Wasserkastanien und Bambussprossen zufügen und
1 Minute weiterrühren. Anschließend die Rinderfiletstreifen
dazugeben, mit Austernsauce, Salz und Zitronenpfeffer
würzen und sofort servieren.

Arbeitszeit: 20 Min.
Garzeit: ca. 15 Min.
Marinierzeit: mind. 20 Min.

400 g Rinderfilet,
1 EL Mirin (Reiswein),
1 EL helle Sojasauce,
1 TL geröstetes Sesamöl,
1 Zwiebel, 4 Stangen
Knoblauchgemüse (Asialaden),
200 g Champignons,
1 kleiner Brokkoli,
150 g Zuckerschoten,
1 kleine Dose Wasserkastanien
(Asialaden), 50 g Bambus-
sprossen, 3 EL Erdnussöl,
1 EL Austernsauce,
Salz, Zitronenpfeffer

Garnelen und Tintenfische in Kokosmilch

Arbeitszeit: 30 Min.
Garzeit: ca. 10-15 Min.

400 g TK-Garnelen küchenfertig (16/20), 400 g TK-Tintenfische küchenfertig, 1 Bd. Lauchzwiebeln, 1 Glas Bambussprossen, 1 Knoblauchzehe, 1 walnussgroßes Stück Ingwer, ½ Bd. Koriandergrün, 3 EL Erdnussöl, 1 EL rote Thai-Currypaste, 400 ml Kokosmilch, 150 ml Fischfond, 4 Limettenblätter, Salz, 1 EL Fischsauce, 2 EL Sojasauce

Garnelen und Tintenfische waschen und in einem Sieb abtropfen lassen. Tintenfischtuben halbieren, mit dem Messer mehrmals fein einritzen, danach in 4-5 cm breite Stücke schneiden. Tentakeln am Kopfende abschneiden. Lauchzwiebeln waschen und in 1 cm breite Ringe schneiden. Bambussprossen waschen und abtropfen lassen. Knoblauch schälen und fein hacken, Ingwer schälen und fein reiben. Koriandergrün waschen, trocken schütteln und grob hacken. Erdnussöl in einem Wok stark erhitzen, Garnelen und Tintenfische 3-4 Minuten kräftig anbraten, herausnehmen und warm stellen. Anschließend Knoblauch, Ingwer, Lauchzwiebeln und Bambussprossen in den Wok geben, 1-2 Minuten anbraten, danach Currypaste untermischen und weitere 1-2 Minuten braten. Mit Kokosmilch und Fischfond aufgießen, Limettenblätter dazugeben und salzen. Einmal aufkochen lassen, Garnelen und Tintenfisch einlegen und noch 3 Minuten sanft köcheln lassen. Zum Schluss mit Fisch- und Sojasauce abschmecken, mit gehacktem Koriander bestreuen und sofort servieren.

Glasnudeln aus dem Wok

Arbeitszeit: 15 Min.
Zubereitungszeit: 25 Min.

100 g Glasnudeln, 4 Karotten, 1 EL Öl, 3 Frühlingszwiebeln, 10 Cocktailtomaten, Saft einer halben Limette (ersatzweise Zitrone), 1 EL brauner Zucker (ersatzweise weißer), ½ TL Chilipaste, 1 EL helle Sojasauce, 1 TL Sesamöl, 1 EL Fischsauce

Glasnudeln einweichen und dann mit einer Schere einmal durchschneiden. Das Öl im Wok erhitzen. Die Karotten schälen und in dünne Scheiben schneiden und unter Rühren 3 Minuten anbraten. 100 ml Wasser dazugeben und köcheln, bis das Wasser verdampft ist und die Karotten weich, aber noch knackig sind. Frühlingszwiebeln in etwa 1 cm große Streifen schneiden. Tomaten waschen und halbieren. Alle Zutaten gut vermischen und mit Limettensaft, Chilipaste, Zucker, Sesamöl, Soja- und Fischsauce abschmecken.

Lachs auf chinesische Art

Arbeitszeit: 15 Min.
Garzeit: 10 Min.

1 Stück frischer Ingwer (2 cm), 2 Knoblauchzehen, 1 Bd. Frühlingszwiebeln, 600 g grüner Spargel, 400 g Lachsfilet, 6 EL Rapsöl, Kräutersalz, Pfeffer, 10 cl Sherry, 3 EL Sojasauce

Ingwer und Knoblauch in kleine Würfel, Frühlingszwiebeln in feine Ringe schneiden. Spargel waschen, die Enden abschneiden und schräg in 2 cm lange Stücke schneiden. Lachs waschen, trocken tupfen und in 1 cm große Würfel schneiden. 3 Esslöffel Öl im Wok oder einer tiefen Pfanne erhitzen, Lachs darin 1 Minute anbraten und heraus-

nehmen. Restliches Öl zugeben, Ingwer, Knoblauch und
Frühlingszwiebeln darin unter Rühren anbraten. Spargel
zugeben und 8 Minuten unter Rühren weiterbraten. Salzen,
pfeffern und mit Sherry und Sojasauce ablöschen, Lachs vorsichtig untermengen, kurz erwärmen und sofort servieren.

Hühnchen und Garnelen mit Limette & Chili

Arbeitszeit: 20 Min.
Garzeit: ca. 15 Min.
Marinierzeit: mind. 20 Min.

Hähnchenbrüste in Streifen schneiden, mit Sojasauce und
Sweet-Chili-Sauce beträufeln und mindestens 20 Minuten
zugedeckt marinieren lassen. Garnelen waschen, trocken
tupfen und den Darm ziehen. Knoblauchzehen schälen und
fein hacken. Chilischote in feine Ringe schneiden. Champignons putzen und in Scheiben schneiden. Lauchzwiebeln
waschen und in 1 cm breite Ringe schneiden. Zuckerschoten waschen, putzen und schräg halbieren.

In einem Wok 2 Esslöffel Erdnussöl erhitzen und das Häh-
chenfleisch mit den Garnelen 3-4 Minuten kräftig anbraten,
anschließend herausnehmen und warm stellen. Restliches
Öl in den Wok gießen, Knoblauch, Chilischoten, Champignons, Lauchzwiebeln, Zuckerschoten und Ingwer dazugeben und 2-3 Minuten kräftig anbraten. Mit Geflügelbrühe
aufgießen, Limettenschale-, Saft und Blätter dazugeben und
mit Salz und Pfeffer würzen. Zugedeckt 2 Minuten köcheln
lassen und zum Schluss das Hähnchenfleisch und die
Garnelen untermischen und servieren.

2 küchenfertige Hähnchen-
brüste, 2 EL Sojasauce,
1 EL Sweet-Chili-Sauce, 300 g
rohe Garnelenschwänze (16/20),
2 Knoblauchzehen, 1 rote Chili,
1 TL frisch geriebener Ingwer,
200 g Champignons,
4 EL Erdnussöl, 1 Bd. Lauchzwiebeln, 200 g Zuckerschoten,
Abrieb von 1 Limette und Saft
von 2 Limetten, 3 Limettenblätter, Salz, Pfeffer,
100 ml Geflügelbrühe

CURRYS

Gemüsecurry mit Greenshell-Muscheln

Arbeitszeit: 25 Min.
Garzeit: ca. 15 Min.

1 kg aufgetaute TK-Greenshell-Muscheln (Asialaden), 1 Zwiebel, 2 Knoblauchzehen, 1 kleine grüne Chilischote, 1 Bd. Lauchzwiebeln, ½ Salatgurke, 1 grüne Paprika, 200 g Zuckerschoten, 1 kleiner Brokkoli, 100 g Stangenbohnen, Salz, 3 EL Erdnussöl, 250 ml Gemüsebrühe, 50 g Kokoscreme in Würfel geschnitten (Asialaden), 1 EL grüne Thai-Currypaste, 1 TL Palmzucker, 2 EL Sojasauce, 1 EL gehacktes Koriandergrün

Muscheln abwaschen und in einem Sieb abtropfen lassen. Zwiebel und Knoblauch schälen und fein hacken. Chili in feine Ringe schneiden. Lauchzwiebeln waschen und in 1 cm breite Ringe schneiden. Salatgurke in Streifen schälen, halbieren, mit einem Löffel das Kerngehäuse ausschaben und in 1 cm breite Scheiben schneiden. Paprika waschen, halbieren, das Kerngehäuse entfernen und in Streifen schneiden. Zuckerschoten waschen und schräg halbieren. Brokkoli waschen und in kleine Röschen teilen. Stangenbohnen waschen, die Enden entfernen und halbieren. In einem Topf mit kochendem Salzwasser die Bohnen 5-6 Minuten bissfest blanchieren, abgießen und abschrecken. Erdnussöl in einem Wok erhitzen, die Zwiebel, Knoblauch und Chiliringe zugeben und unter Rühren 2 Minuten anbraten. Lauchzwiebeln, Gurke, Paprika, Zuckerschoten, Brokkoli und Bohnen zugeben und weitere 2-3 Minuten bissfest garen. Anschließend mit Gemüsebrühe aufgießen, Kokoscreme und Currypaste einrühren und mit Salz, Palmzucker und Sojasauce abschmecken. Muscheln einlegen und zugedeckt 2-3 Minuten köcheln lassen. Zum Schluss mit frisch gehacktem Koriander bestreuen und sofort servieren.

Elolu kiri hodhi
(Weißes Gemüsecurry)

Die Erbsen abtropfen lassen, das Kürbisfleisch in Würfel, die Karotten in Scheiben schneiden. Den Blumenkohl waschen und in Röschen teilen. Zwiebeln, Knoblauch und Ingwer klein würfeln. Chili ohne Kerne in feinste Ringe schneiden. Zitronengras oder Limettenschale leicht einschneiden. Ghee, Butterschmalz oder Ernussöl im Wok erhitzen und Zwiebeln, Knoblauch, Ingwer und Chili darin kurz anbraten. Kurkuma und Zimt dazugeben und mit der Kokosmilch ablöschen. Kürbis, Kartoffeln, Karotten und Blumenkohl dazugeben und alles mit Zitronengras oder Limettenschale und dem Lorbeerblatt etwa 15 Minuten köcheln lassen. Inzwischen die Cashewkerne klein hacken und zum Schluss mit den Erbsen zum Curry geben.

Arbeitszeit: 15 Min.
Garzeit: etwa 10 Min.

150 g Erbsen, 200 g Kartoffeln, 2 Karotten, 200 g Blumenkohl, 200 g Kürbisfleisch, 1-2 Zwiebeln, 2 Knoblauchzehen, 1 Stück Ingwer, 2 grüne Chilischoten, 1 Stängel Zitronengras oder 5 cm Limettenschale, 1 EL Ghee, Butterschmalz oder Erdnussöl, ½ TL Kurkuma, 1 Msp. Zimt, 2 Dosen ungesüßte Kokosmilch, 1 Lorbeerblatt, 2 EL Cashewkerne

> **TIPP** *Sie können das Gericht auch mit anderen Gemüsesorten, wie zum Beispiel Bohnen, Okra, Zucchini, Paprika oder Spargel, zubereiten.*

Gemüsecurry mit Tofu
und Szechuanpfeffer

Tofu in 3 cm breite Würfel schneiden, mit 2 Esslöffel Sojasauce beträufeln und 10 Minuten marinieren. Zwiebel und Knoblauch fein hacken. Chili in feine Ringe schneiden. Selleriestangen waschen und schräg in 1 cm breite Scheiben schneiden. Champignons putzen, den Stiel abschneiden und in dicke Scheiben schneiden. Babymaiskolben waschen und halbieren. Paprika waschen, halbieren, das Kerngehäuse entfernen und in Streifen schneiden. Baby-Pak Choi am Strunk abschneiden, gründlich waschen und in 2 cm breite Streifen schneiden. Erdnussöl in einem Wok erhitzen, die Tofuwürfel 4-5 Minuten goldbraun braten, herausnehmen und abtropfen lassen. Zwiebel, Knoblauch und Chiliringe unter Rühren 2 Minuten anbraten. Sellerie, Champignons, Mais und Pak Choi zugeben und 3-4 Minuten bissfest mitgaren. Danach Currypaste und Kokosmilch einrühren und 1-2 Minuten köcheln lassen. Mit der restlichen Sojasauce, Palmzucker, Salz und Szechuanpfeffer abschmecken. Zum Schluss die Tofuwürfel darüberstreuen und sofort servieren.

Arbeitszeit: 20 Min.
Garzeit: ca. 15 Min.
Marinierzeit: 10 Min.

200 g schnittfester Tofu, 3 EL Sojasauce, 1 Zwiebel, 2 Knoblauchzehen, 1 kleine Chilischote, 4 Selleriestangen, 200 g Champignons, 100 g Babymais, 1 rote Paprikaschote, 4 Baby-Pak Choi (Asialaden), 3 EL Erdnussöl, 1 EL rote Thai-Currypaste, 400 ml Kokosmilch, 1 TL Palmzucker, Salz, 1 TL zerstoßener Szechuanpfeffer

Indisches Gemüsecurry

Arbeitszeit: 10 Min.
Garzeit: etwa 10 Min.

200 g TK-Asiagemüse,
2 Frühlingszwiebeln,
1 kleine Knoblauchzehe,
1 Stück Ingwer, 1 EL Öl,
1 TL Curry, 1 TL Honig,
50 ml Gemüsebrühe,
1 Msp. Speisestärke,
Salz, 3 EL Jogurt (1,5 %),
2 EL Alfalfa-Sprossen (Bioladen)

Gemüse bissfest garen, etwas salzen, abtropfen lassen.
Frühlingszwiebeln in Ringe schneiden. Knoblauch und
Ingwer fein hacken. Öl in einer tiefen Pfanne erhitzen, Zwie-
beln, Knoblauch und Ingwer darin unter Rühren anbraten.
Curry darüberstreuen, mit Brühe aufgießen und mit Honig
würzen. Gemüse zugeben, 2-3 Minuten köcheln lassen.
Speisestärke mit wenig Wasser glatt rühren, zugießen und
Gemüse damit andicken. Jogurt unterrühren und Curry in
tiefe Teller füllen. Mit den Sprossen bestreuen.
Nach Wunsch mit Naturreis oder Duftreis servieren.

Fischcurry mit Kokosnuss

Arbeitszeit: 15 Min.
Garzeit: 15 Min.

500 g Fischfilet (z.B. Rotbarsch
oder Kabeljau), 1 Zitrone, Salz,
3 Frühlingszwiebeln, 2 Knoblauchzehen, 2 cm Ingwerwurzel,
4 EL Öl, je ½ TL gemahlenen
Koriander und Kreuzkümmel,
1 Prise Chilipulver, ¼ TL Bocks-
hornklee, ½ l Brühe (Instant),
200 g Kokosnusspaste, Pfeffer

Fisch in dünne Streifen schneiden. Mit Zitronensaft beträufeln und salzen. Frühlingszwiebeln, Knoblauch und Ingwer
fein schneiden. Den Wok heiß werden lassen und 2 Esslöffel
Pflanzenöl erhitzen. Unter ständigem Rühren Frühlingszwiebeln, Knoblauch und Ingwer scharf anbraten.
Das restliche Öl hinzugießen. Die Gewürze einstreuen und
alles eine Minute weiterbraten, dann mit Brühe aufgießen.
Die Kokosnusspaste vom Block dazuschaben, umrühren und
aufkochen lassen. Die Fischstreifen einlegen, pfeffern und
bei geringer Hitze einige Minuten ziehen lassen. Zum
Schluss abschmecken.

Bananen-Putencurry

Arbeitszeit: 25 Min.
Garzeit: ca. 15 Min.
Marinierzeit: mind. 20 Min.

600 g Putenbrust (küchenfertig),
2 EL Sojasauce, Saft von 1 Limette, Salz, Pfeffer, 2 halbreife
Bananen, 50 g Kokosraspeln,
1 Zwiebel, 1 rote Paprika,
1 Chilischote, 100 g Bambussprossen aus der Dose,
3 EL Erdnussöl, Salz, Pfeffer,
100 ml Geflügelbrühe,
250 ml Kokosmilch,
1 EL rote Thai-Currypaste

Putenbrust in 2 cm breite Würfel schneiden, mit Sojasauce,
1 Esslöffel Limettensaft Salz und Pfeffer würzen und mindestens 20 Minuten marinieren. Bananen schälen, in 2 cm dicke
Scheiben schneiden, mit dem restlichen Limettensaft marinieren und in Kokosraspeln wälzen. Zwiebel schälen und in
Streifen schneiden. Paprika waschen, halbieren, das Kerngehäuse entfernen und in feine Streifen schneiden. Bambussprossen in einem Sieb abwaschen und abtropfen lassen.
2 Esslöffel Erdnussöl in einem Wok erhitzen und die Putenbrustwürfel 4-5 Minuten von allen Seiten goldbraun anbraten. Anschließend herausnehmen und warm stellen. Restliches Öl im Wok erhitzen, die Bananenscheiben einlegen
und 2-3 Minuten von beiden Seiten anbraten, danach ebenfalls herausnehmen und warm stellen. Zwiebel, Chilischote,

Paprikastreifen und Bambussprossen dazugeben, 2-3 Minuten braten und mit Geflügelbrühe und Kokosmilch ablöschen. Thai-Currypaste einrühren und 2 Minuten köcheln lassen. Dann das Putenfleisch und die Bananenscheiben untermischen, mit Salz und Pfeffer abschmecken und sofort servieren.

Entencurry mit Okraschoten und Strohpilzen

Entenbrüste auf der Hautseite kreuzförmig mit einem scharfen Messer einschneiden, mit 5er-Gewürz würzen und Sojasauce beträufeln. Zugedeckt mindestens 20 Minuten marinieren. Zwischenzeitlich die Okraschoten waschen, putzen, in kochendem Salzwasser 2-3 Minuten blanchieren, herausnehmen und kalt abschrecken. Zwiebel und Knoblauch schälen, halbieren und klein schneiden. Strohpilze waschen und mit Küchenpapier trocken tupfen. Erdnussöl in einem Wok erhitzen, die Entenbrüste auf der Hautseite 4-5 Minuten kross anbraten, danach wenden und weitere 2-3 Minuten garen. Entenbrüste herausnehmen und warm stellen. Zwiebel, Knoblauch, Strohpilze und Okraschoten dazugeben und 2-3 Minuten anschwenken. Mit Gemüsebrühe und Kokosmilch aufgießen, Thai-Currypaste und Austernsauce einrühren und 2 Minuten köcheln lassen. Zum Schluss die Entenbrüste in Scheiben schneiden, unter das Thai-Curry mischen, mit frischem Koriander bestreuen und servieren.

Arbeitszeit: 25 Min.
Garzeit: ca. 15 Min.
Marinierzeit: mind. 20 Min.

2 küchenfertige Entenbrüste mit Haut, ½ TL 5er-Gewürz (Asialaden), 1 EL Sojasauce, 400 g Okraschoten, Salz, 1 Zwiebel, 2 Knoblauchzehen, 200 g frische Strohpilze (Asialaden, alternativ aus der Dose), 1 EL Erdnussöl, 250 ml Geflügelbrühe, 400 ml Kokosmilch, 1 EL grüne Thai-Curry-Paste, 1 EL Austernsauce, 1 EL frisch gehacktes Koriandergrün

Lachscurry mit Thai-Basilikum

Arbeitszeit: 25 Min.
Garzeit: ca. 10 Min.
Einweichzeit: 10 Min.

600 g Lachsfilet,
1 TL Koriandersaat,
Saft von ½ Limette,
20 g getrocknete Mu-Err-Pilze
(Asialaden), 2 Knoblauchzehen,
1 Bd. Lauchzwiebeln,
50 g Mungobohnensprossen,
3 EL Erdnussöl,
2 EL rote Thai-Currypaste,
400 ml Kokosmilch,
Salz, 1 TL Palmzucker,
1 EL Fischsauce,
4 Zweige Thai-Basilikum

Lachsfilet abwaschen, trocken tupfen und 3 cm breite Würfel schneiden. Koriandersaat im Mörser fein zerstoßen, die Lachswürfel damit einreiben, mit Limettensaft beträufeln und kalt stellen. Mu-Err-Pilze gründlich waschen, anschließend mit heißem Wasser übergießen und 10 Minuten einweichen lassen.

Zwischenzeitlich die Knoblauchzehen schälen und fein hacken, Lauchzwiebeln waschen und in 1 cm breite Ringe schneiden. Bohnensprossen abwaschen und abtropfen lassen. Pilze abgießen, den Strunk abschneiden und je nach Größe halbieren oder vierteln.

Erdnussöl in einem Wok stark erhitzen, Knoblauch, Lauchzwiebeln, Bohnensprossen und Mu Err Pilze dazugeben und 1-2 Minuten kräftig anbraten. Lachswürfel, Currypaste und Kokosmilch zugeben und bei geringer Hitze 2-3 Minuten köcheln lassen.

Zum Schluss mit Salz, Palmzucker und Fischsauce abschmecken, mit grob geschnittenem Thai-Basilikum bestreuen und sofort servieren.

TIPP *Mu-Err-Pilze (auch als Black Fungus oder Wolkenohrenpilze bekannt) sind reich an Eisen, Kalium und Magnesium und enthalten Phosphor, Silicium und Vitamin B1.*

Lammcurry mit Tomatengemüse

Lammschulter in 3 cm große Würfel schneiden, salzen und in eine Schüssel geben. Mit Zitronensaft beträufeln. Jogurt mit Ingwer und Curry verrühren und unter das Fleisch mischen. Zugedeckt über Nacht kühl stellen. Ghee in einem Bräter erhitzen. Geschälte, gewürfelte Zwiebeln und Knoblauchzehen darin goldgelb dünsten. Das Fleisch zugeben und unter ständigem Wenden 15 Minuten anbraten. Die Fleischbrühe und bei Bedarf etwas Wasser angießen, sodass das Fleisch von Flüssigkeit bedeckt ist. Im geschlossenen Topf bei schwacher Hitze etwa 80-90 Minuten schmoren. Inzwischen die Erbsen und Karotten in kochendem Wasser etwa 8 Minuten blanchieren. Abtropfen lassen. Die Tomaten häuten und ohne Kerne in Streifen schneiden. Das Gemüse zum gegarten Lammcurry geben. Mit Zimt, Kardamom, Kümmel, Pfeffer und etwas Salz abschmecken. Zum Schluss die Petersilie unterheben.

Arbeitszeit: 20 Min.
Ruhezeit: über Nacht
Garzeit: etwa 2 Std.

750 g Lammschulter, Salz, Pfeffer, Zitronensaft, 1 kleiner Becher Jogurt, Ingwerpulver, 2 EL Currypulver, 4 EL Ghee (geklärte Butter), 2 Zwiebeln, 1 Knoblauchzehe, 125 ml heiße Fleischbrühe, 450 g Erbsen und Karotten (TK), 2 Tomaten, je 1 TL Zimt, Kardamom und gemahlener Kümmel, 2 EL gehackte Petersilie

> **TIPP** *Geklärte Butter (Ghee) ist eine der Grundzutaten der indischen Küche. Sie geben dazu in Würfel geschnittene Butter in eine Pfanne und lassen sie bei niedriger Temperatur schmelzen. Dabei Butter etwas bewegen, damit sie nicht braun wird. Wenn die Butter vollständig geschmolzen ist, einmal aufkochen lassen, bis sie schäumt. Dann 30-40 Minuten offen ganz leicht köcheln lassen. Nicht umrühren! Sobald sich die milchigen Teile goldgelb verfärbt haben und das Ghee so klar ist, dass man den Topfboden sehen kann, das Ghee durch ein feines Sieb, das mit einem Küchentuch ausgelegt ist, in ein sauberes Gefäß abseihen und abkühlen lassen. Ghee hält sich lange im Kühlschrank.*

Lammcurry mit Rosinen

Knoblauch, Zwiebel und Ingwer schälen und grob hacken. Lammschulter in 4 cm große Würfel schneiden, mit Salz und Pfeffer würzen und Mehl bestäuben. Kreuzkümmel grob hacken und in einem Topf mit Olivenöl anbraten. Fleisch dazugeben und 4-5 Minuten von allen Seiten anbraten. Rosinen, Tomaten, Currypulver und Currypaste unterrühren und mit Fleischbrühe aufgießen. Zugedeckt 1½ Stunden bei geringer Hitze köcheln lassen. Koriander waschen, trocken schütteln und grob hacken. Zum Schluss den Jogurt einrühren und den Koriander darüberstreuen.

Arbeitszeit: 35 Min.
Garzeit: ca. 1½ Std.

1 Knoblauchzehe, 1 Zwiebel, 1 walnussgroßes Stück Ingwer, 1 Lammschulter ohne Knochen, Salz, Pfeffer, 2 EL Mehl, ½ TL Kreuzkümmel, 3 EL Olivenöl, 100 g Rosinen, 1 Dose Pizzatomaten (440 g), 1 EL Currypulver, 1 TL gelbe Currypaste, 200 ml Fleischbrühe, 2 EL griechischer Jogurt, ½ Bd. Koriander

EXOTISCHES

Marokkanischer Auberginensalat

Arbeitszeit: 25 Min.
Backzeit: 20 Min.

500 g Auberginen,
½ Zitrone, 1 Knoblauchzehe,
1 EL Zitronensaft, 2-3 EL Öl,
Salz, Pfeffer oder Cayennepfeffer,
1 EL gehackte Petersilie, Thymian
und Oregano, Tabasco

Auberginen in Alufolie wickeln und 20 Minuten im heißen Backofen garen, auswickeln, kurz abschrecken, die Fruchtteile mit dem Löffel ausschälen und die Masse mit dem Saft von einer halben Zitrone beträufeln. Kurz im Mixer pürieren (Kerne sollen ganz bleiben).
Zerdrückten Knoblauch, Zitronensaft, Öl, Salz, Pfeffer oder Cayennepfeffer schaumig rühren und mit dem Handmixer in das Auberginenmus einrühren. Mit gehackter Petersilie, Thymian und Oregano würzen, mit einem Spritzer Tabasco scharf abschmecken.

Kokosmilchsuppe mit Hähnchen

Arbeitszeit: 25 Min.
Garzeit: 20 Min.

250 g Hähnchenbrustfilet,
200 g Austernpilze, je 2 Schalotten und Knoblauchzehen,
1 Chilischote, 1 Stängel Zitronengras, 4 Kaffir-Limonenblätter,
½ l ungesüßte Kokosnussmilch,
¼ l Geflügelbrühe, Saft von ½
Limette, 5 EL Fischsauce,
1 Prise Salz, 1 EL frisch
gehackter Koriander

Das Hähnchenfleisch in schmale Streifen schneiden. Die Austernpilze waschen, mit Küchenpapier trocken tupfen und in kleinere Stücke schneiden. Die Limonenblätter waschen. Schalotten und Knoblauchzehen schälen und in Streifen schneiden. Die Chilischote waschen. Das Zitronengras waschen und mit einem Messerrücken anschlagen, bis der Saft ausläuft.
Kokosnussmilch, Geflügelbrühe und Limettensaft im Wok aufkochen. Die Hitze reduzieren und unter Rühren alle vorbereiteten Zutaten einrühren. Alles mit Fischsauce und Salz würzen. Das Fleisch dazugeben und in etwa 10 Minuten gar ziehen lassen. Zitronengras und Limonenblätter vor dem Servieren aus dem Wok nehmen und wegwerfen. Beides schmeckt nach dem Kochen bitter und würde die Suppe verderben. Das fertige Gericht in Schalen geben und mit Koriander bestreuen.

Karibische Hühnersuppe mit Garnelen

Arbeitszeit: 15 Min.
Garzeit: 25 Min.

250 g Blattspinat, 3 Frühlingszwiebeln, 2 Chilischoten,
100 g Garnelen, 2 Limetten,
1 EL Butter, 1 l Hühnerbrühe,
100 ml Schlagsahne,
2 EL Kokosraspeln, 2 cl Sherry

Spinat waschen, verlesen, abgetropft in Streifen schneiden. Frühlingszwiebeln und Chilis ohne Kerne in Ringe schneiden. Die Schale der Limette in dünne Streifen schneiden, den Saft auffangen. Chili und Limettenstreifen in wenig Butter anbraten, mit Hühnerbrühe und Limettensaft aufgießen und etwa 15 Minuten köcheln lassen. Frühlings-

zwiebeln und Spinat 5 Minuten mitköcheln, zum Schluss
die Garnelen kurz darin ziehen lassen. Kokosraspeln ohne Fett
in einer Pfanne bräunen. Schlagsahne halb steif schlagen.
Suppe mit Sherry abschmecken. In Tellern verteilen und mit
je einem Klecks Sahne und Kokosraspeln obenauf servieren.

Straußenpfanne „Szechuan-Art"

Straußenfleisch in dünne Streifen schneiden, mit 1 Teelöffel
gestoßenem Szechuanpfeffer und Sesamöl einreiben und
mindestens 20 Minuten marinieren lassen.
Zwiebel und Knoblauchzehen schälen und klein schneiden.
Zuckerschoten waschen und schräg halbieren. Wasserkastanien in einem Sieb abspülen und in Scheiben schneiden.
Koriandergrün waschen, trocken schütteln und fein hacken.
Erdnussöl in einem Wok erhitzen, das Straußenfleisch
3-4 Minuten goldbraun anbraten, herausnehmen und
warm stellen. Zwiebel, Knoblauch, Zuckerschoten und
Wasserkastanien in den Wok geben, 2-3 Minuten braten,
mit Sojasauce, Austernsauce, Salz und dem restlichen Szechuanpfeffer würzen. Straußenfleisch und Fleischsaft untermischen, mit Koriandergrün bestreuen und sofort servieren.

Arbeitszeit: 30 Min.
Garzeit: 20 Min.
Marinierzeit: mind. 20 Min.

500 g Straußenfleisch,
1 EL zerstoßener Szechuanpfeffer,
1 TL geröstetes Sesamöl,
1 Zwiebel, 2 Knoblauchzehen,
200 g Zuckerschoten, 1 Dose
Wasserkastanien (400 g),
½ Bd. Koriandergrün,
2 EL Erdnussöl, 1 EL Sojasauce,
1 EL Austernsauce, Salz

TIPP *Szechuanpfeffer (Zitronenpfeffer) stammt aus der
chinesischen Provinz Sichuan und ist nicht mit „echtem"
Pfeffer verwandt. Sein Geschmack ist pfeffrig und beißend scharf,
mit einem leichten Zitronenaroma.*

Scharfe Mango-Garnelen im Wok

Arbeitszeit: 30 Min.
Garzeit: 20 Min.
Marinierzeit: mind. 20 Min.

500 g geschälte, rohe Garnelen-schwänze (16/20), 1 TL frisch geriebener Ingwer, 1 EL Sojasau-ce, 1 Knoblauchzehe, 1 Chili-schote, 1 Bd. Lauchzwiebeln, 2 Mangos, 2 Zweige Thai-Basili-kum, 4 EL Erdnussöl, 250 ml Gemüsebrühe, 2 EL Sweet-Chili-Sauce, Salz, Pfeffer

Garnelen in einem Sieb abwaschen und abtropfen lassen. In einer Schüssel mit geriebenem Ingwer und Sojasauce mischen und zugedeckt mindestens 20 Minuten marinieren. Knoblauch schälen und fein hacken, Chilischote in feine Rin-ge schneiden. Lauchzwiebeln waschen und in 1 cm breite Ringe schneiden. Mangos schälen, mit einem Messer am Stein entlangschneiden und die Hälften in Spalten schnei-den. Thai-Basilikum waschen, trocken schütteln und die Blätter in feine Streifen schneiden.
2 Esslöffel Erdnussöl in einem Wok erhitzen, die Garnelen 4-5 Minuten anbraten, herausnehmen und warm stellen. Restliches Erdnussöl in den Wok gießen, Knoblauch, Chili-schoten, Lauchzwiebeln und Mangospalten dazugeben und 2-3 Minuten braten. Mit Gemüsebrühe aufgießen, Sweet-Chili-Sauce einrühren und weitere 2 Minuten köcheln. Zum Schluss die Garnelen untermischen, mit Salz und Pfeffer abschmecken und Thai-Basilikum bestreuen.

Süßkartoffelpuffer mit Minze

Arbeitszeit: 15 Min.
Garzeit: ca. 10 Min.

600 g Süßkartoffeln, 150 g Kartoffeln, 1 Ei, 40 g Mehl, 70 g zerlassene Butter, 4 frische Minzeblätter, Salz, Pfeffer, Muskat, 50 g Butterschmalz

Süßkartoffeln und Kartoffel waschen, schälen und zusam-men auf einer Gemüsereibe fein raspeln. Minzeblätter in feine Streifen schneiden. Kartoffelmasse leicht ausdrücken, in einer Schüssel mit Ei, Mehl, Butter und Minze mischen. Mit Salz, Pfeffer und Muskat würzen. Pro Puffer einen gro-

ßen Esslöffel Kartoffelmasse in eine heiße Pfanne mit Butterschmalz setzen, leicht flach drücken und bei mittlerer Hitze
4-5 Minuten auf jeder Seite goldbraun braten. Reibekuchen
auf Küchenpapier abtropfen lassen und warm servieren.

Manti (Türkische Nudeltäschchen)

Für den Teig Mehl mit Ei, einer Prise Salz und etwas Wasser
etwa 10 Minuten kneten, bis ein fester Teig entsteht. Den
Teig halbieren, in eine Schüssel geben und abgedeckt
30 Minuten ruhen lassen.
Für die Füllung die Zwiebel sehr fein hacken. Mit Hackfleisch, Pfeffer, Salz, Paprika und der Petersilie gut vermischen. Den Teig 2 mm dick ausrollen, in etwa 2,5 × 2,5 cm
große Quadrate schneiden und mit etwas Füllung belegen.
Die Quadrate zur Mitte hin umschlagen und die Ränder
zusammendrücken. Die Teigtaschen 10-15 Minuten in
kochendem Wasser garen.
Den Knoblauch fein hacken, mit Jogurt in eine Schüssel geben und salzen. Die Butter in einer Pfanne zerlassen und das
Paprikapulver rasch anbraten. Die Teigtäschchen abschrecken und auf den Tellern verteilen. Zuerst den Knoblauch-
jogurt, dann etwas Paprika-Butter daraufgeben.

Arbeitszeit: etwa 45 Min.
Ruhezeit: 30 Min.
Garzeit: 15 Min.

125 g Mehl, 1 Ei,
1 Prise Salz

150 g Rinderhackfleisch,
1 kleine Zwiebel,
Salz, Pfeffer, Paprika (edelsüß),
Petersilie

600 g Jogurt,
3 Knoblauchzehen

Butter, etwas Paprikapulver

Straußenfilet mit Ingwer-Spinat

Filet in dünne Streifen schneiden. Mit Senf, zwei Esslöffeln
Öl und einer kleinen, fein gewürfelten Ingwerwurzel vermengen. Abgedeckt zwei Stunden kühl stellen. Den Spinat
auftauen lassen. Frühlingszwiebeln und Knoblauch fein würfeln. Die Filetstreifen salzen und pfeffern. Mandelblättchen
ohne Fett in der Pfanne rösten, bis sie duften, dann herausnehmen und beiseitestellen. Die Filetstreifen in den gemahlenen Mandeln wenden und in Öl in der Pfanne anbraten,
dann die Frühlingszwiebeln und den Knoblauch dazugeben.
Mit Brühe angießen, kurz aufkochen lassen und den Spinat
zugeben. Mit Salz, Pfeffer und je einer Prise Zimt und
Zucker abrunden und den gerösteten Mandelblättchen
garnieren. Dazu passen einfache Salzkartoffeln oder Reis.

Arbeitszeit: etwa 20 Min.
Ruhezeit: 2 Std.
Garzeit: etwa 12 Min.

500 g Straußenfilet,
1 EL scharfer Senf,
6 EL Pflanzenöl,
1 Stück Ingwer,
250 g TK-Spinat,
4 Frühlingszwiebeln,
2 Knoblauchzehen,
Salz, Pfeffer,
50 g Mandelblättchen,
50 g gemahlene Mandeln,
125 ml Hühnerbrühe,
je 1 Prise Zimt und Zucker

TIPP *Straußenfleisch ist mit einem Fettgehalt von rund 1%*
das magerste rote Fleisch, das es gibt. Es hat nur wenig
Cholesterin (ca. 60 mg pro 100 g) und ist dazu reich an Proteinen.

Kabeljaufilets im Bananenblatt

Arbeitszeit: 30 Min.
Garzeit: 20 Min.
Marinierzeit: mind. 30 Min.

600 g Kabeljaufilet (küchenfertig), 1 EL grüne Thai-Currypaste,
1 TL frisch geriebener Ingwer,
100 ml Kokosmilch, 1 TL Limettensaft, 1 EL Fischsauce,
Salz, Szechuanpfeffer,
2 Karotten, 1 Bd. Lauchzwiebeln,
2 Zweige Thai-Basilikum,
4 Limettenblätter,
1-2 Bananenblätter (Asialaden)

außerdem:
1 Gefrierbeutel (6 Liter),
Zahnstocher

Fischfilet waschen, trocken tupfen, in 4 Portionen schneiden
und in einen 6-Liter-Gefrierbeutel geben. Aus Thai-Currypaste, geriebenem Ingwer, Limettensaft, Kokosmilch, Fischsauce, Salz und Szechuanpfeffer eine Marinade herstellen
und über die Fischfilets gießen. Den Gefrierbeutel fest
verschließen, kalt stellen und mindestens 30 Minuten ziehen
lassen. Zwischenzeitlich die Karotten waschen schälen und
in feine Streifen schneiden. Lauchzwiebeln waschen, und in
feine Ringe schneiden. Basilikumblätter waschen und von
den Stielen zupfen.
Das Bananenblatt auf eine Arbeitsfläche ausbreiten und in
vier ca. 30 cm lange Rechtecke schneiden. Die Hälfte der
Gemüsestreifen darauf verteilen, die Fischfilets dazulegen
und mit den restlichen Gemüsestreifen bedecken. Thai-
Basilikum und je 1 Limettenblatt dazugeben und mit der
Marinade beträufeln. Die Bananenblätter einzeln zu einem
Päckchen einschlagen und die Seiten mit Zahnstochern befestigen. Die vier Päckchen in eine Auflaufform legen und
im vorgeheizten Backofen bei 180 °C (Umluft 160 °C) 20 Minuten garen. Zum Schluss die Fischfilets aus dem Backofen
nehmen, auf Tellern anrichten und am Tisch öffnen.

> **TIPP** *Bananenblätter sind nicht essbar. Übrige Blätter kann
> man einfrieren und nach dem Auftauen wie frische Blät-
> ter verarbeiten oder für eine originelle Tischdekoration verwenden.*

Panang Rindfleisch-Curry mit Baby-Auberginen

Arbeitszeit: 25 Min.
Garzeit: ca. 15 Min.

400 g Rinderfilet,
1 Zwiebel, 2 Knoblauchzehen,
1 kleine rote Chilischote,
100 g frische Shiitake-Pilze,
200 g runde Baby-Auberginen
(Asialaden, ersatzweise
1 normale Aubergine),
150 g Zuckerschoten,
250 ml Gemüsebrühe,
50 g Kokoscreme in Würfel
geschnitten, 1 EL Panang Paste
(Asialaden), 3 Kaffir-Limetten-
blätter (Asialaden), 2 EL Sojasauce, Salz, 1 TL Palmzucker,
1 EL in Streifen geschnittenes
Thai-Basilikum, 2 EL Erdnussöl

Vom Rinderfilet 1 cm breite Scheiben abschneiden und diese dann in 1 cm breite Streifen zerkleinern. Zwiebel und Knoblauch schälen und fein hacken. Chilischote in feine Ringe schneiden. Shiitake-Pilze putzen, den Stiel entfernen und in dicke Scheiben schneiden. Baby-Auberginen waschen, den Strunk abschneiden und vierteln. Zuckerschoten waschen und schräg halbieren.

Erdnussöl in einem Wok erhitzen, Rinderfiletstreifen dazugeben und 2 Minuten kräftig anbraten. Danach herausnehmen und warm halten. Zwiebel, Knoblauch und Chiliringe in den Wok geben und unter Rühren 2 Minuten anbraten. Shiitake-Pilze, Auberginen und Zuckerschoten dazugeben und weitere 3-4 Minuten garen.

Anschließend mit Gemüsebrühe aufgießen, Kokoscreme und Panang-Paste einrühren, Limettenblätter einlegen und mit Sojasauce, Salz und Palmzucker würzen. Zum Schluss die Rinderfiletstreifen unterrühren, mit Thai-Basilikum bestreuen und sofort servieren.

Asiatischer Erdnusstopf

Arbeitszeit: 30 Min.
Garzeit: 20 Min.
Marinierzeit: mind. 30 Min.

4 Schweineschnitzel (à 150 g),
2 EL Sojasauce, 1 Zwiebel,
½ TL Fünf-Gewürze-Pulver,
1 Knoblauchzehe,
1 kleine Chilischote,
1 Bd. Lauchzwiebeln,
1 rote Paprika,
½ Bd. Koriandergrün,
2 EL Erdnussöl,
200 ml Gemüsebrühe,
200 ml Kokosmilch,
2 EL grobe Erdnusspaste,
Salz, Pfeffer,
Saft von ½ Limette

Schweinefleisch waschen, trocken tupfen und in feine Streifen schneiden, mit Sojasauce und Fünf-Gewürze-Pulver würzen und zugedeckt mindestens 30 Minuten marinieren. Zwiebel und Knoblauch schälen und klein schneiden. Chilischote in feine Ringe schneiden, Lauchzwiebeln waschen und in 1 cm breite Ringe schneiden. Paprika waschen, halbieren, das Kerngehäuse herausschneiden und in Streifen schneiden. Koriandergrün waschen, trocken schütteln und hacken.

Erdnussöl in einem Wok erhitzen und das Schweinefleisch mit Zwiebel, Knoblauch und Chilischote von allen Seiten 3-4 Minuten kräftig anbraten. Paprikastreifen und Lauchzwiebeln dazugeben und weitere 2 Minuten unter Rühren garen. Mit Gemüsebrühe und Kokosmilch aufgießen, Erdnusspaste einrühren und 2 Minuten köcheln.

Zum Schluss mit Salz, Pfeffer und Limettensaft abschmecken, mit gehacktem Koriander bestreuen und sofort servieren. Dazu passt Basmatireis.

Guacamole

Arbeitszeit: 10 Min.

2 Avocados, Saft einer ½ Zitrone, 1 kleine Zwiebel, 1 Knoblauchzehe, 1 kleine Tomate, ½ Bd. Basilikum, ½ Bd. Koriandergrün, 50 ml Olivenöl, Salz, Pfeffer, 1 Spritzer Tabasco

Die Avocados schälen, halbieren und entsteinen. Das Fruchtfleisch mit Zitronensaft beträufeln und in einer Schüssel mit einer Gabel zerdrücken. Zwiebel und Knoblauch schälen und klein schneiden. Tomate halbieren, den Stielansatz entfernen und klein würfeln. Basilikum und Koriander waschen, trocken schütteln und fein hacken. Sämtliche Zutaten mit dem Öl unter die Avocadopaste mischen und mit Salz, Pfeffer und 1 Spritzer Tabasco abschmecken.

> **TIPP** *Bei uns gehandeltete Avocados sind meist noch hart und man sollte sie einige Zeit nachreifen lassen. Wenn die Schale auf Druck leicht nachgibt, ist die Frucht zum Verzehr geeignet. Guacamole schmeckt zum Beispiel als Dip zu Tortilla-Chips, als Beilage zu Fleisch oder einfach als Brotaufstrich.*

Karotten, französisch

Arbeitszeit: 8 Min.
Garzeit: etwa 20 Min.

750 g Karotten, 50 g Butter, Salz, weißer Pfeffer, 1 TL Zucker, 125 ml süße Sahne, 1 EL gehackte Petersilie

Die Karotten schälen und je nach Größe in Stücke schneiden (kleine im Ganzen, größere der Länge nach halbiert). Anschließend bei mittlerer Hitze in einem Topf mit Butter weich dünsten. Salzen, pfeffern und eine Spur zuckern. Zum Schluss die Sahne darunterrühren und mit gehackter Petersilie bestreut anrichten.

Champagnerkraut

Arbeitszeit: 15 Min.
Garzeit: etwa 30 Min.

20 g Butter, 60 g durchwachsener Speck, 125 ml Weißwein, 750 g Sauerkraut, 1 Zwiebel, mit 2 Nelken gespickt, Salz, 1 Prise Zucker, 200 ml Champagner (oder Sekt)

In heißer Butter den klein gewürfelten Speck anbraten. Mit Weißwein aufgießen, Sauerkraut, gut auseinandergezupft, und die nelkengespickte Zwiebel dazugeben. Aufkochen lassen, eventuell nachsalzen und mit einer Prise Zucker würzen. Dann zugedeckt 20-30 Minuten dünsten. Die Zwiebel herausnehmen. Den Champagner dazugießen. Kurz erhitzen. Dieses Sauerkraut schmeckt zu großen Braten oder auch zu Wild und Wildgeflügel.

Waldorf-Salat

Arbeitszeit: 30 Min.
Kühlzeit: 1 Std.

1 Sellerieknolle, Zitronensaft, 3 EL Mayonnaise, 6 Äpfel, 100 g Walnüsse, 1 Prise Zucker, Worcestersauce

Den Sellerie in kleine Würfel schneiden und in Zitronensaft mit etwas Wasser weich dünsten. Die Mayonnaise mit etwas Zitronensaft verrühren. Die Äpfel waschen, halbieren, in kleine Würfel schneiden oder grob reiben und sofort zur

Mayonnaise geben. Die Nüsse kurz in kochendes Wasser geben und dann schälen, damit der Salat schön weiß bleibt. Den Sellerie zu den Äpfeln geben, die grob gehackten Nüsse, ein wenig Zucker und einige Tropfen Worcestersauce dazugeben und alles gut verrühren.

Birnen, Bohnen & Speck

Den Speck in ca. 2 cm breite Stücke schneiden und in einem Topf mit Salzwasser 25 Minuten köcheln lassen. Zwischenzeitlich die Bohnen waschen, putzen und halbieren. Birnen waschen und den Stielansatz entfernen. Zwiebel schälen, halbieren und in Spalten schneiden. Anschließend Bohnen, Kartoffeln, Birnen und Bohnenkraut zu dem Speck geben, mit Salz und Pfeffer würzen und weitere 20 Minuten bei geringer Temperatur köcheln. Zum Schluss den Sud mit angerührter Speisestärke binden und servieren.

Arbeitszeit: 25 Min.
Garzeit: ca. 45 Min.

500 g geräucherter Bauchspeck, 750 g Buschbohnen, 500 g kleine Kartoffeln (festkochend), 1 Zwiebel, 6 Birnen (z.B. Bürgermeisterbirnen), 1 EL Speisestärke, Salz, Pfeffer, 1 Bd. Bohnenkraut

Zuppa pavese

Die Weißbrotscheiben in der Butter leicht rösten und in vorgewärmte Suppenteller legen. Auf jede Scheibe ein Ei schlagen, mit Salz und Pfeffer würzen und etwas geriebenen Parmesan darüberstreuen. Die gut abgeschmeckte, kochend heiße Kraftbrühe vorsichtig darübergießen. Mit Schnittlauch bestreuen und sofort heiß servieren.

Arbeitszeit: 10 Min.
Garzeit: 5 Min.

4 Eier, 4 Weißbrotschnitten, 20 g Butter, 40 g Parmesan, 1 l kochende Kraftbrühe, Salz, Pfeffer, 1 Bd. fein geschnittener Schnittlauch

Labskaus

Arbeitszeit: 20 Min.
Garzeit: 30 Min.

500 g mehligkochende
Kartoffeln, Salz, 1 kleine Zwiebel,
400 g geschälte Rote Bete
(aus dem Frischepack), 1 Dose
Corned Beef (300 g), Pfeffer,
1 TL Butter, 4 Gewürzgurken,
100 ml Gewürzgurkensud,
1 EL Butterschmalz,
4 Eier, 4 Rollmöpse

Kartoffeln schälen, in Stücke schneiden und in einem Topf mit Salzwasser 20 Minuten weich kochen. Zwischenzeitlich die Zwiebel schälen, halbieren und fein hacken. Rote Bete und Cornedbeef in kleine Würfel schneiden. In einem Topf mit Butter die Zwiebel 2 Minuten glasig anschwitzen, Rote Bete und Cornedbeef dazugeben und weitere 2-3 Minuten schmoren. Die Kartoffeln abgießen und mit einem Kartoffelstampfer fein stampfen. Dann die Rote-Bete-Fleisch-Mischung unterrühren, mit Salz, Pfeffer und Gurkensud abschmecken und warm stellen. Die Spiegeleier in einer Pfanne mit Butterschmalz 3-4 Minuten goldgelb braten. Zum Schluss den Labskaus mit Gewürzgurken, Rollmöpsen und den Spiegeleiern auf Tellern anrichten und sofort servieren.

Pariser Zwiebelsuppe

Arbeitszeit: 30 Min.
Garzeit: ca. 45 Min.

500 g Zwiebeln, 40 g Butter,
2 EL Olivenöl, 20 g Mehl,
1 l Geflügelbrühe, Salz, Pfeffer,
1 TL Paprikapulver edelsüß,
1 Lorbeerblatt, 50 g Parmesan,
50 g Emmentaler, 1 kleines
Baguette, 1 Knoblauchzehe,
4 cl Cognac

Zwiebeln schälen, halbieren und in dünne Streifen schneiden. Butter und Olivenöl in einem Topf erhitzen, die Zwiebeln bei geringer Hitze 8-10 Minuten goldbraun anbraten. Anschließend mit Mehl bestäuben, 2 Minuten anschwitzen und danach mit Geflügelbrühe aufgießen. Mit Salz, Pfeffer und Paprikapulver würzen, Lorbeerblatt dazugeben und zugedeckt bei mittlerer Hitze 20 Minuten köcheln lassen. Zwischenzeitlich die beiden Käsesorten fein reiben und mischen. Das Baguette in dünne Scheiben schneiden und im vorgeheizten Backofen bei 160 °C (Umluft nicht empfehlenswert) 15 Minuten goldbraun backen. Danach die Scheiben einzeln mit einer halbierten Knoblauchzehe einreiben und in 4 tiefen Tellern oder Suppentassen verteilen. Die Suppe mit Cognac verfeinern und mit dem Käse gesondert servieren.

Soljanka

Zwieblen schälen, halbieren und in Streifen schneiden. Knoblauch schälen und fein hacken, Essiggurken in Stifte schneiden. Paprika halbieren, das Kerngehäuse entfernen und in kleine Würfel schneiden. Kasslernacken in 1 cm große Würfel schneiden, Jagdwurst in kleine Stücke zerteilen. In einem Topf mit Butterschmalz die Zwiebeln, Knoblauch, Paprika und Speckwürfel 3-4 Minuten kräftig anschwitzen. Anschließend die Kasslernackenwürfel dazugeben und weitere 5 Minuten garen. Tomatenmark unterrühren, 2-3 Minuten anbraten, danach mit Fleischbrühe und Gurkensud aufgießen und mit Salz, Pfeffer, Paprikapulver und Cayennepfeffer würzen. Ajvar, Lorbeerblatt, Essiggurken und Jagdwurststücke dazugeben und zugedeckt bei geringer Hitze ca. 1½ Stunden köcheln lassen. Zum Schluss den Eintopf in Tellern anrichten, jeweils mit einem Esslöffel saurer Sahne verfeinern, den Kapern bestreuen und servieren.

Arbeitszeit: 20 Min.
Garzeit: ca. 1 Std. 45 Min.

2 Zwiebeln, 2 Knoblauchzehen, 100 g Speckwürfel, 2 Essiggurken, 50 ml Gurkensud, 1 rote Paprika, 500 g Kasslernacken, 250 g Jagdwurst am Stück, 1 EL Butterschmalz, 100 g Tomatenmark, 1½ l Fleischbrühe, Salz, Pfeffer, 1 TL Paprikapulver edelsüß, 1 Msp. Cayennepfeffer, 2 EL Ajvar, 1 Lorbeerblatt, 100 g saure Sahne, 1 EL Kapern

Ratatouille

Tomaten häuten, entkernen und klein würfeln, dabei den Saft auffangen. Paprikaschoten mit einem Sparschäler dünn schälen; ebenfalls in kleine Würfel schneiden. Zucchini und Auberginen ebenso groß würfeln wie die Paprikastücke. Zwiebel möglichst fein würfeln. Olivenöl in einer tiefen Pfanne erhitzen, Zwiebeln bei mittlerer Temperatur glasig dünsten. Dann die Tomaten mit dem Saft dazugeben und mitdünsten. Nach etwa 2 Minuten mit Paprika, Pfeffer und Salz würzen. Nach etwa 5 Minuten Auberginen- und Zucchiniwürfel untermischen. Mit gepresstem Knoblauch und Thymian würzen, eventuell nachsalzen und pfeffern. Weitere 10-15 Minuten schmoren – je nachdem, wie fest man das Gemüse mag. Zum Schluss das Öl dazugießen.

Arbeitszeit: etwa 12 Min.
Garzeit: etwa 30 Min.

300 g Tomaten, je 1 kleine rote und grüne Paprikaschote, 250 g feste Zucchini, 250 g Auberginen, 1 Gemüsezwiebel, 4 EL Olivenöl, 2-3 Knoblauchzehen, Paprikapulver, Pfeffer, Salz, ½ TL Thymian, 2 EL Olivenöl

Strammer Max

Arbeitszeit: 10 Min.
Garzeit: ca. 15 Min.

4 Scheiben Holzofenbrot,
1 EL Knoblauchbutter,
4 Strauchtomaten,
½ Bd. Schnittlauch,
150 g Bauchspeck in Scheiben,
4 Eier, Salz, Pfeffer,
1 Msp. Cayennepfeffer

Holzofenbrot mit Knoblauchbutter bestreichen und im Backofen auf Grillfunktion ca. 2-3 Minuten goldbraun rösten. Tomaten waschen, den Stielansatz herausschneiden und in Scheiben schneiden. Schnittlauch in feine Röllchen schneiden. Bauchspeck in einer Pfanne 3-4 Minuten kross anbraten und herausnehmen. Spiegeleier in die Pfanne geben, 4-5 Minuten bei mittlerer Hitze braten und mit einem Pfannenwender herausnehmen. Anschließend die Brotscheiben zuerst mit den Tomatenscheiben, danach mit dem Speck und zum Schluss mit den Spiegeleiern belegen. Mit Salz, Pfeffer und Cayennepfeffer würzen, frisch geschnittenem Schnittlauch bestreuen und warm servieren.

Welsh Rarebits (Chesterkäsetoast)

Zubereitungszeit: 25 Min.

4 Scheiben Weißbrot,
200 g Chesterkäse,
60 g Butter, etwas dunkles Bier,
2 Eigelbe, englischer Senf,
Pfeffer, Paprika

Fein geriebenen Chesterkäse mit der Butter schmelzen lassen. Unter ständigem Rühren einen Schuss Bier dazugießen. Vom Herd nehmen, Eigelbe einrühren und mit Senf, Paprika und Pfeffer würzen. Die Masse auf die getoastete Weißbrotscheibe streichen und goldgelb 4-5 Minuten überbacken.

New York Club Sandwich

Arbeitszeit: 15 Min.
Garzeit: ca. 10 Min.

2 Hähnchenbrüste, Salz, Pfeffer,
2 EL Olivenöl, 8 Scheiben Bacon,
2 Tomaten, ½ Eisbergsalat,
8 große Scheiben Sandwichtoast, 1 EL mittelscharfer Senf,
2 EL Jogurtmayonnaise

Hähnchenbrüste mit Salz und Pfeffer würzen und in einer Pfanne mit Olivenöl 6-7 Minuten bei mittlerer Hitze braten, dabei mehrmals wenden. Anschließend herausnehmen, in dünne Scheiben schneiden und warm stellen. Danach den Bacon in die Pfanne geben und 3-4 Minuten knusprig anbraten.
Tomaten waschen, den Stielansatz entfernen und in Scheiben schneiden. Den Eisbergsalat in einzelne Blätter zerlegen, waschen und trocken schleudern.
Die Sandwichscheiben im Toaster goldbraun toasten, Senf und Jogurtmayonnaise mischen und die Toastscheiben gleichmäßig damit bestreichen. Danach mit je einem Salatblatt und einer halben aufgeschnittenen Hähnchenbrust belegen. Anschließend je 2 Tomatenscheiben und 2 Baconscheiben darauf legen. Zum Schluss das Sandwich mit der zweiten Toastscheibe belegen, leicht andrücken und mit einem scharfen Messer diagonal in Dreiecke halbieren.

Flammkuchen

Für den Hefeteig die Hefe in lauwarmer Milch mit Zucker
auflösen. Mehl, Hefe, Salz und 1 Esslöffel Distelöl mit den
Knethaken des Rührgerätes zu einem geschmeidigen Teig
verarbeiten. Zugedeckt etwa 20 Minuten an einem warmen
Ort gehen lassen, bis sich das Volumen verdoppelt hat.
Für den Belag die Zwiebeln schälen und in feine Streifen
schneiden. Räucherspeck ebenfalls in feine Streifen schneiden. Quark, saure Sahne und das restlichen Distelöl in einer
Schüssel zu einer Creme glatt rühren und mit Salz, Pfeffer
und Muskatnuss abschmecken.
Den Teig auf einer bemehlten Arbeitsfläche in 4 Portionen
teilen und jede Portion mit einem Nudelholz sehr dünn ausrollen. Den Teigrand 1 cm nach innen einschlagen, die Teig-
fladen wenden, sodass der eingeschlagene Rand unten
liegt, und auf mit Backpapier belegte Backbleche legen.
Jeweils zuerst gleichmäßig mit der Creme bestreichen und
dann Zwiebeln und Speck darüberstreuen. Im vorgeheizten
Backofen bei 250 °C (Umluft nicht geeignet) 12-15 Minuten
goldbraun backen. Flammkuchen aus dem Backofen nehmen und sofort servieren.

Arbeitszeit: 30 Min.
Garzeit: ca. 15 Min.
Ruhezeit: ca. 20 Min.

15 g Hefe, 125 ml Milch,
½ TL Zucker, 250 g Mehl,
Salz, 5 EL Distelöl,
150 g magerer Räucherspeck,
150 g Zwiebeln, 200 g Quark,
1 Becher saure Sahne,
Pfeffer, Muskatnuss,
Mehl zum Ausrollen

außerdem: Backpapier

VARIANTE   *Für vegetarische Flammkuchen kann man anstatt
des Specks auch klein geschnittene Tomatenstücke,
Paprikawürfel, Spinat oder Lauchringe verwenden.*

Bouillabaisse (Französische Fischsuppe)

Arbeitszeit: 45 Min.
Garzeit: ca. 75 Min.

500 g verschiedene Fische
(es sollen etwa 6 Sorten sein),
1½ Zwiebel, 1 Lorbeerblatt,
½ Stange Lauch, 2 EL Öl,
2 Knoblauchzehen, 2 Tomaten
(gehäutet und gewürfelt),
½ Fenchelknolle (in Stücke geschnitten), Thymian, 1 g Safran,
Salz, Pfeffer, Saft von
½ Zitrone, ¼ l Weißwein,
1 Bd. frische Kräuter

4 Scheiben Weißbrot

Fische putzen, waschen, in Portionsstücke teilen. Die Fisch-abfälle in etwas Salzwasser und mit dem Lorbeerblatt und einer halben Zwiebel 1 Stunde auskochen. Dann abseihen und den Fischsud beiseitestellen. In heißem Öl fein ge-schnittene Zwiebel, die Lauchstange, in dünne Scheiben geschnitten, und die zerdrückten Knoblauchzehen anbraten. Fischstücke, Fenchel- und Tomatenstücke dazugeben, mit Fischsud und Weißwein begießen und so viel Wasser dazu-geben, dass alles bedeckt ist. 10-20 Minuten bei schwacher Hitze gar kochen und dann mit Thymian, Safran, Zitronen-saft, Salz und Pfeffer abschmecken. Die fertige Suppe mit gehackten Kräutern (nach Geschmack und Möglichkeit) bestreuen. Dazu geröstete Weißbrotschnitten servieren.

Spaghetti Carbonara

Arbeitszeit: 20 Min.
Garzeit: ca. 15 Min.

100 g Pancetta (italienischer
Bauchspeck), 1 Zwiebel,
4 Eier, 50 g Pecorino
(italienischer Hartkäse),
500 g Spaghetti,
Salz, Pfeffer

Pancetta in feine Streifen schneiden, Zwiebel schälen, hal-bieren und klein würfeln. Pecorino auf einer Gemüsereibe fein reiben und mit den Eiern in einer Schüssel verquirlen. In einer Pfanne mit Olivenöl die Zwiebel und den Pancetta 2-3 Minuten goldbraun braten. Danach herausnehmen und unter die Eier-Käse-Mischung geben. Die Spaghetti in einem Topf mit kochendem Salzwasser nach Packungsangabe bissfest garen. Dann durch ein Sieb abgießen und in eine vorgewärmte Schüssel geben. Zum Schluss die Eier-Käse-Mischung unter die Nudeln mischen, mit Salz und Pfeffer abschmecken und sofort servieren.

Aal auf Berliner Art

Kochfertigen Aal mit Zitronensaft beträufeln, salzen und pfeffern und in eine gebutterte Auflaufform oder Schüssel legen. Mit der fein geschnittenen Zwiebel bestreuen, mit Weißbier begießen, mit Schwarzbrotwürfeln bestreuen, bei 200 °C im Backofen etwa 20 Minuten backen. Dann den Fisch herausnehmen und warm stellen. Mehl und Butter verkneten und mit dem Schneebesen unter den abgeseihten Fischfond schlagen. Einmal aufkochen, abschmecken und mit frisch gehackten Kräutern vollenden.

Arbeitszeit: 25 Min.
Garzeit: 20 Min.

4 Portionen Aal (à 200 g),
1 Zitrone, Salz, Pfeffer,
1 Zwiebel, 200 ml Weißbier,
2 Scheiben Schwarzbrot (gewürfelt), ½ TL Mehl, 100 g Butter,
1 TL gehackte Kräuter (Dill o. Ä.)

Forelle auf Müllerinart

Die ganzen Fische werden ausgenommen, Flossen und Kopf werden abgeschnitten. Unter kaltem Fließwasser abspülen und trocken tupfen. Mit Zitronensaft beträufeln und 5 Minuten ziehen lassen. Dann salzen und in Mehl wenden. Die Fische in das inzwischen erhitzte Öl bzw. die Butter geben und auf jeder Seite je 1 Minute anbraten. Dann die ganzen Fische 10 Minuten, Filets je 8 Minuten, auf beiden Seiten goldbraun knusprig fertig braten. Die fertigen Forellen mit ganzer Petersilie und Zitronenachteln garniert anrichten. Zur Bratbutter etwas frische Butter geben, rasch goldbraun werden lassen und sofort über die Fische gießen und servieren. Dazu passen Petersilienkartoffeln.

Arbeitszeit: 30 Min.
Garzeit: 20 Min.

4 Forellen (bzw. 4 Forellenfilets à 200 g), Zitronensaft,
Salz, 4 EL Mehl,
60 g Butter oder Öl,
1 Zitrone, 20 g Butter,
1 Bd. Petersilie

Königsberger Klopse

Fleisch mit Hering, Zwiebel und den in Milch eingeweichten Brötchen in der Küchenmaschine zerkleinern, dann Paniermehl mit Pfeffer, Sahne und Eiern daruntermischen.
Nicht zu große Fleischklöße formen, in leicht gesalzenes kochendes Wasser einlegen und ca. 8 Minuten kochen.
Helle Mehlschwitze aus Butter und Mehl bereiten, mit 1 Liter der gewonnenen Brühe und dem Wein auffüllen und Kapern, zerstoßene Pfefferkörner, Salz und Zucker dazugeben. Die Fleischklöße einlegen und noch einmal 10 Minuten ziehen lassen. Mit Zitronensaft abschmecken.

Arbeitszeit: 30 Min.
Garzeit: 20 Min.

500 g Rindfleisch,
250 g Schweinefleisch,
1 gewässerter Hering
(oder evtl. mehrere Sardellen),
1 Zwiebel, ein in Milch eingeweichtes Brötchen, einige Pfefferkörner, 1 EL saure Sahne,
3 EL Paniermehl, 2 Eier,
60 g Butter, 3 EL Mehl,
1 TL Kapern, Pfeffer,
200 ml Wein, Salz,
1 Prise Zucker, Zitronensaft

Paella

Arbeitszeit: 40 Min.
Garzeit: 20 Min.

250 g Fischfilet,
100 g Krabben (TK),
je 3 Knoblauchzehen und
Champignons, 1 Zwiebel,
2 EL Öl, 100 g Mittelkornreis
(Avorio), 300 ml Geflügelfond
(aus dem Glas), 1 Tomate,
50 g Erbsen (TK), Salz, Pfeffer,
½ TL Paprikapulver (edelsüß),
2 Msp. Safran, 1 Bd. Petersilie

Den Fisch in Stücke schneiden. Die Zwiebel und den Knoblauch fein hacken, die Champignons putzen und in Scheiben schneiden. Das Öl erhitzen und die Zwiebel darin anbraten, bis sie goldbraun ist. Knoblauch und Champignons zufügen und kurz mitdünsten. Den Reis einrühren und den Geflügelfond angießen. Die Paella bei schwacher Temperatur zugedeckt 5 Minuten garen. In der Zwischenzeit die Tomate häuten und das Fruchtfleisch würfeln. Tomatenwürfel, Fischstücke, Krabben und Erbsen unter die Paella mischen, mit Salz, Pfeffer und Paprika kräftig würzen. In der offenen Pfanne weitere 10 bis 15 Minuten garen. Die Petersilie kalt abbrausen, trocken schütteln, die Blätter abzupfen und fein hacken. Die Paella erst kurz vor Ende der Garzeit mit 2 Messerspitzen Safran würzen und dann mit frisch gehackter Petersilie bestreut servieren.

Coq au vin

Arbeitszeit: etwa 15 Min.
Garzeit: 40 Min.

1 Hähnchen (ca. 1,5 kg), Salz,
Pfeffer, 250 g geräucherter
Speck, 4 cl Cognac, ½ l Rotwein,
1 Lorbeerblatt, 1 Msp. Thymian,
100 g Champignons (im Ganzen), 10 kleine Zwiebeln,
1 EL Mehl, 1 EL Butter

Das Hähnchen waschen, trocken tupfen, dann vierteln und mit Salz und Pfeffer einreiben. Speck in einer Pfanne auslassen, herausnehmen und die Hähnchenstücke darin anbraten, mit Cognac flambieren. Rotwein, Lorbeer, Thymian und die ganzen Pilze mitsamt der Flüssigkeit zugeben. Geputzte Zwiebeln unterrühren und das Ganze etwa 35 Minuten bei milder Hitze schmoren lassen. Hähnchen herausnehmen, warm stellen, die Speckstücke zur Sauce geben und mit dem Mehl und 1 Esslöffel Butter binden, aufkochen lassen. Hähnchen wieder in die Sauce geben, kurz heiß werden lassen und servieren.

Geschnetzeltes auf Rösti

Arbeitszeit: 15 Min.
Garzeit: 20 Min.

4 kleine Rösti (Fertigprodukt,
TK), 2 EL Öl, 1 kleine Zwiebel,
2 Hähnchenbrustfilets,
100 g kleine Champignons,
200 ml Weißwein, Salz, Pfeffer,
½ TL Paprikapulver (edelsüß),
50 g Sahne, ½ Bd. Petersilie

Das Öl erhitzen, die Rösti bei mittlerer Temperatur auf beiden Seiten goldbraun braten. Herausnehmen und warm stellen. Die Zwiebel fein hacken. Die Hähnchenbrustfilets in schmale Streifen schneiden. Die Petersilie fein hacken und 2 Teelöffel beiseitestellen. Die Zwiebel im restlichen Öl anbräunen. Das Fleisch zufügen und kräftig anbraten. Dann die Champignons kurz mitdünsten. Das Geschnetzelte mit Wein ablöschen und mit Salz, Pfeffer und Paprikapulver kräftig würzen. Die Sahne einrühren und einmal aufkochen lassen. Zum Schluss die Hälfte der Petersilie zufügen und unterrühren. Beim Servieren die Rösti auf vorgewärmte Teller legen, das Geschnetzelte darauf verteilen und mit der restlichen Petersilie bestreut servieren.

Filet Wellington

Vom Filetstück die Haut und das Fett abziehen (wenn es sehr dick ist, eventuell der Länge nach in zwei Teile schneiden). Das Fleisch beidseitig etwa 10 Minuten in Öl anbraten, salzen, pfeffern und dann herausnehmen und abkühlen lassen. Inzwischen fein gewürfelte Zwiebel, klein geschnittene Champignons und die Petersilie mit etwas Salz und Pfeffer in Öl anbraten. Die aufgetauten Teigscheiben aufeinanderlegen und 0,5 cm dick ausrollen – dabei etwas Teig für die Dekoration beiseitelegen. Das gut ausgekühlte Fleisch auf den Teig legen, darauf die Champignonmasse streichen und den Teig so zusammenschlagen, dass das Fleisch vollständig eingeschlossen ist. Mit Eigelb bepinseln und dann das Ganze dekorativ mit Teigstreifen belegen. Nochmals mit Eigelb (mit Wasser verdünnt) bestreichen und ungefähr 45 Minuten bei 240 °C im Backofen garen, bis der Blätterteig gut aufgebacken und goldbraun ist. In Scheiben schneiden und mit jungem gedünsteten Gemüse servieren.

Arbeitszeit: 45 Min.
Ruhezeit: 1-2 Std.
Garzeit: 45 Min.

1 kg Rinderfilet, 60 ml Öl,
1 Zwiebel, 200 g Champignons,
1 Bd. gehackte Petersilie,
1-2 verquirlte Eigelbe,
Salz, Pfeffer, 1 Pck. TK-Blätterteig

Beef Tatare

Arbeitszeit: 20 Min.
Marinierzeit: ca. 15 Min.

500 g Rinderfilet,
½ Bd. Schnittlauch,
1 TL Dijonsenf, 2 EL Cognac,
1 Spritzer Zitronensaft,
Salz, Pfeffer,
1 TL Paprikapulver edelsüß,
1 Msp. Cayennepfeffer,
1 kleine Zwiebel,
1 Gewürzgurke,
1 EL Kapern,
2 Sardellenfilets,
4 Eigelbe

Rinderfilet mit einem scharfen Messer in sehr feine Scheiben schneiden, anschließend sehr fein würfeln und in eine Schüssel geben. Schnittlauch in feine Ringe schneiden. Danach Senf, Cognac, Zitronensaft und Schnittlauch unter das Fleisch mischen und mit Salz, Pfeffer, Paprikapulver und Cayennepfeffer würzen. Beef Tatare zugedeckt mindestens 15 Minuten kalt stellen.

Zwischenzeitlich die Zwiebel schälen und klein schneiden. Gewürzgurke, Kapern und Sardellenfilets mischen und fein hacken. Beef Tatare in vier Portionen teilen, auf Tellern anrichten und in der Mitte mit einem Esslöffel jeweils eine Mulde drücken. In jede Mulde vorsichtig ein Eigelb gleiten lassen und mit Zwiebeln, Gewürzgurken, Kapern und Sardellenfilets garnieren. Nach Belieben mit getoastetem Baguette oder einem kleinen Salat servieren.

Filets mignons mit Maître-Butter

Arbeitszeit: 10 Min.
Garzeit: 8 Min.

8-12 Rinderfiletschnitten
(60-80 g), etwas Öl, Salz, Pfeffer

für die Maître-Butter:
125 g Butter, 3 EL frische Kräuter
(Petersilie, Kerbel, Estragon,
Thymian, Salbei etc.),
Salz, Pfeffer, Zitronensaft,
Worcestersauce, Senf

Filets mignons sind besonders delikate Stücke vom feinen Rinderfilet. Sie werden dünn und gern in dreieckiger Form aus dem Filetstück geschnitten. Die Filets würzen, mit Öl bestreichen und auf dem Rost braten.

Für die Maître-Butter (Kräuterbutter) die Butter weich rühren, Kräuter waschen, fein hacken und hineineinrühren. Salzen, pfeffern, mit einigen Tropfen Zitronensaft, Worcester-sauce oder etwas Senf abrunden. Dazu passt eine leichter gemischter Salat und eventuell Orangensauce.

Chateaubriand

Das klassische 2-Personen-Rezept, da das erforderliche Stück Fleisch meist nicht mehr als ca. 400 g wiegt. Das Fleisch von Sehnen und Haut befreien, das Öl kräftig einmassieren und 1 Stunde bei Zimmertemperatur ruhen lassen. Dann mit Pfeffer einreiben und 5 Sekunden von allen Seiten in der heißen, trockenen Pfanne anbraten. Herausnehmen, Butterschmalz erhitzen und das Fleisch auf jeder Seite 5 Minuten braten, damit es außen knusprig, aber innen noch rosa ist. Vor dem Servieren 5 Minuten ruhen lassen, salzen und in schräge Scheiben schneiden. Mit jungen Gemüsen und Kräuterbutter servieren.

Arbeitszeit: 10 Min.
Ruhezeit: 1 Std.
Garzeit: 10 Min.

für 2 Personen:
400 g Rinderfilet (Mittelstück),
2 EL Öl, 20 g Butterschmalz,
Salz, Pfeffer aus der Mühle

Bœuf Stroganoff

Das Rinderfilet waschen, abtupfen und in Streifen schneiden. Butter in die Pfanne geben und das Fleisch bei starker Temperatur kurz anbraten. Dann mit Salz und Pfeffer würzen und warm stellen. Die Zwiebeln klein würfeln. Die Pilze putzen oder waschen. Den Stiel herausdrehen und in Scheiben schneiden. Die Pilzhäubchen und die Gewürzgurken würfeln. Die Zwiebeln in der Pfanne mit Butter goldgelb anbraten, mit Mehl bestäuben und mit Brühe auffüllen. Champignon- und die Gurkenwürfel in die Pfanne geben, umrühren und mit Sahne, Senf, Tomatenmark und Zitronensaft abschmecken. Zum Schluss das Fleisch hinzugeben und nochmals erhitzen.

Arbeitszeit: 15 Min.
Garzeit: 10 Min.

700 g zartes Rinderfilet,
150-200 g Champignons,
2 kleine Zwiebeln,
2 Gewürzgurken,
Tomatenmark, Zitronensaft,
125 ml saure Sahne,
50 g Butter oder Margarine,
1 TL Mehl, Salz, Pfeffer,
1 TL Senf, ¼ l Brühe

Wiener Tafelspitz

Das Fleisch in 1½ Liter kochendes Salzwasser geben und einmal aufkochen lassen. Aufsteigenden Schaum abschöpfen. Inzwischen die Zwiebel halbieren und die Schnittfläche in einer Pfanne bräunen. Mit den Gewürzen nach dem Aufkochen zum Fleisch geben und das Ganze zugedeckt bei milder Hitze 2 Stunden köcheln – nicht kochen! Das geputzte Suppengemüse nach 30 Minuten zugeben. Sobald das Fleisch weich ist, herausnehmen, quer zur Faser in fingerdicke Scheiben schneiden und auf vorgewärmten Tellern anrichten. Die Brühe mit Muskat abschmecken. Die Tafelspitzscheiben leicht salzen, pro Portion etwa 2 Esslöffel heiße Brühe darüberträufeln und mit Schnittlauch garnieren.

Arbeitszeit: 30 Min.
Garzeit: 2 Std.

750 g Tafelspitz (Rindfleisch),
1 Zwiebel, 1 Lorbeerblatt,
1 TL weiße Pfefferkörner,
2 Bd. Suppengemüse,
Salz, Pfeffer, Muskat,
Schnittlauch

Rheinischer Sauerbraten

Arbeitszeit: 30 Min.
Garzeit: ca. 2 Std.
Marinierzeit: 3 Tage

2 Zwiebeln, 100 g Sellerie,
2 Karotten, 250 ml Rotweiessig,
10 Pfefferkörner, 5 Wacholderbeeren, 3 Gewürznelken,
1 Lorbeerblatt, 1 Sternanis,
1 kg Rindfleisch,
2 EL Butterschmalz,
3 EL Rosinen, 2 Scheiben
Pumpernickel, 2 TL Rübensirup,
1 EL Mandelstifte, Salz, Pfeffer

Zwiebeln schälen und halbieren, Sellerie und Karotten waschen, schälen und mit den Zwiebeln in kleine Würfel schneiden. Anschließend für die Marinade 1½ Liter Wasser in einem Topf mit Essig, den Gemüsewürfeln, Pfefferkörner, Wacholderbeeren, Gewürznelken, Lorbeerblatt und Sternanis aufkochen und abkühlen lassen. Das Fleisch in die Marinade legen, zugedeckt 3 Tage kühl stellen, dabei täglich wenden.

Die Marinade durch ein Sieb gießen, das Fleisch abtrocknen und mit Salz und Pfeffer würzen. In einem Bräter mit Butterschmalz von allen Seiten 6-7 Minuten anbraten, abgetropftes Gemüse dazugeben und weitere 2-3 Minuten braten.

Mit der Hälfte der Marinade aufgießen und zugedeckt bei geringer Hitze ca. 2 Stunden schmoren. Zwischenzeitlich die Rosinen in etwas Wasser einweichen. Den Braten herausnehmen und warm halten.

Den Bratenfond mit der restlichen Marinade lösen, Pumpernickel fein zerkrümeln und mit dem Sirup unterrühren. Die Sauce aufkochen und bei kleiner Hitze 5 Minuten etwas eindicken lassen. Danach durch ein Sieb gießen, die abgetropften Rosinen und die Mandeln zugeben, mit Salz und Pfeffer abschmecken und weitere 5 Minuten köcheln lassen. Zum Schluss den Sauerbraten in 1 cm breite Scheiben schneiden, mit Sauce übergießen und sofort servieren.

Cordon bleu

Arbeitszeit: 20 Min.
Garzeit: ca. 10 Min.

4 Kalbsschnitzel (à ca. 150 g),
Salz, Pfeffer, 4 Scheiben Kochschinken, 4 Scheiben Emmentaler, 2 EL Mehl, 2 Eier, 60 g frisches Paniermehl, 4 EL Rapsöl,
2 EL Butter, 1 Zitrone

außerdem: 4 Zahnstocher

In die Kalbsschnitzel mit einem scharfen Messer vorsichtig eine Tasche schneiden und mit dem Handballen leicht flach drücken. Käse in die Schinkenscheiben einwickeln und dann in die Kalbsfleischtaschen stecken und mit Zahnstochern verschließen. Mit Salz und Pfeffer würzen. Rapsöl und Butter in einer großen Pfanne erhitzen. Aus Mehl, Eiern und Paniermehl eine Panierstation erstellen. Die Schnitzel zuerst in Mehl wenden, dann durch die Eier ziehen und anschließend im Paniermehl wälzen. Dann die Cordon bleu 4-5 Minuten auf jeder Seite bei mittlerer Hitze goldbraun braten. Danach aus der Pfanne nehmen und auf Küchenpapier abtropfen lassen. Die Cordon bleu mit Zitronenvierteln auf Tellern anrichten und sofort servieren.

Wiener Schnitzel

Die Kalbsschnitzel leicht klopfen, am Rand einschneiden, salzen und beide Seiten in Mehl eintauchen. In einer Schüssel die Eier, einige Tropfen Öl und die Milch gut verrühren, die Schnitzel darin eintauchen, dann im Paniermehl wenden. Paniermehl nicht mit der Hand festklopfen, sondern nur leicht andrücken und überflüssige Panade abschütteln. In einer tiefen Pfanne etwa zweifingerhoch Fett erhitzen (170 °C), die Schnitzel hineinlegen und unter Schwenken der Pfanne und einmaligem Wenden braten. Mit Zitronenvierteln garniert servieren.

Arbeitszeit: 15 Min.
Kühlzeit: 8-10 Min.

4 Kalbsschnitzel (à 150-180 g),
Salz, Mehl, 2 Eier,
½ EL Öl, 1 EL Milch,
etwas Paniermehl,
Schmalz oder Öl (oder beides
gemischt) zum Braten,
1 Zitrone

Wiener Rostbraten

Die Fleischscheiben etwas klopfen, den Fettrand einschneiden, salzen und pfeffern. Auf einer Seite in Mehl tauchen und mit dieser Seite zuerst in sehr heißem Fett braten. Nach etwa 3 Minuten die andere Seite ebenfalls 2-3 Minuten rasch anbraten. Dann das Fleisch herausnehmen und warm stellen. Den Bratrückstand mit wenig Fleischbrühe (oder Wasser) ablöschen, gut verrühren und über den Rostbraten gießen. In heißer Butter die in Streifen oder Scheiben geschnittenen Zwiebeln knusprig braun rösten und über die Rostbratenschnitten geben. Mit Bratkartoffeln und Gewürzgurken servieren.

Arbeitszeit: 15 Min.
Garzeit: 20 Min.

4 Scheiben Rinderlende
(gut abgehangen, à 180 g),
Salz, Pfeffer, Mehl, 40 g Fett,
200 g Zwiebeln, 20 g Butter,
etwas Fleischbrühe (oder Wasser)

Irish Stew

Arbeitszeit: 20 Min.
Garzeit: 1½ Std.

800 g Lammschulter,
1 Zwiebel, 300 g Karotten,
1 Sellerieknolle, 250 g Kartoffeln,
150 g Lauch, ¼ Weißkohlkopf,
5 EL Öl, Salz, Pfeffer, 1 Knoblauchzehe, 1 l Fleischbrühe,
je 1 Prise Kümmel, Muskat,
Thymian, 1 kleine Kartoffel,
1 EL gehackte Petersilie

Das Lammfleisch in nicht zu große Würfel schneiden, die Zwiebel in Streifen, Karotten, Sellerie und Kartoffeln in kleine Würfel schneiden. Den Lauch in dicke Ringe schneiden. Die Kohlblätter etwas zerkleinern. Das Öl erhitzen, das Fleisch anbraten, salzen und pfeffern und ringsum braun anbraten. Zwiebel, zerdrückten Knoblauch und das Gemüse ohne die Kartoffeln beigeben, mitschmoren lassen, mit Brühe aufgießen, mit Kümmel, Muskat und Thymian, Salz und Pfeffer würzen und abschmecken. 60-90 Minuten bei geringer Hitze kochen. 15 Minuten vor dem Garende die Kartoffeln zugeben und mitkochen. Kurz vor dem Servieren mit der kleinen, geschälten und geriebenen Kartoffel binden, abschmecken und mit Petersilie bestreut anrichten.

Osso bucco

Arbeitszeit: 35 Min.
Garzeit: 1 Std.

4 Scheiben hintere Kalbshaxe
(à ca. 250 g), Salz,
Mehl, Öl, 1 Zwiebel,
1 Bd. Suppengrün,
½ EL Tomatenmark,
125 ml Weißwein,
1 Knoblauchzehe, Pfeffer,
500 g Tomaten,
1 Zitrone, ½ Bd. Petersilie

Die Haxenscheiben waschen und trocken tupfen, dann salzen, pfeffern, in Mehl tauchen und in einer Pfanne mit wenig Öl gut braun anbraten. Herausnehmen und warm stellen. Im Bratrückstand die fein geschnittene Zwiebel dünsten, das sehr klein gewürfelte Suppengrün, Tomatenmark, Weißwein, 125 ml Wasser, zerdrückten Knoblauch sowie Pfeffer beigeben und alles zusammen mit dem Fleisch gut 1 Stunde schmoren. Kurz vor Ende der Garzeit die gehäuteten und gewürfelten Tomaten beigeben und mitschmoren. Mit Zitronensaft abschmecken. Das Fleisch anrichten, mit dem Schmorgemüse bedecken und dem Saft begießen und mit gehackter Petersilie bestreuen.

Rogan Josh

Die Knochen waschen. 1 Zwiebel in Ringe schneiden, die übrigen in kleine Würfel. 2 Knoblauchzehen hacken, 2 zerdrücken. Knochen, Zwiebelringe und gehackten Knoblauch mit 1 Liter Wasser aufkochen, salzen und 25-30 Minuten köcheln lassen. Den Schaum abschöpfen, Brühe vom Herd nehmen und durch ein Sieb gießen. Das Lammfleisch in Würfel von 2,5-3 cm Größe schneiden. Öl oder Ghee in einem Topf erhitzen. Die Zwiebeln goldgelb dünsten. Die Gewürze zufügen, kurz mit anbraten, dann das Fleisch dazugeben. Kurz anbraten und den zerdrückten Knoblauch hinzufügen. Den Topf vom Herd nehmen und den Jogurt unterrühren. Alles leise köcheln lassen und salzen. Den Lammfond angießen und mit dem Lorbeerblatt schmoren, bis das Lamm gar und die Flüssigkeit fast verkocht ist. Lorbeerblatt entfernen, Sauce mit Garam Masala und Muskatblüte würzen. Dazu passt Duftreis.

Arbeitszeit: 45 Min.
Garzeit: gesamt etwa 1 Std.

ca. 250 g Knochen vom Lamm, 4 Zwiebeln, 4 Knoblauchzehen, Salz, 800 g Lammfleisch, 4 EL Öl oder Ghee, 1 TL Chilipulver, 1 TL Paprikapulver, 1 TL Korianderpulver, ½ TL Kreuzkümmel, ½ TL Kardamom, 1 TL Ingwerpulver, 1 TL gemahlener Fenchel, 1 TL Kurkuma, 200 g cremiger Naturjogurt mit hoher Fettstufe, 1 Lorbeerblatt, 1½ TL Garam Masala (indische Gewürzmischung), 2 Msp. Muskatblüte (Macis), ½ l Lammfond

Apfelkücherl (Apfelbeignets)

Aus Eigelben, Mehl, Prise Salz, Zucker, Öl und Weißwein einen Backteig bereiten und 15 Minuten ruhen lassen. Den steif geschlagenen Eischnee darunterziehen. Äpfel schälen, das Kerngehäuse ausstechen, in ½ cm dicke Scheiben schneiden, mit Zitronensaft beträufeln und ziehen lassen. Apfelscheiben an der Gabel in den Teig tauchen, kurz abtropfen lassen und in heißem Fett schwimmend 6-8 Minuten auf beiden Seiten backen. Abtropfen lassen und mit Zimtzucker bestreut servieren.

Arbeitszeit: 25 Min.
Ruhezeit: 15 Min.
Garzeit: etwa 8 Min.

500 g Äpfel, Zitronensaft, Zucker, 125 g Mehl, Salz, 2 Eigelbe, ¼ l Weißwein, 20 g Zucker, 1 EL Öl, 2 Eiweiße, Backfett, Zimtzucker

Birne Hélène

Das Eis in 4 Dessertschalen verteilen. Die Marmelade mit dem Rum verrühren und die abgetropften Birnenhälften damit füllen. Mit der runden Seite nach oben auf das Eis legen. Die Sahne mit der Schokolade aufkochen, vom Herd nehmen und Vanillezucker, Rum und Ingwer hineinrühren. Zum Servieren die Sauce über die Birnen geben.

Arbeitszeit: 15 Min.
Garzeit: 8 Min.

1 Pck. Vanilleeis (500 ml), 4 Birnenhälften (aus der Dose), 8 TL Aprikosenmarmelade, 3 TL Rum, 125 ml Sahne, 100 g Schokolade (geraspelt), 1 Pck. Vanillezucker, 1 Prise Ingwer

Bayerische Creme

Arbeitszeit: 15 Min.
Ruhezeit: etwa 30 Min.
Garzeit: etwa 20 Min.

½ l Milch, 4 Eigelbe,
125 g Zucker,
1 Pck. Vanillezucker,
8 Blatt Gelatine,
¼ l Sahne

Gelatineblätter in kaltem Wasser einweichen. Milch mit Eigelben, Zucker und Vanillezucker über Dampf schaumig schlagen (nicht kochen!), die ausgedrückten Gelatineblätter beigeben, kalt stellen, dabei manchmal umrühren. Kurz vor dem Stocken, d. h., wenn man merkt, dass die Creme anzuziehen beginnt, die geschlagene Sahne locker unterziehen, in mit kaltem Wasser ausgespülte Portionsformen umfüllen und kalt stellen. Zum Stürzen die Form kurz in heißes Wasser tauchen, anrichten und garnieren. Mit Erdbeer-, Himbeer-, Ananas-, Johannisbeer-, Schokoladen- oder Karamellsauce umkränzen, mit Schlagsahne und Früchten garnieren.

Eclairs (Blitzkuchen)

Arbeitszeit: 40 Min.
Ruhezeit: 30 Min.
Backzeit: 10-15 Min.

für den Brandteig: ¼ l Milch
oder Wasser, 50-75 g Butter,
1 Prise Salz, 150 g Mehl, 2-4 Eier,
evtl. etwas Rum

für die Füllung:
½ l süße Sahne, 50 g Zucker,
1 TL Pulverkaffee, 200 g Blockschokolade, 25 g Kokosfett

Brandteig nach Grundrezept zubereiten. Den Teig in einen Spritzbeutel geben und zwei fingerlange Streifen auf ein bemehltes Backblech spritzen, den dritten obenauf. Bei 200 °C im Backofen 10-15 Minuten backen, quer durchschneiden und abkühlen lassen. Die Sahne steif schlagen, Zucker und Pulverkaffee einrieseln lassen, je 2 Eclairs damit füllen und zusammensetzen. Schokolade und Kokosfett schmelzen, gut miteinander verrühren und die Eclairs damit überziehen.

Salzburger Nockerln

Arbeitszeit 20 Min.
Garzeit: ca. 20 Min.

5 Eiweiße, 1 Prise Salz,
40 g Zucker, 1 ungespritzte
Zitrone, 1 EL Vanillezucker,
5 Eigelbe, 20 g Mehl

zum Backen: 30 g Butter,
10 g Zucker für die Form

außerdem: 60 ml Milch,
1 TL Vanillezucker

Schlagsahne, Erdbeeren

Der Eischnee muss hierfür besonders steif werden. Deshalb nur absolut saubere Gefäße verwenden, eine Prise Salz zu den Eiweißen geben und rasch auf hoher Stufe schlagen: Ein Messerschnitt muss darin offen bleiben. Den Backofen auf 200 °C Ober-/Unterhitze vorheizen. Den Zucker in den Eischnee einrühren, fein geriebene Zitronenschale und Vanillezucker dazugeben, die schaumig geschlagenen Eigelbe vorsichtig und sehr locker gleichzeitig mit dem Mehl daruntermischen.

Eine ovale Auflaufform ausbuttern und mit Zucker bestreuen. Aus der Nockerlnmasse 3 große Haufen formen, in die Form geben und 5 Minuten im heißen Backofen backen.

In die erwärmte Milch den Vanillezucker einrühren, seitlich um die Nockerln gießen und noch 3 Minuten backen: Die Nockerln sollen innen noch cremig sein. Sofort mit Schlagsahne und pürierten Erdbeeren servieren.

Linzer Torte

Mehl in eine Rührschüssel geben, eine Mulde hineindrücken, sämtliche Zutaten hineingeben und alles rasch wie einen Mürbteig verkneten, ohne den Teig zu viel durchzuarbeiten. 2 Stunden ruhen lassen. Dann Zweidrittel des Teiges zu einem runden Boden von 4 mm Dicke auswalken. Eine Springform mit dem Teig auslegen – der Teig sollte leicht über den Rand ragen. Den Boden mit einer Gabel einstechen und mit kalter Johannisbeermarmelade füllen. Den restlichen Teig ausrollen und in 1 cm breite Streifen schneiden. Für das Gitter zuerst 5-6 Streifen längs auf die Marmelade legen, dann ebenso viele quer – am Rand gut andrücken. Die Streifen mit Eigelb bestreichen und alles bei 175-200 °C etwa 30 Minuten backen. Die Torte erst aus der Form nehmen, wenn sie völlig kalt ist.

Arbeitszeit: 1 Std.
Backzeit: 30 Min.

für den Teig: 150 g griffiges Mehl, 150 g Butter, 150 g ungeschälte, geriebene Mandeln oder Nüsse, 100 g Zucker, Saft und abgeriebene Schale von ½ ungespritzten Zitrone, 1 Msp. Zimtpulver, 1 kl. Prise Nelkenpulver, 1 Prise Salz

für die Füllung: 250 g Johannisbeermarmelade, 1-2 Eigelbe

Englischer Früchtekuchen

Korinthen, Orangeat, Zitronat, grob gehackte Haselnüsse, in Scheiben geschnittene Kirschen und gewürfelte Aprikosen mit Rum vermischen und mit 50 g Mehl bestäuben.
Für den Teig die Butter mit dem Puderzucker schaumig rühren, Eier einzeln nacheinander zufügen. Mehl, Speisestärke und Backpulver mischen und unter den Teig rühren. Die Früchtemischung locker unterheben und den Teig in eine gefettete, mit Mehl bestäubte Kastenform füllen. Bei 175 °C etwa 70-75 Minuten backen.

Arbeitszeit: 30 Min.
Backzeit: 70-75 Min.

für die Früchtemischung:
75 g Korinthen, 75 g Orangeat, 75 g Zitronat, 75 g Haselnüsse, 75 g kandierte Kirschen, 75 g getrocknete Aprikosen, 2 EL Rum, 50 g Mehl

für den Teig: 250 g Butter, 250 g Puderzucker, 4 Eier, 250 g Mehl, 50 g Speisestärke, 1 gestrichener TL Backpulver

Schwarzwälder Kirschtorte

Arbeitszeit: etwa 2 Std.
Backzeit: 45 Min.

für den Boden:
9 Eier, 200 g Zucker,
100 g Biskuitkrümel,
60 g geriebene Mandeln,
50 g Kakaopulver

für die Füllung:
400 g entsteinte
Weichselkirschen,
etwas Stärkemehl,
600 ml süße Sahne,
5 cl Kirschwasser

für die Dekoration:
Schokoladenspäne,
Cocktailkirschen

außerdem: Spritzbeutel

8 Eier trennen, die Eiweiße steif schlagen und kühl stellen. Eigelbe und das übrige ganze Ei mit dem Zucker und 1 Esslöffel Wasser schaumig rühren. Biskuitkrümel und geriebene Mandeln, Eischnee und Kakaopulver locker unterziehen. In eine eingefettete und mit Mehl bestäubte Springform füllen und bei 175-200°C ca. 25-30 Minuten backen und auf einem Kuchengitter auskühlen lassen.

Die Kirschen etwas zerkleinern und daraus Kompott kochen. Das Kompott abtropfen lassen. Den Saft auffangen, einkochen und mit etwas Stärkemehl eindicken.

Den abgekühlten Biskuitboden in drei Scheiben schneiden. Die erste Scheibe wieder in die Springform legen. Die Sahne mit dem Kirschwasser steif schlagen. Das Kirschkompott mit dem eingedickten Saft vermischen und auf den Boden geben. Den Kirschbelag mit etwa ¼ der Schlagsahne bestreichen. Den zweiten Boden darauf legen und wieder mit Kirschkompott und dann ¼ der Sahne bestreichen. Den letzten Boden darauflegen. Für die Dekoration die Torte – auch die Seiten – mit der übrigen Kirschwasser-Schlagsahne bestreichen und die Seiten mit Schokoladespänen bestreuen. Etwas Schlagsahne in einen Spritzbeutel füllen und die Oberseite mit Rosetten kranzartig verzieren und dabei in jede Rosette eine halbe Cocktailkirsche stecken. In der Mitte und rund um das Schlagsahnedekor Schokoladenspäne anbringen. Die Torte sollte gut gekühlt und frisch genossen werden.

Sachertorte

In einer Schüssel die weiche Butter mit Puderzucker und Vanillemark cremig rühren. Eigelbe nach und nach langsam einrühren und alles zu einer dickschaumigen Masse schlagen. Die Schokolade im Wasserbad oder in der Mikrowelle schmelzen und unterrühren. Den Backofen auf 170 °C Ober-/Unterhitze vorheizen. Eiweiße steif schlagen, dabei den Zucker einrieseln lassen und so lange weiterschlagen, bis der Schnee schnittfest und glänzend ist. Schnee auf die Eigelbmasse häufen, das Mehl darübersieben und alles vorsichtig mit einem Kochlöffel miteinander vermengen.

Den Boden einer Springform mit Backpapier auslegen. Den Tortenrand mit Butter einstreichen und mit Mehl ausstreuen. Die Schokoladenmasse einfüllen, glatt streichen und im heißen Backofen 55-60 Minuten backen. Dabei die ersten 10-15 Minuten die Backofentüre einen Fingerbreit offen lassen, dann schließen. Torte mit der Form auf ein Kuchengitter stürzen und etwa 20 Minuten auskühlen lassen. Dann Papier abziehen, Torte umdrehen und in der Form völlig erkalten lassen.

Aus der Form lösen und mit einem scharfen Messer waagrecht halbieren. Marmelade leicht erwärmen, glatt rühren, beide Tortenböden damit bestreichen und wieder zusammensetzen. Rundherum ebenfalls mit Marmelade bestreichen und etwas antrocknen lassen.

Für die Glasur Zucker und Wasser 5-6 Minuten sprudelnd aufkochen, dann leicht abkühlen lassen. Schokolade darin schmelzen und unter Rühren nach und nach mit der Zuckerlösung vermischen, bis eine dickflüssige, glatte Glasur entsteht. Lippenwarme Glasur auf einmal, d.h. in einem einzigen raschen Guss, über die Torte gießen und mit so wenigen Strichen wie möglich mit einer Palette rundum glatt verstreichen. Einige Stunden trocknen lassen, bis die Glasur wirklich erstarrt ist. Der Schokoladenkuchen ist richtig durchgebacken, wenn ein leichter Fingerdruck leise erwidert wird. Portionieren und mit geschlagener Sahne servieren.

Arbeitszeit: 60 Min.
Backzeit: 55-60 Min.

140 g Butter (zimmerwarm),
110 g Puderzucker, ausgekratztes
Mark von ½ Vanilleschote,
6 Eigelbe, 6 Eiweiße,
130 g Speiseschokolade,
110 g Zucker,
140 g glattes Mehl,
ca. 200 g Aprikosenmarmelade
zum Füllen, Butter und
Mehl für die Form,
Schlagsahne als Garnitur

Glasur: 200 g Zucker, 125 ml
Wasser, 150 g Schokolade

außerdem: Backpapier

FINGERFOOD & SNACKS

Party-Suppe

Arbeitszeit: 20 Min.
Garzeit: etwa 25 Min.

für 6-8 Personen:
5 Zwiebeln, 4 EL Öl, je 1 l Hühner- und Rinderbrühe (instant), 400 g Rinderhackfleisch (Tatar), 3 EL Kalbsbrät oder 250 g grobe Bratwurst, Salz, schwarzer Pfeffer aus der Mühle, 3 TL Currypulver, 2 EL fein gehackte, frische Kräuter (Petersilie oder Schnittlauch), ¼ l Sahne, 3 Eigelbe

Zwiebeln in Ringe schneiden und unter Rühren in heißem Öl goldgelb anbraten. Mit der Brühe ablöschen und eine Viertelstunde köcheln lassen.

In der Zwischenzeit Hackfleisch und Brät in einer Schüssel vermischen, mit einem Teelöffel Currypulver und den frischen Kräutern würzen. Salzen, pfeffern und Bällchen formen. Die Bällchen in die Suppe legen und eine Viertelstunde ziehen lassen. Sahne und Eigelbe verrühren, mit restlichem Currypulver abschmecken und in eine vorgewärmte Schale geben. Die Suppe mit den Hackbällchen dazugießen. Nochmals abschmecken und sofort heiß servieren.

Rohe Gemüsesticks mit Kräutersauce

Arbeitszeit: etwa 1 Std.

150 g Karotten, ½ Blumenkohl, 1 Rettich, 2 Radieschen, ¼ Salatgurke, 2 Tomaten, 1 Chicorée, 1 Radicchio, 2 grüne Paprikaschoten

2 Pck. Kräuter (TK), 1 EL scharfer Senf, Salz, 1 EL Zitronensaft, 3 EL Sesamöl, 1 kleine Knoblauchzehe, 150 g Magerjogurt, 1 EL Sahnejogurt, Pfeffer

Die Rohkost vorbereiten: Karotten und Blumenkohl putzen, Rettich schälen, Radieschen, Salatgurke, Paprika und Tomaten waschen und trocken tupfen. Salate waschen und verlesen.

Für die Sauce den Senf mit Salz und Zitronensaft in einer Schüssel mischen. Das Öl tropfenweise zugeben und mit dem Schneebesen zu einer cremigen Sauce verrühren. Den Knoblauch pressen, in den Jogurt geben und die Kräuter hineinrühren. Mit Salz und Pfeffer abschmecken.

Erst kurz vor dem Anrichten das Gemüse in nicht zu kleine Stücke schneiden oder teilen, sodass man sie noch gut mit den Fingern greifen und in die Sauce tunken kann.

Auberginen-Pita mit Kapern

Arbeitszeit: 20 Min.
Garzeit: 20 Min.

1 Aubergine, 1 Knoblauchzehe, 1 EL Kapern, 2 EL Olivenöl, Salz, Pfeffer, 50 ml Gemüsebrühe, 2 Zweige Minze, 100 g griechischer Jogurt, ½ TL Paprikapulver (edelsüß), 4 Pitafladen (Fertigprodukt)

Aubergine waschen, putzen und in 1 cm breite Würfel schneiden. Knoblauchzehe schälen und fein hacken. Olivenöl in einer Pfanne erhitzen, Auberginenwürfel dazugeben und 2-3 Minuten anbraten. Knoblauch und Kapern unterrühren, mit Salz und Pfeffer würzen und mit 50 ml Brühe nach und nach ablöschen. Weitere 15 Minuten bei milder Hitze offen garen, dabei mehrmals umrühren.

Zwischenzeitlich die Minze waschen, trocken tupfen und in feine Streifen schneiden. Danach mit dem Jogurt in einer Schüssel mischen und mit Salz, Pfeffer und Paprikapulver würzen. Anschließend die Pitafladen aufklappen, mit den Auberginenwürfeln füllen und der Jogurtsauce beträufeln.

Räucherlachs-Wasabi-Wraps

Crème fraîche mit Wasabi, Zitronensaft und Salz glatt rühren und kalt stellen. Zwischenzeitlich Tomaten waschen, den Stielansatz entfernen und klein würfeln. Gurke schälen und fein würfeln. Salatblätter waschen, trocken schleudern und in feine Streifen schneiden. Die Tortillafladen mit der Wasabi-creme bestreichen und den Räucherlachsscheiben gleich-mäßig belegen. Den Salat mit der Kresse darauf verteilen, Gurken- und Tomatenwürfel darüberstreuen, mit Salz und rosa Pfefferbeeren würzen und fest zu einem Wrap aufrollen.

Arbeitszeit: 25 Min.

75 g Crème fraîche,
½ TL Wasabipaste,
1 Spritzer Zitronensaft,
Salz, 2 Tomaten, ½ Salatgurke,
4 Blätter Eisbergsalat,
4 Tortillafladen (Fertigprodukt),
200 g Räucherlachs,
1 Beet Kresse,
1 TL rosa Pfefferbeeren

Fladen-Minis

Fladenbrot quer halbieren, Zwiebeln und Knoblauch abzie-hen und würfeln. Lauchzwiebeln und Pilze putzen, klein schneiden. Hackfleisch im heißen Öl kräftig anbraten und zerkrümeln, Zwiebeln und Knoblauch dazugeben. Tomatenstücke, Lauchzwiebeln und Pilze zufügen, einmal aufkochen und mit Salz, Pfeffer, Thymian, Rosmarin und Kreuzkümmel abschmecken. Die Masse auf den Brothälften verteilen. Mit dem geriebenen Käse bestreuen. Im Backofen bei 200 °C etwa 20 Minuten backen.

Arbeitszeit: 15 Min.
Garzeit: 20 Min.

für 8 Personen:
1 Fladenbrot, 150 g Zwiebeln,
2 Knoblauchzehen, 4 Lauch-zwiebeln, 150 g Champignons,
400 g Rinderhackfleisch,
1 EL Öl, 1 Dose Tomatenstücke
(ca. 400 g), Salz, Pfeffer, Thy-mian, Rosmarin, Kreuzkümmel,
100 g geriebener Fetakäse

Einfache Käsestangen

Arbeitszeit: 25 Min.
Ruhezeit: 1 Std.
Backzeit: etwa 12 Min.

250 g Mehl, 250 g Butter,
250 g würziger Käse (Emmentaler, Greyerzer oder Bergkäse),
Salz, Rosenpaprika

Mehl, Butterflöckchen und geriebenen Käse mit den Gewürzen schnell zu einem Mürbeteig verkneten. Im Kühlschrank eine Stunde ruhen lassen. Dann in kleine Teigstücke teilen und zu 6 cm langen und 2 cm dicken Röllchen formen. Auf ein mit Backpapier belegtes Blech legen. Im vorgeheizten Backofen bei 220 °C etwa 10-12 Minuten goldgelb backen und erst vom Blech nehmen, wenn die Stangen ausgekühlt sind, sonst brechen sie. Vorsicht: Lassen Sie zwischen den Käsestangen auf dem Backblech etwas Abstand, der Teig läuft noch etwas auseinander.

Gorgonzola-Muffins mit getrockneten Tomaten

Arbeitszeit: 25 Min.
Garzeit: 25 Min.

1 kleine Zwiebel, 50 g getrocknete Tomaten in Öl, 6 EL Olivenöl, 150 g Gorgonzola,
125 ml Milch, 1 Ei, 50 g frisch geriebener Parmesan, Salz,
250 g Mehl, 3 TL Backpulver

Den Backofen auf 200 °C (Umluft 180 °C) vorheizen und eine Muffinform dünn mit Öl einpinseln. Zwiebel schälen, halbieren und mit den getrockneten Tomaten klein schneiden. 1 Esslöffel Olivenöl in einem Topf erhitzen, Zwiebeln und Tomatenstücke dazugeben und 2-3 Minuten anschwitzen. Anschließend herausnehmen und abkühlen lassen. Restliches Öl mit Gorgonzola, Milch, Ei und Parmesan verrühren. Tomatenmischung untermengen und salzen. Das Mehl und Backpulver mischen und rasch unter die Käsemasse rühren. Den Teig in die Muffinform gießen und zu zwei Drittel füllen. Im Backofen 15-20 Minuten goldbraun backen, danach herausnehmen und in der Form abkühlen lassen.

Blätterteig-Snacks

Die Zwiebel würfeln, die Tomate schälen, entkernen und ebenfalls würfeln. Hackfleisch in heißem Öl anbraten, Zwiebel- und Tomatenwürfel zugeben und bei geringer Hitze etwa 15 Minuten weich dünsten. Mit Salz, Pfeffer und Basilikum abschmecken und abkühlen lassen.
Den Blätterteig auftauen und in kleine Quadrate von höchstens 4 cm Kantenlänge schneiden. Auf jedes Quadrat einen Teelöffel Füllung setzen, ein zweites darüberlegen und festdrücken. Mit dem verquirlten Ei bestreichen und bei 225 °C im vorgeheizten Backofen etwa 15-20 Minuten backen. Noch warm servieren.

Arbeitszeit: 20 Min.
Backzeit: etwa 35 Min.

1 Pck. Blätterteig (TK),
250 g Hackfleisch,
1 Zwiebel,
2 EL Öl zum Braten,
1 Fleischtomate,
Salz, Pfeffer,
Basilikum, 1 Ei

TIPP *Variieren Sie die Füllungen nach Geschmack mit Speckwürfeln, Pilzen, Paprikaschoten oder Frühlingszwiebeln.*

Kümmelstangen

Den Blätterteig auftauen und in gleich große Platten ausrollen. Eigelb, Kümmel, Brühwürfel und ein wenig Hagelsalz zu einer Mischung verrühren. Je eine Platte damit bestreichen und eine zweite Platte darüberlegen. Gut andrücken und jede Platte längs in etwa 1-2 cm breite Streifen schneiden. Die Streifen an einem Ende festhalten und am anderen drehen, dann die Enden fest auf das mit Wasser angefeuchtete Backblech drücken, damit die Drehung erhalten bleibt. Bei 225 °C im vorgeheizten Backofen etwa 12 Minuten backen.

Arbeitszeit: 10 Min.
Backzeit: etwa 12 Min.

1 Pck. Blätterteig (TK),
1 Eigelb, 2 TL Kümmel,
½ Brühwürfel, Hagelsalz

Pastetenbrötchen

Den Blätterteig auftauen lassen. Die Bratwurstfülle mit Schweinehackfleisch, gewürfeltem Käse, gehackter Petersilie und entkerner, gewürfelter Peperoni mischen, Cognac und Gewürze hinzufügen.
Den Blätterteig zu 8 gleich großen Rechtecken ausrollen. Die Füllung in einen Spritzbeutel ohne Tülle füllen und auf jedes Teigstück eine längliche Wurst spritzen. Den Teigrand ringsum mit Wasser bestreichen, erst die schmalen Seiten umschlagen, dann die langen darüberlegen. Mit der Naht nach unten auf ein mit Wasser befeuchtetes Backblech setzen und mit dem verquirlten Eigelb bestreichen. Bei 225 °C im vorgeheizten Backofen etwa 15 Minuten backen.

Arbeitszeit: 20 Min.
Garzeit: etwa 15 Min.

1 Pck. Blätterteig (TK),
250 g Bratwurstfülle (Brät),
250 g Schweinehackfleisch,
25 g Emmentaler,
½ Bd. Petersilie, 1 Peperoni,
½ TL Pastetengewürz, Salz,
1 TL Cognac, 1 Eigelb

Würzige Zwiebelbrötchen

Arbeitszeit: 30 Min.
Ruhe- und Backzeit: 1½ Std.

130 ml lauwarmes Wasser,
250 g Weizenmehl,
250 g Roggenmehl,
125 g Weizenkeime, 40 g Hefe,
1 TL Zucker, 2-3 Zwiebeln,
40 g Butter oder Olivenöl,
1 TL Salz, Milch zum Bepinseln

außerdem: Backpapier

Mehl und Weizenkeime mischen und in die Mitte eine Mulde drücken. Hefe zerkrümeln und mit Zucker, 5 Esslöffeln lauwarmem Wasser und etwas Mehl verrühren. Die Mischung in die Mulde geben und alles abgedeckt 20-30 Minuten gehen lassen. Inzwischen die Zwiebeln klein würfeln, in der Butter andünsten und abkühlen lassen. Salz, Zwiebeln und restliches Wasser zum Mehl geben und den Teig gut kneten. Eine Rolle formen, 2 cm dicke Scheiben abschneiden und ovale Brötchen formen. In der Mitte längs einschneiden und auf einem mit Backpapier ausgelegten Backblech abgedeckt gehen lassen, bis sie doppelt so groß sind. Backofen auf 200 °C vorheizen. Die Zwiebelbrötchen mit Milch einpinseln und auf mittlerer Schiene etwa 30 Minuten backen. Gut auskühlen lassen. Das Gebäck schmeckt noch französischer, wenn Sie den Teig mit *Herbes de Provence* würzen.

Schinkenhörnchen

Arbeitszeit: 15 Min.
Ruhezeit: 30 Min.
Garzeit: etwa 25 Min.

für den Teig: 350 g Mehl,
250 g Butter, 250 g Sahnequark,
1 Ei, 1 Eigelb, ½ TL Paprikapulver, ½ TL Salz

für die Füllung: 300 g Kochschinken, 2 EL saure Sahne,
1 Pck. 8-Kräuter (TK oder frisch)

Aus den Teig-Zutaten einen Knetteig herstellen. Diesen eine halbe Stunde kalt stellen. Inzwischen die Füllung zubereiten: Schinken ganz fein würfeln, mit Sahne und Kräutern mischen. Dann den Teig in 4 Teile teilen. Jedes Viertel rund ausrollen, dann wie eine Torte in 12 Teile schneiden. Diese „Tortenstücke" am breiten Ende mit etwas Füllung bestreichen und zu Hörnchen aufrollen. Im vorgeheizten Backofen bei 195 °C etwa 15 Minuten backen.

Bismarckheringe

Arbeitszeit: 20 Min.
Ruhezeit: mind. 1 Std.

8 zarte Heringsfilets ohne
Gräten (à ca. 50 g), 3 Eier,
1 kl. Glas Senfgurken,
1 TL Senf mittelscharf,
150 g Jogurt, 250 g Sauerrahm
oder Crème fraîche,
2 EL Apfelessig oder Apfelsaft,
Salz, Pfeffer, 1 Prise Zucker,
½ Bd. Dill, 2 Zwiebeln,
100 g Gewürzgurken,
2 Äpfel mittelgroß,

Eier hart kochen, kalt abschrecken und abschälen. Die Senfgurken abtropfen lassen und das Gurkenwasser dabei auffangen. Senf, Jogurt, Schmand, Apfelsaft oder -essig und 4 Esslöffel Gurkenwasser verrühren. Mit Salz, Pfeffer und Zucker würzen. Dill abzupfen, fein schneiden und unterrühren. Zwiebeln in Ringe, Gewürzgurken in Scheiben und Äpfel in feine Spalten schneiden. Heringe in Stücke und Eier in Spalten schneiden. Zwiebeln, Senf- und Gewürzgurken, Äpfel, Hering und Eier vorsichtig mischen. Die Salatsauce vorsichtig untermengen. Salat zugedeckt kühl stellen und ca. 1 Stunde ziehen lassen. Eventuell noch mal mit Salz, Pfeffer und Zucker abschmecken.

Garnelen-Reisbällchen mit kandiertem Ingwer

Die Zwiebel und den Knoblauch schälen, fein hacken und in einem Topf mit Olivenöl anschwitzen. Den Sushi-Reis dazufügen, kurz mit andünsten und mit der Geflügelbrühe aufgießen. Mit etwas Salz würzen und zugedeckt bei mittlerer Hitze 20 Minuten garen. Anschließend abgießen und abkühlen lassen.

Garnelenschwänze abwaschen, trocken tupfen und klein schneiden. Kandierten Ingwer fein hacken und in einer Schüssel mit dem Sushi-Reis, Garnelen und Koriandergrün vermengen. Mit Salz und Pfeffer würzen.

Aus der Garnelen-Reismasse mit feuchten Händen 12 Bällchen formen. Anschließend in Mehl wenden, durch die verquirlten Eier ziehen und in Paniermehl wälzen. Frittieröl erhitzen und die Bällchen schwimmend ca. 4-5 Minuten bei 160 °C goldgelb frittieren. Danach auf Küchenpapier abtropfen lassen, in jedes Bällchen einen Zahnstocher stecken und servieren.

Arbeitszeit: 30 Min.
Garzeit: 25 Min.

1 kleine Zwiebel,
1 Knoblauchzehe,
2 EL Olivenöl,
200 g Klebereis (Sushi-Reis),
250 ml Geflügelbrühe,
400 g geschälte TK-Garnelenschwänze (aufgetaut),
1 EL frisch gehacktes Koriandergrün, 4-5 kandierte Ingwerstäbe (Asialaden),
Salz, Pfeffer, 2 Eier,
etwas Mehl und Paniermehl,
Öl zum Frittieren

außerdem: Zahnstocher

TIPP *Frischer Ingwer riecht angenehm aromatisch, sein Geschmack ist brennend scharf und würzig. Die Gewürzwurzel hat eine antibakterielle Wirkung, fördert die Durchblutung und sie gilt als Aphrodisiakum.*

Pfifferling-Frittata mit Cocktailtomaten

Arbeitszeit: 30 Min.
Garzeit: 15-20 Min.

500 g Pfifferlinge,
1 Bd. Lauchzwiebeln,
100 g Cocktailtomaten,
8 Eier, 100 ml Sahne,
1 TL gerebelter Bärlauch,
Salz, Pfeffer, 2 EL Olivenöl,
1 EL Butter

Pfifferlinge gründlich reinigen und die Stielenden etwas abschneiden. Lauchzwiebeln waschen und in 1 cm breite Ringe schneiden. Cocktailtomaten waschen und halbieren. Eier, Sahne und Bärlauch in einer Schüssel verquirlen und mit Salz und Pfeffer würzen. Olivenöl in einer Pfanne erhitzen, Pfifferlinge dazugeben und 2 Minuten bei starker Hitze anbraten. Anschließend die Lauchzwiebeln und Cocktailtomaten untermengen und weitere 1-2 Minuten braten. Danach die Pilzmischung unter die Eiermischung heben und vorsichtig mischen. Butter in der Pfanne aufschäumen und die Pilz-Eiermischung dazugeben. 2 Minuten stocken lassen, danach in den vorgeheizten Backofen bei 180 °C (Umluft 160 °C) schieben und 6-8 Minuten backen. Zum Schluss aus dem Backofen nehmen, in Portionen schneiden und mit etwas Baguette oder Brot servieren.

Fish and Chips

Arbeitszeit: 15 Min.
Garzeit: etwa 5 Min.

4 Seezungen (à ca. 200 g),
Salz, Saft von 1 Zitrone, etwas
Mehl, 2-3 EL Butter, 1 Zitrone,
1 Pck. TK-Kartoffelspalten oder
Westernkartoffeln

Die küchenfertigen Seezungen leicht salzen und mit etwas Zitronensaft beträufeln, zugedeckt einige Zeit ziehen lassen. Den Backofen vorheizen und die Kartoffelspalten nach Packungsanleitung zubereiten. Den Fisch in Mehl wenden, leicht abschütteln und in einer Pfanne mit heißer Butter von beiden Seiten etwa 3-5 Minuten garen, anschließend kurz abtropfen lassen. Die genaue Garzeit ist abhängig von der Fischgröße. Die Zitrone waschen und vierteln und den Fisch mit den knusprigen Kartoffelspalten und Zitronenvierteln garniert sofort servieren. Zu echten *Fish and Chips* wird das Gericht mit Essigsauce.

Fisch-Burger

Die entgräteten Fischreste in sehr kleine Stücke zerteilen, mit den zerdrückten oder geriebenen Kartoffeln, Salz, Pfeffer und Muskat zu einem Teig vermengen. Im Paniermehl wenden, 8 kleine Laibchen daraus formen und diese etwas flach drücken. Das Fett in einer tiefen Pfanne heiß werden lassen. Die Fisch-Burger nach und nach auf beiden Seiten braten, bis sie eine leichte Kruste haben. Dazu passen Saucen, Gemüse oder Salate.

Arbeitszeit: 15 Min.
Garzeit: 15 Min.

400 g Reste von gekochtem oder gebratenem Fisch, 400 g gekochte, zerdrückte Kartoffeln, Salz, Pfeffer, Muskat, 2-3 EL Paniermehl, 40 g Fett

Rollmöpse

Die Heringe 24 Stunden wässern. Danach trocknen, häuten, entgräten und filetieren. Auf die Filets jeweils kleine Gurkenstücke, fein geschnittene Zwiebel, Apfelscheibchen und einige Kapern legen, zusammenrollen und mit Zahnstochern feststecken. In einer flachen Schüssel anordnen und mit der Marinade aus Essig, abgekochtem Wasser, Lorbeerblatt, Pfefferkörnern und einer Prise Zucker bedecken. Mindestens 24 Stunden ziehen lassen.

Wässern: 24 Std.
Arbeitszeit: 30 Min.
Ruhezeit: 24 Std.

4 Heringe (à ca. 250 g), 2 Gewürzgurken, 1 große Zwiebel, 1 EL Kapern, 1 Apfel, 125 ml Kräuteressig, 125 ml abgekochtes Wasser, 1 Lorbeerblatt, 4 Pfefferkörner, Zucker nach Geschmack

außerdem: Zahnstocher

Würzige Fischröllchen

Das Fischfilet auftauen, mit Zitronensaft beträufeln und leicht salzen. Speck, Sardellenringe, Eier und Essiggurken in feine Streifen schneiden. Die Filets mit den Zutaten belegen, dann zusammenrollen und mit Zahnstochern feststecken. Außen salzen und pfeffern und in einer Pfanne mit heißem Öl je 4-8 Minuten von allen Seiten braten.

Arbeitszeit: 15 Min.
Garzeit: 10 Min.

1 kg Schollenfilets (TK), 30 g Speck, 4 Sardellenringe, 4 hart gekochte Eier, einige Essiggurken, Salz, Pfeffer, 4 EL Öl, etwas Zitronensaft

außerdem: Zahnstocher

VARIANTE Sie können auch die aufgerollten Filets in einer Sauce gar ziehen lassen: Dazu aus 2 EL Butter, 2 EL Mehl eine Mehlschwitze bereiten und mit je 200 ml Wasser und Weißwein zu einer Sauce aufkochen. Mit Pfeffer und gehackten Kräutern (wie Dill, Kerbel, Petersilie, Schnittlauch) würzen und darin die Fischröllchen 10 MInuten gar ziehen lassen.

Graved Lachs mit Dillsauce

Arbeitszeit: 30 Min.
Marinierzeit: 2 Tage

400 g frisches Lachsfilet (mit Haut), 1 EL grobes Meersalz, 1 EL Zucker, 2 Bd. Dill, frisch gemahlener Pfeffer, 80 g mittelscharfer Senf, 65 g Zucker, 3 EL Weißweinessig, 75 ml Rapsöl, Kräutersalz

außerdem: Gefrierbeutel

Das Lachsfilet quer halbieren. Beide Stücke mit der Haut nach unten nebeneinanderlegen. Salz mit 1 Esslöffel Zucker vermischen, Lachsfilets mit der Mischung gleichmäßig bestreuen. 1 Bund Dill waschen und trocken tupfen. Die eine Lachsfilethälfte mit den Dillstängeln belegen, die zweite Filethälfte darüberlegen. Lachs in einen Gefrierbeutel geben, gut verschließen. Beutel auf einen festen Untergrund legen, beschweren und 48 Stunden an einem kühlen Ort marinieren. Dabei einmal wenden.

Dillstängel entfernen. Lachs leicht mit Pfeffer würzen und in dünne Scheiben schneiden. Senf mit Zucker, Essig und Öl zu einer Sauce verrühren. Restlichen Dill waschen, trocken tupfen und fein hacken. Unter die Sauce rühren. Sauce mit Kräutersalz abschmecken und getrennt zum Lachs servieren. Dazu passen kleine junge Pellkartoffeln.

Mais-Snacks mit Lachs

Arbeitszeit: 5 Min.
Garzeit: etwa 10 Min.

1 Ei, 80 g Mehl, ½ TL Backpulver, ½ TL Salz, 1 Msp. Cayennepfeffer, 1 TL Worcestersauce, 1 Dose Mais (à 425 g), 2 EL Öl, 8 Scheiben Räucherlachs, 1 Zitrone

Ei trennen, das Eiweiß zu Eischnee schlagen und beiseitestellen. Mehl, Backpulver und Gewürze mit dem Eigelb verrühren und die abgetropften Maiskörner untermischen. Zuletzt den Eischnee unterziehen.

Mit einem Esslöffel Portionen aus dieser Masse stechen und in heißem Öl von jeder Seite 4-5 Minuten goldgelb ausbacken. Mit dem Lachs auf Tellern anrichten und mit Zitronenscheiben oder einer Remouladensauce servieren.

Chili Chicken Wings

Arbeitszeit: etwa 30 Min.
Garzeit: etwa 30 Min.

20 Hähnchenflügel (TK), Paprikapulver rosenscharf, Salz, Pfeffer, 50 g Mehl, 2 Zwiebeln, 1 getrocknete rote Chilischote, 5 EL Olivenöl, 3 Knoblauchzehen, 3 EL Tomatenketchup, Cayennepfeffer, 2 cl weißer Rum, 3-4 EL passierte Tomaten, etwas Zitronensaft

Die Hähnchenflügel salzen und pfeffern, mit Paprika einreiben und mit dem Mehl bestäuben. Knoblauch schälen, die Zwiebeln klein würfeln, die Chilischote waschen, entkernen und in feine Ringe schneiden.

In einer großen Pfanne 3 Esslöffel Olivenöl erhitzen, die Hähnchenflügel langsam goldbraun braten, dann die Chiliringe kurz mitbraten. Anschließend die Hähnchenflügel herausnehmen und beiseitestellen. 2 weitere Esslöffel Olivenöl und die Zwiebelwürfel in die heiße Pfanne geben. Anbraten, dabei die Röstaromen vom Boden schaben. Die Knoblauchzehen ins heiße Fett pressen und das Tomatenketchup dazugeben.

Salzen, pfeffern und kräftig mit Rosenpaprika und Cayenne-pfeffer würzen. Mit Rum ablöschen und mit den passierten Tomaten 5 Minuten köcheln lassen. Die Hähnchenflügel in die Sauce geben und mit etwas Zitrone abschmecken.

Zwiebelringe, gebacken

Zuerst Eier, Bier, Mehl und Salz zu einem glatten Teig verquirlen und etwas quellen lassen. Die Zwiebeln schälen und in grobe Ringe schneiden. Auseinandertrennen, salzen und kurz ziehen lassen. Dann mit einem Küchentuch tro-cken tupfen, in den Teig tunken und portionsweise in hei-ßem Öl schwimmend je 2-3 Minuten knusprig ausbacken.

Arbeitszeit: 15 Min.
Garzeit: etwa 20 Min.

2 Gemüsezwiebeln, 150 g Mehl, ½ TL Salz, 2 Eier, 100 ml Bier, ca. ½ l Öl zum Frittieren

Köfte
(Türkische Hackfleischspieße)

Die Zwiebeln und den Knoblauch schälen und auf einer Gemüsereibe fein reiben. Koriandersaat und Kreuzkümmel in einer Pfanne ohne Öl anbraten und anschließend im Mörser fein zerstoßen. Hackfleisch in einer Schüssel mit sämtlichen Zutaten mischen, mit Salz und Pfeffer würzen und zu einer geschmeidigen Masse verarbeiten.
Die Hackfleischmasse portionieren und mit den Händen um 4 Metallspieße formen. Im auf Grillstufe vorgeheizten Backofen 4-5 Minuten garen, dabei mehrmals wenden. Mit Salat und türkischem Fladenbrot servieren.

Arbeitszeit: 15 Min.
Garzeit: ca 5 Min.

2 Zwiebeln, 2 Knoblauchzehen, ½ TL Koriandersaat, ½ TL Kreuz-kümmel, 800 g Rinderhack-fleisch, Salz, Pfeffer

außerdem: 4 Metallspieße

AUFSTRICHE, DIPS & EINGEMACHTES

Kräuterquark (Foto Seite 333, links)

Arbeitszeit: 20 Min.

1 Bd. Kresse oder Pimpernelle, ½ Bd. Schnittlauch, je 1 EL klein gehackte Petersilie und Dill, 250 g Quark, 1 EL süße Sahne, etwas Cayennepfeffer

Die Kräuter waschen, trocken schütteln und sehr fein hacken. Den Quark mit 3 Esslöffeln Wasser und der Sahne glatt rühren und die Kräuter unterziehen. Mit dem Cayennepfeffer pikant abschmecken.

> **TIPP** *Kresse gibt es in großer Auswahl: Basilikumkresse, Senfkresse, Brunnenkresse oder Kapuzinerkresse.*

Gemüseaufstrich

Arbeitszeit: 30 Min.

200 g mehligkochende Kartoffeln, 2 Karotten, 1 grüne Paprika, 1 Zwiebel, 1 Knoblauchzehe, 1-2 EL gehackte Petersilie, Pfeffer, 1-2 TL Brühe

Kartoffeln schälen, sehr weich kochen und pürieren. Die Karotten schälen und hobeln. Paprika, Zwiebel und Knoblauch sehr fein hacken. Das Gemüse zum Püree geben, alles mit gehackter Petersilie, Pfeffer und der Brühe verrühren. Kalt servieren.

Radieschenquark

Arbeitszeit: 10 Min.
Kühlzeit: 30 Min.

250 g Quark, 1-2 TL Meerrettich, 1 TL Sahne, 150 g Radieschen, etwas Cayennepfeffer

Den Quark mit dem Meerrettich, 2 Esslöffel Wasser und der Sahne glatt rühren und mindestens 30 Minuten kühl stellen, damit er durchziehen kann. Die Radieschen waschen, in Scheiben schneiden und unter den Quark ziehen. Mit etwas Cayennepfeffer abschmecken.

> **VARIANTE** *Statt der Radieschen können Sie auch 2 Esslöffel abgetropfte Kapern, gehackte Zwiebeln, Senf- oder Gewürzgurken oder etwas frisch gepressten Knoblauch verwenden.*

Eier-Bacon-Dip (Foto Seite 333, mitte)

Arbeitszeit: 20 Min.
Garzeit: ca. 15 Min.

3 Eier, 150 g Baconscheiben, ½ Bd. Schnittlauch, 200 g Kräuterfrischkäse, 1 EL saure Sahne, Salz, Pfeffer

Eier 8-10 Minuten hart kochen, in kaltem Wasser abschrecken, abschälen und fein hacken. Baconscheiben fein würfeln und ohne Öl 4-5 Minuten kross anbraten. Danach herausnehmen und kalt stellen.
Schnittlauch waschen und in feine Röllchen schneiden. Kräuterfrischkäse und saure Sahne in einer Schüssel glatt rühren und mit Salz und Pfeffer würzen. Eier und Bacon vorsichtig untermischen und mit Schnittlauch bestreuen.

Lachs-Ei-Aufstrich

Die Eier hart kochen, schälen und klein hacken. Den Lachs in kleine Streifen schneiden und alles mit der Gabel oder dem Mixstab fein pürieren. Das Mus mit Quark glatt rühren, den Schnittlauch unterziehen und alles mit Pfeffer abschmecken.

Arbeitszeit: 20 Min.

2 Eier, 150 g Räucherlachs in Scheiben, 250 g Quark, 1 EL Schnittlauchröllchen, Pfeffer

Schwarze Bohnenpaste mit Jalapeños (Foto oben, rechts)

Schwarze Bohnen waschen und über Nacht in reichlich kaltem Wasser einweichen (alternativ können auch Kidneybohnen aus der Dose verwendet werden). Die Bohnen abgießen und gründlich abspülen. In einem Topf mit Salzwasser und dem Lorbeerblatt die Bohnen etwa 1½ Stunden bei geringer Hitze weich kochen. Anschließend abgießen, 100 ml Bohnenwasser auffangen und die Bohnen kühl stellen. Zwiebel und Knoblauch schälen und fein hacken. Jalapeños in feine Ringe schneiden.
In einer Pfanne mit Olivenöl die Zwiebel, den Knoblauch und die Jalapeños 2-3 Minuten anschwitzen, Bohnen dazugeben, mit Salz, Pfeffer und Paprikapulver würzen und dem Bohnenwasser aufgießen. Zugedeckt 15-20 Minuten bei milder Hitze zu einer breiigen Masse kochen. Zum Schluss die Masse durch ein Sieb streichen, mit Zitronensaft verfeinern und mit Koriandergrün bestreuen.

Arbeitszeit: 20 Min.
Garzeit: ca. 1½ Std.
Einweichzeit: mind. 12 Std.

200 g schwarze Bohnen, Salz, 1 Lorbeerblatt, 1 Zwiebel, 2 Knoblauchzehen, 2 Jalapeños (eingelegt), 2 EL Olivenöl, Pfeffer, 1 TL Paprikapulver edelsüß, 1 Spritzer Zitronensaft, 1 EL frisch gehacktes Koriandergrün

Tunfisch-Dip

Arbeitszeit: 10 Min.

1 Dose Tunfisch (im eigenen Saft), 200 g Papika-Frischkäse, 1 EL Ajvar, 1 Knoblauchzehe, 2 Zweige Basilikum, Salz, Pfeffer

Tunfisch mit einer Gabel zerkleinern und mit Paprika-Frischkäse und Ajvar in einer Schüssel glatt rühren. Knoblauchzehe schälen und fein hacken. Basilikumblätter waschen, trocken tupfen und in Streifen schneiden. Beides unter den Tunfisch-Dip mischen und mit Salz und Pfeffer würzen.

Senfgurken, selbstgemacht

Arbeitszeit: 30 Min.
Garzeit: ca. 5 Min.
Marinierzeit: ca. 12 Std.,
danach etwa 4 Wochen

1 kg Salatgurken, 50 g Salz, 75 g Perlzwiebeln, 1 EL frisch geraspelter Meerrettich, 3 Wacholderbeeren, 1 Lorbeerblatt, 1 TL rosa Pfefferbeeren, 1 EL Senfkörner, 300 ml Weißweinessig, 100 g Zucker, 1 Pck. Einmach-Hilfe

außerdem: 1 Einmachglas

Die Gurken schälen, halbieren, das Kerngehäuse ausschaben und in etwa 10 cm lange Stücke schneiden. Anschließend in ein geeignetes Gefäß (z.B. einem Tontopf) schichten und mindestens 12 Stunden ziehen lassen. Perlzwiebeln schälen und in einem Topf mit Salzwasser 2-3 Minuten blanchieren, danach herausnehmen und in kaltem Wasser abschrecken. Gurkenstifte in ein Sieb schütten, abtropfen lassen und mit Küchenpapier trocken tupfen.

Die Gurkenstifte abwechselnd mit den Perlzwiebeln, Meerrettich, Wacholderbeeren, Lorbeerblatt und rosa Pfefferbeeren in das Einmachglas schichten. Den Weißweinessig mit 200 ml Wasser, Zucker und Senfkörnern in einem Topf aufkochen, vom Herd nehmen und die Einmach-Hilfe einrühren. Den heißen Sud über die Gurken gießen und erkalten lassen. Anschließend das Glas mit dem Deckel fest verschließen und an einem dunklen Ort etwa 4 Wochen stehen lassen.

Steinpilze, eingelegt

Steinpilze gründlich putzen, in 5 mm dicke Scheiben schneiden und in einem Sieb kalt abbrausen. In einem Topf den Weißweinessig mit 1½ Liter Wasser und Salz aufkochen, Steinpilze dazugeben und 15 Minuten bei mittlerer Hitze köcheln lassen. Anschließend vorsichtig abgießen und die Pilze auf einem sauberen Küchentuch so ausbreiten, dass sie sich nicht berühren. Als Unterlage ein Holzbrett benutzen. Mit einem zweiten Tuch abdecken und an einem warmen Ort etwa 24 Stunden trocknen lassen.
Knoblauch schälen und in Scheiben schneiden. Steinpilze schichtweise mit zwei Gabeln in ein gründlich gereinigtes Einmachglas geben und dazwischen jeweils mit Olivenöl bedecken. Lorbeerblatt, Pfefferkörner und Knoblauch verteilen und das Glas fest verschließen. (Das Einmachglas muss randvoll gefüllt sein!) An einem dunklen Ort mindestens 4 Wochen ziehen lassen.

Arbeitszeit: 30 Min.
Garzeit: 15 Min.
Trockenzeit: ca. 24 Std.
Marinierzeit: mind. 4 Wochen

1 kg kleine, feste Steinpilze, ½ l Weißweinessig, 1 EL Salz, 1 kleine Knoblauchzehe, 1 Lorbeerblatt, 1 TL schwarze Pfefferkörner, etwa 1 l feinstes Olivenöl (je nach Glasgröße)

außerdem: 1 Einmachglas

Rote Bete, eingelegt

Wurzeln und Blätter der Roten Bete bis auf 2 cm abschneiden, die Knollen dabei nicht verletzen, dann abbürsten und in 2 Liter kochendes Salzwasser geben. 80 Minuten bei schwacher Hitze gar kochen. Herausnehmen, in kaltem Wasser abschrecken, schälen, mit einem Buntmesser in Scheiben schneiden oder dünn hobeln. Äpfel schälen, entkernen, in kleine Würfel schneiden. Ebenso die Zwiebeln. Die Rote Bete mit Äpfeln und Zwiebeln in die Einmachgläser schichten, Pfefferkörner, Gewürznelken und Lorbeerblatt dazugeben. Dann 1½ Liter Wasser mit Essig, Zucker und Salz aufkochen und heiß über die Rote Bete gießen. Abkühlen lassen, ein paar dünne Scheiben Meerrettich dazulegen und mit dem Deckel verschließen. Kühl und dunkel gelagert etwa 3 Monate haltbar.

Arbeitszeit: 25 Min.
Garzeit: gesamt etwa 1½ Std.

1 kg Rote Bete, Salz, 2 Äpfel, 2 Zwiebeln, 10 Pfefferkörner, 6 Gewürznelken, 1 Lorbeerblatt

für die Essig-Zucker-Lösung:
¾ l Weinessig (5%-ig), 80 g Zucker, Salz, 1 Stück Meerrettich

außerdem: 1 Einmachglas

Hering, eingelegt

Die Heringe säubern, waschen und trocken tupfen. Dann am Rücken aufschneiden und die Innereien und Gräten entfernen. ¼ Liter Wasser und Essig mit allen Zutaten aufkochen und abkühlen lassen. Den Sud über die Heringe gießen und 3 Tage kühl und dunkel in der Marinade ziehen lassen.

Arbeitszeit: 20 Min.
Marinierzeit: 3 Tage

1 kg Heringe, ½ l Essig, 2 Zwiebeln, 1 Lorbeerblatt, 1 TL Senfkörner, 1 TL Pfefferkörner, 1 EL Salz, 1 TL Zucker, nach Geschmack frische Kräuter (z.B. Petersilie, Basilikum)

WÜRSTCHEN, SANDWICH & EI

Pikanter Gemüse-Wurstsalat

Arbeitszeit: 30 Min.
Marinierzeit: 10 Min.

800 g Fleischwurst, 2 Zwiebeln,
4 Stangen Staudensellerie,
½ Salatgurke, 1 Bd. Radischen,
400 g Emmentaler,
½ Bd. Schnittlauch,
100 ml Rotweinessig,
1 EL Senf, Salz, Pfeffer,
1 Prise Zucker,
200 ml Distelöl

Fleischwurst halbieren, die Haut abziehen und in feine Streifen schneiden. Zwiebeln in feine Streifen schneiden. Selleriestangen waschen und in 1 cm breite Stücke schneiden. Salatgurke streifig schälen, halbieren, das Kerngehäuse ausschaben und in Scheiben schneiden. Radischen waschen, die Stielansätze abschneiden und in feine Scheiben hobeln. Beim Emmentaler die Rinde entfernen und den Käse in Stifte schneiden. Schnittlauch in feine Röllchen schneiden. Sämtliche Zutaten in einer Schüssel gut mischen. In einer zweiten Schüssel den Rotweinessig mit Senf, Salz, Pfeffer und 1 Prise Zucker verquirlen, danach langsam unter Rühren das Distelöl dazugießen. Die Marinade über den Wurstsalat gießen und 10 Minuten ziehen lassen. Dabei mehrmals umrühren. Zum Schluss mit Salz und Pfeffer nachwürzen, mit Schnittlauch bestreuen und zusammen mit Brot servieren.

Hot Dog

Arbeitszeit: 10 Min.

4 Würstchen,
4 längliches Brötchen

nach Belieben: Senf, Ketchup,
Mayonnaise, geröstete,
gehackte Zwiebelringe,
Essiggurkenscheibchen

Die Würstchen erhitzen, die Brötchen längs aufschneiden, aber nicht ganz halbieren, aufklappen und kurz auf den Toaster legen. Die Brötchen nach Geschmack mit Ketchup, Senf und Mayonnaise bestreichen, die heißen Würstchen hineinlegen und mit Zwiebeln und Gurken bestreuen.

Wurstgulasch

Fleisch- und Jagdwurst häuten. Dann in 2-cm-Würfel schneiden und in einer Mischung aus Sherry, Pfefferkörnern und Worcestersauce 1 Stunde ziehen lassen. Speck würfeln und in der Butter anbraten, gehackte Zwiebeln und Knoblauch golden anbraten, die abgetropften Wurststücke dazufügen und leicht anbraten. Paprika kurz mitbraten und die abgetropften, gehackten Tomaten hineingeben. Das Tomatenmark mit den Gewürzen einrühren und 15 Minuten leicht köcheln lassen. Zum Schluss die Sahne unterrühren, pikant abschmecken und mit Petersilie bestreut servieren.

Arbeitszeit: 20 Min.
Ruhezeit: 1 Std.
Garzeit: 20 Min.

300 g Fleischwurst, 300 g Jagdwurst, 6 EL trockener Sherry, 1 EL Worcestersauce, 1 EL eingelegte grüne Pfefferkörner, 15 g geräucherter Speck, 20 g Butter, 200 g Zwiebeln, 1 Knoblauchzehe, 2 EL Paprika, edelsüß, 800 g Dosentomaten, 2 EL Tomatenmark, 2 EL gehackte Petersilie, 200 g saure Sahne, Salz, Pfeffer

Blaue Zipfel

1 Liter Salzwasser aufkochen, Zwiebeln in Scheiben, Essig, Zucker und Gewürze hineingeben und 20 Minuten kochen lassen. Die Hitze reduzieren und die Würste in dem Sud 15 Minuten ziehen, aber nicht kochen lassen. Die Würste sind gar, wenn sie fest sind. Aus dem Sud nehmen, in tiefen Tellern zusammen mit etwas Sud und Zwiebelscheiben servieren. Dazu passt frisches Schwarzbrot.

Arbeitszeit: 5 Min.
Garzeit: 35 Min.

4 Zwiebeln, 1 TL Salz, 125 ml Weinessig, 1 TL Zucker, 2 Lorbeerblätter, 1 Nelke, je 5 Pfeffer- und Wacholderkörner, 8 Schweinebratwürste

Schinken-Käse-Toast

Toastbrot auf einer Seite dünn mit Butter bestreichen. Auf die ungebutterte Seite des einen Brotes ½ Schinkenscheibe und den Scheiblettekäse legen, mit Edelsüßpaprika bestreuen. Dann wieder mit ½ Schinkenscheibe belegen und mit der zweiten Brotscheibe (ungebutterte Seite nach unten) bedecken. Etwa 3-4 Minuten pro Seite im Backofen grillen.

Zubereitungszeit: 15 Min.

pro Portion: 2 Scheiben Toastbrot, Butter, 1 Scheibe Schinken, 1 Emmentaler-Scheiblette, Edelsüßpaprika

Sardinen-Toast

Brote auf einer Seite toasten, auf der anderen Seite mit Meerrettich-Butter bestreichen und eine Ölsardine darauf verteilen. Tomatenscheiben auflegen, mit Meerrettich-Butter-Flöckchen bedecken und 6 Minuten überbacken.

Zubereitungszeit: 25 Min.

pro Portion: 2 Scheiben Toastbrot, Meerrettich-Butter, 1 Ölsardine ohne Haut und Gräten, 1 Tomate in Scheiben geschnitten

Toast Tartar

Tartar mit Salz und Pfeffer verkneten und abschmecken. Die Masse auf die Toastbrote streichen und 2 Minuten auf oberster Schiene sehr heiß im vorgeheizten Grill backen.

Zubereitungszeit: 25 Min.

200 g Tatar, Salz, Pfeffer, 4 Scheiben Toastbrot

Croque „Elsässer Art"

Arbeitszeit: 20 Min.
Garzeit: ca. 15 Min.

4 Baguette, 2 TL Butter,
8 Scheiben Schwarzwälder-
Schinken, 2 Zwiebeln,
200 g Sauerrahm,
100 g Gorgonzola,
Salz, Pfeffer, Muskatnuss

Baguettes quer halbieren, dünn mit Butter bestreichen und im vorgeheizten Backofen auf Grillfunktion 2-3 Minuten goldgelb vorbacken, danach herausnehmen. Zwiebeln in feine Streifen schneiden. Sauerrahm mit Gorgonzola in einer Schüssel glatt rühren und mit Salz, Pfeffer und Muskatnuss würzen. Die untere Baguettehälfte gleichmäßig mit der Sauerrahmmischung bestreichen und mit jeweils 2 Scheiben Schinken und Zwiebelstreifen belegen. Die oberen Brothälften auflegen, leicht andrücken und im Backofen bei 180 °C (Umluft 160 °C) 10 Minuten knusprig backen. Anschließend aus dem Backofen nehmen und sofort servieren.

Putenbrust-Tramezzini (Foto Seite 339, rechts)

Arbeitszeit: 30 Min.

150 g Putenbrustaufschnitt,
1 Tomate, 100 g saure Sahne,
1 EL Pinienkerne,
4 Zweige Zitronenthymian,
Salz, Pfeffer, 1 Bd. Rucola,
4 reife Feigen, Saft von
½ Zitrone, 12 große
Scheiben Sandwichtoast

Putenbrustaufschnitt in Würfel schneiden, Tomate waschen, den Stielansatz entfernen und würfeln. Beides mit der sauren Sahne mischen und mit dem Stabmixer fein pürieren. Pinienkerne in einer Pfanne ohne Öl 2-3 Minuten goldbraun anbraten und abkühlen lassen. Zitronenthymian waschen und fein hacken. Beides unter die Creme mischen und mit Salz und Pfeffer würzen. Rucola waschen und trocken schleudern. Die Feigen waschen, den Stiel abschneiden, in dünne Scheiben schneiden und mit Zitronensaft beträufeln. Sandwichscheiben entrinden und mit einem Nudelholz ca. 3 mm dünn ausrollen. Die Hälfte der Brotscheiben mit Putenbrustpaste bestreichen, Rucola darauf verteilen und mit den Feigenscheiben belegen. Restliche Brotscheiben auflegen, leicht zusammendrücken und diagonal durchschneiden.

Russische Eier mit Gemüse

Arbeitszeit: 30 Min.
Garzeit: ca. 45 Min.
Abkühlzeit: mind. 30 Min.

750 g Kartoffeln (festkochend),
Salz, ½ TL Kreuzkümmel, 200 g
Stangenbohnen, 150 g Karotten,
150 g Erbsen, 4 Gewürzgurken,
3 EL Gewürzgurkensud, etwas Zitronensaft, 3 EL Weißweinessig,
Pfeffer, 2 Eigelbe, 250 ml Distelöl, 8 hart gekochte Eier, ½ TL
Salz, 1 Prise Muskat, 1 TL Zitronensaft, 4 EL Mayonnaise oder
saure Sahne, ½ Bd. Schnittlauch,
4 Anchovifilets

Kartoffeln in einem Topf mit Salzwasser und ½ Teelöffel Kreuzkümmel etwa 30 Minuten weich kochen. Die Bohnen waschen, die Stielenden abschneiden und 10 Minuten in Salzwasser kochen. Danach herausnehmen, in Eiswasser abschrecken und abgießen. Karotten waschen, schälen und in kleine Würfel schneiden. Zusammen mit den Erbsen in kochendem Salzwasser 5 Minuten blanchieren, danach ebenfalls abschrecken. Kartoffeln schälen und in Scheiben schneiden. Gewürzgurken in feine Scheiben schneiden. Sämtliche Zutaten in einer Schüssel mischen, mit Weißweinessig und Gewürzgurkensud beträufeln und mit Salz und Pfeffer würzen. Eigelbe mit Zitronensaft, Salz, Pfeffer und 1 Esslöffel warmen Wasser mischen. Distelöl in einem dünnen Strahl langsam dazugießen und mit dem Schneebesen kräftig rühren, bis eine cremige Mayonnaise entsteht. Mayonnaise unter den Salat mischen und für 30 Minuten kalt stellen. Inzwischen die Eier schälen und halbieren. Eigelbe herauslösen und mit den anderen Zutaten verrühren. Die Masse in einen Spritzbeutel füllen und die Eierhälften damit befüllen. Die russischen Eier mit Schnittlauchröllchen und Anchovifilets dekorieren und mit dem Salat anrichten.

Lachs-Tramezzini (Foto, links)

Arbeitszeit: 30 Min.

1 Avocado, Saft von ½ Zitrone, 150 g Mascarpone, Salz, Pfeffer, 2 Zweige Basilikum, 2 Tomaten, 12 große Scheiben Sandwichtoast, 200 g Graved Lachs, 1 EL frisch geriebener Meerrettich

Avocado halbieren, den Stein entfernen und das Fruchtfleisch in eine Schüssel geben. Zitronensaft auspressen und mit dem Mascarpone zur Avocado geben. Mit Salz und Pfeffer würzen und glatt rühren. Basilikumblätter waschen und in feine Streifen schneiden. Tomaten waschen, den Stielansatz und das Kerngehäuse entfernen und in kleine Würfel schneiden. Mit dem Basilikum unter die Avocadocreme mischen. Sandwichscheiben entrinden und mit einem Nudelholz ca. 3 mm dünn ausrollen. Die Hälfte davon mit der Avocadocreme bestreichen, anschließend die Graved-Lachsscheiben darauf verteilen. Mit frisch geriebenen Meerrettich bestreuen. Restliches Brotscheiben auflegen, leicht andrücken und diagonal durchschneiden.

TAPAS

Gefüllte Backpflaumen
mit Speck (Foto, unten)

Arbeitszeit: 25 Min.
Garzeit: ca. 15 Min.
Einweichzeit: mind. 1 Std.

20 Backpflaumen ohne Stein,
200 ml aufgebrühten Schwarztee, 20 Scheiben Bauchspeck
(sehr dünn aufgeschnitten),
20 geschälte Mandelkerne,
2 EL Olivenöl

außerdem: Zahnstocher

Backpflaumen mit aufgebrühtem Schwarztee übergießen
und mindestens 1 Stunde einweichen lassen. Zwischenzeitlich die Mandelkerne in kochendem Salzwasser 2-3 Minuten
blanchieren, danach kalt abschrecken und mit Küchenpapier
trocken tupfen. Backpflaumen abgießen, ebenfalls trocken
tupfen und mit jeweils einer Mandel füllen. Anschließend
die Backpflaumen einzeln mit einer Scheibe Bauchspeck
umwickeln und mit einem Zahnstocher befestigen. In einer
großen Pfanne mit Olivenöl die Backpflaumen 8-10 Minuten
bei mittlerer Hitze goldbraun braten, dabei mehrmals
wenden. Aus der Pfanne nehmen und sofort servieren.

Knusprige Garnelen
im Oliven-Backteig (Foto, oben)

Arbeitszeit: 25 Min.
Garzeit: ca. 5 Min.

16 Garnelenschwänze mit Schale
(16/20), Salz, Pfeffer, Zitronensaft, 100 g schwarze Oliven,
2 Zweige Thymian,
100 g Mehl, 1 TL Backpulver,
Fett zum Frittieren

Garnelenschwänze schälen, dabei das Schwanzstück in der
Schale belassen. Anschließend die Garnelen mit einem
scharfen Messer einritzen und den Darm entfernen. In
einem Sieb gründlich abwaschen und mit Küchenpapier
trocken tupfen. Danach mit Salz und Pfeffer würzen, mit
Zitronensaft beträufeln und 10 Minuten ziehen lassen.

Zwischenzeitlich die Oliven sehr fein hacken. Thymian waschen, trocken schütteln und klein schneiden. Mehl in einer Schüssel mit Backpulver mischen, 250 ml kaltes Wasser dazugießen und mit dem Schneebesen zu einem glatten Teig verrühren. Oliven und Thymian untermengen.

Garnelen mit Mehl bestäuben, abklopfen und einzeln durch den Teig ziehen. In einer Fritteuse bei 160 °C 4-5 Minuten goldbraun ausbacken, herausnehmen und sofort servieren.

Tortilla mit Bacalao

Arbeitszeit: 25 Min.

500 g entsalzener, gewässerter Bacalao (getrockneter Klippfisch), 1 Zwiebel, 2 grüne Spitzpaprikas, 4 EL Olivenöl, 6 Eier, 2 EL Milch, Salz, Pfeffer

Gewässerten Bacalao in kleine Stücke zupfen. Zwiebel schälen, halbieren und in feine Würfel scheiden. Paprikas waschen, halbieren, das Kerngehäuse entfernen und klein schneiden. In einer Pfanne mit 2 Esslöffeln Olivenöl die Zwiebeln und Paprikas 3-4 Minuten anbraten, danach den Bacalao dazugeben und weitere 2-3 Minuten bei geringer Hitze dünsten.

Eier in einer Schüssel mit Milch verquirlen und mit Salz und Pfeffer würzen. Den Bacalao in die Eiermischung geben und vorsichtig umrühren. Restliches Olivenöl in die Pfanne gießen, die Eiermischung dazugeben, glatt streichen und 3-4 Minuten bei mittlerer Hitze ausbacken. Anschließend vorsichtig umdrehen, weitere 2-3 Minuten backen. Zum Schluss vorsichtig auf einen Teller heben, die Tortilla in Stücke schneiden und sofort servieren.

Marinierte Sardellen mit Kräuteressig

Arbeitszeit: 30 Min.
Marinierzeit: ca. 3 Std.

20 frische Sardellen (ersatzweise tiefgekühlt), 75 ml Sherryessig, ½ Bd. Petersilie, 3 Knoblauchzehen, Salz, Pfeffer, 250 ml Olivenöl

Die Sardellen reinigen, die Mittelgräte und den Kopf entfernen und gründlich abwaschen. Anschließend in eine Auflaufform legen und mit Sherryessig und 100 ml kaltem Wasser übergießen. Zugedeckt kalt stellen und mindestens 3 Stunden marinieren lassen, bis das Fischfleisch hell geworden ist.

Petersilie waschen, trocken schütteln und fein hacken. Knoblauchzehen schälen und klein schneiden. Danach die Sardellen herausnehmen, erneut abwaschen und mit Küchenpapier trocken tupfen. Die Auflaufform reinigen, Fischfilets flach hineinlegen und mit Salz und Pfeffer würzen. Knoblauch und Petersilie gleichmäßig darüberstreuen und mit Olivenöl bedecken.

GEGRILLTES

Maiskolben, gegrillt

Arbeitszeit: 5 Min.
Garzeit: etwa 25 Min.

pro Person: 1 Maiskolben,
10 g Butter, Salz, Pfeffer

Die Maiskolben mit zerlassener Butter bestreichen, auf den nicht vorgeheizten Grill legen, langsam anheizen und gelegentlich drehen, bis sie goldbraun sind (etwa 20 Minuten). Mit Salz, Pfeffer würzen und eventuell noch etwas (Kräuter-) Butter servieren.

Pilze, gegrillt

Arbeitszeit: 10 Min.
Garzeit: 4-5 Min.

500 g Pilze (Steinpilze, Champignons), Butter, Salz, Pfeffer

Die Pilze säubern und die Stiele entfernen. Die Köpfe mit der runden Seite nach oben etwa 4-5 Minuten vorsichtig grillen, gelegentlich wenden.
Die Pilze salzen, pfeffern, ein kleines Stück Butter daraufgeben und noch einmal 4-5 Minuten grillen.

Kartoffeln, gegrillt

Arbeitszeit: 5 Min.
Garzeit: 20-40 Min.

4 mittelgroße, mehligkochende Kartoffeln, 4 TL Butter, Salz

außerdem: Alufolie

Die Kartoffeln waschen, in Alufolie wickeln und unter häufigem Wenden 20-40 Minuten grillen. Die Kartoffeln vor dem Servieren oben kreuzweise einschneiden, mit einem Stück Butter belegen und salzen.

Tomaten, gegrillt

Arbeitszeit: 5 Min.
Garzeit: 10-15 Min.

8 feste Tomaten, Salz, Pfeffer,
1 EL Öl, ½ Bd. frischer
Schnittlauch oder Petersilie

außerdem: Alufolie

Die Tomaten waschen, trocknen, oben kreuzweise einschneiden, in ein „Körbchen" aus Alufolie setzen, salzen und leicht pfeffern. Mit Öl beträufeln und 10-15 Minuten grillen. Vor dem Servieren mit geschnittenem Schnittlauch oder gehackter Petersilie bestreuen.

Gegrillter Schafskäse mit Chili und Tomaten

Arbeitszeit: 25 Min.
Garzeit: ca. 10 Min.

3 EL Olivenöl, 4 x 200 g Schafskäse, 4 Tomaten, 1 grüne Chilischote, 50 g schwarze Oliven,
4 Stiele Oregano, Salz, Pfeffer

außerdem: Alufolie

4 große Stücke Alufolie mit 1 Esslöffel Olivenöl bepinseln und mit je einem Stück Schafskäse belegen. Tomaten waschen, den Stielansatz entfernen und in Scheiben schneiden. Chilischote in feine Ringe schneiden. Oliven quer halbieren. Oregano waschen, trocken schütteln und fein hacken. Den Schafskäse mit den Tomatenscheiben belegen, Chiliringe und Oliven darauf verteilen, Oregano gleichmäßig darüberstreuen und mit Salz und Pfeffer würzen.

Zum Schluss mit dem restlichen Olivenöl beträufeln und die
Alufolie fest zu Päckchen verschließen. Anschließend auf
den Grill legen und 10 Minuten von beiden Seiten grillen.

Halloumi-Grillspieße (Grillkäse)

Den Grillkäse in 2 cm breite Würfel schneiden. Thymian
waschen, trocken schütteln und fein hacken. Käsewürfel mit
Öl, Thymian, Salz, rosa Pfefferbeeren und Ahornsirup
würzen und zugedeckt mindestens 1 Stunde marinieren.
Die Tomaten waschen, abtropfen lassen und den Stielansatz
entfernen. Danach abwechselnd Grillkäse und Tomaten auf
4 Metallspieße stecken. Die Spieße auf den Grill legen und
7-8 Minuten grillen. Dazu schmeckt frisches Fladenbrot.

Arbeitszeit: 25 Min.
Garzeit: ca. 15 Min.
Marinierzeit: mind. 1 Std.

800 g Halloumi-Grillkäse,
3 Zweige Thymian, Salz,
1 TL rosa Pfefferbeeren,
1 EL Ahornsirup, 300 g kleine
Strauchtomaten, 2 EL Olivenöl

außerdem: 4 Metallspieße

Scampi vom Grill

Die Scampi in einer Schüssel mit dem Zitronensaft marinieren. Die Knoblauchzehen schälen, fein hacken und mit der
Kräutermischung, dem Salz und dem Öl verrühren. Die Marinade über die Scampi geben und etwa 2 Stunden kühl
stellen – dabei gelegentlich schwenken.
Die Scampi abtropfen lassen und auf dem vorbereiteten
Grill etwa 3-4 Minuten von jeder Seite grillen. Dazu passt
frisches Weißbrot und Knoblauchsauce.

Arbeitszeit: 10 Min.
Ruhezeit: 2 Std.
Garzeit: 10 Min.

16-20 küchenfertige Scampi,
2 EL Zitronensaft, 2 Knoblauchzehen, 1 TL Kräuter der
Provence, Salz, 4 EL Öl

Forellen mit Dillbutter

Arbeitszeit: etwa 10 Min.
Garzeit: 15 Min.

4 frische Forellen (oder TK),
Salz, 1 TL Mehl, etwas Öl,
Saft von ½ Zitrone, 4 Zitronen-
scheiben, 1 EL gehackter Dill

für die Dillbutter: 80 g Butter,
1 EL gehackter Dill, Salz,
2 TL Senf, Zitronensaft,
einige Tropfen Worcestersauce

Für die Dillbutter die Butter schaumig rühren und die anderen Zutaten untermengen, dann pikant abschmecken. Frische Forellen ausnehmen und waschen (Tiefkühlware nur
leicht antauen lassen). Die Forellen trocken tupfen, innen
salzen, mit Zitronensaft beträufeln und mit etwas Dillbutter
befüllen. Außen auf jeder Seite dreimal einschneiden, salzen
(evtl. mit etwas Mehl bestäuben) und auf den mit wenig Öl
bepinselten heißen Rost legen. Pro Seite 5-6 Minuten grillen, dabei vorsichtig einmal wenden. Während des Grillens
ab und zu mit Dillbutter bestreichen. Mit den Zitronenscheiben und mit gehacktem Dill bestreut servieren.

Lachsspieße mit Jakobsmuscheln

Arbeitszeit: 30 Min.
Garzeit: ca. 10 Min.

400 g Lachsfilet (küchenfertig),
12 Jakobsmuscheln (küchenfertig), 1 rote Zwiebel,
1 TL Koriandersaat,
Saft von 1 Limette, Salz,
Zitronenpfeffer, 2 EL Olivenöl

außerdem: 4 Metallspieße

Lachsfilet in 4 cm breite Würfel schneiden, Jakobsmuscheln
waschen und trocken tupfen. Zwiebel schälen, vierteln und
in einzelne Segmente teilen. In kochendem Salzwasser
1-2 Minuten blanchieren, abgießen und mit kaltem Wasser
abschrecken. In einer Pfanne ohne Öl die Koriandersaat
3-4 Minuten anbraten und dann im Mörser fein zerstoßen.
Danach pro Spieß abwechselnd je 3 Jakobsmuscheln,
2 Lachswürfel und dazwischen rote Zwiebeln stecken. Die
Spieße mit Koriander, Limettensaft, Salz und Zitronenpfeffer
würzen und mit Olivenöl beträufeln. Auf den Grill legen und
7-8 Minuten von beiden Seiten grillen.

Grill-Fischplatte

Den Fisch und die Krabben waschen und trocken tupfen. Den Zitronensaft auf die Meeresfrüchte träufeln, alles salzen, pfeffern und mit frischen Kräutern würzen. Die Butter oder das Butterschmalz zerlassen, die Meeresfrüchte damit bestreichen und auf dem Grill garen.

Arbeitszeit: 10 Min.
Garzeit: etwa 15 Min.

1,5 kg frische Fische in Scheiben oder großen Stücken (Tunfisch, Lachs etc.), 200 g Krabben, 2 Zitronen, Salz, Pfeffer, 1 Bd. frische Kräuter, 50 g Butter oder Butterschmalz

TIPP   Am besten schmeckt diese Fisch-Variation im Sommer frisch vom Holzkohlegrill, aber man kann das Gericht auch auf jedem anderen Grill und sogar in der Pfanne zubereiten. Als frische Kräuter empfehlen sich Petersilie, Dill, Thymian, Estragon, Basilikum, Majoran und Rosmarin.

Grilldorade im Senfmantel

Die Fische waschen, trocken tupfen, salzen, pfeffern und mit dem süßen Senf bestreichen. Die Frühlingszwiebeln in Scheiben und die Tomaten in Würfel schneiden. Den Mozzarella ebenfalls würfeln. Frühlingszwiebeln, Tomaten und Mozzarella mischen und mit Zitronensaft, würzigem Senf, Basilikum und etwas Zucker würzen. Die Doraden mit der Mischung füllen und in Alufolie einwickeln und auf dem Grill etwa 20 Minuten garen.

Arbeitszeit: 20 Min.
Garzeit: etwa 20 Min.

4 küchenfertige Doraden (à 200 g), Salz, Pfeffer, 3 EL süßer Senf, 2 Frühlingszwiebeln, 2 Tomaten, 125 g Mozzarella, 2 TL Zitronensaft, 4 EL würziger Senf, 2 TL Basilikum, 1 Prise Zucker

außerdem: Alufolie

Grill-Karpfen

Den ausgenommenen, geschuppten und kalt gespülten Karpfen trocken tupfen, mit Zitronensaft beträufeln und 30 Minuten ziehen lassen. Dann auf dem geölten Rost nicht zu heiß grillen. Dabei leicht mit Salz, Paprika und Petersilie würzen. Pro 250 g Fisch rechnet man 15-20 Minuten Grillzeit. Dazu schmecken Mayonnaise und Kartoffeln.

Arbeitszeit: 30 Min.
Ruhezeit: 30 Min.
Garzeit: nach Gewicht

1 Karpfen (1-1½ kg) oder 4 Karpfenscheiben (à 300 g), Zitrone, Salz, Edelsüßpaprika, 1 TL gehackte Petersilie, Öl

Curryspieße

Fleisch in 1 cm dicke Würfel schneiden. Für die Currymarinade die Zutaten in der angegebenen Reihenfolge in einer Schüssel verrühren und das Fleisch darin mindestens 1 Stunde marinieren. Speck in Scheiben schneiden und abwechselnd mit dem Fleisch und den Ananasstücken auf die Spieße stecken. Die Spieße 12-15 Minuten grillen und währenddessen ab und zu mit der Marinade bepinseln.

Arbeitszeit: 20 Min.
Ruhezeit: 1 Std.
Garzeit: 12-15 Min.

600 g Filetfleisch, 80 ml Öl, Saft von 1 Zitrone, 1 EL Currypulver, 1 TL Zwiebelpulver, Salz, 1 Dose Ananasstücke, 100 g Speck (am Stück)

Tandoori-Ananas-Putenspieße

Arbeitszeit: 20 Min.
Garzeit: ca. 15 Min.
Einweichzeit: mind. 1 Std.

600 g Putenbrustfilet, 300 g
Sahnejogurt, 150 g Tandooripaste, Salz, Pfeffer, 1 Ananas
(ca. 700 g), 1 Zwiebel,
2 EL Olivenöl

außerdem: 1 Gefrierbeutel,
Metall- oder Holzspieße

Putenbrust in 2 cm breite Würfel schneiden und in einen
Gefrierbeutel geben. Jogurt, Tandooripaste, Salz und Pfeffer
in einer Schüssel glatt rühren und über das Fleisch gießen.
Den Beutel verschließen, gut mischen und mindestens
1 Stunde kalt stellen.
Zwischenzeitlich die Ananas schälen, dabei alle braunen Au-
gen entfernen und der Länge nach sechsteln. Den Strunk
abschneiden und das Fruchtfleisch in 2 cm dicke Spalten tei-
len. Zwiebel schälen und ebenfalls sechsteln. Danach die
Putenbrustwürfel aus der Marinade nehmen und abwech-
selnd mit Ananasspalten und Zwiebelstücken auf 8 Metall-
oder Holzspieße stecken.
In einer Grillpfanne mit Olivenöl die Grillspieße bei starker
Hitze 3-4 Minuten rundum anbraten. Anschließend auf ein
Backblech legen und im vorgeheizten Backofen bei 200 °C
(Umluft 180 °C) 10 Minuten zu Ende garen.

Kalbsmedaillons, gegrillt

Arbeitszeit: 12 Min.
Ruhezeit: 2-3 Stunden
Garzeit: etwa 10 Min.

600 g Kalbsfilet, 1 TL Öl,
3 EL Cognac, 8 Champignons,
Zitronensaft, 40 g Butter, Salz,
gehackte Petersilie

außerdem: Alufolie

Filet enthäuten, in 8 Medaillons schneiden, diese mit einer
Mischung von Öl und Cognac einreiben, gut in Alufolie ver-
packen und 2-3 Stunden ruhen lassen.
Danach die Champignonköpfe mit Zitronensaft beträufeln
und bei geschlossenem Topf in der Butter dämpfen.
Inzwischen die Medaillons trocken tupfen, auf den heißen
Grill legen und 3-5 Minuten pro Seite grillen. Salzen.
Die Medaillons auf vorgewärmten Tellern anrichten, mit den
Champignons belegen und mit Petersilie bestreuen.

Pfeffersteak vom Grill

Arbeitszeit: gesamt 15 Min.
Ruhezeit: etwa 2 Std.
Garzeit: etwa 15 Min.

4 dicke Filetsteaks (500 g),
2 TL grüne eingelegte Pfefferkörner, Salz, 60 ml Öl, 1 grüne
Paprikaschote, 2 Tomaten,
frisch gemahlener Pfeffer

für die Würzbutter:
50 g Butter, Salz, weißer Pfeffer,
1 EL Senf, 1 EL gehackte
Petersilie, etwas Zitronensaft,
Worcestersauce

außerdem: Frischhaltefolie

Die Steaks mit leicht zerhackten Pfefferkörnern bestreuen
und diese fest andrücken, mit Öl bestreichen und 1-2 Stun-
den zugedeckt marinieren.
Paprika entkernen und in breite Streifen schneiden, Tomaten
oben kreuzweise einschneiden, salzen und pfeffern. Die
Steaks nach dem Marinieren von beiden Seiten 3-6 Minuten
grillen und am Schluss salzen und pfeffern. Paprika und
Tomaten langsam mitgrillen.
Für die Würzbutter die Zutaten mit der schaumig gerührten
Butter vermengen und pikant abschmecken. Daraus eine

Rolle formen, in Frischhaltefolie wickeln und im Kühlschrank
sehr fest werden lassen. Vor dem Servieren in dicke Scheiben schneiden.

Die Steaks zum Servieren in fingerdicke Streifen schneiden
und mit je einer Scheibe Würzbutter belegen. Als Beilagen
passen gut Pommes frites und ein grüner Salat.

Nackensteaks mit Biermayonnaise

Die Knoblauchzehen schälen und fein hacken. Kreuzkümmel
grob hacken, Chilischote in feine Ringe schneiden. Nackensteaks in einen 6-Liter Gefrierbeutel legen, Knoblauch,
Kreuzkümmel, Chilischote, Senf, 100 ml Bier, Olivenöl und
Pfeffer dazugeben und fest verschließen. Die Marinade mit
den Händen 2-3 Minuten kräftig einmassieren und das
Fleisch für mindestens 3 Stunden kalt stellen.

Für die Biermayonnaise Eigelbe mit Salz, Pfeffer, Senf und
1 Esslöffel warmen Wasser verqirlen. Distelöl in einem
dünnen Strahl dazugießen und mit dem Rührgerät solange
rühren, bis die Mayonnaise cremig fest ist. 50 ml Exportbier
langsam einrühren und danach kalt stellen.

Die Nackensteaks aus dem Gefrierbeutel nehmen, salzen
und auf dem Grill 10-12 Minuten gar grillen, dabei einmal
wenden. Mit der Biermayonnaise anrichten und sofort
servieren.

Arbeitszeit: 30 Min.
Garzeit: ca. 15 Min.
Marinierzeit: mind. 3 Std.

2 Knoblauchzehen, ½ TL Kreuzkümmel, 1 kleine Chilischote,
4 Nackensteaks ohne Knochen,
3 TL Senf, 150 ml Exportbier,
50 ml Olivenöl, 2 Eigelbe,
Salz, Pfeffer, 300 ml Distelöl

außerdem: Gefrierbeutel

Gegrillte Limetten-Buttermilch-Hähnchenbrust

Arbeitszeit: 25 Min.
Garzeit: ca. 15 Min.
Einweichzeit: mind. 1 Std.

4 Hähnchenbrustfilets
(à 200-250 g), ½ l Buttermilch,
2 Limetten, 1-2 Stängel Zitronengras, 1 Msp. Wasabi, Salz,
Pfeffer, 2 EL Olivenöl

Die Hähnchenbrüste waschen und mit Küchenpapier trocken tupfen. Limetten heiß abwaschen, eine Limette abreiben und danach beide auspressen. Limettenschale und -saft mit Buttermilch und Öl in einer Schüssel mischen, Zitronengras in Stücke schneiden, dazugeben und mit Wasabi, Salz und Pfeffer würzen. Die Hähnchenbrüste einlegen und zugedeckt mindestens 3 Stunden kalt stellen. Anschließend das Hähnchenfleisch aus der Marinade nehmen, abtupfen und von beiden Seiten 12-15 Minuten knusprig grillen.

Hähnchenkeulen mit Zitronenbutter

Arbeitszeit: 5 Min.
Ruhezeit: etwa 30 Min.
Garzeit: 30-40 Min.

8 Hähnchenkeulen,
5 EL Olivenöl, Salz, Pfeffer,

2 Zitronen,
100 g weiche Butter

Die Hähnchenkeulen salzen und leicht pfeffern. Öl und Saft von einer Zitrone miteinander verrühren und die Hähnchenkeulen damit begießen. 30 Minuten ziehen lassen. Für die Zitronenbutter das Fleisch einer Zitrone sehr klein schneiden oder pürieren und mit der weichen Butter mischen. Im Kühlschrank wieder hart werden lassen. Hähnchenkeulen aus der Marinade nehmen und auf dem heißen, leicht gefetteten Grill goldgelb grillen (pro Seite etwa 15-20 Minuten). Vor dem Servieren mit einer Scheibe Zitronenbutter belegen.

Balkanspieße

Fleischstücke etwas flach klopfen und in Würfel schneiden. Zwiebeln schälen, Paprikaschoten waschen und in Stücke schneiden. Alle Zutaten abwechselnd auf die Spieße stecken, mit Salz und Pfeffer würzen. Die fertigen Spieße mit Öl bestreichen und etwa 15 Minuten grillen, dabei mehrmals wenden und erst vor dem Servieren salzen. Mit gegrillten Tomaten oder Kartoffeln und frischem Salat servieren.

Arbeitszeit: 10 Min.
Garzeit: etwa 20 Min.

je 150 g Rind-, Schweine- und Kalbfleisch, 4 kleine Zwiebeln, 50 g durchwachsener Speck, 4 grüne Paprikaschoten, 4 Tomaten, Pfeffer, Salz, 2 EL Öl

außerdem: Grillspieße

Spareribs

Die Rippen mit Küchenpapier trocken tupfen und in Portionsstücke teilen, in eine Schüssel legen. Tomatenmark, Rotwein, Öl, Essig, Honig, Thymian, Nelkenpulver und die zerdrückten Knoblauchzehen mit Pfeffer würzen und vermischen. Die Marinade über das Fleisch geben und über Nacht durchziehen lassen.
Vor dem Grillen die Fleischstücke abtrocknen und auf jeder Seite etwa 15 Minuten grillen. Dabei immer wieder mit der Marinade einpinseln und erst zum Servieren salzen.

Arbeitszeit: 15 Min.
Ruhezeit: über Nacht
Garzeit: 30-40 Min.

ca. 1 kg Spareribs (Schweinerippen), 3 EL Tomatenmark, ¼ l trockener Rotwein, 3 EL Öl, 1 EL Honig, 2 EL Essig, 1 EL getrockneter Thymian, Nelkenpulver, 2 Knoblauchzehen, Pfeffer, Salz

> **TIPP** *Sie können den Honig auch weglassen und durch einen feinen oder scharfen Senf ersetzen, das macht den Geschmack etwas herzhafter und deftiger. Mit Cayennepfeffer nach Belieben werden die Spareribs mexikanisch-scharf.*

Lammkeule vom Spieß

Das Öl mit Zimt, Nelkenpulver, Pfeffer, Muskat und Safran verrühren, Knoblauch in Stifte schneiden. Die Keule von der Haut, dem Fett und den Flechsen säubern, mit den Knoblauchstiften spicken, die Würzpaste ins Fleisch reiben und in Alufolie eingeschlagen über Nacht im Kühlschrank durchziehen lassen.
Dann die Keule auf dem Grillspieß befestigen (am besten vor senkrecht gestellter Glut) und unter ständigem Drehen etwa 60 Minuten grillen. Nach 45 Minuten mit einer Mischung aus Honig, Öl und Cayennepfeffer bestreichen, damit eine knusprige Kruste entsteht. Mit Mandelplättchen bestreut servieren und das Fleisch mit der Faser, parallel zum Knochen ablösen. Dann das restliche Fleisch quer zur Faser aufschneiden.

Arbeitszeit: 30 Min.
Ruhezeit: über Nacht
Garzeit: etwa 1 Stunde

1 Lammkeule (ca. 1½ kg), 4 EL Öl, 1 TL Zimtpulver, 1 TL Nelkenpulver, 1 EL grober Pfeffer, 1 Msp. Muskatnuss, 1 Msp. Safran, 4-6 Knoblauchzehen, 4 EL Honig, 2 EL Öl, Cayennepfeffer, Mandelblättchen

außerdem: Alufolie

BARBECUE- & GRILLSAUCEN

Hummus (Kichererbsenpaste)

Arbeitszeit: 20 Min.
Garzeit: ca. 1½ Std.
Einweichzeit: mind. 12 Std.

200 g Kichererbsen (getrocknet),
1 kleine Zwiebel, 2 kleine
Lorbeerblätter, 4 Nelken, Salz,
3 Knoblauchzehen, 1 TL Paprikapulver edelsüß, ½ TL Kreuzkümmel gemahlen, 1 Msp. Cayennepfeffer, 3 EL Sesampaste (Tahin),
2 EL frisch gehackte Petersilie,
Saft von 1 Zitrone

Kichererbsen waschen und in einer Schüssel mit kaltem Wasser über Nacht einweichen, danach abgießen und gründlich
abspülen. Zwiebel halbieren und mit den Lorbeerblättern
und den Nelken spicken. Kichererbsen in einem Topf mit
Salzwasser und den gespickten Zwiebeln etwa 90 Minuten
bei geringer Hitze köcheln, bis sie gar sind. Danach abgießen und abkühlen lassen. Knoblauch zugeben und mit
Paprikapulver, Kreuzkümmel und Cayennepfeffer zu einer dicken Paste pürieren. Zum Schluss Sesampaste und Petersilie
unterrühren und mit Zitronensaft verfeinern.

Sesamsauce mit Ingwer

Arbeitszeit: 15 Min.
Garzeit: ca. 10 Min.

1 walnussgroßes Stück Ingwer,
50 ml Sojasauce, 3 EL Mirin,
1 EL Tahin (Sesampaste),
3 TL Zucker, ½ TL Sambal Oelek

außerdem: 1 Twist-off-Glas

Ingwer schälen und auf einer Reibe fein reiben. Sojasauce
mit Mirin, Sesampaste, Ingwer und Zucker unter Rühren in
einem Topf erwärmen, bis eine glatte Sauce entsteht.
Mit Sambal Oelek abschmecken und in ein ausgekochtes
Twist-off-Glas füllen.

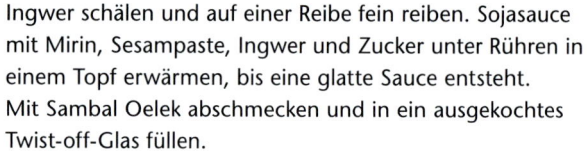

Texicana-Salsa

Arbeitszeit: 25 Min.
Garzeit: ca. 15 Min.

500 g reife Tomaten, 100 g
Silberzwiebeln (aus dem Glas),
1 Chilischote, 2 rote Paprikaschoten, 2 Gewürzgurken,
2 EL Olivenöl, 50 ml Rotweinessig, 150 ml Rotwein,
200 g Gelierzucker, Salz, Pfeffer

Tomaten waschen, Stielansatz entfernen und in kleine Stücke schneiden. Silberzwiebeln abtropfen lassen und grob
hacken. Chilischote in feine Ringe schneiden. Paprikaschoten putzen und klein schneiden. Gewürzgurken in feine Stücke schneiden. In einem Topf mit Olivenöl die Zwiebeln,
Chilischote und Paprikastücke 2-3 Minuten anschwitzen.
Tomaten dazugeben, mit Rotweinessig ablöschen und Rotwein aufgießen. Gelierzucker dazugeben und ca. 15 Minuten bei geringer Hitze köcheln lassen. Zum Schluss mit dem
Stabmixer grob pürieren, abschmecken und kalt stellen.

Apfel-Curry-Ketchup

Arbeitszeit: 20 Min.
Garzeit: ca. 45 Min.

1 Zwiebel, 1 kg vollreife Roma-
(oder Eier-)tomaten, ½ Apfel,
2 EL Olivenöl, 50 ml Apfelessig,
200 ml Tomatensaft, Salz,
Pfeffer, Zucker, ½ TL Curry

außerdem: Einmachgläser

Zwiebel klein schneiden. Tomaten waschen, den Stielansatz
herausschneiden und in grobe Stücke teilen. Apfel waschen
und grob würfeln. Olivenöl in einem Topf erhitzen und die
Zwiebeln farblos darin anschwitzen. Tomaten und Apfelwür-
fel dazugeben, mit Apfelessig ablöschen und mit Tomaten-

saft auffüllen. Mit Salz, Pfeffer, Zucker und Curry würzen und bei mittlerer Hitze ca. 40 Minuten dicklich einköcheln. Anschließend durch ein Sieb streichen, erneut abschmecken und in ausgekochte Einmachgläser füllen.

Cocktailsauce (Foto oben, links)

Eigelbe mit Senf, Zitronensaft und 1 Esslöffel warmen Wasser in einer Schüssel mischen und mit Salz und Pfeffer würzen. Distelöl in einem dünnen Strahl dazugießen und mit einem Schneebesen solange rühren, bis die Mayonnaise cremig fest geworden ist. Anschließend den Sahnejogurt, Tomatenketchup, Orangenabrieb- und saft, Cognac und frisch geriebenen Meerrettich unterrühren. Mit Salz und Pfeffer würzen und Cocktailsauce kalt stellen.

Arbeitszeit: 25 Min.

2 Eigelbe, 1 TL Senf, Saft von ½ Zitrone, Salz, Pfeffer, 150 g Sahnejogurt natur, 150 g Tomatenketchup, 4 cl Cognac, 1 EL frisch geriebener Meerrettich, 250 ml Distelöl, Abrieb und Saft von ½ Orange

Teufelssauce (Foto oben, rechts)

Tomaten waschen, den Strunk entfernen und klein schneiden. Zwiebel und Knoblauchzehe fein hacken. Chilischote in feine Ringe schneiden. Peperoni fein würfeln. Olivenöl in einem Topf erhitzen, Zwiebel und Knoblauch dazugeben und 1-2 Minuten anschwitzen. Chilischote und Tomatenstücke untermischen, mit Gemüsebrühe aufgießen und 10-15 Minuten bei geringer Hitze dicklich einkochen. Die Sauce mit dem Stabmixer fein pürieren und mit Salz, Pfeffer und 1 Prise Zucker würzen. Zum Schluss die Peperoniwürfel einrühren und die Teufelssauce kalt stellen.

Arbeitszeit: 20 Min.
Garzeit: ca. 15 Min.

500 g Tomaten, 1 Knoblauchzehe, 1 Zwiebel, 1 rote Chilischote, 4 eingelegte milde Peperoni, 2 EL Olivenöl, 150 ml Gemüsebrühe, Salz, Pfeffer, 1 Prise Zucker

FONDUE, RACLETTE & HEISSER STEIN

  ## Fischfondue

Arbeitszeit: 45 Min.
Garzeit: ca. 50 Min.

1 kg Fischkarkassen
(z.B. Seezunge, St. Petersfisch,
Steinbutt etc.),
1 Zwiebel, 1 Knoblauchzehe,
½ Stange Lauch, 1 Karotte,
2 Tomaten, ½ Knolle Fenchel,
2 EL Olivenöl, ½ Liter Weißwein,
1 TL Pfefferkörner,
1 Lorbeerblatt,
2 Thymianzweige,
1 Sternanis, 1 TL Meersalz,
300 g Seeteufelfilet,
300 g Red Snapper,
300 g St. Petersfisch,
2 Doradenfilets (ca. 300 g)

1 Stange Baguette,
verschiedene Dipsaucen

außerdem: Fondue-Set

Für den Fischfond die Karkassen gut abwaschen und in Stücke teilen. Zwiebel und Knoblauch schälen und grob hacken. Lauchstange halbieren, waschen und klein schneiden. Karotte waschen, schälen und in Stücke schneiden. Tomaten waschen, den Stielansatz herausschneiden und in Stücke schneiden. Fenchel grob würfeln.

In einem Topf mit Olivenöl die Karkassen 3-4 Minuten farblos anschwitzen, Gemüse dazugeben und weitere 2-3 Minuten schmoren lassen. Mit Weißwein ablöschen, 1½ Liter kaltem Wasser auffüllen und die Gewürze dazugeben. Den Fischfond langsam aufkochen und etwa 30 Minuten bei geringer Hitze köcheln lassen, dabei mehrmals den Schaum abschöpfen. Anschließend durch ein Küchentuch in einen zweiten Topf abgießen und weitere 15 Minuten einkochen lassen.

Zwischenzeitlich die Fischfilets abwaschen, trocken tupfen und in 3 cm breite Würfel schneiden. Zum Schluss den Fond in einen Fonduetopf gießen.

Die Fischstücke auf die Fonduegabeln stecken, im Fond für 2-3 Minuten garen und mit unterschiedlichen Dipsaucen und frischem Baguette servieren.

  ## Käsefondue

Zubereitungszeit: 20 Min.

300 g Bergkäse,
200 g Gruyère (Greyerzer),
1 Knoblauchzehe,
75 ml Weißwein,
1 EL Speisestärke,
Muskatnuss, Pfeffer

1 Baguette oder Weißbrot,
Mixed Pickles

außerdem:
Käsefondue-Set

Damit es sich besser aufspießen lässt, das Brot so schneiden, dass jedes Stück eine Kruste hat. Das *Rechaud* (Tischkocher) vorbereiten.

Den Bergkäse und den Gruyère reiben. Den Knoblauch schälen und halbieren. Das *Caquelon* (Fonduetopf) mit dem Knoblauch ausreiben, etwa 50 ml Wein einfüllen und auf dem Herd einmal aufkochen lassen. Die Hitze reduzieren. Unter stetigem Rühren den Käse sowie den restlichen Wein dazugeben. Mit Pfeffer und Muskatnuss würzen. Ständig leicht weiterrühren, dann mit der Stärke binden, nochmals aufkochen und sofort auf das heiße Rechaud stellen.

Das Weißbrot oder das Baguette auf die Fonduespieße stecken. Die Brotstücke im Käse nicht stehen lassen, sondern eintauchen und sacht in Form einer 8 rühren, sonst brennen sie an. Mit den Mixed Pickles servieren.

TIPP   *Ein Gläschen (Kirsch-)Schnaps macht den Käse sämig und verbessert den Geschmack. Beim Umrühren mit dem restlichen Wein dazugeben.*

Ziegenkäse-Fondue

Halbfesten Ziegenkäse auf einer Gemüsereibe grob reiben, die Ziegenkäse-Rolle in feine Stücke schneiden. Beides in ein *Caquelon* (Fonduetopf) geben, mit Weißwein übergießen und mindestens für 1 Stunde ziehen lassen. Thymian waschen, trocken schütteln und fein hacken. Rosa Pfefferbeeren grob im Mörser zerstoßen.

Den Fonduetopf auf dem Herd bei geringer Hitze erwärmen und den Käse unter ständigem Rühren ca. 10-15 Minuten schmelzen lassen. Ahornsirup, Thymian und Walnüsse unterrühren und mit Pfeffer abschmecken.

Die Maisstärke mit kaltem Wasser glatt rühren und das Käsefondue damit leicht binden. Zum Schluss nach Belieben mit etwas Obstler verfeinern, sofort auf ein *Rechaud* (Tischkocher) stellen und mit dem Essen beginnen. Zum Eintunken nimmt man Bauernbrot, Schwarzbrot, Feigen und Trauben.

Arbeitszeit: 25 Min.
Garzeit: ca. 15 Min.

300 g halbfester Ziegen-Schnittkäse, 200 g Ziegenkäse (Rolle), 300 ml Weißwein, 4 Zweige Thymian, 1 EL rosa Pfefferbeeren, 50 ml Ahornsirup, 50 g gehackte Walnüsse, 4 TL Maisstärke

Bauernbrot, Schwarzbrot, Feigen, Trauben, Obstbrand

außerdem: Käsefondue-Set

Raclette-Schlemmereien

Arbeitszeit: 30 Min.
Garzeit: ca. 10 Min.

800 g Raclette-Käse (in 5 mm dicken Scheiben), Pfeffer, 8 Pellkartoffeln, 1 Glas Cornichons, 1 Glas Perlzwiebeln, 1 Glas Babymais, 100 g Bündner Fleisch

außerdem: Raclette-Set

Grundrezept:
Den Raclettegrill vorheizen. Die Käsescheiben in den Pfännchen verteilen und unter dem Raclettegrill schmelzen. Anschließend mit frisch gemahlenem Pfeffer bestreuen und mit Pellkartoffeln, Cornichons, Perlzwiebeln, Babymais und dem Bündner Fleisch servieren.

200 g Garnelenschwänze ohne Schale (16/20), 100 g Serrano Schinken, 2 Bd. Thaispargel (Asialaden), 100 g Roquefortkäse, Pfeffer

Mit Garnelen, Serrano Schinken und Roquefort:
Die Garnelen abwaschen, trocken tupfen, den Darm entfernen und einzeln mit dem Serrano Schinken umwickeln. Thaispargel in kochendem Wasser 1-2 Minuten blanchieren und abschrecken.
Den Boden der Raclette-Pfännchen mit dem Spargel auslegen, jeweils 2 Garnelen darauf verteilen und mit dem Roquefortkäse bestreuen. Anschließend 3-4 Minuten unter dem Grill überbacken, mit Pfeffer würzen und sofort genießen.

400 g Hühnerbrustfilet, 200 g Crème fraîche, 1 Dose Mandarinen, 1 EL grüne Pfefferkörner in Lake, 2 Kugeln Büffelmozzarella

Mit Hühnerbrustfilet und Mandarinen:
Hühnerbrustfilet von den Sehnen befreien und in Streifen schneiden. Grüne Pfefferkörner und Mandarinenfilets abgießen und mit der Crème fraîche verrühren. Mozzarella in 5 mm breite Scheiben schneiden.

Jeweils 2-3 Fleischstreifen in ein Pfännchen legen und für
2-3 Minuten unter dem Raclettegrill garen.
Anschließend 1 Esslöffel der Mandarinen-Mischung darüber
verteilen, mit 1 Scheibe Mozarella belegen und 3-4 Minuten
überbacken lassen.

Süßes Erdbeer-Raclette:

Die Erdbeeren waschen, den Stielansatz entfernen, halbieren und mit dem Orangenlikör marinieren. Mindestens
15 Minuten ziehen lassen.
Zwischenzeitlich Crème fraîche mit Puderzucker, Eigelben
und Pistazien glatt rühren. Die Erdbeeren in die Pfännchen
verteilen, mit der Creme übergießen und etwa 5 Minuten
unter dem Raclettegrill stocken lassen.

400 g Erdbeeren,
2 cl Orangenlikör,
200 g Crème fraîche,
2 Eigelbe, 1 EL Puderzucker,
1 EL gehackte Pistazien

Land und Meer
vom heißen Stein

Hähnchenbrustfilet in Scheiben schneiden, Rinderfilet in vier
kleine Medaillons teilen. Knoblauchzehe schälen und mit
der Chilischote fein hacken. In einem Gefrierbeutel das Ge-
flügelfeisch mit dem Knoblauch-Chili und 50 ml Olivenöl
mischen und 30 Minuten marinieren lassen.
Den Stein nach Gebrauchsanweisung vorheizen und falls
empfohlen mit etwas Öl einfetten.
Zwischenzeitlich die unteren Rosmarinnadeln von den
Zweigen streifen und je 1 Medaillon damit aufspicken.
Das Fleisch mit Cognac beträufeln und mit Pfeffer würzen.
Lachsfilet in 1 cm breite Streifen schneiden. Koriandersaat
im Mörser fein zerstoßen und mit dem Fischfilet, Teriyakisauce, Limettensaft und Pfeffer marinieren. Garnelen am
Rückgrat einschneiden und den Darm ziehen. Petersilie
waschen, fein hacken, mit dem restlichen Olivenöl mischen
und über die Garnelen verteilen.
Sämtliche Zutaten auf dem heißen Stein 1-2 Minuten von
jeder Seite grillen (die Garnelen etwa 3-4 Minuten), danach
mit Salz würzen und sofort verzehren.

Arbeitszeit: 30 Min.
Garzeit: ca. 10 Min.

300 g Hähnchenbrustfilet,
300 g Rinderfilet, 1 Knoblauchzehe, 1 kleine Chilischote,
100 ml Olivenöl, 4 Zweige
Rosmarin, 1 EL Cognac,
Pfeffer, 300 g Lachsfilet,
1 TL Koriandersaat,
1 EL Teriyakisauce,
Saft von ½ Limette,
8 Garnelen mit Kopf,
½ Bd. Petersilie, Salz

außerdem: Gefrierbeutel,
heißer Stein

> **TIPP** *Dazu können ähnlich wie beim Raclette Pellkartoffeln,*
> *Brot, Salate, Saucen oder Dips serviert werden.*
> *Als Grillgut eignen sich auch Auberginen- oder Zucchinischeiben,*
> *Champignons und Paprikastücke.*

EIS & HALBGEFRORENES

Vanilleeis

Arbeitszeit: 15 Min.
Ruhezeit: etwa 2 Stunden

½ l Milch, 4 Eigelbe,
100 g Zucker, 125 ml Schlagsahne, ½ Vanillestange

Milch, Zucker und Eigelbe verquirlen und mit der ausge-
kratzten Vanillestange in einen Topf geben. Rühren, bis die
Flüssigkeit fast kocht. Dann vom Herd nehmen, die Vanille-
stange entfernen, abkühlen lassen und die steif geschlagene
Sahne unterziehen. In eine Gefrierschale oder in die
Eismaschine füllen und gefrieren lassen.

Fruchteis

Arbeitszeit: 5 Min.
Garzeit: 5 Min.
Kühlzeit: 2 Stunden

500 g Beerenfrüchte,
250 g Zucker,
Saft von ½ Zitrone

Einen halben Liter Wasser aufkochen, die gereinigten
Früchte und Zucker dazugeben und 5 Minuten kochen,
durch ein Sieb streichen und mit Zitronensaft abschmecken.
In eine Gefrierschale oder die Eismaschine füllen und
gefrieren lassen.

Bananen Copacabana

Arbeitszeit: 15 Min.
Garzeit: etwa 15 Min.

4 Bananen, 10 g Butter,
4 EL Rum, 40 g Zucker,
1 Familienpackung Vanilleeis,
100 g Schokolade,
125 ml Sahne

Die Bananen schälen, der Länge nach halbieren und in
die zerlassene Butter legen. Mit Rum beträufeln, mit dem
Zucker bestreuen und in einer geschlossenen Pfanne
erwärmen. Für die Schokoladensauce die Schokolade im
Wasserbad schmelzen lassen und die ebenfalls erwärmte
Sahne langsam dazurühren.
Das Vanilleeis und die Bananen in 4 Portionen auf gekühlte
Dessertteller geben und das Ganze mit heißer Schokoladen-
sauce übergießen.

Kürbiskernparfait

Arbeitszeit: 20 Min.
Kühlzeit: mind. 3 Std.

150 g Zucker, 1 TL Vanillezucker,
3 Eier, 4 Eigelbe, 500 ml Schlagsahne, 200 g gemahlene
Kürbiskerne

außerdem: Frischhaltefolie

Zucker mit dem Vanillezucker mischen. Die Eier und die
Eigelbe mit dem Zuckergemisch in eine Rührschüssel geben
und im Wasserbad (noch besser über Wasserdampf) cremig
schlagen. Die Schüssel in kaltes Wasser stellen und die
Creme weiter schlagen, bis sie abgekühlt ist. Die Schlagsahne in einer weiteren Schüssel steifrühren. Ein Drittel der
Sahne und die gemahlenen Kerne unter die Creme ziehen.
Zum Schluss die übrige Sahne unterheben. Eine Kastenform
mit Frischhaltefolie auskleiden, die Masse hineinstreichen
und im Tiefkühlfach gefrieren lassen.

Pecankrokanteis mit Ahornsirup

Pecannüsse klein hacken, Zucker in einer Pfanne schmelzen, die Nüsse dazugeben und 2-3 Minuten unter ständigem Rühren goldbraun karamellisieren. Danach auf ein Backpapier streichen, mit einem Nudelholz flach walken, abkühlen lassen und grob hacken.

Kalte Kondensmilch in einer Schüssel mit dem Rührgerät schlagen, bis sie fest wird. Anschließend langsam Sahne und Ahornsirup dazugießen und vorsichtig unterrühren. Die Creme in einen geeigneten Behälter füllen und offen 1-2 Stunden in das Gefrierfach stellen, bis sie am Rand fest wird. Danach mit dem Stabmixer cremig pürieren, den Pekannusskrokant unterheben und weitere 2 Stunden gefrieren lassen. Mit ganzen Pecannüssen und Ahornsirup garniert servieren.

Arbeitszeit: 15 Min.
Gefrierzeit: ca. 4 Std.

150 g Pecannüsse,
100 g Zucker,
200 ml Kondensmilch,
300 ml Sahne,
50 ml Ahornsirup

außerdem: Backpapier

Pfirsich Melba

Das Vanilleeis in 4 gut gekühlte Glasschalen verteilen und die Pfirsichhälften mit der runden Seite nach oben daraufgeben. Das Erdbeermark mit dem Cognac glatt rühren (wenn es zu fest ist, noch 1-2 Teelöffel Wasser dazugeben) und die Pfirsichhälften damit überziehen. Zuletzt mit der steif geschlagenen Sahne verzieren. Die Mandeln in der Pfanne leicht anrösten und über die Pfirsiche streuen.

Arbeitszeit: 10 Min.

1 Familienpackung Vanilleeis,
4 Pfirsichhälften, 4 EL Erdbeermark, 2 TL Cognac,
125 ml Sahne,
4 EL Mandelblättchen

Weißes Schokoladenparfait mit Kardamom

Arbeitszeit: 20 Min.
Garzeit: ca. 5 Min.
Gefrierzeit: mind. 4 Std.

200 g weiße Schokolade,
300 ml Sahne, 5 Kardamom-
kapseln, 4 Eigelbe, 75 g Zucker,
2-3 EL Kirschwasser,
50 ml Kondensmilch

Die weiße Schokolade grob hacken und im Wasserbad langsam schmelzen. Sahne mit dem Rührgerät halbfest schlagen und kalt stellen. Kardamomkapseln öffnen, die Samen herausnehmen und im Mörser fein zerstoßen. Eigelbe, Kardamom, Zucker und Kirschwasser über dem Wasserbad mit dem Schneebesen cremig schlagen. Anschließend Kondensmilch und die flüssige Schokolade zugießen und langsam unterrühren. Zum Schluss die Schüssel vom Topf nehmen und die halbfeste Schlagsahne vorsichtig unterheben.
Die Parfaitmasse in Förmchen füllen und mindestens 4 Stunden gefrieren. Mit Raspeln von weißer Schokolade garnieren.

Jogurt-Zitronengras-Eis

Arbeitszeit: 15 Min.
Garzeit: ca. 5 Min.
Marinierzeit: 30 Min.
Gefrierzeit: ca. 4 Std.

3 Stangen Zitronengras,
250 ml Sahne, 500 g Naturjogurt, 100 g Zucker, Saft und
Abrieb von 1 Zitrone

Zitronengras waschen, klein schneiden und in einem Topf mit Sahne und Zucker aufkochen. Für 4-5 Minuten unter ständigem Rühren bei geringer Hitze köcheln lassen, danach vom Herd nehmen und noch 30 Minuten ziehen lassen. Durch ein Sieb gießen und mindestens 1 Stunde kalt stellen. Anschließend Zitronensaft, Zitronenabrieb, Jogurt und die erkaltete Sahnemischung in einer Schüssel zu einer Creme verrühren.

Die Creme in einen geeigneten Behälter füllen und offen für 2 Stunden in das Gefrierfach stellen, bis sie am Rand fest wird. Danach mit dem Stabmixer cremig pürieren und zugedeckt weitere 2 Stunden gefrieren.

Grand Marnier-Parfait

Eigelbe mit dem Zucker über dem heißen Wasserbad schaumig schlagen und anschließend in Eiswasser kalt rühren. Grand Marnier mit einem Esslöffel geschlagener Sahne unter die Eiermasse ziehen, die restliche Sahne mit dem Mandelkrokant vorsichtig unterheben.
Die Parfait-Masse in kleine Förmchen füllen und für mindestens 3 Stunden einfrieren.

Arbeitszeit: 20 Min.
Kühlzeit: mind. 3 Std.

4 Eigelbe, 120 g Zucker, 75 ml Grand Marnier, ½ l geschlagene Sahne, 50 g Mandelkrokant

Omelette surprise mit Himbeereis

Die gefrorenen Himbeeren mit der Sahne, 70 g Zucker und dem Vanillezucker in einem Mixbecher fein pürieren.
Danach in kleine Auflaufförmchen verteilen und mindestens 30 Minuten einfrieren.
Zwischenzeitlich die Mandelstifte in einer Pfanne ohne Öl goldbraun anbraten, herausnehmen und grob hacken. Anschließend die Eiweiße mit einer Prise Salz mischen und mit dem Handrührgerät leicht steif schlagen. Den restlichen Zucker langsam dazugeben und weiterrühren, bis ein fester, glänzender Eischnee entsteht.
Mandeln und Amaretto vorsichtig unter den Eischnee heben und gleichmäßig auf das Himbeereis verteilen. Die Förmchen auf ein Backblech stellen und im vorgeheizten Backofen auf Grillstufe 2-3 Minuten goldbraun gratinieren. Zum Schluss mit den gewaschenen Minzeblättern verzieren und sofort servieren.

Arbeitszeit: 30 Min.
Kühlzeit: mind. 30 Min.
Backzeit: 2-3 Min.

300 g gefrorene Himbeeren, 100 ml flüssige Sahne, 100 g Zucker, 1 Pck. Vanillezucker, 50 g Mandelstifte, 2 Eiweiße, 1 Prise Salz, 4 EL Amaretto

einige Minzeblätter zum Verzieren

Schnelles Waldbeereis mit Sojade

Die Waldbeeren im gefrorenen Zustand mit Sojade, Agavensirup und Zitronensaft in einen Mixbecher geben und mit dem Pürrierstab zu einer cremigen Masse verarbeiten.
Das dadurch entstehende Waldbeereis in dekorative Eisschalen füllen, nach Belieben mit Minze garnieren und sofort servieren.

Arbeitszeit: 20 Min.
Gefrierzeit: ca. 15 Min.

1 Becher Blaubeer-Sojade (400 g, vom Reformhaus), 2 Pck. TK-Waldbeeren (600 g), 3 EL Agavensirup, Saft von ½ Zitrone, evtl. Minzeblätter

CREMES, QUARK & JOGURT

Erdbeer-Soufflé

Arbeitszeit: 15 Min.
Backzeit: etwa 15 Min.

10 Löffelbiskuits, 375 g Erdbeeren, 90 g Zucker, 1 Pck. Vanillezucker, 1 EL Cognac, 4 Eigelbe, 4 Eiweiße, 50 g Zucker, Butter für die Form

Löffelbiskuits zerbrechen und den Boden einer gebutterten Auflaufform damit auslegen. Die Erdbeeren entstielen, waschen und gut abgetropfen lassen, halbieren, mit Zucker und Vanillezucker mischen, über die Löffelbiskuits geben und mit dem Cognac beträufeln.
Eigelbe mit Dreiviertel des Zuckers dickschaumig schlagen. Eiweiße mit dem restlichen Zucker sehr steif schlagen, unterziehen und über die Erdbeeren geben. Bei etwa 180 °C im Backofen 15-20 Minuten goldgelb backen.

Haselnuss-Soufflé

Arbeitszeit: 20 Min.
Garzeit: gesamt etwa 40 Min.

50 g Weizenmehl (Type 405), 40 g Butter, 150 ml heiße Milch, 70 g Zucker, 4 Eier, 100 g gemahlene Haselnüsse, Butter und Haselnüsse für die Formen

Aus Mehl und Butter eine Mehlschwitze zubereiten. Unter Rühren die heiße Milch zugeben. Zucker zufügen und alles zu einer dicklichen Masse einkochen. Etwas auskühlen lassen.
Inzwischen die Eier trennen und Eiweiße steif schlagen. Eigelbe mit den Haselnüssen in die Masse rühren. Den Eischnee vorsichtig unterheben.
4 Förmchen mit Butter auspinseln und mit Haselnüssen ausstreuen. Zu etwa 3/4 mit der Soufflémasse füllen. Bei 180 °C im Backofen ca. 20-30 Minuten backen.

Kaffeecreme

Arbeitszeit: 15 Min.
Ruhezeit: etwa 40 Min.

¼ l starker Kaffee, 100 g Zucker, 1 EL Kakaopulver, 5 Blatt Gelatine, ¼ l Schlagsahne
außerdem:
4 Schoko-Mokkabohnen

Gelatine in wenig kaltem Wasser aufweichen, ausdrücken und in den heißen Kaffee rühren, auflösen, Kakao und Zucker einrühren und kalt stellen.
Sobald die Creme zu stocken beginnt, die steif geschlagene Sahne darunterziehen. Creme in Gläser füllen und mit schokoladenüberzogenen Mokkabohnen garnieren.

Erdbeercreme

Arbeitszeit: 15 Min.
Ruhezeit: etwa 30 Min.

500 g Erdbeeren, 150 g Zucker, 6 Blatt Gelatine, 2 EL Cognac oder Amaretto, ¼ l Sahne

Erdbeeren waschen, gut abtropfen lassen und passieren oder im Mixer pürieren. Den Zucker unterrühren und 15 Minuten ziehen lassen. Die Gelatine in etwas kaltem Wasser quellen lassen, ausdrücken, in 4 Esslöffel heißem Wasser lösen und nach dem Abkühlen mit dem Cognac oder Amaretto unter das Fruchtpüree mischen. Wenn die Creme zu stocken beginnt, die steif geschlagene Sahne unterziehen. In Portionsgläser füllen und mit geschlagener Sahne und frischen Erdbeeren garnieren.

TIPP *Auf die gleiche Weise können Sie auch Aprikosen- oder Pfirsichcreme zubereiten.*

Mascarponecreme mit Amarettini und Aprikosen

Die Vanilleschote längs halbieren und das Mark herauskratzen. Den Mascarpone mit Quark, Vanillemark und 30 g Puderzucker mischen und mit dem Rührgerät 4-5 Minuten schaumig schlagen.
Sahne steif schlagen, vorsichtig unter die Mascarponecreme heben und kalt stellen. Amarettini in einen Gefrierbeutel geben und darin klein zerbröseln. Aprikosen waschen, halbieren, den Stein entfernen und klein schneiden. Mit Amaretto übergießen, mit dem restlichen Puderzucker bestäuben und 10 Minuten marinieren.
Abwechselnd zwei Schichten mit Mascarponecreme, Aprikosenstücke und Amarettini in Gläsern füllen und mindestens 1 Stunde kalt stellen. Zum Schluss mit einem Minzeblatt dekorieren und servieren.

Arbeitszeit: 15 Min.
Marinierzeit: 10 Min.

1 Vanilleschote,
250 g Mascarpone,
250 g Quark,
50 g Puderzucker,
200 ml Sahne,
100 g Amarettini,
8 frische Aprikosen
(ersatzweise aus der Dose),
4 cl Amaretto,
einige Minzeblättchen
zum Dekorieren

außerdem: Gefrierbeutel

 ## Quarkbecher „Schwarzwälder Art"

Arbeitszeit: 20 Min.
Abkühlzeit: mind. 1 Std.

1 Glas Schattenmorellen,
1 TL Speisestärke, 4 cl Kirschlikör, 500 g Quark, 100 ml Milch,
1 Pck. Bourbon-Vanillezucker,
50 g Ahornsirup,
50 g Blockschokolade

Die Schattenmorellen in einem Sieb abtropfen lassen und den Saft aufkochen. Speisestärke mit kaltem Wasser anrühren und den Saft damit binden. Danach in eine Schüssel gießen, den Kirschlikör dazugeben und die Kirschen untermischen. Die Hälfte der Kirschen in Dessertschalen verteilen und mit der Sauce übergießen.

Den Quark mit Milch, Vanillezucker und Ahornsirup glatt rühren und die Kirschen damit bedecken. Restliche Kirschen darauf verteilen und mindestens 1 Stunde kalt stellen. Zum Schluss die Blockschokolade fein schaben, auf den Schattenmorellen verteilen und servieren.

  ## Chaudeau (Weinschaumcrème)

Arbeitszeit: 15 Min.
Garzeit: 15 Min.

¼ l Weißwein, 3 Eier,
70 g Zucker, ½ Zitrone

Weißwein, die ganzen Eier, Zucker und der Saft einer halben Zitrone werden langsam auf kleiner Flamme schaumig geschlagen, bis die Masse beinahe kochend heiß ist.

Wenn große Blasen hochsteigen, sofort vom Herd nehmen und noch einige Zeit weiterschlagen.

Ein geschlagenes Weinchaudeau darf sich nicht absetzen, sondern muss bis auf den letzten Rest fest bleiben.

TIPP *Statt der ganzen Eier können Sie auch nur Eigelbe aufschlagen. Dann 3 Eiweiße mit 80 g Zucker steif schlagen und unter die noch heiße Masse ziehen.*

Blancmanger (Mandelcreme)

Die Mandeln überbrühen, auf ein Handtuch auslegen und aus der Schale drücken. Mit wenig Milch fein reiben, dann mit heißer Milch übergießen und zugedeckt 30 Minuten ziehen lassen. Die aufgelöste Gelatine zugeben, passieren. Zucker und geschlagene Sahne darunterziehen. In Schälchen füllen und kalt stellen.

Arbeitszeit: 15 Min.
Wartezeit: 30 Min.
Ruhe- und Kühlzeit: etwa 1 Std.

250 g Mandeln, ½ l Milch, 15 g Gelatine, 150 g Zucker, 375 ml Sahne

Gestürzte Creme

Die Milch mit der Vanilleschote (oder ersatzweise mit Vanillezucker) aufkochen, danach die Vanilleschote wieder entfernen. Eier, Eigelbe und Zucker zur Milch geben und nach und nach schaumig rühren. Dann die Masse durch ein Spitzsieb streichen und in eine dünn mit Butter ausgestrichene Form füllen. Im Wasserbad bei nicht zu großer Hitze etwa 30 Minuten köcheln. Die Creme vollständig abkühlen lassen und dann erst stürzen.

Arbeitszeit: 15 Min.
Garzeit: 30 Min.

2 Eier, 3 Eigelbe, ½ l Milch, 125 g Zucker, 1 Pck. Vanillezucker oder 1 Vanilleschote, etwas Butter für die Form

Jogurtcreme

Die Orangen gründlich schälen und die Fruchtfilets vorsichtig herauslösen. In 4 Schalen verteilen, mit dem Likör beträufeln, im Kühlschrank 10 Minuten durchziehen lassen. Jogurt mit Puderzucker verrühren und über die Filets geben. Zum Schluss mit Mandelsplittern verzieren und mit dünnen Waffeln oder Löffelbiskuits servieren.

Arbeitszeit: 20 Min.
Ruhezeit: 10 Min.

8 Orangen, 4 cl Orangenlikör, 500 g Naturjogurt, 2 EL Puderzucker, 4 Waffeln oder Löffelbiskuits, 4 TL gehackte Mandeln

Jogurt-Mousse mit Erdbeeren

Vanillejogurt mit Zitronenabrieb und -saft glatt rühren. Gelatine in kaltem Wasser 5 Minuten einweichen, ausdrücken und in 2 Esslöffeln erwärmtem Cointreau auflösen. Danach in den Vanillejogurt gießen, gut mischen und 20 Minuten kalt stellen. Eiweiße und Zucker mischen und mit dem Handrührgerät steif schlagen, danach die Sahne steif schlagen. Die gelierte Jogurtmasse erneut glatt rühren, dann zuerst die Sahne und danach den Eischnee vorsichtig unterheben. Die Masse in Gläser füllen und mindestens 2 Stunden kalt stellen. Vor dem Servieren die Erdbeeren putzen und in Würfel schneiden. Mit Puderzucker und dem restlichen Cointreau marinieren, gleichmäßig über das Jogurtmousse verteilen.

Arbeitszeit: 20 Min.
Abkühlzeit: 2½ Std.
Einweichzeit: ca. 5 Min.

500 g Vanillejoghurt, Saft und Schale ½ Zitrone, 4 Blatt Gelatine, 4 EL Cointreau, 2 Eiweiße, 30 g Zucker, 100 ml Sahne, 500 g Erdbeeren, 1 TL Puderzucker

Erdbeer-Trinkjogurt mit Basilikum

Arbeitszeit: 10 Min.

200 ml Milch, 150 g Naturjogurt, 200 g Erdbeeren (gefroren), 2 TL Ahornsirup, 4 Basilikumblätter

Milch, Naturjogurt, gefrorene Erdbeeren, Ahornsirup und Basilikumblätter in einen Mixer geben und fein pürieren. Den Erdbeer-Trinkjogurt in Gläser geben und nach Belieben verzieren.

Pochierte Rotweinbirnen mit Marzipancreme

Arbeitszeit: 30 Min.
Garzeit: ca. 30 Min.
Marinierzeit: 24 Std.

4 Birnen (z. B.Williams Christ), 150 g Zucker, 125 ml roter Portwein, 250 ml Rotwein, 100 ml Orangensaft, Abrieb und Saft von 1 Zitrone, 1 Zimtstange, 1 Vanilleschote, 1 EL Speisestärke, 100 g Marzipan, 2 Eigelbe, 100 g Zucker, 100 ml Amaretto, 50 g Mandelkrokant

Die Birnen waschen, schälen, mit dem Stiel halbieren und das Kerngehäuse mit einem Kugelausstecher entfernen. Vanilleschote längs halbieren und das Mark herausschaben. Zucker in einem Topf karamellisieren lassen, danach mit Portwein und Rotwein ablöschen und den Orangen -und Zitronensaft dazugießen. Abrieb, Vanilleschote mit Mark und Zimtstange dazugeben und 15 Minuten ziehen lassen. Danach die Birnenhälften in den Sud legen und bei geringer Hitze 6-7 Minuten bissfest garen. Anschließend die Birnen herausnehmen und den Sud mit angerührter Speisestärke leicht binden. Die Birnen erneut in die Flüssigkeit legen und am besten 24 Stunden ziehen lassen.
Für die Marzipancreme das Marzipan in kleine Würfel schneiden und mit Eigelben, Zucker und Amaretto im Wasserbad 4-5 Minuten schaumig schlagen. Zum Schluss die Rotweinbirnen auf Tellern anrichten, mit der Marzipancreme übergießen und mit dem Mandelkrokant bestreuen.

Crème brûlée

Arbeitszeit: 20 Min.
Backzeit: 45 Min.

1 Vanilleschote, 250 ml Milch, 200 g Crème double, 4 Eigelbe, 60 g Zucker, 60 g brauner Zucker zum Karamellisieren

Vanilleschote der Länge nach aufschneiden, ausschaben und in einem Topf mit Milch und Creme double aufkochen. Danach vom Herd nehmen und zugedeckt 10 Minuten ziehen lassen. Anschließend Eigelb und Zucker mit dem Handrührgerät 3-4 Minuten cremig rühren und danach die Vanillecreme dazugießen. Die Creme in kleine Förmchen füllen und im vorgeheizten Backofen auf 110 °C (Umluft nicht geeignet) 35-40 Minuten stocken lassen, bis sich eine Haut gebildet hat. Anschließend abkühlen lassen und für mindestens 3 Stunden kalt stellen. Kurz vor dem Servieren die Creme mit braunem Zucker bestreuen und im Backofen auf Grillfunktion karamellisieren lassen. Die Förmchen aus dem Backofen nehmen und sofort servieren.

SÜßSPEISEN

Pancakes mit Blaubeeren

Vanilleschote längs halbieren und das Mark mit einem Messer ausschaben. Mehl, Backpulver, Vanillemark, Buttermilch und 1 Prise Salz in einer Schüssel mit dem Schneebesen glatt rühren, Eier nach und nach einarbeiten und mindestens 15 Minuten ruhen lassen.
Zwischenzeitlich die Blaubeeren waschen, abtropfen lassen und mit Zitronensaft und Ahornsirup marinieren. Anschließend in einer kleinen, beschichteten Pfanne mit Butterschmalz die Pancakes einzeln 4-5 Minuten goldbraun von beiden Seiten ausbacken. Mit den marinierten Blaubeeren anrichten und am besten warm servieren.

Arbeitszeit: 25 Min.
Backzeit: ca. 40 Min.

1 Vanilleschote,
200 g Mehl, 1 TL Backpulver,
400 ml Buttermilch, 3 Eier,
1 Prise Salz, Butterschmalz,
Ahornsirup, 300 g Blaubeeren,
Zitronensaft

Pfannkuchen (Grundrezept)

Mehl in eine Schüssel sieben, Milch, Eier und Salz gut verquirlen. Eine Grube in die Mitte des Mehles drücken und von dort aus die Flüssigkeit mit dem Mehl zu einem dickflüssigen Teig verrühren, der keine Klümpchen aufweisen darf. Butter oder Butterschmalz in der Pfanne erhitzen, einen Schöpflöffel Teig in die Mitte gießen und die Pfanne drehen, bis sich der Teig über den ganzen Boden verteilt. Erst auf einer Seite goldgelb backen, dann wenden und auf der anderen Seite ausbacken.

Arbeitszeit: 8 Min.
Backzeit: 10 Min.

250 g Mehl, ½ l Milch,
2-3 Eier, 1 Prise Salz,
2 EL Butter oder Butterschmalz

Crêpes (Grundrezept)

Arbeitszeit: 25 Min.
Backzeit: 20-30 Min.

Grundrezept für 8-12 Stück:
½ l Milch, 4 Eier, 250 g Mehl,
2 Prisen Salz, 4 EL Zucker,
2 EL Butter

Eier mit dem Salz in die Milch geben und verquirlen. Mehl und Zucker esslöffelweise unterrühren. Wenig Fett in einer flachen großen Pfanne auf mittlerer Stufe erhitzen. Beim Eingießen des Teiges die Pfanne sofort so bewegen, dass der Pfannenboden gleichmäßig etwa 1 mm dünn bedeckt ist. Jedes Crêpe ca. 1 Minute backen, dann vorsichtig wenden und auf der anderen Seite hell anbräunen.

Pfannkuchen mit süßer Füllung

Arbeitszeit: 20 Min.
Ruhezeit: 30 Min.
Backzeit: 20-30 Min.

Grundrezept für 8-12 Stück:
etwa 160-175 g Mehl,
¼ l Milch, 125 ml Mineralwasser, 2 Eier, 1 Eigelb,
1 Prise Salz, 2 TL Puderzucker,
Fett zum Backen

Aprikosenmarmelade,
Johannisbeergelee o.Ä.

Die Milch mit einer Prise Salz und dem Mehl glatt rühren. Die ganzen Eier, das Eigelb und das Mineralwasser hinzufügen und zu einem dünnflüssigen Teig verarbeiten.
Den Teig vor dem Backen 30 Minuten ruhen lassen, um zu vermeiden, dass er zäh wird.
Ganz wenig Fett in einer Pfanne erhitzen, eine Portion Teig eingießen und dünn und gleichmäßig über den Pfannenboden verteilen. Bei guter Hitze backen, wenden und die andere Seite Farbe nehmen lassen, dann herausnehmen und warm stellen. Alle Pfannkuchen auf diese Weise backen und übereinandergelegt warm stellen.
Erst kurz vor dem Servieren mit der erhitzten und glatt gerührten Marmelade füllen, zusammenrollen, mit Puderzucker bestreuen und servieren. Dazu schmeckt Kompott oder frisches Obst.

Pfannkuchen mit Nussfüllung

Pfannkuchen nach dem vorherigen Rezept zubereiten.
Das Ei trennen. Für die Füllung Butter, Zucker, Vanillezucker,
Salz und das Eigelb schaumig schlagen und dann die geriebenen Haselnüsse dazugeben. Das Eiweiß steif schlagen und
darunterheben. Die Füllung auf den fertigen Pfannkuchen
verteilen und aufrollen. In eine mit Butter gefettete Form
legen und im vorgeheizten Backofen bei 200 °C etwa
10 Minuten überbacken.

Arbeitszeit: 20 Min.
Backzeit: gesamt ca. 30 Min.

12 Pfannkuchen nach
Grundrezept

75 g Zucker, 50 g Butter,
½ Pck. Vanillezucker, 1 Ei,
1 Prise Salz, 100 g gemahlene
Haselnüsse

Pfannkuchen mit Quarkfüllung

Die Pfannkuchen wie im Grundrezept herstellen und warm
stellen. Für die Füllung den Quark auspressen. Die Butter
mit der halben Zuckermenge, Vanillezucker, Salz und Zitronenschale schaumig rühren und die Eigelbe nach und nach
dazugeben. Den Quark unterheben und zum Schluss die
Rosinen dazugeben. Die Eiweiße zu Schnee schlagen, mit
der restlichen Zuckermenge ganz steif schlagen und unter
die Füllung heben. Die Pfannkuchen mit der Creme bestreichen, zusammenrollen, in zwei Teile schneiden und
dachziegelartig in eine gefettete Pfanne legen. Im Backofen
bei 180 °C etwa 30 Minuten backen. Inzwischen für den
Guss die Milch mit saurer Sahne, Puderzucker, Eigelben und
Vanillezucker glatt rühren. Nach 15 Minuten Backzeit die
Pfannkuchen mit dem Guss übergießen und fertig backen.
Zum Servieren leicht mit Puderzucker bestäuben.

Arbeitszeit: 25 Min.
Backzeit: gesamt 30-40 Min.

12 Pfannkuchen nach
Grundrezept

für die Füllung:
250 g Quark, 20 g Butter,
160 g Puderzucker, 2 Eigelbe,
1 Prise Salz, ½ Pck. Vanillezucker,
1 TL geriebene Zitronenschale,
100 g Rosinen, 2 Eiweiße

für den Guss: 125 ml Milch,
250 g saure Sahne,
50 g Puderzucker, 2 Eigelbe,
½ Pck. Vanillezucker

Waffeln (Grundrezept)

Eier trennen. Eiweiße zu steifem Schnee schlagen und kühl
stellen. Zucker und Vanillezucker verrühren. Die Butter in
einer großen Schüssel schaumig schlagen. Nach und nach
das Zucker-Vanillezucker-Gemisch und Eigelbe einrühren.
Backpulver und Mehl mischen und abwechselnd mit lauwarmer Milch in den Teig rühren. Der Teig soll nicht zu
dünnflüssig sein.
Zum Schluss den Eischnee vorsichtig unterheben, nicht
mehr rühren. Das Waffeleisen erhitzen, pro Waffel 2 Esslöffel
Teig hineingeben, verschließen und die Waffeln etwa
2 Minuten goldgelb backen. Nach Geschmack mit Puderzucker, Zimtzucker, Sahne oder Kirschkompott servieren.

Arbeitszeit: 20 Min.
Backzeit: 20-30 Min.

6 Eier, 3-4 EL Zucker,
1 TL Vanillezucker, 250 g Butter,
1 Pck. Backpulver,
500 g Mehl, ½ l Milch

außerdem: Waffeleisen

Scheiterhaufen

Arbeitszeit: 25 Min.
Ruhezeit: etwa 20 Min.
Backzeit: etwa 40 Min.

8 altbackene Brötchen,
½ l Milch, Vanillezucker,
80 g Puderzucker, 3 Eier,
3 Eiweiße, 120 g Zucker,
500 g saure Äpfel, 60 g Butter,
etwas Zimt, 60 g Rosinen,
50 g geriebene Nüsse

außerdem: Backpapier

Die Brötchen in möglichst dünne Scheiben schneiden. Milch mit Zucker, Vanillezucker und 3 ganzen Eiern gut verquirlen. Die Brötchenscheiben in Eiermilch befeuchten und einige Zeit einweichen lassen.
Die Äpfel schälen, entkernen und in feine Scheiben schneiden. Dann die Apfelscheiben mit Zimt, Zucker, Rosinen und zerlassener Butter vermischen. Eine Ofenform abwechselnd mit 3 Lagen Brötchenmasse und dazwischen mit 2 Lagen Apfelscheiben auslegen. Das Ganze gut zusammenpressen, mit Backpapier bedecken und im 180 °C heißen Backofen etwa 40 Minuten backen. Eiweiße zu Eischnee schlagen, Zucker unterrühren und über die fertiggebackene Masse streichen. Mit geriebenen Nüssen und Zucker bestreuen und noch einige Minuten in den heißen Backofen stellen, bis die Eischneehaube Farbe bekommt.

Kirschmichel

Arbeitszeit: etwa 1 Std.
Backzeit: 45 Min.

6 alte Brötchen, 375 ml Milch,
125 g Butter, 125 g Zucker,
5 Eigelbe, 5 Eiweiße, 1 Prise Salz,
je 1 Msp. Zimt und Kardamom,
100 g Mandeln, 750 g Kirschen,
etwas Butter für die Form

Die Brötchen in feine Scheiben oder Würfel schneiden und mit der leicht erwärmten Milch übergießen. Butter mit etwa 100 g Zucker, Eigelben und Gewürzen schaumig rühren. Die geschälten, geriebenen Mandeln und die eingeweichten Brötchen daruntermischen. Die Kirschen waschen, entsteinen und unter die Auflaufmasse geben. Den restlichen Zucker mit den Eiweißen sehr steif schlagen und unterheben. Das Ganze in eine gebutterte Form geben und in dem auf 200 °C erhitzten Backofen 45 Minuten backen. Den Kirschmichel mit geschlagener oder ungeschlagener Sahne servieren. Er schmeckt heiß ebenso gut wie kalt.

Baklava (orientalisches Nussgebäck)

Arbeitszeit: 30 Min.
Garzeit: ca. 15 Min.
Backzeit: ca. 40 Min.

400 g brauner Zucker,
100 g Honig, Abrieb und Saft
von 1 Zitrone, 150 g Butter,
150 g Walnüsse, 150 Mandeln,
15 Filo(Yufka-)teigblätter
(z.B. türkischer Lebensmittelhandel)

250 g Zucker in einem Topf mit 250 ml kaltem Wasser auflösen und bei mittlerer Hitze 10 Minuten zu Sirup kochen. Danach den Honig, Zitronenabrieb und -saft zugeben, weitere 5 Minuten köcheln lassen und kaltstellen. Die Butter schmelzen und beiseitestellen. Walnüsse und Mandeln mit dem restlichen Zucker mischen. Dann 5 Teigblätter mit Butter einpinseln und übereinanderlegen. Diesen Vorgang mit den restlichen Blättern wiederholen, bis 3 Teig-Blöcke bereitliegen. Die erste Teigschicht in eine gebutterte

Backform (20 cm x 30 cm) legen und gleichmäßig mit der Hälfte der Nussmischung belegen. Die zweite Schicht auflegen und die restlichen Nüsse darauf verteilen. Mit der letzten Filoteigschicht abschließen, leicht andrücken und in 12 gleiche Rauten schneiden. Die restliche Butter darauf verteilen und im vorgeheizten Backofen bei 180 °C (Umluft 160 °C) etwa 40 Minuten goldbraun backen. Zum Schluss mit dem Sirup beträufeln und vollständig erkalten lassen.

Spanischer Brot-Pudding mit Trockenpflaumen

Weißbrot in 5 mm breite Scheiben schneiden und in eine flache Form legen. Milch mit 300 g Zucker, Zimt, Zitronen- und Orangenabrieb mischen, über das Brot gießen und mindestens 3 Stunden einweichen lassen. Pflaumen halbieren, mit Brandy übergießen und ebenfalls marinieren lassen. Dann die Eier in einer Schüssel verquirlen und vorsichtig mit den Pflaumen unter die Brotmischung heben.

100 g Zucker in einem heißen Topf nach und nach schmelzen lassen und unter Rühren goldbraun karamellisieren. Anschließend in eine gefettete Kastenform geben. Die Eier-Brot-Mischung darauf verteilen und zugedeckt in ein hohes Backblech mit Wasser stellen. Im vorgeheizten Backofen bei 170 °C (Umluft 150 °C) ca. 40 Minuten stocken lassen. Den fertig gegarten Brotpudding abkühlen lassen, noch lauwarm stürzen und nach Wunsch mit Schlagsahne servieren.

Arbeitszeit: 25 Min.
Ruhezeit: mind. 3 Std.
Backzeit: ca. 15 Min.

1 l Milch, 200 g Weißbrot vom Vortag, 400 g Zucker, 4 Eier, Abrieb von ½ Zitrone, Abrieb von ½ Orange, 1 Msp. Zimt, 8 Pflaumen, 4 cl Brandy, Butter für die Form

Dampfnudeln mit Vanillesauce

Arbeitszeit: 15 Min.
Ruhezeit: etwa 15 Min.
Garzeit: 20-30 Min.

1 Pck. Hefeteig (TK),
40 g Butter,
50 g Zucker,
250 ml Milch,
200 ml Vanillesauce

Den aufgetauten Hefeteig auf einer bemehlten Fläche 5 cm stark ausrollen. In 9 Stücke teilen und zu Kugeln formen. Auf eine bemehlte Fläche legen, mit einem Tuch abdecken und bei warmer Temperatur gehen lassen, bis sich der Umfang verdoppelt hat.

In einer beschichteten Pfanne mit hohem Rand Butter, Zucker und Milch erhitzen. Die Dampfnudeln hineinsetzen und den Deckel mit offener Lüftungsklappe auflegen. Bei mittlerer Hitze etwa 20-30 Minuten garen, ohne den Deckel abzunehmen (sonst fallen die Dampfnudeln zusammen). Die Vanillesauce erhitzen und zu den Dampfnudeln servieren.

Apfelstrudel

Arbeitszeit: etwa 45 Min.
Backzeit: etwa 45 Min.

Strudelteig: 300 g Weizenmehl
(Typ 405), 2 EL Öl, 1 Prise Salz

Füllung: 150 g Butter,
80 g Paniermehl, 1,5 kg säuerliche Äpfel, 200 g Zucker,
1 Msp. Zimt, Abrieb von
½ Zitrone, 100 g Rosinen,
nach Wunsch 80-100 g Nüsse

Butter zum Backen, Puderzucker
zum Bestäuben

außerdem: Frischhaltefolie

Für den Teig das Mehl in eine Schüssel sieben, dann in die Mitte eine Mulde drücken und 1 Esslöffel Öl, Salz und etwa 130 ml lauwarmes Wasser hineingeben.

Das Ganze mit einer Gabel zu einem nicht zu festen Teig verrühren, dann kräftig durchkneten (am besten mit einer Küchenmaschine). Der Teig ist fertig, wenn er sich leicht von den Händen löst und seidenglatt ist. Den Teig zu einer Kugel formen, mit restlichem Öl einreiben, in Frischhalte-folie einwickeln und bei Zimmertemperatur 30-60 Minuten ruhen lassen. 100 g Butter schmelzen lassen.

Den Teig auf einem mit Mehl bestäubten großen Tuch (oder einer Tischdecke) gleichmäßig halbfingerdick ausrollen und durch Untergreifen mit dem Handrücken vorsichtig rundum seidenpapierdünn ausziehen. Die ganze Teigfläche kann etwa 1 m lang und 60-70 cm breit sein. Den Strudelteig mit der Hälfte der geschmolzenen Butter beträufeln. In der anderen Hälfte der Butter das Paniermehl rösten, auskühlen lassen und zwei Drittel der Teigfläche damit bestreichen. Die Äpfel schälen, halbieren, das Kerngehäuse entfernen und dann in dünne Scheiben schneiden. Mit Zimt, Zucker und Zitronenabrieb mischen, über die bestreute Fläche des Strudelteigs verteilen, dann Rosinen und nach Wunsch geriebene Nüsse darüberstreuen. Achten Sie beim Füllen darauf, dass vom ausgezogenen Teig an den Seiten etwa 3 cm und am Ende 10-15 cm frei bleiben.

Den dicken Teigrand abschneiden und durch Hochheben des Tuches den Strudelteig einrollen, und zwar so, dass die nicht belegte Seite des Teiges zum Schluss eingerollt wird. Der zusammengerollte Strudel soll von mindestens zwei leeren Teigschichten umgeben sein.

Auf ein gefettetes Backblech legen, oben mit der restlichen zerlassenen Butter bestreichen und etwa 30-40 Minuten bei 200°C im heißen Backofen goldbraun backen. Während des Backens noch zweimal mit zerlassener Butter bestreichen. Den fertigen Strudel abkühlen lassen und mit Puderzucker bestreuen. Dazu schmeckt Vanilleeis oder -sauce.

Gedünstete Apfelspalten mit Rumsahne

Äpfel waschen, schälen, das Kerngehäuse entfernen und in Spalten schneiden. Mit Zitronensaft beträufeln und gut vermengen.

Den Weißwein, Apfelsaft, Zucker, Zimtstange und Nelken in einem Topf erhitzen und 2-3 Minuten köcheln. Apfelspalten dazugeben und weitere 3-4 Minuten bei geringer Hitze garen. Anschließend vom Herd nehmen und im Sud erkalten lassen.

Sahne mit Vanillezucker und Ahornsirup mischen und mit dem Rührgerät halbfest schlagen. Rum dazugießen und die fertige Rumsahne zu den Apfelspalten servieren.

Arbeitszeit: 20 Min.
Garzeit: ca. 10 Min.

4 säuerliche Äpfel, Saft von 1 Zitrone, 200 ml Weißwein, 200 ml Apfelsaft, 60 g Zucker, 1 Zimtstange, 2 Nelken,

200 ml Sahne,
1 Pck. Vanillezucker,
2 TL Ahornsirup, 1 EL Rum

Arme Ritter

Arbeitszeit: 15 Min.
Backzeit: 15 Min.

6 altbackene Brötchen
für die Eiermilch:
etwa ½ l Milch, 2 Eier,
1 Msp. Salz, 30 g Zucker,
1 Pck. Vanillezucker, ½ Zitrone
Zum Überbacken: Paniermehl,
Backfett, 3 EL Puderzucker,
1 TL Zimt
Obstkompott als Beilage

Von den Brötchen mit einer Reibe die Rinde abreiben und die Brötchen halbieren. Die Milch mit den Eiern verquirlen und mit Salz, Zucker, Vanillezucker und der abgeriebenen Zitronenschale würzen. Über die Brötchen gießen und gut durchziehen lassen. Dann im Paniermehl wenden, in das erhitzte Fett geben (wenigstens 1 cm hoch in der Pfanne oder schwimmend in der Fritteuse), von beiden Seiten goldbraun backen. Abtropfen lassen, mit Zimt und Zucker bestreuen und mit Kompott servieren.

Russische Blinis

Arbeitszeit: 15 Min.
Ruhezeit: 15 Min.
Garzeit: 15 Min.

1 Pck. Trockenhefe, ½ l Milch,
125 g Mehl, 375 g Buchweizenmehl, 4 Eier, 1 Prise Salz,
1 TL Zucker, 100 g Butter,
200 g Apfelkompott,
etwas Zimtzucker

Die Hefe in 125 Milliliter lauwarme Milch geben, 1 Teelöffel Mehl zugeben, verrühren und 30 Minuten gehen lassen. Dann Mehl, Buchweizenmehl, den Rest der Milch, Eier, Salz und Zucker mit dem Vorteig vermischen und mit den Knethaken des Handrührgeräts glatt kneten. Den Teig zugedeckt 15 Minuten an einem warmen Ort gehen lassen.
Danach Blinis mit einem Durchmesser von 10 cm formen und in einer gebutterten Pfanne herausbacken. Mit Zimtzucker bestreuen und mit Apfelkompott servieren.

Milchreis

Arbeitszeit: 5 Min.
Garzeit: etwa 20 Min.

½ l Milch, 250 g Rundkornreis,
60 g Butter, 75 g Zucker, Zimt

Milch mit Butter und Zucker zum Kochen bringen, den gewaschenen, gut abgetropften Reis dazugeben, zugedeckt bei schwacher Hitze etwa 20 Minuten garen. Dabei ab und zu umrühren, damit er sich nicht am Boden absetzt. Mit Zimt und Zucker bestreut servieren.

Reis Trauttmansdorff

Arbeitszeit: 25 Min.
Ruhezeit: ca. 2 Std. zum Kühlen

30 g Rundkornreis (Milchreis),
125 ml Milch, 20 g Zucker,
1 Prise Zimtpulver, 1 Vanilleschote, 1½ Blatt Gelatine,
80 g Früchte, 125 ml Sahne
200 g Pfirsichkompott, 4 Minzeblättchen zum Garnieren

Das Mark aus der Vanilleschote kratzen. Den Reis in einem Topf mit kochendem Wasser etwa 5 Minuten blanchieren. Dann das Wasser abgießen und Milch, Zucker, Vanillemark und Zimt zum Reis geben. Etwa 20 Minuten bei kleiner Hitze garen. Inzwischen die Gelatine in kaltem Wasser einweichen. Das Obst in Würfel schneiden. Sobald der Reis weich ist, die Gelatine darin auflösen, den Reis glatt rühren und kühl stellen. Wenn er zu stocken beginnt, die Sahne halb steif schlagen und unterheben. Die Masse in Förmchen füllen und diese für 2 Stunden kühl stellen. Auf Teller stürzen und mit Pfirsichkompott und Minze garniert servieren.

Apfelreis, gebacken

Reis mit Milch, Zucker, Vanillezucker, Salz und Butter in etwa 20 Minuten weich kochen. Die Äpfel schälen, ausstechen und mit Zucker und Zitrone dünsten. Den Reis in eine gefettete Auflaufform geben, mit etwas Aprikosenmarmelade bestreichen und die Äpfel darauflegen. Puderzucker, 2 Eiweiße und restliche Aprikosenmarmelade zu steifem Schaum rühren, den festen Schnee der anderen 3 Eiweiße unterziehen und darübergeben. Bei etwa 175 °C im Backofen 15 Minuten backen, bis der Schaum zartgelb ist.

Arbeitszeit: 25 Min.
Garzeit: 20 Min.
Backzeit: 15 Min.

125 g Rundkornreis,
½ l Milch, 1 Pck. Vanillezucker,
15 g Zucker, 20 g Butter,
5 Eiweiße, 500 g Äpfel,
50 g Zucker, 1 Zitronenscheibe,
125 g Aprikosenmarmelade,
70 g Puderzucker, 1 Prise Salz

Erdnuss-Brownies

Schokolade klein schneiden und mit der Butter im Wasserbad schmelzen. Den Nougat in kleine Würfel schneiden und die Erdnüsse fein hacken. Eier und Zucker mit dem Rührgerät mindestens 5 Minuten schaumig schlagen. Flüssige Schokolade, Erdnusscreme, Nougatwürfel und Crème fraîche langsam unter die Eiermischung rühren. Mehl, Erdnüsse, Kakao und Salz mischen und mit einem Kochlöffel kurz in die Schaummasse einarbeiten. Den Teig auf ein mit Backpapier ausgelegtes Blech streichen und im vorgeheizten Backofen bei 180 °C (Umluft 160 °C) 30 Minuten backen. Zum Servieren in etwa 5 × 5 cm große Stücke schneiden.

Arbeitszeit: 25 Min.
Backzeit: ca. 30 Min.

200 g dunkle Schokolade
(60 % Kakaogehalt),
200 g Butter, 75 g Nougatmasse,
150 g geschälte, ungesalzene
Erdnüsse, 6 Eier, 250 g brauner
Zucker, 150 feine Erdnusscreme,
150 g Crème fraîche, 4 EL Kakao,
320 g Mehl, 1 Prise Salz

außerdem: Backpapier

Tarte au chocolate

Arbeitszeit: 30 Min.
Backzeit: 20-25 Min.

200 g Zartbitterschokolade
(70 % Kakaogehalt),
100 g Nougatmasse,
200 g Butter,
1 EL Speisestärke, 2 EL Kakao,
1 Pck. Schokoladenpudding,
4 Eier, 120 g Puderzucker,
1 Msp. Kardamom (gemahlen),
Mehl zum Bestäuben

Zartbitterschokolade fein hacken, Nougat in Stücke schneiden. Die Butter klein schneiden und im Wasserbad mit der Schokolade und dem Nougat unter Rühren langsam schmelzen lassen.

Speisestärke, Kakaopulver und Puddingpulver mischen. Anschließend die Eier, Puderzucker und Kardamom in einer Schüssel mit dem Rührgerät mindestens 5 Minuten schaumig rühren. Danach vorsichtig die Schokoladen-Mischung auf niedrigster Stufe einrühren. Zum Schluss die Stärke-Mischung unterheben und mit dem Rührgerät nochmals langsam glatt rühren.

Den Schokoladenteig in eine gefettete und mit Mehl bestäubten Springform geben und im vorgeheizten Backofen bei 180°C (Umluft 160°C) für 20-25 Minuten backen. Die Schokoladen-Tarte kann lauwarm oder kalt serviert werden.

Germknödel (Hefeknödel)

Arbeitszeit: 45 Min.
Garzeit: ca. 10-15 Min.

250 g Mehl, 20 g Hefe, 1 EL
Zucker, 6 EL lauwarme Milch,
½ unbehandelte Zitrone, 1 Ei,
1 Prise Salz, 6 EL Pflaumenmus

außerdem: 4 EL Butter,
60 g gemahlenen Mohn,
2 EL Puderzucker

Für den Vorteig einige Esslöffel Mehl in eine große Schüssel geben und in der Mitte eine Mulde eindrücken. Die Hefe zerbröseln, Zucker und 2 Esslöffel warme Milch hineingeben und zu einem Vorteig verrühren. Etwas Mehl von den Seiten darüberhäufen, mit einem Tuch abdecken und mindestens 15 Minuten an einem warmen Ort gehen lassen. Inzwischen von der Zitrone die Schale abreiben und in eine zweite

Schüssel geben. Die restliche Milch, das restliche Mehl, das Ei und ein Prise Salz hineingeben und verrühren. Diese Mischung zum Vorteig geben, alles zu einem glatten Teig verrühren und zugedeckt weitere 20 Minuten im Warmen gehen lassen.

Den Teig dann in 6 gleich große Stücke teilen und mit bemehlten Händen flach drücken. In die Mitte jeweils einen Esslöffel Pflaumenmus geben. Den Teig darüber zusammenfalten und gleichmäßige Knödel drehen. Die Knödel zugedeckt noch mal 20 Minuten gehen lassen und anschließend in einem großen Topf mit leicht gesalzenem Wasser sanft 5 Minuten köcheln, dann vorsichtig umdrehen und noch einmal gut 5 Minuten weitergaren. Mit einem Holzstäbchen die Garprobe machen.

Inzwischen die Butter in einem kleinen Topf schmelzen. Puderzucker und Mohn mischen. Zuletzt die Knödel mit einem Schaumlöffel aus dem Topf heben, gut abtropfen lassen, auf (vorgewärmten) Tellern anrichten, mit der heißen Butter übergießen, mit dem Mohn-Zucker bestreuen und sofort heiß servieren.

Wachauer Marillenknödel

Für die Knödel Quark, Öl, Ei, Salz und Mehl zu einem glatten Teig verarbeiten. Die Aprikosen (Marillen) waschen, aufschneiden, die Steine entfernen – die Früchte dabei nicht ganz auseinandernehmen – und an die Stelle des Steins jeweils 1 Stück Würfelzucker geben.

In einem entsprechend großen Topf Wasser aufsetzen. Den Teig in 16 Stücke teilen. In jedes Teigstück eine Frucht setzen und den Teig mit bemehlten Händen über die Früchte ziehen. Wenn alle Knödel geformt sind, nacheinander rasch in siedendes Wasser geben und ca. 10 Minuten mehr ziehen als kochen lassen.

Inzwischen für die Brösel die Butter schmelzen, das Paniermehl und den Zucker darin leicht anrösten. Grand Marnier beigeben und die fertigen Knödel darin drehen. Zum Schluss die Knödel nach Belieben mit Puderzucker bestreuen und servieren.

Arbeitszeit: 50 Min.
Garzeit: 10-15 Min.

für die Knödel: 250 g Quark, 2 TL Öl, 1 Ei, 1 Prise Salz, ca. 250 g griffiges Mehl

für die Brösel: 5-6 EL Paniermehl, ca. 40 g Butter, Zucker und Grand Marnier nach Belieben

ca. 16 Aprikosen (Marillen) und ebenso viele Stücke Würfelzucker

etwas Puderzucker

TIPP *Frische einheimische Aprikosen bekommt man von Mitte Juli bis Ende August.*

GRUNDREZEPTE

Mürbeteig

Arbeitszeit: etwa 45 Min.
Kühlzeit: 30 Min.
Backzeit: 15-30 Min.

250 g Mehl, 1 TL Backpulver,
100 g Zucker, 1 Prise Salz,
2 Eigelbe, 1 TL Zitronensaft,
1 Pck. Vanillezucker,
125 g Butter oder Margarine,
Milch oder Rum nach Bedarf

außerdem: Frischhaltefolie

Das Mehl mit dem Backpulver mischen und auf ein Brett oder in eine Rührschüssel geben. Eine Mulde eindrücken und Zucker, Salz, Eigelbe, Zitronensaft und Vanillezucker hineingeben (statt der beiden Eigelbe kann auch ein ganzes Ei verwendet werden). Die zerbröckelte Butter auf den Mehlrand geben, mit einem Teigschaber oder einem Messer alle Zutaten hacken. Dann die Zutaten mit kalten Händen oder dem Knethaken der Küchenmaschine von außen nach innen rasch zu einem glatten Teig verarbeiten.

Den Teig zur Kugel formen und mit Frischhaltefolie bedeckt mindestens 30 Minuten vor der Verarbeitung im Kühlschrank ruhen lassen. Mürbeteig wird bei 190-200 °C je nach Größe des Gebäcks 15-30 Minuten gebacken.

> **TIPP**   *Noch besser schmeckt Mürbeteig, wenn man etwas abgeriebene Zitronenschale und Bittermandelöl hinzugibt.*

Biskuitteig

Arbeitszeit: 30 Min.
Backzeit: 15-25 Min.

6 Eier, 250 g Zucker,
1 Pck. Vanillezucker,
125 g Mehl, 125 g Speisestärke,
½ Pck. Backpulver

außerdem: Backpapier

Die Eier trennen. Eigelbe mit 6 Esslöffeln warmen Wasser schaumig schlagen. Nach und nach Zweidrittel des Zuckers mit dem Vanillezucker zugeben, weiterschlagen, bis eine cremige Masse entsteht. Eiweiße mit dem restlichen Zucker sehr steif schlagen, auf die Eigelbmasse geben. Das Mehl mit Speisestärke und Backpulver vermischen und über die Masse in die Schüssel sieben. Alles vorsichtig unterziehen und nicht zu stark verrühren.

Den Teig auf das mit Backpapier ausgelegte Blech geben und sofort im vorgeheizten Backofen bei 180 °C backen. Das dauert bei niedrigen Blechkuchen 15 Minuten, bei Tortenböden etwa 25 Minuten. Danach abkühlen lassen, das Papier abziehen und auf einem Gitter kalt werden lassen. Biskuitteig sollte ausschließlich in Formen oder auf Blechen gebacken werden, die mit Backpapier ausgelegt sind.

> **TIPP**   *Lässt sich das Papier schlecht abziehen, kann man es mit etwas kaltem Wasser bestreichen, dann lässt es sich leichter entfernen.*

Hefeteig (Foto oben Hefezopf von Seite 384)

Die fein zerbröckelte Hefe in 60 Milliliter der lauwarmen Milch auflösen, etwas Zucker und nur so viel Mehl (etwa 2 Esslöffel) dazugeben, dass ein dickflüssiger Vorteig (auch Dampfl genannt) entsteht. Diesen Vorteig mit ein wenig Mehl bestäuben und in der Schüssel zugedeckt an einem warmen Ort ca. 40 Minuten gehen lassen, bis die Masse Blasen wirft. Dann Butter, Eier, restliche Milch, Zucker und Salz verrühren, das Mehl zugeben und abwechselnd den Vorteig und das übrige Mehl unterarbeiten und den Teig gut verkneten. Wenn der Teig richtig gemischt und durchgearbeitet wurde, ist er zum Schluss seidig glänzend und glatt. Die Schüssel erneut mit einem Tuch bedecken und den Teig an einem warmen Platz gehen lassen, bis er sein Volumen verdoppelt hat.

Vor dem Backen den Teig erneut durchkneten und in seine vorgesehene Form bringen, belegen oder füllen. Dann das Hefegebäck bei etwa 200°C je nach Größe 20-60 Minuten backen.

Arbeitszeit: etwa 40 Min.
Ruhezeit: etwa 40 Min.
Backzeit: 20-60 Min.

500 g Mehl, 40 g Hefe, ¼ l Milch, 60 g Zucker, 40 g Butter, ½ TL Salz, 2 Eier

> **TIPP** Man kann natürlich auch Fertighefe verwenden, die den Vorteig erspart. Die Granulatkörnchen werden einfach unter das Mehl gemischt, und man bereitet den Teig dann so zu, wie es nach dem Gehenlassen des Vorteigs üblich wäre.

Brandteig

Arbeitszeit: etwa 40 Min.
Ruhezeit: etwa 30 Min.
Backzeit: 10-20 Min.

¼ l Milch, 50-75 g Butter,
1 Prise Salz, 150 g Mehl,
2-4 Eier, evtl. etwas Backpulver

Milch und Butter mit 1 Prise Salz in einem Topf gut aufkochen lassen. Den Topf vom Herd nehmen und das Mehl auf einmal hineingeben.

Mit einem Rührlöffel oder den Knethaken des Handrührgerätes bei geringer Temperatur kneten, bis sich ein Kloß bildet, der sich von Topf und Löffel löst und auf dem Topfboden eine weiße Haut zurücklässt. Den Kloß in eine Schüssel geben und abkühlen lassen.

Die Eier aufschlagen und nach und nach in den kalten Kloß einrühren – dabei die Masse jedes Mal ganz glatt rühren. Es ist möglich, jetzt noch etwas Backpulver hineinzuarbeiten. Bei 200-220 °C im vorgeheizten Backofen backen.

Blätterteig

Arbeitszeit: etwa 60 Min.
Ruhezeit: 5 Std.
Backzeit: 10-20 Min.

100 g Mehl, 250 g Butter,
200 g Mehl, 1 Prise Salz,
1 TL Öl, 1 Ei

Aus den ersten beiden Zutaten einen Butterblock vorbereiten: Dazu Butterscheiben abnehmen und mit dem Mehl zusammenkneten. Den Butterblock zu einem Ziegel formen und kalt ruhen lassen.

200 g Mehl auf einem Brett häufen, in die Mitte eine Mulde drücken, dann Salz, Öl und das Ei hineingeben und vermischen. 125 Milliliter eiskaltes Wasser dazugeben und zu einem geschmeidigen Teig verarbeiten.

Den Teig 5 mm dick ausrollen, den gekühlten Butterblock in die Mitte legen und die Ränder von allen Seiten darüberschlagen. Mit einem Nudelholz vorsichtig von der Mitte bis zum Rand klopfen, bis das Rechteck fingerdick ist. Die beiden Teigenden rechts und links übereinanderschlagen und 20 Minuten kalt stellen. Diesen Vorgang noch zweimal wiederholen.

Blätterteig im Backofen bei etwa 225 °C je nach Größe des Gebäcks 10-20 Minuten backen.

> **TIPP** *Man muss immer darauf achten, dass der Blätterteig beim Zubereiten sehr kalt bleibt, denn das ist das Geheimnis, damit er beim Backen in vielen knusprigen Blättern aufgeht. Das Backblech wird für den Blätterteig nicht eingefettet, sondern mit kaltem Wasser befeuchtet. Wenn das Rezept vorschreibt, dass der Teig mit Eigelb bestrichen werden soll, darf nichts davon auf die Ränder kommen, sonst geht der Teig nicht gut auf.*

BROT & BRÖTCHEN

Englische Brötchen mit Lavendelhonig

Hefe und Honig mit 125 ml Wasser anrühren, danach nochmals 125 ml Wasser und den Jogurt unterrühren. Mehl mit Salz in eine große Schüssel geben, die Hefemischung dazugießen und mit dem Rührgerät zu einem geschmeidigen Teig verkneten. An einem warmen Ort zugedeckt 45 Minuten gehen lassen, bis sich das Volumen verdoppelt hat. Dann den Teig auf einer bemehlten Arbeitsfläche etwa 1,5 cm dick ausrollen. Mit einem Glas Kreise ausstechen, Teigreste zusammenkneten, erneut ausrollen und restlichen Teig ausstechen. Die Brötchen mit Grieß bestreuen, auf ein bemehltes Backblech setzen und weitere 15 Minuten abgedeckt gehen lassen. Im vorgeheizten Backofen bei 220°C (Umluft 200°C) 15 Minuten goldbraun backen und warm servieren.

Arbeitszeit: 25 Min.
Ruhezeit: ca. 1 Std.
Backzeit: ca. 15 Min.

1 Pck. Trockenhefe,
1 EL Lavendelhonig,
100 g Naturjogurt,
500 g Mehl (Type 550),
1 Prise Salz, 2 EL Grieß

Korinthenstuten

Hefeteig nach Grundrezept bereiten, zum Schluss die Zitronenschale und die Korinthen zugeben. Den Teig abgedeckt warm stellen, bis er sein Volumen verdoppelt hat, dann in eine gebutterte Kastenform füllen und weitere 30 Minuten zugedeckt gehen lassen. In die Mitte des Teiges mit einem Messer eine Rille ziehen und 30-45 Minuten bei 175-200°C hellbraun backen. Mit Butter bestreichen und servieren.

Arbeitszeit: etwa 40 Min.
Ruhezeit: etwa 50 Min.
Backzeit: 30-45 Min.

500 g Mehl, 30 g Hefe, 100 g Butter, 1 EL Öl, 50 g Zucker, 1 Prise Salz, 1 Ei, 75-100 ml Milch, Schale von ½ ungespritzte Zitrone, 125 g Korinthen (Rosinen), Butter für die Form

Muffins aus Sauerteig

Arbeitszeit: 30 Min.
Ruhe- und Backzeit: 1¼ Std.

1 Pck. Sauerteig (125 g),
1 TL Salz, 300 g Dinkelmehl,
160 g Weizenvollkornmehl,
160 g Dinkelvollkornmehl,
1 Würfel Hefe, 200 g klein
geriebene Karotten,
100 g gehackte Mandeln,
80 g Rosinen, 2 EL Honig

Sauerteig auf etwa 25 °C erwärmen und durchkneten.
200 Milliliter warmes Wasser in eine Schüssel geben, den
Sauerteig hineingeben und gut einrühren. Mit Mehl, Hefe,
Karotten, Mandeln, Rosinen und Honig zu einem sehr weichen, klebrigen Teig verkneten und abgedeckt für 15 Minuten warm stellen. Dann portionsweise in die Muffinform
füllen und abgedeckt warm stellen, bis sich der Teig verdoppelt hat. Den Backofen auf 180 °C vorheizen und die Muffins
auf der zweiten Schiene von unten etwa 1 Stunde backen.

Müsli-Gewürzstangen

Arbeitszeit: 30 Min.
Einweichzeit: 30 Min.
Ruhezeit: ca. 1½ Std.
Backzeit: ca. 35 Min.

150 g Früchtemüsli (ohne
Zuckerzusatz), 300 ml Milch,
2 Kapseln Kardamom,
1 TL Koriandersaat,
400 g Mehl (Type 550),
1 Pck. Trockenhefe, 1 TL Salz,
2 EL Ahornsirup, 200 g Speisequark, 50 g weiche Butter,
1 Eigelb, 50 g Sesam

außerdem: Backpapier

Müsli in einer großen Schüssel mit heißer Milch übergießen
und zugedeckt mindestens 30 Minuten quellen lassen. Kardamomkapseln aufbrechen und die Samen mit der Koriandersaat im Mörser fein zerstoßen. Mehl, Gewürze, Trockenhefe, Salz, Ahornsirup, Speisequark und weiche Butter zu
dem Müsli geben und mit den Knethaken des Rührgerätes
zuerst auf der niedrigsten, dann auf der höchsten Stufe
5-10 Minuten zu einem geschmeidigen Teig verarbeiten. Bei
Bedarf noch 2-3 Esslöffel Milch hinzugießen. Anschließend
den Teig abgedeckt an einem warmen Ort 1 Stunde gehen
lassen, bis sich das Volumen verdoppelt hat.
Den Teig auf einer bemehlten Arbeitsfläche gut durchkneten, zu einer Rolle formen und in etwa 12 Stücke schneiden.

Die Teigstücke zu 15 cm langen Stangen formen, auf ein mit Backpapier belegtes Backblech legen, abdecken und erneut 30 Minuten gehen lassen. Die Stangen mit dem verquirlten Eigelb bestreichen, gleichmäßig mit Sesam bestreuen und im vorgeheizten Backofen bei 180 °C (Umluft 160 °C) 30-35 Minuten goldbraun backen. Die Müsli-Gewürzstangen aus dem Backofen nehmen und abkühlen lassen.

Joggerbrötchen

Mehl und Kleie mischen. Eine Mulde hineindrücken, die Hefe hineinbröckeln und mit 1 Teelöffel Zucker und 5 Esslöffeln lauwarmem Wasser zum Vorteig verrühren. Zugedeckt 30 Minuten gehen lassen. Eier verquirlen (etwas davon zum Bepinseln beiseitestellen). 3 Esslöffel lauwarmes Wasser und Zucker, Salz, Butterflöckchen sowie die Eier zu einem Vorteig mischen und verkneten. Auf einer bemehlten Arbeitsfläche eine Rolle von etwa 4 cm Durchmesser formen, 2 cm dicke Scheiben abschneiden und auf ein bemehltes Backblech legen. Das Blech auf einen breiten, flachen Kochtopf mit heißem Wasser stellen. Mit einem großen Küchentuch abdecken und noch einmal 15-20 Minuten gehen lassen.
Brötchen mit dem restlichen Ei bepinseln und mit Leinsamen oder Kleie bestreuen, bei 200 °C im vorgeheizten Backofen auf der mittleren Schiene 20-25 Minuten backen.

Arbeitszeit: 30 Min.
Ruhe- und Backzeit: etwa 1 Std.

100 g Weizenkleie,
400 g Weizenmehl,
30 g Hefe, 60 g Zucker,
1½ TL Salz, 2 Eier,
100 g Butter (in Flöckchen),
2 EL Kleie oder Leinsamen
zum Bestreuen

Brioches

Milch erwärmen, Butter darin zerlassen, Zucker und Salz unterrühren. Sobald alles lauwarm ist, die Hefe einbröckeln und mischen. Eier unterrühren, Mehl hineinsieben und alles gut durchkneten, bis sich der Teig vom Schüsselrand löst. An einem warmen Platz aufgehen lassen, mit Alufolie abdecken und über Nacht in den Kühlschrank stellen. Auf bemehlter Unterlage zu Kugeln formen und in ausgefettete Törtchenformen legen.
Auf jedes Törtchen noch eine haselnussgroße Hefteteigkugel setzen, damit das typische Brioches-Aussehen zustande kommt. Eine Stunde im Warmen gehen lassen, dann bei 220 °C im vorgeheizten Backofen 15 Minuten backen. Sofort aus den Formen nehmen und noch warm mit Butter oder Marmelade bestrichen verzehren.

Arbeitszeit: 20 Min.
Ruhezeit: 1 Std.
Backzeit: 15 Min.

125 ml Milch, 50 g Butter,
75 g Zucker, 1 Prise Salz,
25 g Hefe, 3 Eier,
400 g Mehl

außerdem: Alufolie

Focaccia mit Antipasti

Arbeitszeit: 20 Min.
Ruhezeit: 1 Std. 20 Min.
Backzeit: ca. 30 Min.

500 g Mehl (Type 550),
2 TL Trockenhefe,
75 ml Olivenöl,
1 TL Salz, 50 g schwarze
Oliven (ohne Stein),
50 g getrocknete Tomaten
in Öl, 1 EL Kapern,
2 Zweige Thymian,
1 Zweig Rosmarin,
1 TL grobkörniges Salz

Mehl, Trockenhefe, 350 ml lauwarmes Wasser, 50 ml Olivenöl und Salz in einer Schüssel mit den Knethaken des Rührgerätes zu einem weichen Teig verarbeiten. Danach abgedeckt 1 Stunde an einem warmen Ort gehen lassen, bis sich das Volumen verdoppelt hat.

Zwischenzeitlich zwei Backbleche mit Öl einfetten und mit Mehl bestäuben. Oliven und getrocknete Tomaten abtropfen lassen und in grobe Stücke schneiden. Thymian und Rosmarin waschen, trocken schütteln und klein schneiden. Den Teig auf einer bemehlten Arbeitsfläche gut durchkneten, danach die Oliven, getrocknete Tomaten, Kapern, Thymian und Rosmarin einarbeiten.

Anschließend den Teig halbieren, zwei ovale Fladen (etwa 28 × 23 cm) daraus formen, auf die Backbleche legen und weitere 20 Minuten gehen lassen. Mit den Fingern kleine Vertiefungen in die Fladen drücken, mit je 1 Esslöffel Olivenöl bepinseln und mit grobkörnigem Salz gleichmäßig bestreuen. Im vorgeheizten Backofen bei 200 °C (Umluft 180 °C) 30 Minuten goldbraun backen und auf einem Gitterrost abkühlen lassen.

Kartoffel-Fenchel Brot

Arbeitszeit: 30 Min.
Ruhezeit: ca. 1½ Std.
Backzeit: ca. 1 Std.

400 g Kartoffeln (mehligkochend), 100 ml Milch,
1 TL Fenchelsamen,
300 g Weizenmehl (Type 550),
100 g Dinkelmehl,
1 Pck. Trockenhefe, Salz, 1 Ei

außerdem: Backpapier

Kartoffeln waschen, schälen, auf einer Reibe fein hobeln und mit heißer Milch in einer Schüssel übergießen. Fenchelsamen im Mörser fein zerstoßen und mit Weizen- und Dinkelmehl, Trockenhefe und Salz vermischen. Die Mischung mit dem Ei unter die geriebenen Kartoffeln geben und mit den Knethaken des Rührgerätes 5-10 Minuten zu einem geschmeidigen Teig verarbeiten. Anschließend an einem warmen Ort zugedeckt 1 Stunde gehen lassen, bis sich das Volumen verdoppelt hat.

Den Teig auf einer bemehlten Arbeitsfläche gut durchkneten und zu einem Brotlaib formen. Auf ein mit Backpapier belegtes Backblech legen, abdecken und erneut 30 Minuten gehen lassen. Im vorgeheizten Backofen bei 225 °C (Umluft 200 °C) zuerst 15 Minuten vorbacken, danach auf 180 °C (Umluft 160 °C) weitere 45 Minuten goldbraun fertig backen. Das Kartoffelbrot aus dem Backofen nehmen und auf einem Gitterrost abkühlen lassen.

KUCHEN & SÜßES GEBÄCK

Gato di Almendra (Mandelkuchen)

Die Eier trennen, die Eiweiße kalt stellen und die Eigelbe mit 200 g Puderzucker 5-10 Minuten zu einer hellen, cremigen Masse schlagen. Die Vanilleschote längs halbieren, das Mark mit einem Messer herausschaben und mit Zitronenabrieb und Zimt unter die Eigelbmasse rühren.
Dann die Eiweiße und 1 Prise Salz mit dem Handrührgerät leicht anschlagen, nach und nach 50 g Puderzucker dazugeben und steif schlagen. Geriebene Mandeln unter die Eigelbmasse mischen und dann den Eischnee vorsichtig unterheben.
Eine Springform (26 cm Durchmesser) mit Backpapier auslegen, den Rand einfetten und die Teigmasse gleichmäßig darin verteilten. Den Kuchen im vorgeheizten Backofen bei 175 °C (Umluft 150 °C) 40-45 Minuten goldbraun backen, danach auf einem Gitterrost abkühlen lassen.
Zum Schluss das Backpapier vorsichtig abziehen und den Gato mit Puderzucker bestreuen. Dazu wird traditionell Mandeleis serviert.

Arbeitszeit: 30 Min.
Backzeit: ca. 45 Min.

6 Eier, 250 g Puderzucker, 1 Vanilleschote, Abrieb von 1 Zitrone, ½ TL Zimt, 1 Prise Salz, 250 g gemahlene Mandeln, etwas Butter für die Form, Puderzucker zum Bestreuen

außerdem: Backpapier

TIPP *Mandeln enthalten wertvolle Mineralstoffe wie Magnesium, Kalium, Calcium, Phosphor und Eisen. Sie sind reich an Vitamin E und wirken somit als Radikalfänger und außerdem wie alle Nüsse reich an ungesättigten Fettsäuren.*

Käsekuchen mit Rosinen

Arbeitszeit: 30 Min.
Ruhezeit: ca. 1 Std.
Backzeit: ca. 1 Std.

für den Teig: 150 g Mehl, ½ TL
Backpulver, 1 Pck. Vanillezucker,
40 g Puderzucker, 1 Prise Salz,
100 g Butterflocken (kalt), 1 Ei

für die Füllung:
75 g weiche Butter, 70 g Zucker,
4 Eier, 500 g Speisequark,
200 ml Sahne, Abrieb und Saft
von 1 Zitrone, 50 g Rosinen
(in Rum eingeweicht),
40 g Speisestärke, 1 Prise Salz,
Butter für die Form, etwas
Puderzucker zum Bestäuben

Für den Teig Mehl, Backpulver, Vanillezucker, Puderzucker, Salz, Butterflocken und das Ei in einer Schüssel mischen und schnell zu einem Teig verarbeiten. Zugedeckt mindestens 1 Stunde kalt stellen. Für die Füllung Butter und Zucker mit dem Rührgerät mindestens 5-10 Minuten schaumig schlagen. Eier trennen und die Eigelbe nach und nach unterrühren. Anschließend Speisequark, Sahne, Zitronenabrieb, Zitronensaft, Rosinen und gesiebte Speisestärke dazugeben und langsam zu einer cremigen Masse weiterrühren. Die Eiweiße mit 1 Prise Salz steif schlagen, dann den Eischnee vorsichtig unter die Quarkmasse heben. Den Mürbeteig etwa 0,5 cm dünn ausrollen, eine gefettete Springform damit auslegen und mehrmals mit einer Gabel einstechen. Die Quarkmasse einfüllen und im vorgeheizten Backofen bei 180°C (Umluft 160°C) auf der untersten Schiene 1 Stunde goldgelb backen. Den Käsekuchen aus dem Backofen nehmen und in der Springform auskühlen lassen. Nach Belieben mit Puderzucker bestäuben und servieren.

Hefezopf (Foto Seite 377)

Arbeitszeit: etwa 40 Min.
Ruhezeit: gesamt etwa 40 Min.
Backzeit: 35 Min.

500 g Mehl, 1 TL Salz, 60 g Hefe,
1 TL Zucker, 80 g Zucker, 30 ml
Milch, 150 g Butter, 2-3 Eier, 50 g
Rosinen, 1 Eigelb zum Bestreichen

Aus den Zutaten einen Hefeteig nach Grundrezept bereiten, zum Schluss die Rosinen zugeben. Den Teig kräftig durchkneten und bearbeiten, bis er glatt, sehr fest und doch elastisch ist. Abgedeckt warm stellen, bis der Teig um das Doppelte aufgegangen ist.

Den Teig in 2 gleiche Stücke teilen, daraus mit den Händen 80-90 cm lange, zugespitzte Rollen drehen. Je zwei über Kreuz aufeinanderlegen, dann vierteilig zu einem Zopf flechten, der am Anfang dick, am anderen Ende dünner wird. Im Warmen nochmals 5-10 Minuten gehen lassen, mit verquirltem Ei oder Eigelb bestreichen, dann etwa 10-20 Minuten kalt stellen. Noch einmal mit Ei bestreichen und bei 200 °C etwa 35 Minuten goldbraun backen.

Rosinen-Quarkbrötchen

Mehl, Trockenhefe, Zucker und 1 Prise Salz in einer Rührschüssel sorgfältig mischen, danach 200 Milliliter lauwarmes Wasser, Speisequark, Rosinen und temperierte Butter zugeben. Mit dem Knethaken des Rührgerätes zuerst auf der niedrigsten, dann auf der höchsten Stufe 5-10 Minuten zu einem geschmeidigen Teig verarbeiten. An einem warmen Ort zugedeckt 1 Stunde gehen lassen, bis sich das Volumen verdoppelt hat. Anschließend den Teig auf einer bemehlten Arbeitsfläche gut durchkneten und 10-12 runde Brötchen formen. Danach auf ein mit Backpapier belegtes Backblech legen, abdecken und erneut 30 Minuten gehen lassen. Die Brötchen mit Eigelb bestreichen und im vorgeheizten Backofen bei 180 °C (Umluft 160 °C) 25-30 Minuten goldgelb backen und auf einem Gitterrost abkühlen lassen.

Arbeitszeit: 20 Min.
Ruhezeit: ca. 1½ Std.
Backzeit: ca. 30 Min.

500 g Mehl (Type 550),
1 Pck. Trockenhefe, 1 EL Zucker,
1 Prise Salz, 250 g Speisequark,
100 g eingeweichte Rosinen,
50 g Butter (Zimmertemperatur),
1-2 Eigelbe

außerdem: Backpapier

Apfelstrudel aus Blätterteig

Den fertigen Blätterteig zu einem 25 cm breiten und etwa 3 mm dicken Streifen ausrollen, der Länge nach mit Butter bestreichen, einen dünnen Streifen mit Biskuitbrösel- oder Paniermehl bestreuen. Die Äpfel schälen, halbieren und in dünne Scheiben schneiden. Eine Lage aus Äpfeln, gemischt mit Zimt, Zucker und Rosinen, in der Mitte des Teigs anhäufen. Den Rand des Teigs mit Ei bestreichen und dann die übrige Teighälfte darüberschlagen. Mit dem Teigabschluss nach unten auf das Backblech legen, oben mit den schmalen Teigstreifen kreuzweise verzieren, eine Viertelstunde ruhen lassen. Dann mit Ei und Milch benetzen und den Strudel einige Male anstechen, damit die eingeschlossene Luft entweichen kann. Eine halbe Stunde bei 200 °C im Backofen backen. Dabei zuerst rasch Farbe nehmen lassen, dann die Temperatur herunterschalten.

Arbeitszeit: etwa 50 Min.
Ruhezeit: 15 Min.
Backzeit: 30 Min.

1 Pck. Blätterteig (TK oder nach Grundrezept), etwa 20 g weiche Butter, 2 EL Biskuitbrösel oder Paniermehl, 3 Äpfel, ½ TL Zimt, 2 EL Zucker, 3 EL Rosinen, 1 verquirltes Ei, 1 EL Milch

Schillerlocken (Schaumrollen)

Arbeitszeit: etwa 30 Min.
Backzeit: 25 Min.

1 Pck. Blätterteig (TK),
1 Eigelb, 25 g Hagelzucker

für die Füllung: ¼ l Sahne,
je 1 Pck. Sahnesteif und
Vanillezucker

außerdem:
Schillerlockenformen,
Spritzbeutel

Den Blätterteig auftauen und ½ cm dick und 50 cm lang ausrollen. In 3 cm breite Streifen schneiden. Spitze Schillerlockenformen mit Wasser befeuchten und die Teigstreifen, an der Spitze beginnend, nach oben darumwickeln. Auf das mit Wasser befeuchtete Blech setzen, mit Eigelb bepinseln, mit dem Hagelzucker bestreuen und im vorgeheizten Backofen bei 225 °C etwa 25 Minuten backen. Herausnehmen und abkühlen lassen.

Die Sahne mit dem Sahnesteif und dem Vanillezucker steif schlagen, in einen Spritzbeutel füllen und die abgekühlten, ausgelösten Gebäckstücke damit füllen.

Berliner (Faschingskrapfen)

Arbeitszeit: etwa 1-2 Std.
Backzeit: etwa 15 Min.

250 ml Milch, 1 Würfel Hefe,
500 g Mehl, 2 Eier, 2 Eigelbe,
40 Zucker, 50 Butter,
1 Prise Salz

außerdem: Frittierfett
(z.B. Kokosfett), Puderzucker
zum Bestreuen

100 Milliliter Milch lauwarm erhitzen. Die Hefe hineinbröckeln und verrühren. 150 g Mehl zugeben und alles zu einem Vorteig verarbeiten, mit etwas Mehl bestäuben und zugedeckt an einem warmen Ort ungefähr 25 Minuten ruhen lassen.

Die Eier, Eigelbe und den Zucker verrühren und mit dem Vorteig, restlicher Milch, restlichem Mehl, weicher Butter und der Prise Salz zu einem glatten Teig verkneten. Zugedeckt nochmals etwa 25 Minuten gehen lassen. Anschließend den Teig in Stücke von ungefähr 30 Gramm teilen und Kugeln daraus formen. Leicht flach drücken und zugedeckt nochmals 45 Minuten ruhen lassen, bis sich das Volumen verdoppelt hat.

Das Frittierfett in einem großen Topf auf 175-180 °C erhitzen. Die Krapfen darin portionsweise schwimmend goldbraun ausbacken, dann mit einem Schaumlöffel herausnehmen, auf Küchenpapier abtropfen lassen und mit Zucker bestreuen. Am besten frisch servieren.

Äpfel im Schlafrock

Arbeitszeit: etwa 30 Min.
Ruhezeit: 15 Min.
Backzeit: 10-15 Min.

1 Pck. Blätterteig (TK oder nach
Grundrezept), 4 Äpfel, 1 EL
Zitronensaft, 1 EL Läuterzucker,
4 TL Himbeermarmelade,
4 TL fein gehackte Mandeln,
1 Ei, 1 EL Milch, 4 Mandeln

Den Blätterteig 3 mm dick ausrollen und in 4 Quadrate (zu je 12 cm) schneiden. Die Äpfel im Ganzen schälen, Kerngehäuse ausstechen und in Läuterzucker mit Zitronensaft halbweich kochen. Dann jeden Apfel mittig auf ein Blätterteigstück legen. In die Höhlung eines jeden Apfels die Nüsse und darüber etwas Himbeermarmelade geben.

Die vier Ecken des Teiges mit der Ei-Milch-Mischung bestreichen und über der Füllung zur Mitte zusammenschlagen. Oben ein kleines viereckiges oder rundes Blätterteigstück aufsetzen und ebenfalls mit bestreichen. 15 Minuten ruhen lassen, dann bei 210-230°C (Ober-/Unterhitze) 10-15 Minuten hellgelb backen. In die Mitte der darübergeschlagenen Blätterteigecken je eine Mandel legen.

Limetten-Mandelkuchen

Für den Teig: Mehl, Backpulver, Vanillezucker, Puderzucker, Salz, Butterflocken und das Ei in einer Schüssel vermischen und schnell zu einem Teig verarbeiten. Zugedeckt mindestens 1 Stunde kalt stellen. Anschließend auf einer bemehlten Arbeitsfläche zu einem Kreis (30 cm Durchmesser) ausrollen und eine gefettete Tarteform (22 cm Durchmesser) damit auskleiden. Danach den Teigboden mit Backpapier auslegen und mit Backbohnen beschweren. Im vorgeheizten Backofen bei 190°C (Umluft 170°C) 10 Minuten blindbacken, danach Backbohnen und Backpapier entfernen und weitere 5 Minuten fertig backen.

Für die Füllung: Limettenabrieb und -saft in einer Schüssel mit den Eiern, Zucker, Mandeln, saure Sahne und Sahne mischen und glatt rühren. Die Creme auf dem Tortenboden verteilen und im Backofen bei 170°C (Umluft 150°C) 25 Minuten backen. Der fertige Limettenkuchen kann warm oder kalt serviert werden.

Arbeitszeit: 20 Min.
Backzeit: ca. 45 Min.

für den Teig:
150 g Mehl, ½ TL Backpulver,
1 Pck. Vanillezucker,
40 g Puderzucker, 1 Prise Salz,
100 g Butterflocken (kalt), 1 Ei

für die Füllung:
Abrieb und Saft von 4 Limetten,
3 Eier, 125 g Zucker,
150 g Mandeln,
150 g saure Sahne,
100 ml Sahne

außerdem: Backbohnen
(zum Blindbacken),
etwas Butter für die Form

Blätterteigteilchen mit Himbeer-Mascarpone-Creme

Arbeitszeit: 20 Min.
Backzeit: etwa 20 Min.

1 Pck. Blätterteig (300 g, 5 Platten), 500 g Himbeeren, 200 g Mascarpone, 200 g Schlagsahne, 1 Pck. Sahnesteif, etwas Puderzucker

außerdem: Backpapier

Blätterteig nach Anleitung auftauen lassen und ausrollen, in beliebige Teilchenform (Dreiecke, Kreise etc.) schneiden und auf Backpapier legen. Bei 200-220°C 15-20 Minuten backen. Erkalten lassen und waagerecht halbieren.

Für die Füllung 350 g der Himbeeren pürieren und mit der Mascarpone verrühren, die Sahne mit Sahnesteif steif schlagen und unter die Creme ziehen. Die Füllung auf den unteren Teil der halbierten Teilchen geben.

Mit den übrigen Himbeeren garnieren und den oberen Teil des Gebäcks auf die Füllung setzen, mit Puderzucker bestäuben und sofort servieren.

Blätterteig-Obsttörtchen

Arbeitszeit: 50 Min.
Backzeit: 15-20 Min.

1 Pck. Blätterteig (TK), 1 Dose Aprikosen (oder andere Früchte), 125 g Marzipanrohmasse, 1 EL Puderzucker, 1 Eiweiß, Aprikosenmarmelade

Den Blätterteig völlig auftauen lassen. Die Aprikosen in einem Sieb abtropfen lassen. Marzipan mit Puderzucker und Eiweiß kräftig verrühren. Danach den aufgetauten Blätterteig 0,5 cm dick ausrollen und mit einem Wasserglas Kreise ausstechen. Ein Backblech mit Wasser befeuchten und die Teigkreise darauf legen. Mit der Marzipancreme bestreichen, die Früchte darauf verteilen und bei 225°C im vorgeheizten Backofen etwa 15-20 Minuten backen. Noch heiß mit der angewärmten Aprikosenmarmelade bestreichen, damit das Gebäck glänzt.

Kirschtörtchen

Mehl und Backpulver vermischen und in eine Schüssel sieben. Mit Butter, Zucker, Eigelb, Salz, Zimt und Zitronenschale zu einem Mürbeteig verkneten, kühl stellen. Danach ausrollen, in eingefettete kleine Obsttörtchen-Formen drücken. Den Boden mehrmals mit der Gabel einstechen, mit Puderzucker bestäuben und mit den gewaschenen, entsteinten Kirschen belegen. Bei 180 °C etwa 20 Minuten backen. Vorsichtig aus den Formen nehmen und abkühlen lassen. Sahne steif schlagen, Vanillezucker, Zucker, Makronenbrösel und Kirschwasser untermischen, die Törtchen mit der Sahne bestreichen und mit schönen Kirschen garnieren. Zum Servieren die Törtchen auf eine flache Platte setzen und alles mit einigen Kirschen garnieren.

Arbeitszeit: 45 Min.
Backzeit: 20 Min.

für den Teig: 125 g Mehl, 1 Pck. Backpulver, 60 g Butter, 40 g Zucker, 1 Eigelb, 1 Prise Salz und Zimt, Zitronenschale, 1-2 EL Puderzucker

260 g Kirschen für den Belag

für die Garnitur: ¼ l Sahne, 1 Pck. Vanillezucker, 1 EL Zucker, 1 EL zerbröckelte Makronen, 1 EL Kirschwasser

außerdem: Obsttörtchen-Formen, etwas Butter für die Form

Kirsch-Muffins

Den Backofen auf 180 °C vorheizen. Muffinblech einfetten oder Förmchen daraufsetzen. Butter und Zucker schaumig rühren. Die Eier verquirlen und mit dem Jogurt zur Buttermasse geben. Alles gut verrühren. Mehl, Backpulver und Schokoladenraspeln mischen und unter die Masse heben. Die Sauerkirschen gut abtropfen lassen und vorsichtig unter den Teig mischen. Den Teig in die Form füllen und bei 180 °C auf der zweiten Einschubleiste von unten etwa 25 Minuten backen. Die Muffins 5 Minuten in den Förmchen ruhen lassen, dann auf ein Kuchengitter setzen und jeweils mit etwas Kirschwasser oder Kirschsaft beträufeln.

Arbeitszeit: 30 Min.
Backzeit: 30 Min.

125 g Butter, 120 g Zucker, 2 Eier, 200 g Vollmilchjogurt, 250 g Mehl, 2 geh. TL Backpulver, 50 g Schokoladenraspel, 250 g Sauerkirschen (Glas), 5 EL Kirschwasser oder Kirschsaft

außerdem: Muffinblech, Butter für die Form oder Papierförmchen

Marzipan-Muffins

Den Backofen auf 180 °C vorheizen. Muffinblech einfetten oder Förmchen daraufsetzen. Die Marzipanrohmasse fein würfeln. Mehl mit Backpulver, Salz und Puderzucker mischen. Den Vanillezucker und 75 g Mandeln dazugeben. Das Öl, die Buttermilch und das Ei in einer Schüssel gut verrühren und unter die Mehlmischung rühren, bis ein glatter Teig entsteht. Die Marzipanwürfel unterheben und den Teig in die Form füllen. Die Muffins mit den restlichen Mandelblättchen bestreuen und auf der zweiten Einschubleiste von unten etwa 30 Minuten backen. Die Muffins vor dem Herausnehmen 10 Minuten in den Förmchen ruhen lassen.

Arbeitszeit: 20 Min.
Backzeit: 30 Min.

200 g Marzipanrohmasse, 300 g Mehl, 1 TL Backpulver, 1 Prise Salz, 150 g Puderzucker, 1 Pck. Vanillezucker, 100 g Mandelblättchen, 75 ml neutrales gutes Speiseöl, 150 g Buttermilch, 1 Ei

außerdem: Muffinblech, Butter für die Form oder Papierförmchen

Ananas-Muffins

Arbeitszeit: 20 Min.
Backzeit: 30 Min.

250 g Ananas (Dose),
120 g Zucker, 1 Prise Salz,
2 Eier, 200 ml Buttermilch,
250 g Mehl, 1 TL Backpulver,
2 EL Mandelstifte

außerdem: Muffinblech,
Butter für die Form oder
Papierförmchen

Die Ananas abtropfen lassen und in kleine Stückchen schneiden. Den Backofen auf 180 °C vorheizen. Ein Muffinblech einfetten oder mit Papierförmchen bestücken.
Die Butter mit dem Zucker und 1 Prise Salz schaumig rühren. Die Eier und die Buttermilch verquirlen. Das Mehl mit dem Backpulver mischen. Die Ei-Milch- und die Mehlmischung locker mit der Buttermasse vermengen. Die Ananasstücke unterheben und den Teig in die Formen füllen.
Die Muffins mit den Mandeln bestreuen und bei 180 °C etwa 25 Minuten backen. Die Muffins 10 Minuten in den Förmchen ruhen lassen, auf ein Kuchengitter setzen und auskühlen lassen.

Sandkuchen

Arbeitszeit: 30 Min.
Backzeit: 60-75 Min.

250 g Butter, 200 g Zucker,
4 Eier, 1 ungespritzte Zitrone,
½ Pck. Vanillezucker,
125 g Weizenmehl,
125 g Speisestärke,
½ TL Backpulver

außerdem: Backpapier

2 Eier trennen, die Eiweiße steif schlagen und kühl stellen. Die beiden Eigelbe bereitstellen. Die Butter schaumig schlagen, dann mit Zucker, den beiden Eigelben und den beiden ganzen Eiern etwa 15 Minuten rühren. Geriebene Zitronenschale und Vanillezucker untermischen.
Mehl, Speisestärke und Backpulver mischen und die Hälfte davon mit der Hälfte des Eischnees langsam dazurühren. Dann den restlichen Eischnee und das Mehl ebenfalls unterheben. Die Masse in eine mit Backpapier ausgelegte Kastenform einfüllen und bei 160 °C (Umluft) 60 Minuten backen. Kurz vor Backzeitende mit einem Metallspieß einstechen und prüfen, ob der Kuchen fertig ist. Nach Belieben mit einem Schokoladen- oder Zuckerguss überziehen.

Guglhupf (Napfkuchen)

Arbeitszeit: 45 Min.
Backzeit: 45 Min.

4 Eier, 120 g Butter, 120 g Zucker, fein geriebene Zitronenschale, 1 Prise Salz, Vanillezucker, 250 g Mehl, ½ Pck. Backpulver, 60 ml Milch, 60 g Rosinen, etwas Butter und Mehl für die Form, Puderzucker zum Bestäuben

Die Eier trennen, Eigelbe und Eiweiße getrennt bereitstellen. Die Butter weich werden lassen, mit der Hälfte des Zuckers, den Eigelben, Vanillezucker, Zitronenschale und Salz schaumig rühren. Die Eiweiße mit dem restlichen Zucker steif schlagen.
Beide Massen zusammenmischen, dann langsam das Mehl mit dem Backpulver und anschließend die Milch und Rosinen einrühren. In einer gut ausgefetteten, mit Mehl bestäubten Guglhupfform ungefähr 50-60 Minuten bei 200 °C Hitze backen. Mit Puderzucker bestäubt servieren.

Marmorkuchen

Die Butter schaumig rühren, nach und nach Zucker dazugeben. Die Eier, das Mehl und dann die übrigen Zutaten einarbeiten, bis ein glatter Teig entsteht.
Ein Drittel von diesem Teig in eine andere Schüssel geben und gut mit dem Kakaopulver verrühren.
In eine gefettete Back- oder Napfkuchenform zuerst gut die Hälfte des hellen Teigs füllen. Dann den dunklen Teig daraufgeben. Mit einer Gabel die dunkle und die helle Teigschicht leicht marmorieren, dann den restlichen hellen Teig in die Form geben. Bei 200 °C gut 50-60 Minuten backen. Nach Belieben mit einer Schicht Schokoladenglasur überziehen (siehe Seite 402).

Arbeitszeit: 30 Min.
Backzeit: 50-60 Min.

250 g Butter, 250 g Zucker,
4 Eier, 500 g Mehl,
125 ml Milch, 1 Pck. Vanillezucker, 1 Pck. Backpulver,
1 EL Rum, 1 Prise Salz,
30 g Kakaopulver

etwas Butter für die Form

Schokoladenkuchen

Butter, Zucker, Vanillezucker, Kakao und Eier schaumig schlagen, Mehl, Speisestärke, Backpulver dazugeben und rühren, bis ein glatter Teig entsteht. Dann die gemahlenen Haselnüsse unterziehen.
Den Teig in eine gefettete Kastenform geben und im vorgeheizten Backofen bei 175 °C 60-70 Minuten backen.
Ausgekühlt einmal quer durchschneiden, mit Aprikosenmarmelade füllen und wieder zusammensetzen. Die Schokoladenglasur im heißen Wasserbad schmelzen und den abgekühlten Kuchen damit überziehen.

Arbeitszeit: 40 Min.
Backzeit: 60-70 Min.

200 g Butter oder Margarine,
275 g Zucker, 1 Pck. Vanillezucker, 40 g Kakaopulver, 4 Eier,
150 g Mehl, 100 g Speisestärke,
2 TL Backpulver, 200 g Haselnüsse, 3 EL Aprikosenmarmelade,
1 Pck. Schokoladenglasur,
etwas Butter für die Form

Schweizer Rüblikuchen

Arbeitszeit: 40 Min.
Backzeit: 1 Std.

6 Eier, 300 g Zucker, abgeriebene Schale von 1 Zitrone, 2 cl Kirschwasser, 300 g geriebene Mandeln, 250 g rohe geriebene Karotten, 50 g Kartoffelstärke, etwas Butter für die Form, Puderzucker zum Bestäuben, 8-12 Marzipankarotten

Die Eier trennen. Die Eiweiße zu steifem Schnee schlagen und kühl stellen. Die Eigelbe mit dem Zucker schaumig rühren. Die abgeriebene Zitronenschale und das Kirschwasser zufügen. Alles nochmals kräftig durchrühren.

Die geriebenen Mandeln, die geriebenen Karotten und die Stärke in einer Schüssel mischen. Diese Mischung abwechselnd mit dem Eischnee unter die Eigelbmasse ziehen. Dabei so arbeiten, dass als Letztes noch einmal Eischnee behutsam unter den Teig gemischt wird.

Den Teig in eine gefettete und mit geriebenen Mandeln ausgestreute Springform füllen und bei etwa 180 °C in 60 Minuten hellbraun backen. Den fertigen Kuchen mit Puderzucker bestäuben und jedes Stück mit einer Marzipankarotte verzieren.

Nusskuchen aus der Pfanne

Arbeitszeit: 30 Min.
Backzeit: etwa 55 Min.

5 Eier, 175 g Zucker, ½ TL Zimt, 200 g gemahlene Haselnüsse, 2 gehäufte EL Mehl, 2 TL Backpulver, 1 Dose Mandarinen, 2 EL Zucker, etwas Butter für die Pfanne

ganze Haselnüsse und Schlagsahne zum Verzieren

Eier, Zucker und Zimt gut schaumig rühren, Haselnüsse, Mehl und Backpulver untermischen. Den Herd auf mittlere Temperatur einstellen, eine beschichtete Pfanne von 24 cm Durchmesser mit Butter ausstreichen und den Teig einfüllen. Den Deckel aufsetzen, den Kuchen bei gleichbleibender Hitze 55 Minuten backen, auf ein Gitter stürzen und abkühlen lassen. Mit den Mandarinenstücken belegen und den Saft mit dem Zucker fünf Minuten kochen. Die Mandarinen mit dem Sirup bestreichen und den Kuchen mit Sahnetupfern und Haselnüssen verzieren.

Wer mit der Pfanne kein Risiko eingehen will, kann den Kuchen in der Springform 50 Minuten bei 180 °C im Backofen backen.

Rehrücken (Mandel-Schokokuchen)

2 Eier trennen. Die Eigelbe davon mit 2 ganzen Eiern, Zucker und Vanillezucker schaumig rühren. Die Eiweiße zu steifem Schnee schlagen und auf die Masse geben. Mandeln, Schokolade, Zimt, Orangeat, Zitronat und den zerbröselten Zwieback locker unter die Ei-Zucker-Masse mischen. Eine Rehrücken-Backform einfetten und mit Mehl bestäuben. Den Teig einfüllen und bei 175 °C etwa 45 Minuten backen. Stürzen und auskühlen lassen. Die Glasur nach Packungsvorschrift erwärmen, auf dem Kuchen verteilen und fest werden lassen. Zum Schluss mit den Mandelstiften bestecken.

Arbeitszeit: 45 Min.
Backzeit: 45 Min.

4 Eier, 75 g Zucker,
1 Pck. Vanillezucker,
75 g geriebene Mandeln, 75 g geriebene Halbbitterschokolade, ½ TL Zimt, 1 EL klein gehacktes Orangeat, 1 EL klein gehacktes Zitronat, 3 Stück Zwieback, 1 Pck. Schokoladenglasur, 50 g Mandelstifte

außerdem: etwas Mehl und Butter für die Form

Rosenkuchen

Das Mehl in eine Schüssel sieben. Hefe mit lauwarmer Milch verrührt, in die Mitte gießen. Ein wenig verrühren, mit Mehl bestäuben und zugedeckt gehen lassen. Wenn die Mehlschicht rissig ist, Zucker, Salz, die zerlassene Butter und das Ei zugeben. Den Teig glatt kneten. Eine Stunde gehen lassen und dann flach ausrollen und in 3 cm breite Streifen schneiden.
Haselnüsse, Sultaninen, Zitronenschale, Vanillezucker, Zucker, Ei und Rum gut vermischen und die Masse auf den Streifen verteilen. Jeden Streifen wie eine Rose oder Schnecke einrollen und alle nebeneinander in eine gefettete Springform setzen. Bei 50 °C und bei geöffneter Backofentür noch einmal 30 Minuten gehen lassen, dann bei 200 °C etwa 30 Minuten backen. Abkühlen lassen und mit der erwärmten Aprikosenmarmelade oder mit weißer Puderzuckerglasur bestreichen.

Arbeitszeit: etwa 45 Min.
Ruhezeit: etwa 2 Std.
Backzeit: 30 Min.

325 g Mehl, 20 g Hefe, 125 ml Milch, 50 g Zucker, 1 Prise Salz, 75 g Butter, 1 Ei, 175 g grob gehackte Haselnüsse, 50 g Sultaninen, fein geriebene Schale von 1 ungespritzten Zitrone, 1 Pck. Vanillezucker, 75 g Zucker, 1 Ei, 2 EL Rum, Aprikosenmarmelade oder Puderzucker

außerdem: etwas Butter für die Form

Puderzuckerglasur rühren Sie schnell mit 1 Esslöffel Zitronensaft und gesiebtem Puderzucker an.

Quarkkuchen mit Rosinen

Arbeitszeit: 45 Min.
Backzeit: gesamt etwa 40 Min.

für den Teig: 280 g Mehl,
210 g Butter, 140 g Zucker, 1 Ei,
Schale von 1 Zitrone

für die Füllung: 3 Eier,
100 g Butter, 60 g Zucker, 1 Ei,
½ Pck. Vanillezucker, Schale von
1 Zitrone, 300 g Quark,
30 g Rosinen, 60 ml Sauerrahm

Rasch zubereiteten Mürbeteig dünn ausrollen und auf dem Backblech bei 180 °C etwa 15 Minuten lichtgelb backen. Für die Füllung die Eier trennen, die Eiweiße steif schlagen. Die Eigelbe mit Butter, Zucker und dem ganzen Ei, etwas Vanillezucker und der abgeriebenen Zitronenschale schaumig rühren. Zum Schluss den durchs Sieb gestrichenen Quark, die Rosinen, den Sauerrahm untermengen und den Eischnee unterziehen. Den Kuchen damit bestreichen und noch etwa 25 Minuten fertig backen.

Römischer Quarkkuchen

Arbeitszeit: 15 Min.
Backzeit: 1 Std. 20 Min.

80 g Butter, 3 Eier, 1 Prise Salz,
100 g Zucker, 600 g Quark,
¼ Pck. Backpulver, 3-4 EL Grieß,
Zitronenaroma oder
abgeriebene Zitronenschale,
etwas Butter für die Form

Die Butter aus dem Kühlschrank nehmen und in einer Schüssel weich werden lassen. Die Eier trennen. Die Eiweiße mit dem Salz steif schlagen und kühl stellen. Die Eigelbe und nach und nach die übrigen Zutaten in einer großen Rührschüssel verrühren – dabei das Zitronenaroma nicht vergessen. Den gekühlten Eischnee mit einem Schneebesen unter die Masse ziehen. Eine Auflaufform mit Butter ausfetten, den Kuchenteig hineingeben und etwa 1 Stunde und 20 Minuten bei 180 °C backen.

> **TIPP** *Man kann den Kuchen heiß als Hauptgericht servieren oder kalt als Dessert, dann schmeckt ein Gläschen starker süßer Rotwein dazu (Vino Santo, Marsala, Portwein …).*

Gedeckter Apfelkuchen

Arbeitszeit: ca. 45 Min.
Kühlzeit: 1 Std.
Backzeit: gesamt 40 Min.

75 g Butter, 75 g Zucker,
1 Pck. Vanillezucker, 1 Ei, 1 Prise
Salz, 200 g Mehl, 1,5 kg säuerliche Äpfel (z.B. Boskop),
50 g Butter, 100 g Zucker

außerdem: Alufolie

Butter, Zucker, Vanillezucker, Ei und Salz schaumig rühren, dann das Mehl schnell hineinarbeiten und den Teig 1 Stunde kühl stellen. Inzwischen die Äpfel schälen, achteln und entkernen. Die Butter in eine Springform geben, auf den Herd stellen, aufschäumen lassen und vom Herd nehmen. Zucker einstreuen und Äpfel mit der Rundung nach unten einschichten.
Im vorgeheizten Backofen zunächst bei 180 °C 20 Minuten garen, dann herausnehmen und die Temperatur auf 220 °C erhöhen. Den Teig zu einer runden Platte auswalken und die Äpfel damit bedecken, weitere 20 Minuten backen. Die letzten 10 Minuten mit Alufolie abdecken. Am besten schmeckt der Apfelkuchen noch lauwarm.

Zwetschgenkuchen

Aus den Zutaten einen Hefeteig (siehe Grundrezept) zubereiten, der besonders weich sein soll. Den Teig auf ein mit Backpapier ausgelegtes Backblech halbfingerdick aufstreichen.
Die Zwetschgen waschen, halbieren und den Kern entfernen, dann die Früchte gleichmäßig auf den Teig schichten. Alles an einem warmen Ort etwa 30 Minuten gehen lassen. Den Blechkuchen bei 200 °C im Backofen etwa 20 Minuten backen. Zum Servieren mit Zimt und Zucker bestreuen.

Arbeitszeit: 30 Min.
Ruhezeit: 30 Min.
Backzeit: 20 Min.

für den Hefeteig: 10 g Hefe, 125 ml Milch, 250 g Mehl, 40 g Zucker, 120 g Butter, 2 Eigelbe, Salz, etwas abgeriebene Zitronenschale

für den Belag:
1½ kg Zwetschgen, Zimt

außerdem: Backpapier

VARIANTE *Für einen Aprikosenkuchen den Teig mit halbierten, entkernten Aprikosen belegen.*

Kirschkuchen

Aus Mehl, Backpulver, Zucker, Eigelben, Rum und Margarine einen Mürbeteig (siehe Grundrezept) bereiten und anschließend 30 Minuten kühl stellen. Eine gefettete Springform damit auslegen und einen Rand hochdrücken. Kirschen entsteinen und auf den Teig geben, 20 Minuten bei 180 °C backen.
Eigelbe, Zucker, Sahne und Rum schaumig rühren, steif geschlagenen Eischnee unterziehen und über dem Kirschkuchen verteilen. Noch 20-30 Minuten fertigbacken.

Arbeitszeit: ca. 45 Min.
Kühlzeit: 30 Min.
Backzeit: gesamt 40-50 Min.

für den Teig: 250 g Mehl, ½ TL Backpulver, 125 g Zucker, 2 Eigelbe, 2 EL Rum, 125 g Margarine, 750 g Kirschen

für die Haube: 4 Eigelbe, 80 g Zucker, 125 ml Sahne, 1 EL Rum, 4 Eiweiße

außerdem: etwas Butter für die Form

Kirschkuchen auf dem Blech

Arbeitszeit: 20 Min.
Backzeit: 40-50 Min.

125 g Butter, 150 g Zucker,
1 Pck. Vanillezucker, 1 TL Zitronensaft, 1 Prise Salz, 2 Eier,
500 g Mehl, 1 Pck. Backpulver,
¼ l Milch, 1 kg Kirschen,
etwas Fett für das Blech,
etwas Puderzucker

Butter, Zucker, Vanillezucker, Zitronensaft, Salz und Eier
schaumig rühren. Mehl und Backpulver abwechselnd mit
der Milch löffelweise unterrühren. Den Teig auf ein gefettetes Backblech streichen. Die trockenen Kirschen auf dem
Teig verteilen. Im Backofen 40-50 Minuten bei 200°C
backen. Abkühlen lassen und mit Puderzucker bestäuben.

VARIANTE *Man kann mit denselben Zutaten auch andere
Früchte wie Aprikosen, Rhabarber oder Beeren
(Himbeeren, Heidelbeeren) backen. Wichtig ist nur, dass Obst oder
Früchte so trocken wie möglich sind, wenn Sie sie auf den Teig
geben, damit der Boden nicht aufweicht und matschig wird.*

Biskuitroulade

Arbeitszeit: 40 Min.
Backzeit: 10-15 Min.

4 Eier, 1 Pck. Vanillezucker,
100 g Zucker, ½ ungespritzte
Zitrone, 100 g Mehl,
1 Glas Marmelade nach Wahl,
etwas Puderzucker

außerdem: Backpapier

Die Eier trennen, Eiweiße beiseitestellen. Eigelbe mit der
Hälfte des Zuckers, dem Vanillezucker, etwas Zitronensaft
und der fein geschnittenen Zitronenschale schaumig rühren.
Eiweiße mit dem restlichen Zucker zu Schnee schlagen, zur
Eigelbcreme geben, das Mehl darüber sieben und
unterziehen. Ein Blech mit Backpapier auslegen und den
Teig fingerhoch aufstreichen. Bei 200-225°C im vorgeheiz-
ten Backofen 10-15 Minuten backen. In der Zwischenzeit die
Marmelade in einem kleinen Topf mit 2 Esslöffeln heißem

Wasser erhitzen und beiseitestellen. Den Biskuit aus dem Backofen nehmen, sofort mit etwas Mehl bestäuben und mit dieser Seite auf ein trockenes, sauberes Küchentuch stürzen. Das Papier abziehen und die Kuchenfläche mit heißer Marmelade bestreichen. Das Tuch anheben und die Biskuitplatte schnell zusammenrollen. Mit Puderzucker bestäuben oder mit Schlagsahne bestreichen.

Frankfurter Kranz

Butter, Zucker, Vanillezucker und Eigelbe schaumig rühren. Mehl, Speisestärke und Backpulver mischen und nach und nach dazugeben, zum Schluss den steifen Eischnee. Die Masse in eine gebutterte Kranzform füllen. Im vorgeheizten Backofen etwa 40 Minuten bei 180 °C backen. Nach 10 Minuten den Teig in der Mitte etwa 2 cm tief einschneiden. Nach dem Stürzen auskühlen und dreimal quer durchschneiden. Für die Füllung den Puderzucker und die Eigelbe schaumig rühren. Die flüssige Butter, Vanillezucker und den Rum dazugeben und mit dem Handrührgerät auf mittlerer Stufe 15 Minuten schlagen. Den Kranz mit der Creme füllen und außen gleichmäßig damit bestreichen.
Den Zucker in einer Pfanne bräunen, Mandeln darunterrühren. Diese Masse auf einem Küchenbrett zerkleinern und den Kranz damit bestreuen.

Arbeitszeit: etwa 50 Min.
Backzeit: etwa 40 Min.

für den Teig: 4 Eier, 125 g Butter, 125 g Zucker, 1 Pck. Vanillezucker, 150 g Mehl, 100 g Speisestärke, ½ Pck. Backpulver

für die Creme: 150 g Puderzucker, 3 Eigelbe, 250 g Butter, 30 g Vanillezucker, 3 EL Rum

Für den Krokant: 80 g Zucker, 60 g Mandeln

TIPP *Wenn es schnell gehen muss, kann man auch fertigen Krokant für die Dekoration verwenden.*

Haselnusskranz

Aus Mehl, Backpulver, Zucker, Ei, Milch und Butter rasch einen Mürbeteig bereiten und 30 Minuten kalt stellen.
Für die Füllung die gehackten Nüsse mit Zucker, Mandelöl, Eiweiß und 4-5 Esslöffel Wasser zu einer Creme verrühren. Mürbeteig zu einem Rechteck ausrollen und die Creme daraufstreichen. Die Teigplatte von der kurzen Seite her aufrollen, dann zu einem Kranz formen und auf ein mit Backpapier ausgelegtes Blech legen. Eigelb mit Milch verrühren und den Kranz damit bestreichen. Die Oberfläche alle 4 cm einschneiden. Den Kuchen bei 175-200 °C etwa 45 Minuten backen. Mit Puderzucker bestreuen.

Arbeitszeit: 50 Min.
Backzeit: etwa 45 Min.

für den Teig: 300 g Mehl, 2 TL Backpulver, 100 g Zucker, 1 Ei, 2 EL Milch, 125 g Butter

für die Füllung: 200 g gehackte Haselnüsse, 100 g Zucker, 1 Eiweiß, 4 Tropfen Bittermandelöl

1 Eigelb, 1 EL Milch, Puderzucker

außerdem: Backpapier

Punschschnitten

Arbeitszeit: etwa 1 Std.
Backzeit: 15 Min.
Wartezeit: gesamt 2-3 Std.

für den Biskuit: 8 Eier,
200 g Zucker, 200 g Mehl

für die Füllung: 150 g Würfelzucker, 1 ungespritzte Orange,
1 Zitrone, 50 g Schokolade,
4 EL Marmelade, 125 ml Rum,
300 g rosafarbene Zuckerglasur

außerdem: Backpapier

Die Eier trennen, die Eiweiße steif schlagen und kühl stellen. Die Eigelbe mit 6 Esslöffeln heißem Wasser und dem Zucker schaumig rühren. Den Eischnee dazugeben, das Mehl darübersieben und locker unterziehen.

Den Teig fingerhoch auf ein mit Backpapier belegtes Blech streichen und 200-225 °C etwa 15 Minuten backen (am besten am Vortag). Den Boden aus dem Backofen nehmen und gut abkühlen lassen.

Die Hälfte des Biskuitbodens in kleine Würfel schneiden.

Den Würfelzucker Stück für Stück an der Schale der Orange abreiben. Dann die Orange und die Zitrone auspressen und den Saft über die Zuckerstückchen gießen. Zusammen mit der Schokolade und 125 ml Wasser aufkochen und über die kleinen Biskuitwürfel gießen. 2 Esslöffel Marmelade und den Rum dazugeben, alles verrühren, bis sich die Masse leicht bindet.

Die zweite Hälfte des Biskuitbodens in zwei Platten teilen und mit der restlichen Marmelade bestreichen. Die Punschmasse auf die eine Platte streichen, die zweite mit der Marmelade nach unten darauf setzen. Dann auf den Kuchen ein Schneidebrett legen und damit einige Stunden zusammenpressen. Zum Schluss den Deckel dünn mit Marmelade bestreichen und anschließend mit der Glasur überziehen.

Cornflakes-Schokokuchen

Arbeitszeit: 35 Min.
Backzeit: ca. 25 Min.

75 g Butter, 75 g Zucker,
2 Eier, 75 g Mehl, 1 TL Backpulver, 50 g Kokosraspel,
300 g Nougatcreme
(z.B. Nutella), 100 g Sauerrahm,
150 g Schoko-Cornflakes

Für den Boden Butter und Zucker in einer Schüssel mit dem Handrührgerät 5-10 Minuten schaumig rühren. Eier nach und nach zugeben und auf niedrigster Stufe kurz weiterrühren. Danach Mehl und Backpulver mischen, zusammen mit den Kokosflocken unter die Eiermischung sieben und glatt rühren. Anschließend in eine gefettete Springform (Ø 26 cm) füllen, glatt streichen und im vorgeheizten Backofen bei 180 °C (Umluft 160 °C) ca. 25 Minuten goldgelb backen. Den Boden vorsichtig aus der Backform nehmen und auskühlen lassen.

Für den Belag die Nougatcreme im Wasserbad schmelzen und den Sauerrahm unterrühren. Danach die Schoko-Cornflakes untermischen, gleichmäßig auf den Kuchenboden streichen und mindestens 3 Stunden fest werden lassen.

Mohnkuchen mit Streuseln

Zunächst den Boden einer Springform (Ø 26 cm) gut ausfetten und den Backofen auf 180 °C Ober-/Unterhitze vorheizen.

Für die Mohnfüllung die Milch in einem Topf zum Kochen bringen. Mohn, Zucker und Vanillezucker hineingeben und unter gleichmäßigem Rühren 5 Minuten kochen. Vom Herd nehmen, 5 Minuten auskühlen lassen, dann die Butter und das Ei gut unterrühren.

Für den Teig Mehl und Backpulver in eine Rührschüssel sieben, Zucker, Vanillezucker, Salz, Ei und Butter zugeben und mit dem Handrührgerät zu feinen Streuseln verrühren. Etwa Dreiviertel der Streusel in die Springform geben und glatt am Boden andrücken. Restliche Streusel beiseitestellen.

Für die Quarkfüllung Puddingpulver und Zucker mischen. Quark, Sahne und Eier zugeben und mit einem Schneebesen zu einer glatten Masse verrühren.

Zwei Drittel der Mohnmasse auf den Boden geben und die Quarkmasse darauf glatt verstreichen. Restliche Mohnmasse in etwa 15 Portionen mit einem Teelöffel auf der Quarkmasse verteilen. Übrige Streusel aufstreuen. 45 Minuten backen und dann noch etwa 10 Minuten im ausgeschalteten Backofen stehen lassen. Den Kuchen herausholen und am Rand festgebackenen Teig vorsichtig mit einem Messer lösen. Noch mindestens 30 Minuten in der Form auskühlen lassen, dann erst die Springform öffnen.

Arbeitszeit: 30 Min.
Backzeit: etwa 45 Min.

für die Mohnfüllung:
150 ml Milch, 120 g gemahlener Mohn, 30 g Zucker, 1 Pck. Vanillezucker, 50 g Butter, 1 Ei

für den Streuselteig:
220 g Weizenmehl,
1 TL Backpulver, 110 g Zucker,
1 Pck. Vanillezucker, 1 Msp. Salz,
1 Ei, 110 g weiche Butter oder Margarine

für die Quarkfüllung:
1 Pck. Puddingpulver (Vanille),
40 g Zucker, 250 g Quark,
300 ml Schlagsahne, 2 Eier

CREMES & FÜLLUNGEN

Buttercreme (Grundrezept)

Arbeitszeit: 20 Min.
Abkühlzeit: 10 Min.

¼ l Milch, ½ Vanillestange,
Schale von 1 ungespritzten
Zitrone, 4 Eigelbe, 125 g Zucker,
1 Prise Salz, 30 g Speisestärke,
200 g Butter, 100 g Puderzucker

Die Milch mit der Vanillestange und Zitronenschale zum Kochen bringen, 10 Minuten ziehen lassen, dann beides wieder entfernen. Eigelbe mit Zucker und Salz in einer Schüssel schaumig rühren, Speisestärke darunterrühren, dann in ein heißes Wasserbad stellen (nicht kochen!). Nach und nach die heiße Vanillemilch darunterschlagen. Leicht abkühlen lassen.
Die Butter schaumig rühren, den Puderzucker dazugeben und löffelweise unter die Creme schlagen.

Schokoladenbuttercreme (Foto S. 401, re.)

Arbeitszeit: 10 Min.
Abkühlzeit: 10 Min.

1 Pck. Puddingpulver,
½ l Milch, 1 Prise Salz,
30 g Zucker, 200 g Butter,
50 g Puderzucker

150 g Schokolade,
nach Geschmack 2 cl Weinbrand

Die Schokolade im Wasserbad schmelzen.
Puddingpulver mit ein wenig kalter Milch anrühren, mit Salz und Zucker in die restliche bereits kochende Milch rühren, einmal aufkochen und erkalten lassen. Dabei ab und zu umrühren. Die Butter schaumig schlagen und mit dem Puderzucker verrühren. Die Butter-Zuckermasse, die leicht abgekühlte Schokolade und den Weinbrand löffelweise unter die Creme rühren.

VARIANTEN *Für **Rum-Buttercreme** 2 Esslöffel Sauerkirschsaft, 2 cl Weinbrand oder Rum und 50 g Mandeln löffelweise unter die Creme rühren.*
*Bei einer **Mokka-Buttercreme** zuerst ein Backblech mit Backpapier belegen. In einer Pfanne 50 g Zucker unter Rühren schmelzen, dann 50 g grob gehackte Mandeln dazugeben, das Ganze auf die Folie streichen und abkühlen lassen. Dann fein zerkleinern und mit 2 Esslöffeln Pulverkaffee, 1 Teelöffel Kakao und dem Saft von einer halben Orange in die Buttercreme rühren.*

Buttermilchcreme

Arbeitszeit: 20 Min.
Abkühlzeit: ca. 1 Std.

½ l Buttermilch, 100 g Zucker,
Abrieb und Saft von 2 Orangen,
Abrieb und Saft von 1 Zitrone,
8 Blatt Gelatine, 4 cl Orangenlikör (z. B. Grand Manier),
200 ml Sahne

Buttermilch, Zucker, Orangenabrieb und -saft, Zitronenabrieb und -saft in einer Schüssel glatt rühren. Gelatine in kaltem Wasser 5 Minuten einweichen, danach leicht ausdrücken und in erwärmtem Orangenlikör unter Rühren auflösen. Gelatine zur Buttermilch gießen, gut unterrühren und 15 Minuten kalt stellen, bis die Flüssigkeit anfängt zu

gelieren. Anschließend die Sahne mit dem Rührgerät steif
schlagen und vorsichtig unter die Creme heben. Zugedeckt
mindestens 1 Stunde kalt stellen.

Amarettocreme (Foto oben, links)

Mascarpone, Mandelcreme, Bittermandel und Zucker in
einer Schüssel mischen und mit dem Rührgerät 5 Minuten
schaumig rühren. Gelatine in kaltem Wasser einweichen,
ausdrücken und in leicht erwärmtem Amaretto auflösen.
Anschließend unter Rühren in die Mascarponecreme gießen
und 10 Minuten kalt stellen, bis die Creme anfängt zu gelieren. Zwischenzeitlich die Sahne mit dem Rührgerät steif
schlagen. Zum Schluss den Mandelkrokant unter die Mascarponecreme rühren und die Sahne vorsichtig unterheben.

Arbeitszeit: 20 Min.
Abkühlzeit: 10 Min.

500 g Mascarpone,
1 EL Mandelcreme (Reformhaus),
4-5 Tropfen Bittermandelöl,
100 g Zucker, 4 Blatt Gelatine,
50 ml Amaretto, 200 ml Sahne,
50 g Mandelkrokant

Vanillecreme

Milch mit aufgeschnittener Vanillestange aufkochen, etwa
10 Minuten ziehen lassen, Vanillestange entfernen. Speisestärke mit wenig kalter Milch anrühren, in die Milch einrühren und einmal aufkochen lassen. Eigelbe und Zucker schaumig rühren und in die Creme einrühren. Vom Herd nehmen
und abkühlen lassen. Die in wenig Wasser vorgeweichten
Gelatineblätter ausdrücken, erwärmen und zur Creme geben, noch einmal leicht erwärmen, vom Herd nehmen und
sobald die Creme fest zu werden beginnt, die steif geschlagene Sahne darunterrühren.

Arbeitszeit: 20 Min.
Abkühlzeit: 15 Min.

½ l Milch, ½ Vanillestange,
20 g Speisestärke, 4 Eigelbe,
50 g Zucker, 5 Blatt Gelatine,
125 ml Sahne

GLASUREN

Zuckerglasur (Grundrezept)

Arbeitszeit: 20 Min.

1-2 Eiweiße,
200 g Puderzucker,
etwas Zitronensaft

Eiweiß steif schlagen, den Puderzucker und einige Tropfen Zitronensaft zufügen und gut verrühren (etwa 15 Minuten). Die Glasur kann mit Likör und Läuterzucker verdünnt werden, bis sie die richtige Konsistenz bekommt. Es empfiehlt sich, die Gebäckstücke vorher mit Marmelade zu bestreichen. Dazu passierte, unverdünnte Aprikosenmarmelade bis zur Streichfähigkeit erhitzen und heiß auf die Oberfläche der Torte, Schnitte, Roulade usw. dünn aufstreichen.

VARIANTEN

Weiß: durch Beifügen von Zitronensaft oder Maraschino
Orange: mit Orangenaroma versetzen und mit roter und gelber Lebensmittelfarbe färben
Punsch: Rum beigeben, leicht rosa färben
Kaffee: mit Kaffeearoma und Zuckercouleur
Schokolade: weiche Schokolade oder zerlassene Kakaomasse darunter mischen.

Irish Cream-Glasur

Arbeitszeit: 5 Min.

5 EL Irish Cream (z.B. Baileys),
200 g Puderzucker, 1 TL Kakaopulver, 1 EL löslicher Kaffee

Irish Cream in einer kleinen Schüssel mit Puderzucker, Kakaopulver und löslichem Kaffee glatt rühren und sofort das Backwerk damit überziehen.

Honig-Zimt-Glasur

Arbeitszeit: 5 Min.
Garzeit: ca. 5 Min.

20 g Butter, 3 EL Waldhonig,
1 Msp. Zimt, 1 EL Zitronensaft

Butter in einem Topf schmelzen, Honig, Zimtpulver und Zitronensaft zugeben und unter Rühren erhitzen, bis die Glasur bindet. Sofort das Backwerk damit überziehen.

Schokoladenglasur

Arbeitszeit: 25 Min.

125 g Blockschokolade,
120-150 g Zucker, einige Tropfen
Öl oder 1 Stück Butter

Die Blockschokolade vorsichtig (z.B. im Wasserbad) erwärmen. Zucker mit 4 Esslöffeln Wasser kochen, bis die Flüssigkeit Fäden zieht, auskühlen lassen und langsam in kleinen Mengen in die flüssige Schokolade rühren. Das Ganze immer wieder glatt rühren, bis die Masse im warmen Zustand den Kochlöffel schön dick überzieht. Die Glasur darf dabei nur lauwarm werden, damit sie glänzend bleibt. Sofort das Backwerk damit überziehen.

TORTEN

Irish Cream-Torte

Die Butter und den Zucker mit dem Rührgerät 5 Minuten schaumig rühren. Die Eier nach und nach unterrühren, danach das Mehl mit dem Backpulver und dem löslichen Kaffee unterziehen.

Den Teig in eine mit Backpapier ausgelegte Springform gießen und im vorgeheizten Backofen bei 180 °C (Umluft 160 °C) 25-30 Minuten goldbraun backen. Den Biskuitboden in der Form etwas abkühlen lassen, dann auf ein Kuchengitter stürzen und das Backpapier abziehen.

Für die Creme die Gelatine in kaltem Wasser einweichen. Irish Cream in einem Topf leicht erwärmen, die ausgedrückte Gelatine dazugeben und auflösen. Abkühlen lassen. Zwischenzeitlich die Sahne und 2 Esslöffel Puderzucker mit dem Rührgerät steif schlagen. Sobald die Irish Cream zu gelieren beginnt, ein Drittel der Sahne hineinrühren, dann den Rest vorsichtig unterheben. Den Boden halbieren, die untere Hälfte in eine mit Backpapier ausgelegte Springform legen, dann die Creme gleichmäßig darauf verteilen. Die andere Hälfte daraufsetzen, leicht andrücken und mindestens 3 Stunden kalt stellen. Zum Schluss mit dem restlichen Puderzucker bestäuben und servieren.

Arbeitszeit: 30 Min.
Backzeit: ca. 30 Min.
Ruhezeit: ca. 3 Std.

175 g weiche Butter,
175 g brauner Zucker, 3 Eier,
225 g Mehl, 1 TL Backpulver,
1 EL löslichen Kaffee,
6 Blatt Gelatine, 200 ml
Irish Cream (z.B. Baileys),
500 ml Sahne,
4 EL Puderzucker

außerdem: Backpapier

Erdbeersahnetorte

Arbeitszeit: 20 Min.
Ruhezeit: ca. 2 Std.

250 g Löffelbiskuits,
150 g Butter, 8 Blatt Gelatine,
500 g Erdbeerjogurt, 50 g
Puderzucker, Saft von ½ Zitrone,
200 ml Sahne, 100 g Erdbeermarmelade, 2 cl Orangenlikör,
50 g Mandelkrokant

außerdem: Gefrierbeutel,
Backpapier

Löffelbiskuits in einen Gefrierbeutel geben und zerkleinern. Butter schmelzen, mit den Biskuitbröseln in einer Schüssel verkneten und anschließend in eine mit Backpapier ausgelegte Springform (26 cm Durchmesser) drücken.

Gelatine in kaltem Wasser einweichen. Zwischenzeitlich Jogurt, Puderzucker und Zitronensaft glatt rühren. Gelatine leicht ausdrücken und in einem Topf bei geringer Hitze auflösen. Danach mit einem Schneebesen unter den Jogurt rühren und 30 Minuten kalt stellen. Sahne mit dem Handrührgerät steif schlagen und vorsichtig unter den gelierten Jogurt heben. Die Creme in die Springform füllen und mindestens 1 Stunden kalt stellen.

Die Erdbeermarmelade mit dem Orangenlikör verrühren, leicht erwärmen und über der Erdbeersahne gleichmäßig verteilen. Weitere 30 Minuten kalt stellen und vor dem Servieren mit Mandelkrokant bestreuen.

Kirschtorte

Arbeitszeit: 20 Min.
Backzeit: 15-20 Min.

1 Pck. Blätterteig (TK),
ca. 500 g Sauerkirschen (Glas),
1 EL Speisestärke, 1 EL Zucker,
150 ml Kirschsaft, ½ l Sahne,
50 g Zucker, 1 Pck. Vanillezucker,
3 Blatt weiße Gelatine, 150 g
Puderzucker, 2-3 EL Kirschsaft

Blätterteig auftauen lassen, jeweils 2 Teigplatten aufeinanderlegen und zu Rechtecken ausrollen. Auf ein mit Wasser abgespültes Backblech legen und 15-20 Minuten bei 200°C backen. Die Sauerkirschen abtropfen lassen. Speisestärke mit 2 Esslöffeln Kirschsaft und Zucker anrühren, restlichen Kirschsaft aufkochen, mit der Speisestärke binden und die Kirschen dazugeben.

Die Sahne steif schlagen. Zucker und Vanillezucker einrieseln lassen. Gelatineblätter einweichen, ausdrücken und in etwas Wasser auflösen. Unter die Sahne rühren.

Die Kirschen auf einen Blätterteigboden geben, dann die Sahne gleichmäßig darauf verteilen und den zweiten Boden darauf legen. Puderzucker und Kirschsaft zu einer Glasur glatt rühren und die Torte damit überziehen.

Käsesahne

Für den Teig die Eier trennen, Eigelbe mit 3 Esslöffeln Wasser, 75 g Zucker und Vanillezucker mischen und im Wasserbad 5 Minuten schaumig schlagen. Anschließend in kaltem Wasserbad solange rühren, bis die Masse abgekühlt ist.

Die Eiweiße mit 1 Prise Salz und dem restlichen Zucker mit dem Handrührgerät steif schlagen. Mehl, Speisestärke und Backpulver mischen und in den Eischnee sieben. Mit einem Schneebesen vorsichtig glatt rühren und danach langsam unter die Eiermasse heben.

Den Biskuitteig in eine mit Backpapier ausgelegte Springform geben, glatt streichen und im vorgeheizten Backofen bei 180 °C (Umluft 160 °C) 25 Minuten goldgelb backen.

Aus dem Ofen nehmen, den Biskuit auf ein Tuch stürzen und abkühlen lassen. Das Backpapier entfernen und mit einem Messer quer halbieren.

Für die Füllung die Butter und 100 g Zucker mit dem Rührgerät 5 Minuten schaumig schlagen. Die Eier trennen und die Eigelbe nach und nach unter die Butter rühren. Die Gelatine 5-10 Minuten in kaltem Wasser einweichen, dann ausdrücken und in wenig heißem Wasser auflösen. Zitronenabrieb und -saft mit dem Quark unter die Butter mischen. Zuerst Eiweiße mit Salz und restlichem Zucker steif schlagen, anschließend die Sahne. Aufgelöste Gelatine unter die Quarkmasse rühren. Die Sahne langsam unter den Eischnee mischen und vorsichtig unter die Quarkmasse heben.

Die untere Hälfte vom Biskuitboden in eine mit Backpapier ausgelegte Springform legen und dann das Quarkmousse gleichmäßig darauf verteilen und glatt streichen. Anschließend die obere Hälfte daraufsetzen und leicht andrücken.

Vor dem Servieren für mindestens 2 Stunden in den Kühlschrank stellen und zum Schluss mit Puderzucker bestäuben.

Arbeitszeit: 30 Min.
Backzeit: ca. 25 Min.
Ruhezeit: ca. 2 Std.

für den Biskuitteig:
2 Eier, 3 EL Wasser, 100 g Zucker,
1 Pck. Vanillezucker, 1 Prise Salz,
75 g Mehl, 50 g Speisestärke,
1 TL Backpulver

für die Füllung:
125 g Butter, 125 g Zucker,
3 Eier, 10 Blatt Gelatine, Abrieb
und Saft von 1 Zitrone,
500 g Quark, 1 Prise Salz,
200 ml Sahne,
50 g Puderzucker

außerdem: Backpapier

Biskuittorte mit Ananascreme

Arbeitszeit: 45 Min.
Backzeit: etwa 20 Min.

für den Biskuit: 3 Eier,
3 EL warmes Wasser,
125 g Zucker, ½ Pck. Vanillezucker, 70 g Mehl,
60 g Speisestärke,
1 TL Backpulver

für die Ananascreme: ¼ l Milch,
50 g Zucker, 2-3 Blatt Gelatine,
250 ml Sahne, 1 Dose Ananas,
etwas Zitronensaft und Grand
Marnier oder Kirschwasser

Schlagsahne und Früchte
zum Garnieren

Aus den Zutaten einen Biskuitboden in einer Springform backen (siehe Grundrezept) und auskühlen lassen. Für die Ananascreme Milch und Zucker zum Kochen bringen, die vorgeweichte Gelatine hineinrühren, dann die steif geschlagene Sahne unterziehen. Die sehr fein geschnittenen Ananasstücke mit etwas Zitronensaft und Grand Marnier oder Kirschwasser vermengen und zur Creme geben.

Den Biskuit quer durchschneiden, eine Hälfte wieder in die Tortenform geben, mit 3/4 der Ananascreme füllen. Die zweite Teighälfte darauf legen, die übrige Creme auf der Oberfläche verteilen und glatt streichen. Die Torte in den Kühlschrank stellen, bis die Creme steif ist. Mit Schlagsahne und Früchten garnieren.

Schokoladen-Blätterteig-Torte

Arbeitszeit: 40 Min.
Backzeit: etwa 30 Min.
Kühlzeit: mind. 3 Std.

Für die Böden:
6 Platten TK-Blätterteig (450 g),
1 Ei, 1 EL Zucker

für die Creme: 4 Eier,
50 g Vollmilch-Schokolade,
100 g Zartbitter-Schokolade,
150 g weiße Schokolade, 2 Blatt
weiße Gelatine, 2 EL Amaretto,
2 EL starker Kaffee,
350 ml Schlagsahne

zum Verzieren: Puderzucker zum
Bestäuben und Borkenschokolade (oder Schokoraspeln)

Den Blätterteig auftauen lassen, Backofen auf 200 °C vorheizen. Jeweils 2 Blätterteigplatten aufeinanderlegen, ausrollen und mit dem Tortenrand einer Springform (Ø 26 cm) einen Kreis ausstechen. Das Ei verquirlen und die drei Böden damit bestreichen, dann mit etwas Zucker bestreuen und mit einer Gabel einige Male einstechen. Die Böden nacheinander auf einem kalt abgespültem Backblech im Backofen 10-12 Minuten backen. Den letzten Boden vorher in 12 Stücke teilen.

Für die Creme die Zartbitter- und die Vollmilch-Schokolade zusammen, die weiße Schokolade getrennt in Schüsseln im lauwarmen Wasserbad schmelzen und etwas abkühlen lassen. Die Gelatine in kaltem Wasser einweichen. In 2 Schüsseln je 2 Eier aufschlagen. Eine Masse erst mit Amaretto aromatisieren, dann die dunkle Schokolade unterrühren.

Die zweite Masse mit Kaffee aromatisieren, dann die weiße Schokolade mit der aufgelösten Gelatine unterrühren.

Die Sahne steif schlagen und jeweils die Hälfte unter jede Cremesorte heben und mindestens 3 Stunden kalt stellen. Dunkle und weiße Schokoladencreme jeweils locker auf einen Blätterteigboden streichen. Böden aufeinandersetzen.

Die Blätterteig-Dreiecke oben auf die Creme stecken.

Zum Schluss die Torte mit Puderzucker bestäuben, dann mit Borkenschokolade oder Schokoladenraspeln verzieren.

Mirabellen-Frischkäse-Torte

Das Spritzgebäck in einen Gefrierbeutel füllen und darin zerkleinern. Butter in einem Topf schmelzen, Paniermehl dazugeben, gut mischen und in eine mit Backpapier ausgelegte Springform drücken. Frischkäse mit Puderzucker und Aprikosenmarmelade mischen und mit dem Rührgerät 2-3 Minuten schaumig rühren. Anschließend die Sahne steif schlagen, vorsichtig unter den Frischkäse heben und auf dem Keksboden gleichmäßig verstreichen. Mirabellen abtropfen lassen, dabei 250 ml Flüssigkeit auffangen. Den Saft mit dem Tortenguss glatt rühren und aufkochen.
Mirabellen auf der Creme verteilen und mit dem Tortenguss überziehen. Die Torte mindestens 3 Stunden kalt stellen.

Arbeitszeit: 20 Min.
Ruhezeit: ca. 3 Std.

300 g Spritzgebäck,
100 g Butter, 400 g Frischkäse,
60 g Puderzucker,
100 g Aprikosenmarmelade,
200 ml Sahne, Mirabellen im
Glas (720 g Abtropfgewicht),
1 Pck. Tortenguss (weiß)

außerdem: Gefrierbeutel,
Backpapier

Aprikosen-Sahne-Torte

Mehl und Backpulver in eine Schüssel sieben. Zucker, Vanillezucker, Eier, Milch und Margarine zugeben und alles verrühren. Ein tiefes Backblech mit Backpapier auslegen. Den Teig auf das Blech geben. Für den Belag die Eier trennen. Eigelbe mit Quark und Öl verrühren. Zucker, Puddingpulver, Milch und abgeriebene Zitronenschale zugeben. Die Aprikosen in kleine Stücke schneiden und zum Quark geben. Eiweiße steif schlagen, unter die Masse heben und alles auf dem Teig verteilen; 45 Minuten backen. Nach 25 Minuten Backzeit mit Alufolie oder Backpapier abdecken und weitere 20 Minuten backen.

Arbeitszeit: 20-30 Min.
Backzeit: 45 Min.

für den Teig: 250 g Mehl,
½ Pck. Backpulver, 125 g Zucker,
1 Pck. Vanillezucker, 2 Eier,
200 ml Milch, 125 g Margarine

für den Belag: 500 g Aprikosen,
3 Eier, 500 g Quark, 3 EL Öl,
200 g Zucker, 1 Pck. Vanillepuddingpulver, ½ l Milch,
abgeriebene Zitronenschale
oder etwas Zitronensaft

außerdem: Backpapier

Obsttorte

Arbeitszeit: etwa 1 Std.
Backzeit: 15 Min.

für den Teig: 200 g Mehl,
1 Eigelb, 1 Prise Salz,
60 g Zucker, 120 g Butter

Für den Belag: ¼ l Milch,
½ Pck. Vanillepuddingpulver,
2 EL Zucker, 1 Eigelb,
340 g Johannisbeermarmelade,
etwa 400 g Obst, 1 Pck. klarer
Tortenguss, ¼ l Obstsaft

für die Dekoration:
50 g Mandelblättchen,
eine Handvoll Mandelstifte,
¼ l Sahne

außerdem: Backpapier

Aus den Zutaten einen Mürbeteig bereiten (siehe Grundrezept), 30 Minuten kühl stellen, dann ausrollen und in eine
mit Backpapier ausgekleidete Springform legen. Bei 200 °C
etwa 15 Minuten backen. Stürzen und auskühlen lassen.
In der Zwischenzeit aus Milch, Puddingpulver und Zucker
einen Pudding kochen und mit dem Eigelb verfeinern.
Auf den Mürbeteigboden die glatt gerührte Marmelade und
den Pudding streichen. Obst waschen, säubern und klein
schneiden und auf der Puddingschicht verteilen.
Aus Obstsaft und klarem Tortenguss eine Glasur erstellen
und die Torte damit vollenden. Den Tortenrand mit ge-
bräunten Mandeln bestreuen und mit Mandelstiften und
Schlagsahne garnieren.

 # Nougatcreme-Mandeltorte

Arbeitszeit: 30 Min.
Backzeit: ca. 25 Min.
Ruhezeit: ca. 3 Std.

4 Eier, 100 g Zucker,
100 g Mandelgrieß, 75 g Mehl,
50 g Mandelblättchen,
200 ml Sahne, 300 g Nougatcreme (z.B. Nutella),
200 g Schokoladenpudding

außerdem: Backpapier

Eier und Zucker mit dem Rührgerät 5 Minuten schaumig
schlagen, danach den Mandelgrieß unterrühren. Das Mehl
dazusieben und mit einem Schneebesen vorsichtig glatt
rühren. Anschließend den Teig in eine mit Backpapier ausgelegte Springform füllen und mit den Mandelblättchen
bestreuen. Im vorgeheizten Backofen bei 180 °C (Umluft
160 °C) 25 Minuten goldgelb backen. Den Kuchen in der
Form etwas abkühlen, dann auf einem Kuchengitter kalt
werden lassen. Die Sahne mit dem Rührgerät steif schlagen.

Nougatcreme mit dem Schokoladenpudding glatt rühren und die Sahne vorsichtig unterheben. Die eine Hälfte vom Kuchenboden in eine mit Backpapier ausgelegte Springform legen und die Nougatcreme gleichmäßig darauf verteilen. Die obere Hälfte daraufsetzen, leicht andrücken und mindestens 3 Stunden kalt stellen.

Fruchtgeleetorte

Aus den Zutaten einen Mürbeteig bereiten (siehe Grundrezept), 30 Minuten kühl stellen, dann ausrollen und in eine mit Backpapier ausgelegte Springform legen. Bei 200 °C 15 Minuten backen. Springform öffnen und auskühlen lassen. Auf den Mürbeteigboden die glatt gerührte Marmelade aufstreichen und den Biskuitboden darauf legen.
Für das Fruchtgelee 400 g der Früchte abtropfen und mit den Nüssen und dem Zucker pürieren. Restliches Obst halbieren oder in Streifen schneiden. Das Fruchtpüree mit Zitronensaft und Rum vermischen. Die in Wasser eingeweichten Gelatineblätter ausdrücken, zum Fruchtmark geben, die Masse erhitzen und gut auflösen. Die Böden zurück in die Springform legen und die Fruchtstückchen dekorativ darauf anordnen. Das Gelatine-Fruchtmark darübergießen. Die Torte 2 Stunden im Kühlschrank erkalten lassen.

Arbeitszeit: etwa 1 Std.
Backzeit: etwa 15 Min.
Ruhezeit: 2 Std.

für den Teig: 200 g Mehl,
1 Eigelb, 1 Prise Salz, 60 g
Zucker, 120 g Butter

für die Zwischenschicht:
Johannisbeermarmelade,
1 fertigen Biskuitboden

für das Fruchtgelee:
750 g Früchte (frisch oder aus
der Dose, z.B. Ananasringe,
Pfirsiche, Reineclauden, Erdbeeren, Bananen, Weintrauben,
Aprikosen, Melonenstücken),
50 g Walnüsse, 6 EL Zucker,
½ Zitrone, 2 cl Rum,
6 Blatt weiße Gelatine

außerdem: Backpapier

Punschtorte

Die Eier trennen, Eiweiße steif schlagen und kühl stellen. Eigelbe mit 6 Esslöffeln heißem Wasser und dem Zucker schaumig rühren. Eischnee dazugeben, Mehl darübersieben, Butter zugeben und alles locker unterziehen. Bei 180 °C etwa 20 Minuten backen und über Nacht auskühlen lassen.
Den Biskuit am nächsten Tag in drei Böden schneiden (den mittleren etwas dicker), den oberen und den unteren Boden mit Marmelade bestreichen und beiseitestellen.
Für die Füllung den mittleren Boden in kleine Würfel schneiden und in einer Schüssel mit dem Würfelzucker (an der Schale der ungespritzten Orange abreiben), Orangen- und Zitronensaft sowie 125 ml Wasser aufkochen. Rum und Marmelade unterrühren und die Torte damit füllen. Dann rundum mit Marmelade bestreichen und mit rosa gefärbtem, mit Rum verrührtem Fondant glasieren.

Arbeitszeit: etwa 1 Std.
Backzeit: 20 Min.
Ruhezeit: über Nacht

für den Biskuitboden: 8 Eier,
160 g Zucker, 160 g Mehl,
40 g Butter, 340 g Marmelade

für die Füllung: 150 g Würfelzucker, 1 ungespritzte Orange,
1 Zitrone, 3 EL Rum,
3 EL Marmelade

für die Dekoration:
100 g Marmelade,
200 g Fondant (Zuckermasse),
rote Lebensmittelfarbe,
etwas Rum

KEKSE & WEIHNACHTSGEBÄCK

Früchtebrot

Arbeitszeit: 40 Min.
Backzeit: 60-70 Min.
Ruhezeit: über Nacht
und 3 weitere Stunden

für die Früchte: 500 g getrocknete Birnen, 250 g entsteinte Backpflaumen, 250 g getrocknete Feigen, 250 g Walnüsse, je 50 g Orangeat und Zitronat, 100 g gehackte Mandeln, 200 g Rosinen, 200 g Korinthen, ¼ l Kirschwasser, 100 g Zucker, 1 TL Anissamen, 1 TL Zimt, je 1 Msp. gemahlene Nelken, Muskatblüte und weißer Pfeffer

für den Teig: 200 g Mehl, 1 Prise Salz, 25 g Butter, 20 g frische Hefe, 1 EL Zucker, 125 ml Milch

außerdem: Backpapier

Die getrockneten Früchte in Streifen schneiden, Nüsse grob hacken, Orangeat und Zitronat würfeln. Früchte, Nüsse, Mandeln, Rosinen, Korinthen, Orangeat und Zitronat in eine Schüssel geben, mit dem Kirschwasser übergießen und gut mischen. Die Mischung zugedeckt 24 Stunden ziehen lassen und dabei mehrmals umrühren.

Zucker und Gewürze zur Früchtemasse geben. Für den Teig Mehl, Salz und weiche Butter mischen. Die Hefe mit Zucker und lauwarmer Milch glatt rühren und dazugeben. Mit den Knethaken des Rührgeräts zu einem geschmeidigen Teig verarbeiten und zugedeckt 1 Stunde gehen lassen.

Dann den Teig und die Früchtemasse gründlich verkneten. Zwei längliche Brote daraus formen, auf ein Blech mit Backpapier geben und erneut zugedeckt 2 Stunden gehen lassen. Bei 180 °C im vorgeheizten Backofen auf der untersten Schiene 60-70 Minuten backen.

Das Brot steckt voller Vitamine und Mineralstoffe und hält sich gut verpackt bis zu 6 Wochen.

Christstollen aus Hefeteig

Arbeitszeit: etwa 40 Min.
Ruhezeit: gesamt 1½ Std.
Backzeit: 35-40 Min.

500 g Mehl, 40 g Hefe, 60 g Zucker, 250 ml Milch, 1 EL Butter, 2 Eier, 1 Prise Salz, je 125 g Korinthen, Rosinen und gehackte Mandeln, je 50 g Orangeat und Zitronat, 100 g Butter, Puderzucker

Aus Mehl, Hefe, Zucker, Milch, Butter, Eiern und einer Prise Salz mit Vorteig einen Hefeteig bereiten (siehe Grundrezept). 30 Minuten gehen lassen. Inzwischen Korinthen, Rosinen, Mandeln, Orangeat und Zitronat etwa gleich groß klein hacken und nach der Ruhezeit in den Teig einkneten. Noch einmal 60 Minuten gehen lassen.

Einen Stollen formen und auf ein gefettetes Backblech legen. Mit 50 g zerschmolzener Butter den Stollen bestreichen und bei 175 °C 35-40 Minuten backen.

Den Stollen noch einmal mit 50 g flüssiger Butter sofort bestreichen und dick mit Puderzucker bestäuben.

> **TIPP** *Dies ist ein einfaches Stollenrezept, das sich auch gut für Backanfänger eignet. Wichtig ist, den Hefeteig genau nach Rezept zuzubereiten und ihn in Ruhe gehen zu lassen, da er die schweren Zutaten Orangeat, Zitronat, Korinthen, Rosinen und Mandeln aufnehmen muss.*

Festlicher Quarkstollen

Rosinen und Cranberries waschen, abtropfen lassen und mit warmen Schwarztee übergießen. 125 g Butter in kleine Würfel schneiden. Mehl und Backpulver durch ein Sieb auf eine Arbeitsfläche sieben und in der Mitte eine Mulde formen. Eier, Zucker und Vanillezucker in die Mulde geben und mit wenig Mehl zu einem Brei vermengen. Quark, Salz, Rum und Butterwürfel auf den Teigbrei geben und zu einem glatten Teig verkneten. Rosinen, Cranberries und Mandeln unterkneten und ca. 40 Minuten ruhen lassen. Danach in eine gefettete und mit Mehl bestäubte Stollenform geben und im vorgeheizten Backofen bei 200 °C (Umluft 180 °C) 60-70 Minuten backen. Restliche Butter in einem Topf schmelzen und abwechselnd Butter und Puderzucker auf den noch warmen Stollen streichen und bestäuben.

Arbeitszeit: 30 Min.
Backzeit: ca. 1 Std. 10 Min.
Ruhezeit: ca. 40 Min.

100 g Rosinen, 100 g getrocknete Cranberries, 100 ml Schwarztee, 250 g Butter, 500 g Mehl, 1 Pck. Backpulver, 2 Eier, 125 g Zucker, 1 Pck. Vanillezucker, 250 g Magerquark, 1 Prise Salz, 1 EL Rum, 125 g gehackte Mandeln, 200 g Puderzucker, Butter und Mehl für die Backform

außerdem: Stollenform

Spekulatius

Butter mit den Gewürzen schaumig rühren, Zucker und Eier zufügen. Mehl, Backpulver und geriebene Mandeln mischen und alles verkneten. Den Teig 2 Stunden im Kühlschrank ruhen lassen. Spekulatiusformen mit Mehl bestäuben, in den Teig drücken, dann mit dem Messer glatt abschneiden und das Motiv durch leichtes Klopfen herauslösen. Wer keine Formen hat, kann den Teig auch 2-3 mm dick ausrollen und ausstechen. Einzeln auf ein Blech mit Backpapier legen und bei 180 °C im vorgeheizten Backofen 15 Minuten backen.

Arbeitszeit: 1 ½ Std.
Backzeit: 15 Min.

200 g Butter, 2 TL Zimt, 1 TL Lebkuchengewürz, je 1 Msp. Muskatblüte und Kardamom, 125 g Zucker, 2 Eier, 300 g Mehl, ½ TL Backpulver, 100 g Mandeln,

außerdem: Backpapier, Spekulatiusformen

Gewürz-Spitzen

Arbeitszeit: 30 Min.
Ruhezeit: ca. 30 Min.
Backzeit: ca. 15 Min.

175 g Honig, 50 g Rohrzucker,
1 Prise Salz, 2 EL Speiseöl,
1 Ei, 1 EL Kakao, Abrieb von
1 Zitrone, 1 TL Lebkuchengewürz, 1 TL Zimt, 50 g gehackte Mandeln, 250 g Weizenmehl
(Type 550), 3 gestrichene TL
Backpulver, 100 g Johannisbeergelee, 125 g Schokoglasur

außerdem: Backpapier

Honig mit Rohrzucker, 1 Prise Salz und Speiseöl in einem
Topf erwärmen, glatt rühren, in eine Schüssel gießen und
abkühlen lassen. Anschließend das Ei, Kakao, Zitronenabrieb, Lebkuchengewürz und Zimt unterrühren. Mehl mit
Backpulver mischen, mit den gehackten Mandeln unter den
Teig kneten und mindestens 30 Minuten kalt stellen. Danach auf einer bemehlten Arbeitsfläche 2 cm dicke Rollen
aus dem Teig formen, etwas flach drücken und auf ein mit
Backpapier belegtes Backblech legen. Im vorgeheizten Backofen bei 175 °C (Umluft 150 °C) 10-15 Minuten backen und
auf einem Kuchengitter erkalten lassen.
Johannisbeergelee in einem Topf leicht erwärmen und glatt
rühren. Fettglasur im Wasserbad erwärmen. Die Rollen in
Dreiecke schneiden und mit dem Gelee gleichmäßig bestreichen. Zum Schluss die Gewürz-Spitzen mit der Schokoglasur überziehen und auf dem Backpapier erkalten lassen.

Pfeffernüsse

Arbeitszeit: etwa 30 Min.
Ruhezeit: 10 Min.
Backzeit: 30 Min.

275 g Mehl, 1 TL Zimt,
je ½ TL gemahlener weißer
Pfeffer, gemahlene Nelken und
Ingwer, 2 Eier, 1 Eigelb, 175 g
Zucker, 1 Pck. helle Zuckerglasur

außerdem: Backpapier

Mehl und Gewürze zweimal durchsieben. Eier und Eigelb
mit dem Zucker schaumig rühren, bis die Masse fast weiß
ist. Mehl und Gewürze unterkneten.
Den Teig 10 Minuten ruhen lassen. In zwei Rollen formen
und walnussgroße Stücke abschneiden. Einzeln auf ein Blech
mit Backpapier setzen und bei 180 °C im vorgeheizten Backofen 30 Minuten backen. Mit Zuckerglasur bestreichen.

Nusslebkuchen

Zitronat, Orangeat und Mandeln grob hacken. Dann Mehl, Lebkuchengewürz, Natron und Bittermandelaroma mit dem Zitronat und Orangeat sowie den Haselnüssen und Mandeln mischen. Honig, Zucker, Butter, Zitronensaft und Cognac gemeinsam erwärmen. Dann die trockene Mehl-Nuss-Mischung sowie das Ei in diese Flüssigkeit mit einem Handrührgerät einarbeiten.

Ein Backblech mit Backpapier auslegen und den Teig darauf geben, mit Frischhaltefolie bedecken und mit dem Nudelholz auf halbe Backblechgröße ausrollen. Frischhaltefolie wieder abziehen. Den Teig in die Mitte des Bleches legen und rundherum mit zusammengedrückten Alufoliestreifen fixieren, damit er nicht auseinanderläuft.

Über Nacht trocknen lassen und am nächsten Tag bei 180 °C im vorgeheizten Backofen 25 Minuten backen. Abgekühlt in Würfel schneiden.

Arbeitszeit: 1½ Std.
Ruhezeit: über Nacht
Backzeit: 25 Min.

je 50 g Zitronat und Orangeat, 300 g Mandeln, 200 g Mehl, 1 Pck. Lebkuchengewürz, 1 TL Natron, 1 Fläschchen Bittermandelaroma, 250 g gemahlene Haselnüsse, 200 g Honig, 200 g Zucker, 40 g Butter, Saft von 1 Zitrone, 2 EL Cognac, 1 Ei

außerdem: Backpapier, Frischhaltefolie, Alufolie

Anisplätzchen

Das gesiebte Mehl bei 50 °C im offenen Backofen anwärmen. Zucker und Eier 15 Minuten mit der Küchenmaschine oder dem Handrührgerät schaumig rühren. Anis und Hirschhornsalz unter das Mehl mischen und mit der Eimasse vermengen.

Ein Backblech mit Backpapier auslegen, den Teig in einen Spritzbeutel (Lochtülle Nr. 5) füllen und Plätzchen aufspritzen. Über Nacht in einem warmen Raum trocknen lassen. Am nächsten Tag bei 140 °C im vorgeheizten Backofen 25 Minuten mehr trocknen als backen lassen.

Arbeitszeit: 40 Min.
Ruhezeit: über Nacht
Backzeit: 25 Min.
ergibt ca. 70 Stück

250 g Mehl, 4 Eier, 250 g Zucker, 1 Beutel Anissamen, 1 Msp. Hirschhornsalz

außerdem: Spritzbeutel, Backpapier

Haselnussmakronen

Eiweiße in einer Schüssel sehr steif schlagen, Zucker einrühren und so lange weiterschlagen, bis keine Körnchen mehr knirschen.

40 ganze Haselnüsse aussortieren, den Rest fein mahlen und unter den Eischnee mischen. Mit der gezuckerten Hand kleine Kugeln formen, ein wenig platt drücken, auf eine runde Backoblate setzen und in die Mitte eine Haselnuss eindrücken. Bei 180 °C im vorgeheizten Backofen etwa 25 Minuten backen.

Arbeitszeit: 50 Min.
Backzeit: 25 Min.

3 Eiweiße, 250 g Zucker, 375 g Haselnüsse, Backoblaten (Ø 6-7 cm)

Kokosmakronen

Arbeitszeit: 1 Std.
Backzeit: 40 Min.

4 Eiweiße, 1 Prise Salz, Saft
von ¼ Zitrone, 250 g Zucker,
1 Pck. Vanillezucker,
250 g Kokosflocken,
1 Pck. Schokoladenglasur,
Backoblaten (Ø 6-7 cm)

außerdem: Backpapier

Eiweiße mit Salz und Zitronensaft zu sehr steifem Schnee schlagen. Zucker und Vanillezucker unterrühren. Dann die Kokosflocken unterheben. Auf einem Blech mit Backpapier die Backoblaten auslegen und mit 2 Teelöffeln kleine Teighäufchen daraufsetzen. In der Mitte jeder Makrone mit einem Kochlöffelstiel ein kleines Loch eindrücken und im vorgeheizten Backofen bei 140 °C etwa 40 Minuten backen. Nach dem Abkühlen die Höhlung in der Mitte mit Schokoladenglasur füllen, eventuell mit Glasur noch kleine Schokostreifen darüberziehen.

Hagebuttenmakronen

Arbeitszeit: 25 Min.
Backzeit: ca. 30 Min.

2 Eiweiße, 1 Prise Salz,
2 EL Zucker, 4 EL Hagebuttenmarmelade, 50 g Mandelgrieß,
125 g Haferflocken

außerdem: Backpapier

Eiweiße und 1 Prise Salz mit dem Rührgerät anschlagen, Zucker dazugeben und steif schlagen. Danach 2 Esslöffel der Hagebuttenmarmelade, Mandelgrieß und Haferflocken unterrühren. Mithilfe von 2 Teelöffeln kleine Häufchen auf ein mit Backpapier belegtes Backblech setzen und mit einem Kochlöffelstiel kleine Vertiefungen in die Mitte drücken. Im vorgeheizten Backofen bei 150 °C (Umluft 130 °C) 25-30 goldbraun backen, herausnehmen und die Mulden mit der restlichen Hagebuttenmarmelade füllen.

Vanillekipferl

Arbeitszeit: 35 Min.
Backzeit: 15-20 Min.

140 g Mehl, 100 g klein
geschnittene Butter,
50 g geriebene Mandeln oder
Haselnüsse, 50 g Puderzucker,
1 Vanilleschote

Die Zutaten zu einem Mürbeteig kneten (siehe Grundrezept) und etwa eine halbe Stunde ruhen lassen. Aus dem Teig etwa 40 kleine Hörnchen (Kipferl) formen, einzeln auf ein mit Backpapier ausgelegtes Blech legen und bei 180 °C 10-12 Minuten hell backen (Nicht braun werden lassen!). Vanillemark herauslösen und den Puderzucker damit aromatisieren. Die fertigen Hörnchen darin wenden.

Butterplätzchen

Arbeitszeit: 35 Min.
Kühlzeit: 1 Std.
Backzeit: 25 Min.

200 g Butter, 125 g Puderzucker
2 Pck. Vanillezucker,
5 Eigelbe, 275 g Mehl

Butter schaumig rühren, Puderzucker, Vanillezucker und 3 Eigelben untermischen. Mit dem Mehl verkneten und eine Stunde kühl stellen. Danach ausrollen und mit Plätzchenformen ausstechen. Die anderen 2 Eigelbe verquirlen und die Plätzchen damit bestreichen. Bei 175 °C im vorgeheizten Backofen etwa 25 Minuten backen.

Buttergebäck kann auch mit dem Abrieb von ungespritzten Orangen- oder Zitronenschalen aromatisiert und mit Zuckerglasur versehen werden.

TIPP *Butterplätzchen sind ein ideales „Aufräum-Rezept" für Eigelbe, die von Makronen und Ähnlichem übrigbleiben.*

Orangen-Dinkel-Stäbchen

Die Butter mit dem Puderzucker, dem Vanillezucker und dem Salz in eine Schüssel geben und 5 Minuten mit dem Handrührgerät cremig rühren. Orangenabrieb und -saft dazugeben, die Eigelbe unterrühren und das Mehl dazusieben und unterheben.
Den fertigen Teig in einen Spritzbeutel mit Sterntülle füllen und etwa 6 cm lange Streifen auf ein mit Backpapier belegtes Backblech spritzen. Im vorgeheizten Backofen bei 180 °C (Umluft 160 °C) 8-10 Minuten goldgelb backen und auf einem Kuchengitter abkühlen lassen.
Die Nougatmasse im Wasserbad cremig rühren, die Hälfte der Stangen auf der Unterseite damit bestreichen und mit den restlichen Stangen bedecken. Schokoladenglasur ebenfalls im Wasserbad erwärmen und jeweils ein Ende der Orangen-Dinkel-Stäbchen eintauchen. Zum Schluss auf Backpapier setzen und trocknen lassen.

Arbeitszeit: 20 Min.
Backzeit: ca. 10 Min.

300 g Butter, 150 g Puderzucker, 1 Pck. Vanillezucker, 1 Prise Salz, 4 Eigelbe, Abrieb und Saft von 1 Orange, 300 g Dinkelmehl, 200 g Nougatmasse, 1 Pck. Schokoladenglasur

außerdem: Spritzbeutel mit Sterntülle, Backpapier

Cashew-Taler

Arbeitszeit: 25 Min.
Ruhezeit: ca. 30 Min.
Backzeit: ca. 30 Min.

150 g Weizenmehl,
150 g Rohrzucker, 4 Eigelbe,
Abrieb von 1 Zitrone,
1 TL Kardamom,
150 g kalte Butterflocken,
250 g Cashewkerne

außerdem: Backpapier

Mehl in eine große Schüssel sieben und mit Rohrzucker, Eigelbe, Zitronenabrieb und Kardamom zu einem zähen Teig vermischen. Butterflocken dazugeben und mit den Knethaken des Handrührgerätes oder von Hand schnell zu einem glatten Teig verkneten. Zum Schluss die fein gehackten Cashewkerne hinzugeben und grob einarbeiten.

Aus dem Teig Rollen von etwa 2 cm Durchmesser formen und mindestens 30 Minuten kalt stellen. Danach in 0,5 cm breite Scheiben schneiden und auf ein mit Backpapier belegtes Backblech legen. Im vorgeheizten Backofen bei 175 °C (Umluft 150 °C) 15 Minuten goldbraun backen und auf einem Kuchengitter abkühlen lassen.

Stracciatella-Küsschen

Arbeitszeit: 30 Min.
Backzeit: 25 Min.

3 Eiweiße, 75 g Zucker,
1 Pck. Vanillezucker,
50 g Puderzucker,
10 g Speisestärke,
100 g gehackte Mandeln,
75 g Schokoladenröllchen
(zartbitter), etwas Kakao
oder Puderzucker

außerdem: Backpapier

Backofen auf 130 °C vorheizen. Eiweiße steif schlagen. Nach und nach Zucker und Vanillezucker zufügen. Puderzucker mit Speisestärke mischen, sieben und kurz unterrühren. Zuletzt nacheinander Mandeln und Schokoröllchen unterheben. Mit 2 Teelöffeln knapp walnussgroße Portionen auf mit Backpapier belegte Bleche setzen, sofort in den vorgeheizten Backofen geben und 25 Minuten backen. Das Gebäck auf dem Backpapier vom Blech ziehen und erst nach dem Erkalten lösen. Die Plätzchen am besten einen Tag vor dem Verzehr backen, da sie „nachtrocknen" und so erst ihre endgültige Festigkeit erhalten. Vor dem Verzehr mit Kakao oder Puderzucker bestäuben oder mit aufgelöster Kuvertüre dekorieren und trocknen lassen.

Zimtsterne

Die sehr steif geschlagenen Eiweiße mit dem Puderzucker mischen und 4 Esslöffel davon zur Seite stellen. Die Nüsse und den Zimt unter die Eiweißmasse heben. Eine Unterlage mit Zucker bestreuen und den Teig darauf etwa 1 cm dick ausrollen. Sterne ausstechen und einem Blech mit Backpapier 1-2 Stunden trocknen lassen. Mit der restlichen Eischneemasse bestreichen und bei 160 °C im vorgeheizten Backofen etwa 25 Minuten backen.

Arbeitszeit: etwa 1 Std.
Backzeit: 25 Min.

4 Eiweiße, 250 g Puderzucker, 375 g gemahlene Haselnüsse oder Mandeln, 2 TL Zimt, 2 EL Zucker

außerdem: Stern-Ausstechform, Backpapier

Cranberry-Ingwer-Schnitten

Butter, Rohrzucker und Vanillezucker in einer großen Schüssel mit dem Handrührgerät 5 Minuten cremig rühren. Anschließend die Eier nach und nach unterrühren. Mehl und Backpulver dazusieben. Cranberries und Ingwer grob hacken und zum Schluss mit den Schokoladenraspeln untermischen. Den Teig auf ein mit Backpapier ausgelegtes Backblech streichen. Im vorgeheizten Backofen bei 180 °C (Umluft 160 °C) 20-25 Minuten goldbraun backen und auf einem Kuchengitter abkühlen lassen. Die Schokoglasur im Wasserbad schmelzen und das Gebäck in 4x4 cm breite Stücke schneiden. Anschließend die Cranberrie-Ingwer-Schnitten damit bestreichen und mit je einer Cranberry belegen.

Arbeitszeit: 30 Min.
Backzeit: ca. 25 Min.
Ruhezeit: ca. 30 Min.

125 g Butter, 100 g Rohrzucker, 1 Pck. Vanillezucker, 1 EL kandierter Ingwer, 4 Eier, 250 g Mehl, 1 TL Backpulver, 250 g dunkle Schokoladenraspel, 200 g Cranberrys, 125 g Schokoglasur, Cranberrys zum Garnieren

außerdem: Backpapier

Spritzgebäck

Butter mit Zucker und Vanillezucker schaumig rühren, bis die Masse weißlich ist. Dann nach und nach 4 Eigelbe untermischen. Den Rum zufügen und schließlich das gesiebte Mehl und die geschälten, sehr fein geriebenen Mandeln unterheben. Den Teig glatt rühren und in einen Spritzbeutel mit gezackter Tülle füllen. Auf ein mit Backpapier belegtes Blech Ringe, S-Formen oder Ähnliches spritzen. Eine Stunde kalt stellen.
Dann mit einem verquirltem Eigelb bestreichen und im vorgeheizten Backofen bei 175 °C 20-25 Minuten backen. Wer will, kann Teile des Gebäcks in Schokoladenglasur tauchen.

Arbeitszeit: 40 Min.
Backzeit: 20-25 Min.

200 g Butter, 200 g Zucker, 1 Pck. Vanillezucker, 5 Eigelbe, 2 EL Rum, 300 g Mehl, 100 g Mandeln

evtl. Schokoladenglasur

außerdem: Spritzbeutel mit gezackter Tülle, Backpapier

PRALINEN & PETITS FOURS

Petits Fours

Arbeitszeit: 50 Min.
Backzeit: 15 Min.

4 Eier, 125 g Zucker,
50 g Mehl, 75 g Speisestärke,
½ TL Backpulver,
250 g Marzipanrohmasse,
2 cl Kirschwasser,
Zitronenglasur, Schokoglasur,
Kirsch- oder Johannisbeer-
konfitüre, fertige Zuckerschrift,
Liebesperlen etc.

außerdem: Backpapier

Die Eier trennen. Eigelbe, Zucker mit 4 Esslöffeln heißem Wasser schaumig rühren. Steif geschlagene Eiweiße zugeben, Mehl, Speisestärke und Backpulver darauf sieben und locker unterziehen. Backblech mit Backpapier belegen und den Teig daraufstreichen. Bei 200 °C etwa 15 Minuten backen, auf eine bemehlte Fläche stürzen und in 3 gleichgroße Streifen schneiden.
Marzipan mit dem Kirschwasser verrühren und die Creme auf den ersten Streifen streichen. Zweiten Streifen auflegen und mit der Konfitüre bestreichen, mit dem dritten Streifen abdecken und vorsichtig (evtl. mit einem Elektromesser) in gleich große Würfel schneiden. Die Würfel weiß oder braun glasieren und mit Zuckerschrift und Liebesperlen garnieren.

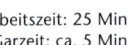

Mokka-Konfekt

Arbeitszeit: 25 Min.
Garzeit: ca. 5 Min.

125 g Vollmilchschokolade,
150 g Zartbitterschokolade,
125 ml Sahne, 4 EL löslicher
Kaffee, 50 g weiche Butter,
75 g gewürfelte Nougatmasse

außerdem: Spritzbeutel mit
Sterntülle, Pralinenförmchen

Vollmilch- und Zartbitterschokolade klein schneiden. Sahne in einem Topf aufkochen, vom Herd nehmen und die Schokolade darin auflösen. Löslichen Kaffee, Butter und Nougat hinzufügen und so lange rühren, bis eine glänzende Masse entsteht. Etwas abkühlen lassen und bei Festwerden der Masse mit dem Handrührgerät 5 Minuten schaumig rühren. Danach sofort in einem Spritzbeutel mit Sterntülle füllen und in Pralinenförmchen spritzen. Die fertigen Mokka-Konfekts kühl in einer Dose aufbewahren.

Marzipan-Aprikosen-Taler

Arbeitszeit: 40 Min.
Marinierzeit: ca. 1 Std.
Abkühlzeit: ca. 30 Min.

125 g getrocknete Aprikosen,
3 EL Marillenbrand,
200 g Marzipanrohmasse,
100 g Puderzucker, 100 g
geraspelte dunkle Schokolade,
100 g Walnusskernhälften

außerdem: Backpapier

Aprikosen in sehr kleine Würfel schneiden, mit Marillenbrand übergießen und zugedeckt 1 Stunde ziehen lassen. Marzipan in Stücke schneiden, dazugeben und mit dem Rührgerät zu einer cremigen Masse verrühren. Puderzucker dazusieben, unterkneten und etwa 2 cm dicke Rollen formen. 30 Minuten kalt stellen, danach in 1 cm breite Scheiben schneiden. Schokolade im Wasserbad schmelzen, die Taler einzeln mit einer Gabel darin eintauchen, etwas abstreifen und auf Backpapier setzen. Zum Schluss jeweils eine Walnusskernhälfte in die Mitte setzen und bis zum Verzehr in einer Dose kühl aufbewahren.

Gefüllte Datteln (Foto oben, Mitte)

Datteln mit einem kleinen Messer entsteinen und beiseitestellen. Marzipan in kleine Würfel schneiden, mit dem Puderzucker und dem Brandy zu einer cremigen Masse verkneten. Die Schokolade klein schneiden und im Wasserbad
schmelzen. Zwischenzeitlich die Datteln mit der Marzipan-
masse füllen und einzeln in die Schokolade eintauchen.
Etwas abstreifen, auf Backpapier setzen und mit den Pistazien bestreuen. Die gefüllten Datteln bis zum Verzehr in
einer Dose kalt stellen.

Arbeitszeit: 20 Min.

12 türkische, große Datteln
(mit Stein), 50 g Marzipanrohmasse, 1 EL Puderzucker,
4 cl Brandy, 100 g dunkle
Schokolade, 2 EL gehackte
Pistazien

außerdem: Backpapier

Mandelsplitter (Foto oben)

Mandelstifte auf einem Backblech mit 2 Esslöffeln Puderzucker und 2 cl Kirschwasser mischen und im vorgeheizten
Backofen bei 180 °C (Umluft 160 °C) 5 Minuten rösten,
dabei mehrmals wenden. Anschließend aus dem Backofen
nehmen, mit dem restlichen Puderzucker und Kirschwasser
mischen, weitere 5 Minuten im Backofen bräunen, dabei
wenden und danach abkühlen lassen.
Zwischenzeitlich beide Schokoladensorten klein schneiden
und im Wasserbad schmelzen. Die Mandelstifte unterrühren
und mit einem Teelöffel kleine Häufchen auf ein Backpapier
setzen. Die Mandelsplitter erkalten lassen und dann bis zum
Verzehr in einer Dose aufbewahren.

Arbeitszeit: 20 Min.
Backzeit: ca. 10 Min.

150 g Mandelstifte,
4 EL Puderzucker, 4 cl Kirschwasser, 100 g dunkle Schokolade, 50 g Vollmilchschokolade

außerdem: Backpapier

KAFFEESPEZIALITÄTEN

Espresso

pro Portion:
6-7 g frisch gemahlene Espressobohnen,
25-35 ml Wasser

Das heiße Wasser wird mit hohem Druck durch das frisch gemahlene Espressopulver gepresst. Damit die typische „Crema" entsteht, verwendet man am besten eine Espressomaschine oder eine Espressokanne für den Herd.

Cappuccino (Foto Seite 421, rechts)

pro Portion:
6-7 g frisch gemahlene Espressobohnen,
50-60 ml Wasser,
50-60 ml Milch,
Kakaopulver oder Zimt

Aus 50-60 ml Wasser einen verdünnten Espresso zubereiten. Den Espresso zügig mit halbflüssigem cremigen Milchschaum aufgießen und nach Geschmack mit einem Kleks Sahne und Kakaopulver oder Zimt verfeinern.

> **TIPP** *Mit der Bewegung des Kännchens beim Eingießen des Milchschaums kann eine Vielzahl von Mustern erzeugt werden. Profis gestalten daraus die sogenannte* Latte Art.

Latte macchiato (Foto Seite 421, links)

pro Portion:
150 ml Milch,
1 fertig zubereiteter Espresso

100 ml heiße Milch in ein hohes, schmales Glas geben. Den Milchschaum aus 50 ml heißer Milch mit der Milchschaumdüse der Espressomaschine oder einem Milchaufschäumer herstellen und auf die Milch geben. Zum Schluss einen fertig zubereiteten Espresso vorsichtig über den Milchschaum gießen. Da fetthaltige Milch eine höhere Dichte als Espresso hat, schwimmt der Kaffee auf der Milch.

Café au lait

pro Portion:
150-200 ml Milch,
150-200 ml Filterkaffee oder verdünnter Espresso

Dieses traditionelle Frühstücksgetränk aus Frankreich wird zu gleichen Teilen aus 150-200 ml Kaffee und 150-200 ml heißer Milch hergestellt. Dazu gießt man beides gleichzeitig in eine henkellose große Tasse (in Frankreich *bol* genannt).

Café Crème/Schümli

pro Portion:
7-8 g frisch gemahlene Kaffee- oder Espressobohnen,
125 ml Wasser

Diese bei den Schweizern liebevoll „Schümli" genannte Kaffeevariante wird aus frisch gemahlenen Kaffee- oder Espressobohnen hergestellt, die unter Druck mit 125 ml Wasser aufgebrüht werden, sodass eine gleichmäßige Crema auf der Oberfläche entsteht.

Türkischer Mokka

Für diesen traditionellen türkischen Kaffee das Kaffeepulver (Mokkamischung), den Zucker und Kardamom nach Geschmack mit dem Wasser bei kleiner Flamme in einem kleinen Stielgefäß (türkisch *Cezve*) erhitzen, dabei vorsichtig umrühren. Schäumt der Mokka auf, etwas von dem Schaum in die Mokkatasse geben und dann den Kaffee nochmals auf den Herd stellen. Beim zweiten Aufschäumen in die Tasse gießen und nicht mehr umrühren – so kann sich der Kaffee- satz schneller absetzen und stört nicht den Kaffeegenuss.

pro Portion:
5 g Mokkapulver, 1-2 TL Zucker, 60-70 ml Wasser, Kardamompulver nach Belieben

Caffè coretto

Für den Caffè coretto einen Espresso mit Grappa oder italie- nischem Brandy verfeinern. Als Variante nur die eine Hälfte des Weinbrands dazugeben und die andere separat im Glas servieren. Nach dem Austrinken den restlichen Tasseninhalt (Crema- und Zuckerrest) damit aufgießen, kurz verrühren und genießen.

pro Portion:
1 fertig zubereiteter Espresso, 2 cl Grappa oder italienischer Brandy

Eiskaffee

Den gut gekühlten Espresso oder Filterkaffee in ein hohes Eiskaffee-Glas einfüllen und eine Kugel Vanilleeis dazuge- ben. Je nach Geschmack mit Milch oder Schlagsahne auffül- len und mit Schokoladenspänen oder Kakaopulver dekorie- ren. Mit Trinkhalm und langstieligem Löffel servieren.

pro Portion:
50-60 ml verdünnter Espresso oder starker Filterkaffee, 1 große Kugel Vanilleeis, evtl. Milch oder Schlagsahne, Schokospäne oder Kakaopulver

SCHOKOLADE, TEE & PUNSCH

Kakao mit Milch

Arbeitszeit: 10 Min.

4-5 TL Kakaopulver,
1 l Milch,
1-2 EL Zucker

Von der kalten Milch 2 Esslöffel abnehmen und diese mit Kakaopulver und Zucker verrühren. Die restliche Milch in einem Topf erhitzen. Dann mit einem Schneebesen in die heiße Milch einrühren. Nicht aufkochen, da sonst das Aroma des Kakao leidet.

Heiße Schokolade

Arbeitszeit: 10 Min.

125 g Schokolade, 1 l Milch,
1 Prise Salz, evtl. steif
geschlagene Sahne

Geriebene Schokolade (oder sehr klein geschnittene oder gebrochene Rippen) mit dem Salz in heißer Milch glatt rühren und schmelzen. Mit dem Schneebesen aufschlagen und bis kurz vor dem Kochen bringen. Nach Geschmack zuckern und die Trinkschokolade durch ein Sieb gießen und mit einem Sahnekleks dekorieren.

Tee auf britische Art

Arbeitszeit: 10 Min.

2-3 TL Teeblätter (Schwarzer Tee,
z.B. Darjeeling, Earl Grey),
1 l frisches Wasser

nach Belieben: Zitrone,
Zucker, süße Sahne, Rum

In eine mit heißem Wasser ausgespülte Teekanne (in der sonst nichts anderes bereitet werden darf) den losen Tee geben. Mit etwas kochendem Wasser übergießen und kurz ziehen lassen. Das übrige Wasser wieder zum Kochen bringen und dann über das Tee-Extrakt gießen. Gut umrühren und etwa 3 Minuten zugedeckt ziehen lassen.
Den Tee in eine vorgewärmte Kanne abgießen und mit Zitrone, Zucker, süßer Sahne oder Rum servieren.

Grüner Tee

Wasser zum Kochen bringen, vom Herd nehmen und
3-4 Minuten auf ca. 75 °C abkühlen lassen. Grünteeblätter
in einen Teebeutel füllen, in eine vorher kalt ausgespülte
Glaskanne hängen und mit dem Wasser übergießen.
Je nach Teesorte und Geschmack 1-3 Minuten ziehen lassen.

Arbeitszeit: ca. 5 Min.
Ziehzeit: ca. 3 Min.

1 l (möglichst weiches) Wasser,
4-5 TL lose Grünteeblätter
(z.B. Sencha)

> **TIPP** Gute Grünteesorten können 2-4 mal aufgegossen wer-
> den. Hierbei sollte die aufgegossene Wassermenge jeweils
> um ein Drittel verringert werden, damit der Tee noch einen gehalt-
> vollen Geschmack behält. Mit jedem Aufguss verringert sich der
> Koffeinanteil.

Chai (Indischer Gewürztee)

Das Wasser und die Milch in einem Topf aufkochen, die Teeblätter und die Gewürze (nach Geschmack) hineingeben
und alles 5 Minuten kochen lassen. Den Tee absieben, nach
Geschmack zuckern und heiß trinken.

Arbeitszeit: 5 Min.

1 l Wasser, 150 ml Milch,
2 TL Schwarztee (Broken),
je 1 Prise Kardamom, Zimt,
Ingwer, Nelken, Zucker

Glühwein

Die Zuckerstücke in den Rotwein geben, eine Gewürznelke,
ein kleines Stück Zitronen- oder Orangenschale, etwas
Zitronensaft und Zimtstange hinzufügen und das Ganze fast
zum Kochen bringen. Gewürznelke, Zitronenschale und
Zimtrinde entfernen und sofort in einem vorgewärmten
Glas servieren.

Arbeitszeit: 15 Min.

pro Portion: ¼ l Wein,
5-6 Stück Zucker,
1 Gewürznelke, 1 Zimtstange,
Zitronen- oder Orangenschale,
Zitronensaft

Grog

Wasser mit Zucker aufkochen, vom Herd nehmen und mit
Rum, Arrak oder Cognac vermengen.
Andere Art der Zubereitung: Rum in Teegläser gießen.
Mit heißem Wasser auffüllen. Nach Geschmack süßen.

Arbeitszeit: 5 Min.

pro Portion: 200 ml Wasser,
4 cl Rum, Cognac oder Arrak,
3 TL Zucker

Jagertee

Einen viertel Liter Tee aufkochen und Zucker, Rotwein, Zimt
und Nelken hinzufügen und ziehen lassen. Nach etwa 3-5
Minuten die Gewürze entfernen, Rum und Obstler dazugießen. Das Getränk in Becher oder Gläser füllen und heiß
servieren.

Arbeitszeit: 10 Min.

Schwarzer Tee, lose oder im
Beutel, 2 TL Zucker, ¼ l Rotwein,
½ Zimtstange, 2 Nelken,
4 cl Rum, 4 cl Obstbrand

SHAKES, SMOOTHIES & SÄFTE

Erdbeer-Sanddorn-Flip

Arbeitszeit: 15 Min.

175 g Erdbeeren, 125 g Jogurt, ca. 175 ml Milch, ¼ TL gemahlene Vanille, 2 EL honiggesüßter Sanddornsaft, Minzeblättchen zum Garnieren

Erdbeeren waschen, Stielansätze entfernen und klein schneiden. Dann in den Mixer geben und mit Jogurt, Milch und Sanddornsaft cremig pürieren. Zum Schluss das Vanillepulver dazugeben und gut verrühren. Flip in 4 Gläser füllen, mit Minze garnieren und mit langstieligen Löffeln servieren.

Erdbeer-Mango-Schaum   (Foto S. 425, re.)

Arbeitszeit: 10 Min.

250 g Naturjogurt, 350 g Erdbeerjogurt, 350 ml Orangensaft, 1 Flugmango, 300 g gefrorene Erdbeeren

Beide Jogurtsorten im Mixer mit dem Orangensaft verquirlen. Die Flugmango schälen, mit dem Messer den Stein herausschneiden und das Fruchtfleisch in Stücke schneiden. Zusammen mit den gefrorenen Erdbeeren in den Mixbecher geben und mit dem Jogurt cremig pürieren. Zum Schluss den fertig gemixten Erdbeer-Mango-Schaum auf 4 Gläser verteilen und nach Belieben garnieren.

Mango-Orangenmix

Arbeitszeit: 15 Min.

1 reife Mango, 1 Stück frischer Ingwer (etwa 2 cm), 150 ml frisch gepresster Orangensaft, 2 TL Zitronensaft, 1 EL Agavendicksaft, 25-30 g Trinkjogurt

Mango schälen. Fruchtfleisch in Spalten vom Kern schneiden, im Mixer pürieren. Ingwer schälen und fein reiben, in ein Sieb geben und den Saft herausdrücken. Ingwer-, Orangen- und Zitronensaft, Agavendicksaft und Trinkjogurt zum Mangopüree geben, unterrühren und alles kurz durchmixen. Auf vier Gläser verteilen und frisch servieren.

Bananen-Smoothie

Arbeitszeit: 10 Min.

4 Bananen, 6 Pfirsiche, 400 ml Grapefruitsaft, 1 TL Zitronensaft, Minzeblätter, 2 Kumquats

Die Bananen schälen, Pfirsiche waschen, schälen und beides klein schneiden. Anschließend die Früchte im Mixer zerkleinern. Grapefruit- und Zitronensaft darunterrühren und in 4 Gläser verteilen. Mit Minzeblättchen und Kumquatscheiben dekorativ garnieren.

Aprikosen-Pfirsich-Drink

Arbeitszeit: 15 Min.

1 reifer Pfirsich, 2 reife Aprikosen, 50 ml Aprikosennektar, 50 ml Orangensaft, 200 ml gekühltes Mineralwasser, Minzeblätter

Pfirsich und Aprikosen kurz überbrühen, häuten, entsteinen und vierteln. Früchte mit Aprikosennektar und Orangensaft im Mixer cremig pürieren. Mit Mineralwasser auffüllen, nochmals kurz durchmixen. Drink in 4 gekühlte Gläser füllen, mit Minzeblättchen garnieren und servieren.

Guten-Morgen-Smoothie

Bananen schälen, in Stücke schneiden und 15 Minuten im Tiefkühlfach einfrieren. Birne waschen, das Kerngehäuse entfernen und klein schneiden.
Orangensaft, Jogurt, Bananenscheiben, Birnenstücke, Haferflocken und Ahornsirup im Mixer fein pürieren. Auf 4 Gläser verteilen und nach Belieben garnieren.

Arbeitszeit: 10 Min.
Gefrierzeit: ca. 15 Min.

2 Bananen, 1 Birne,
500 ml Orangensaft,
250 g Naturjogurt,
50 g Haferflocken,
2 EL Ahornsirup

Schokoladen-Soja-Shake (Foto oben, links)

Sojamilch und Schokoladensirup im Mixerbecher verquirlen, Schokoladeneiscreme dazugeben und cremig pürieren. Zartbitterschokolade mit einer Reibe fein raspeln, den fertig gemixten Shake auf 4 große Gläser verteilen und mit den Schokoraspeln garnieren.

Arbeitszeit: 10 Min.

300 ml Sojamilch, 4 EL Schokoladensirup, 800 g Schokoladeneiscreme, Zartbitterschokolade zum Garnieren

Ananas-Kokosmilch-Shake

Ananas schälen, den Strunk entfernen, das Fruchtfleisch in Stücke schneiden und 15 Minuten im Tiefkühlfach einfrieren. Ananassaft und Kokosmilch im Mixbecher leicht verquirlen, danach mit Zitronensorbet und den gefrorene Ananasstücken cremig pürieren.
Zum Schluss den fertig gemixten Ananas-Kokosmich-Shake auf 4 hohe Gläser verteilen, mit Kokosraspeln garnieren und mit Trinkhalm servieren.

Arbeitszeit: 10 Min.
Gefrierzeit: ca. 15 Min.

300 g Ananas, 700 ml Ananassaft, 200 ml Kokosmilch, 300 g Zitronensorbet, 2 EL Kokosraspeln zum Garnieren

COCKTAILS, LONGDRINKS & BOWLEN

Cocktails & Longdrinks

Bellini (Foto unten, rechts)

Arbeitszeit: 15 Min.

pro Portion: 1 reifer Pfirsich,
1 Spritzer Zitronensaft,
100 ml Prosecco

Den Pfirsich überbrühen und häuten. Dann in Stücke schneiden und pürieren. Vom Püree etwa 4 cl in ein Sektglas füllen, einen Spritzer Zitronensaft dazugeben und mit dem gut gekühlten Prosecco aufgießen.

Gin Sour

Arbeitszeit: 5 Min.

pro Portion: 2 cl Zuckersirup,
5 cl Gin, 3 cl Zitronensaft,
2 Eiswürfel, ½ Zitronenscheibe,
1 Cocktailkirsche

Zuckersirup (oder 2 Teelöffel Zucker) mit Gin, Zitronensaft und den Eiswürfeln in einen Cocktailshaker geben und kräftig schütteln. In ein Cocktailglas abseihen und der Zitronenscheibe und der Cocktailkirsche garnieren.

Gin-Fizz

Arbeitszeit: 5 Min.

pro Portion: 1 unbehandelte
Zitrone, 5 cl Gin, 2 cl Zuckersirup, etwas Sodawasser,
2-3 Eiswürfel

Die Zitrone waschen, halbieren und eine Scheibe davon abschneiden. Den Rest auspressen. Gin, Zuckersirup und 3 cl des Zitronensaftes mit den Eiswürfeln in einen Shaker geben und gut schütteln. In ein Longdrinkglas füllen, mit Sodawasser aufgießen und mit der Zitronenscheibe garnieren.

Martini Cocktail

Eis in einen Becher füllen, Gin und Wermut darübergeben und gut verrühren. Dann in ein Martini-Glas (Cocktailschale) abseihen, die Olive hineingeben und sofort servieren.

Arbeitszeit: 5 Min.

pro Portion: 1 cl trockener Wermut (z.B. Martini, Noilly Prat), 6 cl Gin, zerstoßenes Eis, 1 Olive

Manhattan dry

Dieser trockene Cocktail eignet sich als Aperitif.
Die Zitrone waschen und mit dem Sparschäler einen Kringel Schale abschälen. Im Rührglas Whisky, Wermut und Angostura (Bitterlikör) über die Eiswürfel geben und gut verrühren. In eine Cocktailschale füllen und mit dem Zitronenschalenkringel garnieren.

Arbeitszeit: 5 Min.

pro Portion: 4 cl kanadischer Whisky, 2 cl trockenen Wermut, 1 Spritzer Angostura, 2-3 Eiswürfel, 1 unbehandelte Zitrone

Cherry Cobbler

Den Cherry-Brandy zusammen mit Kirschlikör, Zuckersirup, Zitronensaft, Creme de Cassis und dem zerstoßenen Eis in einen Mixbecher geben und kräftig schütteln. In ein Longdrinkglas füllen und mit Zitronenscheibe und Cocktailkirsche garniert servieren.

Arbeitszeit: 10 Min.

pro Portion: 6 cl Cherry-Brandy, 1 cl Kirschlikör, 1 EL Zuckersirup, 1 cl Zitronensaft, 1 cl Creme de Cassis, zerstoßenes Eis, 1 Zitronenscheibe, 1 Cocktailkirsche

White Lady

Alle Zutaten mit dem Eis in einen Cocktailshaker füllen und kräftig durchschütteln. Zur Dekoration den Rand des Glases vorher anfeuchten und in Zucker drücken. Dann in ein gekühltes Cocktailglas abseihen und sofort servieren.

Arbeitszeit: 5 Min.

pro Portion: 4 cl Gin, 2 cl Zitronensaft, 2 cl Cointreau (Orangenlikör), zerstoßenes Eis, evtl. etwas Zucker

Margarita (Foto Seite 426, links)

Alle Zutaten im Mixbecher kräftig schütteln oder mit Crushed Ice im Blender zubereiten. Den Rand der Cocktailgläser mit Zitrone befeuchten und dann in eine Schale mit Salz drücken, leicht abklopfen und die Margarita einfüllen.

Arbeitszeit: 8 Min.

pro Portion: 2 cl Cointreau, 4 cl weißer Tequila, 2 cl Zitronen- oder Limettensaft, Salz

Caipirinha (Foto Seite 426, Mitte)

Die Limette abwaschen, achteln und in einem dickwandigen Glas (Tumbler) mit dem Zucker und einem Holzstößel kräftig zerdrücken. Mit Crushed Ice bis kurz unter den Rand auffüllen, dann den Zuckerrohrschnaps darübergeben und mit Lime Juice auffüllen. Umrühren und mit einem Trinkhalm und dem Minzeblatt garniert servieren.

Arbeitszeit: 10 Min.

pro Portion: 1 unbehandelte Limette, 2 TL Rohrzucker, 4 cl Zuckerrohrschnaps (Cachaça), Crushed Ice, Lime Juice zum Auffüllen, 1 Blatt Minze

außerdem: 1 Trinkhalm

Piña Colada (Foto Seite 429, links)

Arbeitszeit: 10 Min.

pro Portion: 4 cl brauner Rum, 2 cl weißer Rum, 2 cl Kokossirup, 2 cl Sahne, 100 ml Ananassaft, 3 Eiswürfel, 1 Scheibe frische Ananas

außerdem: 1 Trinkhalm

Rum, Kokossirup, Sahne, Ananassaft und Eiswürfel in einen Cocktailmixer geben und kräftig schütteln. In große Cocktailgläser abfüllen, mit einer Scheibe frischer Ananas garniert und einem Trinkhalm servieren.

VARIANTE *Anstatt Sahne und Kokossirup kann man 4 cl Kokosnusscreme (Cream of Coconut) verwenden und im elektrischen Blender mit den anderen Zutaten mixen.*

Planter's Punch

Arbeitszeit: 15 Min.

pro Portion: 4 cl brauner Jamaica-Rum, 2 cl weißer Rum, 2 cl Limetten- oder Zitronensaft, Crushed Ice, 1 cl Grenadine, 1 Orangenscheibe

außerdem: 1 Trinkhalm

Rum, Limetten- oder Zitronensaft und Eis in einem Cocktailshaker geben und kräftig schütteln. In hohe Cocktailgläser füllen und Grenadine darübergießen. Mit der Orangenscheibe garnieren und mit dem Trinkhalm servieren.

TIPP *Grenadine ist ein alkoholfreier, gesüßtes Fruchtsirup, das oft zum Färben von Cocktails verwendet wird.*

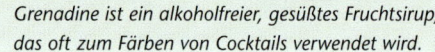

Tequila Sunrise

Arbeitszeit: 5 Min.

pro Portion: 4 cl Tequila, 100-150 ml Orangensaft, 2 cl Grenadinesirup, einige Eiswürfel

außerdem: 1 Trinkhalm

Tequila mit dem gekühlten Orangensaft und den Eiswürfeln in ein Longdrinkglas füllen. Grenadine vorsichtig am Rand aufgießen, dass es sich am Boden absetzt und die typischen „Sonnenaufgangsfarben" entstehen. Mit einem Trinkhalm servieren.

Sex on the Beach

Arbeitszeit: 5 Min.

pro Portion: 2 cl Wodka, 2 cl Pfirsichlikör, 8 cl Cranberry Juice, 8 cl Orangensaft, Eiswürfel, 1 Orangenscheibe

Alle Zutaten in einen Cocktailshaker geben und kräftig schütteln. Statt Cranberry Juice kann Preiselbeersaft verwendet werden. Über einige Eiswürfel in ein hohes Cocktailglas füllen und mit der Orangenscheibe garniert servieren.

Mai Tai (Foto Seite 429, rechts)

Arbeitszeit: 10 Min.

pro Portion: 6 cl brauner Rum, 2 cl Cointreau, 1 cl Amaretto, 1 cl Läuterzucker, 2 Limetten, Früchte und Minzeblättchen zum Garnieren, zerstoßenes Eis

außerdem: 1 Trinkhalm

Die Spirituosen, den Läuterzucker und den ausgepressten Saft der Limetten im Shaker gut mixen. In ein Longdrinkglas abfüllen, das zu Hälfte mit zerstoßenem Eis gefüllt ist. Mit Früchten und dem Minzeblättchen üppig garnieren und mit einem Trinkhalm servieren. Es kann auch eine Mischung aus dunklem und hellem Rum verwendet werden.

Touchdown

Alle Zutaten sollten hierfür gut gekühlt sein. Die Limette waschen und auspressen. Wodka und Aprikosenbrandy mit den Fruchtsäften im Cocktailshaker gut schütteln. Dann mit den Eiswürfeln in ein großes Cocktailglas füllen und zum Schluss den Grenadinesirup darübergießen. Mit einem Trinkhalm servieren.

Arbeitszeit: 7 Min.

pro Portion: 6 cl Wodka, 3 cl Aprikosenbrandy, 7 cl Maracujasaft, 3 cl Zitronensaft, 1 unbehandelte Limette, 1 cl Grenadine, 3-4 Eiswürfel

außerdem: 1 Trinkhalm

Mojito

Die halbe Limette in einem dickwandigen Glas (Tumbler) kräftig ausdrücken. Den braunen Zucker und die Minze dazugeben und alles mit einem Stößel leicht zerdrücken. Kaltes Sodawasser hinzufügen und mit einem Stirrer (Rührstäbchen) umrühren, sodass der Zucker sich auflöst. Rum und Eiswürfel ins Glas geben, noch einmal umrühren und mit einem Trinkhalm servieren.

Arbeitszeit: 8 Min.

pro Portion: ½ unbehandelte Limette, 3-4 Zweige frische Minze, 1 EL Rohrzucker (oder Läuterzucker), 6 cl weißer Rum, Sodawasser, 5-6 Eiswürfel

außerdem: 1 Trinkhalm

Blue Lagoon (Foto oben, Mitte)

Blue Curaçao, Wodka, Zitronensaft und die Eiswürfel in eine große Cocktailschale (oder ein Longdrinkglas) geben und mit einem Stirrer (Rührstäbchen) gut umrühren. Mit einer Cocktailkirsche und Zitronenscheibe garnieren und mit einem Trinkhalm sofort servieren.

Arbeitszeit: 8 Min.

pro Portion: 4 cl Wodka, 2 cl Blue Curaçao, 1 cl Zitronensaft, 2-3 Eiswürfel, 1 Cocktailkirsche, 1 Zitronenscheibe

außerdem: 1 Trinkhalm

Vinyl Sunset (Foto Seite 431, rechts)

Arbeitszeit: 5 Min.

pro Portion: 4 cl Absinth, 2 cl Cassis, 1 Spritzer Zitronensaft, 200 ml Limonade oder Sodawasser, 1-2 Eiswürfel

Absinth, Cassis und Zitronensaft mit den Eiswürfeln in ein Longdrinkglas geben und mit einem Stirrer (Rührstäbchen) gut umrühren. Mit eisgekühlter Limonade oder Soda auffüllen.

Cosmopolitan (Foto Seite 431, links)

Arbeitszeit: 5 Min.

pro Portion: 2 cl Cointreau, 4 cl Wodka, 1 cl konzentrierter Zitronen- oder Limettensaft, 1 cl Cranberrysaft, 4 Eiswürfel, 1 Limettenscheibe

Alle gut gekühlten Zutaten mit dem Eis im Shaker mixen. Durch ein Barsieb in ein Martiniglas abfüllen und mit einer Limettenscheibe garniert servieren. Statt Cranberrysaft kann auch Preiselbeersaft verwendet werden.

Long Island Ice Tea

Arbeitszeit: 10 Min.

pro Portion: 2 cl Tequila, 2 cl Gin, 2 cl Cointreau, 2 cl weißer Rum, 2 cl Wodka, 3 cl Zitronensaft, 2 cl Orangensaft, 2-4 Eiswürfel, Cola, 1 Zitronenscheibe

Alle Zutaten sollten gut gekühlt sein. Die Spirituosen in ein Longdrinkglas füllen. Eis, Zitronen- und Orangensaft zugeben, das Glas mit Cola auffüllen und alles verrühren. Mit Trinkhalm und der Zitronenscheibe garniert sofort servieren.

VARIANTE   *Anstatt mit Orangensaft kann auch mit Zitronenlimonade aufgefüllt werden.*

Whiskey Sour (Foto Seite 431, Mitte)

Arbeitszeit: 5 Min.

pro Portion: 4 cl Whiskey (Bourbon), 1 TL Läuterzucker, 2 cl Zitronensaft, 4 cl Mineralwasser, 1-2 Eiswürfel, 1 Orangenscheibe, 1 Cocktailkirsche

Whiskey, Läuterzucker und Zitronensaft mit den Eiswürfeln im Cocktailshaker gut mixen. In ein Shortdrinkglas (Tumbler) füllen und mit eiskaltem Mineralwasser auffüllen. Mit einer Cocktailkirsche und einer Orangenscheibe garniert sofort servieren.

Wodka Collins

Arbeitszeit: 5 Min.

pro Portion: 4 cl Wodka, 2 cl Zitronensaft, 2 TL Läuterzucker, Sodawasser, 1 Zitronenscheibe, 1-2 Eiswürfel

Gekühlten Wodka, Zitronensaft und Zucker in ein Shortdrinkglas (Tumbler) geben und verrühren. Die Eiswürfel dazugeben und mit dem Sodawasser auffüllen. Mit der Zitronenscheibe garniert servieren.

Wodka Julep

Arbeitszeit: 5 Min.

pro Portion: 2 cl Zuckersirup, 5-6 Minzeblättchen, 5 cl Wodka, Crushed Ice

Zuckersirup in einen kleinen Tumbler füllen. 3-4 Minzeblättchen dazugeben und mit einem Stößel zerdrücken. Das Glas mit dem Crushed Ice auffüllen und den Wodka darübergießen. Einmal umrühren, mit der restlichen Minze garniert.

Bowlen

Orangen-Bowle

Orangen schälen, schneiden und entkernen, mit Zucker vermengen und 30 Minuten auf Eis stellen. Durch ein Sieb in ein Bowlegefäß gießen und mit gekühltem Wein und Sekt auffüllen. Mit einigen frischen Orangenscheiben dekorieren.

Arbeitszeit: 10 Min.
Kühlzeit: 30 Min.

4 Orangen, 1 Flasche halbtrockener Weißwein, 1 Flasche Sekt, Würfelzucker

Berliner Bowle

Alle Zutaten gut gekühlt in einer Bowlenschüssel zusammengießen und nach Geschmack zuckern. Sehr dünn geschälte Zitronenschale kurz mitziehen lassen. Bei Bedarf einige Eiswürfel zugeben.

Arbeitszeit: 5 Min.

2 Flaschen Weißbier, Saft von ½ Zitrone, 1 Flasche Sekt, Zucker, Zitronenschale, evtl. Eiswürfel

Caipirinha-Bowle

Die Hälfte der Limetten heiß abwaschen, die Enden abschneiden und klein schneiden. Anschließend mit Minze und Rohrzucker mischen und mit einem Stößel zerdrücken. Restliche Limetten auspressen und den Saft in die Bowle geben. Melone schälen, halbieren, das Kerngehäuse mit einem Löffel ausschaben und in mundgerechte Stücke schneiden. Danach den Cachaça dazugeben und zugedeckt im Kühlschrank 2 Stunden ziehen lassen. Kurz vor dem Servieren mit kaltem Mineralwasser und eisgekühltem Sekt aufgießen und genießen.

Arbeitszeit: 15 Min.
Marinierzeit: ca. 2 Std.

6 Limetten, 4 Zweige Minze, 100 g brauner Rohrzucker, ½ Honigmelone, 20 cl Cachaça, 750 ml kaltes Mineralwasser, 1 Flasche Sekt (trocken)

Erdbeer-Bowle

Arbeitszeit: 15 Min.
Marinierzeit: ca. 1 Std.,
dann über Nacht

500 g frische Erdbeeren,
Saft von 1 Zitrone, 100 g Zucker,
50 ml Holunderblütensirup,
¾ l Roséwein,
1 Flasche Sekt (trocken)

Erdbeeren waschen, Stielansätze entfernen und je nach Größe halbieren oder vierteln. Mit dem Zitronensaft und Zucker in eine Bowleschale geben und mindestens 1 Stunde kalt stellen. Holunderblütensirup und Roséwein dazugießen und über Nacht im Kühlschrank ziehen lassen. Kurz vor dem Servieren mit eisgekühltem Sekt aufgießen und genießen.

Altbier-Bowle

Arbeitszeit: 10 Min.
Marinierzeit: ca. 1 Std.

250 g Erdbeeren,
50 cl Erdbeersirup, 1 l Altbier,
1 Flasche Sekt (trocken)

Erdbeeren waschen, Stielansätze entfernen, klein schneiden und in einer Bowleschale mit Zucker mischen. Anschließend mit Erdbeersirup und Altbier aufgießen und 1 Stunde zugedeckt im Kühlschrank ziehen lassen. Kurz vor dem Servieren mit eisgekühltem Sekt aufgießen und sofort genießen.

Kalte Ente

Arbeitszeit: 10 Min.
Marinierzeit: ca. 1 Std.

2 Zitronen, 30 g Zucker,
1 Vanilleschote, 0,75 l Weißwein
(trocken), 1 Flasche Sekt
(trocken)

Zitronen heiß abwaschen, mit einem Messer die Schale dünn abschneiden. Den Saft auspressen und mit den Schalen und dem Zucker in einer Bowlenschüssel mischen. Vanilleschote längs halbieren und das Mark auskratzen. Dann die Vanilleschote mit dem Mark und dem Weißwein dazugeben, gut umrühren und mindestens 1 Stunde kalt stellen. Vor dem Servieren mit eisgekühltem Sekt aufgießen.

Waldmeister-Bowle

Arbeitszeit: 15 Min.
Marinierzeit: 10-15 Min.

1 Bd. Waldmeister (ca. 40 g),
20 g Puderzucker,
¾ l Weißwein (trocken),
1 Flasche Sekt (trocken)

Waldmeister mit einem Faden an den Stielen zusammenbinden und über Nacht leicht antrocknen lassen. Puderzucker mit dem Weißwein in einer Bowleschale mischen, gut verrühren und den Waldmeister kopfüber ohne die Stiele in den Wein hängen. Nach 10-15 Minuten herausnehmen und kurz vor dem Servieren mit eisgekühltem Sekt aufgießen.

Tropische Früchte-Bowle

Arbeitszeit: 20 Min.
Marinierzeit: ca. 2 Std.

½ Ananas, 2 Kiwis, 1 Mango,
2 Pfirsiche, 100 g Himbeeren,
Saft von 2 Limetten, 100 ml Malibu Rum, 0,75 l Weißwein (trocken), 1 Flasche Sekt (trocken)

Ananas, Kiwis, Mango und Pfirsiche waschen und klein schneiden. In einer Bowleschale mit den Himbeeren, Limettensaft, Zucker und Rum mischen. Zugedeckt 1 Stunde ziehen lassen, danach mit Weißwein aufgießen und eine weitere Stunde kalt stellen. Vor dem Servieren mit eisgekühltem Sekt aufgießen, vorsichtig umrühren und genießen.

Wein, Sekt & Champagner

Sangria

Die Zutaten in einem Bowle- oder Saftgefäß mischen, zuletzt das Sodawasser zugießen und kühl stellen. Apfel oder Birne und Pfirsich waschen, Orange schälen. Obst in kleine Stücke schneiden und hinzufügen. Zuletzt die Eiswürfel hineingeben und kalt servieren.

Arbeitszeit: 10 Min.
Kühlzeit: 3-5 Std.

½ l trockener roter Landwein, 6 cl Orangensaft, 9 cl Zitronensaft, 6 cl Kandissirup, ¼ l kaltes Sodawasser, Apfel oder Birne, 1 Orange, 1 Pfirsich, Eiswürfel

> **TIPP** *Der Wein sollte ein trockener roter Landwein sein – damit schmeckt die Sangria wie in Spanien.*

Kir Royal

Den Crème de Cassis (Johannisbeerlikör) in Sektgläser füllen und mit eisgekühltem Champagner aufgießen. Anstatt Champagner kann auch Sekt verwendet werden.

Arbeitszeit: 5 Min.

pro Portion: 1 cl Crème de Cassis, 10 cl Champagner

Champagner Cobbler

Sektglas zur Hälfte mit Crushed Ice füllen und Triple Sec, Cognac und Maraschino dazugeben. Mit Sekt oder Champagner auffüllen und mit Früchten der Saison garnieren. Serviert wird der Chobbler (Sommercocktail) mit einem Trinkhalm und einem Barlöffel.

Arbeitszeit: 10 Min.

pro Portion: 3 cl Triple Sec (Orangenlikör), 3 cl Cognac, 3 cl Maraschino, Crushed Ice, Sekt oder Champagner zum Auffüllen, Früchte der Saison

außerdem: 1 Trinkhalm, 1 Barlöffel

EINFÜHRUNG

Abwechslungsreiche Mischkost – eine vollwertige Ernährung

Eine bedarfsgerechte, d.h. vollwertige Ernährung für Kinder besteht aus einer Mischung von tierischen und pflanzlichen Lebensmitteln, die teils roh, teils verarbeitet, z.b. gedünstet oder gekocht, verzehrt werden. Dabei sollte der größte Teil aus Kohlenhydraten (50-55% der Nahrungsenergie), vorwiegend aus Getreide, Gemüse, Kartoffeln und Obst bestehen, zu einem geringeren Teil aus Fett (maximal 30% der Nahrungsenergie), vorwiegend aus pflanzlichen Fetten und Ölen, sowie je zur Hälfte aus tierischem und pflanzlichem Eiweiß (10-15% der Nahrungsenergie), aus Milch, Fleisch, Fisch, Getreide und Kartoffeln. Wenn diese Verhältnisse eingehalten werden, sind Nährstoffpräparate, z.b. Vitamine, Mineralstoffe, Eiweiß in Form von Tabletten oder Getränken, und mit Nährstoffen angereicherte Lebensmittel überflüssig.

Einseitigkeit führt leicht zu Fehlernährung

Einseitige Ernährungsformen, z.b. vegetarische Ernährung ohne Milch, kräftige Kost mit viel Fleisch, Wurst und Käse oder eine Ernährung mit überwiegend Süßigkeiten und Feinmehlprodukten, können auf Dauer zu Mängeln an Nährstoffen, z.B. Spurenelementen, Vitaminen und Fettsäuren, führen. Fixierung auf bestimmte Geschmacksrichtungen, wie süß, sauer, salzig oder scharf gewürzt, stumpft das Empfinden für den Originalgeschmack der Lebensmittel ab und kann unbemerkt zu monotoner Ernährung führen. Ein Kind sollte von vornherein daran gewöhnt werden, von allen Speisen wenigstens eine kleine Menge zu essen. Die wichtigste Voraussetzung für eine erfolgreiche Ernährungserziehung ist das gute Vorbild der Erwachsenen.

Kinder benötigen mehr als nur eine ernährungsphysiologisch ausgewogene Ernährung. Das Essen sollte kindgerecht zubereitet und angerichtet werden. Kinder sollten von vornherein an Mahlzeiten gewöhnt werden, die mit wenig Salz und Zucker, aber vielen frischen Kräutern mild gewürzt und hübsch angerichtet sind. Ein Kind sollte weitgehend selbst entscheiden, wie viel es isst, füllen Sie deshalb den Teller nicht randvoll. Gerade Kinder essen mit den Augen.

Eine angenehme, ruhige Umgebung, freundliche Atmosphäre und gute Tischsitten runden die Mahlzeit ab. Ein Kind sollte nicht allein am Tisch sitzen. Frühstücksmuffel müssen rechtzeitig geweckt werden. Eine Verschnaufpause nach Kindergarten oder Schule kann den Appetit erhöhen.

Jedes Kind hat seinen individuellen Bedarf

Nährwertangaben für Lebensmittel- oder Energiemengen geben Mittelwerte für die verschiedenen Altersstufen an. Sie sind nicht verbindlich für jedes einzelne Kind, sondern dienen als Anhaltspunkt. Zarte, für ihr Alter kleine oder ruhige Kinder brauchen weniger, lebhafte Kinder meist mehr Energie, als es ihrem altersgemäßen Richtwert entspricht.

Kinder essen nicht an jedem Tag gleich viel

Zu den normalen Ernährungsgewohnheiten gesunder Kinder gehören große Schwankungen im Nahrungsverzehr von Tag zu Tag. Bei einem Kind, das einmal über mehrere Tage schlecht isst, besteht in der Regel kein Risiko einer unzureichenden Versorgung. Appetitanregende Säfte und Stärkungsmittel sind also überflüssig. Ein Kind, das über mehrere Tage deutlich mehr isst, wird dadurch nicht sofort dick. Bei längerfristig auffälligen Essgewohnheiten sollte der Speiseplan aber mit Ihrem Kinderarzt, Ihrer Kinderärztin oder einer Ernährungsberaterin besprochen werden.

Fett – sparen und die Sorte beachten

Kinder und Erwachsene verzehren heute meist zu viel Fett. Der Fettverzehr sollte höchstens 30 % der gesamten Nahrungsenergie entsprechen. Deshalb sollten vor allem gesättigte Fettsäuren, z.B. in frittierten Speisen (Kokosfett), Wurst, Käse und Sahne, reduziert werden. Auch in Schokoladenerzeugnissen und den meisten Gebäck- und Kuchenerzeugnissen ist viel Fett versteckt.

Süßigkeiten – in Maßen und zur richtigen Zeit

Fast alle Kinder mögen gern Süßigkeiten. Bei übermäßigem Verzehr kommt es aber leicht zu Karies, Übergewicht und einseitiger Ernährung. Wenn schon im Säuglingsalter sparsam gesüßt wird, kann eine Gewöhnung an süßen Geschmack leichter vermieden werden. Auch viele Getränke enthalten versteckten Zucker.

MÜSLIS, BREIE & SUPPEN

Birnenmüsli

Arbeitszeit: 10 Min.

4 mittelgroße goldgelbe Birnen, 2 EL Zitronensaft, 1-2 EL Guavendicksaft, 1 TL Vanillezucker, 1 Prise Zimt, 250 g Jogurt oder Sahnedickmilch (10% Fett), 2 EL gehackte Wal- oder Haselnüsse, 10 EL kernige Haferflocken

Die Birnen waschen, trocken tupfen, vierteln, die Kerngehäuse entfernen und die Fruchtstücke klein schneiden. In eine Schüssel geben und den Zitronensaft darüberträufeln. Guavensaft, Vanillezucker sowie Zimt unterrühren. Den Jogurt glatt rühren und unterheben. Nüsse und Haferflocken untermengen und das Müsli auf 4 Schälchen verteilen.

Jogurt mit Beeren und Flocken

Arbeitszeit: 20 Min.
Garzeit: 5 Min.

300 g gemischte frische oder tiefgefrorene Beeren, 4 Becher Jogurt zu je 175 g, 2 EL Ahornsirup, 2 EL grob gehackte Mandeln, 1 EL Butter, 4 EL Haferflocken

Die frischen Beeren verlesen und waschen, tiefgefrorene Beeren auftauen lassen. Den Jogurt mit einem Schneebesen kräftig durchschlagen. Die Beeren, den Ahornsirup und die Mandeln untermischen. Die Butter in einer Pfanne erhitzen und die Haferflocken darin unter Rühren goldbraun rösten. Den Fruchtjogurt in Schälchen verteilen und mit den knusprigen Haferflocken bestreuen.

Sommerjogurt

Arbeitszeit: 10 Min.

500 g Erdbeeren, 120 g Haferkekse mit Kleie, 3 EL gehackte Haselnusskerne, 4 EL gezuckerter Sanddornbeerensaft, 600 g gerührter Magermilchjogurt

Die Erdbeeren waschen, Stielansätze entfernen, klein schneiden und in eine Schüssel geben. Die Haferkekse zusammen mit den Haselnüssen und dem Sanddornbeerensaft untermischen. Den Jogurt dazugeben und das Ganze auf 4 Müslischälchen verteilen.

Karotten-Apfel-Müsli

Die Karotten und die Äpfel waschen. Die Karotten putzen und auf einer Rohkostreibe fein in eine Schüssel raspeln. Die Äpfel trocken tupfen, vierteln, die Kerngehäuse entfernen und die Apfelstücke grob dazuraspeln. Den Zitronensaft darüberträufeln.

Die Haferflocken zusammen mit den Mandelblättchen in einer beschichteten Pfanne ohne Fett anbraten. Mit dem Honig unter die Rohkost mischen und den Kefir untermengen. Das Müsli anschließend auf 4 Schälchen verteilen.

Arbeitszeit: 15 Min.
Garzeit: 5 Min.

je 400 g Karotten und Äpfel, 2 EL Zitronensaft, 8 EL kernige Haferflocken, 2 EL geriebene Haselnüsse, 2 EL flüssiger Honig, 500 g fettarmer Kefir (1,5 % Fett)

Quarkcreme

Die Eier trennen. Zucker, Eigelbe, Zitronensaft und Vanillezucker schaumig rühren. Den Quark einrühren. Die Eiweiße zu steifem Schnee schlagen und vorsichtig unter die Quarkcreme mischen. In eine Glasschüssel füllen und mit frisch geschnittenem Obst, Rosinen oder Nüssen bestreuen.

Arbeitszeit: 20 Min.

4 Eier, 70-80 g brauner Zucker, Saft von 2 Zitronen, 1 Pck. Vanillezucker, 500 g Quark, frisches Obst zum Bestreuen, evtl. Rosinen, gehackte Nüsse

Grießbrei

Den Grieß in die Milch einrühren und im Topf aufkochen lassen. 2-3 Minuten unter Rühren weiter köcheln und quellen lassen. Den Obstsaft nach und nach dazugeben und in den Brei rühren.

Arbeitszeit: 5 Min.
Garzeit: etwa 10 Min.

200 ml Milch, 2 leicht gehäufte EL Grieß, 2-3 EL Obstsaft

Pfirsichbrei

100 ml Wasser aufkochen und über die Flocken gießen. Die Butter untermengen, verrühren und ziehen lassen. Den Pfirsich brühen, schälen, dann das Fruchtfleisch pürieren und mit dem Brei vermengen.

Arbeitszeit: 10 Min.
Garzeit: etwa 8 Min.

20 g Instant-Vollkornflocken, 1 EL Butter, 1 reifer Pfirsich

Bananen-Reisbrei

Wasser mit dem Reisschleimflocken in einem kleinen Topf kalt aufsetzen. Bei schwacher Hitze zum Kochen bringen. 2-3 Minuten köcheln lassen und vom Herd nehmen. Die Butter oder das Öl einrühren. Banane schälen, halbieren und zerdrücken. Das Bananenmus in den Brei einrühren. Wenn man den Brei in Schalen für Eiswürfel füllt und einfriert, kann man das Essen leichter portionieren und sogar pro Mahlzeit verschiedene Breie kombinieren.

Arbeitszeit: 10 Min.
Garzeit: etwa 8 Min.

50 ml Mineralwasser (für Säuglingsnahrung geeignet), 20 g Reisschleimflocken, 1 TL Butter oder Sojaöl, ½ reife Banane (etwa 100 g)

Gemüsebrei mit Pute

Arbeitszeit: 20 Min.
Garzeit: 15 Min.

je 350 g Fenchelknolle,
Salatgurke und Kartoffeln,
150 g Putenbrust, 1 Prise
gemahlener Kümmel,
2 TL Butter

Den Fenchel und die Gurke waschen. Fenchel putzen und die Knolle klein schneiden. Zarte grüne Blattspitzen ebenfalls mitverwenden. Die Gurke schälen, längs halbieren und die Kerne herauskratzen, den Rest in Würfel schneiden. Die Kartoffeln waschen, schälen und ebenfalls würfeln. Die Putenbrust waschen, trocken tupfen und in dünne Streifen schneiden. Gemüse, Kartoffeln, Fleisch und Kümmel in ¼ Liter Wasser aufkochen, dann bei schwacher Hitze 15 Minuten zugedeckt köcheln lassen. Mit der Butter abschmecken, leicht abkühlen lassen und servieren.

Apfelsuppe

Arbeitszeit: 20 Min.
Garzeit: 15 Min.

500 g Äpfel, etwas Zimt,
etwas abgeriebene Zitronenschale, 2 EL Zucker,
1 TL Butter, 120 g Zwieback

Äpfel schälen, zerteilen und entkernen. In 1 Liter Wasser mit Zucker, etwas Zitronenschale und Zimt weich kochen. Wenn keine Apfelstückchen gewünscht sind, die Suppe anschließend pürieren. Mit der Butter verfeinern und klein geschnittenen Zwiebackstücken servieren.

Nudelsuppe

Arbeitszeit: 15 Min.
Garzeit: 12 Min.

100 g Suppennudeln,
1 l Gemüsebrühe,
1 Bd. Schnittlauch,
1 Bd. Suppengemüse, Salz

Die Nudeln nach Packungsanleitung bissfest kochen. Den Schnittlauch in kleine Röllchen schneiden. Die Gemüsebrühe mit dem fein geschnittenen Suppengemüse aufkochen, eventuell etwa salzen. Die Nudeln zur Suppe geben. Den Schnittlauch vor dem Servieren darüber streuen. Sie können die Suppe auch mit klein geschnittenem Suppenfleisch oder einer anderen Einlage verfeinern.

Gemüsesuppe mit Begleitung

Arbeitszeit: 10 Min.
Garzeit: etwa 15 Min.

für die Suppe: 1 Karotte,
1 Petersilienwurzel, ½ Stange
Porree, 100 g Sellerie, 375 g Kartoffeln, etwas Brühpulver,
Kräutersalz, 1 EL Sahne
als Begleitung: Gemüse nach
Wahl, Hefeflocken

Für die Suppe das Gemüse putzen, klein schneiden, in einem ¾ Liter Wasser etwa 15 Minuten gar kochen. Dann pürieren und mit Brühpulver, Kräutersalz und Sahne abschmecken.
Nach Geschmack dazu außerdem 1 Karotte, geschält und geraspelt, 1 Kohlrabi, geschält und geraspelt, 1 Tomate, enthäutet, klein geschnitten, evtl. Knoblauch, angebratene oder rohe Zwiebeln als Einlage dazugeben. Jeder kann sich die Suppe nach seinem Geschmack zusammenstellen. Zum Servieren Hefeflocken über die Suppe geben.

Maultaschensuppe

Große Maultaschen in Viertel oder Streifen schneiden.
Die Rinderbrühe aufkochen und die Maultaschen darin gar
ziehen lassen. Die Suppe mit den gehackten Kräutern bestreuen.

Arbeitszeit: 15 Min.
Garzeit: 10 Min.

4 fertige Maultaschen,
1½ l Rinderbrühe, Schnittlauch
oder Petersilie (frisch oder TK)

Karotten-Kartoffelsuppe
mit Sahneblubb

Die Karotten und die Kartoffeln schälen, waschen und auf
der Rohkostreibe grob raspeln. Die Zwiebel schälen und fein
hacken. Die Butter in einem Topf vorsichtig erhitzen und die
Zwiebel darin unter Rühren glasig dünsten. Karotten- und
Kartoffelraspel dazugeben und unter ständigem Wenden
kurz anbraten. 4 Esslöffel Sahne beiseitestellen, die restliche
Sahne zugießen und alles einmal aufkochen lassen. Dann
das Gemüse zugedeckt bei schwacher Hitze garen – dabei
gelegentlich umrühren, damit nichts anbrennt. Ein etwa
3 cm langes Stück Zitronenschale hauchdünn abschneiden
und ganz fein hacken. Die heiße Brühe unter das Gemüse
rühren. Zitronenschale, Käse und Petersilie daruntermischen.
Die Suppe mit Zitronensaft, Salz und Pfeffer würzen und in
Teller füllen. Dabei jede Portion mit einem Sahnekleks und
einem Petersilienzweig dekorieren.

Arbeitszeit: 15 Min.
Garzeit: 20 Min.

200 g Karotten, 300 g mehligkochende Kartoffeln, 1 Zwiebel,
1 EL Butter, 200 ml Sahne,
1 unbehandelte Zitrone, ¾ l
Gemüsebrühe (frisch gekocht),
1 EL frisch geriebener Emmentaler, 1 EL frisch gehackte
Petersilie, weißer Pfeffer
(frisch gemahlen), Salz

Lachende Karottencremesuppe

Arbeitszeit: 10 Min.
Garzeit: 20 Min.

250 g Karotten, ½ l Brühe, etwas Kümmel, Paprikapulver (edelsüß), Salz, Pfeffer, 125 ml Sahne oder 1 Becher Crème fraîche, 2 TL Jogurt

Karotten waschen, schälen und vierteln. In der Brühe zusammen mit dem Kümmel weich kochen und dann pürieren. Mit Salz und Pfeffer abschmecken, Sahne oder Crème fraîche unterrühren, dann die Suppe in Teller verteilen. Mit dem Paprikapulver ein Gesicht dekorieren und für die Nase einen Tupfen Jogurt daraufgeben.

Riesenrad-Suppe

Arbeitszeit: 10 Min.
Garzeit: 20 Min.

5 große Kartoffeln, 1 Karotte, ½ Sellerieknolle, 1 kleine Zwiebel, 1 EL Öl, 100 g Schinkenspeck, etwas Majoran, Kümmel, 1 Knoblauchzehe, 50 g Mehl, 1 l Rinderbrühe, ½ Bd. Petersilie, Salz, Pfeffer

Die Kartoffeln schälen, würfeln und in Salzwasser zusammen mit der in Scheiben geschnittenen Karotte und dem ebenfalls in Würfel geschnittenen Sellerie weich kochen. Abseihen und beiseitestellen. Die gewürfelte Zwiebel mit dem Schinkenspeck im Öl hellbraun anbraten. Majoran, Kümmel und Knoblauch dazugeben und mit dem Mehl etwas anbräunen. Dann mit der Rinderbrühe aufgießen, das Gemüse dazugeben und noch 15 Minuten kochen lassen. Vor dem Servieren mit Salz, Pfeffer und Petersilie abschmecken.

Tomatencremesuppe mit Muschelnudeln

Arbeitszeit: 15 Min.
Garzeit: 25 Min.

500 g geschälte Tomaten (Dose), 2 EL Öl, ½ l heiße Brühe, Salz, Pfeffer, 1 Prise Zucker, 1 Becher Crème fraîche, 200 g Muschelnudeln

Tomaten mit der Gabel oder dem Stabmixer zerkleinern. Im heißen Öl anbraten und mit der Dosenflüssigkeit und der Brühe ablöschen. Salz, Pfeffer und Zucker zufügen und gute 20 Minuten kochen lassen. In der Zwischenzeit die Muschelnudeln garen. Die Suppe durch ein Sieb streichen oder mit dem Pürierstab sämig rühren. Bis auf 4 Teelöffel die Crème fraîche unterrühren und noch einmal aufkochen lassen. Die Nudeln einrühren und die Suppe noch einmal erwärmen.

Tomatensuppe „Draculas Gruß"

Arbeitszeit: 15 Min.
Garzeit: 25 Min.

1 kg reife Tomaten, 1 Zwiebel, 2 EL Olivenöl, frischer Thymian und Rosmarin, Salz, 1 Prise Zucker, 200 g saure Sahne, 1 Bd. Basilikum, frisch gemahlener schwarzer Pfeffer

Die vollreifen Tomaten waschen, abtrocknen und vierteln, dabei die Stielansätze entfernen. Die Zwiebel schälen und fein hacken und dann in einem Topf mit Olivenöl bei schwacher Hitze unter Rühren glasig dünsten. Die Tomaten dazugeben und kurz mitbraten. Thymian und Rosmarin im Ganzen hinzufügen, Deckel auflegen und die Tomaten bei schwacher Hitze 15 Minuten leicht kochen lassen, dabei gelegentlich umrühren. Die Kräuterzweige entfernen und die Tomaten durch ein Sieb streichen und wieder in den

Topf geben. Die saure Sahne untermischen und alles noch einmal erhitzen. Dann mit Salz, Zucker und Pfeffer abschmecken. Basilikum waschen, die Blättchen abzupfen, trocken tupfen, fein hacken und in die Suppe geben.

Frische Kartoffel-Erbsensuppe

Die Kartoffeln schälen, klein schneiden und in Salzwasser garen. Mit dem Pürierstab zerkleinern und die heiße Brühe aufgießen. Erbsen einrühren und noch 5 Minuten köcheln lassen, dann die Crème fraîche zugeben und mit Kräutern, Salz und Pfeffer abschmecken.
Die Würstchen in Scheiben schneiden und in der Suppe erwärmen, ohne sie noch einmal kochen zu lassen.

Arbeitszeit: 10 Min.
Garzeit: 25 Min.

500 g mehligkochende Kartoffeln, 1 l Brühe, 1 Pck. TK-Erbsen, 1 Pck. Kräuter (oder frische Kräuter), 2 EL Crème fraîche, Salz, Pfeffer, 2 Wiener Würstchen

Ananas-Kaltschale

Die Ananas schälen und den Strunk herausschneiden. Das Fruchtfleisch in dünne Scheiben schneiden, mit Puderzucker bestreuen und in einer Glasschüssel kalt stellen.
Strunk und Schale im Mörser fein zerstampfen, mit Läuterzucker (1 Liter Wasser wird mit 600 g Zucker gekocht) aufgießen und etwas stehen lassen. Dann durch ein Sieb gießen und auspressen. Zu den Ananasscheiben geben und mit Fruchtsaft und Wasser aufgießen. Kalt servieren.

Arbeitszeit: 20 Min.
Ruhezeit: etwa 30 Min.

1 frische Ananas, 600 g Zucker, 1 l Wasser, 1 l ungesüßter Fruchtsaft

Gemüsecurry „Mogli"

Die Kartoffeln schälen und in Stücke schneiden. Den Blumenkohl waschen und in Röschen teilen. Die Karotten schälen und halbieren. Die Zuckerschoten putzen und waschen. Die Peperoni entkernen und in kleinste Ringe schneiden. Das Öl erhitzen und das Gemüse kurz anbraten – nur wenig grüne Chili dazugeben. Den Knoblauch dazupressen. Kokosmilch und Gemüsebrühe angießen. Mit ganz wenig Chilipulver und Kurkuma würzen. Zugedeckt etwa 20 Minuten bissfest garen. Die Portionen für die Kinder in einen anderen Topf füllen. Die Portionen für die Erwachsenen mit Chili, Salz und Pfeffer pikant abschmecken. Die restlichen grünen Chiliringe dazugeben. Die Tomaten enthäuten, in feine Spalten schneiden und kurz mitgaren lassen. Dann etwas Minze und Koriander zugeben. Das Gemüsecurry mit einigen Kräutern bestreut anrichten.

Arbeitszeit: 15 Min.
Garzeit: etwa 25 Min.

400 g Kartoffeln, 300 g Blumenkohl, 250 g kleine Karotten, 150 g Zuckerschoten, 1 grüne Chilischote, 4 EL Pflanzenöl, 2 Knoblauchzehen, 1 Dose Kokosmilch (ca. 425 ml), 200 ml Gemüsebrühe, 1 TL Chilipulver, 2 TL Kurkuma, 400 g Tomaten, je ½ Bd. Minze und Koriander, Salz, Pfeffer

KLEINE & GROSSE HAUPTGERICHTE

Gemüseauflauf

Arbeitszeit: 20 Min.
Garzeit: gesamt etwa 40 Min.

250 g Karotten, 250 g Zucchini, 250 g Fleischtomaten, 2 Zwiebeln, 2-3 kleine Knoblauchzehen, 3-4 EL Olivenöl, 125 ml Gemüsebrühe, Salz, Pfeffer, 1 Bd. frische Kräuter (Thymian, Majoran, Rosmarin), 2 EL Tomatenmark, 2 Eier, 1 Prise Muskat, 250 ml süße Sahne, 200 g Reibekäse

Karotten und Zucchini schälen und in Scheiben schneiden. Die Tomaten und Zwiebeln in Würfel schneiden. Den Knoblauch schälen. Die Gemüsebrühe erhitzen.

In einem Topf das Olivenöl erhitzen und zuerst die Karotten und die Zwiebeln anbraten und bei geringer Temperatur 5-8 Minuten dünsten. Die Knoblauchzehen dazupressen, kurz mitdünsten und zum Schluss die Zucchini- und Tomatenstücke unter Rühren dazugeben. Alles mit Gemüsebrühe ablöschen, salzen, pfeffern und mit den frischen Kräutern auf mittlerer Hitze 10 Minuten köcheln. Den Backofen auf 180-200 °C vorheizen.

Das Tomatenmark zum Gemüse rühren, alles abschmecken und auf einem Sieb etwas abtropfen lassen. Die Eier, die Sahne und den Reibekäse verrühren und mit Salz und Muskat würzen. Das Gemüse in einer Auflaufform verteilen, die Eimasse darübergießen und im Backofen etwa 20-25 Minuten überbacken.

Gemüse-Couscous

Arbeitszeit: 5 Min.
Garzeit: 15-20 Min.

200 g Karotten, 200 g Erbsen oder Zucchini, 200 g Couscous, 150 g geriebenen Käse oder Frischkäse, 1 Bd. frische Kräuter, (z.B. Petersilie, Basilikum)

Karotten schälen und klein würfeln, dann in einer großen Pfanne mit etwas Wasser etwa 7 Minuten dünsten. Erbsen oder ebenfalls klein geschnittene Zucchini dazugeben und weitere 4 Minuten garen. Etwa ½ Liter Wasser aufgießen, Couscous dazugeben und nach Packungsanleitung ausquellen lassen. Zum Schluss Käse oder Frischkäse und fein gehackte Kräuter unterrühren und abschmecken.

Mini-Karottenpuffer

Arbeitszeit: 30 Min.
Garzeit: 1 Std.

500 g Kartoffeln, 500 g Karotten, 1 Zwiebel, 2 Eier, 200 g Magerquark, 100 g kernige Haferflocken, Salz, Pfeffer, 100 g Butterschmalz zum Braten
Für den Dip: 2 Bd. Radieschen, 3-4 EL saure Sahne

Kartoffeln, Karotten und Zwiebel schälen und fein hobeln oder hacken. Die Eier mit dem Magerquark verrühren und die Haferflocken und das Gemüse unterziehen. Die Masse salzen, pfeffern und etwas ruhen lassen.
Inzwischen die Radieschen putzen, waschen und pürieren. Radieschenpüree abtropfen lassen und den Saft auffangen, dann mit Sahne, Salz und Pfeffer abrunden – dabei so viel Radieschensaft zugeben, dass der Dip glatt wird.

Etwas Butterschmalz in der Pfanne erhitzen und kleine
Möhren-Kartoffelpuffer portionsweise darin braten.
Auf Küchenpapier legen und das Fett abtupfen. Die Puffer
auf den Tellern anrichten und mit dem Radieschenpüree
garnieren.

Spinatringe vom Blech

Aus Mehl, Milch und etwas Salz einen Teig anrühren und
zum Ausquellen beiseitestellen. Gefrorenen Spinat im Sieb
auftauen lassen, frischen Spinat verlesen, waschen und in
kochendem Wasser blanchieren, anschließend gut abtropfen
lassen. Den Backofen auf 200 °C vorheizen.
Die Eier trennen. Eigelbe gut mit dem Teig verrühren. Die
Eiweiße schlagen und unter den Teig heben. Etwa Butter in
einer (beschichteten) Pfanne erhitzen und nacheinander
4 Pfannkuchen backen.
Die Pfannkuchen mit Crème fraîche bestreichen, mit etwas
Muskat würzen und mit dem Spinat belegen. Die Pfannkuchen fest zusammenrollen und in dicke Ringe schneiden. Ein
tiefes Backblech mit Butter einreiben oder mit Backpapier
auslegen und die Ringe daraufsetzten.
Den Käse in dünne Scheiben schneiden und auf den Ringen
verteilen. 15 Minuten überbacken.

Arbeitszeit: 15 Min.
Garzeit: etwa 25 Min.

140 g Dinkelmehl, ¼ l Milch,
Salz, 800 g Blattspinat, 4 Eier,
2 EL Butter, 150 g Crème fraîche,
etwas Muskatnuss, 100 g Butterkäse oder 1 Pck. Mozzarella

außerdem: Backpapier
oder Fett fürs Blech

Gemüsepizza

Arbeitszeit: 15 Min.
Backzeit: etwa 20 Min.

für den Teig: 500 g Mehl,
250 ml lauwarme Milch,
1 Pck. Trockenhefe, ½ TL Salz,
1 Prise Zucker, 50 ml Olivenöl

für den Belag: 3-4 Scheiben
gekochter Schinken,
400 g Pizzatomaten,
1 Beutel italienisches Pfannengemüse (TK, 750-800 g),
200 g Pizzakäse

außerdem: Backpapier

Backofen auf 200 °C (Umluft) vorheizen. Trockenhefe und Zucker in der Milch auflösen und mit den übrigen Teigzutaten in eine Schüssel geben. So lange mit dem Rührgerät kneten, bis sich der Teig vom Schüsselrand löst, evtl. danach noch kurz mit der Hand durchkneten. Gehen lassen ist hier nicht nötig. Teig auf Blechgröße ausrollen und auf ein mit Backpapier ausgelegtes Backblech geben. Pizzatomaten auf dem Teig verteilen, Schinkenscheiben schneiden und auf dem Tomatenbelag verteilen. Pfannengemüse unaufgetaut darauf geben und verteilen. Käse gleichmäßig darüberstreuen und 20 Minuten im Backofen backen.

Mini-Pizzen

Arbeitszeit: 30 Min.
Backzeit: 15 Min.

für den Teig:
½ Pck. Trockenhefe,
250 g Mehl, ½ TL Salz,
2 EL Olivenöl

für den Belag: 1 Dose
Pizzatomaten (850 ml),
2 Kugeln Mozzarella,
Salz, Pfeffer, Oregano

außerdem: Backpapier

Trockenhefe und Mehl mischen. 1 gute Tasse lauwarmes Wasser, Salz und Olivenöl dazugeben und alles mit den Knethaken des Handrührgeräts vermengen. Den Teig etwa 10 Minuten lang gut von Hand durchkneten und ½ Stunde an einem warmen Ort gehen lassen.
Die Pizzatomaten in eine Schüssel geben, mit Salz, Pfeffer und Oregano würzen. Die Mozzarellakugeln in dünne Scheiben schneiden. Den Backofen auf 180 °C (Gas Stufe 2-3) vorheizen. Den Teig noch einmal kurz durchkneten und in zwei Hälften teilen. Etwas Mehl auf die Arbeitsplatte geben. Dünne Mini-Pizzen (klein genug für Kinderhände) formen, dabei den Rand etwas zusammenschieben. Ein Backblech

mit Backpapier auslegen und die Pizzen darauflegen und die Tomaten darauf verteilen. Mit Mozzarellascheiben belegen und die Pizzen im Backofen etwa 15 Minuten backen.

Spinat-Lasagne „Popeye"

Für die Tomatensauce die Tomaten waschen, putzen, klein schneiden und in etwas Öl andünsten. Salz, Honig und Gewürze hinzugeben. 10 Minuten einkochen. In eine Auflaufform gießen, mit Lasagneblättern abdecken. Den Spinat waschen, putzen, eine Minute in kochendem Salzwasser blanchieren, dann abtropfen und beiseitestellen. Für die Kräutersauce das Mehl in zerlassener Butter anschwitzen. Milch und Sahne hinzugeben und 10 Minuten köcheln lassen. Mit Salz und Kräutern würzen. Die Hälfte des Käses darin schmelzen. Den Spinat zwischen die Lasagneblätter verteilen, oben mit Lasagneblättern bedecken. Mit der Kräutersauce begießen und den restlichen Käse darüberstreuen. Bei 200 °C ca. 35-45 Minuten backen.

Arbeitszeit: etwa 25 Min.
Garzeit: gesamt etwa 1 Std.

für die Tomatensauce:
1 kg Tomaten, 3 EL Olivenöl, ½ TL Salz, 1 EL Honig, Cayennepfeffer, Paprikapulver, 350 g Vollkorn-Lasagneblätter (ohne Vorkochen), 1 kg Spinat

für die Kräutersauce:
40 g Weizenvollkornmehl, 50 g Butter, 125 ml Milch, ¼ l Schlagsahne, Salz, 8 EL frische gehackte Kräuter, 150 g geriebener Käse (z.B. Gruyère)

Tomaten-Gemüse-Lasagne

Karotten, Porree und Knollensellerie putzen. Porree in feine Streifen schneiden, Sellerie und Karotten auf einer Gemüsereibe raspeln. Bauchspeck in Würfel schneiden und in Öl anbraten. Gemüse hinzugeben, mit den Tomatenstücken zusammen mit dem Saft auffüllen. Salz, Pfeffer, Paprika zum Würzen verwenden. Die Sauce etwa 20 Minuten einkochen lassen. Eine Auflaufform abwechselnd mit Lasagneblätter und Gemüsesauce füllen. Als letzte Schicht Gemüsesauce dazugeben. Frische Tomaten in Scheiben schneiden, auf der Lasagne verteilen. Margarine mit der Petersilie und dem Paniermehl verrühren und in Flöckchen auf den Tomatenscheiben verteilen. Bei 200 °C 30 Minuten backen.

Arbeitszeit: 30 Min.
Garzeit: 1 Std.

2 Karotten, 1 kl. Stange Porree, 100 g Knollensellerie, 100 g geräucherter Bauchspeck, 1 TL Öl, ca. 400 g gehackte Tomaten, Salz, Pfeffer, Paprika, 125 g grüne Lasagneblätter (ohne Vorkochen), 2 frische Tomaten, 1 TL Margarine, 1 TL Petersilie (gehackt), 1 TL Paniermehl

Spaghetti mit milder Tomatensauce

Spaghetti nach Packungsanleitung in Salzwasser bissfest kochen. Butter in einem Topf schmelzen, das Tomatenmark dazugeben und unter Rühren heiß werden lassen. Die Tomaten dazugeben und bei Bedarf mit etwas Wasser aufgießen. 10 Minuten köcheln lassen, dann mit einem Mixstab pürieren. Vorsichtig mit Salz abschmecken.

Arbeitszeit: 15 Min.
Garzeit: 20 Min.

500 g Spaghetti, ½ TL Salz

1 EL Butter, 1 EL Tomatenmark, 1 Dose geschälte Tomaten (ca. 420 g) oder 8 frische Tomaten

Nudeln mit Tomaten-Gemüse-Sauce

Arbeitszeit: 15 Min.
Garzeit: 20 Min.

500 g Spaghetti oder Makkaroni
für die Sauce: 1 Karotte,
1 Zucchini, 1 kleine Zwiebel,
1 EL Öl, 1 Dose Tomaten
(ca. 420 g), Salz, Pfeffer, 1 Prise
Zucker, frisches Basilikum,
60 g Parmesan

Basilikum waschen und fein hacken. Karotte, Zucchini und Zwiebel schälen und klein schneiden. Die Zwiebel in Öl andünsten, das Gemüse und die Tomaten dazugeben und alles weich garen. Zum Schluss mit Salz, Pfeffer und Zucker abschmecken.

Inzwischen die Nudeln in kochendem Salzwasser nach Packungsanleitung garen. Mit der heißen Sauce auf Tellern anrichten und mit dem Basilikum und grob geriebenem Parmesan bestreuen.

Schinkennudeln

Arbeitszeit: 5 Min.
Garzeit: 15 Min.

500 g gekochte Dinkelnudeln,
2 TL Öl, 200 g gekochter
Schinken, Salz, Pfeffer,
eventuell frische oder
getrocknete Kräuter, 1-2 Eier

Nudeln vom Vortag oder frisch gekochte Dinkelnudeln mit etwas Öl in eine beschichtete Pfanne leicht anbraten. Schinken klein schneiden und zugeben.

Alles gut mischen und nach Geschmack mit Salz, Pfeffer und Kräutern würzen. Die Eier aufschlagen und verquirlen und zum Schluss darübergeben, alles gut durchrühren und stocken lassen.

Blitz-Nudelpfanne

Arbeitszeit: 5 Min.
Garzeit: 15 Min.

2 Würstchen, 500 g gekochte
Nudeln (vom Vortag),
1 EL Butter, 1 Ei,
nach Belieben
geriebenen Käse, Ketchup

Die Würstchen in feine Scheiben schneiden und in einer Pfanne mit Butter anbraten. Die Nudeln dazugeben und mitbraten. Das Ei aufschlagen, verquirlen und darübergeben. Geriebenen Käse und Ketchup nach Belieben dazugeben und alles gut vermengen.

Nudeln – oder Pasta, wie es in Italien heißt – gibt es in vielen Formen und Farben. Variieren Sie mit Vollkornnudeln oder bunten Nudeln, die mit Tomaten, Spinat oder Safran gefärbt wurden.

Kräuter-Gemüsegnocchi

Arbeitszeit: 15 Min.
Garzeit: etwa 25 Min.

1 Zwiebel, 350 g Lauch, 100 g
Champignons, 200 g Tomaten,
1 EL Olivenöl, 65 ml Gemüsebrühe, 200 g Gnocchi,
50 g gemischte Kräuter,
Salz, Pfeffer, 2 EL Parmesan
(frisch gerieben)

Die Zwiebel schälen und fein würfeln. Den Lauch waschen und in dünne Ringe, die Champignons putzen und in dünne Scheiben schneiden. Tomaten waschen und klein würfeln. Das Öl in einer beschichteten Pfanne erhitzen. Lauch, Zwiebel und Champignons unter Rühren andünsten.

Mit Gemüsebrühe aufgießen und zugedeckt bei mittlerer Hitze etwa 5 Minuten köcheln.

Die Gnocchi nach Packungsangabe garen. Die Kräuter fein hacken und unter das Gemüse mischen.
Mit Salz und Pfeffer abschmecken. Gnocchi mit einem Schaumlöffel aus dem Wasser heben, gut abtropfen lassen und unter das Gemüse mischen. Mit Käse und den restlichen Kräutern bestreuen.

Spaghetti mit Zitronenhuhn

Spaghetti in ausreichend Salzwasser bissfest kochen und dann in einem Sieb abtropfen lassen.
Die Zitronenschale in feine Streifen schneiden, den Ingwer schälen und grob reiben. Das Öl in eine Pfanne geben und die Zitronenstreifen etwa 4 Minuten darin dünsten. Ingwer, Salz und Zucker hinzufügen und unter ständigem Rühren noch 3 Minuten lang weiterdünsten lassen. Mit Brühe aufgießen und etwas einkochen lassen.
Währenddessen die Hähnchenbrust würfeln und im Butterschmalz anbraten, bis es von allen Seiten leicht braun ist.
Die Zitronen-Ingwer-Mischung zum Fleisch geben und etwa 10 Minuten weiter köcheln lassen.
Petersilie grob hacken und mit den gut abgetropften Spaghetti in die Sauce geben. Durchmischen und vor dem Servieren alles noch ein wenig durchziehen lassen.

Arbeitszeit: 15 Min.
Garzeit: gesamt etwa 30 Min.

250 g Spaghetti, Salz, Schale von 1 unbehandelten Zitrone, ½ cm Ingwer, 1 EL Öl, 1 TL Zucker, ½ l Hühnerbrühe, 250 g Hühnerbrust ohne Haut und Knochen, 30 g Butterschmalz, 2 Bd. Petersilie

Gemüse-Hähnchen-Auflauf

Arbeitszeit: 20 Min.
Garzeit: etwa 1 Std.

400 g Hähnchenbrustfilet,
400 g Karotten, 400 g Brokkoli,
150 ml Sahne, ¼ l Hühnerbrühe,
1 EL Tomatenmark,
200 g Kräuterfrischkäse,
Salz, Pfeffer

Das Hähnchenbrustfilet in mittelgroße Würfel schneiden, das Gemüse waschen und putzen, die Karotten in Scheiben und den Brokkoli in Röschen schneiden. Das Fleisch mit dem Gemüse in eine Auflaufform geben.

Die Sahne mit der Hühnerbrühe, Tomatenmark und Kräuterfrischkäse verrühren. Anschließend pfeffern und salzen, über das Gemüse und das Fleisch gießen und bei 200 °C etwa 1 Stunde backen.

Hähnchengeschnetzeltes mit buntem Gemüse

Arbeitszeit: 20 Min.
Garzeit: etwa 30 Min.

400 g Hähnchenbrustfilet
1 Zwiebel, 450 g bunte Paprika
(etwa 3 Stück), 150 g Mais,
2 EL Öl, 1 Pck. Saucenpulver für
Braten, Pfeffer, Salz,
Paprikapulver

Das Fleisch waschen, abtupfen und fein schnetzeln.
Die Zwiebel schälen und in kleine Würfel schneiden.
Die Paprikaschoten waschen, halbieren, entkernen und in feine Streifen schneiden. Den Mais abtropfen lassen.
Das Öl in einer Pfanne erhitzen und das Fleisch mit der Zwiebel rundherum kräftig anbraten. Mit Pfeffer, Salz und Paprika würzen, dann die Paprikastreifen dazugeben, kurz mitdünsten und anschließend den Mais dazugeben.
Etwa 125 ml Wasser angießen und das Ganze zugedeckt bei mäßiger Hitze 20 Minuten durchschmoren lassen.
Danach noch etwa 100 ml Wasser hinzugeben, Saucenpulver einrühren und noch einmal kurz durchköcheln lassen.
Dazu schmecken am besten Reis oder Nudeln.

Chicken Chips mit Pommes frites

Die Chicken Chips nach Packungsanleitung in einer beschichteten Pfanne mit Öl hellbraun anbraten. Den Pusztasalat und die Sahne darübergeben und etwas einkochen, sodass eine sämige Sauce entsteht.
Die Pommes frites nach Packungsanleitung im Backofen garen und zusammen mit den Chicken Chips und der Sauce servieren. Dazu passt ein grüner Salat.

Arbeitszeit: 5 Min.
Garzeit: etwa 15 Min.

1 kg fertige Chicken Chips (TK), Öl zum Braten, 1 Glas fertiger Pusztasalat (ca. 450 g), 200 ml Sahne

1 Pck. TK-Pommes frites

Karottenauflauf mit Hähnchenbrust

Die Hähnchenbrustfilets waschen, trocken tupfen und mit dem Zitronensaft beträufeln, anschließend in den Kühlschrank stellen.
Inzwischen die Kartoffeln in der Schale garen.
Die Karotten schälen und in Scheiben schneiden. Die Hälfte der Butter zerlassen und die Karotten darin andünsten, wenig salzen und pfeffern und in etwas Wasser garen.
Den Backofen auf 180°C vorheizen. Eine Auflaufform mit Butter ausstreichen, die Hähnchenbrustfilets hineinlegen.
Die Mandeln darauf verteilen. Die Kartoffeln pellen, in dicke Scheiben schneiden und als nächste Schicht darüberlegen.
Darauf die Karottenscheiben geben.
Die Sahne, den Frischkäse, die Milch und die Eier zu einer Sauce verquirlen und über den Auflauf gießen. Im Backofen etwa 30 Minuten überbacken.

Arbeitszeit: 25 Min.
Garzeit: gesamt 50 Min.

500 g Hähnchenbrustfilet, 1 Zitrone, Salz, 600 g Kartoffeln, 800 g Karotten, 40 g Butter, Pfeffer, 50 g ganze Mandeln (geschält), 200 ml saure Sahne, 50 g Frischkäse mit Kräutern, 3 Eier, 100 ml Milch, Salz

Hähnchentoastecken

Hähnchenbrustfilet in kleine Würfel schneiden. Frühlingszwiebeln zu kleinen Ringen schneiden. Beides zusammen mit etwas Butter kurz anbraten. Das Angebratene zusammen mit dem Pfeffer und dem Ei in eine Küchenmaschine geben und zerkleinern oder in einer Schüssel pürieren.
Backofen auf 180°C vorheizen.
Das Brot dünn mit Butter bestreichen. Die Hähnchenmasse gleichmäßig auf das Brot streichen und dieses in 4 Dreiecke schneiden. Geriebenen Käse (Menge nach Belieben) darauf verteilen.
Auf mit Backpapier ausgelegte Backbleche geben und überbacken, bis der Käse geschmolzen ist.

Arbeitszeit: 15 Min.
Garzeit: etwa 25 Min.

1 großes Hähnchenbrustfilet (ca. 300 g), 1 Ei, 2 Frühlingszwiebeln, Pfeffer, etwa 8 Scheiben Toastbrot/Weißbrot, Butter, etwas geriebener Käse

außerdem: Backpapier

Fischstäbchen mit Kartoffelpüree

Arbeitszeit: 15 Min.
Garzeit: 20-30 Min.

500 g Kartoffeln, 25 g Butter,
150 ml heiße Milch, Salz,
Muskat, 16-20 Fischstäbchen,
1 unbehandelte Zitrone

außerdem: Backpapier

Kartoffeln in der Schale kochen (Schnellkochtopf), dann pellen und noch heiß mit Butter und Milch zu einem glatten Püree verarbeiten. Mit Salz und Muskat fein abschmecken. Ein Backblech mit Backpapier auslegen und die Fischstäbchen darauf nach Packungsanleitung im Backofen zubereiten. Mit dem Kartoffelpüree und je einem Zitronenviertel angerichtet servieren.

Mexikanischer Cowboy

Arbeitszeit: 20 Min.
Garzeit: 15 Min.

1 Zucchini, 1 Paprika, 1 Karotte,
1 Zwiebel, 1 TL Öl,
je 1 kleine Dose Mais und
Kidney Bohnen (ca. 220 g),
2 EL Tomatenmark, Salz, Pfeffer,
4 fertige Soft Flour Tortillas

Den Backofen auf 200 °C vorheizen. Zucchini, Paprika und die Karotte waschen, schälen und in kleine Stücke schneiden. Die Zwiebel schälen, fein hacken und in einer Pfanne mit Öl andünsten. Das Gemüse hinzugeben und mitdünsten. Den Mais, die Bohnen und das Tomatenmark unterrühren, eventuell mit etwas klarer Brühe aufgießen und alles 5-10 Minuten weich garen, anschließend mit Salz und Pfeffer abschmecken.
Die Tortillas im Backofen 2 Minuten erwärmen, dann herausnehmen, die Gemüsesauce daraufstreichen, zusammenrollen und warm servieren.

Toast Lisa

Arbeitszeit: 10 Min.
Garzeit: 10-15 Min.

4 Scheiben Vollkorntoast,
Butter, 2 Äpfel, 4 Scheiben
fettarmer Schnittkäse

außerdem: Backpapier

Den Backofen auf 200 °C (Umluft 175 °C) vorheizen.
Die Brotscheiben leicht vortoasten, dünn mit Butter bestreichen und auf ein mit Backpapier ausgelegtes Blech legen. Die ungeschälten Äpfel waschen, entkernen und in dünne Spalten schneiden. Dann auf den Toast legen und im vorgeheizten Backofen etwa 3-4 Minuten rösten, den Käse drauflegen, noch einmal in den Backofen, bis der Käse geschmolzen ist.

Mozzarella-Brötchen

Arbeitszeit: 10 Min.

2 EL Schnittlauch, 1-2 TL Salz,
½ TL Pfeffer, 1 EL Öl,
4 Brötchen nach Wahl,
2 Kugeln Mozzarella,
2 Tomaten, 4 Salatblätter

Schnittlauch, Salz, Pfeffer und Öl in einer Schüssel zusammenrühren. Die Brötchen in der Mitte durchschneiden und Mozzarella in dünnen, gleichmäßig geschnittenen Scheiben hineinlegen. Die Tomaten waschen, ebenfalls in gleichmäßige Scheiben schneiden und darauf verteilen. Zum Schluss jeweils 1 Salatblatt darauflegen und die Schnittlauch-Pfeffer-Salz-Sauce vorsichtig darübergießen.

Alibaba-Hackfleischspieße

Das Toastbrot in etwas Milch einweichen. Inzwischen das Hackfleisch mit den Gewürzen abschmecken. Das Toastbrot ausdrücken und mit dem Hackfleisch verkneten. Aus dem Teig kleine Kugeln formen.
Die Äpfel schälen, halbieren, das Kerngehäuse entfernen und in Achtel schneiden. Je eine Hackfleischkugel und ein Apfelstück auf Spieße stecken und in der Pfanne von allen Seiten etwa 20 Minuten braten.

Arbeitszeit: 20 Min.
Garzeit: 15 Min.

1 Scheibe Toastbrot, etwas warme Milch, 500 g Hackfleisch, Salz, Pfeffer, Paprikapulver, 2 Äpfel

Hackbällchen mit Erbsen

Die Erbsen auftauen lassen. Zwiebel fein hacken, Petersilie waschen und sehr fein hacken. Die Toastscheiben zerbröseln oder mit der Küchenmaschine zerkleinern. Das Hackfleisch mit der Zwiebel, der Petersilie und den Toastbröseln verkneten. 1 Ei zu der Masse geben, etwas salzen und erneut gut vermengen. Die Masse zu kleinen Bällchen formen.
Das Butterschmalz in einer Pfanne zerlassen und die Hackbällchen darin etwa 10 Minuten von allen Seiten braten. Inzwischen die aufgetauten Erbsen in einer Pfanne mit zerlassener Butter gar dünsten, nach Geschmack mit frischen Kräutern würzen und dazu servieren. Dazu passt Kartoffelpüree.

Arbeitszeit: 20 Min.
Garzeit: etwa 15 Min.

500 g Schweinehackfleisch, 1 kleine Zwiebel, 1 kleiner Bd. Petersilie, 3 Scheiben Toast, 1 Ei, Salz, etwas Butterschmalz, 1 Pck. TK-Erbsen (ca. 200 g), 1 EL Butter, evtl. frische Kräuter

 ## Herzhafte Waffeln

Arbeitszeit: 15 Min.
Garzeit: etwa 25 Min.
Für etwa 16 Waffeln

200 g Butter, 4 Eier, ¼ TL Salz,
Pfeffer, 200 g Mehl, ½ TL Backpulver, 3 EL geriebener Käse

außerdem: Waffeleisen

Die Butter schmelzen. Eier, Salz, etwas Pfeffer und flüssige
Butter mit dem Mixer verrühren. Mehl und Backpulver
mischen und dazugeben. Dann 4 Esslöffel lauwarmes
Wasser hinzufügen und alles kurz zu einem Teig verrühren.
Zum Schluss den Käse einstreuen.
Das Waffeleisen leicht fetten, dann den Teig portionsweise
(1 Portion = etwa 2 Esslöffel) auf das Waffeleisen geben und
goldbraun knusprig backen.
Käsewaffeln passen ausgezeichnet als Beilage zu Creme-
suppen (z.B. aus Tomaten oder Karotten) oder zu einem
frischen gemischten Salat.

  ## Käsehörnchen

Arbeitszeit: 10 Min.
Backzeit: 20 Min.

100 g Blätterteig (TK),
150 g Emmentaler Käse,
Salz, Pfeffer, ½ gelbe Paprika,
1 Ei, 1 Eigelb

außerdem: Backpapier

Den Blätterteig auftauen lassen. Die Paprika waschen und
sehr klein würfeln. Den Käse fein reiben und mit den Gewürzen, den Paprikawürfeln und dem ganzen Ei mischen.
Blätterteig ausrollen, erst in Quadrate und diese dann in
kindgerechte Mini-Dreiecke schneiden. Auf jedes Dreieck einen Teelöffel der Käsemischung geben. Das Eigelb verquirlen und den Rand der Dreiecke damit bestreichen. Die
Teigecken von der breiten Seite her zu Hörnchen aufrollen,
auf ein mit Backpapier ausgelegtes Backblech legen und bei
225 °C im vorgeheizten Backofen ca. 20 Minuten backen.

SALATE

Wilder Salat mit Kürbiskernsprossen

Den Feldsalat verlesen und gründlich waschen, die Rucola-
blätter waschen und halbieren. Die Egerlinge in feine
Scheiben schneiden und mit dem Zitronensaft beträufeln.
Die Sprossen gründlich waschen, den Schnittlauch in feine
Röllchen schneiden. Für das Dressing Senf, Öl und Essig gut
verrühren und mit Salz und Pfeffer abschmecken.
Den Salat mit den Pilzen und den Kürbissprossen auf Salat-
tellern anrichten, mit Schnittlauch bestreuen und mit dem
Dressing servieren.

Arbeitszeit: 20 Min.

120 g Feldsalat, 30 g Rucola,
80 g Egerlinge, 1 EL Zitronensaft, 30 g Kürbiskernsprossen
(oder 15 g Trockensamen),
½ Bd. Schnittlauch

für das Dressing: 1 TL scharfer
Senf, etwas Salz, frisch gemahlener weißer Pfeffer, 2 EL Balsamico, 4 EL Olivenöl

Frischer Salat mit Käseherzen

Die Salate waschen und verlesen. Die Radieschen waschen
und zu Röschen schneiden. Aus Essig, Öl, Zucker und etwas
Wasser ein Dressing herstellen und mit Salz und Pfeffer
abschmecken. Den Käse in dicke Scheiben schneiden und
mit Herzförmchen kleine Herzen ausstechen. Radieschen
und Käse auf dem Salat anrichten und mit dem Dressing
servieren.

Arbeitszeit: ca. 15 Min.

½ Eichblattsalat, ½ Kopfsalat,
1 Bd. Radieschen, 1 TL Zucker,
2 EL Balsamico, 3 EL hochwerti-
ges Öl, Salz, Pfeffer, 200 g Käse
am Stück (z.B. Butterkäse)

außerdem: 1 herzförmige
Ausstechform

Chinakohl mit Orangenstückchen

Chinakohl in feine Streifen schneiden. Die eine Orange auspressen, die andere schälen, enthäuten, würfeln und unter
den Chinakohl heben. Den Orangensaft mit dem Keimöl
verquirlen, mit Salz und Pfeffer abschmecken und über den
Salat geben. Mit blanchierten grünen Erbsen wird dieser
Salat bunter und schmeckt noch besser.

Arbeitszeit: 25 Min.

1 Chinakohl, 2 Orangen,
1 EL Keimöl, Salz, Pfeffer,
1-2 EL grüne Erbsen (TK)

Gurkensalat mit Sahne

Die Gurke schälen (bei jungen frischen Gurken kann das
Schälen unterbleiben) und in 1-2 mm dicke Scheiben
schneiden, gut salzen und kurz ruhen lassen, bis die Gurke
Wasser gezogen hat.
Das Gurkenwasser abgießen, die Gurke in eine mit Knob-
lauch ausgeriebene Schüssel geben und sofort mit der sau-
ren Sahne übergießen. Das Dillkraut dazugeben und mit
Salz und Pfeffer abschmecken.

Arbeitszeit: 15 Min.
Ruhezeit: etwa 20 Min.

1 Salatgurke, ¼ l saure Sahne
oder Jogurt, 1 Knoblauchzehe,
1 EL gehacktes Dillkraut,
Salz, Pfeffer

Saurer Karottensalat

Arbeitszeit: 20 Min.

500 g junge Karotten,
1 EL Zitronensaft, Salz,
1 Prise Zucker, 3 EL Öl,
einige Salatblätter

Die Karotten putzen, waschen, reiben und mit Zitronensaft beträufeln. Salz, Zucker und Öl mit etwas Wasser zu einer Marinade verrühren. Den Salat mit der Marinade vermischen und 15 Minuten ziehen lassen. Danach auf Salatblättern, die mit Salatsauce benetzt sind, anrichten.

Himbeer-Mozzarella-Salat

Arbeitszeit: 20 Min.

300 g Himbeeren,
300 g Mini-Mozzarella,
100 g Spinatsalat,
2 EL Himbeeressig,
3 EL Olivenöl, Salz,
1 Prise Zucker, Pfeffer

Die Himbeeren verlesen und in einer Schüssel mit dem Mini-Mozzarella mischen. Den Spinat waschen, gröbere Stiele entfernen und in einem Sieb abtropfen lassen. Danach vorsichtig unter die Himbeeren mischen. Zum Schluss Himbeeressig und Olivenöl in einer Schüssel mischen, mit Salz, 1 Prise Zucker und Pfeffer würzen und über den Salat gießen.

Käsesalat „Villa Kunterbunt"

Arbeitszeit: 20 Min.

300 g Emmentaler
(oder anderer Hartkäse),
150 g Schinken, 3 Paprika,
1 EL Essig, 1 EL Öl, je 1 Prise
Paprikapulver und Pfeffer

nach Geschmack:
1 gekochtes Ei, 2 Tomaten

Den Käse grob reiben, den Schinken in Streifen schneiden. Die Paprika halbieren, die Kerne entfernen und das Fruchtfleisch in Streifen schneiden. Aus Essig, Öl, Paprikapulver, Pfeffer und etwas Wasser ein Dressing herstellen und pikant abschmecken. Käse, Schinken und Paprika sehr gut mit dem Dressing mischen, abschmecken und mit Eischeiben oder geviertelten Tomaten garnieren.

Spaghettisalat

Arbeitszeit: 10 Min.
Garzeit: 12 Min.

250 g Spaghetti, 200 g Fleischwurst, 1 kl. Glas saure Gurken,
6 EL Öl, 4 EL Gurkenwasser, Salz,
Pfeffer, 4 EL Mayonnaise

Die Nudeln in Salzwasser bissfest kochen, abgießen und abkühlen lassen. Dann in etwa 5 cm große Stücke schneiden. Die Fleischwurst und die Gurken in feine Würfel schneiden. Das Öl mit Gurkenwasser, Mayonnaise, Salz und Pfeffer zu einem Dressing verrühren, mit den anderen Zutaten gut vermischen und servieren.

Sellerie-Nuss-Salat

Arbeitszeit: 25 Min.
Ruhezeit: 1 Std.

4 Äpfel, 1 Sellerieknolle,
150 g frische Nüsse, Zitronensaft, 2 EL Mayonnaise, Salz,
Zucker, 2 EL Schlagsahne,
einige blaue Trauben

Die Äpfel schälen, entkernen, in feine Würfel schneiden und sofort mit Zitronensaft beträufeln. Den Sellerie sehr fein schneiden (oder grob hobeln) und ebenfalls mit Zitronensaft beträufeln. Die Nüsse grob hacken. Die Mayonnaise mit Salz und etwas Zitronensaft würzen. Die geschlagene Sahne dazugeben, mit den Äpfeln, dem Sellerie und den

Nüssen mischen und 1 Stunde ziehen lassen. Den Salat mit Nusshälften und halbierten blauen Trauben garnieren.

Hühnchensalat

Das Hühnerfleisch gut durchgaren, abkühlen lassen und in Stücke schneiden. Salat waschen und klein zupfen, Tomaten in Scheiben schneiden. Sellerie in feine Streifen schneiden. Gurke und Äpfel waschen und in feinen Scheiben in eine Schüssel schneiden. Mit Pfeffer, Salz und Tomatenketchup würzen, Hühnchen und Sellerie dazugeben und mit der Mayonnaise verrühren. Salat und Tomaten anrichten und die Hühnchen-Sellerie-Mischung darauf verteilen.

Arbeitszeit: 25 Min.
Garzeit: ca. 20 Min.

150 g Hühnerbrust,
3 Stangen Sellerie, 100 g Gurke,
2 säuerliche Äpfel, Salz, Pfeffer,
1 TL Tomatenketchup,
4 EL Mayonnaise, 1 Salatkopf
(Frisée- oder Bataviasalat),
2 Tomaten

SÜSSE SPEISEN & DESSERTS

„Schneeflocken"

Milch und Vanillezucker zum Kochen bringen. Die Eiweiße steif schlagen und den gesiebten Puderzucker unterheben. Mit einem Esslöffel kleine Klößchen aus der Masse formen und vorsichtig in die kochende Milch geben. Etwa 5 Minuten kochen, bis sie fest werden, dann herausnehmen und abtropfen lassen. Die Schokolade mit einem Teil der Milch aufkochen, bis sie gelöst ist, dann die restliche Milch dazugießen. Eigelbe verquirlen und die Schokolademilch unter ständigem Rühren dazugeben. Die Creme in eine flache Schüssel füllen und die Schneeflocken darauf verteilen.

Arbeitszeit: 20 Min.
Garzeit: 20 Min.

2 Eiweiße, 50 g Puderzucker,
½ l Milch, 1 Pck. Vanillezucker,
100 g Schokolade, 3 Eigelbe

Affensnack

Arbeitszeit: 15 Min.

4 Bananen, Saft von 1 Zitrone,
125 ml Schlagsahne,
8 EL Johannisbeergelee

Die Bananen schälen, der Länge nach halbieren und mit Zitronensaft beträufeln. Die gut gekühlte Schlagsahne steif schlagen, das Johannisbeergelee einmischen und dekorativ über den Bananen verteilen. Sofort servieren.

Kunterbuntes Obst-Allerlei

Arbeitszeit: 15 Min.

1 Wassermelone, Obst nach Jahreszeit (z.B. Äpfel, Birnen, Pflaumen, Kirschen, Beeren, Zitrusfrüchte, Banane)

Melone halbieren und aushöhlen. Fruchtfleisch in kleine Stücke schneiden. Obst waschen und je nach Sorte halbieren, vierteln, entkernen, entsteinen und in mundgerechte Stücke, Scheiben, Hälften oder Viertel schneiden. Kleine Beeren ganz lassen. Alles zusammen und bunt durcheinander gemischt in die Wassermelonenhälften füllen und nach Geschmack mit einem Schirmchen dekorieren.

Aprikosen-Kaltschale mit Mandeln

Arbeitszeit: 10 Min.
Ruhezeit: 30 Min.

600 g Aprikosen
(frisch oder aus der Dose),
200 g Zucker, 3 EL Rosinen,
125 ml Fruchtsaft,
3 EL Mandelblättchen

Die frischen geschälten, entsteinten und halbierten, dann in dünne Scheiben geschnittenen Aprikosen nach Geschmack mit etwas Zucker süßen. Früchte aus der Dose sind meistens bereits gezuckert. Ein Drittel davon kalt stellen. Die anderen zwei Drittel im Mixer pürieren und mit 1 Liter Wasser, Zucker und Fruchtsaft über die restlichen Aprikosenscheiben gießen. Mandelblättchen und Rosinen darüberstreuen, für 30 Minuten kalt stellen und eisgekühlt servieren.

Schokoladen-Kaltschale

Ein wenig Milch abnehmen und die Speisestärke, den Kakao und das Eigelb damit verquirlen. Die restliche Milch mit Salz und Zucker aufkochen. Dann unter ständigem Rühren die Stärkemischung hineingeben und erneut aufkochen lassen. Inzwischen die Schokolade fein reiben oder in kleine Stücke zerbrechen und dann in der Milch schmelzen lassen – dabei das Umrühren nicht vergessen.

Das Eiweiß mit dem Handrührgerät sehr steif schlagen und unter die Masse heben, ohne dass es dabei flockig wird. Während die Masse abkühlt, immer wieder kurz durchrühren, damit sich keine Haut bildet. Die Sahne mit dem Vanillezucker steif schlagen und zusammen mit der abgekühlten Kaltschale servieren.

Arbeitszeit: 20 Min.
Garzeit: 10 Min.
Kühlzeit: ca. 1 Std.

für 2 Portionen:
¼ l Milch, 25 g Speisestärke,
15 g Kakao, 1 Eigelb,
1 Prise Salz, 50 g Zucker,
50 g Zartbitterschokolade,
1 Eiweiß, 125 ml Sahne,
1 Pck. Vanillezucker

Bananenschaum

Die Bananen mit einer Gabel zerdrücken. Die Schlagsahne steif schlagen, den Zucker und die Bananen dazugeben. Die Mandeln schälen, hacken und in einer beschichteten Pfanne ohne Fett rösten. Die Bananenmasse in breite Gläser oder Schälchen füllen und mit der geriebenen Schokolade und den Mandeln bestreuen.

Arbeitszeit: 10 Min.

6 Bananen, ¼ l Schlagsahne,
15 g Zucker, 50 g Mandeln,
1 Rippe Schokolade

Apfelkompott

Die Äpfel schälen, vierteln und das Kerngehäuse entfernen. Den Zucker mit den Gewürzen in etwa ¼ Liter Wasser aufkochen, die Äpfel hineingeben und weich dünsten (sie dürfen aber nicht zerfallen), herausheben, in eine Glasschüssel legen und den abgekühlten Saft darübergießen. Mit Zitronensaft abschmecken.

Arbeitszeit: 15 Min.
Garzeit: etwa 10 Min.

1 kg Äpfel, 50 g Rohrzucker,
1 Zimtstange, 4 Nelken,
etwas Zitronensaft

Aprikosen-Pfirsichkompott

Früchte waschen, halbieren und entsteinen. Eventuell kurz in kochendes Wasser legen und schälen. Den Zucker in ¼ Liter Wasser zu einem Sirup kochen. Das Obst dazugeben, bei schwacher Hitze nicht zu weich dünsten (10-20 Minuten), in eine Glasschüssel umfüllen und mit dem etwas eingekochten Saft, mit Zimt und Vanillezucker abgeschmeckt, übergießen.

Arbeitszeit: 25 Min.
Garzeit: 10-20 Min.

500 g Aprikosen und Pfirsiche,
100-150 g Zucker, Zimt,
Vanillezucker

Rhabarberkompott

Arbeitszeit: 15 Min.
Garzeit: 15 Min.

500 g Rhabarber, 200 g Zucker,
1 Vanilleschote

Rhabarber putzen und in 3-4 cm lange Stücke schneiden. In einen Topf mit gut schließendem Deckel eng einschichten, mit Zucker bestreuen. Die Vanilleschote aufschneiden und darauf legen. Alles erhitzen und, möglichst ohne den Deckel zu öffnen, die Rhabarberstücke weich dünsten. Danach abkühlen. Auf diese Weise bleiben die Stücke ganz und man erhält ein besonders aromatisches Kompott.

Apfelpfannkuchen

Arbeitszeit: 20 Min.
Garzeit: etwa 15 Min.

für den Teig: 100 g Mehl,
4 Eier, 400 ml Milch, 100 g zarte
Haferflocken, ½ TL Salz

600 g Äpfel, 2 EL Zitronensaft,
Butterschmalz zum Backen,
Puderzucker

Aus den Zutaten einen Pfannkuchenteig anrühren. Die Äpfel schälen, vierteln das Kerngehäuse ausschneiden. Äpfel in Scheiben schneiden und mit Zitronensaft beträufeln. Butterschmalz in der Pfanne zerlassen, die Apfelscheiben in einer Spirale in die Pfanne legen, mit etwa ¼ des Teiges übergießen. Zugedeckt etwa 5 Minuten anbacken, den Pfannkuchen wenden und fertig backen. Mit der Apfelspirale nach oben auf den Teller legen und mit Puderzucker bestäuben.

Äpfel „Schneewittchen"

Arbeitszeit: 30 Min.
Garzeit: 15 Min.

für den Biskuitteig: 3 Eier,
3 EL warmes Wasser, 60 g Zucker, 60 g Mehl, Vanillezucker

12 gleich große Kompottäpfel,
Himbeermarmelade,
50 g Mandelblättchen

für die Creme: ¼ l Milch,
1 Eigelb, 80 g Zucker,
10 g Cremepulver

außerdem: Backpapier

Den Backofen auf 200 °C vorheizen. Aus den Zutaten einen Biskuitteig rühren, fingerhoch auf ein mit Backpapier belegtes Backblech streichen und 10 Minuten backen. Auskühlen lassen und daraus 12 Vierecke schneiden. Die Vierecke mit Himbeermarmelade bestreichen und auf einer Platte anrichten. Für die Creme die Milch erwärmen, Zucker, Eigelb und Cremepulver unterrühren und aufkochen lassen. Auf jedes Biskuitstück einen im Ganzen gekochten Kompottapfel (Höhlung des Kernhauses wird mit Himbeermarmelade gefüllt) stellen. Dann mit der flüssigen Creme übergießen und mit Mandelblättchen bestreuen.

Pfannkuchen mit Ananas-Orangen-Sauce

Arbeitszeit: 15 Min.
Garzeit: etwa 15 Min.

für 1-2 kleine Pfannkuchen:
30 g Butter, 100 g Ananasstückchen, 100 g filetierte Orangen,
2 EL Orangensirup

Die vorbereiteten Pfannkuchen im Backofen warm stellen. Ananas und Orangenstücke in einer Pfanne mit Butter kurz anbraten, dann mit Orangensirup und 1-2 Esslöffeln Wasser ablöschen. Bei schwacher Hitze ziehen lassen. Die Pfannkuchen auf Tellern anrichten und mit der Sauce übergießen.

Erdbeer-Tiramisu

300 g Erdbeeren pürieren, 300 g Erdbeeren in kleine Würfel
schneiden. Den Rest halbieren oder vierteln. Mascarpone,
Quark, Erdbeerpüree und Zucker vermischen.
Die Erdbeerwürfel darunterheben. Diese Creme abwech-
selnd mit Löffelbiskuits in eine Glasschüssel schichten.
Mit den restlichen Erdbeeren und der Zitronenmelisse
garnieren. 2 Stunden im Kühlschrank ziehen lassen. Das
Tiramisu wird saftiger, wenn die Löffelbiskuits vorher mit
(Kirsch-)Saft getränkt wurden.

Arbeitszeit: 15 Min.
Ruhezeit: etwa 2 Stunden

800 g Erdbeeren (TK),
500 g Mascarpone,
250 g Magerquark,
80 g Zucker, 150 g Löffelbiskuits,
Zitronenmelisse zum Garnieren

nach Geschmack:
100 ml (Kirsch-)Saft

Vanille-Quarkcreme

Etwas von der Milch abnehmen und mit dem Vanillepuddingpulver verrühren. Restliche Milch mit dem Vanillemark
und dem Zucker in einem Topf zum Kochen bringen. Pud-
ding-Milch-Mischung einrühren und kurz aufkochen. Vom
Herd nehmen und abkühlen lassen.
Die Sahne mit dem Vanillezucker steif schlagen und mit
dem Quark vermischen. Zum Vanillepudding geben, bei
dem vorher die Haut, die sich beim Abkühlen gebildet hat,
entfernt wurde. Dabei kräftig umrühren, damit keine
Klümpchen entstehen. In eine Glasschüssel füllen und kalt
stellen.

Arbeitszeit: 10 Min.
Garzeit: etwa 5 Min.

½ l Milch, 1 Pck. Vanille-
Puddingpulver, 1 Vanilleschote,
2 EL Zucker, 200 ml Sahne,
250 g Magerquark,
1 Pck. Vanillezucker

Vanillepudding mit Erdbeersauce

Arbeitszeit: 15 Min.
Ruhezeit: 3 Std.
Garzeit: etwa 10 Min.

1 Pck. Vanillepudding,
500 ml Milch, 2 EL Zucker

150-200 Erdbeeren (frisch oder
TK), 125 ml Kirschsaft, 50 g Gelierzucker, 1-2 EL Himbeersirup,
½ Limette, eventuell Puderzucker

Den Pudding mit der Milch nach Packungsanweisung zu-
bereiten und in Schälchen oder Becher füllen. Die Erdbeeren
mit der Gabel zerdrücken, mit dem Kirschsaft und dem
Zucker verrühren. Die halbe Limette auspressen, etwas
Schale abreiben. Die Schale mit den Erdbeeren aufkochen.
Abkühlen lassen, mit Limettensaft und mit Himbeersirup
mischen, gut 3 Stunden kalt stellen und eventuell mit
Puderzucker süßen.

Walnusseis mit Kiwisauce

Arbeitszeit: 5 Min.

4 Kugeln Walnusseis

für die Sauce: 3 Kiwis,
Zitronensaft, 1 TL Honig

Die Kiwis schälen und mit der Gabel zerdrücken oder im
Mixer pürieren. Den Zitronensaft mit dem Honig süßen und
mit den Kiwis verrühren. Zusammen mit je 1 Kugel Walnusseis hübsch anrichten und servieren.

GETRÄNKE

Bananenmilch

Arbeitszeit: ca. 5 Min.

2 reife Bananen,
2 EL brauner Zucker,
etwa 500 ml Vollmilch
oder Magermilch

Bananen schälen, in circa 4 cm lange Stückchen schneiden
und in einen Standmixer geben. Zucker und Milch dazugeben und das Ganze auf mittlerer Stufe etwa 1 Minute
mixen. Fertig ist ein herrliches Getränk für zwischendurch.

„Brauner Bär"

Arbeitszeit: ca. 5 Min.

pro Portion: 150 ml Milch,
2 TL Kakaopulver,
1 TL Zucker, Sprühsahne

Die Milch in einen Kochtopf geben und auf niedriger Stufe
erhitzen, aber nicht kochen. In der Zwischenzeit das Kakaopulver in einen Becher geben und 1-2 Teelöffel Wasser
dazurühren, bis eine glatte Masse entsteht.
Die warme Milch und den Zucker dazugeben und alles
noch einmal gut durchrühren. Als Krone einen Spritzer
Sahne auf den „Braunen Bär" geben.

Himbeermilch

Arbeitszeit: ca. 5 Min.

pro Portion: 150 ml Buttermilch,
100 g frische oder gefrorene
Himbeeren, 1 EL Honig,
1 TL gemahlene Mandeln

Die Buttermilch in eine hohe Schüssel füllen, die (angetau-
ten) Himbeeren, die Mandeln und den Honig hinzufügen
und das Ganze mit einem Pürierstab zerkleinern. Und schon
ist die herrliche rosafarbene Milch fertig zum Trinken.

„Mond und Sterne"

Die Milch in einen Kochtopf bis kurz vor das Kochen erhitzen. Die heiße Milch in eine blaue Tasse gießen, den Honig dazugeben und gut einrühren. Die Sternenschablone darüberhalten und mit den Zimt bestreuen.

Arbeitszeit: ca. 5 Min.

pro Portion: 1 Glas Milch, 1 TL Honig, Zimt

außerdem: Sternenschablone

Trinkjogurt mit Mandarinen

Die Mandarine und die Orange sauber schälen und zerkleinern. Das Fruchtfleisch mit dem Jogurt, den Hefeflocken, dem Eigelb und dem Traubenzucker in eine Schüssel geben und mit dem Pürierstab aufschäumen. Man kann auch Früchte aus der Dose nehmen und dann auf den Zucker verzichten. Mit einem Trinkhalm servieren.

Arbeitszeit: ca. 8 Min.

1 Mandarine, 1 Orange, 500 g Jogurt, 1 EL Hefeflocken, 2-3 TL Traubenzucker, 1 frisches Eigelb

außerdem: 1 Trinkhalm

„Aprikosenwunder"

Alle Zutaten in einen Mixer geben und ordentlich durchmixen, bis ein schaumiger Drink entsteht. Alternativ kann man z.B. auch Heidelbeer- oder Erdbeermarmelade verwenden.

Arbeitszeit: ca. 5 Min.

500 ml Buttermilch, 1 EL Haferschmelzflocken, 2-3 EL Aprikosenmarmelade

Sonnen-Bowle

Das Mineralwasser und den Himbeersirup in eine große Glasschale geben, die Pfirsiche häuten, in mundgerechte Würfel schneiden, die Minzeblätter abzupfen, beides dazugeben und das Ganze ein paar Stunden ziehen lassen.

Arbeitszeit: 5 Min.
Wartezeit: 2-3 Stunden

4-5 Pfirsiche, 2 EL Himbeersirup, 1 l Mineralwasser, frische Minzeblätter

Grüne Kinder-Bowle

Erdbeeren waschen, Stielansatz entfernen und trocken tupfen. Auf einem Tablett nebeneinander zugedeckt einfrieren. Ananassaft, Mineralwasser und den Waldmeisterextrakt in eine große Schüssel oder einen Krug füllen. Zuletzt die Erdbeeren einlegen.

Arbeitszeit: ca. 10 Min.
Wartezeit: 2-3 Stunden

250 g Erdbeeren (frisch oder TK), 0,7 l Ananassaft, 0,7 l Mineralwasser, 8 EL Waldmeisterextrakt

Halloween-Punsch

Die Säfte und den Fruchtcocktail in einer Glaskaraffe vermischen, bis ein richtig schöner roter „Blutsaft" entsteht. Die Zitrone auspressen und hinzufügen, Zimtstangen und Gewürznelken einlegen und etwa 10 Minuten ziehen lassen. Zum Schluss mit Honig süßen.

Arbeitszeit: ca. 5 Min.
Wartezeit: ca. 10 Min.

125 ml Multivitaminsaft, 125 ml Blutorangendrink, 125 ml Holundersaft, 125 ml Rote-Bete-Saft, ca. 250 g Cocktailfrüchte (Dose), 1 Zitrone, 2 Zimtstangen, 6 Gewürznelken, 3-4 TL Honig

KUCHEN & TORTEN

Minibrötchen

Arbeitszeit: 20 Min.
Ruhezeit: etwa 1 Std.
Backzeit: 8-12 Min.

500 g Mehl, 2 Eier, 3 EL Öl,
1 gestr. TL Salz,
1 Hefewürfel (42 g)

außerdem: Backpapier

Das Mehl in eine Schüssel geben und in die Mitte des Mehles eine Mulde hineindrücken. Eier, Öl, Salz, Hefe und 50 Milliliter lauwarmes Wasser mit 1 Esslöffel Mehl verrühren und in diese Mulde geben. Den Vorteig 5 Minuten gehen lassen und anschließend das Mehl von außen nach innen darunterkneten und dabei nach und nach noch 100-150 Milliliter Wasser zufügen. Den fertigen Teig mit einem Küchentuch zudecken und 1 Stunde ruhen lassen. Ein Backblech mit Backpapier belegen. Aus dem Teig etwa 20 kleine Brötchen formen und nochmals 1 Stunde ruhen lassen. Den Backofen auf 250 °C vorheizen (Umluft 220 °C) und die Brötchen 8-12 Minuten backen, bis sie goldbraun sind.

Kirsch-Schoko-Muffins

Arbeitszeit: 20 Min.
Backzeit: 20 Min.

350 g Schattenmorellen (Glas),
1 EL Himbeersirup, 1 TL Zitronensaft, 240 g Mehl, 2 TL Backpulver, ¼ TL Salz, 80 g Zucker,
80 ml gutes neutrales Pflanzenöl,
2 Eier, 150 g saure Sahne, 2-3 EL Schokoladenraspel, 50 g Schokokuvertüre, 12 Dekokirschen

außerdem: Muffinblech

Den Backofen auf 190 °C vorheizen. Schattenmorellen abtropfen lassen, mit Sirup und Zitronensaft verrühren und beiseitestellen. Öl, Eier und Sahne in einer Schüssel gut verrühren. Mehl, Backpulver, Salz, Zucker und Schokoladenraspeln in einer zweiten Schüssel mischen.
Wenn der Backofen heiß ist, das Schoko-Mehl unter die Eimasse ziehen und die Schattenmorellen dazugeben.
Den Teig in die Muffinform füllen und etwa 20 Minuten

backen, dann herausnehmen und abkühlen lassen. Schokokuvertüre im Wasserbad schmelzen und die Muffins damit
und je einer Dekokirsche verzieren.

Apfel-Zimt-Muffins

Die Nüsse klein hacken. Die Äpfel schälen, halbieren, entkernen und grob raspeln. Den Backofen auf 180 °C vorheizen
und das Muffinblech einfetten oder mit Papierförmchen
bestücken. Das Mehl mit Backpulver, Natron, Zimt, Nüssen
und den Äpfeln in einer Schüssel grob vermischen. In einer
zweiten Schüssel ein Ei aufschlagen und leicht verquirlen.
Dann Honig, Öl und Buttermilch dazugeben und alles
sorgfältig vermengen. Die Mehlmischung vorsichtig
darunterheben und den Teig in die Form füllen.
Die gehackten Walnüsse darüberstreuen und bei 180 °C auf
der mittleren Schiene etwa 20-25 Minuten backen.

Arbeitszeit: 20 Min.
Backzeit: 20-25 Min.

80 g Walnüsse oder Haselnüsse,
2 mittelgroße Äpfel, 260 g Voll-
kornmehl, 2 TL Weinsteinback-
pulver, ½ TL Natron, 1½ TL
Zimtpulver, 1 Ei, 150 g Honig,
100 ml neutrales Öl, 300 ml
Buttermilch, 50 g gehackte
Walnüsse

außerdem: Muffinblech, Fett für
das Blech oder Papierförmchen

Knuspermüsli-Muffins

Backofen auf 200° C vorheizen, Muffinblech einfetten oder
mit Papierförmchen bestücken. Butter und Honig verrühren
und die Eier nach und nach einrühren. Mehl, Backpulver
und Müsli mischen und zur Eimasse geben. Die Äpfel raspeln, mit Zitronensaft und Tee mischen und unter den Teig
heben (wenn die Äpfel sehr saftig sind, keinen Tee zugeben). Den Teig in die Muffinförmchen füllen und 35 Minuten backen. Diese Muffins schmecken auch zum Frühstück.

Arbeitszeit: 20 Min.
Backzeit: 35 Min.

100 g Butter, 80 g Honig,
2 Eier, 120 g Mehl, 1 geh. TL
Backpulver, 150 g Knuspermüsli,
200 g Äpfel, 1 TL Zitronensaft,
50 ml Früchtetee

außerdem: Muffinblech, Fett für
das Blech oder Papierförmchen

Heidelbeer-Buchweizen-Muffins

Backofen auf 180 °C vorheizen. Ein Mini-Muffinblech einfetten. Das Butterschmalz mit dem Zucker und dem Vanillezucker schaumig rühren. Die Eier zugeben, immer weiterrühren. Mehl und Backpulver mischen und zur Eimasse sieben,
die Buttermilch nach und nach zugießen und rühren, bis
der Teig glatt und geschmeidig ist. Zum Schluss die Heidelbeeren vorsichtig unter die Eimasse heben. Die Hälfte des
Teiges in die Form füllen und etwa 25 Minuten bei 180 °C
auf der zweiten Einschubleiste von unten backen. Die zweite
Partie backen, während die erste auskühlt.
Die Kuvertüre nach Packungsanweisung schmelzen und die
Muffins damit bestreichen.

Arbeitszeit: 25 Min.
Backzeit: etwa 25 Min.

125 g Butterschmalz,
125 g Zucker, 1 Pck. Vanillin-
zucker, 2 Eier, 250 Weizenmehl,
50 g Buchweizenmehl,
2 TL Backpulver,
125 ml Buttermilch,
125 g Heidelbeeren,
150 g weiße Kuvertüre

außerdem: Muffinblech,
Fett für das Blech

Windbeutel mit Bananensahne

Arbeitszeit: 20 Min.
Ruhezeit: etwa 30 Min.
Backzeit: etwa 30 Min.

für die Windbeutel:
1 Prise Salz, 50 g Butter,
150 g Weizenvollkornmehl,
3 verquirlte Eier, 1 TL Backpulver

für die Füllung: 200-300 ml
Sahne, 2-3 kleine Bananen

außerdem: Spritzbeutel

¼ Liter Wasser mit Salz und Butter in einem kleinen Topf aufkochen. Weizenvollkornmehl auf einmal zugeben und andicken. Eier nach und nach zugeben, bis der Teig glänzt. Abkühlen lassen und dann das Backpulver in den Teig arbeiten. Inzwischen die Sahne schlagen und unter die klein geschnittenen Bananen unterrühren und kalt stellen.

Mit dem Spritzbeutel kleine Rosetten aus Teig auf ein gut gefettetes Blech spritzen. Bei 220 °C etwa 25-30 Minuten backen, dabei die Backofentür geschlossen halten. Windbeutel abkühlen lassen, dann einmal durchschneiden und mit Bananensahne füllen.

Bunter Sandkuchen

Arbeitszeit: 20 Min.
Backzeit: 1 Std.

250 g Butter, 200 g Zucker,
4 Eier, 1 Prise Salz, 1 Pck. Vanillezucker, 1 TL abgeriebene
Zitronenschale, 125 g Mehl,
125 g Speisestärke,
½ TL Backpulver

zum Färben: Lebensmittelfarbe
in Rot und Grün oder je 1 EL
Rote/Grüne-Grütze-Pulver

1 Pck. Schokoladenkuvertüre,
2 EL bunte Dekostreusel

außerdem: Gugelhupfform,
etwas Butter für die Form

Den Backofen auf 160 °C (Umluft) vorheizen. Butter, Zucker, Eier und Salz mit dem Vanillezucker und der Zitronenschale in eine Schüssel geben und mit dem Handrührgerät rühren, bis der Zucker nicht mehr knirscht. Mehl mit der Speisestärke und dem Backpulver mischen, darübersieben und nach und nach einrühren.

Den Teig in 3 gleich große Portionen in Schüsseln verteilen. Zwei Teigteile mit Lebensmittelfarbe oder dem Grütze-Pulver einfärben. Der dritte Teil bleibt ohne Farbe.

Eine Gugelhupfform mit etwas Butter einfetten und den Teig löffelweise hineingeben – dabei immer wieder die Farben mischen. Im Backofen ca. 60 Minuten backen.

Die Kuvertüre im Wasserbad schmelzen und den abgekühlten Kuchen von allen Seiten damit überziehen und mit bunten Streuseln verzieren.

„Kalter Hund"

Arbeitszeit: 30 Min.
Ruhezeit: mind. 4 Std.

150 g Kokosfett, 2 Eier,
1 Prise Salz, 150 g Puderzucker,
4 EL Kakao, 1 EL Instant-Kaffeepulver, abgeriebene Schale von
1 Zitrone, 32 Butterkekse,
100 g Schokoladenglasur,
40 Mandelplättchen

außerdem: Kastenform,
Backpapier

Kokosfett in einem Topf bei mittlerer Hitze schmelzen lassen. Eier, Salz und Puderzucker in einer Schüssel mit einem Schneebesen schaumig rühren. Kakao, Kaffeepulver und Zitronenschale daruntermischen. Das Kokosfett etwas abkühlen lassen und nach und nach in die Kakaomasse einrühren.

Eine Kastenform von etwa 25 cm Länge mit Backpapier auslegen. Die Butterkekse hintereinander auf den Boden der Kastenform legen und gleichmäßig mit etwas Schokoladen-

masse bestreichen. Dies Lage für Lage wiederholen, bis alle
Butterkekse aufgebraucht sind. Die oberste Schicht sollte
aus Butterkeksen bestehen.
Die Form in den Kühlschrank stellen und etwa 3-4 Stunden
auskühlen lassen. Danach den Kuchen aus der Form nehmen und das Backpapier von den Seiten lösen.
Schokoladenfettglasur im heißen Wasserbad auflösen. Den
Kuchen gleichmäßig mit der Schokoladenglasur bestreichen
und mit Mandelplättchen bestreuen. Bis zum Servieren erneut im Kühlschrank erkalten lassen!

Schokokuss-Torte

Die Schokoküsse von ihren Böden lösen und die Böden
beiseitestellen. Die Schokokussmasse mit einer Gabel zerdrücken und glatt rühren. Die Sahne steif schlagen.
Die Zitrone auspressen. Quark und Zitronensaft zur Schokokussmasse geben und alles gut verrühren. Die Schlagsahne
unterheben.
Die Mischung gleichmäßig auf dem Biskuitboden verteilen,
glatt streichen und die abgelösten Schokokussböden mit
der Unterseite nach oben dekorativ auf der Sahneschicht
verteilen. Nach Belieben Mini-Schokoküsse, Gummibärchen,
Schokolinsen oder Papierfähnchen bzw. -schirmchen dazwischen stecken.

Arbeitszeit: 10-15 Min.

10 Schokoküsse, 400 ml Sahne,
250 g Sahnequark (40%),
1 Zitrone, 1 fertiger Biskuitboden

zum Verzieren: Mini-Schokoküsse, Gummibärchen,
Schokolinsen, Papierfähnchen

Maulwurfkuchen

Die Eier trennen. Die Eiweiße steif schlagen. Die Butter
schaumig rühren, nach und nach Zucker, Vanillezucker und
Eigelbe unterrühren, zuletzt die Nüsse, Schokolade und
Backpulver zufügen und den Eischnee unterheben.
Den Teig in eine gefettete Springform füllen und bei 180 °C
etwa 45 Minuten backen.
Den Kuchen auskühlen lassen und die oberste Schicht
(etwa 3-4 cm) vorsichtig abschneiden und zerkrümeln.
Den Boden mit Kiwi- und Bananenscheiben belegen.
Die Sahne mit Vanillezucker und Sahnesteif steif schlagen.
Dann die Sahne hügelförmig über das Obst streichen.
Die Kuchenkrümel mit Schokoraspeln mischen, über den
Kuchen streuen und leicht andrücken. Der fertige Kuchen
hat die Form eines Maulwurfhügels.

Arbeitszeit: 30 Min.
Backzeit: 45 Min.

6 Eier, 70 g weiche Butter,
125 g Zucker, 1 Pck. Vanillezucker, 100 g gemahlene Nüsse,
100 g geriebene Blockschokolade, 1 Pck. Backpulver, 5 Kiwis,
3 Bananen, 600 ml Schlagsahne,
3 Pck. Vanillezucker, 2 Pck.
Sahnesteif, 1 Pck. Schokoraspel

 ## Clown-Torte

Arbeitszeit: 40 Min.
Ruhezeit: 2-3 Std.
und über Nacht
Backzeit: etwa 25 Min.

für den Teig: 4 Eier,
130 g Zucker, 80 g Mehl,
60 g Speisestärke,
½ Pck. Backpulver

für die Füllung:
400 g Naturjogurt, 150 g Zucker,
2 Pck. Sofortgelatine oder
11 Blatt Gelatine, 400 ml Sahne,
200 g Erdbeeren,
1 Pck. klarer Tortenguss

außerdem: Springform Ø 26 cm,
Backpapier, Obst und Löffelbiskuits zum Dekorieren

Für den Biskuitteig die Eier trennen. Die Eigelbe mit 4 Esslöffel Wasser und 85 g Zucker schaumig schlagen. Die Eiweiße
mit dem restlichen Zucker in einer zweiten Schüssel steif
schlagen und auf die Schaummasse geben. Mehl, Speisestärke und Backpulver mischen, auf die Eimasse sieben und
alles locker unterheben. Den Teig in die mit Backpapier ausgelegte Backform (26 cm Durchmesser) geben und den Boden 40-50 Minuten bei 170-190 °C backen. Den Biskuit in
der Form ein paar Minuten auskühlen lassen, dann vorsichtig auf ein Kuchengitter stürzen.

Für die Füllung Jogurt und Zucker verrühren. Die Gelatine
nach Packungsanleitung zubereiten und in die Jogurtmasse
geben. Sahne steif schlagen und unter die Jogurtmasse
rühren. Die Hälfte der Masse in eine zweite Schüssel geben.
Erdbeeren pürieren und unter eine der beiden Hälften
heben.

Den kalten Biskuitboden einmal waagerecht durchschnei-
den. Einen Tortenring oder Springformrand um den
Tortenboden legen und die Erdbeermasse daraufstreichen.
Den Tortendeckel darauflegen und vorsichtig andrücken.
Die helle Jogurtmasse gleichmäßig aufstreichen. Die Torte
etwa 2-3 Stunden kalt stellen und erstarren lassen.

Die Tortenoberfläche mit Früchten nach Wahl in Form eines
Clowngesichts belegen. Tortenguss nach Packungsanleitung

zubereiten und gleichmäßig auf der Torte verteilen. Die Torte über Nacht bis zum Servieren kalt stellen. Den Tortenring erst kurz vor dem Servieren vorsichtig entfernen.

„Rüblibärenkind"

Den Backofen auf 180 °C vorheizen. Die Karotten schälen, reiben und mit Zitronenschale und -saft mischen. Die Eier trennen. Die Eiweiße mit 2 Esslöffel kaltem Wasser halb steif schlagen. Zucker, Vanillezucker, Salz und Gewürze mischen, in den Eischnee rieseln lassen und diesen weiterschlagen, bis er steif und cremig ist. Nacheinander die Eigelbe, dann die Karotten unterrühren. Mandeln, Mehl, Speisestärke und Backpulver mischen, auf die Eiermasse geben und mit einem Schneebesen unterziehen. Die Form fetten und mit Paniermehl ausstreuen. Den Teig hineinfüllen, glatt streichen und im Backofen etwa 50 Minuten backen.

Mit der Stäbchenprobe testen, ob der Kuchen gar ist, dann den fertigen Kuchen aus dem Backofen nehmen und etwa 10 Minuten in der Form ruhen lassen. Den Kuchen dann stürzen und auf einem Kuchengitter auskühlen lassen.

Für den Guss den Puderzucker mit dem Eiweiß und 1-2 Teelöffeln Wasser glatt rühren. Die Torte damit überziehen und vor dem Anschneiden 1 Tag ziehen lassen.

Dem Bären eine Marzipankarotte zwischen die Tatzen legen und ihm einen lächelnden Mund mit rosa Zuckerschrift malen. Als Augen zwei kleine Rosinen verwenden. Auch die Ohren und die Pfoten können mit rosa Zuckerschrift nachgezeichnet werden.

Arbeitszeit: 1 Std.
Backzeit: 50 Min.
Ruhezeit: 1 Tag

für den Teig: 300 g Karotten, 1 TL abgeriebene unbehandelte Zitronenschale, 3 EL Zitronensaft, 5 Eier, 100 g Zucker, 1 EL Vanillezucker, 1 Prise Salz, je 1 Prise gemahlene Nelken und Kardamom, ½ TL Zimtpulver, 300 g gemahlene Mandeln, 2 EL Mehl, 2 EL Speisestärke, 1 TL Backpulver

für den Guss: 150 g Puderzucker, ½ Eiweiß

außerdem: 1 Bärenform von 1½ l Inhalt, Butter oder Margarine und Paniermehl für die Form, Zuckerschrift, Marzipankarotte, 2 kleine Rosinen

Kokostaler

Butter schaumig rühren, Honig zufügen und eine cremige Masse rühren. Hirse und Ei zugeben, wieder eine cremige Masse rühren. Dinkel mit Backpulver mischen. Kokosraspel zusammen mit dem Mehl-Backpulver-Gemisch nach und nach zur Creme-Masse geben zu einem Rührteig verarbeiten. Aus dem Teig drei Rollen formen und in Klarsichtfolie eingewickelt 1 Stunde kalt stellen.

Dann 5 mm dicke Scheiben abschneiden, diese auf ein mit Backpapier ausgelegtes Backblech legen und bei 150 °C etwa 10 Minuten goldgelb backen.

Arbeitszeit: 25 Min.
Ruhezeit: 1 Std.
Backzeit: etwa 10 Min.

für etwa 100 Stück:
250 g weiche Butter, 150 g Akazienhonig, 1 Ei, 100 g Hirse (sehr fein gemahlen), 150 g Dinkel (sehr fein gemahlen), 2 TL Backpulver, 200 g Kokosraspeln

außerdem: Klarsichtfolie, Backpapier

Alle Gerichte von A – Z